Frank Schneider

Helmut Frister

Dirk Olzen

Begutachtung psychischer Störungen

Frank Schneider
Helmut Frister
Dirk Olzen

Begutachtung psychischer Störungen

Unter Mitarbeit von
Katrin Antonow, Michael Floeth, Ute Habel,
Christian Knauf, Jürgen Kornischka, Ralf Lesser,
Michael Lindemann, Rolf-Dieter Stieglitz,
Annette Stylianidis, Levke Voß

Springer

Professor Dr. med. Dr. rer. soc. Frank Schneider

Klinik für Psychiatrie und Psychotherapie

Universitätsklinikum Aachen

Rheinisch-Westfälische Technische Hochschule Aachen

Pauwelsstraße 30

52074 Aachen

Professor Dr. jur. Helmut Frister
Professor Dr. jur. Dirk Olzen

Institut für Rechtsfragen der Medizin

Heinrich-Heine-Universität

Universitätsstraße 1

40225 Düsseldorf

ISBN-10 3-540-20621-3 Springer Medizin Verlag Heidelberg
ISBN-13 978-3-540-20621-7 Springer Medizin Verlag Heidelberg

Bibliografische Information der Deutschen Bibliothek
Die Deutsche Bibliothek verzeichnet diese Publikation in der Deutschen Nationalbibliografie; detaillierte bibliografische Daten sind im Internet über http://dnb.ddb.de abrufbar.

Springer Medizin Verlag.

springer.de

Printed in Germany

Planung: Renate Scheddin
Projektmanagement: Renate Schulz
Lektorat: Rainer Zolk, Heidelberg
Design: deblik Berlin
SPIN 10826173
Satz: medionet AG, Berlin
Gedruckt auf säurefreiem Papier 2126 – 5 4 3 2 1 0

Vorwort

Begutachtungen von Patienten mit psychischen Störungen – dies ist die so genannte Königsdisziplin der biopsychosozialen Wissenschaft Psychiatrie: anspruchsvoll, schwierig, kaum etwas für Anfänger. Kandidaten in der Facharztweiterbildung zum Psychiater und Psychotherapeuten müssen aber früh lernen, selbst psychiatrische Gutachten anzufertigen. Insbesondere Fachärzte kommen häufig in die Situation, mit psychiatrischen Gutachten beauftragt zu werden.

Für ärztliche wie psychologische Kollegen wollten wir einen Praxisleitfaden verfassen, der sozusagen in jede Kitteltasche passt und jeden Sachverständigen in die Lage versetzt, den aktuellen Stand der medizinischen, psychologischen und besonders auch der juristischen Literatur präsent zu haben. Gerade die rechtlichen Grundlagen sind für die Begutachtung wichtig; nicht dass der Gutachter die juristischen Entscheidungen fällt, aber der Gutachter muss als Gehilfe des Gerichtes diese Entscheidungen mit vorbereiten. Dies erfordert ein umfassendes Wissen über das juristische Spannungsfeld, in dem er seine Empfehlungen abgibt.

Das Buch soll aber auch für Juristen lesenswert sein: Richter, Rechtsanwälte und Staatsanwälte haben häufig mit psychiatrischen und psychologischen Gutachten zu tun, ohne das Hintergrundwissen zu haben, diese Gutachten wirklich kritisch würdigen zu können. Die medizinischen Begriffe haben sich von der überkommenen gesetzlichen Terminologie gelöst. Von »krankhafter Störung der Geistestätigkeit« oder gar »schwerer seelischer Abartigkeit« ist in der Medizin schon lange nicht mehr die Rede. Stattdessen werden andere Begriffe und Krankheitsmodelle verwendet, orientiert am Wissensfortschritt.

Das zu dem Verständnis notwendige Wissen soll in dem vorliegenden Band bereitgestellt werden, um Juristen, Mediziner und Psychologen, aber auch Betroffene, Betreuer und Angehörige in die Lage zu versetzen, psychiatrische und psychologische Gutachten zu verstehen und kritisch zu hinterfragen. Hierzu dienen auch die zahlreichen Beispiele aus der Praxis, die möglichst lebensnah wiedergegeben werden sollten. Es versteht sich von selbst, dass dabei alle Hinweise wie Namen und Orte, die auf die Begutachteten und ihr Umfeld Rückschlüsse erlauben, geändert wurden.

Mediziner und Juristen müssen sich – ungeachtet ihrer in vielem unterschiedlichen Weltsicht – über die Einschätzung eventuell vorhandener psychischer Störungen bei Patienten verständigen, um richtige und faire Entscheidungen der Gerichte zu ermöglichen. Zu dieser immer wieder schwierigen, aber gleichwohl interessanten und notwendigen Verständigung möchten wir mit diesem Buch einen Beitrag leisten.

Aachen und Düsseldorf, im Herbst 2005
Frank Schneider, Helmut Frister und Dirk Olzen

Inhaltsverzeichnis

Über die Autoren

Univ.-Prof. Dr. med. Dr. rer. soc. Frank Schneider ist Direktor der Klinik für Psychiatrie und Psychotherapie und komm. Direktor der Klinik für Psychosomatik und Psychotherapeutische Medizin am Universitätsklinikum Aachen, Rheinisch-Westfälische Technische Hochschule Aachen sowie Adjunct Professor of Psychiatry an der School of Medicine der University of Pennsylvania, Philadelphia. Er ist Facharzt für Psychiatrie und Psychotherapie, Diplom-Psychologe sowie Psychologischer Psychotherapeut und besitzt die Anerkennung der psychiatrischen Fachgesellschaft DGPPN für Forensische Psychiatrie.

Adresse: Klinik für Psychiatrie und Psychotherapie, Universitätsklinikum Aachen, Pauwelsstr. 30, 52074 Aachen; fschneider@ukaachen.de; http://www.psychiatrie.ukaachen.de

Univ.-Prof. Dr. jur. Helmut Frister ist Direktor des Instituts für Rechtsfragen der Medizin an der juristischen Fakultät der Heinrich-Heine-Universität Düsseldorf und Inhaber des dortigen Lehrstuhls für Strafrecht und Strafprozessrecht. Er ist Mitglied der Ethikkommission der medizinischen Fakultät der Heinrich-Heine-Universität, Mitglied des Ethikrats des Düsseldorfer Universitätsklinikums und ehemaliger Dekan der juristischen Fakultät.

Adresse: Institut für Rechtsfragen der Medizin, Universitätsstraße 1, Geb. 24.91, 40225 Düsseldorf; helmut.frister@uni-duesseldorf.de; http://www.jura.uni-duesseldorf.de/fakultaet/IRM/ und http://www.jura.uni-duesseldorf.de/dozenten/frister/

Univ.-Prof. Dr. jur. Dirk Olzen ist Geschäftsführender Direktor des Instituts für Rechtsfragen der Medizin und bekleidet den Lehrstuhl für Bürgerliches Recht und Zivilprozessrecht an der Heinrich-Heine-Universität Düsseldorf. Er war Dekan der Fakultät und ist Mitherausgeber der Juristischen Rundschau.

Adresse: Institut für Rechtsfragen der Medizin, Universitätsstraße 1, Geb. 24.91, 40225 Düsseldorf; dirk.olzen@uni-duesseldorf.de; http://www.jura.uni-duesseldorf.de/fakultaet/IRM/ und http://www.jura.uni-duesseldorf.de/dozenten/olzen/

Autoren- und Mitarbeiterverzeichnis

Antonow, Katrin, Dr. jur., M.A. (Sheffield)
Institut für Rechtsfragen der Medizin, Heinrich-Heine-Universität, Universitätsstraße 1, 40225 Düsseldorf

Floeth, Michael
Institut für Rechtsfragen der Medizin, Heinrich-Heine-Universität, Universitätsstraße 1, 40225 Düsseldorf

Frister, Helmut, Prof. Dr. jur.
Institut für Rechtsfragen der Medizin, Heinrich-Heine-Universität, Universitätsstraße 1, 40225 Düsseldorf

Habel, Ute, Priv.-Doz. Dr. rer. soc.
Klinik für Psychiatrie und Psychotherapie, Universitätsklinikum, Pauwelsstr. 30, 52074 Aachen

Knauf, Christian, Dr. jur.
Institut für Rechtsfragen der Medizin, Heinrich-Heine-Universität, Universitätsstraße 1, 40225 Düsseldorf

Kornischka, Jürgen, Dr. med.
Klinik für Psychiatrie, Psychotherapie und Psychosomatik, Schwarzenmoorstr. 70, 32049 Herford

Lesser, Ralf
Institut für Rechtsfragen der Medizin, Heinrich-Heine-Universität, Universitätsstraße 1, 40225 Düsseldorf

Lindemann, Michael, Dr. jur.
Institut für Rechtstatsachenforschung und Kriminalpolitik der Universität Bielefeld, Universitätsstraße 25, 33615 Bielefeld

Olzen, Dirk, Prof. Dr. jur.
Institut für Rechtsfragen der Medizin, Heinrich-Heine-Universität, Universitätsstraße 1, 40225 Düsseldorf

Schneider, Frank, Prof. Dr. med. Dr. rer. soc.
Klinik für Psychiatrie und Psychotherapie, Universitätsklinikum, Pauwelsstr. 30, 52074 Aachen

Stieglitz, Rolf-Dieter, Prof. Dr. rer. nat.
Psychiatrische Universitätsklinik, Kantonsspital, Petersgraben 4, CH-4031 Basel

Stylianidis, Annette, Dr. jur.
Institut für Rechtsfragen der Medizin, Heinrich-Heine-Universität, Universitätsstraße 1, 40225 Düsseldorf

Voß, Levke, Dr. jur.
Institut für Rechtsfragen der Medizin, Heinrich-Heine-Universität, Universitätsstraße 1, 40225 Düsseldorf

Abkürzungsverzeichnis

AAK	Atemalkoholkonzentration
Abs.	Absatz
a. F.	alte Fassung
AG	Amtsgericht
AGP	Arbeitsgemeinschaft für Gerontopsychiatrie
AK	Alternativkommentar
AKB	Allgemeine Bedingungen für die Kraftverkehrsversicherung
Alt.	Alternative
AMDP	Arbeitsgemeinschaft für Methodik und Dokumentation in der Psychiatrie
AO	Abgabenordnung
APA	American Psychiatric Association
Art.	Artikel
AUB	Allgemeine Unfallversicherungsbedingungen
AVB	Allgemeine Versicherungsbedingungen
AZ	Aktenzeichen
BA	Blutalkohol
BAK	Blutalkoholkonzentration
BÄK	Bundesärztekammer
BayBG	Bayerisches Beamtengesetz
BayOLG	Bayerisches Oberstes Landesgericht
BayVBl	*Bayerische Verwaltungsblätter*
BBesG	Bundesbesoldungsgesetz
BBG	Bundesbeamtengesetz
BDH	Bundesdisziplinarhof
BDI	Beck-Depressionsinventar
BDP	Bund Deutscher Psychologen
BeamtVG	Beamtenversorgungsgesetz
BeurkG	Beurkundungsgesetz
BG	Beamtengesetz
BGB	Bürgerliches Gesetzbuch
BGBl	*Bundesgesetzblatt*
BGH	Bundesgerichtshof
BGHR	*BGH-Rechtsprechung* (Entscheidungssammlung, jeweils für Strafrecht und Zivilrecht)
BGHSt	*Bundesgerichtshof, Entscheidungen in Strafsachen*
BGHZ	*Bundesgerichtshof, Entscheidungen in Zivilsachen*
BKV	Berufskrankheitenverordnung
BLL	Begutachtungsleitlinien
BMA	Bundesministerium für Arbeit und Sozialordnung
BMGS	Bundesministerium für Gesundheit und Soziale Sicherung
BPolBG	Bundespolizeibeamtengesetz
BR-Drucks.	Drucksachen des Bundesrates
BremBG	Bremisches Beamtengesetz
BRRG	Beamtenrechtsrahmengesetz
BSG	Bundessozialgericht
BSGE	*Amtliche Sammlung der Entscheidungen des Bundessozialgerichts*
BT	Bundestag
BtÄndG	Betreuungsrechtsänderungsgesetz
BT-Drucks.	*Drucksachen des Bundestages*
BtMG	Betäubungsmittelgesetz
BtPrax	*Betreuungsrechtliche Praxis*
BVDN	Berufsverband deutscher Nervenärzte
BVerfG	Bundesverfassungsgericht
BVerfGE	*Entscheidungen des Bundesverfassungsgerichts, Amtliche Sammlung*
BVersBl	*Bundesversorgungsblatt*
BVerwG	Bundesverwaltungsgericht
BVerwGE	*Sammlung der Entscheidungen des BVerwG*
BVG	Bundesversorgungsgesetz
BvR	Verwendetes Aktenzeichen des Bundesverfassungsgerichts für Verfassungsbeschwerden
BW	Baden-Württemberg
CCT	kraniale Computertomographie
CDT	carbohydratdefizientes Transferrin
CFT	Grundintelligenztestskala
CIPS	Internationale Skalen für Psychiatrie (Collegium Internationale Psychiatriae Scalarum)
c.I.-Test	Kurztest für zerebrale Insuffizienz
DÄBl	*Deutsches Ärzteblatt*
DAR	*Deutsches Autorrecht*
DGPPN	Deutsche Gesellschaft für Psychiatrie, Psychotherapie und Nervenheilkunde
DGPs	Deutsche Gesellschaft für Psychologie
DIMDI	Deutsches Institut für Medizinische Dokumentation und Information
DMW	*Deutsche Medizinische Wochenschrift*
DÖD	*Der öffentliche Dienst*
DÖV	*Die Öffentliche Verwaltung*
DRiZ	*Deutsche Richterzeitung*
DSM-IV	Diagnostisches und Statistisches Manual Psychischer Störungen, Version IV
DVBl	*Deutsches Verwaltungsblatt*
EBME	einheitlicher Bewertungsmaßstab
EEG	Elektroenzephalogramm
EG	Europäische Gemeinschaft
EGStGB	Einführungsgesetz zum Strafgesetzbuch
EinglHV	Eingliederungshilfe-Verordnung
EQ	Entwicklungsquotient
ES	Entscheidungssammlung
EuGH	Europäischer Gerichtshof
FAF	Fragebogen zur Erfassung von Aggressivitätsfaktoren
FamRZ	*Zeitschrift für das gesamte Familienrecht*
FeV	Fahrerlaubnisverordnung
FGG	Gesetz über die Angelegenheiten der freiwilligen Gerichtsbarkeit
FG Prax	*Praxis der Freiwilligen Gerichtsbarkeit*
FPI	Freiburger Persönlichkeitsinventar

FuR *Familie und Recht*
GA *Goltdammer's Archiv für Strafrecht*
GBO Grundbuchordnung
GdB Grad der Behinderung
GG Grundgesetz
GGT Gammaglutamyltransferase
GOÄ Gebührenordnung für Ärzte
GVG Gerichtsverfassungsgesetz
HAMD Hamilton-Depressionsskala
HAWIE-R Hamburg-Wechsler-Intelligenz-Test für Erwachsene, Revision
HAWIK Hamburg-Wechsler-Intelligenztest für Kinder
HBG Hessisches Beamtengesetz
HGB Handelsgesetzbuch
HHG Häftlingshilfegesetz
HmBG Hamburger Beamtengesetz
Hs. Halbsatz
IA Intelligenzalter
ICD-10 International Classification of Diseases, 10. Auflage
IHK Industrie- und Handelskammer
InsO Insolvenzordnung
IQ Intelligenzquotient
JGG Jugendgerichtsgesetz
JR *Juristische Rundschau*
JuS *Juristische Schulung*
JVA Justizvollzugsanstalt
JVEG Justizvergütungs- und Entschädigungsgesetz
JZ *Juristenzeitung*
KAI Kurztest für allgemeine Basisgrößen der Informationsverarbeitung
KassKomm *Kasseler Kommentar*
KfZPflVV KfZ-Haftpflichtversicherung
KG Kammergericht oder Kommanditgesellschaft
KJHG Kinder- u. Jugendhilfegesetz
KK *Karlsruher Kommentar*
LAG Landesarbeitsgericht
LBG Landesbeamtengesetz
Lebenspartnerschaftsgesetz Lebenspartnerschaftsgesetz
LG Landgericht
Lit. Litera (Buchstabe)
LK *Leipziger Kommentar*
LR Löwe-Rosenberg
LSA Land Sachsen-Anhalt
LSG Landessozialgericht
MCV mittleres korpuskuläres Volumen der Erythrozyten
MdE Minderung der Erwerbsfähigkeit
MDR *Monatsschrift für deutsches Recht*
MedR *Zeitschrift für Medizinrecht*
MeSo *Medizin im Sozialrecht*
MFJFG Ministerium für Frauen, Jugend, Familie und Gesundheit
MMPI Minnesota Multiphasic Personality Inventory
MPU medizinisch-psychologische Untersuchung
MRT Magnetresonanztomographie
MRVG NW Maßregelvollzugsgesetz Nordrhein Westfalen
MschrKrim *Monatszeitschrift für Kriminologie und Strafrechtsreform*
MünchKomm *Münchener Kommentar*
MV, M-V Mecklenburg-Vorpommern
NA Neurologische Adaption
NBG Niedersächsisches Beamtengesetz
n. F. neue Fassung
NJOZ *Neue Juristische Online-Zeitschrift*
NJW *Neue Juristische Wochenschrift*
NJWE-FER *Neue Juristische Wochenschrift, Entscheidungsdienst Familien- und Erbrecht*
NJW-RR *Neue Juristische Wochenschrift, Rechtsprechungs-Report*
NStE *Neue Entscheidungssammlung für Strafrecht*
NStZ *Neue Zeitschrift für Strafrecht*
NStZ-RR *NStZ-Rechtsprechungs-Report*
n.v. nicht veröffentlicht
NVersZ *Neue Zeitschrift für Versicherung und Recht*
NVwZ *Neue Zeitschrift für Verwaltungsrecht*
NVwZ-RR *NVwZ-Rechtsprechungs-Report*
NW Nordrhein-Westfalen
NWVBl *Nordrhein-Westfälische Verwaltungsblätter*
NZA *Neue Zeitschrift für Arbeitsrecht*
NZA-RR *Rechtsprechungsreport Arbeitsrecht*
NZS *Neue Zeitschrift für Sozialrecht*
NZV *Neue Zeitschrift für Verkehrsrecht*
OEG Opferentschädigungsgesetz
OHG offene Handelsgesellschaft
OLG Oberlandesgericht
OVG Oberverwaltungsgericht
OWiG Gesetz über Ordnungswidrigkeiten
p.c. post conceptionem
16 PF 16-Persönlichkeitsfaktoren-Test
PGK Psychologisches Gutachten Kraftfahreignung
PolG Polizeigesetz
PSB Periodischer Sicherheitsbericht
PStG Personenstandsgesetz
PsychKG Gesetz über Hilfen und Schutzmaßnahmen bei psychischen Krankheiten
PTSD posttraumatische Belastungsstörung (post traumatic stress disorder)
Rn. Randnummer, Randnote
RegEntwurf Regierungsentwurf
RG Reichsgericht
RiA *Das Recht im Amt*
RiStBV Richtlinien für das Straf- und Bußgeldverfahren
RP Rheinland-Pfalz
R&P *Recht und Psychiatrie*
Rspr. Rechtsprechung
RVO Reichsversicherungsordnung
SächsBG Sächsisches Beamtengesetz
SBG Saarländisches Beamtengesetz
SchadÄndG Schadensersatzrechtsänderungsgesetz
SchKG Schwangerschaftskonfliktgesetz
SG Sozialgericht
SGB Sozialgesetzbuch
SGG Gesetz über die Sozialgerichtsbarkeit

SH	Schleswig-Holstein
SHT	Schädel-Hirn-Trauma
SK	Systematischer Kommentar
SKT	Syndromkurztest
SozR	Sozialrecht
SSRI	selektive Serotonin-Wiederaufnahmehemmer (selective serotonin reuptake inhibitors)
SSW	Schwangerschaftswoche
StA	Staatsanwalt(schaft)
StGB	Strafgesetzbuch
StPO	Strafprozessordnung
StR	Strafrecht
StrafFo	*Strafverteidiger-Forum*
StV	*Strafverteidiger*
StVG	Straßenverkehrsgesetz
StVollstrO	Strafvollstreckungsordnung
StVollzG	Strafvollzugsgesetz
StVZO	Straßenverkehrszulassungsordnung
THC	Tetrahydrocannabinol
ThürBG	Thüringer Beamtengesetz
TMT	Trail-Making-Test
TSG	Transsexuellengesetz
TSH	Thyreoidea-stimulierendes Hormon
UStG	Umsatzsteuergesetz
UStR	Umsatzsteuer-Richtlinien
Var.	Variante
VersR	Versicherungsrecht
VerwRspr	Verwaltungsrechtsprechung
VG	Verwaltungsgericht
VGH	Verwaltungsgerichtshof
VRS	Verkehrsrechtliche Sammlung
VV	Verwaltungsvorschriften
VVG	Versicherungsvertragsgesetz
VwGO	Verwaltungsgerichtsordnung
VwVfG	Verwaltungsverfahrensgesetz
WM	*Wertpapiermitteilungen*
ZBR	*Zeitschrift für Beamtenrecht*
ZEV	*Zeitschrift für Erbrecht und Vermögensnachfolge*
ZfStrVo	*Zeitschrift für Strafvollzug und Straffälligenhilfe*
ZIP	*Zeitschrift für Wirtschafts- und Insolvenzpraxis*
ZPO	Zivilprozessordnung
ZR	Zentralrat
ZRP	*Zeitschrift für Rechtspolitik*
ZSEG	Gesetz über die Entschädigung von Zeugen und Sachverständigen
ZStW	*Zeitschrift für die gesamte Strafrechtswissenschaft*
ZZP	*Zeitschrift für Zivilprozess*

Grundlagen psychiatrischer Begutachtung

Begutachtungen von Patienten mit psychischen Störungen stellen einen wesentlichen Teil der Tätigkeit im Fachgebiet der Psychiatrie und Psychotherapie dar. Dabei sind die Rahmenbedingungen für einzelne Beteiligte gelegentlich nicht ganz klar oder nicht einfach nachvollziehbar: Zu verschieden sind die Herangehensweisen von Ärzten zur Beschreibung und Klassifikation einer psychischen Störung einerseits und der Umgang mit Rechtsfragen durch Juristen andererseits, und zu heterogen sind die Erwartungen an eine solche Begutachtung.
Die Kunst der qualifizierten psychiatrischen Begutachtung liegt gerade in diesem Brückenschlag: Von einer persönlichen Exploration und Untersuchung einer Person ausgehend, soll ein psychischer Befund erhoben, ggf. eine psychische Störung diagnostiziert und auf diesem Hintergrund eine spezielle Frage beantwortet werden.

1.1 Rahmenbedingungen

Der psychiatrische Sachverständige steht in einem Spannungsfeld unterschiedlicher Erwartungen der Öffentlichkeit, der Justiz und des zu begutachtenden Probanden und trägt eine besondere, vielschichtig begründete Verantwortung (Foerster 2003, S. 81 ff.).

Der Sachverständige muss ganz unterschiedliche Reaktionen von außen auf sein Handeln ertragen können: Er ist sowohl angesehen wie angefeindet, er wird ebenso geschätzt wie verachtet. […] Der psychiatrische Sachverständige kann nicht jede juristische Frage beantworten. Er muss sich der prinzipiellen Grenzen seiner Kompetenz bewusst sein, insbesondere ist die forensische Psychiatrie und Psychotherapie nicht geeignet, allgemeine gesellschaftliche oder politische Fragen zu lösen. Zwar ist es sicherlich positiv, dass die Rechtsprechung sich gegenüber psychiatrischen und psychotherapeutischen Erkenntnismöglichkeiten öffnet. Andererseits darf nicht jedes sozial auffällige Verhalten der Psychopathologie zugeordnet werden. Nicht jede Abweichung ist Ausdruck einer schweren psychischen Störung. Nicht für jedes sozial dysfunktionale oder destruktive Verhalten ist der Psychiater zuständig. (Foerster 2002, S. 30 ff.)

Immer häufiger haben gerichtlich bestellte Sachverständige eine wesentliche Rolle in Rechtsstreitigkeiten. Etwa 95 Prozent der Richter folgen in ihrer Entscheidung letztlich dem Sachverständigengutachten (Rauscher 2002, S. 584; Hörner et al. 1988, S. 395 ff.). Auch wenn der Richter, nicht der Sachverständige die Entscheidung in einem Verfahren treffen soll, so benötigt er zur juristischen Beurteilung entscheidungserheblicher Sachverhalte deren Aufklärung und Beratung durch einen Sachverständigen, wenn ihm selbst die Kenntnisse zur fachlichen Beurteilung fehlen. Im Folgenden soll die Aufgabe des psychiatrischen Sachverständigen in den verschiedenen Gerichtsverfahren dargestellt werden, ob man ihn nun despektierlich als Gehilfen des Gerichts oder angemessener als eigenständigen, seiner Wissenschaft und der Neutralität verpflichteten Forscher ansieht, der eine Behörde oder nicht öffentliche Einrichtung bei der Lösung eines konkreten Problems berät.

Kriterien, an denen ein Sachverständiger zu messen ist

- Fragestellung im Kompetenzbereich (Facharzt für Psychiatrie und Psychotherapie, Schwerpunktbezeichnung Forensische Psychiatrie, DGPPN-Zertifikat Forensische Psychiatrie)
- Unbefangenheit, Objektivität und Neutralität gegenüber Auftraggeber und zu Begutachtendem
- Belehrung des Probanden
- Akten, insbesondere ärztliche Aufzeichnungen, umfangreich zugrunde gelegt
- Psychiatrisch-psychotherapeutische Exploration und Untersuchung ausführlich durchgeführt und Inhalte sowie psychopathologischer Befund breit und nachvollziehbar dokumentiert
- Allgemeine körperliche und neurologische Untersuchung durchgeführt bzw. vorhandene Befunde dargestellt
- Zusatzuntersuchungen erwogen bzw. durchgeführt und dargestellt

▼

- Diagnosen entsprechend standardisierten Katalogen gestellt (ICD-10, DSM-IV)
- Klare, sich aus dem Bisherigen ableitende Beantwortung der gestellten Fragen
- Widersprüche und Grenzen der Beurteilung dargestellt und diskutiert
- Nicht allgemein bekannte Sachverhalte mit Literaturzitaten belegt
- Kollegialer, aber kritischer und unabhängiger Umgang mit Vorgutachtern
- Keine Äußerung zu reinen Rechtsfragen bzw. sehr zurückhaltender Umgang damit
- Namentliche Nennung von Mitarbeitern (»Hilfskräften«) sowie ggf. Schilderung von Art und Umfang ihrer Aufgabengebiete
- Form des Gutachtens angemessen (verständliche Sprache für Auftraggeber sowie den zu Begutachtenden, klarer Stil, Beschränkung auf das inhaltlich Wesentliche, Seiten umfangreich bedruckt)
- Preis-Leistungs-Verhältnis sowie Zeitdauer der Gutachtenerstellung angemessen

1.1.1 Das psychiatrische Gutachten

Zu unterscheiden ist zwischen dem fachärztlichen Gutachten und der gutachterlichen Stellungnahme: Bei einem Gutachten handelt es sich um eine wissenschaftliche Tätigkeit, mit anerkannten Methoden und Kriterien nach feststehenden Regeln Informationen zu konkreten Fragestellungen zu gewinnen und zu interpretieren, um fundierte Feststellungen zu treffen (Kühne u. Zuschlag 2001, S. 8 f.). Eine gutachterliche Stellungnahme stellt dagegen lediglich eine kurz gefasste Beantwortung einzelner (Beweis-)Fragen dar.

Üblicherweise wird in den meisten Anfragen ein schriftliches Gutachten von dem Sachverständigen erbeten. Nur im Strafrecht haben solche schriftlichen Gutachten lediglich vorbereitenden Charakter. Wurden dem Sachverständigen die gesamten Akten zugeleitet, so entscheidet er darüber, was für sein Gutachten relevant ist und ob noch weitere Tatsachen für die Aufklärung des Sachverhaltes benötigt werden.

Für den Inhalt eines psychiatrischen bzw. psychologischen Gutachtens erfordert das Gesetz keinen bestimmten Aufbau. Entscheidend bleibt allein, dass für die Beteiligten überprüfbar ist, auf welche Art und Weise der Sachverständige sein Ergebnis gewonnen hat (BGH NStZ 2001, S. 45). Es kommt also darauf an, dass der Sachverständige seine Entscheidungsgrundlage nachvollziehbar darstellt.

Dazu gehört z. B. bei psychiatrischen Gutachten die genaue Angabe der Untersuchungsergebnisse. Bei psychologischen Gutachten ist die Mitteilung der einzelnen erhobenen Testergebnisse in Relation zu den Normbefunden zwingend, damit die gutachterlichen Einschätzungen aus den erhobenen und präsentierten Befunden, den eigenen Angaben des Untersuchten und der Aktenlage rekonstruierbar sind.

Ein schriftliches Gutachten, gleich für welchen juristischen Bereich, hat allerdings eine immer wiederkehrende Grundstruktur, wobei sich selbstverständlich gewisse Unterschiede nach der jeweiligen Fragestellung ergeben werden. Nach dem sogenannten Vorspann, der unter anderem die Personalien des Sachverständigen, das Datum, das Aktenzeichen, die Prozessparteien und die Personalien des zu Begutachtenden und exakt die verwerteten Unterlagen enthält, zitiert der Sachverständige im Hauptteil des Gutachtens zunächst die Beweisfrage. Dabei sind die für das Gutachten relevanten Teile umfassend in den Aktenauszug des Gutachtens aufzunehmen. Der Gutachter muss klarstellen, von welchem Sachverhalt er ausgeht, indem er die ihm vom Gericht vorgelegten Tatsachen (sog. Anknüpfungstatsachen) anführt (vgl. § 404a Abs. 3 ZPO). Er darf nur diese beurteilen und hat Rechtsausführungen zu unterlassen.

Es folgen die Tatsachen, die der Sachverständige selbst aufgrund seiner spezifischen Kenntnisse festgestellt hat, um sie dem Gericht zu vermitteln (sog. Befundtatsachen). Um solche Befundtatsachen handelt es sich bei der Befragung der zu begutachtenden Person. Diese münden in dem psychopathologischen Befund und ggf. in einer psychiatrischen Diagnose, vorzugsweise entsprechend ICD-10, ggf. auch nach DSM-IV kodiert (vgl. Kap. 1.3). Am Schluss des Gutachtens steht eine Zusammenfassung, die die fach- und sachkundigen Schlussfolgerungen des Gutachters enthält und die gestellten Fragen ausreichend beantwortet.

Es gibt keine normativen Vorgaben für die Abfassung eines psychiatrischen oder psychologischen Gutachtens. Trotzdem ist es für die Praxis zielführend, wenn die folgenden Inhaltspunkte integriert werden:

- Adressat, Aktenzeichen,
- Auftraggeber, Fragestellung,
- Grundlage der Begutachtung (Informationsquellen, Exploration und Untersuchung vs. Gutachten nach Aktenlage, Zusatzgutachten),
- Informationen über Aufklärung und Einverständnis des zu Begutachtenden,
- Aktenlage mit Sachverhaltsschilderung,
- eigene Angaben des Probanden,
- Untersuchungsbefunde,
- ggf. Diagnose (ICD-10, DSM-IV),
- zusammenfassende Beurteilung und forensisch-psychiatrische Einschätzung.

Eine ausführliche Darstellung relevanter Informationen findet sich in ► Kap. 1.6 sowie in einem Beispiel in ► Kap. 1.7; explizite Richtlinien nur für psychologische Gutachten wurden vom Berufsverband Deutscher Psychologinnen und Psychologen (BDP) und der wissenschaftlichen Fachgesellschaft Deutsche Gesellschaft für Psychologie (DGPs) vorgelegt (Kühne u. Zuschlag 2001). Für spezielle Fragestellungen gibt es gelegentlich konkrete Leitlinien für die Erstellung von Gutachten; beispielhaft seien die Hinweise für Gutachter der Gutachterkommission für ärztliche Behandlungsfehler bei der Ärztekammer Nordrhein oder die Leitlinie gem. § 16 Abs. 4 des Maßregelvollzugsgesetzes des Landes Nordrhein-Westfalen (MRVG NW) genannt, herausgegeben von der Ärztekammer Nordrhein. Für letztere ist eine Liste geeigneter Sachverständiger eingeführt worden, die vom Landesbeauftragten für den Maßregelvollzug Nordrhein-Westfalen geführt wird.

Für einige weitere Rechtsbereiche wurden bereits Mindestanforderungen an Gutachter und Gutachten aufgestellt, so zum Beispiel für Schuldfähigkeitsgutachten von einer interdisziplinären Arbeitsgruppe, bestehend aus Richtern am Bundesgerichtshof, Bundesanwälten, forensischen Psychiatern und Psychologen, Sexualmedizinern und Juristen (Boetticher et al. 2005).

Grundsätzlich soll der Gutachter in der gesamten Arbeit eine möglichst auch dem Laien verständliche Sprache verwenden, um Missverständnisse seitens des Auftraggebers zu vermeiden. Das Ziel besteht darin, die psychiatrischen und psychologischen Ausführungen des Sachverständigen für das Gericht nachvollziehbar zu schildern. Der Richter bzw. der Auftraggeber soll sich selber ein umfassendes Bild von der Persönlichkeit der betroffenen Personen machen können, um darauf seine Entscheidung aufzubauen.

Allerdings ist auch zu berücksichtigen, dass derartige Gutachten nicht nur im Rahmen der Anforderung des zugrunde liegenden Sachverhalts, sondern auch weit darüber hinaus Verwendung finden können. Abzulehnen ist deshalb die gelegentliche Intention von Auftraggebern, die Aktenlage und die Beweisfragen, die zum Gutachtenauftrag geführt haben, nicht im Gutachten zu wiederholen. Jedes Gutachten, nicht nur ein zivilrechtliches, muss auch für sich alleine stehen können, d. h. aus sich heraus nachvollziehbar und verständlich sein.

Sollte ein Proband die deutsche Sprache nicht beherrschen, ist ein Dolmetscher des Herkunftslandes hinzuzuziehen. Dies ist dem Gericht im Voraus mitzuteilen. Ein Dolmetscher soll grundsätzlich wörtlich übersetzen, da ansonsten ein angemessener psychopathologischer Befund nicht erstellt und die notwendigen Informationen nur eingeschränkt eingeholt werden können. Ein solcher Dolmetscher muss allgemein vereidigt sein; Listen mit entsprechenden Dolmetschern liegen bei den Präsidenten der lokalen Gerichte vor. Es ist nicht zielführend, auf einen Dolmetscher zu verzichten, um Kosten zu sparen. Weitaus wichtiger erscheint das perfekte Verständnis eines Probanden, auch wenn im Einzelfall der Dolmetscher im Rahmen der gutachterlichen Exploration und Untersuchung nur gelegentlich benötigt wird.

Sofern Krankenberichte oder Krankengeschichten eingesehen werden sollen, muss der Proband die ihn vormals behandelnden Ärzte namentlich ausdrücklich und schriftlich von ihrer Schweigepflicht befreien (Parzeller et al. 2005, S. A 289 ff.). Die Offenbarung seines Patientengeheimnisses kann der Patient gestatten, indem er nach außen

```
Hiermit entbinde ich, Petra K., geb. 24.06.1935, die mich behandelnden Ärzte im Lukas-Krankenhaus Wuppertal und Herrn Dr. P. Wegener, Wuppertal, gegenüber Prof. Dr. Dr. F. Schneider zum Zwecke der Begutachtung für die Staatsanwaltschaft Wuppertal von der ärztlichen Schweigepflicht.

Wuppertal, den 22.09.2005

[Unterschrift]
```

Muster 1.1. Schweigepflichtsentbindung

erkennbar darin einwilligt. Dies geschieht üblicherweise mit einem Formulartext (Muster 1.1).

Voraussetzung für die Entbindung von der Schweigepflicht ist, dass der Betroffene darüber informiert wird, wer welche Informationen über ihn erhalten soll.

Wenn eine gesetzliche Betreuung besteht, muss der Betreuer weder das Einverständnis zur Exploration erklären noch die Schweigepflichtsentbindung unterzeichnen, soweit der Betreute Einwilligungsfähigkeit besitzt. Die Einwilligungsfähigkeit zu prüfen, ist Sache des Arztes. Da die Einwilligung keine rechtsgeschäftliche Willenserklärung darstellt, kommt es nicht auf die bürgerlich-rechtliche Geschäftsfähigkeit des Patienten im Sinne der §§ 104 ff. BGB an, sondern vielmehr auf die natürliche Einsichts-, Urteils- und Verständnisfähigkeit.

! Ein Vermerk zur Geschäftsfähigkeit auf dem Formular über die Entbindung von der ärztlichen Schweigepflicht kann daher zwar eventuell Schlüsse auf die Einwilligungsfähigkeit zulassen, muss aber nicht zwingend vorgenommen werden.

Ob der Sachverständige den Probanden über seine Schweigepflicht belehren muss, ist umstritten (Schreiber u. Rosenau 2004, S. 133). Die Verfahrensgesetze behandeln den Sachverständigen ebenso wie den Zeugen als ein Beweismittel. Auch wenn er gegenüber dem Beschuldigten wie ein Vernehmender auftritt, handelt es sich bei seiner Exploration rechtlich gerade nicht um eine Vernehmung. Eine Belehrung erscheint aus diesem Grund nicht zwingend notwendig. Um aber in jedem Fall die prozessualen Rechte des Beschuldigten zu wahren, sollten ihm vor dem Gespräch folgende Informationen vom Sachverständigen mitgeteilt werden:
- Auftraggeber und Fragestellung des Gutachtens sowie die Rolle des Sachverständigen im konkreten Verfahren;
- vorgesehene Schritte der geplanten Exploration und Untersuchung (inkl. der geplanten Zusatzuntersuchungen);
- mögliche Konsequenzen im Rahmen des Gutachtenauftrages;
- dass es dem Probanden zur freien Entscheidung ansteht, Angaben zu machen (alle oder auch nur einzelne Fragen können beantwortet werden);
- keine Vertraulichkeit der Informationsweitergabe (es besteht die grundsätzliche Verpflichtung des Sachverständigen gegenüber dem Gericht zur Aussage);
- Möglichkeit der Hinzuziehung eines Anwalts zur Beratung über die Mitwirkung vor Entscheidung zur Mitarbeit.

Es ist in der Regel wenig zweckdienlich, das Ergebnis der Begutachtung am Ende mit dem Probanden oder seinen Rechtsvertretern zu diskutieren. Die Entscheidung in einem Verfahren liegt grundsätzlich nicht bei dem Sachverständigen, worauf stets hingewiesen werden sollte.

Üblicherweise wird das Gutachten in zweifacher Ausfertigung an den Auftraggeber übersendet. Eine Kopie des Gutachtens verbleibt bei dem Sachverständigen und ist auch entsprechend in Rechnung zu stellen. Manche Behörden bitten um die Übersendung einer größeren Zahl von Exemplaren, was im Gutachtenauftrag notiert sein wird. Die Honorarnote wird ebenfalls üblicherweise in zweifacher Ausfertigung eingereicht.

Eine Aufbewahrungspflicht für Gutachten und vorbereitende Materialien und Protokolle besteht für den Sachverständigen nicht. Allerdings sollten alle Unterlagen bis zum rechtsgültigen Abschluss des Verfahrens zur Verfügung stehen.

1.1.2 Der Sachverständige im Zivilprozess

Das Gutachten eines Arztes für Psychiatrie und Psychotherapie dient im Zivilprozess in erster Linie dazu, die Beeinträchtigung der Fähigkeit zur eigenverantwortlichen Lebensgestaltung einer Person zu beurteilen. Dabei geht es bei einem psychiatrischen Gutachter und seiner Tätigkeit unter anderem um die Feststellung

- der Verschuldensfähigkeit,
- der Voraussetzungen für die Anordnung einer Betreuung, eines Einwilligungsvorbehaltes oder einer Unterbringung,
- der Geschäftsfähigkeit einer Person,
- der Testierfähigkeit,
- der Prozessfähigkeit.

Erhebung eines Sachverständigenbeweises

Im Zivilverfahren streiten stets zwei Parteien über einen prozessualen Anspruch. Um zu einer Sachentscheidung zu kommen, muss das Gericht die Schlüssigkeit des Klägervorbringens sowie die Erheblichkeit des Beklagtenvorbringens prüfen. Dabei ergeben sich die zwischen den Parteien streitigen Tatsachen, auf die es für die Entscheidung des Rechtsstreites ankommt. Fehlt dem Richter zur Ermittlung oder Beurteilung dieser Tatsachen das erforderliche Fachwissen, so hat er einen Sachverständigenbeweis zu erheben. Die Entscheidung darüber trifft das Gericht nach pflichtgemäßem Ermessen und ist dabei generell vom Antrag der Parteien unabhängig. Die Möglichkeit der Parteien, gem. § 403 ZPO einen Antrag auf Erhebung eines Sachverständigenbeweises zu stellen, stellt vielmehr nur eine Anregung an das Gericht dar (Zöller-Greger 2002, § 403 Rn. 1). Denn der Tatrichter darf auch ohne Beweisantritt Gutachten einholen (§ 144 Abs. 1 und § 287 Abs. 1 S. 2 ZPO) oder bei eigener Sachkunde sogar ganz auf eine Begutachtung verzichten. Soweit der Kläger den Beweis antritt, hat er in finanzielle Vorleistung zu treten (§§ 402, 379 ZPO). Andernfalls wird in der Regel kein Gutachten eingeholt. Dies mag dann eher negative Auswirkungen auf den Erfolg seiner Klage haben.

Soll also die Vernehmung eines Sachverständigen erfolgen, so erlässt der Richter einen Beweisbeschluss, aus dessen Inhalt sich der Gutachtenauftrag ergibt. Das Gericht darf sich aus diesem Grund nicht mit einer pauschalen Beauftragung begnügen, sondern es hat gem. § 359 Nr. 1 ZPO alle streitigen Tatsachen, über die Beweis erhoben werden soll, im Einzelnen anzugeben. Der Beweisbeschluss trifft auch darüber eine Aussage, ob die Auskunftsperson als Sachverständiger, als Zeuge oder sachverständiger Zeuge vernommen wird (§ 359 Nr. 2 ZPO).

Der Sachverständigenbeweis ist im Einzelnen in den §§ 402 ff. ZPO geregelt. Eine Definition des Begriffs des Sachverständigen findet sich dort aber nicht. Im Allgemeinen versteht man unter einem Sachverständigen eine Person, die ihre besondere Sachkunde dem Gericht bei der Entscheidung eines Rechtsstreites zur Verfügung stellt (Jessnitzer u. Frieling 2001, S. 1). Als sachkundig gilt derjenige, der über bestimmte Kenntnisse oder Fähigkeiten verfügt, die zur Erfassung der für die Beurteilung maßgeblichen tatsächlichen Gegebenheiten und damit für die Entscheidung des Rechtsstreites notwendig sind. Zur Überprüfung dieser Kenntnisse wird eine entsprechende Berufsausbildung vorausgesetzt; darüber hinaus werden berechtigterweise überdurchschnittliche Fachkenntnisse in dem jeweiligen Betätigungsgebiet verlangt (Wellmann 1997). Für die Begutachtung psychisch Kranker heißt dies zunächst die abgeschlossene Weiterbildung zum Facharzt für Psychiatrie und Psychotherapie bzw. Nervenarzt sowie die zusätzliche Qualifikation mit der Schwerpunktbezeichnung »Forensische Psychiatrie« als Ergänzung zum Facharzttitel bzw. dem Zertifikat »Forensische Psychiatrie« durch die psychiatrische Fachgesellschaft DGPPN (s. unten).

Im Unterschied zum Zeugen, der über eigene Wahrnehmungen aussagt, vermittelt der Sachverständige dem Richter das fehlende Fachwissen zur Beurteilung von Tatsachen (BGH NJW 1993, S. 1797) und berät ihn somit in seinen Entscheidungen. Der Unterschied liegt also darin, dass der Sachverständige im Gegensatz zum Zeugen durch jede andere Person mit entsprechendem Wissen ersetzt werden kann.

! Sofern Ärzte und Diplompsychologen vor Gericht gerufen werden, um zum Beispiel nach Entbindung von der Schweigepflicht über Beobachtungen auszusagen, die sie während der Erfüllung ihrer beruflichen Tätigkeit als Behandler des zu Beurteilenden gemacht haben, sind sie deshalb sog. sachverständige Zeugen, keine Sachverständigen.

Berichtet also eine Vernehmungsperson nur über die eigene Wahrnehmung vergangener Tatsachen, so bleibt sie Zeuge. Dies gilt auch dann, wenn die Person die zu bekundenden Wahrnehmungen aufgrund ihrer besonderen Sachkunde gemacht hat und dementsprechend als sachverständiger Zeuge gem. § 414 ZPO anzusehen ist. Diese Regelung soll klarstellen, dass sachverständige Zeugen echte Zeugen und keine Sachverständigen sind (MünchKomm-Damrau 2000, § 414 Rn. 2). Es ist nicht allein die Sachkunde, die eine Beweisperson zum Sachverständigen werden lässt. Sachverständiger wird man vielmehr erst dann, wenn eine Person aufgrund ihrer Fachkenntnisse Schlüsse auf Ursache und Wirkung z. B. einer Erkrankung zieht (Thomas u. Putzo 2002, § 414 Rn. 1).

Wagner und Cramer (2002, B2248) weisen darauf hin, dass es sich schon bei der Ableitung einer Diagnose aus vorangegangenen Symptomen des eigenen Patienten um eine eindeutige Sachverständigentätigkeit handelt: Der Arzt wendet sein medizinisches Fachwissen auf einen bestimmten Sachverhalt an und gelangt damit zu konkreten Ergebnissen. Noch klarer wird die Sachverständigenrolle, wenn der Arzt eine Prognose erstellt, zum Beispiel über den Krankheitsverlauf.

Zur Abgrenzung lässt sich demnach festhalten, dass ein Zeuge lediglich aufgrund eigener Wahrnehmung über vergangene Tatsachen und Zustände aussagt und aufgrund dessen unersetzbar ist. Demgegenüber ist zum Beispiel ein Facharzt für Psychiatrie und Psychotherapie oder ein Diplompsychologe sachverständiger Zeuge, wenn er im Zusammenhang mit der Klärung einer Krankheit eines Patienten, der sich in seiner Behandlung befunden hat, befragt wird.

! Soll der Facharzt für Psychiatrie und Psychotherapie oder der Diplompsychologe nicht allein etwas über die aufgrund seiner besonderen Sachkunde wahrgenommenen Tatsachen aussagen, sondern vielmehr auch etwas über Ursache und Wirkung sowie zu Diagnose und Prognose einer Krankheit bekunden, so muss er als Sachverständiger hinzugezogen und auch vergütet werden.

Entscheidend ist diese Abgrenzung insbesondere auch aufgrund der Konsequenzen auf die Entschädigung im Rahmen des JVEG (► Kap. 1.1.6). Dabei gilt, dass dem sachverständigen Zeugen lediglich eine Entschädigung als Zeuge und nicht als Sachverständiger zukommt (Stein u. Jonas-Leiphold 1999, § 414 Rn. 3). Zu beachten ist allerdings, dass sich die Eigenschaft der Vernehmungsperson unabhängig von der Ladung ausschließlich danach richtet, wie er von dem Gericht konkret herangezogen wurde (OLG Hamm, VersR 1983, S. 544). Weiterhin kommt es in der gerichtlichen Praxis häufig vor, dass dieselbe Person sowohl als Zeuge als auch als Sachverständiger gehört wird. In solchen Fällen wird der Arzt bzw. Psychologe für die gesamte Dauer seiner Vernehmung als Sachverständiger entschädigt (Rieger 2001, S. 4660).

Auswahl und Ablehnung des Sachverständigen

Auswahl

Jede natürliche Person kann zum Sachverständigen bestellt werden. Daneben besteht aber auch die Möglichkeit, Behörden oder sonstige öffentliche Stellen mit Sachverständigengutachten zu betrauen. Dies ergibt sich aus § 1 Abs. 2 JVEG. Allerdings ist die Beauftragung einer Klinik oder einer anderen Institution als Gutachter ohne die Bezeichnung einer bestimmten Person aufgrund § 407a ZPO, der eine **persönliche** Gutachterpflicht normiert, unzulässig (BSG, NJW 1973, S. 1438).

! Das Gericht muss den Sachverständigen in Person benennen.

Soweit es zum Beispiel um die Anordnung der Betreuung wegen einer psychischen Krankheit oder Behinderung geht, sind Fachärzte für Psychiatrie und Psychotherapie, Fachärzte für Psychiatrie oder Nervenärzte als Sachverständige für die Beurteilung heranzuziehen, ob eine Betreuung notwendig ist (BayObLG, FamRZ 1993, S. 352; dazu ausführlich ▶ Kap. 5). Wem der Gutachtenauftrag im Einzelfall erteilt wird, hängt dann von der jeweiligen Art der Krankheit oder Beeinträchtigung des Betroffenen ab. Entscheidende Qualifikation ist allein die Approbation und unter Umständen die Anerkennung als Facharzt, nicht aber ein bestimmtes Angestelltenverhältnis, die dienstrechtliche Stellung oder die kassenärztliche Anerkennung (Bienwald 1999, § 68b FGG, Rn. 38). Allerdings ist – unabhängig davon – vom Sachverständigen selbst, sofern er angestellt oder verbeamtet tätig ist, ggf. eine Nebentätigkeitsgenehmigung von seinem Dienstherren einzuholen.

! Aus medizinischer Sicht ist bei der Beurteilung psychischer Störungen die Beauftragung von Nichtfachärzten auszuschließen, da nur psychiatrisch psychotherapeutisch weitergebildete Ärzte über die nötige Sachkunde im Fachgebiet der Psychiatrie und Psychotherapie, einschließlich der forensischen Psychiatrie, verfügen.

Diese Problematik betrifft beispielsweise praktische Ärzte, Allgemeinmediziner, Rechtsmediziner oder viele Amtsärzte, die in der Regel keine eingehenden Kenntnisse und Fertigkeiten im psychiatrisch-psychotherapeutischen Bereich erworben haben. Auch approbierte Ärzte ohne Facharztanerkennung, z. B. auch Assistenzärzte, sollten nicht als entsprechende Gutachter beauftragt werden. Gegebenenfalls sind, je nach konkreter Fragestellung, weitere, sog. Zusatzgutachten von Ärzten anderer, nichtpsychiatrischer Disziplinen hinzuzuziehen.

Die Auswahl des hinzuzuziehenden Sachverständigen unter mehreren geeigneten erfolgt grundsätzlich nach pflichtgemäßen Ermessen durch das Prozessgericht (§ 404 Abs. 1 ZPO). Lediglich dann, wenn sich beide Parteien über die Person des Sachverständigen einigen, ist das Gericht grundsätzlich daran gebunden (§ 404 Abs. 4 ZPO).

Kommt das Gericht zu der Überzeugung, dass es die für die Entscheidung erforderlichen Sachkenntnisse nur durch mehrere Gutachter erlangen kann, so steht es dem Richter frei, gleichzeitig mehrere Sachverständige zu einem Beweisthema zu ernennen. Insbesondere steht die Vernehmung eines anderen Sachverständigen dann in Betracht, wenn das Gericht das Gutachten des ersten Sachverständigen für ungenügend erachtet (§ 412 Abs. 1 ZPO).

Gerade im Bereich der Psychiatrie und Psychotherapie wird die Zuziehung eines weiteren Sachverständigen aus dem gleichen Fachgebiet aber auch für zulässig oder sogar geboten erachtet, selbst wenn das vorliegende Gutachten nicht für ungenügend gehalten wird. So kann der Richter sich bei besonders schwierigen Fragen dahingehend versichern, ob übereinstimmende Ergebnisse erzielt werden (BGH FamRZ 1962, S. 115; für das Strafrecht auch BayObLG, NJW 1956, S. 1001), wobei zu beachten ist, dass ein solches Vorgehen nicht der gängigen Praxis entspricht. Diese Sonderstellung psychiatrischer Begutachtung im Zusammenhang der anderen medizinischen Fächer ist wissenschaftlich nicht haltbar und nur noch historisch verständlich.

Ablehnung

Die Ablehnung eines Sachverständigen erfolgt aus denselben Gründen, die zur Ablehnung eines Richters berechtigen (§ 406 Abs. 1 ZPO). Diese Gründe ergeben sich aus den §§ 41 und 42 ZPO. Danach liegt ein Ablehnungsgrund u. a. in solchen Angelegenheiten vor, in denen der Sachverständige selber (§ 41 Nr. 1 ZPO) oder etwa sein Ehegatte (§ 41 Nr. 2 ZPO) Partei im Prozess ist.

Größere praktische Bedeutung hat der Ablehnungsgrund des Sachverständigen wegen Besorgnis der Befangenheit (§ 42 Abs. 2 ZPO).

! Danach gilt ein Sachverständiger als befangen, wenn Zweifel an seiner Unparteilichkeit bestehen, etwa weil er in verwandtschaftlichen Beziehungen oder Freundschaften zu einer Partei steht oder diese zuvor schon, z. B. als Arzt oder Psychologe, behandelt hat (vgl. Jessnitzer u. Frieling 2001, S. 113 ff.).

Ein Recht zur Selbstablehnung, welches gem. § 48 ZPO für den Richter möglich ist, gibt es dagegen für den Sachverständigen nicht. Lehnt der Sachverständige eine Begutachtung unter Hinweis auf seine Befangenheit ab, wird das Gericht aber zu prüfen haben, ob die vorgetragenen Gründe Anlass dazu bieten, ihn nach § 408 Abs. 1 S. 2 ZPO von der Verpflichtung zur Erstattung des Gutachtens zu entbinden (Jessnitzer u. Frieling 2001, S. 141).

Des Weiteren muss das Gericht beachten, dass die Pflicht zur Erstattung eines Gutachtens dann nicht mehr zumutbar ist, wenn wegen der Sachverständigentätigkeit die sonstige Berufsarbeit vernachlässigt würde. So ist z. B. bei verbeamteten Professoren die Forschung bzw. Lehre oder die Tätigkeit in der Klinik genauso wichtig wie die Erstattung von Gutachten.

! Hat ein ernannter Sachverständiger allerdings den Gutachtenauftrag angenommen, gibt es für ihn – abgesehen von einer eigenen schweren Erkrankung – kaum eine Möglichkeit mehr, diesen zu einem späteren Zeitpunkt zurückzugeben.

Trotz der den Ärzten gem. § 407 Abs. 1 Var. 3 ZPO obliegenden Pflicht zur Gutachtenerstattung kann der vom Gericht als Sachverständiger bestellte Psychiater und Psychotherapeut außerdem aus den gleichen Gründen, die einen Zeugen zur Zeugnisverweigerung berechtigen (§ 383 ZPO), das Gutachten verweigern (§ 408 Abs. 1 S. 1 ZPO). Ein Psychiater und Psychotherapeut darf sich demnach unter anderem auf seine Schweigepflicht berufen. Er ist als Sachverständiger zwar aussageberechtigt; die aus einer früheren Behandlung resultierenden Kenntnisse kann er aber nur dann verwerten, wenn der Patient ihn von der Verschwiegenheit ausdrücklich und – aus Beweisgründen – möglichst auch schriftlich entbindet (Laufs u. Uhlenbruck-Schlund 2002, S. 567).

Möchte ein Sachverständiger sein Recht zur Verweigerung des Gutachtens geltend machen, so stehen ihm zwei Möglichkeiten zur Verfügung. Er kann zum einen zum Vernehmungstermin erscheinen und dort seine Verweigerung mit Darlegung der Tatsachen, auf die er seine Weigerung stützt, vortragen. Praktischer ist es, gem. § 386 Abs. 3 ZPO vorher seine Zeugnisverweigerung schriftlich zu erklären.

Die Grundpflichten des Sachverständigen

Die Tätigkeit des Sachverständigen richtet sich darauf, den Richter bei der Feststellung von Tatsachen zu unterstützen. Weiterhin hat er dem Gericht seine Kenntnis von abstrakten Erfahrungssätzen in dem in Frage stehenden Zusammenhang mitzuteilen. Dazu wird er aufgrund seiner besonderen Sachkunde in der Lage sein; vor allem benötigt er die Fähigkeit, diese Erfahrungssätze auf einen feststehenden Sachverhalt anzuwenden und hieraus Schlussfolgerungen zu ziehen.

Die Pflicht aus § 407a ZPO

Die wesentlichen Pflichten des Sachverständigen sind in § 407a ZPO, der sinngemäß für alle anderen Verfahrensarten und somit u. a. für den Strafprozess, den Sozialgerichtsprozess und das verwaltungsgerichtliche Verfahren gilt, ausdrücklich gesetzlich geregelt. Diese durch das Rechtspflegevereinfachungsgesetz mit Wirkung ab dem 01.04.1991 eingeführte Vorschrift soll nach dem Willen des Gesetzgebers vor allem vermeidbaren Verzögerungen entgegenwirken und die Praxis des Sachverständigenbeweises vereinheitlichen (Stein u. Jonas-Leipold 1999, § 407a ZPO, Rn. 1).

! Gemäß § 407a Abs. 1 ZPO hat der Sachverständige zunächst unverzüglich zu prüfen, ob der ihm vom Gericht gestellte Auftrag in sein Fachgebiet fällt und von ihm auch ohne Hinzuziehung weiterer Sachverständiger erledigt werden kann. Anderenfalls muss er das Gericht unverzüglich verständigen. Eine schnelle Information ermöglicht es dem Gericht, evtl. noch weitere Sachverständige hinzuzuziehen oder einen anderen Sachverständigen zu bestellen.

Der Sachverständige selbst ist nicht befugt, den Auftrag auf einen anderen Sachverständigen zu übertragen. Soweit er sich der Mitarbeit einer anderen Person bedient, hat er diese zu benennen und den Umfang ihrer Tätigkeit anzugeben, falls es sich nicht um Hilfsdienste von untergeordneter Bedeutung handelt, § 407a Abs. 2 ZPO. Untergeordnete Dienste sind z. B. die Feststellung einfacher Befunde für ein ärztliches Gutachten (Jessnitzer u. Frieling 2001, S. 176).

Die Tätigkeit des Sachverständigen ist somit im Kern höchstpersönlich und unübertragbar. Zur eigenen Meinungsbildung gehört auch, dass der Gutachter z. B. eine betroffene Person selbst untersucht, um eigene Schlussfolgerungen aus seinem persönlichen Einblick zu ziehen (Bürger 1999, S. 103). Auch wenn es dem Sachverständigen grundsätzlich gestattet ist, Hilfskräfte heranzuziehen, muss er dementsprechend deren Untersuchungsergebnisse auf ihre Richtigkeit hin überprüfen und bleibt aufgrund dessen persönlich und uneingeschränkt verantwortlich (BSG, NJW 1985, S. 1422). Dies lässt die Unterschrift unter einem schriftlichen Gutachten erkennen.

Soweit eine eigene Untersuchung durch den Sachverständigen vorgenommen wurde, genügt dafür der Vermerk »Einverstanden aufgrund eigener Untersuchung und Urteilsbildung«. Es reicht dagegen gerade nicht aus, dass ein Sachverständiger das von einem seiner ärztlichen Mitarbeiter erstellte Gutachten mit »Einverstanden aufgrund eigener Urteilsbildung« unterzeichnet (BSG, VersR 1990, S. 992). Eine solche Übung in der Praxis widerspricht der höchstrichterlichen Rechtsprechung.

Der Sachverständige muss demnach in jedem Fall und in jeder Phase der Gutachtenerstellung die Organisationsgewalt eigenverantwortlich innehaben und tatsächlich ausüben. Daraus folgt, dass er den Patienten selbst untersuchen und im Gutachten exakt kenntlich machen muss, welche Arbeiten von einer Hilfskraft durchgeführt wurden (Laufs u. Uhlenbruck-Schlund 2002, S. 1045). Der Begriff der Hilfskraft ist juristisch geprägt: Hilfskraft in diesem Sinne kann durchaus ein fachärztlicher Kollege, z. B. auch ein Oberarzt, sein.

! Verstößt der Gutachter gegen seine persönliche Gutachterpflicht, so ist das Gutachten unverwertbar. Daraus folgt, dass weder der zum Sachverständigen Berufene noch seine Hilfsperson eine Vergütung erhalten.

Allerdings steht es dem Gericht offen, die Gutachtenerstellung der anderen Person gem. § 360 S. 2 ZPO zu legitimieren. In diesem Fall wird der zunächst beauftragte Sachverständige ohne Honorar entlassen und gem. §§ 404 Abs. 1 S. 3, 360 ZPO die Hilfsperson zum Sachverständigen ernannt (BGH NJW 1985, S. 1400).

Im Zivilprozess ist der Sachverständige an die Fragestellung des Beweisbeschlusses gebunden. Dementsprechend stellt es eine Aufgabe des Gerichts dar, den der Begutachtung zugrunde zu legenden Sachverhalt klar zu formulieren, um Missverständnisse und Unklarheiten zu vermeiden. Es kann jedoch vorkommen, dass das Beweisthema aufgrund fehlender Sachkunde des Gerichts (oder auch fehlender Kenntnisse und Erfahrungen bei der Formulierung derartiger Beweisbeschlüsse) Lücken oder Ungereimtheiten aufweist. Zweifel an Inhalt und Umfang des Auftrags hat der Sachverständige unverzüglich durch das Gericht klären zu lassen. Er darf keinesfalls einem mehrdeutigen Beweisbeschluss eine eigene Auslegung geben. Das Verfehlen des Beweisthemas führt u. U. zu dem Verlust oder zu Kürzungen seines Gebührenanspruchs (MünchKomm-Damrau 2000, § 413 Rn. 6; OLG Frankfurt, MDR 1977, S. 761; OLG Naumburg, OLG NL 1998, S. 228).

Erwachsen voraussichtliche Kosten, die erkennbar außer Verhältnis zum Wert des Streitgegenstandes stehen oder doch jedenfalls einen angeforderten Kostenvorschuss erheblich übersteigen, so muss der Sachverständige ebenfalls rechtzeitig hierauf hinweisen (§ 407a Abs. 3 ZPO).

Die Hinweispflicht an das Gericht besteht auch bei streitigem oder unklarem Sachverhalt. Der Sachverständige hat die Pflicht, das Gericht um Aufklärung und Weisung zu bitten, von welchen Tatsachen er ausgehen soll, um auf diese Weise unnötige Kosten und insbesondere unzureichende Gutachten zu vermeiden.

Die in § 407a Abs. 3 S. 2 ZPO vorgeschriebene Pflicht, über unerwartete Kosten zu informieren, dient neben den eigenen Interessen des Sachverständigen nicht zuletzt dem schutzwürdigen Interesse der Parteien, das Prozessrisiko gegen das Kostenrisiko abwägen zu können.

Weiterhin obliegt es dem Sachverständigen gem. § 407a Abs. 4 ZPO, auf Verlangen des Gerichts die Akten und sonstige für die Begutachtung beigezogenen Unterlagen sowie Untersuchungsergebnisse unverzüglich herauszugeben oder mitzuteilen. Andernfalls ordnet das Gericht die Herausgabe an. Die Herausgabepflicht des Sachverständigen bezieht sich nicht nur auf die ihm überlassenen Gerichtsakten, sondern auch auf die Unterlagen, die er für seine Begutachtung selbst herbeigezogen hat. Solche Unterlagen sind insbesondere Krankengeschichten, Lichtbilder und Aufzeichnungen (Zöller-Greger 2002, § 407a ZPO, Rn. 4). Falls der Schutz von Persönlichkeitsrechten, hier insbesondere der Schutz der Geheim- und Individualsphäre des Einzelnen gem. Art. 2 Abs. 1 GG in Verbindung mit Art. 1 Abs. 1 GG, der Herausgabe entgegenstehen, was bei Aufzeichnungen psychiatrischer Gutachter durchaus der Fall sein kann, muss der Sachverständige dies dem Gericht mitteilen. Eine solche Situation kann u. U. auch dann vorliegen, wenn der Gutachter eigene Wahrnehmungen über sich selbst in seinen Unterlagen aufführt.

Die Herausgabeanordnung des Gerichts, die durch Beschluss geschieht, ist nicht anfechtbar (Stein u. Jonas-Leipold 1999, § 407a Rn. 8). Dadurch soll gewährleistet werden, dass ein anderer Sachverständiger im Falle einer Verzögerung der Gutachtenerstattung oder bei Entziehung des Gutachtenauftrages möglichst bald das Gutachten erstellen oder fortsetzen kann, um erneute Untersuchungen möglichst zu vermeiden.

Weitere Grundpflichten

Zu beachten bleibt, dass § 407a ZPO die allgemeinen Pflichten des Sachverständigen nicht abschließend aufführt. Rechtsprechung und Literatur haben vielmehr darüber hinaus zahlreiche weitere grundlegende Pflichten entwickelt.

Da ein Gutachten Objektivität und Neutralität voraussetzt, muss der Sachverständige sein Gutachten unparteiisch erstellen und das Gericht auf mögliche Befangenheitsgründe hinweisen. Bei Erstellung seines Gutachtens hat der Sachverständige ferner zu berücksichtigen, dass er »Helfer« des Gerichts ist und nicht etwa selber den Prozess entscheiden soll (Laufs u. Uhlenbruck-Schlund 2002, S. 1042). Dies entspricht auch der seltenen Beeidigung des Sachverständigen nach § 410 Abs. 1 S. 1 ZPO, die vom Gericht nach pflichtgemäßem Ermessen vorgenommen werden kann. Der Sachverständige hat zu beeiden, das von ihm erforderte Gutachten unparteiisch und nach bestem Wissen und Gewissen zu erstatten.

Weiterhin besteht die Pflicht zur Beschleunigung. Der Sachverständige soll die Erstattung des Gutachtens möglichst zügig, fehlerfrei und vollständig durchführen. Das Gericht kann ihm hierzu eine Frist bestimmen (§ 411 Abs. 1 S. 2 ZPO).

Außerdem gilt es zu beachten, dass der Inhalt der gutachterlichen Exploration der Schweigepflicht unterliegen kann (► Kap. 1.1.1). Allerdings ist der Psychiater und Psychotherapeut als gerichtlich bestellter Sachverständiger dem Gericht gegenüber aussageberechtigt und -verpflichtet, soweit sein Auftrag reicht. Dies ergibt sich aus seiner Pflicht zur Gutachtenerstattung. Dem Gericht gegenüber kann sich der Sachverständige folglich nicht auf seine ärztliche Verschwiegenheitspflicht berufen (Narr 2002, S. 524). Er ist vielmehr zu sämtlichen Mitteilungen befugt, die den ihm erteilten Auftrag umfassen. Alles andere unterliegt jedoch weiterhin der Verschwiegenheitspflicht (BGHZ 40, S. 288).

Wurde ein Sachverständiger gleichzeitig auch als Zeuge berufen und hat der Patient ihn von seiner Verschwiegenheitspflicht befreit, so kann er sich ebenfalls nicht auf sein Zeugnisverweigerungsrecht gem. § 383 Abs. 1 Nr. 6 ZPO berufen. Er ist aber nur in dem Umfang zur Aussage berechtigt, wie der Patient ihn von seiner Schweigepflicht befreit hat. Daneben stellt es sich als eine höchstpersönliche Pflicht des Sachverständigen dar, vor Gericht zu erscheinen (§ 409 ZPO), soweit eine ordnungsgemäße Ladung durch das Gericht vorliegt.

Ladung im Sinne des § 214 ZPO ist die Bekanntgabe des angesetzten Termins. Sie beinhaltet notwendigerweise die Angabe des Gerichts, des Rechtsstreites, der Terminszeit sowie des -ortes und des Zwecks (Zöller-Stöber 2002, § 214 Rn. 3).

Dies resultiert auch daraus, dass den Prozessparteien ein Anspruch auf mündliche Erläuterung des schriftlichen Gutachtens zusteht (BGH NJW 1997, S. 802). Bei bestehender Begutachtungspflicht muss der Sachverständige der Ladung Folge leisten.

Das Gutachten

Das Gericht soll bei Erfüllung des von ihm erteilten Gutachtenauftrags den Sachverständigen gem. § 404a ZPO leiten. Üblich ist im psychiatrischen Bereich die Vorlage eines schriftlichen Gutachtens (§ 411 Abs. 1 ZPO; im Strafrecht: »vorbereitendes« Gutachten).

! Das Gericht legt aus diesen Gründen unter Berücksichtigung des Beweisthemas zunächst den Auftrag des Sachverständigen fest. Den Inhalt des Gutachtens bestimmt in der Regel jedoch der Sachverständige selbst (OLG Hamm, FG Prax 1996, S. 199). Da das Gericht nicht die nötige Sachkenntnis besitzt, kann es keine Weisungen über bestimmte Methoden und Vorgehensweisen erteilen.

Daraus resultiert die Pflicht des Sachverständigen zu überprüfen, ob er selbst die erforderliche Sachkunde für das Gutachten besitzt. Die Annahme eines Gutachtens trotz fehlender Sachkunde führt ggf. zur Schadensersatzpflicht gegenüber einer Partei, § 839 a BGB.

Das Verhältnis des Sachverständigen zum Gericht

Im Verhältnis zu den übrigen Beweismitteln ist der Einfluss des Sachverständigen im Rechtsstreit größer. Der Grund dafür liegt darin, dass in der Psychiatrie und Psychologie genauso wie bei sonstigen Wissenschaften Juristen vor Fragen gestellt werden, deren Beantwortung ihre Erkenntnismöglichkeiten übersteigt (Olzen 1980, S. 67).

! Trotz der großen Bedeutung des Sachverständigenbeweises darf jedoch nicht außer Acht gelassen werden, dass die Entscheidung des Rechtsstreites allein in der Verantwortung des Gerichts liegt (Art. 92, 97 GG). Dem Richter steht es im Rahmen der freien Beweiswürdigung gem. § 286 Abs. 1 ZPO frei, inwieweit er den Schlussfolgerungen und Ausführungen des Sachverständigengutachtens bei seiner Entscheidung folgt.

Das Gericht darf von einem Gutachten allerdings nur dann abweichen, wenn es die zugrunde liegenden Tatsachen und die Schlussfolgerungen auf ihre Richtigkeit und Überzeugungskraft hin überprüft hat und eine abweichende Entscheidung begründen kann. Dabei muss das Gericht deutlich machen, dass die Beurteilung nicht von einem Mangel an Sachkunde beeinflusst ist (BGH NJW 1989, S. 2948). Da die mangelnde Sachkunde aber gerade der Grund für die Beauftragung eines Sachverständigen ist, befindet sich das Gericht u. U. in der Situation, das Gutachten nicht überprüfen zu können. Hat das Gericht Bedenken bezüglich des Gutachtens, so muss es den Sachverständigen zu einer Ergänzung oder mündlichen Erläuterung seines Gutachtens veranlassen oder einen weiteren Sachverständigen beauftragen (Laufs u. Uhlenbruck-Schlund 2002, S. 949).

1.1.3 Der Sachverständige im Strafprozess

Im Strafrecht wird der psychiatrische Sachverständige für verschiedenste Fragen im Verfahren herangezogen. Im Vordergrund steht dabei die Befragung über die Schuldfähigkeit des Täters (§§ 20, 21 StGB). Weiter werden Gutachten für Kriminalprognosen sowohl bei psychisch kranken Tätern (§§ 63 ff. StGB) als auch bei der Aussetzung von Strafen (§§ 57, 57a StGB) oder der Erwägung der Sicherungsverwahrung eines Täters (§ 66 StGB), benötigt. Häufig verlangt daneben die Beurteilung der Glaubwürdigkeit von Zeugenaussagen die Beteiligung eines psychiatrischen oder psychologischen Sachverständigen.

Erhebung eines Sachverständigenbeweises

Im Strafverfahren, das im Unterschied zum Zivilprozess kein Parteienprozess ist, gilt als zentraler Verfahrensgrundsatz die Amtsermittlungspflicht, die das Gericht zu einer selbstständigen Aufklärungstätigkeit berechtigt und verpflichtet. In ihrem Rahmen muss das Gericht alle Maßnahmen durchführen, die zur Aufklärung von entscheidungsrelevanten Tatsachen dienen können. Regelungen zum Sachverständigen im Strafprozess finden sich in den §§ 72 ff. StPO. Seine Hinzuziehung gilt dann als notwendig, wenn dem Gericht zur Beurteilung von Sachfragen notwendige Erfahrungen und Kenntnisse fehlen.

Das Strafverfahren ist in verschiedene Stufen eingeteilt. Es entwickelt sich von den staatsanwaltlichen Ermittlungen bis zum Urteil, wobei in jedem dieser unterschiedlichen Verfahrensabschnitte ein Sachverständigengutachten angefordert werden kann.

Das Ermittlungsverfahren

Am Beginn eines Strafverfahrens steht die staatsanwaltliche Ermittlung, die in den meisten Fällen aufgrund einer Anzeige eingeleitet wird. Sie dient der Ermittlung des Sachverhaltes, um sowohl die zur Belastung als auch zur Entlastung dienenden Umstände aufzuklären (§ 160 StPO). Da das Ermittlungsverfahren nur vorbereitenden Charakter hat, regelt Nr. 69 RiStBV, dass die Staatsanwaltschaft nur dann einen Sachverständigen heranziehen soll, wenn sein Gutachten für die vollständige Aufklärung des Sachverhalts unentbehrlich ist. In der Praxis ist dies z. B. bei allen Kapitaldelikten der Fall.

Außerdem soll ein Sachverständigengutachten gemäß den §§ 80a und 414 StPO schon im Vorverfahren angefordert werden, wenn mit einer Anordnung einer Unterbringung des Beschuldigten in einem psychiatrischen Krankenhaus, einer Entziehungsanstalt oder einer Sicherungsverwahrung zu rechnen ist. Vor der Auswahl eines Gutachters soll die Staatsanwaltschaft dem Verteidiger Gelegenheit zur Stellungnahme geben (Nr. 70 RiStBV).

Da das Vorverfahren ein rein staatsanwaltliches Verfahren ist, kann vor Erhebung der Anklage das Gericht grundsätzlich nicht von Amts wegen die Einholung eines Gutachtens beschließen. Erachtet aber die Staatsanwaltschaft die Vornahme einer richterlichen Untersuchungshandlung für erforderlich, so kann sie gem. § 162 StPO die Einschaltung eines Ermittlungsrichters beantragen. Von dieser Möglichkeit wird in der Praxis allerdings nur selten Gebrauch gemacht. Ein solcher Antrag kann aber insbesondere dann sinnvoll sein, wenn das Beweismittel, also hier die Aussage des Sachverständigen, für eine zukünftige Hauptverhandlung gesichert werden soll.

Nur bei Gefahr im Verzug, wenn also die Erreichung des Ermittlungszweckes, dem das Gutachten dienen soll, gefährdet wird, kann der Richter ohne Antrag gem. § 165 StPO die Erhebung eines Sachverständigenbeweises anordnen und durchführen. Daneben besteht gem. § 166 StPO für den Richter die Möglichkeit, auf Antrag des von ihm vernommenen Beschuldigten Beweiserhebungen vorzunehmen, wenn diese die Freilassung des Beschuldigten begründen könnten oder ansonsten der Verlust der Beweise zu besorgen ist.

Der Sachverständige ist dazu verpflichtet, auf Ladung vor der Staatsanwaltschaft zu erscheinen und zur Sache auszusagen oder ein Gutachten zu erstatten (§ 161a StPO). Bei diesen Vernehmungen von Sachverständigen durch die Staatsanwaltschaft steht weder dem Beschuldigten noch seinem Verteidiger ein Anwesenheitsrecht zu (Müller 1997, S. 495). Der Staatsanwalt gibt dem Verteidiger, falls vorhanden, jedoch regelmäßig die Möglichkeit, vor Auswahl des Sachverständigen Stellung zu nehmen. Eine mündliche Vernehmung eines psychiatrischen Gutachters vor der Staatsanwaltschaft kommt in der Praxis nicht vor. Vielmehr wird ein Sachverständiger in der Regel aufgefordert, insbesondere bei Haftsachen, sein vorbereitendes schriftliches Gutachten schnellstmöglich zu erstatten.

Der im Ermittlungsverfahren tätige Sachverständige wird regelmäßig in der Anklageschrift der Staatsanwaltschaft als Beweismittel angeführt und trotz der Auswahlbefugnis des Gerichts gem. § 73 StPO in den meisten Fällen vom Gericht auch zur Hauptverhandlung geladen. Die Auswahl des Sachverständigen für das gesamte Strafverfahren liegt bei einem solchen Ablauf des Verfahrens damit praktisch in der Hand der Staatsanwaltschaft.

Das Eröffnungsverfahren

Nach Anklageerhebung steht es dem Gericht frei, in jedem weiteren Verfahrensabschnitt die Heranziehung eines Sachverständigen zu beschließen. Gemäß § 202 StPO kann das Gericht folglich – auch bevor es über die Eröffnung des Hauptverfahrens entscheidet – bereits einzelne Beweise erheben und somit auch Sachverständigengutachten anordnen. Denn auch sie dienen u. U. der Entscheidungsfindung, ob ein Hauptverfahren eröffnet oder das Verfahren eingestellt wird (Müller 1988, S. 37).

Das Hauptverfahren

Die Hauptverhandlung ist das Kernstück des Strafverfahrens (Wellmann 1997, S. 96), dessen praktisch wichtigster Teil wiederum die Beweisaufnahme darstellt. Gemäß § 244 Abs. 2 StPO muss das Gericht zur Wahrheitsfindung von Amts wegen alle ihm zur Verfügung stehenden Mittel ausschöpfen und dementsprechend stets einen Sachverständigenbeweis erheben, wenn ihm selbst zur Entscheidung über bestimmte Tatsachen die erforderliche

Sachkunde fehlt. Ferner verlangt § 246a StPO die Vernehmung eines Sachverständigen, wenn damit zu rechnen ist, dass die Unterbringung des Angeklagten in einem psychiatrischen Krankenhaus, einer Entziehungsanstalt oder in der Sicherungsverwahrung in Betracht kommt.

Die notwendige Ladung des Sachverständigen ordnet gem. § 214 Abs. 1 StPO der Vorsitzende an. Dies erfolgt in der Regel nach mündlicher Terminvereinbarung, da die meisten psychiatrischen Gutachter in ihrem Hauptamt oder im Rahmen ihrer gutachterlichen Praxis üblicherweise enge Terminpläne haben.

Die Amtsermittlungspflicht des Gerichts wird durch das Beweisantragsrecht der Verfahrensbeteiligten ergänzt (§ 244 Abs. 3 StPO), das grundsätzlich auch den Sachverständigenbeweis umfasst. Ein entsprechender Antrag kann allerdings aus den in § 244 Abs. 4 StPO normierten Gründen abgelehnt werden, so z. B., weil das Gericht selbst die erforderliche Sachkunde für sich in Anspruch nimmt (§ 244 Abs. 4 S. 1 StPO).

Sofern der Vorsitzende den Antrag auf Ladung eines Sachverständigen ablehnt, kann der Angeklagte ihn gem. § 220 StPO in einem solchen Fall selbst unmittelbar laden lassen. Der Gutachter ist aber nur dann zum Erscheinen in der Hauptverhandlung verpflichtet, wenn ihm bei der Ladung die gesetzliche Entschädigung für die Reisekosten und das Zeitversäumnis bar angeboten oder deren Hinterlegung bei der Geschäftsstelle nachgewiesen wird (§ 220 Abs. 2 StPO). Hinzutreten muss, dass sich aus § 75 StPO für ihn überhaupt eine Begutachtungspflicht ergibt. Die Möglichkeit einer Ladung eines Sachverständigen durch einen Angeklagten entspricht zwar der gesetzlichen Regelung, kommt aber in der Praxis nur sehr selten vor.

! Grundsätzlich braucht der Sachverständige in der Hauptverhandlung nicht ständig anwesend zu sein. Soweit keine Weisungen von Seiten des Gerichts vorliegen, entscheidet der Sachverständige deshalb selbst darüber, ob und inwieweit das Gutachten seine Anwesenheit erfordert. Dies sollte er in Absprache mit dem Gericht tun.

Erscheint ein Sachverständiger auf ordnungsgemäße Ladung nicht bei Gericht, so können ihm die dadurch verursachten Kosten und ein Ordnungsgeld auferlegt werden (§ 77 StPO).

Ablauf der Hauptverhandlung und des Gutachtenvortrags für den Sachverständigen
Das vorbereitende schriftliche Gutachten wurde im Vorfeld dem Auftraggeber (Gericht oder Staatsanwaltschaft) erstattet (es ist nicht zu vertreten, dass eine psychiatrische Exploration und Untersuchung ausschließlich in einer Hauptverhandlung erfolgt, sofern sich nicht Hinderungsgründe seitens des Angeklagten ergeben). Üblicherweise erstattet der psychiatrische Sachverständige am Ende der Beweisaufnahme einer Hauptverhandlung sein Gutachten (für psychologische Sachverständige gilt die hier geschilderte Abfolge entsprechend). Zuvor werden zumeist der Angeklagte, alle Zeugen und ggf. die übrigen Sachverständigen der anderen Disziplinen vernommen.

Der Sitzplatz des Sachverständigen ist meist neben der Staatsanwaltschaft (dazwischen ggf. die Nebenklage). Bei Unklarheiten sollte ein Justizwachtmeister, Protokollführer oder Richter nach dem Platz gefragt werden. Grundsätzlich ist auf eine genügende Distanz zu allen anderen Prozessbeteiligten zu achten. Dies gilt insbesondere auch für die Pausen (z. B. kein Zusammensitzen am Mittagstisch in der Kantine, keine Unterhaltung auf dem Gerichtsflur).

Fragerecht des Sachverständigen. Das Gericht gestattet dem Sachverständigen in der Regel die unmittelbare Befragung des Angeklagten, der Zeugen und ggf. anderer Sachverständiger (§ 80 Abs. 2 StPO). Dieses Fragerecht sollte der Sachverständige nutzen. Üblicherweise geschieht dies, nachdem das Gericht (Vorsitzender, ggf. beisitzende Richter) und danach die Staatsanwaltschaft ihre Fragen an den Angeklagten oder die Zeugen gerichtet haben. Dabei

▼

sollte der Sachverständige sich grundsätzlich auf jene Problemkreise beschränken, die eng mit seinem Gutachtenauftrag zu tun haben.

Belehrung. Die Belehrung des Sachverständigen (in der Regel in Kombination mit jener eines Zeugen, da der Sachverständige oft auch Zeugenaussagen zu machen hat, insbesondere über den Ablauf und das Verhalten in der Untersuchung) erfolgt oft durch den Vorsitzenden am Beginn der Verhandlung oder ansonsten unmittelbar vor dem Vortrag. Dabei wird immer angeführt,

- dass das Gutachten unparteiisch und nach bestem Wissen und Gewissen zu erstatten ist,
- der Gutachter seine Aussage u. U. beschwören muss,
- ein Meineid als Verbrechen bestraft wird,
- auch eine uneidliche Falschaussage strafbar ist.

Allgemeine Angaben. Zu Beginn des Gutachtenvortrages sollte der Sachverständige auf Nachfragen des Vorsitzenden oder spontan in der Regel zu den folgenden Punkten Angaben machen:

- vollständiger Name,
- Beruf,
- Alter in vollen Jahren (nicht Geburtsdatum),
- Wohnort (ohne Postleitzahl und ohne Straße),
- Erklärung, dass der Sachverständige mit dem Probanden weder verwandt noch verschwägert ist und dass er selbst nicht wegen Meineides vorbestraft ist.

Gutachtenvortrag. In einem gut vorbereiteten und strukturierten Vortrag hat der Sachverständige dann die folgenden Informationen in freier Rede vorzutragen, wobei es ihm selbstverständlich gestattet ist, seine Unterlagen vor sich zu haben und die relevanten Punkte zu übernehmen (ein reines Ablesen sollte unbedingt vermieden werden):

- relevante Aktenauszüge (sofern noch nicht in die Hauptverhandlung eingeführt, z. B. Arztschreiben);
- eigene Angaben des Probanden (sofern noch nicht eingeführt, z. B. durch den vom Probanden selbst abgegebenen Lebenslauf, wobei Ergänzungen, sofern sinnvoll, eingefügt werden sollten);
- Untersuchungsbefunde einschließlich der vom Sachverständigen veranlassten Zusatzuntersuchungen (z. B. Testpsychologie, Laborwerte, EEG, CCT, MRT), sofern sie nicht von einem anderen in der Hauptverhandlung anwesenden Sachverständigen (z. B. Psychologen) dargestellt wurden;
- zusammenfassende Einschätzung und forensisch-psychiatrische Beurteilung.

Diese Gliederung sollte entsprechend dem vorbereitenden schriftlichen Gutachten erfolgen (▶ Kap. 1.1.1). Üblicherweise dauert ein solcher Gutachtenvortrag zwischen 20 und 40 Minuten, kann aber durchaus auch länger sein.

Wegen des Prinzips der Unmittelbarkeit kann der Sachverständige sich nicht darauf zurückziehen, dass er diese oder jene Information in seinem vorbereitenden schriftlichen Gutachten dargelegt hat: Alle relevanten Informationen müssen im Gutachtenvortrag angesprochen werden.

Befragung. Zunächst hat das Gericht, dann die Staatsanwaltschaft und folgend die Verteidigung die Möglichkeit, im Anschluss an den Gutachtenvortrag Fragen an den Sachverständigen zu richten. Der Sachverständige muss sich dabei bemühen, entstandene Missverständnisse zu klären und zusätzlich erwünschte Informationen zu geben.

Nicht selten versuchen einzelne Prozessbeteiligte bei dieser Befragung, den Sachverständigen zu verunsichern und als befangen darzustellen. Ziel dabei ist, einen Sachverständigen durch einen anderen zu ersetzen, wenn beispielsweise das Ergebnis des Sachverständigen mit den eigenen Erwartungen nicht überein-

▼

stimmt. In solchen Fällen darf der Sachverständige – wie im gesamten Verfahren – sich nicht in irgendeiner Weise provozieren lassen. Er sollte sich auf die wissenschaftlichen Grundlagen des Faches zurückziehen und freundlich, aber bestimmt die gestellten Fragen beantworten. Selten wird es bei persönlich verletzenden Angriffen notwendig sein, den Vorsitzenden Richter zu bitten, die Frage als ungeeignet oder nicht zur Sache gehörend zurückzuweisen (allerdings haben die Prozessbeteiligten ein Recht auf unmittelbare Befragung des Sachverständigen, das ihnen auch vom Vorsitzenden nicht genommen werden darf, es sei denn, die Frage wäre ungeeignet oder nicht zur Sache gehörend). Alternativ kann der Sachverständige die gestellten Fragen unter Vermeidung von Augenkontakt zum Fragesteller dem Vorsitzenden beantworten. Meist regelt sich die Vorwurfshaltung dann schnell.

Vereidigung. Grundsätzlich kann der Sachverständige vereidigt werden, was aber in der Praxis außerordentlich selten ist. Dies geschieht nur, wenn es dem Gericht geboten erscheint. Hierbei spricht der Vorsitzende dem Sachverständigen die Eidesformel vor.

Entlassung und Vergütung. Je nach Praxis des Gerichtes ist es üblich, dass der Sachverständige nach seiner Entlassung, die vom Vorsitzenden Richter anzuordnen ist, von diesem einen Bogen mit Angaben zum Verfahren und insbesondere mit seinen Anwesenheitszeiten ausgehändigt bekommt. Dieser Bogen ist der Anweisungsstelle des Gerichtes mit der Rechnung einzureichen (in der Regel schriftlich, je nach lokaler Gerichtspraxis evtl. auch persönlich). Neben den eigentlichen Anreise- und Teilnahmezeiten an der Hauptverhandlung werden üblicherweise 1–2 Stunden Vorbereitungszeit für den Sachverständigen für jeden Termin anzurechnen sein, ggf. auch mehr.

Auswahl und Ablehnung des Sachverständigen

Auch im Strafprozess kann jede natürliche Person zum Sachverständigen bestellt werden. Die Auswahl liegt gem. § 73 StPO im Ermessen des Gerichts. Seine Auswahlbefugnis wird gem. § 73 Abs. 2 StPO nur dann eingeschränkt, wenn für die Art des in Betracht kommenden Gutachtens Sachverständige öffentlich bestellt sind.

Grundsätzlich gibt es keine öffentlich bestellten psychiatrischen Sachverständigen. Lediglich in Bayern können Landgerichtsärzte nach dem Bayerischen Sachverständigengesetz (Gesetz vom 11.10.1950, GVBl. 1950, S. 219; zuletzt geändert 1994, S. 392) von der Bezirksregierung für die Begutachtung medizinischer Fragen im Rahmen der Verhandlungsfähigkeit, der strafrechtlichen Verantwortlichkeit oder ähnlicher Fragen herangezogen werden. In der Praxis wird davon allerdings so gut wie kein Gebrauch gemacht (Bayerlein-Bayerlein 2002, S. 293).

Im Rahmen des § 73 Abs. 1 StPO hat das Gericht zunächst die Fachrichtung der zu klärenden Sachfrage zu bestimmen. Die Auswahl des Sachverständigen bezieht sich somit zunächst auf das Fachgebiet, aber auch auf die persönliche Eignung des Sachverständigen. So muss das Gericht insbesondere bei Gutachten, die eine psychiatrische Untersuchung des Angeklagten verlangen und deshalb eine persönliche Exploration und Untersuchung erfordern, beachten, dass die Person des Sachverständigen möglichst Vertrauen bei dem zu Untersuchenden erwirbt (Müller 1988, S. 95). Dies ist in der Praxis ein schwieriges Kriterium, da ein Beschuldigter oder Angeklagter in der Regel ein konkretes Ziel mit der Sachverständigentätigkeit verbindet. Insofern ist hier eher eine vertrauensvolle Situation zu fordern.

Ein weiteres Kriterium für die Wahl einer Person muss außerdem die Prozesserfahrung eines Sachverständigen sein (Schreiber u. Rosenau 2004, S. 129). Problematisch ist an diesem Konstrukt im Strafrecht, dass erfahrene psychiatrische Gutachter, zumal mit der besonderen Qualifikation einer

Schwerpunktbezeichnung bzw. mit dem Zertifikat »Forensische Psychiatrie« der Deutschen Gesellschaft für Psychiatrie, Psychotherapie und Nervenheilkunde (DGPPN, ▶ Kap. 1.1.9), relativ selten sind. Manchmal wird den Gutachtern vorgeworfen, eine Art »Hausgutachter« einer Staatsanwaltschaft oder eines Gerichtes darzustellen, wenn sie häufiger von einer bestimmten Behörde beauftragt werden. Die Häufigkeit der Hinzuziehung sagt allerdings noch nichts über mangelnde Neutralität aus. Allerdings sind Sachverständige, insbesondere wenn sie hauptberuflich eine Gutachtenpraxis führen, selbständige Unternehmer, was grundsätzlich zu berücksichtigen ist.

Die Ablehnung des Sachverständigen im Strafverfahren ist in den §§ 74 und 24 StPO geregelt und stimmt inhaltlich mit den Bestimmungen der ZPO überein. Ein Sachverständiger kann demnach auch im Strafverfahren aus denselben Gründen abgelehnt werden, die zur Ablehnung eines Richters führen (vgl. §§ 22, 23 StPO). Nach Ablehnung eines Sachverständigen hat das Gericht mangels eigener Sachkenntnis gem. § 83 Abs. 2 StPO einen neuen Gutachter zu bestellen.

In sachlicher Übereinstimmung mit § 408 ZPO besteht gem. § 76 StPO ein Gutachtenverweigerungsrecht des Sachverständigen, und zwar aus denselben Gründen, die einen Zeugen zur Aussageverweigerung berechtigen. In Betracht kommen hier gemäß den §§ 52 und 53 StPO persönliche und berufliche Gründe, die dem Sachverständigen ein Recht zur Verweigerung geben, ihn aber nicht dazu verpflichten (Wellmann 1997, S. 98). Dies gilt grundsätzlich auch bei der Behandlung von Personen, die entsprechend der §§ 126a StPO, 63, 64 StGB in psychiatrisch-psychotherapeutischen Kliniken behandelt werden. Denn auch in diesem Arzt-Patienten-Verhältnis besteht keine unbegrenzte Offenbarungspflicht. Allerdings kann sich das Verweigerungsrecht des Arztes bei Behandlung einer Person im Maßregelvollzug nur auf die Tatsachen und Informationen erstrecken, die ihm aufgrund seiner Behandlung und Vertrauensbeziehung anvertraut worden sind. Nicht erfasst sind solche Tatsachen, die ihm aufgrund seiner Ordnungs- und Verwaltungsaufgaben bekannt wurden (Schöch 2004, S. 404). Dort wird die sonst erforderliche Zustimmung des Betroffenen zur Preisgabe des Geheimnisses durch eine gesetzliche Duldungspflicht ersetzt. Eine solche Situation liegt zum Beispiel vor, wenn die Untersuchungen und die Behandlung der Vorbereitung eines Gutachtens dienen (BGH MedR 2002, S. 309). Auf diese weitgehend fehlende ärztliche Schweigepflicht sind die Patienten vor und während der Behandlung ausdrücklich hinzuweisen.

Im Falle der Arbeitsüberlastung oder mangelnder Sachkenntnis kann der Sachverständige dagegen das Gutachten nicht verweigern. Es steht ihm allerdings offen, einen Antrag an das Gericht zu stellen, ihn gem. § 76 Abs. 1 S. 2 StPO von der Verpflichtung zur Gutachtenerstattung freizustellen. Dem wird das Gericht in begründeten Fällen meist auch entsprechen (Wellmann 1997, S. 99).

Praktisch ist diese Regelung nicht. Gerade Arbeitsüberlastung führt häufig dazu, dass Ärzte Gutachtenaufträge zurückgeben müssen. Sollte eine Behörde dieses Argument nicht gelten lassen wollen (was allerdings in der Regel nicht passiert), muss sie damit rechnen, dass das Gutachten auch später nicht oder nur sehr verzögert erstattet wird. Insofern ist jedem Sachverständigen dringend zu raten, unmittelbar nach Auftragseingang zu prüfen, ob er das angeforderte Gutachten in einer angemessenen Frist von etwa 3 Monaten erledigen kann (diese Frist kann allerdings aus Gründen, die der Gutachter nicht zu verantworten hat, länger werden, z. B. zunächst fehlendes Einverständnis des zu Begutachtenden, notwendig werdende aufwendige Zusatzuntersuchungen, fehlende Akteneingänge).

Das Gutachten

Die Arbeit des Sachverständigen erfordert zunächst einen klaren gerichtlichen Auftrag und weiterhin auch die Leitung des Gerichtes bei dessen Ausführung (§ 78 StPO). Ebenso wie im Zivilprozess stellen auch im Strafverfahren die sog. Anknüpfungstatsachen die Grundlage für die Tätigkeit des Sachverständigen dar. Diese werden ihm je nach Verfahrensabschnitt durch die Staatsanwaltschaft oder das Gericht mitgeteilt. Der Gutachter hat im Falle ihrer Unzulänglichkeit die Möglichkeit, zur Vorbereitung seines Gutachtens weitere Aufklärung durch Vernehmung von Zeugen oder auch des Beschuldigten zu verlangen (§ 80 Abs. 1 StPO). Denn ebenso wie andere Sachverständige ist der psychiatrische bzw.

psychologische Sachverständige nicht zur eigenen Ermittlung von Anknüpfungstatsachen befugt. Er darf nur der richterlichen Vernehmung beiwohnen und Fragen stellen, wobei ihm allerdings nicht die ganze Befragung überlassen werden kann (Meyer-Goßner 2003, § 80 StPO Rn. 2). Anderenfalls besteht die Gefahr, dass das Urteil im Rechtsmittelverfahren aufgehoben wird (vgl. BGH MDR 1966, S. 383; Meyer-Goßner 2003, § 80 StPO Rn. 6).

In der Praxis bietet sich folgendes Vorgehen an: Stellt der Sachverständige einen entsprechenden Bedarf fest, so teilt er dies mit einer Begründung dem Auftraggeber mit und bittet darum, diese Personen durch ihn, den Sachverständigen, selbständig befragen zu lassen. Diesem Begehren wird in der Regel vom Auftraggeber, meist im Einvernehmen mit der Verteidigung, zugestimmt.

Ein praktisches Problem besteht, wenn die zu begutachtende Person sich nicht von dem psychiatrischen oder psychologischen Sachverständigen befragen lässt. Denn der Sachverständige hat keine Möglichkeit, selbst Zwangsmaßnahmen zu veranlassen. Allerdings kann er anregen, den zu Begutachtenden nach § 81 StPO zum Zwecke der Begutachtung in einem psychiatrischen Krankenhaus für die Dauer von bis zu 6 Wochen unterbringen zu lassen (dies muss nicht die eigene Klinik sein). Auch dort kann er den Probanden beobachten und aus seinem Verhalten auf Station sachverständig zu den Beweisfragen Stellung nehmen. Dieses Vorgehen ist wegen des Zwangscharakters aber grundsätzlich zu vermeiden.

Auch zur Feststellung von Befundtatsachen, also solchen Umständen, die nur vom Gutachter selbst aufgrund seiner Sachkunde zuverlässig wahrgenommen werden können, muss die Vernehmung durch das Gericht oder die Staatsanwaltschaft veranlasst werden. Der Gutachter darf allerdings der Vernehmung von Zeugen oder Beschuldigten beiwohnen und Fragen stellen (§ 80 Abs. 2 StPO). Dies kommt in der Praxis jedoch nicht vor.

Die Exploration des Beschuldigten durch den psychiatrischen Sachverständigen gilt nicht als »Vernehmung« im rechtlichen Sinne, auch wenn dies gelegentlich so bezeichnet wird. Um Missverständnisse zu vermeiden, sollte daher bei der Untersuchung durch einen Arzt für Psychiatrie und Psychotherapie bzw. durch Diplompsychologen von einer Exploration (Befragung) und einer wissenschaftlichen Untersuchung gesprochen werden.

Hinsichtlich der Form des Gutachtens im Strafprozess bleibt hervorzuheben, dass ein Gutachten, wie sich aus § 261 StPO ergibt, nur dann als Grundlage eines Urteils verwendet werden kann, wenn es in der Hauptverhandlung Gegenstand der mündlichen Verhandlung war. Ausnahmen gelten nur in den Fällen der §§ 251 und 256 StPO. So darf z. B. die Vernehmung eines Sachverständigen durch Verlesung der Niederschrift über seine frühere richterliche Vernehmung ersetzt werden, wenn er verstorben oder sein Aufenthaltsort nicht zu ermitteln ist (§ 251 Abs. 1 Nr. 1 StPO).

Praktisch relevanter sind wohl die Ausnahmen gem. § 251 Abs. 1 Nr. 2 und 3 StPO. Danach kann das Gutachten ohne Anwesenheit des Sachverständigen verlesen werden, wenn diesem das Beiwohnen der Verhandlung wegen z. B. Erkrankung (Nr. 2) oder großer Entfernung unter Berücksichtigung der Bedeutung seiner Aussage nicht zugemutet werden kann (Nr. 3), oder wenn der Staatsanwalt, der Verteidiger und der Angeklagte mit der Verlesung der Niederschrift des vorbereitenden schriftlichen Gutachtens einverstanden sind (Nr. 4).

Im Übrigen gelten die unter 1.1.2 gemachten Angaben über die Grundzüge der zivilrechtlichen Begutachtung auch im strafrechtlichen Bereich.

1.1.4 Der Sachverständige im Sozialgerichtsprozess

Gutachten in sozialgerichtlichen Verfahren dienen der Durchsetzung oder Abwehr sozialrechtlicher Ansprüche. Dabei geht es oft um Tatbestände, die durch Krankheiten und dadurch bedingte Leistungseinbußen geprägt sind. Zu deren Klärung bedarf es regelmäßig sachkundiger Mithilfe.

Da sozialrechtliche Aufgaben von verschiedenen unabhängigen Ämtern und Versorgungsträgern erfüllt werden, bestehen auch sehr unterschiedliche Grundlagen für die Gewährung von Leistungen. Diese verschiedenen Bereiche des Sozialrechts stellen jeweils spezifische Anforderungen an Sachverständigengutachten, auf die hier im Einzelnen nicht näher eingegangen wird (zum medizinischen Gutachten im Sozialgerichtsprozess vgl. Ehlers 1997, S. 71 ff.; Erlenkämper 2004, S. 581 ff.).

Generell lässt sich festhalten, dass gem. § 103 SGG im Sozialgerichtsprozess der Amtsermittlungsgrundsatz gilt. Danach ist es Aufgabe des Gerichts, alle relevanten Fakten für ein Verfahren zu ermitteln. Das Gericht hat also auch ohne Antragstellung der Parteien eine Begutachtung zu veranlassen und die Person des Sachverständigen sowie deren Fachrichtung auszuwählen. Die Regelung des § 404 Abs. 4 ZPO, wonach das Gericht grundsätzlich an eine Einigung der Parteien über bestimmte Personen als Sachverständige gebunden ist, gilt wegen des Grundsatzes der Amtsermittlung im sozialgerichtlichen Verfahren nicht (§ 103 SGG).

Eine Ausnahme findet sich in § 109 Abs. 1 S. 1 SGG, wonach auf Antrag des Versicherten, des Behinderten, des Versorgungsberechtigten oder Hinterbliebenen ein bestimmter Arzt gehört werden muss. Auch dann besteht aber für das Sozialgericht die Möglichkeit, daneben zusätzliche Sachverständige zu bestellen.

Ansonsten lässt sich grundsätzlich festhalten, dass für den Sachverständigen im sozialgerichtlichen Verfahren gem. § 118 Abs. 1 SGG die wesentlichen Regelungen des Zivilprozesses analog gelten, sodass auf die Ausführungen dazu verwiesen werden kann (s. oben ▶ Kap. 1.1.2).

1.1.5 Der Sachverständige im verwaltungsgerichtlichen Verfahren

Die Pflicht des Verwaltungsgerichts, von Amts wegen den für eine Entscheidung relevanten Sachverhalt zu erforschen, ergibt sich aus dem in § 86 Abs. 1 VwGO niedergelegten Amtsermittlungsgrundsatz. Ansonsten bestehen für den Sachverständigen in einem verwaltungsgerichtlichen Verfahren keine Abweichungen zu den Bestimmungen der Zivilprozessordnung (▶ Kap. 1.2); diese sind vielmehr gem. § 173 S. 1 VwGO entsprechend anzuwenden.

1.1.6 Der Sachverständige im familiengerichtlichen Verfahren

Auch in familiengerichtlichen Verfahren gem. §§ 606 ff. ZPO hängt die Entscheidung des Gerichts häufig von der vorbereitenden Tätigkeit eines Gutachters ab. Als Sachverständige werden hier in den meisten Fällen Diplompsychologen bzw. psychologische Psychotherapeuten herangezogen; seltener sind dagegen psychiatrische Gutachten (Leitner 2000, S. 57).

In § 621 Abs. 1 ZPO wird bestimmt, dass für solche Familiensachen, die unter Nr. 1–13 der Regelung fallen, so z. B. die Regelung der elterlichen Sorge für ein eheliches Kind, ausschließlich das Familiengericht zuständig ist. In diesen Fällen gilt gem. § 12 FGG der Amtsermittlungsgrundsatz. Das Gericht hat also von Amts wegen die zur Feststellung der Tatsachen erforderlichen Ermittlungen anzustellen und die geeignet erscheinenden Beweise aufzunehmen. Nach § 15 FGG finden jedoch die Vorschriften der ZPO entsprechende Anwendung (▶ Kap. 1.1.1), wenn sich das Gericht zu einer förmlichen Beweiserhebung durch einen Sachverständigen entscheidet.

Weitergehende Möglichkeiten bestehen in den Verfahren, die einen sog. Freibeweis zulassen. Hier können auch Sachverständigenauskünfte eingeholt werden. Die Vorschrift des § 404 Abs. 4 ZPO, wonach das Gericht einer Einigung der Parteien über eine bestimmte Person als Sachverständigen Folge zu leisten hat, findet ebenso wie im sozialgerichtlichen Verfahren aufgrund des Amtsermittlungsgrundsatzes keine Anwendung (Heumann 2001, S. 16). Ansonsten ist aufgrund der entsprechenden Geltung der Regelungen der ZPO auf die oben gemachten Ausführungen zu verweisen (▶ Kap. 1.2).

1.1.7 Vergütung des Sachverständigen

Wenn das Gericht oder die Staatsanwaltschaft ein Sachverständigengutachten in Auftrag gegeben hat, so richtet sich dessen Vergütung nach dem JVEG (Gesetz über die Vergütung von Sachverständigen, Dolmetscherinnen, Dolmetschern, Übersetzerinnen und Übersetzern sowie die Entschädigung von ehrenamtlichen Richterinnen, ehrenamtlichen Richtern, Zeuginnen, Zeugen und Dritten vom 05.05.2004, BGBl. I S. 718; Meyer et al. 2005).

! Das Gesetz gilt für alle gerichtlichen Verfahren, gleich welcher Gerichtsbarkeit.

Auch von anderen öffentlichen und nichtöffentlichen Auftraggebern wird der Honorierung eines Gutachtens das JVEG zu Grunde gelegt; falls dies nicht im Anschreiben thematisiert ist, sollte vor Arbeitsaufnahme eine entsprechende Bestätigung eingeholt werden. Eine Honorierung gutachterlicher Leistungen im Gebiet der Psychiatrie und Psychotherapie gem. GOÄ, EBM oder Pauschalsätzen einer Versicherung o. Ä. ist grundsätzlich abzulehnen. Dies wird gelegentlich von Berufsgenossenschaften, Versicherungen, Oberschulämtern u. a. betrieben; in solchen Fällen ist vor Aufnahme der Untersuchungen gegenüber dem Auftraggeber darauf hinzuweisen, dass nur das JVEG als gesetzliche Berechnungsgrundlage eines ausführlichen Gutachtens in Frage kommen kann. Dem Auftraggeber sollte man unter solchen Umständen mit der Nennung einer geschätzten Kostenhöhe die Möglichkeit zum Überdenken des Gutachtenauftrages geben.

Gesetz über die Vergütung von Sachverständigen, Dolmetscherinnen, Dolmetschern, Übersetzerinnen und Übersetzern sowie die Entschädigung von ehrenamtlichen Richterinnen, ehrenamtlichen Richtern, Zeuginnen, Zeugen und Dritten

Das Gesetz ist hier in relevanten Ausschnitten dargestellt; der vollständige Text findet sich im Internet unter http://bundesrecht.juris.de/bundesrecht/jveg/inhalt.html.

§ 1. Geltungsbereich und Anspruchsberechtigte. (1) Dieses Gesetz regelt 1. die Vergütung der Sachverständigen, Dolmetscherinnen, Dolmetscher, Übersetzerinnen und Übersetzer, die von dem Gericht, der Staatsanwaltschaft, der Finanzbehörde in den Fällen, in denen diese das Ermittlungsverfahren selbstständig durchführt, der Verwaltungsbehörde im Verfahren nach dem Gesetz über Ordnungswidrigkeiten oder dem Gerichtsvollzieher herangezogen werden […]. Eine Vergütung oder Entschädigung wird nur nach diesem Gesetz gewährt. Der Anspruch auf Vergütung nach Satz 1 Nr. 1 steht demjenigen zu, der beauftragt worden ist; dies gilt auch, wenn der Mitarbeiter einer Unternehmung die Leistung erbringt, der Auftrag jedoch der Unternehmung erteilt worden ist.
(2) Dieses Gesetz gilt auch, wenn Behörden oder sonstige öffentliche Stellen von den in Absatz 1 Satz 1 Nr. 1 genannten Stellen zu Sachverständigenleistungen herangezogen werden. Für Angehörige einer Behörde oder einer sonstigen öffentlichen Stelle, die weder Ehrenbeamte noch ehrenamtlich tätig sind, gilt dieses Gesetz nicht, wenn sie ein Gutachten in Erfüllung ihrer Dienstaufgaben erstatten, vertreten oder erläutern.
(3) Einer Heranziehung durch die Staatsanwaltschaft oder durch die Finanzbehörde in den Fällen des Absatzes 1 Satz 1 Nr. 1 steht eine Heranziehung durch die Polizei oder eine andere Strafverfolgungsbehörde im Auftrag oder mit vorheriger Billigung der Staatsanwaltschaft oder der Finanzbehörde gleich. Satz 1 gilt im Verfahren der Verwaltungsbehörde nach dem Gesetz über Ordnungswidrigkeiten entsprechend. […]

§ 2. Geltendmachung und Erlöschen des Anspruchs, Verjährung. (1) Der Anspruch auf Vergütung oder Entschädigung erlischt, wenn er nicht binnen drei Monaten bei der Stelle, die den Berechtigten herangezogen oder beauftragt hat, geltend gemacht wird. Die Frist beginnt 1. im Fall der schriftlichen Begutachtung oder der Anfertigung einer Übersetzung mit Eingang des Gutachtens oder der Übersetzung bei der Stelle, die den Berechtigten beauftragt hat, 2. im Falle der Vernehmung als Sachverständiger oder Zeuge oder der Zuziehung als Dolmetscher mit Beendigung der Vernehmung oder Zuziehung […].

§ 3. Vorschuss. Auf Antrag ist ein angemessener Vorschuss zu bewilligen, wenn dem Berechtigten erhebliche Fahrtkosten oder sonstige Aufwendungen entstanden sind oder voraussichtlich entstehen werden oder wenn die zu erwartende Vergütung für bereits erbrachte Teilleistungen einen Betrag von 2000 € übersteigt.

§ 4. Gerichtliche Festsetzung und Beschwerde. (1) Die Festsetzung der Vergütung, der Entschädigung oder des Vorschusses erfolgt durch gerichtlichen Beschluss, wenn der Berechtigte oder die Staatskasse die gerichtliche Festsetzung beantragt oder das Gericht sie für angemessen hält. Zuständig ist […] 2. das Gericht, bei dem die Staatsanwaltschaft errichtet ist, wenn die Heranziehung durch die Staatsanwaltschaft oder in deren Auftrag oder mit deren vorheriger Billigung durch die Polizei oder eine andere Strafverfolgungsbehörde erfolgt ist, 3. das Landgericht, bei dem die Staatsanwaltschaft errichtet ist, die für das Er-

▼

mittlungsverfahren zuständig wäre, wenn die Heranziehung in den Fällen des § 1 Abs. 1 Satz 1 Nr. 1 durch die Finanzbehörde oder in deren Auftrag oder mit deren vorheriger Billigung durch die Polizei oder eine andere Strafverfolgungsbehörde erfolgt ist, [...].

(3) Gegen den Beschluss nach Absatz 1 können der Berechtige und die Staatskasse Beschwerde einlegen, wenn der Wert des Beschwerdegegenstands 200 € übersteigt oder wenn sie das Gericht, das die angefochtene Entscheidung erlassen hat, wegen der grundsätzlichen Bedeutung der zur Entscheidung stehenden Frage zulässt.

(4) Soweit das Gericht die Beschwerde für zulässig und begründet hält, hat es ihr abzuhelfen; im Übrigen ist die Beschwerde unverzüglich dem Beschwerdegericht vorzulegen. Beschwerdegericht ist das nächst höhere Gericht. Eine Beschwerde an einen obersten Gerichtshof des Bundes findet nicht statt. Das Beschwerdegericht ist an die Zulassung der Beschwerde gebunden; die Nichtzulassung ist unanfechtbar.

(5) Die weitere Beschwerde ist nur zulässig, wenn das Landgericht als Beschwerdegericht entschieden und sie wegen der grundsätzlichen Bedeutung der zur Entscheidung stehenden Frage zugelassen hat. Sie kann nur darauf gestützt werden, dass die Entscheidung auf einer Verletzung des Rechts beruht; die §§ 546 und 547 der Zivilprozessordnung gelten entsprechend. Über die weitere Beschwerde entscheidet das Oberlandesgericht. Absatz 4 Satz 1 und 4 gilt entsprechend.

(6) Anträge und Erklärungen können zu Protokoll der Geschäftsstelle abgegeben oder schriftlich eingereicht werden; die §§ 129a und 130a der Zivilprozessordnung gelten entsprechend. Die Beschwerde ist bei dem Gericht einzulegen, dessen Entscheidung angefochten wird.

(7) Das Gericht entscheidet über den Antrag durch eines seiner Mitglieder als Einzelrichter; dies gilt auch für die Beschwerde, wenn die angefochtene Entscheidung von einem Einzelrichter oder einem Rechtspfleger erlassen wurde. Der Einzelrichter überträgt das Verfahren der Kammer oder dem Senat, wenn die Sache besondere Schwierigkeiten tatsächlicher oder rechtlicher Art aufweist oder die Rechtssache grundsätzliche Bedeutung hat. Das Gericht entscheidet jedoch immer ohne Mitwirkung ehrenamtlicher Richter. Auf eine erfolgte oder unterlassene Übertragung kann ein Rechtsmittel nicht gestützt werden.

(8) Die Verfahren sind gebührenfrei. Kosten werden nicht erstattet.

(9) Die Beschlüsse nach den Absätzen 1, 2, 4 und 5 wirken nicht zu Lasten des Kostenschuldners.

§ 5. Fahrtkostenersatz. (1) Bei Benutzung von öffentlichen, regelmäßig verkehrenden Beförderungsmitteln werden die tatsächlich entstandenen Auslagen bis zur Höhe der entsprechenden Kosten für die Benutzung der ersten Wagenklasse der Bahn einschließlich der Auslagen für Platzreservierung und Beförderung des notwendigen Gepäcks ersetzt.

(2) Bei Benutzung eines eigenen oder unentgeltlich zur Nutzung überlassenen Kraftfahrzeugs werden 1. dem Zeugen oder dem Dritten (§ 23) zur Abgeltung der Betriebskosten sowie zur Abgeltung der Abnutzung des Kraftfahrzeugs 0,25 €, 2. den in § 1 Abs. 1 Satz 1 Nr. 1 und 2 genannten Anspruchsberechtigten zur Abgeltung der Anschaffungs-, Unterhaltungs- und Betriebskosten sowie zur Abgeltung der Abnutzung des Kraftfahrzeugs 0,30 € für jeden gefahrenen Kilometer ersetzt zuzüglich der durch die Benutzung des Kraftfahrzeugs aus Anlass der Reise regelmäßig anfallenden baren Auslagen, insbesondere der Parkentgelte. Bei der Benutzung durch mehrere Personen kann die Pauschale nur einmal geltend gemacht werden. Bei der Benutzung eines Kraftfahrzeugs, das nicht zu den Fahrzeugen nach Absatz 1 oder Satz 1 zählt, werden die tatsächlich entstandenen Auslagen bis zu 0,30 € für jeden gefahrenen Kilometer ersetzt; zusätzlich werden die durch die Benutzung des Kraftfahrzeugs aus Anlass der Reise angefallenen regelmäßigen baren Auslagen, insbesondere die Parkentgelte, ersetzt, soweit sie der Berechtigte zu tragen hat.

(3) Höhere als die in Absatz 1 oder Absatz 2 bezeichneten Fahrtkosten werden ersetzt, soweit dadurch Mehrbeträge an Vergütung oder Entschädigung erspart werden oder höhere Fahrtkosten wegen besonderer Umstände notwendig sind.

(4) Für Reisen während der Terminsdauer werden die Fahrtkosten nur insoweit ersetzt, als dadurch Mehrbeträge an Vergütung oder Entschädigung erspart werden, die beim Verbleiben an der Terminsstelle gewährt werden müssten.

(5) Wird die Reise zum Ort des Termins von einem anderen als dem in der Ladung oder Terminsmitteilung bezeichneten oder der zuständigen Stelle unverzüglich angezeigten Ort angetreten oder wird zu einem anderen als zu diesem Ort zurückgefahren, werden Mehrkosten nach billigem Ermessen nur dann ersetzt, wenn der Berechtigte zu diesen Fahrten durch besondere Umstände genötigt war.

§ 6. Entschädigung für Aufwand. (1) Wer innerhalb der Gemeinde, in der der Termin stattfindet, weder wohnt noch berufstätig ist, erhält für die Zeit, während der er aus Anlass der Wahrnehmung des Termins von seiner Wohnung und seinem Tätigkeitsmittelpunkt abwesend sein muss, ein Tagegeld, dessen Höhe sich nach § 4 Abs. 5 Satz 1 Nr. 5 Satz 2 des Einkommensteuergesetzes bestimmt.

(2) Ist eine auswärtige Übernachtung notwendig, wird ein Übernachtungsgeld nach den Bestimmungen des Bundesreisekostengesetzes gewährt.

§ 7. Ersatz für sonstige Aufwendungen. (1) Auch die in den §§ 5, 6 und 12 nicht besonders genannten baren Aus-

▼

lagen werden ersetzt, soweit sie notwendig sind. Dies gilt insbesondere für die Kosten notwendiger Vertretungen und notwendiger Begleitpersonen.
(2) Für die Anfertigung von Ablichtungen werden 0,50 € je Seite für die ersten 50 Seiten und 0,15 € für jede weitere Seite, für die Anfertigung von Farbkopien 2 € je Seite ersetzt. Die Höhe der Pauschale ist in derselben Angelegenheit einheitlich zu berechnen. Der Berechtigte erhält die Pauschale für Ablichtungen aus Behörden- und Gerichtsakten, soweit deren Herstellung zur sachgemäßen Vorbereitung oder Bearbeitung der Angelegenheit geboten war, sowie für Ablichtungen, die nach Aufforderung durch die heranziehende Stelle angefertigt worden sind.
(3) Für die Überlassung von elektronisch gespeicherten Dateien anstelle der in Absatz 2 genannten Ablichtungen werden 2,50 € je Datei ersetzt.

§ 8. Grundsatz der Vergütung. (1) Sachverständige, Dolmetscher und Übersetzer erhalten als Vergütung 1. ein Honorar für ihre Leistungen (§§ 9 bis 11), 2. Fahrtkostenersatz (§ 5), 3. Entschädigung für Aufwand (§ 6) sowie 4. Ersatz für sonstige und für besondere Aufwendungen (§§ 7 und 12).
(2) Soweit das Honorar nach Stundensätzen zu bemessen ist, wird es für jede Stunde der erforderlichen Zeit einschließlich notwendiger Reise- und Wartezeiten gewährt, jedoch für höchstens zehn Stunden je Tag. Die letzte bereits begonnene Stunde wird voll gerechnet, wenn sie zu mehr als 30 Minuten für die Erbringung der Leistung erforderlich war; anderenfalls beträgt das Honorar die Hälfte des sich für eine volle Stunde ergebenden Betrags.
(3) Soweit vergütungspflichtige Leistungen oder Aufwendungen auf die gleichzeitige Erledigung mehrerer Angelegenheiten entfallen, sind sie auf diese Angelegenheiten nach dem Verhältnis der Vergütungen zu verteilen, die bei gesonderter Heranziehung entstanden wären.
(4) Den Sachverständigen, Dolmetschern und Übersetzern, die ihren gewöhnlichen Aufenthalt im Ausland haben, kann unter Berücksichtigung ihrer persönlichen Verhältnisse, insbesondere ihres regelmäßigen Erwerbseinkommens, nach billigem Ermessen eine höhere als die in Absatz 1 bestimmte Vergütung gewährt werden.

§ 9. Honorar für die Leistung der Sachverständigen und Dolmetscher. (1) Der Sachverständige erhält für jede Stunde ein Honorar in der Honorargruppe … in Höhe von

…	Euro
M 1	50
M 2	60
M 3	85

Die Zuordnung der Leistungen des Sachverständigen zu einer Honorargruppe bestimmt sich nach der Anlage 1. […]

§ 10. Honorar für besondere Leistungen. (1) Soweit ein Sachverständiger oder ein sachverständiger Zeuge Leistungen erbringt, die in der Anlage 2 bezeichnet sind, bemisst sich das Honorar oder die Entschädigung nach dieser Anlage.
(2) Für Leistungen der in Abschnitt O des Gebührenverzeichnisses für ärztliche Leistungen (Anlage zur Gebührenordnung für Ärzte) bezeichneten Art erhält der Sachverständige in entsprechender Anwendung dieses Gebührenverzeichnisses ein Honorar nach dem 1,3fachen Gebührensatz. § 4 Abs. 2 bis 4 Satz 1 und § 10 der Gebührenordnung für Ärzte gelten entsprechend; im Übrigen bleiben die §§ 7 und 12 unberührt.
(3) Soweit für die Erbringung einer Leistung nach Absatz 1 oder Absatz 2 zusätzliche Zeit erforderlich ist, erhält der Berechtigte ein Honorar nach der Honorargruppe 1. […]

§ 12. Ersatz für besondere Aufwendungen. (1) Soweit in diesem Gesetz nichts anderes bestimmt ist, sind mit der Vergütung nach den §§ 9 bis 11 auch die üblichen Gemeinkosten sowie der mit der Erstattung des Gutachtens oder der Übersetzung üblicherweise verbundene Aufwand abgegolten. Es werden jedoch gesondert ersetzt 1. die für die Vorbereitung und Erstattung des Gutachtens oder der Übersetzung aufgewendeten notwendigen besonderen Kosten, einschließlich der insoweit notwendigen Aufwendungen für Hilfskräfte, sowie die für eine Untersuchung verbrauchten Stoffe und Werkzeuge; 2. für die zur Vorbereitung und Erstattung des Gutachtens erforderlichen Lichtbilder oder an deren Stelle tretenden Farbausdrucke 2 € für den ersten Abzug oder Ausdruck und 0,50 € für jeden weiteren Abzug oder Ausdruck; 3. für die Erstellung des schriftlichen Gutachtens 0,75 € je angefangene 1000 Anschläge; wäre eine Zählung der Anschläge mit unverhältnismäßigem Aufwand verbunden, wird deren Anzahl unter Berücksichtigung der durchschnittlichen Anzahl der Anschläge je Seite nach der Anzahl der Seiten bestimmt; sowie 4. die auf die Vergütung entfallende Umsatzsteuer, sofern diese nicht nach § 19 Abs. 1 des Umsatzsteuergesetzes unerhoben bleibt.
(2) Ein auf die Hilfskräfte (Absatz 1 Satz 2 Nr. 1) entfallender Teil der Gemeinkosten wird durch einen Zuschlag von 15 Prozent auf den Betrag abgegolten, der als notwendige Aufwendung für die Hilfskräfte zu ersetzen ist, es sei denn, die Hinzuziehung der Hilfskräfte hat keine oder nur unwesentlich erhöhte Gemeinkosten veranlasst.

§ 13. Besondere Vergütung. (1) Haben sich die Parteien dem Gericht gegenüber mit einer bestimmten oder abweichend von der gesetzlichen Regelung zu bemessenden Vergütung einverstanden erklärt, ist diese Vergütung zu gewähren, wenn ein ausreichender Betrag an die Staatskasse gezahlt ist.
(2) Die Erklärung nur einer Partei genügt, soweit sie sich auf den Stundensatz nach § 9 oder bei schriftlichen Über-

▼

setzungen auf die Vergütung für jeweils angefangene 55 Anschläge nach § 11 bezieht und das Gericht zustimmt. Die Zustimmung soll nur erteilt werden, wenn das Eineinhalbfache des nach den §§ 9 bis 11 zulässigen Honorars nicht überschritten wird. Vor der Zustimmung hat das Gericht die andere Partei zu hören. Die Zustimmung und die Ablehnung der Zustimmung sind unanfechtbar.

§ 14. Vereinbarung der Vergütung. Mit Sachverständigen, Dolmetschern und Übersetzern, die häufiger herangezogen werden, kann die oberste Landesbehörde oder die von ihr bestimmte Stelle eine Vereinbarung über die zu gewährende Vergütung treffen, deren Höhe die nach diesem Gesetz vorgesehene Vergütung nicht überschreiten darf.

Eine Ausnahme der Vergütung gem. dem JVEG besteht lediglich für solche Angehörigen einer Behörde oder sonstigen öffentlichen Stelle, die das Gutachten in Erfüllung ihrer Dienstaufgaben erstatten (§ 1 Abs. 2 S. 2 JVEG).

Eine besondere Regelung besteht außerdem für Sachverständige, die im Strafprozess unmittelbar vom Angeklagten geladen werden. Für sie entsteht ein Entschädigungsanspruch nach dem JVEG nur bei gerichtlicher Bestellung und nur dann, wenn sich in der Hauptverhandlung herausstellt, dass die gutachterliche Tätigkeit zur Aufklärung der Sache dienlich war (§ 220 Abs. 3 StPO).

Die Anspruchsentstehung hängt grundsätzlich nicht von der Erstattung eines Gutachtens ab. Es ist vielmehr ausreichend, wenn der Sachverständige vom Gericht oder der Staatsanwaltschaft geladen wurde und zum Termin erscheint. Gemäß § 2 Abs. 1 JVEG wird die Entschädigung jedoch nur auf Antrag gewährt.

Neben dem Honorar nach § 9 JVEG und dem Ersatz der erforderlichen Aufwendungen gemäß den §§ 10 und 12 JVEG hat der Sachverständige weiterhin einen Anspruch auf Erstattung der Fahrtkosten, den durch Abwesenheit vom Aufenthaltsort verursachten Mehraufwand sowie auf den Ersatz der nicht besonders genannten baren Auslagen (§§ 5–7 JVEG). Das Honorar beträgt gem. § 9 JVEG für jede Stunde der erforderlichen Zeit je nach Honorargruppe 50–85 € (■ Muster 1.2). Gegebenenfalls ist bei Eingang eines Gutachtenauftrages der Kostenrahmen zu prüfen und dem Auftraggeber zur Stellungnahme zuzuleiten.

Für das Aktenstudium wird üblicherweise eine Stunde für etwa 100 Seiten zugrunde gelegt. Bei den übrigen Positionen ist die erforderliche Zeit eines durchschnittlich erfahrenen Gutachters zu bemessen, d. h. nicht die effektiv notwendig gewordene Zeit, sondern die »erforderliche« fiktive Zeit eines Sachverständigen mit durchschnittlicher Befähigung und Erfahrung mit durchschnittlicher Arbeitsintensität (Meyer et al. 2005, S. 245, mit weiteren Verweisen in Fußnote 100).

Gemäß § 2 Abs. 1 JVEG erlischt der Anspruch, wenn der Sachverständige nicht innerhalb von 3 Monaten nach Beendigung der Zuziehung bei dem zuständigen Gericht oder der zuständigen Staatsanwaltschaft seine Vergütung verlangt hat.

Dieses Gesetz ist abschließend, sodass der Gutachter keine darüber hinaus gehenden Ansprüche geltend machen kann.

Medizinische und psychologische Gutachten sind umsatzsteuerpflichtig: Nach dem EuGH-Urteil aus dem Jahr 2000 (C-384/98) sind Leistungen eines Arztes nur dann nach Art. 13 Teil A Abs. 1 Lit. c der 6. EG-Richtlinie (nationale Befreiungsvorschrift: § 4 Nr. 14 UStG) steuerfrei, wenn sie der medizinischen Betreuung von Personen durch das Diagnostizieren und Behandeln von Krankheiten oder anderen Gesundheitsstörungen dienen.

Im Einvernehmen mit den obersten Finanzbehörden der Länder hat das Bundesministerium für Finanzen daher festgelegt (Bundessteuerblatt Teil I, S. 157 v. 08.03.2001), dass in Abweichung von Abschnitt 88 Abs. 3 Nr. 1, 2 und 4 UStR die Erstellung ärztlicher Gutachten nur dann nach § 4 Nr. 14 UStG steuerfrei ist, wenn ein therapeutisches Ziel im Vordergrund steht. Dies ist bei den üblichen forensisch-psychiatrischen und psychologischen Gutachten regelmäßig nicht der Fall.

Univ.-Prof. Dr. Dr. Frank Schneider
Direktor der Klinik für Psychiatrie und
Psychotherapie
Universitätsklinikum Aachen

52074 Aachen, 22.08.2005
Pauwelsstr. 30
Tel.: 0241 80 89 633
Fax: 0241 80 82 401
psychiatrie@ukaachen.de
Steuernr. 777/3569/1159

An das
Amtsgericht Düsseldorf
Postfach 10 11 40
40002 Düsseldorf

Rechnung 231-2005

Für den Gutachtenauftrag des Amtsgerichtes Düsseldorf über
Herrn Karl H., geb. am 15.04.1962
Az.: **55 JK 77/03**
liquidiere ich gemäß dem Justizvergütungs- und -entschädigungsgesetz (JVEG),
Honorargruppe M3:

Aktenstudium		2 Std.
Vorbereitende Arbeiten, Exploration, psychiatrische Untersuchung, Auswertung der Befunde und Dokumentation (2 Termine)		7 Std.
Körperliche Untersuchung		1 Std.
Ausarbeitung des Gutachtens		9 Std.
Diktat, konzeptionelle Überarbeitung und Korrektur		7 Std.
Gesamt:	26 Std. à 85,00 €	2.210,00 €
Pkw zur JVA Aachen (2×12 km à 0,30 €)		7,20 €
Parkgebühren (Quittungen anbei)		5,00 €
Schreibgebühren 25.596 Zeichen (26×0,75 €) (je angefangene 1000 Zeichen 0,75 €)		19,50 €
3×20 Durchschriftseiten (inkl. 1 Exemplar für den Sachverständigen; 50 Kopien à 0,50 €, 10 Kopien à 0,15 €)		26,50 €
Zwischensumme:		2.268,20 €
Umsatzsteuer 16%		362,91 €
Betrag:		2.631,11 €

Ich bitte um Überweisung auf mein Konto bei der Düssel Bank Aachen,
Konto-Nr.: 33697, BLZ: 666 872 442.

Mit freundlichen Grüßen

Prof. Dr. Dr. F. Schneider

Muster 1.2. Honorarnote für ein psychiatrisches Gutachten (Beispiel)

Honorargruppen bei medizinischen und psychologischen Gutachten (JVEG, Anlage 1 in relevanten Auszügen)

M 1: Einfache gutachtliche Beurteilungen, insbesondere

- in Gebührenrechtsfragen,
- zur Minderung der Erwerbsfähigkeit nach einer Monoverletzung,
- zur Haft-, Verhandlungs- oder Vernehmungsfähigkeit,
- zur Verlängerung einer Betreuung oder nach § 35a KJHG.

M 2: Beschreibende (Ist-Zustands-) Begutachtung nach standardisiertem Schema ohne Erörterung spezieller Kausalzusammenhänge mit einfacherer medizinischer Verlaufsprognose und mit durchschnittlichem Schwierigkeitsgrad, insbesondere Gutachten

- in Verfahren nach dem SGB IX,
- zur Minderung der Erwerbsfähigkeit und zur Invalidität, […]
- zu einfachen Fragestellungen zur Schuldfähigkeit ohne besondere Schwierigkeiten der Persönlichkeitsdiagnostik,
- zur Einrichtung einer Betreuung,
- zu Unterhaltsstreitigkeiten auf Grund einer Erwerbs- oder Arbeitsunfähigkeit,
- zu neurologisch-psychologischen Fragen in Verfahren nach der FeV.

M 3: Gutachten mit hohem Schwierigkeitsgrad (Begutachtungen spezieller Kausalzusammenhänge und/oder differenzialdiagnostischer Probleme und/oder Beurteilung der Prognose und/oder Beurteilung strittiger Kausalitätsfragen), insbesondere Gutachten

- zum Kausalzusammenhang bei problematischen Verletzungsfolgen,
- zu ärztlichen Behandlungsfehlern,
- in Verfahren nach dem OEG,
- in Verfahren nach dem HHG,
- zur Schuldfähigkeit bei Schwierigkeiten der Persönlichkeitsdiagnostik,
- in Verfahren zur Anordnung einer Maßregel der Besserung und Sicherung (in Verfahren zur Entziehung der Fahrerlaubnis zu neurologisch/psychologischen Fragestellungen),
- zur Kriminalprognose,
- zur Aussagetüchtigkeit,
- zur Widerstandsfähigkeit,
- in Verfahren nach den §§ 3, 10, 17 und 105 JGG,
- in Unterbringungsverfahren,
- in Verfahren nach § 1905 BGB,
- in Verfahren nach dem TSG,
- in Verfahren zur Regelung von Sorge- oder Umgangsrechten,
- zur Geschäfts-, Testier- oder Prozessfähigkeit,
- zu Berufskrankheiten und zur Minderung der Erwerbsfähigkeit bei besonderen Schwierigkeiten. […]

Honorar für kurze gutachterliche Stellungnahmen (JVEG, Anlage 2 zu § 10 Abs. 1, Abschnitt 2: Befund)

Nr. 200: Ausstellung eines Befundscheins oder Erteilung einer schriftlichen Auskunft ohne nähere gutachtliche Äußerung: € 21,00

Nr. 201: Die Leistung der in Nummer 200 genannten Art ist außergewöhnlich umfangreich: bis zu € 44,00

Nr. 202: Zeugnis über einen ärztlichen Befund mit von der heranziehenden Stelle geforderter kurzer gutachtlicher Äußerung oder Formbogengutachten, wenn sich die Fragen auf Vorgeschichte, Angaben und Befund beschränken und nur ein kurzes Gutachten erfordern: € 38,00

Nr. 203: Die Leistung der in Nummer 202 genannten Art ist außergewöhnlich umfangreich: bis zu € 75,00

1.1.8 Folgen der Pflichtverletzung für den Sachverständigen

Ein fehlerhaftes Sachverständigengutachten, das zur Entscheidungsgrundlage wird, führt u. U. zu Schadensersatzansprüchen gegen den Sachverständigen.

Zivilrechtliche Haftung

Zwischen dem gerichtlich bestellten Sachverständigen und den Parteien bzw. Verfahrensbeteiligten besteht kein Vertragsverhältnis, sodass vertragliche Ansprüche ausscheiden. Ebenso ist mangels Amtsträgereigenschaft eine Amtshaftung gem. § 839 BGB in Verbindung mit Art. 34 GG ausgeschlossen (OLG Düsseldorf, NJW 1986, S. 2891).

Etwas anderes gilt hier für den Sachverständigen, der das Gutachten im Auftrag einer Privatperson erstattet. Zwischen ihm und seinem Auftraggeber besteht ein Werkvertrag gem. §§ 631 ff. BGB. Im Falle der Nicht- oder Schlechterstellung des Gutachtens kann es somit zu einer Haftung aus diesem Vertrag kommen (vgl. ausführlich allgemein zur Haftung des Privatgutachters Bayerlein-Wessel 2002, S. 571).

! Mit der Schadensrechtsreform (2. Gesetz zur Änderung schadensersatzrechtlicher Vorschriften vom 19.07.2002, BGBl I S. 2674) wurde mit § 839a BGB ein eigenständiger Haftungstatbestand für Gerichtssachverständige eingeführt. Danach ist ein vom Gericht ernannter Sachverständiger, der vorsätzlich oder grob fahrlässig ein unrichtiges Gutachten erstattet, zum Ersatz des Schadens verpflichtet, der einem der Verfahrensbeteiligten durch eine darauf beruhende gerichtliche Entscheidung entsteht. Die Reform führt somit zu einer erheblichen Verschärfung des Haftungsrisikos (Jacobs 2001, S. 491).

Bisher ergaben sich Ansprüche lediglich aus dem allgemeinen Deliktsrecht. Eine Haftung nach § 823 Abs. 1 BGB scheiterte jedoch häufig daran, dass nur Vermögensschäden entstanden waren, die auf dieser Grundlage nicht erstattungsfähig sind. In Frage kam dementsprechend neben § 826 BGB nur noch § 823 Abs. 2 BGB, der die Verletzung eines Schutzgesetzes voraussetzt – dazu zählt jedoch nicht der Pflichtenkatalog des Sachverständigen. Als Schutzgesetze anerkannt sind aber die §§ 153 ff. StGB. Ein beeideter Sachverständiger haftete danach für vorsätzliche und fahrlässige Fehler bei der Gutachtenerstattung; ein unbeeidigter Gutachter, der fahrlässig ein falsches Gutachten erstellte, war demgegenüber von der Schadensersatzpflicht frei.

Mit § 839a BGB ist nun ein neuer Haftungstatbestand geschaffen worden, der nicht mehr danach unterscheidet, ob der Gutachter beeidigt wurde oder nicht. In beiden Fällen wird jetzt für Vorsatz und grobe Fahrlässigkeit gehaftet. Dies schafft für den Geschädigten die Möglichkeit, bei einem fehlerhaften Gutachten zumindest materielle Gerechtigkeit durch Rückgriff auf den Sachverständigen zu bekommen (BT-Drucks. 14/7752, S. 28). Allerdings ergibt sich daraus andererseits das Problem, dass rechtskräftig abgeschlossene Verfahren nun in einem sog. Sachverständigenprozess wieder neu aufgenommen werden können (Staudinger-Wurm 2002, § 839a Rn. 4). Dieser Gefahr wurde allerdings durch den Verzicht auf eine Haftung für einfache Fahrlässigkeit entgegengewirkt. Dadurch wurde auch eine Beeinträchtigung der wissenschaftlichen Bewertungsfreiheit des Sachverständigen vermieden.

Eine Ersatzpflicht ist nur dann begründet, wenn der Schaden durch eine gerichtliche Entscheidung entsteht. Eine Haftung entfällt folglich, wenn das Verfahren durch einen Vergleich der Parteien beendet wurde (BT-Drucks. 14/7752, S. 28).

Der § 839a Abs. 2 BGB verweist auf § 839 Abs. 3 BGB, sodass die Haftung ausgeschlossen ist, wenn der Geschädigte es vorsätzlich oder fahrlässig unterlassen hat, den Schaden durch Gebrauch eines Rechtsmittels abzuwenden. Als Rechtsmittel gelten dabei alle Rechtsbehelfe, die den Zweck verfolgen, eine schädigende Anordnung zu beseitigen oder zu berichtigen (BGH VersR 1982, S. 954). Darunter fallen also nicht nur Rechtsmittel gegen die gerichtliche Entscheidung selbst, sondern auch solche, die sich z. B. direkt gegen den Sachverständigen richten. So besteht etwa bei Zweifeln an der Unparteilichkeit des Sachverständigen gem. § 406 ZPO die Pflicht, diesen abzulehnen (Däubler 2002, S. 629).

Nach der Intention des Gesetzgebers sollen dem Geschädigten keine weiteren Ansprüche neben der Regelung zur Haftung des gerichtlichen

Sachverständigen zustehen, auch wenn seine Ziele mit Geltendmachung des § 839a BGB nicht zu erreichen sind; es handelt sich also um eine abschließende Regelung (Dauner-Lieb-Huber 2002, § 839a Rn. 12).

Strafrechtliche Verantwortlichkeit

Der Sachverständige kann auch strafrechtlich zur Verantwortung gezogen werden: Bei Erstellung eines Gutachtens kommt in erster Linie eine Strafbarkeit wegen eines Aussagedelikts in Betracht (§§ 153, 154, 156, 163 StGB). Alle genannten Tatbestände setzten voraus, dass eine Aussage und damit ihr Inhalt falsch ist.

Nach der sog. »objektiven« Theorie ist eine Aussage dann falsch, wenn ihr Inhalt nicht der Wirklichkeit entspricht (Schönke u. Schröder-Lenckner 2001, Vorbem. zu §§ 153 ff. Rn. 4). Dies ist beim Sachverständigen z. B. dann der Fall, wenn sich die von ihm dargestellten Vorgänge nicht so zugetragen haben, wie sie von ihm dargestellt wurden (Müller 1988, S. 648).

Bei Wertungen des Sachverständigen kann eine Strafbarkeit auch daraus resultieren, dass sein Gutachten gegen seine innere Überzeugung spricht, also wenn ein Gegensatz zwischen Wissen und Aussageinhalt besteht (Laufs u. Uhlenbruck 2002, S. 1197). Zu beachten bleibt aber, dass wegen eines Aussagedelikts nur dann bestraft wird, wenn die Aussage vor Gericht oder einer anderen zur eidlichen Vernehmung zuständigen Stelle abgegeben wurde. Dazu gehört gerade nicht die Staatsanwaltschaft oder die Polizei (§ 161a Abs. 1 S. 3 StPO).

Auch ist zu beachten, dass unter Aussage im Sinne der §§ 153–163 StGB nur die mündliche Darlegung durch den Sachverständigen zu verstehen ist, sodass die Erstattung eines schriftlichen Gutachtens keine »Aussage« darstellt.

Verursacht der Sachverständige durch ein wissentlich unrichtiges Gutachten eine gerichtliche Entscheidung, durch die im Zivilprozess eine Partei einen ihr nicht zustehenden Vermögensvorteil erlangt, so kommt weiterhin eine Strafbarkeit wegen Prozessbetruges in Betracht (§ 263 StGB). Auch der versuchte Betrug ist strafbar.

Ansonsten kann der Sachverständige sich noch wegen Strafvereitelung (§ 258 StGB), falscher Verdächtigung (§ 164 StGB), des Ausstellens eines unrichtigen Gesundheitszeugnisses (§ 278 StGB), Verletzung der Schweigepflicht (§ 203 Abs. 1 StGB), Freiheitsberaubung (§ 239 StGB) und fahrlässiger Körperverletzung (§ 229 StGB) bei verbotenen Eingriffen strafbar machen.

! Erstattet ein Sachverständiger ein Gutachten, aufgrund dessen ein Straftäter oder psychisch Kranker aus der Strafhaft, der Sicherungsverwahrung oder einer psychiatrischen Klinik entlassen wird, kann es auch zu einer strafrechtlichen Verurteilung wegen fahrlässiger Tötung oder fahrlässiger Körperverletzung (§§ 222, 229 StGB) kommen, wenn der Entlassene im Rahmen seiner wiedergewonnenen Freiheit eine Tötung oder Körperverletzung begeht. Dem entspricht die Sachlage hinsichtlich der strafrechtlichen Verantwortung eines Arztes oder Therapeuten im Maßregelvollzug bei fehlgeschlagenen Lockerungen.

Allerdings ist anzumerken, dass für den Sachverständigen solche Fälle in der Praxis bisher nicht entschieden wurden und auch Verurteilungen von Entscheidungsträgern im Maßregelvollzug nur in 3 Fällen bekannt sind. Dabei handelte es sich jeweils um schwere Rückfalltaten mehrfach verurteilter Sexualtäter.

Beispiel

In einem Fall wurde z. B. ein Facharzt für Psychiatrie wegen fahrlässiger Körperverletzung zu einer Geldstrafe von 120 Tagessätzen verurteilt. Im Rahmen einer Therapie gewährte dieser einem 19-jährigen Sexualstraftäter, der im Alter von 14–18 Jahren mindestens 7 Sexualstraftaten begangen hatte, Ausgänge innerhalb des Geländes des Landeskrankenhauses. Der Arzt beließ es bei dieser Ausgangsregelung, obwohl der Untergebrachte mehrfach das ihm zum Ausgang erlaubte Gelände verlassen hatte und zweimal verspätet und angetrunken zurückgekommen war, davon einmal mit zerrissener Hose und verdreckten Schuhen. Bei weiteren Ausgängen beging dieser drei weitere Sexualstraftaten, darunter eine vollendete Vergewaltigung und eine sexuelle Nötigung mit Oralverkehr.
In der Begründung stützte sich das Gericht auf eine Sorgfaltspflichtverletzung aufgrund Nichtbeachtung eines Erlasses des Justizministeriums, in dem die Kompetenz für die Gewährung von Geländeausgängen allein dem Justizminister zugewiesen wurde. Ei-

nen weiteren Sorgfaltspflichtverstoß sah das Gericht darin, dass der Arzt den Ausgang trotz der beiden Alkoholzwischenfälle gewährte. Die Straftaten des Untergebrachten waren nach Ansicht des Gerichts somit für den Arzt vorhersehbar (LG Göttingen, NStZ 1985, S. 410 f.; zu weiteren Fällen vgl. ausführlich Schöch 2004, S. 410 ff.).

Im Allgemeinen wird eine Strafbarkeit mangels Vorsatzes jedoch verneint werden müssen. Denn auch bei Zweifeln wird der Entscheidungsträger darauf vertrauen, dass alles gut gehen werde. Nur wenige Delikte knüpfen an die fahrlässige Begehung an und begründen damit für den Sachverständigen eine realistische Gefahr, strafrechtlich zur Verantwortung gezogen zu werden.

! Fahrlässig handelt, wer die im Verkehr erforderliche Sorgfalt außer Acht lässt. Solange sich der Entscheidungsträger im Rahmen des gesetzlichen Beurteilungs- und Ermessensspielraums der Lockerungsnormen bewegt, wird allerdings normalerweise auch eine Sorgfaltspflichtverletzung trotz prinzipieller Vorhersehbarkeit der Straftat zu verneinen sein.

1.1.9 Sicherung und Optimierung der Begutachtungsqualität

Psychiatrische Begutachtungen haben eine besondere Relevanz und unterliegen einem hohen gesamtgesellschaftlichen Druck. Solche Gutachten haben in der Regel eine ganz wesentliche Bedeutung für das Verfahren, Therapie und Prognoseentscheidungen.

Zahlreiche Einflussvariablen tragen zur Qualität von Gutachten bei. Hierzu zählen der Nutzen des Gutachtens für den Auftraggeber, die Fachkompetenz des Gutachters, seine Neutralität, Objektivität, Unbestechlichkeit und Verschwiegenheit, die Lesbarkeit und Verständlichkeit des Gutachtens, dessen Nachvollziehbarkeit und Nachprüfbarkeit sowie Überzeugungskraft (Kühne u. Zuschlag 2001, S. 13 ff.). – Einen Überblick über Methodenprobleme der forensisch-psychiatrischen Prognosebeurteilung geben Nedopil u. Stadtland (2005). Zur Qualitätssicherung in der forensischen Psychiatrie anhand von Kriterienkatalogen s. Habermeyer (2006).

Als wichtigster Qualitätsindikator ist die Fort- und Weiterbildung der Gutachter zu nennen. So sollten entsprechende Begutachtungen nur durch Fachärzte für Psychiatrie und Psychotherapie, Fachärzte für Psychiatrie bzw. durch Nervenärzte erstattet werden. Bestandteil des fachärztlichen Weiterbildungscurriculums sind erste Erfahrungen in der Begutachtung. Zudem sollte eine entsprechende Expertise der Gutachter auch nach außen mit einem weiteren Qualifikationsnachweis für Fachärzte für Psychiatrie und Psychotherapie dokumentierbar werden (Saß 2000, S. 763; Saß 2001, S. 575).

So hat die DGPPN als wissenschaftliche Fachgesellschaft auf ihrer Mitgliederversammlung im November 2002 ein Curriculum »Forensische Psychiatrie« beschlossen, das auch mit dem Berufsverband deutscher Nervenärzte (BVDN) abgestimmt wurde. Ziel war es, im Vorgriff auf die Einrichtung eines Schwerpunktes »Forensische Psychiatrie« bei den deutschen Ärztekammern, eine Zertifizierung für dieses Gebiet durchzuführen (Saß 2000, S. 763). Dies hat im Rahmen einer Übergangsregelung bereits begonnen, und es werden gegenwärtig DGPPN-zertifizierte forensisch-psychiatrische Fortbildungsveranstaltungen und Seminare durchgeführt, die für den Erwerb der Zusatzqualifikation geeignet sind. Nach entsprechender, bereits erfolgter Änderung der Musterweiterbildungsordnung soll dieses Zertifikat in den Weiterbildungskatalog für den Schwerpunkt »Forensische Psychiatrie« im Gebiet Psychiatrie und Psychotherapie überführt werden (Saß 2000, S. 763).

Eine entsprechende Übergangsregelung zum Erwerb des DGPPN-Zertifikates für bereits tätige psychiatrische Gutachter endete zum Oktober 2003. Anerkannte Weiterbildungseinrichtungen sowie akkreditierte Veranstaltungen finden sich auf der Homepage http://www.forensik-muenchen.de.

Der Deutsche Ärztetag hat die neue (Muster-) Weiterbildungsordnung im Jahr 2003 verabschiedet und im Mai 2004 ergänzt (http://www.bundesaerztekammer.de/30/Weiterbildung/03MWBO/MWBOB/26.html). Sie muss in den Ärztekammern noch in Landesrecht umgesetzt werden. Solange dies noch nicht geschehen ist, gelten die in Landesrecht umgesetzten Bestimmungen der (Muster-)Weiterbildungsordnung von 1992.

Qualifizierung im Schwerpunkt forensische Psychiatrie durch die DGPPN (Saß 2000, S. 764)
Die Fortbildung im Schwerpunkt »Forensische Psychiatrie« dient in Vertiefung der Inhalte der Gebietsweiterbildung, der Vermittlung, dem Erwerb und dem Nachweis spezieller Kenntnisse, Fertigkeiten und Erfahrungen in der Erstellung von Gutachten und deren Vertretung vor Gericht, in der Diagnostik und Behandlung psychisch kranker und gestörter Rechtsbrecher sowie in Rechtsfragen, die den Umgang mit psychisch kranken, gestörten und behinderten Menschen betreffen.

Fortbildungszeit
Sie beträgt 3 Jahre, davon mindestens 2 nach Abschluss der Weiterbildung zum Gebietsarzt für Psychiatrie und Psychotherapie bzw. Psychiatrie bzw. Nervenheilkunde in einer Einrichtung, deren Leiter zur Fortbildung in forensischer Psychiatrie ermächtigt ist.

Inhalt und Ziel der Fortbildung
Hierzu gehören im Schwerpunkt forensische Psychiatrie besondere Kenntnisse und Erfahrungen auf folgenden Gebieten:
- Schuldfähigkeitsbeurteilung;
- Grundlagen der Einweisung in den Maßregelvollzug nach den §§ 63, 64 und 66 StGB (einschließlich subsidiärer Maßnahmen, z. B. ambulante Therapie gem. § 35 BtMG);
- Beurteilung der Rückfall- und Gefährlichkeitsprognose;
- Beurteilung der Verhandlungsfähigkeit, Haftfähigkeit und Vernehmungsfähigkeit;
- Beurteilung der Reife von Heranwachsenden nach § 105 JGG;
- Behandlung im Maßregel- und Justizvollzug;
- Fragen des Zivilrechts, des Betreuungsrechts und des Unterbringungsrechts;
- verwaltungsrechtliche und verkehrsrechtliche Fragen.

Weiter ist zur Erlangung der Schwerpunktanerkennung Wissen aus den Nachbargebieten der forensischen Psychiatrie nachzuweisen, namentlich aus der Kriminologie, der Rechtspsychologie, dem Prozessrecht, soweit es die Tätigkeit des Sachverständigen betrifft, aus der Rechtsmedizin und der Sexualmedizin. Besondere Bedeutung kommt dem Wissen und der praktischen Erfahrung bezüglich der Beurteilung und Behandlung spezifischer Störungsbilder in der forensischen Psychiatrie zu (z. B. aggressives Verhalten, sexuell abweichendes Verhalten, Suizidalität, Intoxikationssyndrome). Spezielles Wissen ist auch zu erwerben und nachzuweisen über:
- rechtliche Grundlagen der Beurteilung von Jugendlichen/Heranwachsenden und ihre Anwendung im Straf-, Zivil- und Sorgerecht;
- die Glaubhaftigkeit von Zeugenaussagen und die Zeugentüchtigkeit;
- ethische und rechtliche Fragen bei der Diagnostik und Therapie von sowie Forschung mit psychisch Kranken und Gestörten;
- die theoretische und praktische Beherrschung der Prinzipien der Qualitätssicherung in der forensischen Psychiatrie.

Fortbildungsgang
Von der Fortbildungszeit ist mindestens ein Jahr in einer Maßregelvollzugseinrichtung oder klinisch-stationären Einrichtung im Justizvollzug und ein halbes Jahr in einer auf Begutachtung spezialisierten Einrichtung abzuleisten. Die praktische gutachterliche Erfahrung ist durch 70 psychiatrische Gutachten, die unter Supervision erstellt und – soweit gesetzlich vorgeschrieben – vor dem Gericht vertreten werden, zu belegen. Es entfallen 40 Gutachten auf Fragen des Strafrechts (Schuldfähigkeit und Prognose), davon müssen mindestens 5 Gutachten vor einem Schwurgericht vertreten werden und mindestens 5 Gutachten müssen sich mit der Frage der Entlassungsprognose befassen; es sind zudem 10 zivilrechtliche Gutachten und 10 sozialrechtliche Gutachten, die sich auch mit der Beantwortung von Zusammenhangsfragen befassen, sowie 10 weitere Gutachten auf ande-

▼

ren Rechtsgebieten anzufertigen. Für den therapeutischen Umgang mit psychisch kranken Rechtsbrechern sind Kenntnisse über die rechtlichen Grundlagen, die Rahmenbedingungen und die spezifischen Therapieformen in Vollzugseinrichtungen sowie in der ambulanten Versorgung erforderlich.

Fortbildungsmöglichkeiten
Die Fortbildungsmöglichkeiten sind derzeit nur in wenigen Einrichtungen in vollem Umfang vorhanden. Sie sind aber durch die Einrichtung regionaler und überregionaler Fortbildungsseminare realisierbar.

Schwerpunkt »Forensische Psychiatrie« in der neuen (Muster-)Weiterbildungsordnung der Bundesärztekammer

Weiterbildungsziel
Ziel der Weiterbildung im Schwerpunkt »Forensische Psychiatrie« ist, aufbauend auf der Facharztweiterbildung Psychiatrie und Psychotherapie, die Erlangung der Schwerpunktkompetenz nach Ableistung der vorgeschriebenen Weiterbildungszeiten und Weiterbildungsinhalte.

Weiterbildungszeit
36 Monate bei einem Weiterbildungsbefugten an einer Weiterbildungsstätte gem. § 5 Abs. 1 Satz 1, davon können bis zu 12 Monate während der Facharztweiterbildung abgeleistet werden.

Weiterbildungsinhalt
Erwerb von Kenntnissen, Erfahrungen und Fertigkeiten in
- ethischen und rechtlichen Fragen, die den Umgang mit psychisch kranken, gestörten und behinderten Menschen betreffen;
- der Erkennung und Behandlung psychisch kranker und gestörter Straftäter;
- gerichtlich angeordneter psychiatrisch-psychotherapeutischer Therapie, auch im Maßregel- und Justizvollzug;
- der Beurteilung der Schuldfähigkeit, der Glaubhaftigkeit von Zeugenaussagen und Zeugentüchtigkeit;
- den Grundlagen der Einweisung in den Maßregelvollzug einschließlich subsidiärer Maßnahmen unter Beachtung der gesetzlichen Vorschriften;
- der Beurteilung der Rückfall- und Gefährlichkeitsprognose;
- der Beurteilung der Verhandlungs-, Haft- und Vernehmungsfähigkeit;
- der Beurteilung der Reife von Heranwachsenden nach Jugendgerichtsgesetz sowie ihrer Anwendung im Straf-, Zivil- und Sorgerecht;
- Fragen des Zivil-, Betreuungs- und Unterbringungsrechtes einschließlich Geschäftsfähigkeit, Testierfähigkeit, Prozessfähigkeit;
- forensischen Gutachten aus den Bereichen Sozial-, Zivil- und Strafrecht;
- verwaltungs- und verkehrsrechtlichen Zusammenhangsfragen;
- der Beurteilung und Behandlung von Störungsbildern wie aggressives Verhalten, sexuell abweichendes Verhalten, Suizidalität, Intoxikationssyndrome.

Entsprechende Qualitätssicherungsmaßnahmen gibt es auch für psychologische Gutachter. So hat die Deutsche Gesellschaft für Psychologie (DGPs) 1995 eine Ordnung für die Weiterbildung in Rechtspsychologie erlassen, die vom Vorstand der Föderation Deutscher Psychologenvereinigungen am 18.11.1995 verabschiedet wurde; es folgt ein Auszug (Vollfassung: http://www.dgps.de/dgps/kommissionen/aka_recht/).

In einer Übergangsregelung, die bis Ende 2005 galt (www.dgps.de/dgps/kommissionen/aka_recht/), werden als Voraussetzungen für die Anerkennung als Rechtspsychologe u. a. genannt:
- Nachweis über eine 6-jährige einschlägige Berufstätigkeit,
- Umfangreiche rechtspsychologische Berufstätigkeit über 6 Jahre,
- 10 selbst bearbeitete, anonymisierte Falldarstellungen.

Während bei der psychiatrischen Fachgesellschaft bereits zahlreiche Ärzte für Psychiatrie und Psychotherapie das Zertifikat »Forensische Psychiatrie« erlangt haben, sind es bei der psychologischen Fachgesellschaft bislang nur relativ wenige Psychologen. Dies mag auch an den relativ hohen Zertifizierungs- und Prüfungsgebühren im psychologischen Bereich liegen.

Ordnung für die Weiterbildung in Rechtspsychologie

1. Ziele der Weiterbildung

Mit der systematischen Weiterbildung in der Rechtspsychologie soll – auf der Grundlage des universitären Psychologiestudienabschlusses – eine erweiterte und vertiefte wissenschaftliche und berufliche Qualifikation für die psychologische Tätigkeit im Rechtswesen erreicht werden. Sie orientiert sich am gesellschaftlichen Bedarf der Anwendung von Rechtspsychologie und deren Weiterentwicklung. Hierzu sind entsprechende wissenschaftliche Erkenntnisse, Theorien, Methoden und Techniken zu vermitteln.

Die Weiterbildung wird auf der Grundlage eines Curriculums und der systematischen Reflexion entsprechender beruflicher Tätigkeit durchgeführt. Sie wird mit einer Prüfung abgeschlossen und durch ein Zertifikat beurkundet. Das Weiterbildungszertifikat dokumentiert gegenüber Auftraggebern und Abnehmern rechtspsychologischer Leistungen den Erwerb vertiefter Kenntnisse und erweiterter Kompetenzen für die psychologische Tätigkeit im Rechtswesen. Der Inhaber des Zertifikats verpflichtet sich gemäß der Berufsordnung für Psychologen zur kontinuierlichen Fortbildung in der Rechtspsychologie.

2. Lernziele der Weiterbildung

Übergreifendes Lernziel ist die Befähigung zur sachgerechten Anwendung des wissenschaftlichen Kenntnisstandes der Rechtspsychologie in der Praxis. Diese Befähigung schließt ein die Fähigkeit zur Reflexion der Tätigkeit und ihrer Folgewirkungen im rechtlichen Feld und zur Auseinandersetzung mit Erlebens- und Verhaltensweisen, die für die rechtspsychologische Tätigkeit förderlich oder hinderlich sind.

Im Mittelpunkt der konkreten Weiterbildungsprogramme stehen der Erwerb und die Erweiterung theoretischer rechtspsychologischer Kenntnisse und praktischer Fertigkeiten. Im einzelnen werden folgende Lernziele angestrebt:

a) Erweiterung des persönlich verfügbaren Bedingungs- und Änderungswissens in unterschiedlichen Bereichen rechtspsychologischer Anwendung;
b) Beherrschung spezifischer Techniken und Methoden der Rechtspsychologie;
c) vertiefte Kenntnisse der besonderen Bedingungen und Fehlerquellen bei der Datenerhebung und Datenauswertung für rechtspsychologische Fragestellungen;

▼

d) grundlegende Kenntnisse über Institutionen der Rechtspflege und der psychosozialen Versorgung als Rahmenbedingungen rechtspsychologischer Tätigkeit;
e) Befähigung zur interdisziplinären Kommunikation und Kooperation mit anderen Berufsgruppen;
f) reflektieren der Implikationen der rechtspsychologischen Tätigkeit in ihrem gesellschaftlichen, rechtlichen und ethischen Kontext.

3. Inhalte der Weiterbildung
Der inhaltliche Schwerpunkt der Weiterbildung in Rechtspsychologie liegt auf dem Gebiet der forensischen Psychologie, dem traditionellen psychologischen Anwendungsbereich im Rechtswesen. Im Mittelpunkt stehen somit die Anfertigung psychodiagnostischer Gutachten für Gerichte und andere Institutionen der Rechtspflege sowie die psychologische Tätigkeit im Straf- und Maßregelvollzug.

Die Inhalte der Weiterbildung umfassen die folgenden Schwerpunkte und die dazu aufgeführten Themen:

- Schwerpunkt A: »Rechtliche Grundlagen«
  1. Grundzüge von Gesetzgebung und Rechtspflege
  2. Rechtspsychologisch relevantes materielles Recht und Verfahrensrecht
- Schwerpunkt B: »Empirisch-psychologische Grundlagen«
  3. Psychologie normabweichenden Verhaltens
  4. Gerichtsverhandlung und richterliche Urteilsbildung
  5. Rechtspsychologische Forschungsmethoden
- Schwerpunkt C: »Psychologie der Zeugenaussage«
  6. Realitätsgehalt von Zeugenaussagen
- Schwerpunkt D: »Psychologische Begutachtung im Strafverfahren«
  7. Schuldfähigkeit, Reifebeurteilung, Prognose
- Schwerpunkt E: »Psychologische Tätigkeit im Straf- und Maßregelvollzug«
  8. Vollzugsplanungs-, Lockerungs- und Entlassungsprognosen
  9. Psychologische Interventionen bei Straffälligen und Verbrechensopfern innerhalb und außerhalb des Vollzugs
- Schwerpunkt F: »Psychologische Tätigkeit im zivilrechtlichen Bereich«
  10. Trennung und Scheidung
  11. Vormundschaft und Betreuung
  12. Haftung und Verantwortung
- Schwerpunkt G: »Psychologische Tätigkeit im arbeits-, sozial-, verkehrs- und verwaltungsrechtlichen Bereich«
  13. Arbeits- und Erwerbsunfähigkeit
  14. Berufliche Rehabilitation und Weiterbildung
  15. Fahreignung und Rehabilitation
- Schwerpunkt H: »Psychologie im Bereich der Polizei«
  16. Gefahrenabwehr
  17. Verbrechensbekämpfung
- Schwerpunkt I: »Gesellschaftliche und ethische Rahmenbedingungen«
  18. Psychosoziale Versorgung
  19. Öffentlichkeit und Massenmedien
  20. Ethische Probleme rechtspsychologischer Tätigkeit
- Schwerpunkt J: »Nachbarwissenschaften«
  21. Kriminologie
  22. Kriminalistik
  23. Rechtsmedizin
  24. Forensische Psychiatrie
  25. Rechtssoziologie

4. Organisation und Durchführung der Weiterbildung
Im Unterschied zum Diplom-Studiengang Psychologie steht im Zentrum der Weiterbildung die praktische Tätigkeit unter Anleitung. Sie bietet die Gelegenheit zur fallspezifischen Umsetzung wissenschaftlicher Erkenntnisse und zum Erwerb von Fertigkeiten und Erfahrungen in rechtspsychologischem Handeln. In der Anleitung zur Praxis werden theoretisches und

▼

empirisches Wissen, methodische Kenntnisse sowie praktische und persönliche Erfahrungen bei der Lösung konkreter Aufgaben integriert. Im Zentrum der Praxisanleitung steht die Supervision rechtspsychologischer Tätigkeit. In der Supervision werden die Problemangemessenheit und die regelgerechte Durchführung rechtspsychologischer Tätigkeiten reflektiert.

Weiterbildungsprogramme müssen insgesamt einen zeitlichen Umfang von 375 Stunden haben. Diese verteilen sich auf drei Bestandteile:

Weiterbildungsseminare (240 Stunden), Arbeit und Supervision im Fachteam (120 Stunden) und Beratung der forensisch-psychologischen Prüfungsgutachten (15 Stunden). Der Weiterbildungsgang erstreckt sich in der Regel über drei Jahre. Die Weiterbildung erfolgt berufsbegleitend. Für die Verleihung des Zertifikats für Rechtspsychologie werden drei weitere vollständige forensisch-psychologische Gutachten als Prüfungsfälle aus mindestens zwei der Schwerpunkte C bis G (vgl. 3.) erstellt (Prüfungsgutachten). Jeder Teilnehmer wird über jedes Prüfungsgutachten von zwei Prüferinnen oder Prüfern geprüft.

Die erfolgreiche Teilnahme an einem Weiterbildungsprogramm wird zertifiziert. Damit wird die Teilnehmerin/der Teilnehmer als »Fachpsychologin/Fachpsychologe für Rechtspsychologie« der Föderation Deutscher Psychologenvereinigungen anerkannt.

1.2 Psychopathologie

1.2.1 Begriffsbestimmung und Relevanz

Unter Psychopathologie versteht man die deskriptive, klassifikatorische und – hinsichtlich der individuellen erlebens- und biographiebezogenen Bedingtheiten der psychischen Störungen – verstehende Beschreibung krankhaften Erlebens und Verhaltens. Psychopathologie beruht »auf der Beobachtung, Beschreibung und Strukturierung geistiger und seelischer Abnormitäten beim Menschen, erschlossen aus sprachlichen Mitteilungen, Verhaltensbeobachtung und Psychometrie« (Payk 2002, S. 8).

Psychopathologische Symptome (griech.: sýmptoma = Eigentümlichkeit) stellen als diagnostische Bausteine die kleinsten phänomenologisch zu unterscheidenden und operationalisierbaren Störungseinheiten dar, die sprachlich gekennzeichnet werden können. (Payk 2002, S. 44)

Psychopathologische Merkmale lassen sich unterschiedlichen Bereichen psychischer Funktionen zuordnen und zentrieren sich um das Erleben und Verhalten eines psychisch kranken Patienten. Sie werden auf unterschiedliche Weise erfasst. Die Entscheidung, ob ein bestimmtes Phänomen als pathologisch anzusehen ist, basiert letztlich immer auf der Fremdbeurteilung des Untersuchers, orientiert an den jeweiligen Definitionen. Die Beurteilungsgrundlagen können jedoch unterschiedlich sein:

- Die Hauptinformationsquelle als Grundlage der Bewertung sind Aussagen des Patienten. Bestimmte Phänomene lassen sich nur beurteilen, wenn der Patient dazu direkt Stellung nimmt, da es sich um intrapsychisch ablaufende Prozesse handelt, die nicht der direkten Beobachtung durch Dritte zugänglich sind. Hierzu zählen z. B. Symptome wie Grübeln oder Antriebshemmung.
- Auf der anderen Seite gibt es eine Reihe von psychopathologischen Phänomenen, die nicht direkt der Beobachtung durch den Patienten zugänglich sind. Hierzu zählen z. B. Affektarmut oder Affektstarre, vor allem aber auch eine Reihe von formalen Denkstörungen (z. B. Vorbeireden, Neologismen). Der Fremdbeobachtung durch Dritte (meist der Untersucher, aber auch andere Personen wie Angehörige oder Pflegepersonal bzw. Zeugen, wenn der

zu beurteilende Zeitraum zurückliegt) kommt hier die entscheidende Bedeutung zu.

- Bei einer Vielzahl psychopathologischer Symptome sind jedoch sowohl Aussagen des Patienten als auch die Fremdbeobachtung gleichermaßen von Bedeutung. Hierzu zählen z. B. Symptome wie Antriebsarmut, die vom Patienten berichtet, jedoch auch durch Dritte beobachtet werden können, oder auch Konzentrationsstörungen.

Der Erfassung der psychopathologischen Symptome kommen vielfältige Funktionen zu. Als erstes dient sie der Erstellung des **psychopathologischen Befundes**. Mit der Erhebung des psychopathologischen Befundes sollen die psychischen Merkmale und Symptome erfasst werden, die für die **Kennzeichnung einer aktuellen psychischen Störung** charakteristisch sind. Im Zusammenhang mit forensisch psychiatrisch relevanten Fragestellungen ist darüber hinaus häufig zusätzlich neben einem aktuellen Befund ein solcher für einen zurück liegenden Zeitpunkt zu erheben. Während die Psychopathologie den Querschnitt wie den Verlauf allein auf der phänomenologischen Ebene abbildet, sagt sie allein nichts Definitives über Ätiologie und Pathogenese der zugrunde liegenden Störung aus.

Psychopathologische Symptome sind weiterhin die Grundlage für die Kennzeichnung eines Patienten auf höheren Beschreibungsebenen, d. h. der sog. **Syndrom- und Diagnosenebene**. Beide unterscheiden sich hinsichtlich ihrer Aussagekraft dadurch, dass syndromale Beschreibungen (meist in Form von Ratingskalen, ◘ Tab. 1.2) dimensionale Beschreibungen sind und daher die Möglichkeit einer Quantifizierung, d. h. Schweregradbestimmung, ermöglichen (z. B. zur Evaluation therapeutischer Interventionen). Auf der Diagnosenebene dagegen wird beim Erfüllen der diagnostischen Kriterien implizit von einem hinreichenden Schweregrad ausgegangen. Die Aussagemöglichkeiten mittels Diagnosen sind jedoch nur kategorial (Diagnose vorhanden – nicht vorhanden). In ◘ Tab. 1.1 ist jeweils ein Beispiel aufgeführt. Dabei soll explizit auf Folgendes hingewiesen werden:

! Ohne eine zuverlässige, d. h. insbesondere reliable Symptomerfassung sind keine zuverlässigen Aussagen auf höheren Ebenen, d. h. keine Diagnosen möglich.

Psychopathologische Kenntnisse auf Symptomebene sind somit unabdingbar notwendige Voraussetzung für eine zuverlässige psychiatrische Diagnostik. So kann niemand mit der ICD-10 arbeiten, wenn er nicht hinreichende Kenntnisse darüber hat, was die einzelnen diagnostischen Kriterien überhaupt bedeuten. Ein Lexikon von Begriffen, wie es von der WHO herausgegeben worden ist (Dilling 2002), kann hier zwar Hilfestellung geben, reicht jedoch bei weitem nicht aus, da in diesem u. a. nur ein Teil der in der ICD-10 enthaltenen Begriffe genannt werden. Zudem ist ein umfassendes

◘ **Tab. 1.1.** Beispiele für Symptomgruppierungen auf Syndrom- und Diagnoseebene

Depressives Syndrom nach AMDP	Depressive Episode nach ICD-10
– Grübeln – Gefühl der Gefühllosigkeit – Störung der Vitalgefühle – Deprimiert – Hoffnungslos – Insuffizienzgefühle – Schuldgefühle – Antriebsgehemmt – Morgens schlechter – Durchschlafstörungen – Verkürzung der Schlafdauer – Früherwachen – Appetit vermindert	– Depressive Stimmung – Interessen- oder Freudeverlust an Aktivitäten – Verminderter Antrieb oder gesteigerte Ermüdbarkeit – Verlust des Selbstvertrauens oder des Selbstwertgefühls – Unbegründete Selbstvorwürfe oder ausgeprägte, unangemessene Schuldgefühle – Wiederkehrende Gedanken an den Tod oder an Suizid, suizidales Verhalten – Klagen oder Nachweis eines verminderten Denk- oder Konzentrationsvermögens, Unschlüssigkeit oder Unentschlossenheit – Psychomotorische Agitiertheit oder Hemmung (subjektiv oder objektiv) – Schlafstörungen jeder Art – Appetitverlust oder gesteigerter Appetit mit entsprechender Gewichtsänderung

Training und eine Ausbildung in Psychopathologie notwendig, wie dies in der fachärztlichen Weiterbildung für Psychiatrie und Psychotherapie vermittelt wird. Nur das richtige Verständnis und die Kenntnis der Bedeutung der in der ICD 10 genannten Kriterien erlaubt eine reliable Diagnose.

1.2.2 Erfassungsmöglichkeiten

Die Erfassung psychopathologischer Phänomene kann auf unterschiedliche Weise erfolgen. Da die freie, oft weniger systematische Erfassung der Psychopathologie fehlerbehaftet ist, hat sich zunehmend der Einsatz standardisierter klinischer Verfahren durchgesetzt, d. h. psychometrischer Verfahren (Payk 2002; s. oben).

Unter klinischen Verfahren sollen solche verstanden werden, die unter der Zielsetzung der Erfassung spezifischer Aspekte psychischer Störungen, wie z. B. Depressivität, entwickelt wurden. Diese wurden anfangs zumeist nur in der Forschung eingesetzt, finden jedoch immer mehr auch als zusätzliche, informative Verfahren Anwendung in der klinischen Praxis, da sie insbesondere zur Schweregradbestimmung bestimmter klinisch relevanter Syndrome (Statuserfassung) als auch zur Therapieevaluation (Veränderungserfassung) eingesetzt werden und damit zur Objektivierung beitragen können.

! Die ermittelten Syndromwerte oder das Erreichen eines bestimmten Schwellenwertes bedeuten nicht, dass eine bestimmte Diagnose vorliegt (z. B. Depression). Die Ergebnisse können jedoch im Kontext des gesamten diagnostischen Prozesses neben anderen Informationen mit zur Diagnosenstellung herangezogen werden (▶ Kap. 1.3).

Klinische Verfahren lassen sich hauptsächlich hinsichtlich der einbezogenen **Datenquellen**, d. h. der Personen, von denen die Beurteilungen vorgenommen werden, unterteilen (meist Selbst- und Fremdbeurteilungen) sowie nach dem Indikationsbereich, d. h. dem Anwendungsbereich, unterscheiden. Gerade im Bereich klinischer Verfahren sind in den letzten 30 Jahren eine nicht mehr zu überblickende Flut von Skalen zu unterschiedlichen Indikationsbereichen entwickelt worden (Stieglitz et al. 2001). In ◘ Tab. 1.2 finden sich daher nur Beispiele von Verfahren, die sich hinreichend bewährt haben.

Die einzelnen Verfahren erlauben ein unterschiedlich breites Spektrum klinisch-psychopathologisch relevanter Syndrome abzubilden. Unterschieden werden sog. **eindimensionale** und **mehrdimensionale Verfahren**. So erlaubt z. B. das AMDP-

◘ Tab. 1.2. Klinische Skalen, Beispiele (*S* Selbstbeurteilung, *F* Fremdbeurteilung)

Bereiche	Verfahren	Beurteilung
Gesamtpsychopathologie	Symptom Check List (SCL-90-R; Franke 1995)	S
	AMDP-System (AMDP 2000)	F
Depressivität	Depressivitätsskala (DS; von Zerssen 1975))	S
	Beck-Depressionsinventar (BDI; Beck et al. 1995)	S
	Hamilton-Depressionsskala (HAMD; Hamilton 1960)	F
Schizophrenie	Positive and Negative Syndrome Scale (PANSS; Kay et al. 1987)	F
Zwang	Hamburger Zwangsinventar (HZI; Zarrorka et al. 1983)	S
	Yale-Brown Obsessive Compulsive Scale (Y-BOCS; Goodman et al. 1989)	F

Nähere Angaben zu den Verfahren finden sich in Stieglitz et al. (2001), CIPS (1996), AMDP (2000, 2006).

System mit seinen 140 Merkmalen die Erfassung von 8 Syndromen (u. a. paranoid-halluzinatorisches Syndrom, depressives Syndrom, manisches Syndrom), während andere Verfahren nur spezifische Syndrombereiche abbilden (z. B. Hamilton-Depressionsskala, HAMD). Insbesondere für den Depressionsbereich sind eine Vielzahl von Selbst- und Fremdbeurteilungsverfahren entwickelt worden. Gleiche Skalenbezeichnungen bedeuten dabei jedoch nicht notwendigerweise gleiche Inhalte, da mit den einzelnen Skalen z. T. sehr unterschiedliche Aspekte eines depressiven Syndroms erfasst werden (z. B. HAMD: Fokus auf körperlichen Aspekten; BDI: Fokus auf kognitiven Aspekten).

Insbesondere aus Ökonomiegründen (z. T. geringe Durchführungszeit, Durchführung durch Patienten), aber auch aufgrund guter psychometrischer Qualität (Reliabilität und Validität) finden insbesondere **Selbstbeurteilungsverfahren** sehr häufig Anwendung. Sie sind in der Regel auch bei Patienten mit psychischen Störungen gut einsetzbar (Ausnahme: sehr schwer gestörte schizophrene Patienten in der Akutphase oder schwer depressive Patienten), setzen jedoch ein bestimmtes intellektuelles Mindestniveau voraus.

! Explizit hinzuweisen ist jedoch darauf, dass mittels Selbstbeurteilungsverfahren allein keine Diagnosen zu stellen sind. Viele diagnostisch relevante Symptome sind, wie bereits oben erwähnt, gar nicht oder nur bedingt der Selbstbeobachtung und damit auch der Selbstbeurteilung zugänglich. Gerade für forensich relevante Fragestellungen sind solche Skalen wegen der verfahrensimmanenten Simulationsmöglichkeiten nur in diesem Kontext nutzbar.

Daneben stellen insbesondere **Fremdbeurteilungsverfahren** eine ebenfalls in Routine wie Forschung sehr häufig eingesetzte Verfahrensgruppe dar. Die Anwendung setzt jedoch in der Regel klinische Erfahrung voraus, zusätzlich ist ein umfassendes Training im jeweiligen Instrument eine notwendige Voraussetzung für eine adäquate Anwendung. Von daher stellt das Kriterium der Interrater-Reliabilität (d. h. der Grad der Übereinstimmung zwischen verschiedenen Untersuchern) ein weiteres wichtiges Evaluationskriterium für diese Verfahrensgruppe dar.

Selbst- und Fremdbeurteilungsverfahren stimmen in der Regel nicht vollständig überein (statistische Korrelationen meist im Bereich von $r=0{,}5$ bis 0,6). Empirische Studien und klinische Erfahrung zeigen zudem, dass beide unterschiedliche Perspektiven abbilden, die nicht austauschbar sind und sich beide gegenseitig ergänzen sollten. Wenn es möglich ist, sollten daher beide eingesetzt werden. In Studien zur Evaluation therapeutischer Interventionen wird jedoch den Fremdbeurteilungsverfahren eine etwas größere Bedeutung zugesprochen, da sie auch bei schwerer gestörten Patienten anwendbar sind und therapeutische Effekte oft differenzierter abzubilden erlauben (Überblick bei Stieglitz 2000, S. 183 ff.).

! Im deutschen Sprachraum am verbreitetsten ist das AMDP-System (Arbeitsgemeinschaft für Dokumentation und Methodik in der Psychiatrie). Es handelt sich um ein Fremdbeurteilungsverfahren bestehend aus 5 Dokumentationsbelegen zur Erfassung anamnestischer Daten, psychopathologischer und somatischer Symptome.

Das AMDP-System ist ein Verfahren, das für den Erwachsenenbereich innerhalb der Psychiatrie konzipiert wurde. Es dient primär zur Erfassung der Psychopathologie im Querschnitt wie im Verlauf. Es unterstützt die Diagnosestellung, dient vor allem aber der Schweregradeinschätzung der Beeinträchtigung und der Evaluation der Effektivität therapeutischer Interventionen.

Zunehmend gewinnt das System Bedeutung im Bereich der Aus-, Fort- und Weiterbildung von Ärzten und klinischen Psychologen. Kernstück des Systems ist der »Psychische Befund« mit 100 Symptomen. Die Zusammenstellung der psychopathologischen Symptome orientierte sich im Wesentlichen an den wichtigsten Vertretern der deutschsprachigen Psychopathologie (u. a. Kraepelin, Bleuler, Jaspers, K. Schneider).

In der psychopathologischen Befunderhebung hat sich ein systematisches Vorgehen zunehmend durchgesetzt, wie es etwa mit dem AMDP-System (2006) möglich ist, wobei die psychopathologischen Symptome in Merkmalsbereiche unterteilt werden (■ Tab. 1.3). Jedes Symptom wird durch folgende Punkte einheitlich dargestellt: Definition,

Tab. 1.3. Psychopathologische Merkmalsbereiche. (In Anlehnung an das AMDP-System; Freyberger et al. 2002)

Merkmalsbereich	Symptome
Bewusstseinsstörungen	Quantitativ (Bewusstseinsverminderung) und qualitativ (Bewusstseinstrübung, -einengung, -verschiebung)
Orientierungsstörungen	Zeitlich, örtlich, situativ, zur Person
Aufmerksamkeits- und Gedächtnisstörungen	Auffassungsstörungen, Konzentrationsstörungen, Merkfähigkeitsstörungen
Formale Denkstörungen	Verlangsamung, Hemmung, Befürchtungen und Zwänge (umständliches Denken, eingeengtes Denken, Perseveration, Grübeln, Gedankendrängen, Ideenflucht, Vorbeireden, gesperrt/Gedankenabreißen, inkohärent/zerfahren, Neologismen)
Inhaltliches Denken	Wahn mit nicht wahnhaftem Zwang, Hypochondrie, Phobien; Wahn mit formalen und inhaltlichen Merkmalen
Sinnestäuschungen	Illusionen, Halluzinationen auf verschiedenen Sinnesmodalitäten
Ich-Störungen	Derealisation, Depersonalisation, Gedankenausbreitung, -entzug, -eingebung, andere Fremdbeeinflussungserlebnisse
Störungen der Affektivität	Ratlosigkeit, Gefühl der Gefühllosigkeit, affektarm, Störung der Vitalgefühle, deprimiert/depressiv, hoffnungslos, ängstlich, euphorisch, dysphorisch, gereizt, innerlich unruhig, »klagsam-jammerig«, Insuffizienzgefühle, gesteigertes Selbstwertgefühl, Schuldgefühle, Verarmungsgefühle, ambivalent, Parathymie, affektlabil, Affektdurchlässigkeit (-inkontinenz), affektstarr
Antriebs- und psychomotorische Störungen	Antriebsarm, antriebsgehemmt, antriebsgesteigert, motorisch unruhig, Parakinesen, Hyperkinesen, Akinese, Hypokinese, Stupor, Raptus, maniriert/bizarr, theatralisch, mutistisch, logorrhoisch
Zirkadiane Besonderheiten	Morgens schlechter, abends schlechter, abends besser
Sonstige Merkmale	Aggressivität, Selbstbeschädigung, Suizidalität, Mangel an Krankheitseinsicht, Mangel an Krankheitsgefühl, Ablehnung der Behandlung, sozialer Rückzug, soziale Umtriebigkeit

Erläuterungen und Beispiele, Hinweise zur Graduierung sowie abzugrenzende Begriffe. Zudem wurde für jedes Symptom festgelegt, inwieweit die Bewertung auf Selbstaussagen des Patienten oder Beobachtungen Dritter bzw. beidem beruht (s. oben). Die Symptome des psychischen (und somatischen) Befundes werden auf einer fünfstufigen Skala bewertet: Nicht vorhanden, leicht, mittel und schwer. Eine fünfte Kategorie »keine Aussage« steht zur Verfügung, wenn der Patient bezüglich bestimmter Symptome nicht explorierbar ist (z. B. ein mutistischer Patient) oder wenn nicht hinreichend Informationen vorliegen, um ein Symptom eindeutig zu bewerten (z. B. unklare Angaben des Patienten).

! Die Anwendung des Systems hat verschiedene Vorteile: präzise Beschreibung der Phänomene, gemeinsame Sprache und damit bessere Kommunikation.

Das AMDP-System soll der folgenden Darstellung zugrunde gelegt werden. Eine Adaptation des AMDP-Systems an den gerontopsychiatrischen Bereich stellt das AGP-System dar (Gutzmann et al. 2000).

Hinzuweisen ist jedoch darauf, dass mit dem AMDP-System nicht alle psychopathologischen Symptome abgedeckt werden, sondern nur die 100 wichtigsten, wie in verschiedenen Studien gezeigt werden konnte (vgl. im Überblick Baumann u. Stieglitz 1983). In ◘ Tab. 1.3 sind die einzelnen Merkmalsbereiche sowie die jeweils zugeordneten Symptome aufgeführt.

1.2.3 Merkmalsbereiche

Neben der Psychopathologie sind im Verlauf eines jeden Gesprächs folgende Punkte zu beurteilen:

- äußeres Erscheinungsbild (Kleidung, Körperpflege, Gestik, Mimik, Physiognomie),
- Verhalten in der Untersuchungssituation (Dissimulation, interaktionelles Verhalten),
- Sprechverhalten bzw. die Sprache (Klang, Modulation, Sprechstörungen wie Stammeln und Stottern, Sprachverständnis und Ausdrucksvermögen).

Diese Merkmale sind zwar nicht im engeren Sinne Teil des psychopathologischen Befundes, geben aber wichtige Hinweise zur psychosozialen Integration des Patienten, zu seinen interpersonellen Kompetenzen und zum Krankheitsverhalten. Eine klinische Einschätzung des Intelligenzniveaus sollte ebenfalls vorgenommen werden.

Bewusstseinsstörungen

Bewusstseinsstörungen werden auf der Basis der Gesamtbeurteilung und des Gesamteindrucks des Patienten im Untersuchungsgespräch beurteilt. Unterschieden werden sog. quantitative Bewusstseinsstörungen (Bewusstseinsverminderung), die durch eine Störung der Vigilanz (Wachheit) bedingt sind, von qualitativen Bewusstseinsstörungen. Vigilanzstörungen weisen nahezu immer auf eine organische Ätiologie hin und werden entsprechend des Wachheitsgrades weiter unterteilt (◘ Tab. 1.4).

Die qualitativen Bewusstseinsstörungen stellen Veränderungen des Bewusstseins dar. So ist die **Bewusstseinstrübung** durch eine unzureichende Klarheit bzw. Verwirrtheit von Denken und Handeln gekennzeichnet, wie sie etwa bei deliranten Zustandsbildern gefunden wird.

Bei der **Bewusstseinseinengung**, wie sie für epileptische Dämmerzustände charakteristisch sein kann, kommt es bei weitgehend erhaltener Handlungsfähigkeit zu einer Einengung und Fixierung von Denkinhalten und Erlebnissen bei gleichzeitig vorhandener verminderter Ansprechbarkeit auf Außenreize. Das Erleben ist insgesamt traumartig verändert.

Bei der **Bewusstseinsverschiebung oder -erweiterung** handelt es sich um einen Zustand, der durch das Gefühl des gesteigerten Intensitäts- und Helligkeitserlebens, erhöhter Wachheit und Vergrößerung des Bewusstseinsraumes gekennzeichnet ist. Derartige Zustände treten häufiger im Zusammenhang mit der Einnahme von Halluzinogenen auf.

Orientierungsstörungen

Auf Orientierungsstörungen kann teilweise aus dem Gesprächsverlauf geschlossen werden, sie müssen jedoch meist exploriert werden. Überprüft wird die Fähigkeit, sich in der zeitlichen, räumlichen und gegenwärtigen persönlichen Situation zurechtzufinden:

- Die **zeitliche Orientierung** wird durch Erfragen des Datums, des Wochentages, des Jahres oder der Jahreszeit überprüft.
- Die **örtliche Orientierung** bezieht sich stets auf die Kenntnis des Ortes, an dem sich der Patient gegenwärtig befindet.
- Mit **situativer Orientierung** ist die Fähigkeit gemeint, die gegenwärtige Situation (z. B. die Un-

◘ Tab. 1.4. Vigilanzstörungen. (In Anlehnung an das AMDP-System; Freyberger et al. 2002)

Benommenheit	Patient ist lethargisch und verlangsamt, unaufmerksam und müde
Somnolenz	Patient ist schläfrig, apathisch, aber noch erweckbar
Sopor	Patient schläft und ist nur durch starke Reize für kurze Zeit zu erwecken
Koma	Patient ist bewusstlos und zeigt auf Außenreize keine Reaktion mehr

tersuchungssituation) zu erkennen und richtig einzuordnen.
- Die Orientierung zur Person spiegelt das Wissen um Aspekte der eigenen Person und lebensgeschichtlicher Zusammenhänge wider (z. B. Rolle im Lebensalter).

Aufmerksamkeits- und Gedächtnisstörungen

Hinweise auf Störungen in diesem Bereich ergeben sich aufgrund von Beobachtungen in der Untersuchungssituation oder Angaben des Patienten. Diese sind durch klinische Prüfungen dann genauer zu untersuchen. Konzentrationsstörungen als mangelnde Fähigkeit, die Aufmerksamkeit über längere Zeit auf eine Aufgabe zu fixieren, kann man z. B. prüfen, indem man den Patienten bittet, fortlaufend von einer Zahl den gleichen Betrag abzuziehen (z. B. bei 81 beginnend jeweils 7 zu subtrahieren) oder etwa die Wochentage rückwärts aufzusagen.

Weiterhin sind die Auffassungsstörungen von Bedeutung, die sich auf eine Beeinträchtigung der Fähigkeit beziehen, Wahrnehmungsaspekte in ihrer Bedeutung zu begreifen und mit früheren Erfahrungen zu verknüpfen. Prüfen lässt sich diese Funktion, in dem man den Patienten bittet, den Sinn eines Sprichworts oder einer kurzen Fabel zu erklären. Das Vorliegen von Auffassungsstörungen ist immer explizit zu prüfen, da sie alleine aus dem Gespräch mit dem Patienten oft nicht zu erkennen sind.

Hinweise auf Störungen im Bereich des Gedächtnisses ergeben sich in der Regel aufgrund von Angaben des Patienten. Die Gedächtnisleistung ist ein komplexer Prozess, dessen verschiedene Teilkomponenten (Informationsaufnahme und -entschlüsselung, Behalten dieser Informationen sowie Aufruf alter oder neuer Gedächtnisinhalte) gestört sein können. Die AMDP unterscheidet nur zwischen Merkfähigkeits- und Gedächtnisstörungen. Erstere sind definiert als Fähigkeit, sich an Dinge nach einem Zeitabstand bis 10 Minuten zu erinnern. Die Überprüfung kann z. B. durch die Vorgabe von Begriffen (z. B. »Oslo, 34, Aschenbecher«) erfolgen. Beim Gedächtnis geht es um die Reproduktion von Informationen oder Ereignissen, die Tage bis Jahre zurückliegen können. Dem Erscheinungsbild nach werden im AMDP-System weitere Gedächtnisstörungen differenziert (◘ Tab. 1.5).

Formale Denkstörungen

In der Psychopathologie wird zwischen formalen und inhaltlichen Denkstörungen unterschieden. Bei den formalen Denkstörungen (◘ Tab. 1.6) handelt es sich um von außen beobachtbare oder subjektiv erlebte Veränderungen in der Geschwindig-

◘ **Tab. 1.5.** Weitere Gedächtnisstörungen. (In Anlehnung an das AMDP-System; Freyberger et al. 2002)

Amnesien	Totale oder lakunäre, d. h. zeitlich oder inhaltlich begrenzte Erinnerungslücken. In Abhängigkeit vom Zeitpunkt eines schädigenden Ereignisses (z. B. Hirntrauma oder Intoxikation) wird die *retrograde Amnesie* (Störung für die vor dem Ereignis liegende Zeit) von der *anterograden Amnesie* (Störung für die Zeit nach dem Ereignis) unterschieden
Hypermnesie	Steigerung der Erinnerungsfähigkeit (z. B. in Fieberzuständen, drogeninduziert)
Paramnesie	Scheinerinnerungen, Erinnerungstäuschungen, -verfälschungen, Gedächtnisillusionen oder Trugerinnerungen, die z. B. im Rahmen einer wahnhaften Veränderung der Erinnerung bei schizophrenen Patienten auftreten oder als *Déjà-vu-Erlebnisse* (falsches Wiedererkennen bzw. vermeintliche Vertrautheit, »schon gesehen«) oder *Jamais-vu-Erlebnisse* (vermeintliche Fremdheit, Gefühl von Unbekanntheit) vorkommen
Ekmnesie	Störung des Zeiterlebens und des Zeitgitters, bei der die Vergangenheit als Gegenwart erlebt wird. Gefühl, in der Vergangenheit zu leben
Zeitgitterstörung	Störung des zeitlichen Rasters und der Chronologie des Erinnerten, zeitliche Einordnung von Erinnerungen ist gestört
Konfabulation	Erinnerungslücken werden vom Patienten mit Einfällen gefüllt, die dieser tatsächlich für Erinnerungen hält (z. B. beim Korsakow-Syndrom)

Tab. 1.6. Formale Denkstörungen. (In Anlehnung an das AMDP-System; Freyberger et al. 2002)

Denkverlangsamung	Vom Untersucher beobachtete Verlangsamung des Denkens mit schleppendem Ablauf (aus den sprachlichen Äußerungen zu erschließen)
Denkhemmung	Das Denken wird vom Patienten subjektiv als gebremst, wie gegen einen inneren Widerstand empfunden
Umständliches Denken	Der Patient kann Wesentliches vom Unwesentlichen im Gespräch nicht unterscheiden, verliert sich in Einzelheiten, die Zielvorstellung bleibt aber erhalten
Eingeengtes Denken	Der inhaltliche Gedankenumfang ist eingeschränkt, der Patient ist mit einem oder mit wenigen Themen verhaftet und auf wenige Zielvorstellungen fixiert
Perseveration	Haften bleiben an zuvor gebrauchten Worten oder Angaben, die im aktuellen Gesprächszusammenhang nicht mehr sinnvoll sind
Grübeln	Unablässiges Beschäftigtsein mit (nicht nur, aber meist) unangenehmen Themen, die vom Patienten nicht als fremd erlebt werden
Gedankendrängen	Der Patient ist dem Druck vieler Einfälle oder Gedanken ausgesetzt
Ideenflucht	Vermehrung von Einfällen, die aber nicht mehr von einer Zielvorstellung straff geführt werden. Das Ziel des Denkens kann aufgrund dazwischenkommender Assoziationen ständig wechseln oder verloren gehen
Vorbeireden	Der Patient geht nicht auf die Frage ein, bringt etwas inhaltlich anderes vor, obwohl aus Antwort und/oder Situation ersichtlich ist, dass er die Frage verstanden hat
Gesperrt/Gedankenabreißen	Plötzlicher Abbruch eines sonst flüssigen Gedankenganges ohne erkennbaren Grund, was vom Patienten erlebt (Gedankenabreißen) und/oder vom Interviewer beobachtet wird (gesperrt)
Inkohärenz/Zerfahrenheit	Denken und Sprechen des Patienten verlieren für den Untersucher ihren verständlichen Zusammenhang, sind im Extremfall bis in einzelne, scheinbar zufällig durcheinander gewürfelte Sätze, Satzgruppen oder Gedankenbruchstücke zerrissen. Mangel an logischer Verknüpfung zwischen Teilen des Gesprochenen. Dazugehöriger Begriff: *Kontamination* (Verschmelzung heterogener Sachverhalte)
Neologismen	Wortneubildungen, die der sprachlichen Konvention nicht entsprechen und oft nicht unmittelbar verständlich sind, sowie semantisch ungewöhnlicher Gebrauch von Worten

keit, Kohärenz und Stringenz des Gedankenganges oder -ablaufs, während unter inhaltlichen Denkstörungen in der Regel Wahnphänomene zusammengefasst werden. Als wesentliches Kriterium für den Schweregrad von Denkstörungen kann die Erschwerung des Interviews angesehen werden, wobei sich im Gespräch die formalen Denkstörungen manchmal erst bei einem längeren Verlauf oder im Zusammenhang mit emotionalen Belastungssituationen zeigen.

Befürchtungen und Zwänge

Von den formalen Denkstörungen sind die inhaltlichen Denkstörungen abzugrenzen, bei denen der Inhalt des Denkens und die Realitätskontrolle beeinträchtigt sind.

Befürchtungen entsprechen eher Sorgen, während es sich bei den Zwängen um immer wieder gegen inneren Widerstand aufdrängende Gedanken oder Handlungen handelt, die vom Patienten als weitgehend unsinnig erlebt werden (Tab. 1.7). Sie lassen sich nicht oder nur schwer unterbinden, bei Unterdrückung dieser Phänomene tritt Angst auf. Von den nicht wahnhaften inhaltlichen Denkstörungen werden zudem die in Tab. 1.7 wiedergegebenen Phänomene unterschieden.

◘ **Tab.1.7.** Zwangsmerkmale und nicht wahnhafte inhaltliche Denkstörungen. (In Anlehung an das AMDP-System; Freyberger et al. 2002)

Zwangsmerkmale	
Zwangsdenken	Zwanghafte Gedanken oder Vorstellungen, wie z. B. Zwangsgrübeln und Zwangsbefürchtungen
Zwangsimpulse	Zwanghafte Impulse, bestimmte Handlungen auszuführen (z. B. sich oder andere zu verletzen)
Zwangshandlungen	Auf der Grundlage von Zwangsimpulsen oder -handlungen immer wieder ausgeführte Handlungen, wie z. B. Wasch- oder Kontrollzwang
Nicht wahnhafte inhaltliche Denkstörungen	
Hypochondrie	Ängstlich getönte Beziehung zum eigenen Körper, an dem z. B. Missempfindungen wahrgenommen werden, mit der unbegründeten Befürchtung, körperlich krank zu sein oder zu werden; normale Körpervorgänge erhalten oft eine übermäßige Bedeutung
Phobien	Angst vor bestimmten Objekten oder Situationen, die zumeist vermieden werden, Subtypen z. B. soziale Phobien, Agoraphobie, Klaustrophobie, spezifische Phobien
Überwertige Ideen	Emotional stark besetzte Erlebnisinhalte oder Gedanken, die die gesamte Person in unangemessener Weise bestimmen (u. U. mit biographischem Hintergrund)

Wahn

Als Wahn wird eine Fehlbeurteilung der Realität bezeichnet, die mit erfahrungsunabhängiger und damit unkorrigierbarer Gewissheit auftritt und an der mit subjektiver Evidenz festgehalten wird, auch wenn sie im Widerspruch zur Erfahrung der gesunden Mitmenschen sowie ihrem kollektiven Meinen und Glauben steht. Es besteht kein Bedürfnis nach Begründung dieser Fehlbeurteilung. Bei den Wahnphänomenen lassen sich formale und inhaltliche Merkmale unterscheiden (◘ Tab. 1.8).

Sinnestäuschungen

Zu dem Merkmalsbereich der Sinnestäuschungen werden Illusionen, Halluzinationen und Pseudohalluzinationen gerechnet (◘ Tab. 1.9). Differenziert werden können die Sinnestäuschungen anhand des Vorhandenseins oder der Abwesenheit einer Reizquelle und/oder der Fähigkeit bzw. der Unfähigkeit zur Realitätskontrolle.

Ich-Störungen

Unter Ich-Störungen werden Störungen des Einheitserlebens, der Identität im Zeitverlauf, der Ich-Umwelt-Grenze sowie der »Ich-Haftigkeit« aller Erlebnisse verstanden (◘ Tab. 1.10).

Störungen der Affektivität

Störungen der Affektivität treten bei den meisten psychischen Störungen auf. Dabei kann der Affekt in ganz verschiedener Weise verändert sein. Die Störungen der Affektivität werden teilweise aus dem Gesprächsverlauf erschlossen, müssen aber auch teilweise gezielt exploriert werden (◘ Tab. 1.11).

Antriebs- und psychomotorische Störungen

Antriebs- und psychomotorische Störungen werden erkennbar am Aktivitätsgrad und der Psychomotorik. Antrieb ist dabei die vom Willen weitgehend unabhängig wirkende Kraft, die die Bewegung aller psychischen Funktionen bewirkt (◘ Tab. 1.12).

Zirkadiane Besonderheiten

Mit den sog. zirkadianen Besonderheiten sollen tages- oder jahreszeitliche Schwankungen der Befindlichkeit und des Verhaltens des Patienten während einer 24-Stunden-Periode abgebildet werden (z. B. Befinden morgens schlechter).

Tab. 1.8. Formale und inhaltliche Wahnmerkmale. (In Anlehnung an das AMDP-System; Freyberger et al. 2002)

Formale Wahnmerkmale	
Wahngedanken	Wahnhafte Meinungen und Überzeugungen
Wahneinfälle	Meist plötzliches und unvermitteltes gedankliches Auftreten von wahnhaften Vorstellungen und Überzeugungen
Wahnwahrnehmung	Reale Sinneswahrnehmungen erhalten eine abnorme Bedeutung (meist im Sinne der Eigenbeziehung). Die Wahnwahrnehmung ist eine wahnhafte Fehlinterpretation einer an sich richtigen Wahrnehmung
Wahnstimmung	Die erlebte Atmosphäre des Betroffenseins, der Erwartungsspannung und des bedeutungsvollen Angemutetwerdens in einer verändert erlebten Welt. Diese Stimmung besteht in einem Bedeutungzumessen und Inbeziehungsetzen, Meinen, Vermuten und Erwarten, das vom Gesunden nicht nachvollzogen werden kann. Meist nur zu Beginn der Wahnentwicklung
Systematisierter Wahn	Beschreibt den Grad der logischen oder paralogischen Verknüpfung einzelner Wahnaspekte. Zwischen diesen einzelnen Elementen werden Verbindungen hergestellt, die oft einen kausalen oder finalen Charakter besitzen und vom Patienten als Beweise oder Bestätigungen angesehen werden
Wahndynamik	Emotionale Anteilnahme am Wahn, die Kraft des Antriebes und die Stärke der Affekte, die im Zusammenhang mit dem Wahn wirksam werden
Inhaltliche Wahnmerkmale	
Beziehungswahn	Wahnhafte Eigenbeziehung; selbst belanglose Ereignisse werden ichbezogen gedeutet, der Patient ist davon überzeugt, dass es nur seinetwegen geschieht
Beeinträchtigungs- und Verfolgungswahn	Der Patient erlebt sich selbst als Ziel von Feindseligkeiten. Er fühlt sich wahnhaft bedroht, beleidigt, verspottet, die Umgebung trachte ihm nach seiner Gesundheit oder dem Leben
Eifersuchtswahn	Wahnhafte Überzeugung, vom Lebenspartner betrogen und hintergangen worden zu sein
Schuldwahn	Wahnhafte Überzeugung, Schuld auf sich geladen zu haben (z. B. gegenüber Gott, anderen sittlichen Instanzen, Gesetzen)
Verarmungswahn	Wahnhafte Überzeugung, nicht genug finanzielle Mittel zum Lebensunterhalt zu haben
Hypochondrischer Wahn	Wahnhafte Überzeugung, krank zu sein
Größenwahn	Wahnhafte Selbstüberschätzung und Selbstüberhöhung, z. B. Wahn hoher Abstammung, Herrscher der Welt zu sein
Phantastischer Wahn	Wahnhafte Überzeugung, sich phantastisch verwandelt oder verändert zu haben, z. B. ein Monster oder Werwolf zu sein
Symbiotischer Wahn (»folie à deux«)	Ein primär »Gesunder« wird vom primär »Kranken« induziert, sodass beide das Wahnerleben teilen

Tab. 1.9. Sinnestäuschungen. (In Anlehnung an das AMDP-System; Freyberger et al. 2002)

Illusionen	Verfälschte wirkliche Wahrnehmungen. Die tatsächlich vorhandene, gegenständliche Reizquelle wird verkannt (im Gegensatz zur Wahnwahrnehmung)
Stimmenhören	Form der akustischen Halluzination, bei der menschliche Stimmen wahrgenommen werden, ohne dass tatsächlich jemand spricht. Die Stimmen können den Patienten direkt ansprechen, imperativ oder kommentierend seine Handlungen begleiten oder in Rede und Gegenrede über ihn sprechen (dialogisch). Vorkommen u. a. bei schizophrenen Psychosen
Andere akustische Halluzinationen	Akustische Halluzinationen, die nicht Stimmen beinhalten (halluzinierte Geräusche, Akoasmen)
Optische Halluzinationen	Wahrnehmen von Lichtblitzen, Mustern, Gegenständen, Personen oder ganzen Szenen ohne entsprechende Reizquelle (Vorkommen u. a. beim Alkoholentzugsdelir)
Körperhalluzinationen	Taktile oder haptische Halluzinationen (Wahrnehmen von nicht vorhandenen Objekten auf Haut und Schleimhäuten) und Störungen des Leibempfindens (Koenästhesien, qualitativ abnorme Leibsensationen)
Geruchs-/Geschmackshalluzinationen	Geruchs- und Geschmackswahrnehmungen, ohne dass eine Reizquelle ausgemacht werden kann
Pseudohalluzinationen	Trugwahrnehmungen, bei denen die Unwirklichkeit vom Patienten erkannt wird
Hypnagoge Halluzinationen	Optische und/oder akustische Halluzinationen, die beim Einschlafen, Aufwachen oder im Halbschlaf auftreten

Tab. 1.10. Ich-Störungen. (In Anlehnung an das AMDP-System; Freyberger et al. 2002)

Derealisation	Personen, Gegenstände und Umgebung erscheinen unwirklich, fremdartig oder räumlich verändert. Dadurch wirkt die Umwelt unvertraut, sonderbar oder gespenstisch (z. B. Farben wirken blasser, Straßen enger)
Depersonalisation	Störung des Einheitserlebens der Person im Augenblick oder der Identität in der Zeit des Lebenslaufs. Die Person kommt sich selbst fremd, unwirklich, unmittelbar verändert als oder wie ein anderer und/oder uneinheitlich vor
Gedankenausbreitung	Die Gedanken gehören nicht mehr dem Patienten alleine, andere haben Anteil und wissen, was er denkt (Gedankenlesen)
Gedankenentzug	Dem Patienten werden die Gedanken weggenommen oder »abgezogen«
Gedankeneingebung	Gedanken und Vorstellungen werden als von außen her beeinflusst, gemacht, gelenkt, gesteuert, eingegeben oder aufgedrängt, empfunden
Andere Fremdbeeinflussungserlebnisse	Fühlen, Streben, Wollen oder Handeln werden als von außen gemacht erlebt (z. B. eigene Bewegungen von außen gelenkt)

Tab. 1.11. Störungen der Affektivität. (In Anlehnung an das AMDP-System; Freyberger et al. 2002)

Ratlos	Der Patient findet sich stimmungsmäßig nicht mehr zurecht und begreift seine Situation, seine Umgebung oder Zukunft kaum oder gar nicht mehr. Er versteht nicht mehr, was mit ihm geschieht und wirkt auf den Beurteiler »staunig« (verwundert, hilflos)
Gefühl der Gefühllosigkeit	Reduktion bis Verlust affektiven Erlebens, subjektiv erlebte Gefühlsleere. Der Patient erlebt sich als gefühlsverarmt, leer, verödet, nicht nur für Freude, sondern auch für Trauer (bis innerlich tot fühlen)
Affektarm	Die Anzahl (das Spektrum) gezeigter Gefühle ist vermindert. Wenige oder nur sehr dürftige Affekte (z. B. gleichgültig, unbeteiligt, teilnahmslos) sind beobachtbar
Störung der Vitalgefühle	Herabsetzung des Gefühls von Kraft und Lebendigkeit, der körperlichen und seelischen Frische und Ungestörtheit
Deprimiert/depressiv	Niedergedrückte und niedergeschlagene Stimmung
Hoffnungslos	Pessimistische Grundstimmung, fehlende Zukunftsperspektive. Der Glaube an eine positive Zukunft ist vermindert oder abhanden gekommen (»Schwarzsehen«)
Ängstlich	Gefühle von Angst, manchmal ohne angeben zu können, wovor. Die Angst kann sich frei flottierend, unbestimmt, in Angstanfällen und/oder durch körperliche Symptome (Schwitzen, Zittern) äußern
Euphorisch	Zustand übersteigerten Wohlbefindens, Behagens, der Heiterkeit, der Zuversicht, des gesteigerten Vitalgefühls
Dysphorisch	Missmutige Verstimmtheit. Der Patient ist schlecht gelaunt, mürrisch-moros, nörgelnd, missgestimmt, unzufrieden, ärgerlich
Gereizt	Zustand erhöhter Reizbarkeit, bis hin zur Gespanntheit
Innerlich unruhig	Inneres Aufgewühltsein, innere Aufgeregtheit, Spannung oder Nervosität
»Klagsam«, »jammerig«	Schmerz, Kummer, Ängstlichkeit werden ausdrucksstark in Worten, Mimik und Gestik vorgetragen (»Wehklagen«)
Insuffizienzgefühle	Das Vertrauen in die eigene Leistungsfähigkeit oder den eigenen Wert ist vermindert oder verloren gegangen
Gesteigertes Selbstwertgefühl	Ein positiv erlebtes Gefühl der Steigerung des eigenen Wertes, der Kraft und/oder der Leistungsfähigkeit
Schuldgefühle	Der Patient macht sich Selbstvorwürfe, fühlt sich für eine Tat, für Gedanken oder Wünsche verantwortlich, die seiner Ansicht nach vor einer weltlichen oder religiösen Instanz, anderen Personen oder sich selbst gegenüber verwerflich sind
Verarmungsgefühle	Der Patient fürchtet, dass ihm die Mittel zur Bestreitung seines Lebensunterhalts fehlen
Ambivalent	Koexistenz widersprüchlicher Gefühle, Vorstellungen, Wünsche, Intentionen und Impulse, die als gleichzeitig vorhanden und meist auch als quälend erlebt werden (z. B. jemanden gleichzeitig lieben und hassen)
Parathymie	Gefühlsausdruck und berichteter Erlebnisinhalt stimmen nicht überein (paradoxe Affekte, inadäquate Gefühlsreaktion; z. B. ein Patient berichtet lachend, wie er vermeintlich gefoltert wurde)
Affektlabil	Schneller Stimmungswechsel, der auf einen Anstoß von außen erfolgt (Vergrößerung affektiver Ablenkbarkeit) oder auch scheinbar spontan auftritt
Affektinkontinent	Affekte können bei geringem Anstoß überschießen, vom Patienten nicht beherrscht werden und manchmal eine übermäßige Stärke annehmen
Affektstarr	Verminderung der affektiven Modulationsfähigkeit. Hier ist die Schwingungsfähigkeit (Amplitude) verringert

Tab. 1.12. Störungen des Antriebs und der Psychomotorik. (In Anlehnung an das AMDP-System; Freyberger et al. 2002)

Antriebsarm	Mangel an Aktivität, Energie, Schwung, Elan, Initiative und Anteilnahme
Antriebsgehemmt	Energie, Initiative und Anteilnahme werden vom Patienten als gebremst/blockiert erlebt. Der Patient will etwas Bestimmtes machen, schafft es aber nicht
Antriebsgesteigert	Zunahme an Aktivität, Energie, Initiative und Anteilnahme
Motorisch unruhig	Gesteigerte und ungerichtete motorische Aktivität (z. B. Patient kann nicht still sitzen)
Parakinesen	Qualitativ abnorme, meist komplexe Bewegungen, die häufig die Gestik, Mimik und auch die Sprache betreffen. *Stereotypien* sind sprachliche oder motorische Äußerungen, die oft längere Zeit hindurch in immer gleicher Form wiederholt werden. Hierzu gehören *Verbigerationen* (Wortstereotypien), *Katalepsie* (Haltungsstereotypien), *Echolalie* (Wiederholen von vorgesprochenen Worten und kurzen Sätzen) und die *wächserne Biegsamkeit* (Flexibilitas cerea). Beim *Befehlsautomatismus* führt der Patient automatisch Handlungen aus, die er selbst nicht als von sich intendiert erlebt. Beim *Negativismus* tun Patienten gerade das nicht, was man von ihnen erwartet oder sie tun genau das Gegenteil
Hyperkinesen	Ungerichtete motorische Aktivität (spontan oder reaktiv)
Akinese, Hypokinese	Bewegungslosigkeit, Mangel an Bewegung
Stupor	Relative Bewegungslosigkeit mit Einschränkung der Reizaufnahme und der Reaktionen
Raptus	Ungeordneter, plötzlich auftretender Bewegungssturm aus einem Zustand der Ruhe heraus
Manieriert, bizarr	Alltägliche Bewegungen und Handlungen (auch Gestik, Mimik und Sprache) erscheinen dem Beobachter verstiegen, verschroben, posenhaft und verschnörkelt
Theatralisch	Die Patienten erwecken den Eindruck, als würden sie sich selber darstellen
Mutistisch	Wortkargheit bis zum Nichtsprechen (Verstummen)
Logorrhoisch	Verstärkter bis unkontrollierbarer Redefluss/-drang

Andere Störungen

Darüber hinaus sind Sozial- und Krankheitsverhalten zu beachten sowie aggressive Erlebens- und Verhaltensmuster im weiteren Sinne (Tab. 1.13).

Wie bereits weiter oben ausgeführt, deckt das AMDP-System nicht das gesamte Spektrum psychopathologischer Symptome ab (vgl. hierzu auch Hamilton 1984; Peters 2005; Scharfetter 2002; Payk 2002). An dieser Stelle genannt werden sollen jedoch die zunehmend klinisch relevanter werdenden dissoziativen Symptome, die als eigene Störung, aber auch bei vielen anderen psychischen Störungen als zusätzliche Symptome auftreten können (z. B. PTSD, Borderline-Persönlichkeitsstörung). Sie manifestieren sich als Ausdruck eines psychischen Konflikts, einer starken Belastung o. ä. in Form körpernaher Phänomene ohne entsprechendes Korrelat. Sie sind als Kontinuum anzusehen, das von alltäglichen Phänomenen bis zu schwersten Formen reicht. Auf symptomatologischem Niveau lassen sich Unterscheidungen hinsichtlich der Bereiche Amnesie, Tendenz zu imaginativen Erlebnissen (z. B. Trancezustände), pseudoneurologischen Erlebnissen (z. B. Bewegungsstörungen) sowie Depersonalisation/Derealisation treffen (vgl. Freyberger u. Stieglitz 2004, S. 757 ff.).

1.2.4 Befunderhebung

Die Techniken der Befunderhebung zur Einschätzung der Psychopathologie reichen vom freien klinischen Interview über strukturierte Interviews bis hin zu standardisierten Interviews (▶ Kap. 1.3). Während mit dem Strukturierungsgrad die Vollständigkeit und Zuverlässigkeit (Reliabilität) der

■ **Tab. 1.13.** Sozial- und Krankheitsverhalten und aggressive Erlebens- und Verhaltensmuster. (In Anlehnung an das AMDP-System; Freyberger et al. 2002)

Sozial- und Krankheitsverhalten	
Sozialer Rückzug	Reduktion der Kontakte zu anderen Menschen
Soziale Umtriebigkeit	Vermehrung der Kontakte zu anderen Menschen
Mangel an Krankheitsgefühl	Der Patient fühlt sich nicht krank, obwohl er offensichtlich krank ist
Mangel an Krankheitseinsicht	Der Patient erkennt seine krankhaften Erlebnis- und Verhaltensweisen nicht als krankheitsbedingt an
Ablehnung der Behandlung	Widerstreben gegen verschiedene therapeutische Maßnahmen und/oder gegen Krankenhausaufnahme und -aufenthalt
Aggressive Erlebens- und Verhaltensmuster	
Aggressivität	Aggressionstendenzen (verbale Aggression, erhöhte Bereitschaft zu Tätlichkeiten als Angriff oder als Verteidigung) und Aggressionshandlungen (Gewalthandlungen gegen Personen oder Gegenstände)
Suizidalität	Suizidgedanken oder -handlungen
Selbstbeschädigung	Selbstverletzungen ohne damit verbundene Suizidabsichten

■ **Tab. 1.14.** Gesprächsablauf psychopathologischer Befunderhebung. (Nach Fähndrich u. Stieglitz 2006)

Struktur	**Ziel**
Beginn des Gesprächs	Information über Ziel des Gesprächs, insbesondere über die forensische Situation (gutachterliche Fragestellung, Freiwilligkeit, keine Vertraulichkeit, mögliche Konsequenzen der Begutachtung), Beziehungsaufbau zum Probanden (wichtig: freie und spontane Schilderung der Symptomatik ermöglichen)
Interviewteil	Systematische Exploration der Anamnese und der Symptome: weitere Klärung bereits angesprochener bzw. erkennbarer Symptome Befragung hinsichtlich bisher nicht angesprochener bzw. erkennbarer Symptome
Ende des Gesprächs	Dem Probanden ist es zu ermöglichen, bisher nicht angesprochene Beschwerden, Informationen im Begutachtungsfall o. Ä. zu ergänzen, ggf. Synopsis der Symptomatik

erhaltenen Informationen ansteigen, gehen gleichzeitig subjektive Aspekte des Erlebens verloren, die für das Verständnis des Patienten und seiner Störung ebenso relevant sind. In der psychopathologischen Befunderhebung im Zusammenhang mit dem AMDP-System hat sich eine Vorgehensweise bewährt, die einen Mittelweg geht. Als Hilfsmittel der Befunderhebung kann beim AMDP-System ein **Interviewleitfaden** in Form eines halbstrukturierten Interviews herangezogen werden (Fähndrich u. Stieglitz 2006). Dort finden sich Hinweise zur Gesprächsführung und -strukturierung (■ Tab. 1.14–1.16) und spezifische Beispielfragen für die Erfassung der relevanten Merkmale. Damit soll vor allem die Fehlerquelle Informationsvarianz (► Kap. 1.3) reduziert werden, d. h. die Unterschiede in der Fragetechnik, die als wesentliche Fehlerquelle für fehlende Übereinstimmung zwischen Urteilenden identifiziert werden konnte.

Tab. 1.15. Vorschläge zur Exploration zusammenhängender Merkmalsbereiche (Nach Fähndrich u. Stieglitz 2006)

Komplex 1	Affektive Störung, zirkadiane Besonderheiten, Befürchtungen und Zwänge, Antriebs- und psychomotorische Störungen, andere Störungen (sozialer Rückzug, Suizidalität)
Komplex 2	Bewusstseinsstörungen, Orientierungsstörungen, Aufmerksamkeits- und Gedächtnisstörungen, Denkstörungen
Komplex 3	Wahn, Sinnestäuschungen, Ich-Störungen
Komplex 4	Andere Störungen, somatische Symptome

Tab. 1.16. Interviewerverhalten. (Nach Fähndrich u. Stieglitz 2006)

Ziel	Beispiele
Strukturierung des Gesprächs	– Mit unverfänglichen Themen beginnen – Inhaltlich zusammengehörige Aspekte gemeinsam explorieren – Überleitung bzw. Einleitung neuer Themenbereiche
Präzisierung der Information	– Beispiele nennen lassen – Unverständliche Punkte erläutern lassen – Eigene Beispiele bringen (bei Unklarheit auf Seiten des Patienten)

1.3 Klassifikation psychischer Störungen

Die psychiatrische Krankheitslehre ist eng mit dem Begriff der Klassifikation verbunden. Der Begriff Klassifikation wird in der Literatur unterschiedlich verwendet. Unter Klassifikation wird einerseits die Einteilung einer Vielfalt (z. B. Menge von Merkmalen, Population von Fällen) in ein nach Klassen geordnetes System, andererseits die Zuordnung einzelner Merkmale bzw. Fälle zu Klassen eines solchen Systems verstanden.

Allgemeines Ziel einer Klassifikation ist es, die interessierenden Phänomene einer systematischen Untersuchung zugänglich und die Beobachtungsergebnisse kommunizierbar sowie vergleichbar zu machen (z. B. im Rahmen einer Therapiestudie zum Vergleich verschiedener Behandlungen).

! Dabei wird allgemein akzeptiert, dass Klassifikationen für sehr unterschiedliche Zwecke gebraucht werden, keine Klassifikation allen Zwecken genügen kann und dass es daher keine ideale Klassifikation geben kann.

Nach DIMDI (1995a, IX) kann eine Klassifikation der Krankheiten »als eine Systematik von Krankheitsgruppen definiert werden, der Krankheitsbilder nach feststehenden Kriterien zugeordnet sind. Eine statistische Klassifikation der Krankheiten muss den gesamten Bereich der möglichen Krankheitsbilder mit einer überschaubaren Anzahl von Kategorien abdecken«.

Eng mit dem Begriff der Klassifikation verbunden und gleichermaßen oft vermischt mit ihm werden die Begriffe Nosologie und Nomenklatur:

- Die **Nosologie** (Krankheitslehre) versucht eine eindeutige Systematisierung definierter Krankheiten nach einheitlichen Gesichtspunkten zu erreichen. Zu diesen Gesichtspunkten zählen neben der Syndromatik vor allem die Ätiologie, der Verlauf, die Prognose, die therapeutische Ansprechbarkeit.
- Unter **Nomenklatur** versteht man spezifische Begriffsbeschreibungen, die benutzt werden, um die Klassen und Elemente eines Systems zu identifizieren. Dabei werden sowohl die Namen der Klassen als auch die technischen Begriffe definiert. Praktisch gesehen kann eine Nomenklatur als eine unter Experten aner-

kannte Liste von Begriffen verstanden werden, die im Prinzip unabhängig von den zugrunde liegenden Charakteristika der Klassen ist.
- Weitere wichtige Begriffe in diesem Zusammenhang sind **Glossar** (begriffliche Zusammenstellung der im Rahmen eines Klassifikationssystems verwendeten Termini) und **Manual** (Zusammenfassung aller für die Klassifikation notwendigen Informationen).

Bis vor wenigen Jahren konkurrierten eine Vielzahl unterschiedlicher Definitionen von psychischen Störungen. Heute dominieren zwei Klassifikationssysteme, die ICD-10 (International Classification of Diseases in der 10. Revision) der WHO sowie das DSM-IV (Diagnostic and Statistical Manual of Mental Disorders in der 4. Revision) der APA (American Psychiatric Association). Beide unterscheiden sich u. a. darin, dass das DSM-IV ein nationales System ist (jedoch mit internationaler Verbreitung), das System der WHO als internationales System hingegen verbindlich für deren Mitgliedsländer ist. Zudem existieren für die ICD-10 verschiedene Versionen (s. unten), für das DSM-IV aber nur eine Version (vgl. zu weiteren Unterschieden Stieglitz 2000, S. 219 ff.; van Drimmelen et al. 1999, S. 89 ff.).

! Die folgenden Ausführungen beziehen sich auf die ICD-10, da in Deutschland im versorgungsärztlichen Kontext die ICD-10 verbindlich ist und das DSM-IV in Deutschland eher für forschungsrelevante Fragestellungen Anwendung findet. Grundsätzlich spricht allerdings nichts gegen die Verwendung von DSM-IV unter forensisch-psychiatrischen Bedingungen.

Der Versuch, bei der Entwicklung beider Systeme eine möglichst große Konvergenz zu erreichen, zeigt sich auch darin, dass im deutschsprachigen Manual zum DSM-IV (Saß et al. 1998) immer parallel zu den Kodierungen nach DSM-IV die entsprechenden ICD-10-Kodierungen aufgeführt werden, wenn Störungen vorliegen, die eine hohe Übereinstimmung aufweisen. Dies bedeutet jedoch keineswegs, dass automatisch eine vollständige Übereinstimmung zwischen beiden Systemen vorliegt. Es gilt jeweils im konkreten Einzelfall zu prüfen, ob die spezifischen Symptom-, Zeit- und Verlaufskriterien für die einzelnen Störungen tatsächlich erfüllt sind.

1.3.1 Kennzeichen und Struktur der ICD-10

Anfang der 90er Jahre wurden die *Klinisch-diagnostischen Leitlinien* der ICD-10 (Dilling et al. 2000a) sowie kurz darauf die *Diagnostischen Kriterien für Forschung und Praxis* (Dilling et al. 2000b) herausgegeben. Die Gründe, die 10. Version herauszugeben, waren vielfältig. Von zentraler Bedeutung war die Verbesserung der Zuverlässigkeit der Erfassung (u. a. mangelnde Beurteilerübereinstimmungen der Vorgängerversionen). Aber auch die Übernahme der bereits im DSM-III enthaltenen diagnostischen Veränderungen (u. a. operationalisierte Diagnostik, multiaxiale Diagnostik) war wichtig, um gegenüber dem DSM-System konkurrenzfähig zu werden (vgl. auch Stieglitz et al. 2002, S. 17 ff.).

Neben diesen mehr formalen und strukturellen Änderungen der ICD-10 ist im Vergleich zu ihrem Vorgänger ICD-9 auf eine Reihe konzeptueller Veränderungen hinzuweisen. Zu nennen sind hier insbesondere folgende Aspekte:
- Bestimmte Begriffe, die in der ICD-9 noch enthalten sind, finden sich in der ICD-10 nicht mehr in der ursprünglichen Bedeutung (z. B. als sog. Einteilungskriterien), sondern haben lediglich deskriptive Funktion bzw. wurden aus historischen Gründen übernommen. So wurden die Begriffe der Neurose/Psychose (auch die Kategorienbezeichnungen endogene und neurotische Depression) bzw. die Begriffe psychogen/psychosomatisch, die eng an bestimmte Ätiologiemodelle gebunden sind, aufgegeben. Ebenfalls findet sich das Endogenitätsprinzip bei der Einteilung psychischer Störungen nicht mehr.
- Darüber hinaus wird der Begriff der Störung eingeführt und statt des Begriffes der Krankheit verwendet.
- Weiterhin findet sich eine Neugruppierung von Störungsgruppen, geleitet von dem Grundgedanken, Störungen, die Gemeinsamkeiten haben, auch in einem gemeinsamen Abschnitt zusammenzufassen. Besonders deutlich wird dies im Abschnitt F3 der affektiven Störungen.

ICD-10 sowie DSM-IV sind beide einem sog. **deskriptiven oder atheoretischen Ansatz** verpflichtet. Entsprechend dem bisher unbefriedigenden Wissensstand über die Ätiologie der meisten psychischen Störungen wurde von wenigen Ausnahmen abgesehen versucht, theoretische Annahmen oder diagnostische Hierarchieregeln aufzugeben, um eine möglichst präzise und umfassende Beschreibung von Patienten auf Störungsebene zu gewährleisten. Zu den Übereinstimmungen und Gemeinsamkeiten beider Systeme gehört auch die klare Fokussierung auf eine operationalisierte Diagnostik unter Berücksichtigung von Symptomen, Zeit- und Verlaufskriterien.

! Die sog. psychischen und Verhaltensstörungen, kodiert mit F00 bis F99, sind Teil der Gesamt-ICD-10, die insgesamt 21 Kapitel umfasst. Die 1. Stelle des ICD-Codes ist ein Buchstabe. Jeder Buchstabe ist einem bestimmten Kapitel zugeordnet (Ausnahmen s. DIMDI 1995b, S. 17).
Auf der Internetseite http://www.zi-berlin.de findet sich ein komfortables ICD-10-Diagnosen-Suchwerkzeug, bei welchem Freitexte und ICD-10-Nummern eingegeben werden können.

Die in Kap. V beschriebenen psychischen Störungen lassen sich auf unterschiedlichen Ebenen kodieren, entsprechend der Grundintention, eine möglichst präzise Beschreibung bereits auf der Diagnosenebene zu erreichen. In ◘ Tab. 1.17 findet sich eine Übersicht zu den verschiedenen Kodierungsebenen.

Kernklassifikation der ICD-10 ist die dreistellige Ebene, die für die internationalen Meldungen der Todesursachendaten an die WHO sowie für die allgemeinen internationalen Vergleiche verbindlich ist (DIMDI 1995b, S. 4).

Im klinischen Alltag ist die Kodierung mindestens auf der vierstelligen Ebene sinnvoll. In ◘ Tab. 1.18 finden sich Beispiele für eine Kodierung auf den unterschiedlichen Ebenen. Insbesondere die Kodierungen an fünfter Stelle sind sehr heterogen, da sie unterschiedliche Schwerpunkte haben. Sie können der Spezifizierung der Psychopathologie dienen, Hinweise auf Komplikationen enthalten oder aber den Schweregrad oder den Verlauf cha-

◘ Tab. 1.17. Kodierungsebenen psychischer Störungen in der ICD-10. (Mod. nach Baumann u. Stieglitz 1998)

Ebene	Kodierung	Bedeutung
1	F	Hinweis auf das Vorliegen einer psychischen Störung (hier F: psychische und Verhaltensstörungen)
2	Fa	Hauptkategorie, Hinweis auf als zusammengehörig anzusehende Störung (Beispiel: F3 – affektive Störungen)
3	Fab	Kategorie, Kennzeichen der einzelnen Störungsgruppe (Beispiel: F32 – depressive Episode)
4	Fab.c	Spezifizierung der Subgruppe hinsichtlich unterschiedlicher Kriterien, wie z. B. – Erscheinungsbild (Beispiel: F40.1 – soziale Phobie), – Schweregrad (Beispiel: F32.1 – mittelgradig depressive Episode)
5	Fab.cd	Zusatzspezifikation hinsichtlich unterschiedlicher Kriterien (Beispiel: F32.01 – leichte depressive Episode mit somatischem Syndrom)
6	Fab.cde	Zusatzspezifikation hinsichtlich unterschiedlicher Kriterien (nur bei einigen Störungen; Beispiel: F14.241 – Abhängigkeitssyndrom bei gegenwärtigem Kokaingebrauch mit körperlichen Symptomen)

Auf der einstelligen Ebene (Kodierung F) ist zu erkennen, dass es sich um das Vorliegen einer psychischen Störung handelt.
Auf der zweistelligen Ebene (Fa) wird die Hauptkategorie charakterisiert.
Die dreistellige Ebene, kodiert mit Fab, kennzeichnet die einzelnen Störungen.
Die vier- bis sechsstelligen Ebenen sind als sog. Spezifizierung der Störungsgruppe anzusehen.

Tab. 1.18. Beispiele für Spezifizierungen an der 5. Stelle in der ICD-10

Spezifizierung	Kodierung	Beispiele
Allgemein	F06.32	Organische *manische* Störung
Wahn	F31.5*0*	Gegenwärtig schwere depressive Episode mit *synthymer* psychotischer Symptomatik
Psychotisches Zustandsbild	F10.5*1*	Störung durch Alkohol, psychotische Störung, *vorwiegend wahnhaft*
Somatische Begleitsymptomatik	F32.1*0*	Mittelgradig depressive Episode *mit somatischen Symptomen*
Komplikation	F10.0*7*	Störung durch Alkohol, akute Intoxikation, *pathologischer Rausch*
Schweregrad	F41.0*1*	Panikstörung, *schwer*
Verlauf	F20.0*1*	Paranoide Schizophrenie, *episodisch mit zunehmenden Residuum*
Belastung	F23.2*1*	Akute schizophrenieforme psychotische Störung *mit akuter Belastung*

rakterisieren. Eine sechsstellige Kodierung ist nur bei wenigen Störungen möglich (z. B. F14.24*1*: Abhängigkeitssyndrom bei gegenwärtigem Kokaingebrauch *mit körperlichen Symptomen*).

Die alphanumerische Kodierung mit dem Buchstaben F und den nachfolgenden Subspezifizierungen wurde weiterhin im Hinblick darauf eingeführt, dass es dadurch möglich ist, in Zukunft bei einer (bisher etwa alle 10 Jahre erfolgten) Revision keine grundlegenden Veränderungen mehr vorzunehmen, sondern lediglich Ergänzungen und Modifikationen. Von den potenziellen Möglichkeiten der Kodierung psychischer Störungen von F00.00 bis F99.99 (ca. 1000 fünfstellige Diagnosen) sind gegenwärtig lediglich ca. zwei Drittel bereits besetzt.

! Bei psychiatrischen Begutachtungen erscheint es grundsätzlich sinnvoll, neben der alphanumerischen Kodierung der Diagnose(n) auch den erläuternden Text der ICD-10 in das Gutachten aufzunehmen.

Neben dieser strukturellen Veränderung sind insbesondere einige weitere Kennzeichen der ICD-10 herauszuheben:

- die Einführung einer operationalisierten Diagnostik,
- die Einführung des Komorbiditätsprinzips,
- die Möglichkeit einer multiaxialen Diagnostik.

Operationalisierte Diagnostik

Das Grundprinzip der operationalisierten psychiatrischen Diagnostik hat folgendes allgemeine Muster.

Eine Diagnose D ist nur zu stellen, wenn

- die Merkmale M1–Mx vorhanden sind,
- die Ausschlusskriterien A1–Ax nicht vorhanden sind,
- exakt definierte Verknüpfungsregeln (Diagnosealgorithmen) R1–Rx erfüllt sind.

Als Grundlagen der operationalisierten Diagnostik werden folgende Merkmale herangezogen: Symptomkriterien, Zeitkriterien, Verlaufskriterien, Ausschlusskriterien sowie Diagnosealgorithmen. In Tab. 1.19 ist ein allgemeines Beispiel dieser Vorgehensweise am Beispiel der manischen Episode enthalten.

Komorbidität

Eine weitere wichtige Neuerung in der ICD-10 stellt die Einführung des sog. Komorbiditätsprinzips dar

Tab. 1.19. Prinzip der operationalisierten Diagnostik am Beispiel der Kategorie F30.1 »Manie ohne psychotische Symptome« (Forschungskriterien)

Symptomkriterien	Die Stimmung ist vorwiegend gehoben, expansiv oder gereizt und für die Betroffenen deutlich abnorm
Symptome	– Gesteigerte Aktivität oder motorische Ruhelosigkeit – Gesteigerte Gesprächigkeit (»Rededrang«) – Ideenflucht oder subjektives Gefühl von Gedankenrasen – Verlust normaler sozialer Hemmungen, was zu einem den Umständen unangemessenen Verhalten führt – Vermindertes Schlafbedürfnis – Überhöhte Selbsteinschätzung oder Größenwahn – Ablenkbarkeit oder dauernder Wechsel von Aktivitäten oder Plänen – Tollkühnes oder leichtsinniges Verhalten, dessen Risiken die Betroffenen nicht erkennen, z. B. Lokalrunden ausgeben, törichte Unternehmungen, rücksichtsloses Fahren – Gesteigerte Libido oder sexuelle Taktlosigkeit
Zeitkriterium	– Mindestens eine Woche
Ausschlusskriterien	– Fehlen von Halluzinationen oder Wahn, Wahrnehmungsstörungen können aber vorkommen (z. B. subjektive Hyperakusis, Wahrnehmung von Farben als besonders leuchtend etc.) – Häufigstes Ausschlusskriterium: Die Episode ist nicht auf einen Missbrauch psychotroper Substanzen (F1) oder auf eine organische psychische Störung im Sinne des Kapitels F0 zurückzuführen
Diagnosealgorithmus	3 der Symptomkriterien (4, wenn die Stimmung gereizt ist), die eine schwere Störung der persönlichen Lebensführung verursachen

Tab. 1.20. Beispiele für Komorbidität (ICD-10)

F20.0: Paranoide Schizophrenie F12.1: Störungen durch Cannabinoide, schädlicher Gebrauch	Schizophrener Patient, der Cannabis zur Selbstmedikation nimmt
F40.1: Soziale Phobie F32.1: Mittelgradig depressive Episode	Patient mit einer sozialen Phobie entwickelt durch die damit verbundene zunehmende Isolierung eine depressive Störung
F41.0: Panikstörung F60.31: Emotional instabile Persönlichkeitsstörung vom Borderlinetypus	Patient mit einer Panikstörung erfüllt zusätzlich die Kriterien einer Persönlichkeitsstörung

(Tab. 1.20). Komorbidität beschreibt die Möglichkeit, gemeinsam auftretende verschiedene psychische Störungen bei einer Person auch getrennt zu diagnostizieren und zu kodieren.

Nach der ICD-10 sind so viele Diagnosen zu verschlüsseln, wie für die Beschreibung des klinischen Bildes notwendig sind. In der Literatur werden hierzu immer wieder verschiedene wichtige Argumente herausgestellt, die eine Rechtfertigung dieser Strategie liefern. Zu nennen sind sowohl therapeutische als auch theoretische Überlegungen (vgl. hierzu auch Stieglitz 2000, S. 241 ff.).

Zu den klinisch-therapeutischen Überlegungen zählt, dass Patienten mit komorbiden Störungen meist auch die schwerer kranken Patienten sind und z. T. einer spezifischen Behandlung bedürfen. Zudem haben verschiedene Studien immer wieder zeigen können, dass die Behandlung und die Prognose des weiteren Verlaufs eines Patienten mit mehr als einer Störung oft als deutlich ungünstiger anzusehen ist. Zu den theoretischen Überlegungen zählen z. B. Argumente, dass Studien mit komorbiden psychischen Störungen als Ausgangspunkt für die Untersuchung zur Ätiologie und dem Verlauf psychischer Störungen dienen können und dass genauere Schätzungen über Prävalenzraten psychischer Störungen zu erreichen sind.

Komorbidität kann zwischen Störungsgruppen aus verschiedenen Hauptkategorien (z. B. Komorbidität von Angst- und Persönlichkeitsstörungen), aber auch innerhalb einer einzelnen Störungsgruppe diagnostiziert werden (z. B. verschiedene komorbide Störungen aus dem Bereich der Persönlichkeitsstörungen). Darüber hinaus muss differenziert werden, ob die Komorbidität im Querschnitt, d. h. aktuell, vorliegt oder aber über die gesamte Lebensspanne auftritt (Lebenszeitkomorbidität). Auch die Dokumentation der zeitlichen Abfolge der Entwicklung psychischer Störungen gilt es dabei zu berücksichtigen.

Multiaxiale Klassifikation

Auch die Aufnahme eines multiaxialen Ansatzes in die ICD-10 wurde stark beeinflusst durch das Klassifikationssystem der amerikanischen Psychiatervereinigung APA. Erstmalig im DSM-III wurde ein multiaxialer Ansatz vorgeschlagen, wenngleich diese Gedanken bereits in den 40er Jahren erstmals konzeptualisiert wurden (vgl. hierzu Stieglitz 2000, S. 244 ff.). Der allgemeine Grundgedanke eines multiaxialen Systems besteht darin, zur Beschreibung von Patienten möglichst viele sog. Achsen oder Dimensionen bereitzustellen, um einer umfassenden Darstellung der Gesamtsituation des Patienten besser gerecht werden zu können. Welche Achsen dies sein sollten, ist bisher umstritten. Für die ICD-10 werden die hier aufgeführten Achsen vorgeschlagen (► Übersicht, vgl. auch Siebel et al. 1997, S. 231 ff.). Die Achsen II und III sind als fakultative Achsen anzusehen, d. h., sie sind nicht obligatorisch Gegenstand einer ICD-10-Diagnostik.

Multiaxiales System des Kapitels V (F) der ICD-10 (mod. nach Siebel et al. 1997)

- **Achse I:** Psychische und somatische Störungen
- Ia: Psychische Störungen bzw. Erkrankungen einschließlich der Persönlichkeitsstörungen
- Ib: Somatische Störungen und Erkrankungen
- **Achse II:** Soziale Funktionseinschränkungen (WHO Disability Diagnostic Scale)
  Globaleinschätzung und Subskalen:
  - Selbstfürsorge und Alltagsbewältigung
  - Berufliche Funktionsfähigkeit
  - Funktionsfähigkeit in anderen sozialen Rollen und Aktivitäten

  Beurteilungsskala:
  - 00: Keine Funktionseinschränkung
  - 20: Minimale Funktionseinschränkung
  - 40: Deutliche Funktionseinschränkung
  - 60: Schwere Funktionseinschränkung
  - 80: Sehr schwere Funktionseinschränkung
  - 99: Maximale Funktionseinschränkung
  - XX: Nicht beurteilbar
- **Achse III:** Umgebungs- und situationsabhängige Einflüsse/Probleme der Lebensführung und Lebensbewältigung
  - Probleme in Verbindung mit negativen Kindheitserlebnissen und Erziehung
  - Probleme in Verbindung mit Ausbildung und Bildung
  - Probleme in der primären Bezugsgruppe, einschließlich familiärer Umstände
  - Probleme in Verbindung mit der sozialen Umgebung
  - Probleme in Verbindung mit Wohnbedingungen und finanziellen Verhältnissen
  - Probleme in Verbindung mit Berufstätigkeit und Arbeitslosigkeit
  - Probleme im Zusammenhang mit Umweltbelastungen
  - Probleme bei bestimmten psychosozialen oder juristischen Situationen
  - Probleme in Verbindung mit Hinweisen auf Krankheiten oder Behinderungen in der Familienanamnese
  - Probleme bei der Lebensführung
  - Probleme bei der Lebensbewältigung

Besonders wichtig scheint Achse-III »Umgebungs- und situationsabhängige Einflüsse/Probleme der Lebensführung und Lebensbewältigung« zu sein, da sie von großer klinischer wie forensischer Bedeutung ist. Sie erlaubt wichtige Zusatzinformationen zu kodieren. Auf ihr sind solche Faktoren aufzuführen, die für die Entstehung, das aktuelle Erscheinungsbild, die Behandlung sowie für den weiteren Verlauf von Bedeutung sind. Dies sei an zwei Fallbeispielen aufgezeigt.

Beispiele

Fall 1.1. Frau Martina K., 40-jährig, ist gutachterlich zu diagnostizieren. Sie hat nun die dritte, jetzt mittelgradige Episode einer depressiven Störung. Während der Begutachtung zeigte sich, dass vor Beginn der Symptomatik ein seit längerer Zeit bestehender schwerwiegender Konflikt mit dem Ehemann bestand. Auch vor den beiden anderen Episoden zeigte sich ein ähnliches Bild. Folgende Kodierungen wären möglich:

- F33.1: rezidivierende depressive Störung, gegenwärtig mittelgradige Episode;
- Z63.0: Probleme in der Beziehung zum (Ehe-)Partner.

Fall 1.2. Im psychiatrisch-psychotherapeutischen Konsildienst einer Justizvollzugsanstalt wird der 35-jährige Peter K. wegen einer Angststörung vorgestellt. Er berichtet über Panikzustände, die mehrfach im Monat auftreten und mit massiven körperlichen Symptomen, Angstgefühlen und mittlerweile auch Vermeidungsverhalten verbunden sind. Während der Therapie wird deutlich, dass der Patient Probleme in der Interaktion mit anderen Menschen hat, zu impulsivem Verhalten neigt, eine unbeständige Stimmung zeigt. Die Kriterien einer spezifischen Persönlichkeitsstörung werden jedoch nicht erfüllt. Folgende Kodierungen wären möglich:

- F41.00: mittelgradige Panikstörung;
- Z73.1: akzentuierte Persönlichkeitszüge (emotional instabile Züge, impulsiver Typus).

Versionen der ICD-10

Schon während der Vorbereitung der ICD-10 zeigte sich, dass die ICD alleine nicht alle klinisch notwendigen Informationen enthalten kann, sondern dass nur eine sog. Gruppe von krankheits- und gesundheitsrelevanten Klassifikationen den unterschiedlichen Anforderungen im öffentlichen Gesundheitswesen Rechnung tragen kann (DIMDI 1995a, S. 13). Dementsprechend wurden von der WHO verschiedene Versionen des Kapitels V (F) der ICD-10 vorgelegt (family of instruments), die grundsätzlich alle im forensischen Kontext Relevanz haben.

Versionen des Kapitels V (F) der ICD-10

- Klinisch-diagnostische Leitlinien (Dilling et al. 2000a)
- Forschungskriterien (Dilling et al. 2000b)
- Kurzfassung im Rahmen der Gesamt-ICD-10 (DIMDI 1995a)
- Version für die Primärversorgung (Müßigbrodt et al. 2000)
- Multiaxiales System (Siebel et al. 1997, S. 231 ff.)

Kernstück des Systems stellen die sog. klinisch-diagnostischen Leitlinien und die Forschungskriterien dar. Weiterhin wird eine sog. Kurzfassung im Rahmen der Gesamt-ICD-10 vorgelegt, eine Version für die Primärversorgung und das bereits erwähnte multiaxiale System. Die Gemeinsamkeit der Leitlinien, der Forschungskriterien, der Kurzfassung sowie der Version für die Primärversorgung besteht darin, dass alle Störungen gleich kodiert werden. Unterschiede bestehen jedoch in der Darstellung der einzelnen Störungen.

Entsprechend ihrer Bezeichnung finden die klinisch-diagnostischen Leitlinien primär in der klinischen Routine und damit auch im forensischen psychiatrisch-psychotherapeutischen Rahmen Anwendung. Auch hier wird zwar der Grundgedanke einer operationalisierten Diagnostik zugrunde gelegt, jedoch weniger scharf als in den Forschungskriterien, d. h., es besteht mehr Spielraum für klinische Entscheidungen hinsichtlich der Symptom- und Zeitkriterien. Die Forschungskriterien können als äquivalent zum DSM-IV angesehen werden, was den Formalisierungsgrad, nicht dagegen die einzelnen inhaltlichen Ausgestaltungen betrifft.

In der Kurzfassung im Rahmen der Gesamt-ICD-10 finden sich dagegen keine expliziten Operationalisierungen mehr, sondern nur noch Kurzcharakteristika mit den im Vordergrund stehenden Symptomen bei den einzelnen Störungsgruppen. Die Version für die Primärversorgung umfasst dagegen wiederum die operationalen Definitionen, wenngleich weniger stringent als in den klinisch-diagnostischen Leitlinien und den Forschungskriterien. Zudem finden sich Hinweise auf therapeutische Maßnahmen, die bei einer bestimmten Störung Anwendung finden können (u. a. Gespräch, Medikation).

Über diese verschiedenen Versionen der ICD-10 hinaus existieren eine Reihe von Begleitmaterialien (► Übersicht). Zu nennen sind hier einerseits das Lexikon psychopathologischer Grundbegriffe, das Definitionen einer Reihe in der ICD-10 vorkommender psychopathologischer Phänomene enthält. Unter didaktischen Gesichtspunkten hervorzuheben sind insbesondere das ICD-10-Computertutorial, das ermöglicht, sich in das System einzuarbeiten und es auch in der klinischen Arbeit zu nutzen, sowie die ICD-10-Fallbücher, die eine Vielzahl von illustrativen Fallbeispielen enthalten. Für die Psychiatrie als relevant anzusehen ist auch die neurologische Adaptation der ICD-10.

Begleitmaterialien zum Kap. V (F) der ICD-10

- Lexikon psychopathologischer Grundbegriffe (Dilling 2002)
- ICD-10 in der klinischen Anwendung (Dittmann et al. 1992a)
- ICD-10-Computertutorial (Malchow u. Dilling 2000)
- ICD-10-Fallbücher (Freyberger u. Dilling 1999; Dilling 2000)
- Neurologische Adaption der ICD-10 (Kessler u. Freyberger 1996)

1.3.2 Hauptkategorien der ICD-10

Die Gruppierung der Störungsgruppen in der ICD-10 erfolgte u. a. nach dem Prinzip, Störungen, die Ähnlichkeiten aufweisen, in einem Abschnitt zusammenzufassen. In ◘ Tab. 1.21 sind die Hauptkategorien der ICD-10 aufgeführt.

Die Kategorien F0–F7 lassen sich wie folgt kurz charakterisieren (Malchow u. Dilling 2000; Freyberger u. Dilling 1999; vgl. zu den einzelnen Diagnosen: http://www.zi-berlin.de):

- **F0: Organische einschließlich symptomatischer psychischer Störungen**
  - Allgemeine Charakteristika: Nachweis einer hirnorganischen Krankheit, Verletzung oder Funktionsstörung des Gehirns, Untergliederung nach Typus und Schweregrad der kognitiv/sensorischen Störung
  - Wichtigste Störungen: Demenzen
  - Therapie: Bisher kein hinreichend evidenzbasierter pharmakologisch-therapeutischer Ansatz bei Demenzkrankheiten; psychosoziale Maßnahmen wie bspw. Angehörigenarbeit.
- **F1: Psychische und Verhaltensstörungen durch psychotrope Substanzen**
  - Allgemeine Charakteristika: Nachweis einer Verursachung durch psychotrope Substanzen; Kodierung der Substanz an dritter Stelle (z. B. F10: Alkohol) sowie an 4. Stelle des im Vordergrund stehenden klinischen

◘ **Tab. 1.21.** Hauptkategorien der ICD-10

F0	Organische, einschließlich symptomatischer psychischer Störungen
F1	Psychische und Verhaltensstörungen durch psychotrope Substanzen
F2	Schizophrenie, schizotype und wahnhafte Störungen
F3	Affektive Störungen
F4	Neurotische-, Belastungs- und somatoforme Störungen
F5	Verhaltensauffälligkeiten mit körperlichen Störungen und Faktoren
F6	Persönlichkeits-und Verhaltensstörungen
F7	Intelligenzminderung
F8	Entwicklungsstörungen
F9	Verhaltens- und emotionale Störungen mit Beginn in der Kindheit und Jugend
F99	Nicht näher bezeichnete psychische Störungen

Aspekts (z. B. F10.0 akute Alkoholintoxikation)
  - Wichtigste Störungen: Störungen durch Alkohol und illegale Drogen
  - Therapie: Substanzspezifische Interventionen; Entgiftung und Entwöhnungsbehandlung, primär psychotherapeutische Interventionen (Verhaltenstherapie), gelegentlich medikamentöse Behandlungen möglich.
- **F2: Schizophrenie, schizotype und wahnhafte Störungen**
  - Allgemeine Charakteristika: Nachweis von Wahn, Halluzinationen und/oder Denkstörungen; Untergliederung nach Syndromen (z. B. paranoide Schizophrenie) oder Verlauf (z. B. F22 anhaltende wahnhafte Störung)
  - Wichtigste Störungen: Schizophrenie, schizoaffektive Störung
  - Therapie: Neuroleptische Behandlung (Atypika favorisiert), psychosoziale Interventionen (kognitive-behaviorale Therapie, Familientherapie/Angehörigenarbeit, Gruppentherapie, Psychoedukation).
- **F3: Affektive Störungen**
  - Allgemeine Charakteristika: Nachweis von Veränderungen in der Stimmung und im Antrieb; Untergliederung nach der Verlaufsform sowie der Art der affektiven Störungen
  - Wichtigste Störungen: Depressive Störung (einzelne Episode oder rezidivierend), bipolare affektive Störung, Dysthymie
  - Therapie: Psychopharmakotherapie (SSRI und andere moderne Antidepressiva heute favorisiert), psychosoziale Interventionen (kognitive-behaviorale Therapie, Interpersonelle Psychotherapie), bei spezieller Indikation Elektrokrampftherapie, Lichttherapie, Schlafentzug.
- **F4: Neurotische-, Belastungs- und somatoforme Störungen**
  - Allgemeine Charakteristika: Hohe Bedeutung psychischer Verursachung; Untergliederung nach phänomenologischen Syndromen (z. B. Zwang) oder äußerer Belastung (z. B. Anpassungsstörung)
  - Wichtigste Störungen: Panikstörung, Zwangsstörung, soziale Phobie, Anpassungsstörungen, somatoforme Störungen
  - Therapie: Psychosoziale Interventionen (kognitiv-behaviorale Therapie) in Kombinationsbehandlung mit Antidepressiva (besonders SSRI).
- **F5: Verhaltensauffälligkeiten mit körperlichen Störungen und Faktoren**
  - Allgemeine Charakteristika: Nachweis von Verhaltensauffälligkeiten mit körperlichen Funktionsstörungen, Untergliederung nach funktionalen Zusammenhängen
  - Wichtigste Störungen: Essstörungen
  - Therapie: Primär psychotherapeutische Interventionen; Essstörungen: u. a. zusätzlich Ernährungsberatung, Wahrnehmungstraining, Psychopharmakotherapie.
- **F6: Persönlichkeits- und Verhaltensstörungen**
  - Allgemeine Charakteristika: Nachweis anhaltender, gestörter Verhaltensmuster, Untergliederung nach typologischen Gesichtspunkten
  - Wichtigste Störungen: Persönlichkeitsstörungen
  - Therapie: Psychosoziale Interventionen (kognitiv-behaviorale Therapie; z. B. bei Borderline-Störungen: Dialektisch-behaviorale Therapie nach Linehan); Effekt psychopharmakologischer Interventionen bis auf stimmungsmodulierende und antiaggressive Wirkung einzelner Psychopharmaka weniger gut belegt.
- **F7: Intelligenzminderung**
  - Allgemeine Charakteristika: Beeinträchtigung der Intelligenzfunktion, Differenzierung nach Schweregraden
  - Wichtigste Störungen: Stufen der Intelligenzminderung (leicht, mittelgradig, schwer)
  - Therapie: Psychosoziale Fördermaßnahmen.

1.3.3 Diagnostisches Vorgehen in der ICD-10

Die klinische Anwendung der ICD-10 setzt zunächst umfassende Kenntnisse des Systems voraus. In der Regel, insbesondere im klinischen und gutachterlichen Alltag, werden die diagnostischen Entscheidungen basierend auf einem freien klinischen Interview getroffen. Will man explizit im Hinblick auf die ICD-10 eine diagnostische Zuordnung eines Patienten vornehmen, sind zwei allgemeine Strategien denkbar:

- Es wird sukzessive vom Abschnitt F0 an begonnen zu prüfen, ob die für diesen Abschnitt zentrale Symptomatik vorliegt. Im Abschnitt F0 wären dies z. B. nachweisbare organische Ursachen oder Beeinträchtigung von Gedächtnis oder Denkvermögen bzw. Bewusstseinsstörungen. Wenn Hinweise auf einen dieser Aspekte zu erkennen sind, wäre zunächst eine Störung aus dem jeweiligen Abschnitt zu überlegen, um dann weiter die nachfolgenden Abschnitte F1 usw. zu prüfen.
- Eine andere Strategie, die vermutlich von denjenigen, die mit dem System vertrauter sind, angewendet wird, kann man als ein hypothesen-geleitetes, klinisches Vorgehen bezeichnen. Hierbei werden zunächst aufgrund der im Vordergrund stehenden Symptomatik des Patienten Hypothesen über das Vorliegen einer Störung aufgestellt. Anhand des ICD-10-Manuals wird dann geprüft, ob diese Kriterien im Hinblick auf die jeweilige Störung erfüllt sind. Falls dies der Fall ist, ist in einem weiteren Schritt zu prüfen, ob weitere Symptome vorhanden sind, die nicht zu dieser Diagnose gehören, für die dann gleichfalls eine weitere Hypothese aufgestellt und geprüft werden müsste (◘ Abb. 1.1).

Abschließend sei auf einige anwendungsbezogene Probleme von Klassifikationsverfahren hingewiesen, die nicht nur für die ICD-10 gelten. Zu nennen sind folgende Aspekte:

Der Nutzer muss, insbesondere wenn er wenig vertraut ist mit dem System, unbedingt das **Manual** zu Rate ziehen und diagnostische Entscheidungen unter Beachtung der Symptom-, Zeit- und Verlaufskriterien sowie der Ausschlusskriterien fällen. Immer wieder wird dies vernachlässigt, und nur von der Bezeichnung der Kategorien aus werden Diagnosen gestellt.

Das **Komorbiditätsprinzip** als ein neues Prinzip wird bisher zu wenig beachtet. Dies ist nicht nur im Hinblick auf die forensische psychiatrisch-psychothrapeutische Arbeit, sondern klinisch auch zur individuellen Therapieplanung eines Patienten von großer Bedeutung, da unter versorgungsepidemiologischen Aspekten davon auszugehen ist, dass Patienten mit einer komorbiden Störung auch die schwerer behandelbaren Patienten sind (u. U. Komplikation in der Behandlung, längere Liegedauer).

Bei der Beurteilung des Patienten anhand der diagnostischen Kriterien dürfen andere theoretische Konzepte, die nichts mit der Diagnose zu tun haben, keine Rolle spielen. Auch wenn es zu einer Reihe von Störungen unterschiedliche konzeptuelle Überlegungen gibt (z. B. Borderline-Störung) dürfen diese nicht verwendet werden, da die Definition der Störung in der ICD-10 rein deskriptiv ohne Bezug zu einem bestimmten theoretischen Konstrukt erfolgt.

Diagnostische Unsicherheiten, die bei bestimmten Patienten auch bei Vorliegen einer operationalisierten Diagnose immer wieder auftreten können, dürfen sich nicht in der Wahl bestimmter Diagnosen widerspiegeln (z. B. bei Unklarheit, ob es eine schizophrene oder eine affektive Störung ist, automatisch die Diagnose der schizoaffektiven Störung zu wählen; zu häufige Entscheidung für die Diagnose Borderline-Störung, früher konzeptualisiert als Störung im Grenzbereich Neurose/Psychose).

Gleichfalls ist darauf zu achten, dass aufgrund eines **singulären Phänomens**, das vielleicht mit im Vordergrund stehen kann, keinesfalls automatisch der Rückschluss auf das Vorliegen einer entsprechenden Diagnose erlaubt ist (z. B. begangene Straftat = dissoziale Persönlichkeitsstörung; hysterisch = histrionische Persönlichkeitsstörung; misstrauisch = paranoide Persönlichkeitsstörung). Es gilt selbstverständlich, alle für die Diagnose relevanten Kriterien genauestens zu prüfen.

Untersuchungsinstrumente. Das Vorliegen expliziter diagnostischer Kriterien für die einzelnen Störungen (operationalisierte Diagnostik) ge-

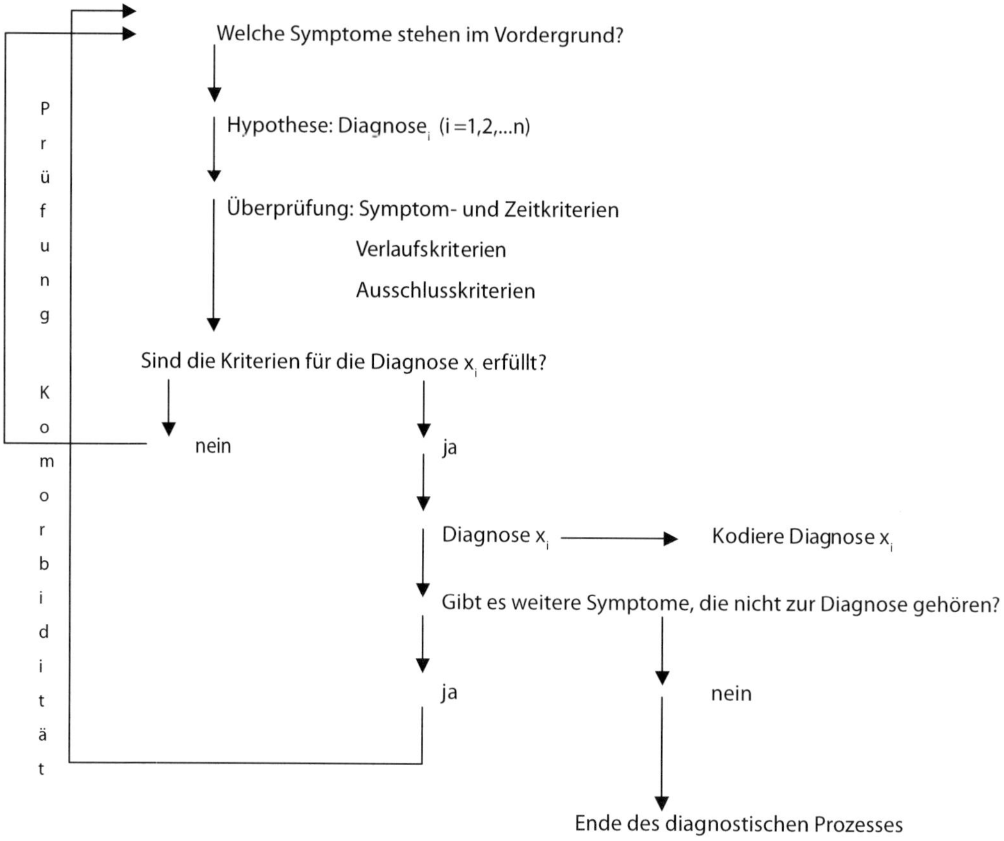

Abb. 1.1. Schritte im diagnostischen Prozess. (Mod. nach Stieglitz et al. 2000)

währleistet alleine keine zuverlässige Diagnostik. In verschiedenen Studien konnten immer wieder bestimmte Fehlerquellen identifiziert werden, vor allem die sog. Informations- und Beobachtungvarianz, d. h. die unterschiedlichen Strategien, Informationen zu erheben (z. B. Art der Fragen) sowie die unterschiedliche Bewertung dieser Informationen (vgl. im Detail Stieglitz 2000, S. 16 ff.).

Zur Reduktion dieser Fehlerquellen sind zusätzliche Hilfsmittel notwendig. Hierzu zählt vor allem der Einsatz von Erhebungsinstrumenten; wichtig ist auch die klinisch-psychiatrische Erfahrung des Untersuchers. In Tab. 1.22 sind deutschsprachige Erhebungsinstrumente zusammengestellt, die im Hinblick auf die ICD-10 entwickelt bzw. adaptiert wurden (zu weiteren Instrumenten, z. B. zum DSM-IV, s. Stieglitz et al. 2001).

Zu unterscheiden sind drei große Gruppen: Checklisten, strukturierte und standardisierte Interviews.

Checklisten stellen im eigentlichen Sinne noch keine substanziellen Erweiterungen zur Reduktion der beiden Varianzquellen dar. Sie sind lediglich, oft in didaktisch guter Weise, Zusammenstellungen der für eine Diagnose notwendigen Kriterien. Diese sind dann systematisch zu prüfen. Wie die Symptome jedoch zu erheben und zu erfassen sind, bleibt dem Untersucher überlassen. Von daher setzt die Anwendung von Checklisten sowohl Kenntnisse im Bereich der ICD-10 (z. B. Hypothesen über das Vorliegen einer bestimmten Störung) und der Symptomdefinitionen (Psychopathologie, vgl. Kap. 1.2) als auch allgemeine Kenntnisse in der psychiatrischen Gesprächsführung voraus. Diese

Tab. 1.22. Deutschsprachige Erhebungsinstrumente zur ICD-10

Bezeichnung und Abkürzung	Art des Instruments	Autoren
Gesamtbereichereich		
Schedules for Clinical Assessment in Neuropsychiatry (SCAN)	Strukturiertes Interview	Gülick-Bailer et al. (1994)
DIA-X Interview	Standardisiertes Interview	Wittchen u. Pfister (1997)
ICD-10-Checklisten Symptomcheckliste (SCL) Internationale Diagnosencheckli-sten (IDCL)	Checklisten	WHO (1995); Hiller et al. (1995)
ICD-10-Merkmalsliste (ICDML)	Checkliste	Dittmann et al. (1992b)
Persönlichkeitsstörungen		
International Personality Disorder Examination (IPDE)	Strukturiertes Interview	Mombour et al. (1996)
Aachener Integrierte Merkmalsli-ste (AIML)	Checkliste	Saß et al. (1995)
Internationale Diagnosencheckliste für Persönlichkeitsstörungen	Checkliste	Bronisch et al. (1995)
Demenzen		
Strukturiertes Interview für die Dia-gnose einer Demenz (SIDAM)	Strukturiertes Interview	Zaudig u. Hiller (1996)

beiden Aspekte spielen bei den Interviews kaum eine Rolle.

Unter **strukturierten Interviews** werden solche Verfahren subsumiert, die dem Interviewer Fragen zur Verfügung stellen, mit denen bestimmte Symptome zu erfassen sind, und Hinweise geben, in welcher Reihenfolge dies geschehen muss. Zum Teil finden sich auch Hinweise auf Kodierungen.

Demgegenüber werden bei **standardisierten Interviews** alle Ebenen des diagnostischen Prozesses eingeschlossen, d. h. die Fragen, die Reihenfolge als auch die Kodierung der Antworten des Patienten sind detailliert vorgeschrieben. Von daher erreichen standardisierte Interviews in der Regel auch mit die höchsten Reliabilitätswerte, da der Untersucher kaum einen Einfluss auf den diagnostischen Prozess hat, der durch die Vorgaben des Interviews reglementiert ist.

In letzter Zeit haben standardisierte Interviews auch in ihrer Umsetzung in computerisierter Form an Bedeutung gewonnen. Dies erlaubt es, PC-gesteuert die wesentlichen Kriterien der ICD-10 für die meisten Störungsgruppen zu erfassen.

Eine weitere Unterscheidung bezüglich der diagnostischen Hilfsmittel zur Diagnosestellung nach der ICD-10 besteht darin, welche Kategorien der ICD-10 abgebildet werden können. So finden sich bei den Instrumenten solche, die alle bzw. ein weites Spektrum der in der ICD-10 eingeschlossenen Diagnosen zu erfassen erlauben. Andere dagegen beschränken sich auf bestimmte Teilbereiche, wie z. B. die Persönlichkeitsstörungen und die Demenzen.

Bisherige Reliabilitätsstudien mit derartigen Instrumenten konnten zeigen, dass abgesehen von wenigen Störungsgruppen hohe bis sehr hohe Interrater-Reliabilitäten zu erreichen sind (vgl. hierzu Stieglitz et al. 2001). Im Hinblick auf die Anwendung von Interviews ist auf folgende Punkte jedoch unbedingt hinzuweisen:

Tab. 1.23. Charakteristika der ICD-10. (Nach Baumann u. Stieglitz 1998)

Kriterium	Kennzeichen
Ziele der Klassifikation	Gesundheitsstatistik, Forschung, Kommunikation, Therapiegrundlage, klinische Anwendung
Geltungsbereich	Alle Krankheiten, nicht nur psychische Störungen
Klassenlogik	Typen (Diagnosen)
Klasseneigenschaft	i.d.R. nicht ausschließend, Komorbidität zugelassen
Klassifikationsbasis	Atheoretisch, deskriptiv, uneinheitlich (u. a. Ätiologie, Verlauf, Syndromatik, Schweregrad)
Gewinnung der diagnostischen Einheiten	Klinisch-kombinatorisch, basierend auf Konventionen in Abstimmung mit den Mitgliedsländern der WHO
Definitionen	Operationalisierte Diagnostik (Kriterienkatalog), Glossar
Zuordnungsregeln	z. T. implizite, z. T. explizite Regeln
Formale Genauigkeit	Mehrfach in nationalen und internationalen Studien überprüft

- Vor Anwendung eines derartigen Instruments ist ein oft mehrtägiges Training unabdingbar notwendig.
- Kenntnisse des Klassifikationssystems sind bis auf standardisierte Interviews notwendig.
- Die Anwendung in der klinischen Routine ist bei der für die diagnostische Erhebung zur Verfügung stehenden Zeit kaum realistisch. Die Interviews dauern je nach Schweregrad der Störung des Patienten oft mehrere Stunden. Von daher ist von einer routinemäßigen Anwendung auch bei Begutachtungen abzuraten. Die Instrumente haben jedoch auch bei dem erhöhten Zeitaufwand der Anwendung ihren Nutzen im forensischen Rahmen, so z. B. bei differenzialdiagnostisch schwer einzuordnenden Patienten.

1.3.4 Fazit

Eine Evaluation psychiatrischer Klassifikationssysteme ist in der Regel schwierig, da es keine allgemein akzeptierten Kriterien gibt. Ein Vorschlag zur Kennzeichnung eines Klassifikationssystems wurde von Baumann und Stieglitz (1998, S. 83 ff.) vorgelegt. In Tab. 1.23 findet sich abschließend eine Zusammenfassung der wesentlichen Kennzeichen der ICD-10.

1.4 Medizinische Untersuchungstechniken und -standards: Informationserhebung und Untersuchung

1.4.1 Psychiatrische Untersuchung

Zu einer psychiatrischen Untersuchung im Rahmen einer Begutachtung gehören neben der psychiatrischen Exploration und der Anamneseerhebung in der Regel auch eine internistische, neurologische sowie ggf. auch laborchemische, testpsychologische oder apparative Untersuchungen.

Das wichtigste psychiatrische Instrument ist das Gespräch mit dem Probanden. Es stellt je nach Untersuchungssituation und Fragestellung eine individuelle Mischung aus Interview, Exploration und Anamneseerhebung dar, wobei die beiden letzteren Elemente wesentlich zur Beurteilung des psychopathologischen Befundes beitragen. Sie haben im Rahmen der Gutachtenerstellung eine zentrale Bedeutung. Jede psychiatrische Untersuchung schließt mit einem psychopathologischen

Befund (▶ Kap. 1.2) und ggf. mit einer Diagnose ab (▶ Kap. 1.3).

Neben der psychischen Untersuchung können jedoch auch Testverfahren und strukturierte klinische Interviews ergänzend angewandt werden. Eine psychiatrische Untersuchung sollte in einem Raum stattfinden, der möglichst frei von störenden äußeren Einflüssen ist.

Die gutachterliche Untersuchungssituation unterscheidet sich von einer normalen Arzt-Patient-Interaktion. Da üblicherweise im Auftrag einer Behörde oder einer Versicherung eine konkrete juristische Fragestellung zu beantworten ist, geht es nicht um eine therapeutische Intervention. Der Arzt unterliegt gegenüber dem Auftraggeber nicht der Schweigepflicht.

Der Proband muss somit über den Auftraggeber, den Untersuchungsablauf und die Funktion des psychiatrischen Sachverständigen informiert werden (Lesting 1992, S. 11 ff.; vgl. zur Mitwirkungspflicht auch ▶ 1.1.1). Es hat sich bewährt, die Untersuchung zunächst mit einem eher unstrukturierten Interview zu beginnen, um die Atmosphäre etwas zu lockern, da die Probanden meist nur bedingt freiwillig zur Untersuchung erscheinen und mit gutachterlich tätigen Psychiatern in der Regel keine Vorerfahrungen besitzen. Die Probanden zeigen gelegentlich deutliche Vorbehalte und ein gewisses Misstrauen in der Begutachtungssituation.

Angesichts eines wachsenden Ausländeranteils in der Bevölkerung wird auch der psychiatrische Gutachter zunehmend mit fremdsprachigen und kulturell andersartigen Patienten konfrontiert. Da die psychiatrische Untersuchung weitgehend auf dem Gespräch basiert, ergeben sich in diesen Fällen eine ganze Reihe von zusätzlichen Problemen und häufig ist eine Untersuchung nur mit Hilfe eines Dolmetschers möglich. Daraus resultieren jedoch weitere Probleme (Horn 1995, S. 382 ff.).

! Der Untersucher sollte sich prinzipiell bemühen, direkt mit dem Patienten und nicht mit, sondern über den Dolmetscher zu sprechen. Allerdings sollte grundsätzlich Wert darauf gelegt werden, dass bei einem nicht ganz perfekt Deutsch sprechenden Probanden immer ein Dolmetscher hinzugezogen wird. In der Regel muss hierzu zuvor das Einverständnis des Auftraggebers des Gutachtens eingeholt werden.

Aufgrund des häufig deutlich andersartigen kulturellen Hintergrundes haben einige fremdsprachige Probanden Schwierigkeiten mit einer spontaneren Äußerung ihrer Gedanken und Gefühle, und es müssen in der obendrein noch schwierigen Gesprächssituation mit einem Dolmetscher viele Details durch direkte Fragen mühsam eruiert werden, was einen erheblich höheren Zeitaufwand bedeutet. Die insgesamt komplexe und schwierige Problematik der transkulturellen Begutachtung ist in einigen Sammelbänden ausführlicher dargestellt (Collatz et al. 1997, S. 85 ff.; Koch et al. 1995, S. 340 ff.).

Da Eigenangaben und die Anamnese des Probanden wesentlicher Bestandteil eines Gutachtens sind, ergeben sich besondere Probleme bei Simulation, ausgeprägter Aggravation und Dissimulation verschiedener Krankheitssymptome sowie bei Patienten mit Erinnerungslücken (Foerster u. Winckler 2004, S. 27 ff.; ▶ Kap. 1.5). Häufig sind aus diesen, aber auch aus vielen anderen Gründen ergänzende fremdanamnestische Angaben weiterführend.

Neben den persönlich erhobenen Befunden ist bei einer psychiatrischen Begutachtung die umfassende Kenntnis der juristischen Akten, der möglichen früheren Gutachten sowie der medizinischen und psychiatrischen Vorbefunde erforderlich, um ein faires, korrektes und zielgerichtetes Gutachten zu erstatten. Bei sozialrechtlichen Fragestellungen zur Beurteilung der Dienstfähigkeit ist u. U. auch die Kenntnis einer Personalakte hilfreich (Creutz 1993, S. 294 ff.).

Anamneseerhebung

Einer der wichtigsten Säulen eines psychiatrischen Gutachtens ist die ausführliche und differenzierte Anamneseerhebung. Hierbei ist es nicht nur wichtig, Symptome, Daten und Beschwerden zusammenzutragen, sondern es sollte versucht werden, den entsprechenden Bezug zur Lebensgeschichte und zur aktuellen psychosozialen Situation herzustellen (Scharfetter u. Faust 1995, S. 57). Die folgenden Ausführungen beschreiben eine für die forensisch-psychiatrische Untersuchung typische Gliederung.

- **Angaben zur Person:** Alter, Familienstand, Beruf.
- **Frühere Krankheiten:** Schwangerschafts- und Geburtsverlauf, frühkindliche Entwicklung, Kinderkrankheiten, Impfkomplikationen, körperliche Erkrankungen, Krankenhausaufenthalte, Operationen, Unfälle, Allergien, Nahrungsmittelunverträglichkeiten, Arztkontakte, häufiger Arztwechsel, frühere Medikation, bei Frauen auch gynäkologische Anamnese (Menarche, Menopause, Menstruation, eigene Schwangerschaften, Aborte, Totgeburten, Abtreibungen, gynäkologische Eingriffe).
- **Aktuelle Befindlichkeit:** gegenwärtige somatische und psychische Beschwerden, psychische Erkrankungen und Vorbehandlungen, ambulante und stationäre Behandlungen in psychiatrischen, psychosomatischen oder psychotherapeutischen Kliniken oder Einrichtungen und Praxen, Psychotherapien, Suizidgedanken, Suizidversuche.
- **Medikation:** Psychopharmaka, internistische und andere Medikamente, Medikamentenunverträglichkeiten u. a. (ggf. Medikation – und Alkohol und/oder Drogen – zum Tatzeitpunkt).
- **Frühkindliche Entwicklung:** Schwangerschaft, Geburtsverlauf und frühkindliche Entwicklung.
- **Prämorbide Persönlichkeit:** eingetretener »Lebensknick«.
- **Gynäkologische Anamnese:** letzte Periode, Beschwerden, Geburten, Fehlgeburten.
- **Vegetative Anamnese:** Schlaf, Appetit, Gewichtsbewegung, sexuelle Lust, Potenz, Durst, Miktion, Stuhlgang, Allergien, Überempfindlichkeiten, tages- oder jahreszeitliche Schwankungen der Stimmung.
- **Suchtanamnese:** Nikotin, illegale und legale Drogen, Alkohol, besondere Medikamente (z. B. Schlafmittel, Schmerzmittel, Beruhigungsmittel, Schlankheitsmittel, Laxanzien), nicht stoffgebundene Süchte, z. B. Spielsucht.
- **Familienanamnese:**
  - Mutter und Vater (Alter, Beruf, somatische und psychische Krankheiten, Beziehung zur Mutter, bzw. dem Vater, Persönlichkeitsstruktur, psychosoziale Belastungen, Heirat der Eltern, ggf. Trennung oder Scheidung, ggf. Todesjahr bzw. Todesursache, Probleme und Erkrankungen bei den Verwandten mütterlicher- und väterlicherseits, z. B. psychische und körperliche Auffälligkeiten bei den Großeltern, was in hereditärer Hinsicht häufig nicht unergiebig ist);
  - Geschwister (Anzahl von Schwestern und Brüdern, Alter, chronologische Geschwisterreihe, Berufe, psychosoziale Auffälligkeiten, körperliche und psychische Erkrankungen, Intensität der Kontakte und jeweiliges Verhältnis, Partnerschaften und Kinder der Geschwister, Hinweise auf Halb- und/oder Stiefgeschwister);
  - eigene Kinder;
  - familiäre Belastung mit psychischen Störungen.
- **Soziale Anamnese:** Geburt, wo aufgewachsen, Kindheit, besondere Belastungen, kindliche Entwicklung, Erziehungsstil, Kindheitserinnerungen, Primordialsymptome (Nägelkauen, Bettnässen, verlängertes Daumenlutschen, Haareausreißen, Ängste, Angstträume, Stottern), Entwicklung in der Pubertät und Adoleszenz, besondere Konfliktkonstellationen, Wohnorte, Kindergarten, Grundschule, weitere Schulausbildung, Lieblingsfächer, Schulabschluss, Berufswahl, Berufsausbildung, Berufsabschluss, Berufswechsel, Militär, aktuelle berufliche und wirtschaftliche Situation, Wohnverhältnisse, Freizeitaktivitäten, Hobbys, religiöse Einstellungen, Vermögen bzw. Schulden, Fahrerlaubnis, ggf. Aufenthaltsstatus, Partnerschaften, Trennungen, aktuelles Familienleben.
- **Sexualanamnese (wenn indiziert):** Sexualaufklärung (durch Erziehungsberechtigten, Schule oder andere Vertrauensperson), Beginn der Pubertät, Menarche, erster Samenerguss, besondere Ängste, Belastungen oder Verhaltensänderungen während der Pubertät, Masturbationsverhalten, erster Geschlechtsverkehr, sexuelle Erlebnisfähigkeit (früher bzw. aktuell), weitere Sexualkontakte in kürzeren bzw. längeren partnerschaftlichen Beziehungen, häufiger Wechsel des Sexualpartners, Qualität und

Zufriedenheit der jeweiligen sexuellen Beziehungen, Einstellung zur Promiskuität, Einstellung zur Verhütung und zur Interruptio, sexuelle Funktionsstörungen, besondere sexuelle Praktiken, spezielle sexuelle Präferenzen, ungewöhnliche sexuelle Phantasien (z. B. Gewalt- oder Unterwerfungsphantasien, besondere sexuelle Rituale oder Inszenierungen), homoerotische Neigungen, sexuelle Missbrauchserlebnisse in der Kindheit, Inzesterlebnisse, sexueller Missbrauch, Vergewaltigungen.

- **Forensische Vorgeschichte:** Auffälligkeiten mit der Polizei, Probleme beim Militär (z. B. disziplinarrechtliche Probleme), Probleme mit der Fahrerlaubnis (Alkohol am Steuer, Fahrerflucht), Verwarnungen, Sozialstunden, Verurteilungen, offene Bewährungsstrafen, Gefängnisaufenthalte, früherer Maßregelvollzug, Einstellung bezüglich vergangener Straftaten, gegenwärtig anhängige Gerichtsverfahren.
- **Exploration zum Untersuchungsanlass.**

1.4.2 Körperliche Untersuchung

Im Rahmen einer psychiatrischen Begutachtung hat die eingehende körperliche Untersuchung (d. h. die internistische und neurologische Untersuchung) eine besondere Bedeutung und ist in nahezu jeder Begutachtungssituation relativ leicht durchzuführen. Unabhängig davon, ob aufwendige apparative diagnostische Maßnahmen vorgenommen wurden, sollte eine körperliche Untersuchung in der Regel bei keiner Begutachtung fehlen.

! Die Zulässigkeit der körperlichen Untersuchung eines Beschuldigten zur Erlangung verfahrenserheblicher Tatsachen im Rahmen eines strafrechtlichen Ermittlungsverfahrens ist in § 81a StPO geregelt.

Während der Beschuldigte die einfache körperliche Untersuchung, mit der lediglich die Beschaffenheit seines Körpers festgestellt werden soll, gem. § 81a Abs. 1 S. 1 StPO grundsätzlich zu dulden hat, formuliert § 81a Abs. 1 S. 2 StPO für Untersuchungsmethoden, die mit einem – auch nur geringen – Eingriff in die körperliche Unversehrtheit verbunden sind, bestimmte Voraussetzungen: Danach muss der Eingriff von einem Arzt nach den Regeln der ärztlichen Kunst durchgeführt werden, und es darf kein Nachteil für die Gesundheit des Beschuldigten zu befürchten sein. Jegliche körperliche Untersuchung muss darüber hinaus gem. § 81a Abs. 2 StPO grundsätzlich von einem Richter angeordnet werden, bei Gefahr im Verzug kann eine Anordnung auch durch die Staatsanwaltschaft oder ihre Hilfsbeamten (§ 152 GVG) erfolgen. Willigt der Beschuldigte in die Durchführung der Untersuchung ein, so entfällt das Anordnungserfordernis; dies setzt allerdings in der Regel eine Belehrung des Beschuldigten über sein Weigerungsrecht sowie eine Aufklärung über Bedeutung, Gefährlichkeit und Nachwirkungen etwaiger Eingriffe voraus. Schwerwiegende Eingriffe dürfen indes auch bei existierender Einwilligung nur auf richterliche Anordnung vorgenommen werden (Eisenberg 2002, Rn. 1626).

Internistische Untersuchung

Bei der allgemeinen körperlichen Untersuchung sind üblicherweise folgende Punkte zu beachten:

- Allgemeinzustand, Ernährungszustand, Größe und Gewicht;
- Haut, Gesichtsfarbe und Schleimhäute: Narben, Tätowierungen, Piercings, Hämatome;
- Kopf und Hals, Meningismus, Lymphknoten, Schilddrüse;
- Perkussion des Thorax, Auskultation der Lunge, Auskultation des Herzens, Puls;
- periphere Pulse, Blutdruck;
- Abdomen: Spontanlagerung, Form der Bauchdecken, abdomineller Behaarungstyp, Striae, Narben, Rektusdiastase, Druckschmerzhaftigkeit, Abwehrspannung, Resistenzen, Palpation von Leber und Milz, Darmgeräusche, Klopf- oder Druckdolenz des Nierenlagers;
- Wirbelsäule: Klopf- oder Druckdolenz, Lordosen, Kyphosen, Skoliosen, Beckenstand, Muskelverspannungen;
- Extremitäten: Beweglichkeit, Defekte, Muskelkontur, Druckempfindlichkeit der Muskeln oder Muskelursprünge, Veränderungen der Gelenke.

Neurologische Untersuchung

Die neurologische Untersuchung sollte einen umfassenden entsprechenden Status umfassen, wobei – je nach Fragestellung – auch eine Untersuchung nur einzelner Tests in Betracht kommt.

- **Hirnnerven:** N. olfaktorius (N. I). N. opticus (N. II), N. oculomotorius (N. III), N. trochlearis (N. IV), N. trigeminus (N. V), N. abducens (N. VI), N. facialis (N. VII), N. vestibulocochlearis (N. VIII), N. glossopharyngeus (N. IX), N. vagus (N. X), N. accessorius (N. XI), N. hypoglossus (N. XII).
- **Motorik:** Muskeltrophik, Tonus, Armvorhalteversuch, Beinvorhalteversuch, Feinmotorik, Kraftprüfung (◘ Tab. 1.24).
- **Eigenreflexe:** Bizepssehnenreflex (BSR), Radiusperiostreflex (RPR), Trizepssehnenreflex (TSR), Trömner-Reflex, Knipsreflex, Adduktorenreflex, Patellsehnenreflex (PSR), Tibialis-posterior-Reflex, Achillessehnenreflex (ASR), Rossolimo-Reflex.
- **Physiologische-Fremdreflexe:** Glabella-Reflex, Mayer-Grundgelenkreflex, Bauchhautreflex (BHR), Cremasterreflex, Analreflex.
- **Pathologische Fremdreflexe:** Babinski-Reflex, Chaddock-Reflex, Gordon-Reflex, Oppenheim-Reflex.
- **Nervendehnungszeichen:** Lasègue, umgekehrter Lasègue, Kernig, Brudzinski, Lhermitte, Kloni, Patellaklonus, Fußklonus.
- **Koordination:** Finger-Nase-Versuch (FNV), Finger-Finger-Versuch (FFV), Knie-Hacken-Versuch (KHV), Barany-Zeigeversuch, Diadochokinese, Romberg-Versuch, Unterberger-Tretversuch, Gangprüfung, Schriftprobe.
- **Sensibilität:** Berührungsempfindung, Schmerzempfindung, Spitz-Stumpf-Diskrimination, Graphästhesie, Temperaturempfindung, Lagesinn, Vibrationsempfindung.

◘ **Tab. 1.24.** Einteilung der groben Kraft

Kriterium	Kraftgrad
Normale Kraft	5
Bewegung gegen leichten Widerstand	4
Anheben des Gliedmaßenabschnittes gegen die Schwerkraft	3
Bewegung nur unter Aufhebung der Schwerkraft	2
Muskelkontraktion sichtbar, jedoch ohne Bewegung	1
Keine Muskelaktivität	0

1.4.3 Laborchemische Untersuchung

Da psychische Störungen Ausdruck einer zugrundeliegenden organischen Störung sind und psychiatrische Patienten häufig an zusätzlichen somatischen Erkrankungen leiden, ist auch im Rahmen von gutachterlichen Fragestellungen eine Basislabordiagnostik und ggf. auch eine Zusatzlabordiagnostik bei Patienten mit psychischen Störungen häufig sinnvoll (Cordes u. Malevani 2002, S. 766).

Allgemeine Laboruntersuchungen

Blutchemische Untersuchungen sollten – in Abhängigkeit von der gutachterlichen Fragestellung – Teil jedes Gutachtens sein, wenn entsprechende Befunde nicht bereits in den Akten vorliegen. Zur Abbildung der Funktion der einzelnen Organsysteme gehören im Besonderen Blutbild und Differenzialblutbild, Blutkörperchensenkungsgeschwindigkeit (BSG), Glutamat-Oxalacetat-Transaminase (GOT), Glutamat-Pyruvat-Transaminase (GPT), Gammaglutamyltransferasen (GGT), alkalische Phosphatase (AP), Laktatdehydrogenase (LDH), Kreatinkinase (CK), Bilirubin, Kreatinin, Harnstoff, Gesamteiweiß, Glukose, Natrium, Kalium, Kalzium, TSH, Urinstatus.

Alkoholbestimmungen

Atemalkohol

Als einfach durchzuführendes Screeningverfahren hat sich seit Jahrzehnten die Bestimmung der Atemalkoholkonzentration (AAK) bewährt. Der im Blut und somit auch in den Lungenkapillaren vorhandene Alkohol diffundiert in die Alveolarluft und kann durch verschiedene Verfahren ebenfalls in der Ausatemluft nachgewiesen werden (Schütz 1983, S. 6 ff.). Die modernen, bei entsprechender Compliance des Patienten einfach zu handhabenden Geräte zur Atemalkoholbestimmung (z. B.

Alkotest der Firma Dräger) liefern recht genaue Ergebnisse. Bei forensischen Fragestellungen, insbesondere auch bei der Schuldfähigkeitsbeurteilung, ist jedoch die Methode der AAK-Bestimmung nicht sicher genug, sodass in diesen Fällen auf eine Blutalkoholbestimmung nicht verzichtet werden kann.

Blutalkohol

Der Bestimmung der Blutalkoholkonzentration (BAK) kommt somit forensisch eine besondere Bedeutung zu, wobei sie allerdings im Gesamtkontext forensischer Tätigkeiten auch nicht überschätzt werden sollte.

! Eine Blutabnahme zur BAK-Bestimmung stellt einen Eingriff in die körperliche Unversehrtheit dar, dessen Zulässigkeit an den bereits erwähnten Anforderungen des § 81a Abs. 1, S. 2, Abs. 2 StPO zu messen ist.

Danach darf kein Nachteil für die Gesundheit des Beschuldigten zu befürchten sein; die Entnahme muss von einem Arzt durchgeführt werden und – falls der Beschuldigte nicht in ihre Durchführung einwilligt – durch den Richter bzw. bei Gefahr im Verzug durch die Staatsanwaltschaft oder ihre Hilfsbeamten (§ 152 GVG) angeordnet werden (Schmelz 2002, S. 91 ff.).

Ein BAK-Wert ist zwar ein objektiver Parameter, aber keine starre und statische Größe und sollte deshalb stets individuell bewertet werden. Ein BAK-Wert von beispielsweise 2,0 Promille wirkt bei einem alkoholgewöhnten und alkoholabhängigen Menschen ganz anders auf die psychischen Funktionen und damit auch auf die Urteilsfähigkeit als auf einen Menschen, der kaum Alkohol konsumiert.

Alkohol wird über den Magen-Darm-Trakt in die Blutbahn aufgenommen und in den Körperflüssigkeiten nahezu gleichmäßig verteilt, wobei die Resorption durch unterschiedlichste Faktoren, wie z. B. durch den Mageninhalt, durch die Art des Getränks, durch die Beweglichkeit des Magens (Magenperistaltik) sowie durch bestimmte eingenommene Medikamente und zusätzliche Nikotinaufnahme, beeinflusst werden kann. Die Elimination des Alkohols erfolgt zum überwiegenden Teil durch verschiedene in der Leber vorhandene Enzymsysteme (z. B. die Alkoholdehydrogenase, ADH, und das mikrosomale Äthanol oxidierende System, MEOS). Die Abbaurate beträgt durchschnittlich 0,15 Promille/Stunde bei einer Variation von 0,10–0,20 Promille/Stunde.

Die Berechnung und Erstellung einer Blutalkoholkurve und die individuelle Bewertung eines Blutalkoholwertes bezüglich der Auswirkung auf eine Straftat ist eine komplexe Aufgabe und konfrontiert den Gutachter mit einer Vielzahl von Problemen (Haffner u. Blank 2002, S. 69 ff.; Foerster u. Leonhard 2002, S. 55 ff.; Forster u. Joachim 1997, S. 39 ff.; Rissing-van Saan 2002, S. 103 ff.).

CDT-Untersuchung

Die Objektivierung eines chronischen Alkoholkonsums ist gerade im Bereich der forensischen Psychiatrie relevant. Hierzu dient neben der GGT- und MCV-Bestimmung (mittleres korpuskuläres Volumen der Erythrozyten) seit einigen Jahren auch die Bestimmung des carbohydratdefizienten Transferrins (CDT) (Habel u. Schneider 2002, S. 36 f.; Blanke 2000, S. 21 ff.; Wetterling u. Kanitz 1997; S. 337 ff.).

Eine erhöhte GGT kann bei starkem Alkoholkonsum nach mehreren Monaten festgestellt werden, jedoch fallen bei Abstinenz erhöhte Werte schon nach Tagen bis Wochen wieder ab. Auch das MCV steigt erst nach einem längeren erhöhten Alkoholkonsum an, ist aber aufgrund der dreimonatigen Lebensdauer der Erythrozyten auch in abstinenten Phasen bis zu diesem Zeitpunkt noch relativ stabil nachzuweisen. Die GGT hat zwar eine gewisse Sensitivität, aber die Spezifität ist gering. Die Sensitivität und Spezifität des MCV liegt dagegen etwas höher, aber insgesamt sind beide Laborparameter keine sehr zuverlässigen Marker für chronischen Alkoholkonsum.

Das CDT steigt bei einem mindestens 2- bis 3-wöchigen täglichen Konsum von mehr als 60 g Alkohol (z. B. 350 ml Wein oder 1,5 l Bier) auf Werte über 20 µg/ml (Männer) bzw. über 26 µg/ml (Frauen) an, wobei es bezüglich dieser Referenzbereiche allerdings noch keinen abschließenden Konsens gibt. Bei forensischen Fragestellungen wurde für Männer ein Grenzwert von 30 µg/ml vorgeschlagen (Iffland et al. 1994, S. 273 ff.).

Das CDT hat bezüglich eines chronischen Alkoholkonsums gegenüber der GGT- und MCV-Bestimmung zwar eine zuverlässigere Sensitivität (50–90%) und vor allen Dingen eine bessere Spezifität (80–100%), aber auch hier sind falsch positive Befunde möglich, sodass ein erhöhtes CDT forensisch letztendlich kein Beweis für einen erhöhten Alkoholkonsum ist. Es finden sich z. B. erhöhte CDT-Werte bei genetisch determinierter Variante des Transferrins, bei biliärer Zirrhose, bei Autoimmunhepatitis, fortgeschrittener Leberinsuffizienz, bei schweren Lungen-, Pankreas- und Herzerkrankungen oder dem seltenen Krankheitsbild der Glukanose. Bei Schwangerschaft, deutlichem Eisenmangel, niedrigen Ferritinwerten oder malignen Erkrankungen ergeben sich gleichfalls erhöhte CDT-Werte. Es gibt auch einige seltene neuropsychiatrische Syndrome mit rezessiv vererbten Stoffwechselstörungen des Glykoproteinmetabolismus, bei denen erhöhte CDT-Werte gefunden werden (Wetterling u. Kanitz 1997, S. 340).

Ein jahrelanger Alkoholkonsum von unter 60 g pro Tag wird beispielsweise durch eine CDT-Bestimmung nicht entdeckt. Ein erhöhter CDT-Wert normalisiert sich bei Abstinenz innerhalb von 2–3 Wochen wieder, bei Männern jedoch langsamer als bei Frauen (Hornig u. Gottschaldt 1996, S. 179). Ebenso ist die Sensitivität des CDT-Wertes als »Alkoholmarker« bei Frauen geringer, sodass eine CDT-Bestimmung bei Frauen weniger aussagekräftig ist (Wetterling u. Kanitz 1997, S. 343). Auch lässt sich aufgrund eines erhöhten CDT-Wertes nicht zwischen Alkoholmissbrauch und Alkholabhängigkeit unterscheiden.

Drogenscreening

Angesichts des weit verbreiteten Drogenkonsums sind Drogenscreenings auch im Rahmen von forensisch-psychiatrischen Untersuchungen häufig erforderlich. Durch den Drogenkonsum kann es zu einer Reihe von psychischen Störungen kommen, bzw. es können viele psychische Störungen zusammen mit Drogenkonsum als sog. komorbide Störungen auftreten.

Aufgrund der einfachen Gewinnung und der verhältnismäßig langen Nachweisbarkeit (◘ Tab. 1.25) wird im klinischen Alltag eine Drogentestung im Urin durchgeführt. Da diese Urinproben häufig durch unterschiedlichste Verfahren manipuliert werden, ist eine Urinabgabe nur unter direkter Sichtkontrolle aussagekräftig.

Weiterhin ist auf Farbe, Geruch, spezifisches Gewicht, Temperatur und ggf. auf den Kreatininwert der Urinprobe zu achten, wodurch mögliche Manipulationen unter Umständen noch erkannt werden können.

Im Rahmen bestimmter forensischer Fragestellungen (z. B. Straftaten unter Drogeneinfluss, Beschaffungskriminalität, Drogenkonsum im Gefängnis) sind die üblichen immunologischen Schnelltests und Immunoessayverfahren häufig nicht beweiskräftig genug, sodass hier spezifischere, aufwendigere chromatographische Drogenbestimmungsverfahren durchgeführt werden müssen, z. B. Hochdruckflüssigkeitschromatographie (HPLC), Gaschromatographie (GC) oder Dünnschichtchromatographie (DC) (Leibfahrt 2003, S. 24 ff.; Banger 2000, S. 9 ff.). Doch auch mit diesen Verfahren lässt sich nur ein aktueller Drogenkonsum nachweisen, ein »Längsschnittnachweis« von Drogen über einen längeren Zeitraum ist durch Urin- und auch durch Blutuntersuchungen nicht zu führen.

Ein Verfahren zum Langzeitnachweis von Drogen über Wochen oder Monate ist jedoch die Haarfollikelanalyse, da die meisten Drogen über den Blutkreislauf in die Haarfollikel gelangen und dort gespeichert werden. Verschiedene Drogen lassen sich aber auch in einer normalen Haarprobe nachweisen, und teilweise kann durch eine abschnitts-

◘ Tab. 1.25. Zeitraum der Nachweisbarkeit relevanter Substanzgruppen beim Drogenscreening im Urin

Amphetamine	2 Tage
Barbiturate	24 h bis 7–21 Tage (je nach Präparat u. Halbwertszeit)
Benzodiazepine	3 Tage
Cannabis	5 Tage, teilweise bis Wochen (je nach Konsumart)
Kokain	1–3 Tage
Methadon	3 Tage
Opiate (z. B. Codein, Morphin)	2–3 Tage

weise Untersuchung der Haare der Verlauf des Drogenkonsums dargestellt werden.

! Auch für die zwangsweise Entnahme einer Haarprobe gilt im Übrigen das bereits erwähnte Anordnungserfordernis des § 81a Abs. 2 StPO (Wagner u. Möller 1995, B2172).

Liquorpunktion

Insbesondere bei Verdacht auf organische Psychosen und differenzialdiagnostisch unklare Psychosen ist eine Liquoruntersuchung indiziert. Bei klinischem Verdacht auf eine eventuelle intrakranielle Hirndrucksteigerung ist vor einer Liquorpunktion eine Computertomographie des Schädels (CCT) notwendig.

Eventuell kann auch der lumbale Liquordruck bestimmt werden. Diese Bestimmung erfolgt während der Lumbalpunktion mittels eines Steigrohres und wird in Millimeter Wassersäule gemessen, wobei Werte zwischen 50 und 200 mmH_2O als normal gelten.

Die Farbe und Klarheit des Liquors sind zu beachten. Dann werden die Zellzahl sowie die möglichen Liquorleukozyten, die Pandy-Reaktion, der Eiweißgehalt, der Liquor-Serum-Quotient für Albumin als Hinweis auf eine Blut-Hirn-Schranken-Störung, die oligoklonalen Banden, der Immunglobulin-Liquor-Serumquotient als Hinweis auf eine mögliche intrathekale Immunglobulinsynthese sowie der Glukosegehalt und der Laktatwert (beide zusätzlich auch im Serum) bestimmt.

Weiterhin sind auch mikrobiologische und zytologische Untersuchungen wichtig. Daneben können bei speziellen Fragestellungen auch bestimmte ergänzende virologische Untersuchungen und zusätzliche Marker wie z. B. Angiotensin-converting-Enzyme (ACE) oder Tumormarker im Liquor bestimmt werden.

! Bei der Liquorpunktion handelt es sich aufgrund der mit ihr verbundenen psychischen und physischen Belastungen – gelegentlich kommt es zu Störungen des Allgemeinbefindens von kürzerer oder längerer Dauer, Übelkeit oder Kopfschmerzen – um einen schwerwiegenden Eingriff in die in Art. 2 Abs. 2 GG verbürgte körperliche Unversehrtheit. Im Rahmen eines Strafverfahrens ist ein entsprechender Eingriff nach herrschender Auffassung zwar gem. § 81a Abs. 1 S. 2 StPO auch ohne Einwilligung des Beschuldigten zulässig, jedoch allenfalls bei schweren mutmaßlichen Straftaten und dringendem Tatverdacht (BVerfGE 16, 195, 198 ff.). Stehen andere, weniger beeinträchtigende Untersuchungsmethoden zur Klärung der Beweisfrage zur Verfügung, so sind diese vorrangig anzuwenden (OLG Hamm, NJW 1971, S. 1904).

1.4.4 Apparative Untersuchung

Elektroenzephalographie

Die Ableitung eines Elektroenzephalogramms (EEG) ist bei Patienten mit psychischen Störungen bei Epilepsieverdacht notwendig, kann aber auch als unspezifische Screeningmethode für hirnorganische Störungen sinnvoll sein. Ein pathologisches EEG zeigt entweder sog. epilepsietypische Potenziale (z. B. Spikes, Sharp Waves, Spike-Wave-Komplexe), Zeichen einer Allgemeinveränderung (z. B. Grundrhythmusverlangsamung oder Veränderung der Rhythmizität) oder eine lokal begrenzte Verlangsamung, die man dann als Herdbefund bezeichnet.

Kraniale Computertomographie

Die Möglichkeiten der Computertomographie haben die hirnstrukturelle Diagnostik seit den 70er Jahren revolutioniert. Da wenigstens 2–10% der psychiatrischen Patienten hirnstrukturelle Veränderungen aufweisen, ist eine zerebrale Bildgebung häufig notwendig. Demnach ergeben sich Indikationen für ein strukturell bildgebendes Verfahren bei unklaren Verwirrtheitszuständen und Demenzen, bei Erstmanifestation einer psychotischen Episode bzw. einer affektiven Störung oder Persönlichkeitsveränderung unklarer Genese, bei unklaren psychischen Störungen nach dem 50. Lebensjahr, bei chronischer Einnahme von psychotropen Substanzen, bei unklaren Katatonien, bei Anorexia nervosa sowie bei fokalneurologischen Symptomen und Auffälligkeiten im EEG. Aufgrund der jahrzehntelangen Anwendung, der relativ niedrigeren Kosten und der raschen Verfügbarkeit ist die kraniale Computertomographie (CCT) ein sinnvolles Screeninginstrument in der Psychiatrie.

Kraniale Magnetresonanztomographie

In den letzten Jahren hat die Magnetresonanztomographie (MRT) die CCT schrittweise verdrängt und gilt zunehmend als das bildgebende Mittel der Wahl bei psychiatrischen Patienten. Gegenüber einer CCT-Untersuchung bietet die MRT-Darstellung kranialer Strukturen eine deutlich bessere Auflösung (Signal-Rausch-Verhältnis) sowie eine artefaktfreiere Darstellung und hat zudem noch den Vorteil einer fehlenden Strahlenbelastung. Nachteilig sind die etwas höheren Kosten sowie Probleme mit ferromagnetischen Implantaten (z. B. Herzschrittmacher, Aneurysmaclips oder Metallplatten) und mögliche Panikprobleme ausgesprochen ängstlicher Patienten aufgrund der verhältnismäßig engen Abmessungen und des durch das angelegte Magnetfeld hohen Lautstärkepegels der MRT-Geräte.

Aufwendige und kostenintensivere bildgebende Verfahren wie die funktionelle Magnetresonanztomographie (fMRT), die Magnetresonanzspektroskopie (MRS), die Single-Photon-Emissions-Computertomographie (SPECT) und die Positronenemissionstomographie (PET) sind für forensische Fragestellungen in der Regel nicht zielführend und werden zur Zeit noch überwiegend im Rahmen von wissenschaftlichen Fragestellungen angewandt. Allerdings können diese Methoden im Einzelfall auch im gutachterlichen Bereich indiziert sein.

1.5 Testpsychologische Untersuchung

Testpsychologische Untersuchungen nehmen in der forensischen Begutachtung einen weiten Raum ein. Aufgrund ihrer psychometrischen Eigenschaften erlauben sie es, relevante individuelle Messwerte aus dem Leistungs- und Persönlichkeitsbereich objektiv zu erfassen. Definitionsgemäß handelt es sich bei psychologischen Tests um aufwendig konstruierte wissenschaftliche Routineverfahren zur Untersuchung eines oder mehrerer empirisch abgrenzbarer Persönlichkeitsmerkmale mit dem Ziel einer möglichst quantitativen Aussage über den relativen Grad von Merkmalsausprägungen (Lienert 1969).

Ihre Konstruktion orientiert sich an den Gütekriterien **Validität, Reliabilität und Objektivität**. Das bedeutet, dass ein neu entwickelter Test daraufhin evaluiert wird, wie gut er das Merkmal, das er zu messen vorgibt, erfasst (Validität) und wie genau und zuverlässig er es im Folgenden misst (Reliabilität). Die Objektivität wird dadurch garantiert, dass die Testvorgabe und Auswertung standardisiert erfolgen und damit die Unabhängigkeit der Ergebnisse vom Untersucher gesichert wird. Erst bei ausreichender Objektivität, Validität und Reliabiltät eines Tests kann man davon ausgehen, dass die Testwerte das interessierende Merkmal auch quantitativ und qualitativ repräsentieren.

Man unterscheidet im wesentlichen zwischen Leistungstests, psychometrische Persönlichkeitstests und sog. Persönlichkeitsentfaltungsverfahren. Zu den Leistungstests gehören Intelligenztests, allgemeine Leistungstests, spezielle Funktionsprüfungs- und Eignungstests, Entwicklungstests und Schultests, wobei die beiden letzteren im Falle forensischer Gutachtenerstellung keine Rolle spielen. Zu den psychometrischen Persönlichkeitsverfahren zählen Persönlichkeitsstrukturtests, klinische Verfahren, Einstellungs- und Interessentests. Die Persönlichkeitsentfaltungsverfahren beinhalten Formdeuteverfahren, verbal-thematische Verfahren, zeichnerische und Gestaltungsverfahren (Brähler et al. 2002). Die Verwendung dieser letzten Gruppe von Tests im Kontext der Gutachtenerstellung kann jedoch aufgrund der mangelnden Durchführungs-, Auswertungs- und Interpretationsobjektivität und der damit fehlenden psychometrischen Eigenschaften nicht befürwortet werden.

Eine testpsychologische Untersuchung im Rahmen forensisch-psychiatrischer Gutachten erfolgt meist nach Anforderung einer testpsychologischen Zusatzbegutachtung durch den Auftraggeber, was wiederum meist durch den primär beauftragten Psychiater aufgrund klinischer Verdachtsmomente oder auffälliger Defizite des Probanden angeregt wird. Die testpsychologische Untersuchung dient dann je nach Fragestellung der Objektivierung, Quantifizierung oder dem abgesicherten Ausschluss solcher Auffälligkeiten.

Die Durchführung, Auswertung und besonders die Interpretation der Tests und ihrer Ergebnisse sollte von entsprechend ausgebildeten Personen wie insbesondere Diplompsychologen durchgeführt werden, die über die Erfahrung und das notwendige theoretische Hintergrundwissen verfügen. Dies wird nicht immer berücksichtigt und birgt dann die Gefahr falscher Anwendungen und Interpretationen. Relevantes Wissen über die psychologischen Grundlagen sowie fundamentale Kenntnisse in psychologischer Diagnostik, Routine in der Anwendung der fraglichen Tests und erworbenes Wissen über die Tätigkeit des Gutachters sind jedoch notwendig, um Fehler in der Aussage zu minimieren (Westhoff u. Kluck 1998).

1.5.1 Einsatzbereiche und Fragestellungen

Das forensische Anwendungsgebiet für psychologische Tests ist sehr umfangreich und vielfältig. Es beinhaltet den Bereich der Strafgesetzgebung (Schuldfähigkeit, Maßregeln, Prognosebeurteilung, Verhandlungs- und Vernehmungsfähigkeit, Eidesfähigkeit, Haftfähigkeit, Glaubwürdigkeit u. a.), der Jugendgerichtsbarkeit (Reifebeurteilung, Schuldfähigkeit, Prognosebeurteilung, Empfehlung von Maßnahmen u. a.) und des bürgerlichen Rechts (Geschäfts- und Testierfähigkeit, Prozessfähigkeit, Fahrtauglichkeit, Sorgerecht, Versorgungs- und Entschädigungsrecht u. a.).

Aus den Fragen, die im Gutachtenauftrag in der Regel im Hinblick auf die rechtliche Fragestellung formuliert sind, hat der beauftragte Psychologe im ersten Schritt testbare Hypothesen abzuleiten. Zur Hypothesenprüfung wählt er dann die geeigneten Testverfahren aus, mit deren Hilfe es ihm möglich wird, die Fragestellung zu beantworten. Die Auswahl ist auch an den Gegebenheiten und den Möglichkeiten des Probanden orientiert. So können Papier- und Bleistiftverfahren und motorische Prüfungen bei manchen körperbehinderten Probanden nicht durchgeführt werden, computerisierte Verfahren meist dann nicht, wenn es sich um ältere Probanden ohne Computererfahrung handelt oder wenn man die Probanden in Justizvollzugsanstalten untersucht.

Sinnvollerweise sollten die ausgewählten und verwendeten Verfahren immer mit einer kurzen Testbeschreibung im Gutachten genannt werden, um die Ergebnisse und Interpretationen für andere Gutachter oder Experten sowie alle weiteren Beteiligten transparent und nachvollziehbar zu machen.

Beispiele

Fall 1.3. Herr Karl W., ein 36-jähriger Mann, wurde wegen Körperverletzung seiner Exfreundin. angeklagt. Er habe sie in ihrer Wohnung aufgesucht und ihr mit schweren Schuhen zwischen die Beine getreten. Herr W. hat das Fachabitur und eine Lehre zum Flugzeugmechaniker, er hat allerdings nie in diesem Beruf gearbeitet, ein sehr unstetes Leben mit vielen Orts- und Berufswechseln geführt und viele Beziehungen gehabt. Mit 16 Jahren war er bereits zu einem dreiwöchigen Arrest verurteilt worden. Ferner wurde bei ihm eine schwere Schilddrüsenerkrankung festgestellt. Aus einem vorausgehenden psychiatrischen Gutachten lagen bereits testpsychologische Befunde vor. Es ist ein Intelligenzquotient von 112–115 geschätzt worden. Zur Beantwortung der Frage der Schuldfähigkeit (§ 20 bzw. 21 StGB) sollte nun eine weitere testpsychologische Untersuchung erfolgen. Sie beinhaltete eine wiederholte Intelligenztestung (fraglicher Abbau im Vergleich zum Vorgutachten) und eine Untersuchung der allgemeinen Leistungsfähigkeit sowie die Abklärung einer zerebralen Insuffizienz aufgrund eines medizinischen Faktors. Zudem sollte auch die Persönlichkeit untersucht werden, da der Verdacht einer Persönlichkeitsstörung oder -veränderung nahe lag.

Fall 1.4. Herr Ahmed F., ein in Deutschland aufgewachsener, aus der Türkei stammender 21-jähriger Mann, wurde der gefährlichen Körperverletzung beschuldigt. Man warf ihm vor, einen Mann auf die Gleise der S-Bahn gestoßen zu haben, sodass dieser gefährlich verletzt wurde. Bei Herrn F. lag eine sekundäre Intelligenzminderung als Zustand nach Operation eines Astrozytoms mit hypothalamischer und einseitig thalamischer Läsion vor. Er hatte die Sonderschule besucht. Im Rahmen der Schuldfähigkeitsbeurteilung und zur Frage seiner Gefährlichkeit war seine intellektuelle Leistungsfähigkeit zu beurteilen. Die Frage lautete also, ob er infolge Intelligenzmangels bei Begehung der Tat unfähig (§ 20 StGB) oder erheblich eingeschränkt war (§ 21 StGB), das Unrecht der Tat einzusehen bzw. nach Einsicht zu handeln (Fortsetzung S. 72).

Fall 1.5. Bei Herrn Ali K., einem 46-jährigen türkischen Arbeiter, der seit 19 Jahren in Deutschland lebt und die deutsche Staatsbürgerschaft hat, soll festgestellt werden, ob seine beklagten zahlreichen psychosomatischen Beschwerden und depressiven Symptome sowie die dadurch bedingte Arbeitsunfähigkeit durch eine fehlerhaft durchgeführte Operation am Ellenbogen verursacht worden sind.
Eine ausführliche Leistungsdiagnostik ist indiziert. Obwohl seine sprachlichen Verständigungsmöglichkeiten gut waren, wurden neben einer sprachgebundenen auch eine sog. sprachfreie Intelligenztestung durchgeführt. Auch die Frage nach einem möglichen hirnorganischen Leistungsabbau oder einem infolge depressiver Erkrankung möglichen pseudodemenziellen Syndrom musste verfolgt werden (Fortsetzung S. 72 f.).

Die erhaltenen Testergebnisse werden durch den klinischen Eindruck, die Verhaltensbeobachtung während der psychologischen Untersuchung sowie durch Ergebnisse einer möglichen Exploration ergänzt und in ein schlüssiges Gesamtbild integriert. Der psychologische Gutachter wird sich selten auf die bloße Berichterstattung testpsychologischer Ergebnisse beschränken. Gerade bei der Durchführung von Leistungstests ist die Verhaltensbeobachtung wesentlich, um beispielsweise Widersprüche und Kontraste innerhalb der Gesamtleistung aufzuklären, Aussagen über die Leistungseinstellung wie z. B. über Leistungsmotivation und Anstrengung zu gewinnen, Simulations- und Verfälschungstendenzen aufzudecken und nicht zuletzt, um Beziehungen zu Alltagsleistungen (Schule, Beruf, Ausbildung) herstellen zu können. Dies verdeutlicht wiederum, warum die testpsychologische Untersuchung im Falle der forensischen Begutachtung ausschließlich von fachlich qualifizierten Diplompsychologen mit entsprechender diagnostischer und klinischer Erfahrung durchgeführt werden sollte.

1.5.2 Leistungstests

Aus den oben genannten Untergruppen bilden vor allem die Intelligenztests, die allgemeinen Leistungstests und die speziellen Funktionsprüfungs- und Eignungstests für die Begutachtung relevante Testkategorien.

Die leistungsdiagnostischen Tests zielen zum großen Teil auf eine globale Abschätzung der intellektuellen Leistungsfähigkeit im Sinne allgemeiner Intelligenz ab. Teilweise wurden sie entwickelt, um relativ spezielle intellektuelle Teilfunktionen wie Aufmerksamkeit, Konzentration und Gedächtnis, Eignungen für bestimmte Tätigkeiten oder klinisch bedeutsame Leistungsdefizite zu messen. Im Sinne neuropsychologischer Diagnostik hat man Verfahren entwickelt, die das Profil sehr spezifischer intellektueller Teilfunktionen so erfassen, dass Aussagen über den Funktionszustand lokalisierter Hirnareale möglich sind. Die in tabellarischer Form gegebenen Darstellungen können nur einen Teil der verfügbaren Tests wiedergeben. Eine ausführliche Darstellung verfügbarer Testverfahren findet sich bei Brähler et al. (2002).

Intelligenzmessung

Die Abschätzung der intellektuellen Leistungsfähigkeit stellt einen wesentlichen Teil der testpsychologischen Begutachtung dar. Sie ist bei den meisten Fragestellungen relevant, so bei der Beurteilung der Schuldfähigkeit aufgrund von Intelligenzdefiziten (in der juristischen Terminologie hat der inzwischen obsolete Begriff des Schwachsinns überdauert), der Arbeitsfähigkeit, der Reifebeurteilung, der Testier- und Geschäftsfähigkeit oder der Betreuungsbedürftigkeit im höheren Lebensalter.

Da es keine einheitliche Definition des Konstruktes »Intelligenz« gibt, wurden in Abhängigkeit vom theoretischen Intelligenzkonzept und den historischen Entwicklungen z. T. sehr unterschiedliche Intelligenztests konzipiert (◘ Tab. 1.26). Der SPM (Standard Progressive Matrices) beruht beispielsweise auf dem 2-Faktoren-Modell der Intelligenz von Spearman (1904), das davon ausgeht, dass sich Intelligenz aus 2 Faktoren zusammensetzt: einem allgemeinen g-Faktor (general intelligence), der in allen Intelligenzleistungen zum Ausdruck kommt und mehreren s-Faktoren (specific intelligence), die die Besonderheit spezieller Leistungen repräsentieren. Nach Wechsler (1956) lässt sich die allgemeine Intelligenz in eine verbale und eine Handlungskomponente unterteilen, die sich wiederum jeweils aus ganz spezifischen Teilleistungen zusammensetzen. Dementsprechend hat Wechsler einen Intelligenztest (deutsche revidierte Fassung:

Tab. 1.26. Auswahl gebräuchlicher Verfahren zur Intelligenzmessung

HAWIE-R: Hamburg-Wechsler-Intelligenztest für Erwachsene (Revision; Tewes 1994)	Gestattet die Bestimmung eines Verbal-IQ mit 6 Untertests und eines Handlungs-IQ mit 5 Untertests sowie eines aus beiden Teilen gemeinsam berechneten Gesamt-IQs.
IST-2000 R: Intelligenzstrukturtest (Amthauer 2000)	Beruht auf einem hierarchischen Intelligenzstrukturmodell. Es werden mit den 11 Untertests die Allgemeinintelligenz als Gesamtwert und multiple Faktoren der Intelligenz erfasst: verbale, figural-räumliche, rechnerische Fähigkeiten, Merkfähigkeit, fluide und kristalline Intelligenz. Allerdings liegen nur Normen für 15- bis 25-Jährige vor.
LPS: Leistungsprüfsystem (Horn 1983)	Untertests (1–14) messen Allgemeinbildung (1, 2, 5, 6, 12), Denkfähigkeit (3, 4), Wortflüssigkeit (5, 6), technische Begabung (10, 11), Ratefähigfähigkeit (8, 9, 10) und Wahrnehmungstempo (13, 14).
SPM: Standard Progressive Matrices (Raven 1979)	Sprachfreie Methode zur Messung der allgemeinen Intelligenz. Geprüft wird die Fähigkeit, Regeln, nach denen Matrizen aufgebaut sind, auf die Vervollständigung der Matrizen anzuwenden.
CFT-20: Grundintelligenztest-Skala 2 (Weiss 1998)	Sprachfreies Verfahren zur Messung der allgemeinen intellektuellen Leistungsfähigkeit. Der Test ist zur Anwendung bei Schülern im Alter von 9–15 Jahren und bei Erwachsenen mit einfacher Schulvorbildung geeignet.
MWT: Mehrfachwahl-Wortschatztest (Lehrl et al. 1991a)	Sehr ökonomischer, in den Parallelformen A und B vorliegender Test zur Erfassung kristalliner, auf Lernen und Erfahrung beruhender Intelligenzkomponenten, der entwickelt wurde, um bei Personen mit Intelligenzstörung die prämorbide Intelligenz grob zu schätzen.

HAWIE-R) entwickelt, der aus einem Verbal- und einem Handlungsteil mit jeweils verschiedenen Untertests besteht und es ermöglicht, einen Gesamt-Intelligenzquotienten (IQ), aber auch einen separaten Verbal- und einen Handlungs-IQ zu bestimmen. Der IQ wird dabei als Abweichungsquotient berechnet, d. h. als (positive oder negative) Abweichung der individuellen Leistung des Probanden vom Durchschnitt seiner Altersgruppe.

Trotz der zahlreichen Weiterentwicklungen erster Tests bleibt ein Problem der Intelligenztestverfahren ihr meist kulturspezifischer Inhalt, der beispielsweise auch lange im Land lebenden Ausländern ohne Sprachschwierigkeiten u. U. Probleme bereitet. Dem kann man durch die Anwendung sprachfreier Verfahren zur Intelligenzmessung begegnen. Diese haben aber wiederum den Nachteil, nur einzelne Bereiche des Gesamtkonstruktes Intelligenz erfassen zu können.

Bei der Wahl geeigneter Verfahren zur Beantwortung der im Gutachtenauftrag formulierten Frage wird sich der Gutachter in erster Linie am Probanden, aber auch an ökonomischen Gesichtspunkten orientieren. So ist bei einer erwartungsgemäß geringen Intelligenz (► Fall 1.4) der HAWIE-R angebracht. Er differenziert besonders gut im unteren Intelligenzbereich, prüft ein breites Spektrum intellektueller Teilleistungen und erlaubt eine gute Verhaltensbeobachtung, da die Testung einen hohen Grad an Interaktion zwischen Versuchsleiter und Proband erfordert. Der Intelligenzstrukturtest (IST) mit einem hohen Anteil schwieriger Aufgaben und die Standard Progressive Matrices (SPM) mit einem zwar sprachfreien, aber immer gleichen Aufgabentyp sind dagegen weniger geeignet. Anders ist es im Fall 1.5, wo ein solcher sprachfreier Intelligenztest zusätzlich durchgeführt werden muss, um den Probanden aufgrund sprachlicher Schwierigkeiten mit einem nur verbal orientierten Verfahren nicht zu benachteiligen. Es ist jedoch weder nötig noch ökonomisch, mehr als ein oder höchstens zwei Verfahren zur Intelligenzabschätzung einzusetzen, besonders da die meisten Verfahren sehr zeitaufwendig sind (z. B. HAWIE-R durchschnittlich 90 min) und der zusätzliche Erkenntnisgewinn mit jedem weiteren Verfahren nur noch gering ist.

Beispiele

Fall 1.6. Ein IQ von 109 weist bei Frau Renate U. auf eine durchschnittliche allgemeine Intelligenz. Prozentual ausgedrückt bedeutet dies, dass sie bei einem Prozentrang von 72,6% etwa 72,5% der Gleichaltrigen in ihrer Leistung übertrifft. Damit liegt der IQ innerhalb des Durchschnittsbereichs. Da eine Messungenauigkeit des Verfahrens berücksichtigt werden muss, lässt sich der wahre IQ von Frau U. mit einer Wahrscheinlichkeit von 95% in einem Bereich von 103–115 schätzen. Im Wesentlichen zeigen die Untertestergebnisse keine größeren Variationen; die Leistung ist im Gesamtbild recht ausgeglichen. Entsprechend besteht zwischen den eher sprachlich-theoretisch orientierten Anforderungen und den mehr handlungsgebundenen, praktischen Testteilen kein signifikanter Unterschied.
Anhand der Ergebnisse der Leistungsuntersuchung lässt sich die intellektuelle Leistungsfähigkeit von Frau U. im oberen Durchschnittsbereich einordnen. Unter den intellektuellen Teilaspekten sind verbale und nonverbale, eher praktische Fertigkeiten ähnlich gut ausgebildet. Frau U. zeigt vielseitiges Interesse und Aufgeschlossenheit der Umwelt gegenüber, was sich in einem breiten Wissen und guten Sprach- und Begriffskenntnissen ausdrückt. Die Beobachtungsfähigkeit im Erkennen von Gegenständen und wichtigen Einzelheiten ist dagegen nur unzureichend. Die Ergebnisse eines Intelligenzquotienten von 109 stehen im Wesentlichen in Einklang mit den Angaben, die diesbezüglich in einem vorausgehenden psychiatrischen Gutachten von Frau Dr. S. gemacht wurden. Die Schätzung des Intelligenzwertes von 112–115 entspricht weitgehend der aktuellen Messung. Die geringen Abweichungen können auf verschiedene Anforderungen unterschiedlicher Verfahren, die angewendet wurden, zurückgeführt werden. Im Vorgutachten werden leider keine Angaben zu den Testverfahren gemacht, sodass hier unmittelbare Vergleiche entfallen.

Fall 1.4 (Fortsetzung). Herr Ahmed F. erreicht im HAWIE-R (◘ Tab. 1.26) eine Gesamtleistung von 38 IQ-Punkten, im Verbalteil 42, im Handlungsteil 37 IQ-Punkte. Damit wurde eine extrem niedrige intellektuelle Leistungsfähigkeit festgestellt, die dem sog. Schwachsinn entspricht. Sein Verhalten bot zugleich Auffälligkeiten, indem er in einem unbeaufsichtigten Moment eine im Regal des Untersuchungszimmers liegende Banane öffnete, in den Papierkorb warf und sich eine Computerdiskette einsteckte. Letztlich stellte ein Versuch, mit ihm Fragen von Unrecht, Schuld und Strafe zu besprechen, sicher, dass ihm die Einsicht in die Strafbarkeit der ihm vorgeworfenen Tat fehlte.

Fall 1.5 (Fortsetzung). Die allgemeine Intelligenz von Herrn Ali K. liegt mit einem Gesamt-IQ von 67 im HAWIE-R sehr stark unterhalb des Durchschnittsbereichs seiner Altersgruppe. Dieser Wert entspricht einem Prozentrang von 1, d. h. nur rund 0,9% der Gleichaltrigen würden in diesem Test eine schlechtere Intelligenzleistung erbringen. Sein wahrer IQ liegt, die Messungenauigkeit des Tests mit eingerechnet, mit einer Wahrscheinlichkeit von 95% zwischen 64 und 70. Die allgemeine intellektuelle Leistungsfähigkeit von Herrn K. lässt sich den Testergebnissen zufolge dem in § 20 StGB so benannten Schwachsinn zuordnen. Dabei zeigt Herr K. bei praktischen, nicht verbalen Aufgabenstellungen bessere Leistungen (Handlungs-IQ=78) als bei verbalen Anforderungen (Verbal-IQ=66).
Bei der Testdurchführung muss jedoch die mangelnde Leistungsmotivation und Anstrengungsbereitschaft des Probanden berücksichtigt werden. Man darf daher annehmen, dass seine wahre intellektuelle Gesamtbefähigung höher anzusetzen ist. In einem sprachfreien Intelligenztest (CFT 20), der weitgehend frei von soziokulturellen und erziehungsspezifischen Einflüssen ist, erzielt er einen IQ von 85, der ebenfalls unter dem Durchschnittsbereich der Normstichprobe liegt.
Herr K. hält die Testaufgaben und -fragen für zu einfach, nimmt sie nicht ernst und zeigt eine abwehrende, überhebliche Haltung. Daher muss er teilweise wiederholt darauf hingewiesen werden, sich an die Testinstruktionen zu halten. Die Anforderungen werden von ihm unterschätzt: So hört er bei der Instruktion nicht genau zu, da er glaubt, alles bereits verstanden zu haben und lösen zu können und stellt dann anhand der Beispielaufgaben den tatsächlichen Schwierigkeitsgrad der Aufgaben fest, sodass oft eine weitere Instruktion nötig ist. Mangelndes Sprachverständnis ist hierfür jedoch nicht verantwortlich zu machen. Wenn er Aufgaben nicht lösen kann, so gibt er schnell

auf, seine Ausdauer ist gering. Entsprechend zeigt er auch keine durchgängig hohe Einsatzbereitschaft und ausreichende Leistungsmotivation.
Herr K. verfügt den Ergebnissen der Leistungsuntersuchung zufolge über eine niedrige Intelligenz. Der Umgang mit verbalem Material fällt ihm besonders schwer, wobei sprachliche Schwierigkeiten dadurch erklärbar sind, dass es sich hierbei nicht um seine Muttersprache handelt. Jedoch auch Anforderungen, bei denen das Sprachverständnis sichergestellt war, die jedoch Bildung, kulturelle Erfahrung, sowie Aufgeschlossenheit gegenüber der Umwelt erforderten, war Herr K. nur unterdurchschnittlich gut gewachsen. Allerdings offenbarten die Ergebnisse der sprachfreien Intelligenzmessung (CFT) und des Handlungsteils des HAWIE-R, in dem Leistungen in Bezug auf nichtsprachliches, mehr praktisches Material gefordert sind, ebenfalls geringe intellektuelle Leistungsfähigkeit. Diese Ergebnisse überraschen, da Herr K. angibt, in der Türkei Abitur gemacht zu haben und sowohl Journalistik als auch Pädagogik studiert zu haben. Den Anforderungen eines Studiums wäre Herr K. unter Zugrundelegung einer solchen hier festgestellten intellektuellen Leistungsfähigkeit sicher nicht gewachsen gewesen. Auffällig ist dabei die Selbstüberschätzung von Herrn K. Er fühlt sich wie ein Schüler behandelt und deutet durch seine Haltung an, in der Testsituation unterfordert zu sein, wird dann aber den an ihn gestellten Anforderungen kaum gerecht. Bei schwierigen Aufgaben resigniert er schnell. Den Widerspruch zwischen Anspruchsniveau und Leistung nimmt er augenscheinlich nicht wahr, oder er ist ihm gleichgültig. Er thematisiert ihn jedenfalls nicht spontan. Zudem muss die wenig ernsthafte, teilweise nachlässige und gleichgültige Arbeitseinstellung mit einer nicht ausreichend hohen Leistungsmotivation betont werden, die ebenfalls zu einer geringeren Leistung führt, als es den tatsächlichen Fähigkeiten Herrn K.s entspricht.

Spezielle Leistungstests

Die Erfassung der allgemeinen intellektuellen Leistungsfähigkeit ist nicht ausreichend und adäquat, wenn Defizite in spezifischen intellektuellen Teilfunktionen festzustellen sind, so z. B. Störungen der Aufmerksamkeit, der Konzentration oder des Gedächtnisses. Zur Klärung entsprechender Fragen können Untertests von Testbatterien herangezogen werden. Für sehr spezifische Teilbereiche und zur differenzierteren Erfassung einzelner Teilfunktionen wurden jedoch eigene Verfahren entwickelt, die die allgemeinen Voraussetzungen der Leistungsfähigkeit erfassen (◘ Tab. 1.27).

Ein häufig auftauchendes Problem im Rahmen der verschiedenen gutachterlichen Fragestellungen ist das Ausmaß einer erworbenen Intelligenzstörung als Folge psychopathologischer Veränderungen oder einer Hirnschädigung. Psychopathologisch vermittelte Störungen intellektueller Teilfunktionen können im Rahmen einer Depression oder im Zustand einer schizophrenen Zerfahrenheit auftreten, ferner eine Folge mehr oder weniger lokalisierbarer oder auch diffuser Hirnschädigungen sein, z. B. infolge von demenziellen Entwicklungen. Häufig erreichen sie ein forensisch bedeutsames Ausmaß. In aller Regel sind sie mit einer krankhaft veränderten Persönlichkeit assoziiert.

Beispiele

Fall 1.7. Der 74-jährige Rentner Herr Fritz N. erschoss seinen Nachbarn Herrn B., der ebenfalls Rentner war. Beide Nachbarn hatten einander nicht gegrüßt, seit Herr N. 2 Jahre vor der Tat die Enkel von Herrn B., die sich aus seinem Garten ihren Ball zurückgeholt hatten, beschimpft und mit einem Gewehr bedroht hatte. Herr N. wartete seit dieser Zeit insgeheim darauf, dass sich Herr B. bei ihm wegen seiner Enkel entschuldigte. Er räumte ihm gedanklich zum Jahreswechsel eine letzte Frist zur Entschuldigung ein. Als diese am 6. Januar nicht erfolgt war, trank Herr N. Bier und Schnaps, sodass er zu Tatzeit eine BAK von 1,1 Promille hatte und sich angetrunken, aber nicht betrunken fühlte. Zeugen bestätigten diese Einschätzung. Den Vernehmungsbeamten imponierte Herr N. am Tag nach der Tat als kritikschwach. Er drückte sein Bedauern für den Fall aus, dass Herr B. überleben sollte und äußerte, er verstehe nicht, warum die Kripo das Geschehen so hochspiele.
Eingedenk des Umstandes, dass Herr N. 74 Jahre lang in Selbständigkeit ein legal bewährtes Leben geführt hatte, mit Rücksicht auf das Motiv der Tat und im Hinblick auf sein Nachtatverhalten stellte sich im Zusammenhang mit der Frage nach der Schuldfähigkeit die Frage nach einer erworbenen Intelligenzstörung. Hinweise auf eine Intelligenzstörung fanden sich im HAWIE-R und in der Intelligenzskala B aus dem 16 PF. Im

Tab. 1.27. Einzelne spezielle Leistungstests, die in der Gutachtenpraxis Verbreitung gefunden haben

d2: d2-Aufmerksamkeits-Belastungs-Test (Brickenkamp 2002)	Erfasst die kognitive Verarbeitungsgeschwindigkeit bei selektiver Aufmerksamkeit. In 14 Zeilen mit den Buchstaben d und p mit 2–4 Strichen sollen unter Zeitdruck diejenigen d durchgestrichen werden, an denen 2 Striche sind. Es wird die schnelle und genaue Beobachtung von Einzelheiten gemessen.
KAI: Kurztest für allgemeine Basisgrößen der Informationsverarbeitung (Lehrl et al. 1991b)	Informationsverarbeitungsgeschwindigkeit und Gegenwartsdauer werden mittels Lesegeschwindigkeit von Buchstabenreihen und Nachsprechen von Zahlen und Buchstaben geprüft und in IQ-Punkte umgewandelt.
TAP: Testbatterie zur Aufmerksamkeitsprüfung (Zimmermann u. Fimm 1993)	12 einfache Paradigmen, in denen mittels Tastendruck selektiv auf sprachfreie Reize zu reagieren ist, erlauben die Erfassung zahlreicher spezifischer Teilfunktionen der Aufmerksamkeit (Arbeitsgedächtnis, Reaktionswechsel, »alertness«, Vigilanz u. a.).
WMS-R: Wechsler-Gedächtnistest (Revision; Härting et al. 2000)	Testbatterie für Gedächtnisanteile: Merkumfang für Zahlenreihen, Reproduktion von Kurzgeschichten, Behalten und Lernen von Paarassoziationen, Orientierung und mentale Kontrolle.
TMT: Trail-Making-Test (Reitan 1992)	Die visuomotorische Geschwindigkeit und die Aufmerksamkeit werden gemessen. Auf einem Papier sind unsystematisch angeordnete Zahlen in aufsteigender Reihenfolge zu verbinden.
BT: Benton-Test (Benton 1996)	Prüft kurz- bis mittelfristiges Gedächtnis für komplexe figurale Informationen. 3 Parallelformen. Es werden je 10 Vorlagen in 10 s dargeboten. Nach jeder Darbietung sollen sie reproduziert bzw. wieder erkannt werden. Abweichungen von intelligenz- und altersentsprechenden Leistungen geben Hinweise auf erworbene Störungen der kognitiven Leistung.
SKT: Syndromkurztest (Erzigkeit 2001)	Durch 9 Aufgaben, die Aufmerksamkeit und Gedächtnis beanspruchen, werden Leistungsbeeinträchtigungen im Rahmen organischer Psychosyndrome gemessen. 5 Parallelformen.
WCST: Wisconsin Card Sorting Test (Grant et al. 1993)	Dient der Erfassung der komplexen Verhaltensbereiche des Planens und des Handelns, speziell der Umstellungsfähigkeit zwischen verschiedenen Konzepten. Der Test beinhaltet Kategorisierungsaufgaben, die die genaue Exploration des Stimulusmateriales, die Extraktion der relevanten Merkmale, die Entwicklung eines Konzeptes, das Lernen aus Rückmeldungen und die Entwicklung von Alternativkonzepten voraussetzt.

HAWIE-R erreichte Herr N. mit insgesamt 112 IQ-Punkten ein gut durchschnittliches Resultat. Aus dem Profil der Untertest-Ergebnisse errechnete sich aber ein über die Alterserwartung hinaus reichender Abbau von 50% (Sturm et al. 1993) und in der Intelligenzskala B des 16-Pesönlichkeitsfaktoren-Test (16 PF) erwies sich das Denken von Herrn N. in Richtung seiner konkreten Denkfähigkeit als beeinträchtigt. Hier erreichte er nur 66 IQ-Punkte. Im weiteren Persönlichkeitsbereich waren damit assoziierte Veränderungen der Primärpersönlichkeit, die keine psychischen Auffälligkeiten erkennen ließ, feststellbar. Herr N. beschrieb sich in MMPI und 16 PF als empfindlich, durch Kritik leicht zu verletzen, als rigide in seinen konservativen Werthaltungen, argwöhnisch, übernachhaltig, kritisch-aggressiv, dabei stimmungsmäßig heiter und gut gelaunt.

Vom psychiatrischen Sachverständigen wurde passend zu den Testbefunden und zu somatischen Korrelaten ein hirnorganisches Psychosyndrom auf dem Boden einer Multiinfarktdemenz diagnostiziert. Er beschrieb eine euphorische Verstimmung als Kennzeichen einer Wesensänderung und eine weitgehend aufgehobene Kritikfähigkeit. Zusammenfassend wurde psychiatrisch wie psychologisch eingeschätzt, die Schuldfähigkeit von Herrn N. sei infolge einer krankhaften seelischen Störung zum Tatzeitpunkt erheblich beeinträchtigt gewesen.

Fall 1.8. Herr Otto L., 27 Jahre, ist in einem hilflosen Zustand aufgegriffen und in einem psychiatrischen Fachkrankenhaus auf die Intensivstation gebracht worden. Im Aufnahmegespräch vermittelte er wahnhafte Vorstellungen und das Gefühl des Bedrohtseins und berichtete über dunkle Mächte, die ihn bedrohten und ihn zur Selbsttötung ermunterten. Herr L. hat sich freiwillig zur geschlossenen Unterbringung bereit erklärt. Etwa eine Stunde nach der Aufnahme öffnete Herr L. ein unverschlossenes Fenster und stürzte sich aus 14 Metern Höhe auf den Boden. Im Gutachten soll dazu Stellung genommen werden, inwieweit dieses Ereignis selbstschädigenden Verhaltens vom medizinischen Personal hätte vorhergesehen werden können (Frage nach einem Kunstfehler) und ob die durch den Sprung des Probanden verursachten Verletzungen auskuriert sind. Ferner sollte untersucht werden, ob der Proband auch heute noch auf die durch den Sturz zurückzuführenden Verletzungen in seiner Lebensführung beeinträchtigt ist.

Die testpsychologische Untersuchung zeigte eine sehr geringe intellektuelle Leistungsfähigkeit (HAWIE-R). Die erreichte Gesamtleistung mit einem Intelligenzquotienten von 52, der einem Prozentrang von unter 0,1 entspricht, liegt damit sehr stark unter dem Durchschnitt. Auffällig sind hierbei deutliche Gedächtnisprobleme, besonders Beeinträchtigungen der kurzfristigen Behaltensleistung von visuellen und akustischen Reizen. In Einklang damit steht auch, dass sich Herr L. – zu Beginn danach gefragt – nicht daran erinnern kann, bereits jemals testpsychologisch untersucht worden zu sein, obwohl Testergebnisse aus Voruntersuchungen vorliegen.

Die weitere Untersuchung mit speziellen Leistungstests (KAI) demonstrierte eine deutlich reduzierte aktuelle geistige Funktionstüchtigkeit (IQ 79), sodass auch fluide Intelligenzkomponenten, die nicht auf Lernen und Erfahrung beruhen, deutliche Einbußen aufwiesen. Funktionen der Informationsverarbeitung und des Gedächtnisses erwiesen sich somit als beeinträchtigt. Darüber hinaus war eine optimale Ausschöpfung der intellektuellen Anlagen beeinträchtigt durch eine starke Irritierbarkeit bei zeitlicher Belastung (d2). Bei Detaildiskriminationsaufgaben, die Konzentration bei einfachen Aufgaben erfassen, war die willensmäßige Anstrengung von Herrn L. zwar ausreichend, die Leistungsmenge und das Arbeitstempo waren jedoch sehr stark herabgesetzt. Die Aufmerksamkeits- und Konzentrationsfähigkeit bei der Bewältigung einfacher Routineaufgaben waren damit nicht altersadäquat. Daher kann auch nicht von einer dauerhaft vorhandenen, ausreichenden psychophysischen Belastbarkeit ausgegangen werden. Für eine geringe Anstrengungsbereitschaft oder einen mangelnden Leistungseinsatz während der Testsituation gab es allerdings keine Anhaltspunkte. Herr L. hätte im Falle einer Manipulation der Ergebnisse nicht nur langsam gearbeitet, sondern auch mehr Fehler gemacht. Er arbeitete jedoch sorgfältig und gab sich Mühe, Fehler zu vermeiden.

Anzeichen einer hirnpathologisch begründeten kognitiven Leistungsminderung wurden in 2 der 3 speziell hierzu eingesetzten Verfahren sichtbar. Zum einen ergaben sich Auffälligkeiten bezüglich der Geschwindigkeit der Reizaufnahme und der Reizverarbeitung bei störenden Umweltbedingungen sowie eine deutlich erhöhte Interferenzneigung im Kurztest für zerebrale Insuffizienz (cI-Test). Zum anderen waren messbare Beeinträchtigungen im Bereich der Symbolerfassung, Überblicksgewinnung und der schnellen geistigen Umstellfähigkeit festzustellen (TMT-Test). Bezüglich der visuell-räumlichen Wahrnehmung und des visuell-räumlichen Gedächtnisses ließen sich keine Hinweise auf eine erworbene Störung der kognitiven Leistung finden (Benton-Test). Dies mag dadurch begründet sein, dass ausgehend von einem so niedrigen allgemeinen Intelligenzniveau keine hohen Leistungserwartungen in diesem Verfahren gestellt werden, sodass die Resultate hier im Bereich der Erwartungswerte liegen. Während die Ergebnisse einer vorangegangenen testpsychologischen Untersuchung auf ein fragliches oder sehr leichtes hirnorganisches Psychosyndrom verwiesen, zeigten die aktuellen Ergebnisse insgesamt eher mittelgradige bis stärkere Ausprägungsgrade einer solchen zerebralen Insuffizienz.

Der Gutachter kam zu dem Schluss, dass dieses Ereignis selbstschädigenden Verhaltens vom medizinischen Personal hätte vorhergesehen werden können (Kunstfehler) und dass die Sicherheitsvorkehrungen entsprechend hätten eingerichtet werden müssen. Zudem ließen die aufgeführten Beeinträchtigungen es unmöglich erscheinen, dass Herr L. seinen erlernten Beruf als Maurer ausübe. Eine hierfür ausreichende Belastungsfähigkeit sei nicht gegeben. Die Beeinträchtigungen ließen sich ferner am ehesten als Folge der Verletzungen verstehen. Selbst wenn Herr L. nur eine

Sonderschule besucht habe, so wären ein Hauptschulabschluss und eine abgeschlossene Gesellenprüfung als Maurer sowie die Tätigkeit in diesem Beruf, wie sie Herr L. berichtete, mit den hier beschriebenen intellektuellen Fähigkeiten, den starken Leistungseinbußen und Beeinträchtigungen im Sinne einer zerebralen Insuffizienz nur schwer vereinbar.
Da seit den Vorergebnissen keine Zustandsverbesserungen zu verzeichnen waren, sondern im Gegenteil eher eine Zustandsverschlechterung im Sinne einer Chronifizierung, war nicht davon auszugehen, dass sich der Zustand von Herrn L. in Zukunft verbessern würde.

1.5.3 Psychometrische Persönlichkeitstests

Innerhalb dieser Gruppe werden Strukturtests im Hinblick auf die Persönlichkeit, Einstellungs- und Interessentests sowie klinische Tests unterschieden. Unter die erstgenannte Gruppe fallen mehrdimensionale Persönlichkeitstests, die dadurch gekennzeichnet sind, dass sie eine Reihe von Persönlichkeitsmerkmalen erfassen, die dann im Bereich der »normalen« Persönlichkeit angesiedelt sind (Brähler et al. 2002). Zudem sind diese Tests den genannten Gütekriterien der Objektivität, Reliabilität und Validität verpflichtet, während die Gruppe der Persönlichkeitsentfaltungsverfahren nicht ausreichend testtheoretisch begründet ist. Im Gegensatz zu Persönlichkeitsstrukturtests beruhen Persönlichkeitsentfaltungsverfahren auf der Vorgabe von uneindeutigem Reizmaterial, das beim Probanden ein breites Reaktionsspektrum auslösen kann. Der Diagnostiker interpretiert dies nach heterogenen, meist sog. qualitativen Deutungskonzepten. So beinhaltet beispielsweise der Rorschach-Test eine inhaltlich-assoziative Interpretation einer Reihe von symmetrischen Tintenklecksen. Entsprechend sind die Aussagen auf der Basis solcher Tests stark vom Untersucher abhängig und genügen nicht den psychometrischen Gütekriterien, sodass sie für die Gutachtenpraxis unbrauchbar erscheinen.

Psychometrische Persönlichkeitstests finden sich in Fragebögen, bei deren Bearbeitung die Probanden vorgegebene Aussagen dahingehend beurteilen sollen, inwieweit sie ihr eigenes Verhalten und Erleben charakterisieren. Merkmalsabhängig werden dann die Antworten bei den einzelnen Items zu Skalen zusammengefasst, die für bestimmte Interessen, Werthaltungen und Einstellungen stehen. Generell beinhalten diese Fragebögen das Problem einer systematischen Verfälschung der Antworten, da die Testergebnisse auf den subjektiven Angaben des Probanden beruhen. Zudem besteht wie auch bei vielen Intelligenztests eine gewisse Kulturabhängigkeit und eine sprachliche Gebundenheit (◘ Tab. 1.28).

Die Persönlichkeitsstruktur spielt im Rahmen von Begutachtungen eine bedeutende Rolle. Es können damit Art und Ausmaß von Persönlichkeitsveränderungen im Rahmen hirnorganischer Psychosyndrome objektiviert werden. Insbesondere erhält der Gutachter Hinweise auf klinisch relevante Persönlichkeitsakzentuierungen oder Persönlichkeitsstörungen.

Beispiel

Fall 1.9. Herr Harry E. war 47 Jahre alt, 19 Jahre verheiratet, als er seine Frau erstach, die sich zuvor von ihm getrennt hatte und die Scheidung beantragt hatte. Von der Verteidigung wurde geltend gemacht, es handele sich bei der Tat um ein in tiefgreifender Bewusstseinsstörung begangenes Affektdelikt, das von ihm nicht zu verantworten sei. Herr E. war in guten wirtschaftlichen Verhältnissen aufgewachsen, die Erziehungssituation war allerdings durch sehr gegensätzliche Verhaltensweisen der Eltern gekennzeichnet. Die schulische und berufliche Entwicklung führte nicht an die eigenen und die von den Eltern gesteckten Ziele. Der Versuch, sich mit einer Firma selbständig zu machen, scheiterte. Schon bei Beendigung seiner ersten Intimbeziehung hatte Herr E. Schwierigkeiten anzuerkennen, dass die Freundin sich einem anderen Mann zuwandte. Zwei Jahre danach lernte er, unterdessen 26 Jahre alt, seine 4 Jahre jüngere spätere Ehefrau kennen. Auf Initiative der Frau heirateten sie einige Jahre später. Nach zwei Jahren Ehe wurde eine erste, nach weiteren zwei Jahren eine zweite Tochter geboren. Bereits nach einem Jahr Ehe misshandelte Herr E. seine Ehefrau. Mehrmals flüchtete sie mit den Kindern aus der ehelichen Wohnung. Bei einer nächtlichen Auseinandersetzung fügte Herr E. seiner Frau einen Splitterbruch des linken Ellbogengelenks zu, während seine Kinder auf das Hausdach geflüchtet wa-

Tab. 1.28. Psychometrische Persönlichkeitstests

BPI: Borderline-Persönlichkeitsinventar (Leichsenring 1997)	Psychoanalytisch fundierter Fragebogen mit 53 Items zur normierten Bestimmung von 4 Skalen: Entfremdungserlebnisse und Identitätsdiffusion, Angst vor Nähe, primitive Abwehr und Objektbeziehungen, mangelhafte Realitätsprüfung. Zusätzlich kann ein Summenwert über 51 Items normiert werden. Verfälschungstendenzen bleiben unberücksichtigt.
FAF: Fragebogen zur Erfassung von Aggressivitätsfaktoren (Hampel u. Selg 1975)	77 Items messen 5 Aggressivitätsfaktoren. Die Skalen 1–3 sind als Summe der Aggressivität normiert. Eine Offenheitsskala dient als Prüfskala für die Unverfälschtheit der Selbstauskunft.
FPI-R: Freiburger Persönlichkeitsinventar (Revision; Fahrenberg et al. 2001)	138 Items zur Quantifizierung von 10 Persönlichkeitsmerkmalen, z. B. Lebenszufriedenheit, soziale Orientierung und Leistungsorientierung. Eine Offenheitsskala ermöglicht die Erfassung sozial erwünschter Antworten als Index der Verfälschungstendenz. Zusätzlich sind die Sekundärfaktoren Extraversion und Emotionalität bestimmbar.
HZI: Hamburger Zwangsinventar (Zaworka et al. 1983)	188 Items bilden einen Gesamtwert und unterscheiden 6 Indikatoren zwanghaften Verhaltens, z. B. kontrollieren und wiederholen, waschen und reinigen. Durch Vergleich der Antworten auf unterschiedlich schwierige Items können Verfälschungstendenzen abgeschätzt werden.
MMPI-2: Minnesota Multiphasic Personality Inventory-2 (Hathaway u. McKinley 2000)	567 Items bilden 10 Basisskalen, z. B. Hypochondrie, Depressivität, Hysterie, Psychopathie. Mit 3 Validitätsskalen lassen sich Verfälschungen in Richtung sozialer Erwünschtheit sowie Simulation und Dissimulation einschätzen. Der Test erlaubt eine qualitative Bewertung der gemessenen Persönlichkeitsmerkmale im klinischen Sinn.
MSI: Multiphasic Sex Inventory (Deegener 1996)	300 Items erfassen unterschiedlichste psychosexuelle Merkmale bei Sexualstraftätern, wie sexueller Missbrauch an Kindern, Vergewaltigung, Exhibitionismus, Fetischismus, Impotenz, Wissen und Überzeugungen über Sexualität. Zusätzlich sind Skalen zur Abschätzung der Validität, und Behandlungseinstellung enthalten.
16 PF-R: 16-Persönlichkeitsfaktoren-Test (revidierte Fassung; Schneewind u. Graf 1998)	192 Items messen 16 Primärdimensionen der Persönlichkeit, u. a. Wärme, logisches Schlussfolgern, emotionale Stabilität, Dominanz, Lebhaftigkeit, Regelbewusstsein. Eine Skala für soziale Erwünschtheit dient als Kontrollskala. Die 16 Primärdimensionen lassen sich zu 5 Globalfaktoren zusammenfassen: Extraversion, Unabhängigkeit, Ängstlichkeit, Selbstkontrolle, Unnachgiebigkeit.
PCL-R: Revidierte Psychopathiecheckliste nach Hare (2003)	Interviewleitfaden, ermöglicht die Diagnose einer soziopathischen Persönlichkeitsstörung anhand der Einschätzung von 20 Persönlichkeits- und Verhaltensmerkmalen. Liefert einen dimensionalen Wert, der das Ausmaß wiedergibt, in dem bei einer Person zutreffend eine soziopathische Persönlichkeitsstörung diagnostiziert werden kann.

ren. Es folgten Scheidungsantrag und Versöhnung. Bis ein Jahr vor ihrer Tötung lebte Frau E. mit einigen zwischenzeitlichen – durch seine Gewalttätigkeit ausgelösten – Trennungen aus einer Mischung von Mitleid wegen der Kinder und weil sie immer noch hoffte, er würde sich ändern, mit Herrn E. zusammen. Nachdem er sie erneut geschlagen hatte, nahm sie das ruhende Scheidungsverfahren wieder auf.

Herr E, der jetzt viel Alkohol trank, drohte, sie umzubringen, falls sie nicht zu ihm zurückkehre. Parallel dazu ging er Beziehungen mit anderen Intimpartnerinnen ein. Zweieinhalb Monate vor der Tötung hatten sich seine Lebensverhältnisse geordnet. Er hatte eine feste Partnerin, eine berufliche Anstellung, seinen Führerschein zurückerhalten, und er ging seinen Freizeitinteressen nach. Die auf Endgültigkeit hinauslaufende Ablehnung seiner Person durch die Ehefrau und Mutter seiner Töchter kränkte ihn gleichwohl.

Als er am Tattag verabredungsgemäß in der Wohnung von Frau E. erschien, kam es zum Streit. Er bedrohte sie mit einem Messer. Sie konnte einige Stiche abwehren und versuchte zu fliehen. Schließlich wurde sie durch zwei mit großer Wucht geführte Messerstiche getötet. Herr E. rief fliehend der ihm nachsehenden Tochter zu: »Siehst Du, das habt ihr nun davon!« Er versteckte sich und brachte sich mit dem Tatmesser oberflächliche Verletzungen an den Handgelenken bei, bevor er kurz danach entdeckt und festgenommen wurde. Leistungspsychologisch erwies sich Herr E. mit durchschnittlich 110 IQ-Punkten als gut durchschnittlich intelligent. Das Profil der intellektuellen Teilfunktionen ergab keinen Hinweis auf eine Intelligenzstörung. Im MMPI waren bei einer Neigung zum Aggravieren (T/F=59; T/K=32) die Skalen Paranoia (T/Pa=77), Hypochondrie (T/Hd=76), Hysterie (T/Hy=75) und Psychpathie (T/Pp=71) deutlich erhöht. Herr E. beschrieb sich damit im Sinne der Pa-Skala als aggressiv, dominanzstrebig, kritisch, hartnäckig, misstrauisch, durch Kritik leicht verletzt. Gemäß der Hd-Skala schilderte er sich als gesundheitlich besorgt, zu körperlichen Beschwerden, Pessimismus, Mutlosigkeit und Sturheit geneigt. Die Hy-Skala wies ihn als narzisstisch aus, emotional undifferenziert, naiv, auf soziale Billigung bedacht. Die Pp-Skala schließlich charakterisierte ihn als egozentrisch, impulsiv vom Augenblick geleitet, unbedachtsam und affektiv flach. Der 16 PF zeigte Herrn E. in Relation zur Norm als dominant, besorgt, selbstgenügsam. Zeugenaussagen waren mit den Testantworten in guter Übereinstimmung. So wurde in der Hauptverhandlung von unterschiedlichen Zeugen gesagt: »Sein Lieblingsthema waren seine Schwierigkeiten.« »Wenn er nicht im Mittelpunkt stand, hat er die Feste verlassen.« »Er fühlte sich nicht anerkannt.« »Er sah sich von vielen Leuten angegriffen. Vielleicht war er zu empfindlich.« »Er neigt leicht zu Jähzorn.« »Herr E. war immer unzufrieden, wehleidig, hat sich selbst bemitleidet oder wurde aggressiv.« »Er war zu wenig bereit, sich zu ändern. Er erwartete zu viel von den anderen.« Die Tat von Herrn E. verstand sich in forensisch-psychologischer Wertung als persönlichkeitskonform und in Anbetracht der Tatumstände nicht als Ergebnis einer tiefgreifenden Bewusstseinsstörung. Da sich bei Herrn E. im Tatzusammenhang zudem kein Einfluss einer krankhaften seelischen Störung feststellen ließ, er nicht intelligenzgemindert war und seine Persönlichkeitsauffälligkeiten nicht die Kriterien einer sog. schweren anderen seelischen Abartigkeit erfüllten, fanden sich keine Hinweise, die gem. §§ 20 und 21 geeignet gewesen wären, seine Einsichts- und/oder Steuerungsfähigkeit als erheblich eingeschränkt einzuschätzen.

1.5.4 Verfälschungstendenzen

Kann man im therapeutischen Kontext davon ausgehen, dass ein Patient dem Diagnostiker zutreffende Informationen geben will, weil er eine wirksame Behandlung anstrebt, muss im Rahmen von Begutachtungen die Möglichkeit absichtlicher, zweckgerichteter Verfälschungen berücksichtigt werden. Das gilt vor allem im Kontext von Schuldfähigkeitsbeurteilungen oder Rentenansprüchen und spielt besonders bei den auf subjektiven Aussagen beruhenden Persönlichkeitstests, aber auch bei Leistungstests eine Rolle.

! Von besonderer Bedeutung ist deshalb – wie im Übrigen aber auch bei jeder psychiatrischen Diagnostik – eine umfassende Fremdanamnese.

Die Gültigkeit von Leistungstestergebnissen lässt sich meist leicht an Lebensdaten wie beispielsweise dem erreichten Schulabschluss abschätzen, gelegentlich auch an bizarren Reaktionen oder weit unter der Erwartung liegenden Leistungen. Tatsächlich sind Verfälschungen in diesem Bereich eher selten. Ergibt sich im Rahmen forensischer Begutachtungen der Verdacht auf Simulation, so kann dieser mit einer Testbatterie zur forensischen Neuropsychologie (Heubrock u. Petermann 2000) weiter untersucht und erhärtet werden.

Im Bereich der Persönlichkeitsmessung bietet das MMPI mit 3 Kontrollskalen – Lügen-(L-), Seltenheits-(F-) und Kontroll-(K-)Skala – differenzierte Möglichkeiten, Verfälschungstendenzen abzuschätzen.

- Die **L-Skala** prüft die Neigung, im Sinne sozialer Erwünschtheit zu antworten und aus diesem Grund kleine moralische Schwächen abzuleugnen, die allerdings obligat sind. Diese Skala prüft jedoch keine allgemeine Neigung, im Alltag zu lügen. Sind die Werte dieser Skala deutlich erhöht, so wirkt sich dieser Umstand auf die Interpretationsmöglichkeiten der übrigen klinischen Skalen negativ aus, da sie dann meist im Normbereich oder darunter liegen.
- Die **F-Skala** des MMPI enthält Items, die sowohl von Gesunden als auch psychisch Kranken selten in auffälliger Richtung beantwortet werden, es sei denn, die Testpersonen wol-

len als psychisch auffällig gelten oder sind bei der Bearbeitung gleichgültig und unkooperativ. Zeigt sich demnach die F-Skala erhöht, ist durch Besprechung der in Richtung Auffälligkeit beantworteten F-Items zu klären, ob die Items verstanden oder zufällig beantwortet wurden oder ob sich hinter dem auffälligen Antwortverhalten eine relevante psychische Störung verbirgt.
- Die **K-Skala** als dritte Kontrollskala des MMPI enthält Eigenschaften, die von einigen Probanden eher abgeleugnet werden, während andere sie positiv bzw. neutral bewerten. Erhöhte Werte können daher auf eine Neigung deuten, psychische Probleme abzuleugnen (Dissimulation); andererseits kann es aber auch sein, dass bei psychisch stabilen Menschen erhöhte Werte auftreten, die den Tatsachen entsprechen. Daher müssen bei erhöhten Werten dieser Skala weitere Informationen eingeholt werden, um zwischen Dissimulanten bzw. Personen mit Verdrängungstendenzen und gesunden Probanden ohne Auffälligkeiten zu differenzieren.

Im FPI und FAF ist jeweils eine sog. **Offenheitsskala** enthalten, die dazu dienen soll, Verfälschungstendenzen zu objektivieren. Wie bereits anhand der Validitätsskalen des MMPI deutlich wird, gibt es dafür unterschiedliche Motivationen. Es können daher mehrere Varianten bzw. Ursachen unterschieden werden (Fahrenberg et al. 2001): Fremdtäuschung aus dem Bedürfnis nach sozialer Anerkennung (»Impression Management«) im Gegensatz zu Selbsttäuschung; daneben Selbsttäuschung und bewusste Verfälschungsabsicht, Selbstbewusstsein und positive bzw. negative Selbstdarstellung.

Die Offenheitsskala erfasst ebenfalls mehrere Möglichkeiten: Sie kann die Bereitschaft anzeigen, kleine Fehler und Schwächen zuzugeben, die meist jeder hat, worin sich eine gewisse Unkonventionalität äußert. Ferner kann sich darin eine Antworttendenz im Sinne sozialer Erwünschtheit widerspiegeln, die versucht, einen bestimmten Eindruck der Persönlichkeit zu vermitteln. Schließlich kann es sich u. U. um eine Neigung zur Selbstidealisierung handeln. Demnach haben Offenheitsskalen das Problem der Mehrdeutigkeit, das sich auch empirisch kaum lösen lässt.

Beispiel

Fall 1.10. Herr Simon K. war als Täter und Mittäter an 3 Morden beteiligt. Die ersten Lebensjahre hatte er in verschiedenen Heimen und gelegentlich in einer Pflegefamilie verbracht, ehe er im Alter von 6 Jahren zu der Familie B. kam. Die Eheleute B. förderten ihn und berücksichtigten ihn in ihrem Testament. Trotz erheblicher Schwierigkeiten wie Schulschwänzen, Fortlaufen von Zuhause und kindlichen Eigentumsdelikten gelang es ihm, eine Ausbildung zum Kunstschmied abzuschließen und im Beruf erfolgreich zu sein. Zusammen mit einem Freund, mit dem er Deutschland verlassen wollte, beging er Straftaten. Schließlich entwickelten sein Freund und er den Plan, seine Pflegeeltern und eine Pflegeschwester zu töten, um durch das Erbe Geld für die Auswanderung zu erhalten. Sein erstes Opfer wurde die Pflegeschwester. Sie war schwanger und man wollte vermeiden, dass das Kind Erbansprüche erwerben würde. Sie wurde erdrosselt, wobei man einen Sexualmord vortäuschte. Den Plan, anschließend die Pflegeeltern im Auto mit einer Straßensperre zu stoppen und gemeinsam mit anderen zufällig gestoppten Verkehrsteilnehmern zu töten, gaben sie wegen der damit verbundenen Risiken auf. Als die Pflegemutter dann an Krebs erkrankte, beschlossen sie, ihren natürlichen Tod abzuwarten und anschließend einen Suizid des Pflegevaters vorzutäuschen. Während der Wartezeit töteten sie eine Freundin von Herrn K., die sich von ihm getrennt hatte, weil sie mit ihrem Wissen über vorausgegangene Straftaten als »Sicherheitsrisiko« eingeschätzt wurde. Als die Pflegemutter an Krebs gestorben war, lockten Herr K. und sein Freund den Pflegevater in einen von langer Hand vorbereiteten Hinterhalt. Hier sollte er betäubt und in diesem Zustand auf Eisenbahnschienen vor einen Zug gelegt werden. Als die Betäubung fehlschlug und sich Herr B. wehrte, wurde er erschossen. In seiner Verteidigung machte Herr K. geltend, er sei für die Taten nicht verantwortlich.
Im MMPI lag die F-Skala mit einem T-Wert von 84 mehr als 3 Standardabweichungen über dem Mittelwert. Die K-Skala war mit 41 T-Wertpunkten gleichzeitig unter dem Mittelwert angesiedelt. Von den 10 Basisskalen hatten 7 Skalen extrem erhöhte Werte zwischen T=75 und T=92. Aus dieser Befundkonstellation ergab sich der Ver-

dacht auf Simulation. Um diesen Verdacht auszuräumen oder abzusichern, war es notwendig, andere Möglichkeiten zu suchen oder auszuschließen, die ein solches Skalenprofil bedingen könnten. Zu diesem Zweck wurden die von ihm in Richtung Auffälligkeit beantworteten F-Items einzeln durchgesprochen. Dabei fand sich, dass Herr K. die Items inhaltlich verstanden und dass er sie mit normalpsychologischen Begründungen absichtlich in Richtung Auffälligkeit beantwortet hatte. So begründete er etwa seine Aussage: »Ja, ich sehe um mich herum Dinge, Tiere oder Menschen, die andere nicht sehen«, mit den Worten: »Hm, wenn man nachher mal fragt, dann haben die das gar nicht gesehen. Zum Beispiel im Wald muss man leise sein, darf man nicht laut laufen, sonst sieht man ja nichts. Im Bild oder im Schattenfeld oder in Bäumen kann man richtige Gesichter sehen oder in Geräuschen Melodien wie Sprechen. Das hören die anderen nicht. Das habe ich schon oft versucht, denen zu sagen, aber die haben nicht die Ohren dafür.« Ein Hinweis auf das Vorliegen einer krankhaften seelischen Störung oder einer schweren anderen seelischen Auffälligkeit fanden sich bei der Besprechung der F-Items ebenso wenig wie im psychopathologischen Befund, der mit dem Befundsystem und nach den Regeln der Arbeitsgemeinschaft für Methodik und Dokumentation in der Psychiatrie (AMDP) erhoben wurde. Herr K. hatte simuliert, um exkulpiert zu werden. – Er wurde rechtskräftig zu lebenslänglicher Haft verurteilt.

1.5.5 Stellenwert psychologischer Untersuchungen

Die testpsychologische Untersuchung hat im Kontext der forensischen Begutachtung einen bedeutenden Stellenwert, wenn es um die Objektivierung und Quantifizierung von intellektueller und allgemeiner Leistungsfähigkeit geht. Die Abschätzung des Ausmaßes von Beeinträchtigungen kognitiver Leistungen und die Beurteilung von Persönlichkeitsauffälligkeiten im Rahmen hirnorganischer Psychosyndrome oder anderer psychischer Störungen anhand psychometrischer Befunde dienen der Absicherung des klinischen Urteils des psychiatrischen und psychologischen Gutachters. So können manche kognitiven Einbußen oder Beeinträchtigungen während der klinischen Untersuchung wie auch der gutachterlichen Exploration allein nicht auffallen, da sie möglicherweise in solchen besonderen Situationen oder allgemein im Alltag überspielt werden bzw. nicht zum Ausdruck kommen. Hier bringt eine ausführliche testpsychologische Untersuchung einen deutlichen Informationsgewinn, und es steigt die Sicherheit der klinischen Diagnose. Allerdings sollte die testpsychologische Untersuchung immer durch eine entsprechende Fragestellung oder einen klinischen Verdacht begründet sein. Ebenso sollte diese Untersuchung von einem methodisch und theoretisch qualifizierten, klinisch und forensisch erfahrenen Diplompsychologen durchgeführt werden, der eine sinnvolle und angemessene Umsetzung der Fragestellung vornimmt und eine ökonomische Auswahl der geeigneten Tests trifft.

Die Befunde der verschiedenen Tests sind dann auf wechselseitige Stimmigkeit hin zu untersuchen und mit explorierten Angaben des Probanden bzw. Verhaltensbeobachtungen während der Testung abzugleichen und in Einklang zu bringen. Erst eine Integration aller Befunde schafft die Grundlage für eine genaue und korrekte Beantwortung der Fragestellung.

1.6 Dokumentationsschema

Zur Arbeitserleichterung einer umfassenden gutachterlichen psychiatrischen Exploration und Untersuchung hat sich in der Praxis der Gebrauch eines relativ starren Untersuchungs- und Dokumentationsschemas bewährt, insbesondere für den Anfänger. Ein solches wird im Folgenden beispielhaft wiedergegeben (◘ Muster 1.3). Es ist je nach gutachterlicher Fragestellung, die naturgemäß große Unterschiede aufweist, entsprechend zu modifizieren.

Ein starres Schema soll nicht darüber hinwegtäuschen, dass im Einzelfall nur einige, in anderen Fällen zahlreiche (hier nicht angeführte) Punkte zu erfragen bzw. zu dokumentieren sind.

Eine Reihe der Fragen wurden zum Ankreuzen oder Ausfüllen vorgesehen, wobei Antwortalternativen nur teilweise angeführt sind. Andere Items betreffen den zu ergänzenden Freitext. Viele Punkte betreffen Screeningfragen, d. h. nach einer positiv oder negativ beantworteten Eingangsfrage ergibt sich weiterer Klärungsbedarf, der hier nicht dargestellt werden kann.

1. Allgemeine Angaben

NAME: ______ VORNAME: ______
Geburtsname: ______ Auftraggeber: ______
Geburtsdatum: ______ StA / AG / LG / OLG /
Geburtsort: ______ SG/ LSG / zuständig: ______
Verteidiger: ______
Untersuchungsdatum: ______ Dolmetscher: ______
Untersuchungsort: ______ Klinik: ______
JVA: ______ Ort: ______

Schweigepflichtentbindung gegeben: ja / nein Verbleib: ______
Krankengeschichte/JVA-Gesundheitsakte eingesehen: ja/nein

Zusatzgutachten und -untersuchungen:
Psychologe: ______ EEG: ______
Neurologe: ______ MRT: ______
Internist: ______ Labor: ______
Drogenscreening: ______

Aufklärung erfolgt:
- ☐ Auftraggeber und Fragestellung des Gutachtens sowie mögliche Konsequenzen im Rahmen des Gutachtenauftrages.
- ☐ Freie Entscheidung, Angaben zu machen; es können alle oder auch nur einzelne Fragen beantworten werden.
- ☐ Keine Vertraulichkeit. Grundsätzliche Verpflichtung des Sachverständigen dem Gericht gegenüber zur Zeugenaussage.
- ☐ Möglichkeit der Hinzuziehung eines Anwalts zur Beratung über die Mitwirkung.
- ☐ Rückfragen umfassend beantwortet.

Einverständnis erteilt: ja/nein Datum: ______

2. Eigene Angaben des Untersuchten

Psychiatrische, psychologische oder andere Vorbegutachtung in früheren Verfahren: ja/ nein
Verfahren:
Gesetzliche **Betreuung**: ja/nein; seit wann: Betreuer:

Zur aktuellen Befindlichkeit

seit:	Art (erstes Auftreten, Entwicklung, jetzige Beschwerden)	Behandlung
	Körperliche Beschwerden:	
	Gegenwärtige Befindlichkeit/psychische Beschwerden:	

Frühere Krankheiten (schwere Krankheiten, Operationen oder Unfälle)

Muster 1.3 Untersuchungs- und Dokumentationsschema

Jahr	Art/Behandlung	Folgebeschwerden
	Gehirnerschütterung: ja/nein SHT: ja/nein Appendektomie: ja/nein Tonsillektomie: ja/nein	

Psychische Erkrankungen
Jemals in entsprechender ambulanter oder stationärer Behandlung gewesen: ja/nein
Niemals einen Selbstmordversuch in Erwägung gezogen oder durchgeführt: ja/nein
Subjektive Hinweise auf psychische Störung: Schizophrenie, affektive Störung, hirnorganische Störung, Verhaltensstörung, Sucht

Psychiatrische, psychotherapeutische, psychosomatische oder psychologische Vorbehandlung
ambulant: ja/nein
stationär: ja/nein
Nähere Informationen: ______

Suizidgedanken
momentan: ja/nein Lebensunlust/Todeswunsch/Umsetzungsgedanken
früher: ja/nein

Suizidversuche: ja/nein
Einzelheiten: ______

Medikation
Derzeitige Medikamention: ja/nein was: ______
Beruhigungs- oder Schlafmittel: ja/nein was: ______
regelmäßige Medikation: ja/nein was: ______

Präparat zur Zeit	Dosis	Grund	seit wann

Zum Tatzeitpunkt:
Medikation: ja/nein
Drogen: ja/nein
Alkohol: ja/nein

Muster 1.3 (Fortsetzung)

Frühkindliche Entwicklung
Schwangerschaft unauffällig: ja/nein
Geburtsverlauf unauffällig: ja/nein
Frühkindliche Entwicklung unauffällig: ja/nein

Prämorbide Persönlichkeit
»Lebensknick« eingetreten: ja/nein

Gynäkologische Anamnese
Letzte Periode: ______________ regelmäßig: ja/nein
Beschwerden: ______________
Geburten: ______________
Fehlgeburten: ______________

Vegetative Anamnese (letzte 4 Wochen):
____

Schlaf nicht gestört: ja/nein
Einschlafstörungen – Durchschlafstörungen – morgendliches Früherwachen
Schlafbeginn: ______________ Schlafende: ______________
regelm. Mittagsschlaf: ja/nein
Appetit gut: ja/nein
Gewichtsschwankung stattgefunden: ja/nein
derzeitiges Gewicht: ________ kg; Körpergröße: ________ cm
plus/minus ________ kg seit 1 / 4 Wochen bzw. Inhaftierung
Sexuelle Lust und Potenz normal und nicht verändert: ja/nein seit: ________
Probleme beim *Wasserlassen* oder beim *Stuhlgang*: ja/nein.
Allergie oder Überempfindlichkeit: ja/nein
Tages- oder jahreszeitliche *Schwankungen der Stimmung* in der Vergangenheit: ja/nein

Vegetative Anamnese zum Tatzeitpunkt
Schlaf
Appetit
Gewichtsbewegung
Sexuelle Lust/Potenz
Wasserlassen/Stuhlgang

Befinden zum Tatzeitpunkt

Suchtanamnese
Rauchen
Anzahl der Zigaretten pro Tag: ________ Raucher seit: ________ Lebensjahr
Noch nie geraucht: ja/nein

Illegale Drogen (erster Konsum): ________ Lebensjahr; regelmäßig; (letzter Konsum)
Jemals Erfahrung damit: ja/nein
Regelmäßig: ja/nein
- ☐ Haschisch
- ☐ Kokain
- ☐ Synthetische/Designerdrogen
- ☐ Heroin
- ☐ LSD, Pilze
- ☐ Speed/Amphetamine
- ☐ Benzodiazepine/verschreibungspflichtige Medikamente/Anabolika

Andere

Muster 1.3 (Fortsetzung)

Dosissteigerung: ja/nein
Entzüge/Therapien: ja/nein

Alkohol
Trinken, nicht taglich und nur in sozial üblichen Mengen: ja/nein
Derzeit:
täglich: ja/nein was/wie viel: ______
Früher:
Trinken seit: ______
Erster Vollrausch: ______
üblicherweise was/wieviel: ______
früher mehr: ja/nein
Alkoholverträglichkeit: normal/nicht normal
Entzugszeichen: ja/nein Entzugsbehandlung: ja/nein
Entwöhnungstherapien: ja/nein
Alkoholtypische Folgeerscheinungen: ______
☐ Appetit, ☐ Gewichtsverlust, ☐ Kontrollverlust, ☐ epileptische Anfälle, ☐ Wadenkrämpfe, ☐ Lebererkrankung, ☐ brennende Füße, ☐ Muskelschwund der Waden, ☐ gerötete Gesichtshaut, ☐ Erbrechen, ☐ Durchfälle, ☐ vermehrte Schweißneigung, ☐ feuchte, kühle Hände und Füße, ☐ Schlaf- und Potenzstörungen

Nicht stoffgebundene Süchte
ja/nein
welche: ______

Familienanamnese
Vater lebt – gestorben; Alter: ______; gestorben wann: ______ an: ______
Beruf: ______
Gesundheitsprobleme: ja/nein
Verhältnis/Kontakt: gut/schlecht
Mutter lebt – gestorben; Alter: ______; gestorben wann: ______ an: ______
Beruf: ______
Gesundheitsprobleme: ja/nein
Verhältnis/Kontakt: gut/schlecht
Wohnort der Eltern: ______ verheiratet/getrennt/geschieden seit: ______

Geschwister:
Gesamtzahl: ______

1. lebt – gestorben; Alter: ______; gestorben wann: ______ an: ______
wohnhaft in: ______ verheiratet: ja/nein
Beruf: ______ Kinder: ______
Gesundheitsprobleme: ja/nein
Verhältnis/Kontakt: gut/schlecht

2. lebt – gestorben; Alter: ______; gestorben wann: ______ an: ______
wohnhaft in: ______ verheiratet: ja/nein
Beruf: ______ Kinder: ______
Gesundheitsprobleme: ja/nein
Verhältnis/Kontakt: gut/schlecht

Muster 1.3 (Fortsetzung)

3. lebt – gestorben; Alter: ______; gestorben wann: ______ an: ______
wohnhaft in: ______ verheiratet: ja/nein
Beruf: ______ Kinder: ______
Gesundheitsprobleme: ja/nein
Verhältnis/Kontakt: gut/schlecht

4. lebt – gestorben; Alter: ______; gestorben wann: ______ an: ______
wohnhaft in: ______ verheiratet: ja/nein
Beruf: ______ Kinder: ______
Gesundheitsprobleme: ja/nein
Verhältnis/Kontakt: gut/schlecht

5. lebt – gestorben; Alter: ______; gestorben wann: ______ an: ______
wohnhaft in: ______ verheiratet: ja/nein
Beruf: ______ Kinder: ______
Gesundheitsprobleme: ja/nein
Verhältnis/Kontakt: gut/schlecht

Stiefgeschwister: ja/nein wer von den Genannten: ______
Halbgeschwister: ja/nein wer von den Genannten: ______

Kinder

1.lebt – gestorben; Alter: ______; gestorben wann: ______ an: ______
wohnhaft in: ______ bei: ______ verheiratet: ja/nein
Beruf: ______ Kinder: ______
Gesundheitsprobleme: ja/nein
Verhältnis/Kontakt: gut/schlecht
Unterhalt gezahlt: ja/nein

2.lebt – gestorben; Alter: ______; gestorben wann: ______ an: ______
wohnhaft in: ______ bei: ______ verheiratet: ja/nein
Beruf: ______ Kinder: ______
Gesundheitsprobleme: ja/nein
Verhältnis/Kontakt: gut/schlecht
Unterhalt gezahlt: ja/nein

3.lebt – gestorben; Alter: ______; gestorben wann: ______ an: ______
wohnhaft in: ______ bei: ______ verheiratet: ja/nein
Beruf: ______ Kinder: ______
Gesundheitsprobleme: ja/nein
Verhältnis/Kontakt: gut/schlecht
Unterhalt gezahlt: ja/nein

4.lebt – gestorben; Alter: ______; gestorben wann: ______ an: ______
wohnhaft in: ______ bei: ______ verheiratet: ja/nein
Beruf: ______ Kinder: ______
Gesundheitsprobleme: ja/nein
Verhältnis/Kontakt: gut/schlecht
Unterhalt gezahlt: ja/nein

Muster 1.3 (Fortsetzung)

5. lebt – gestorben; Alter: ________; gestorben wann: ________ an: ________
wohnhaft in: ________ bei: ________ verheiratet: ja/nein
Beruf: ________ Kinder: ________
Gesundheitsprobleme: ja/nein
Verhältnis/Kontakt: gut/schlecht
Unterhalt gezahlt: ja/nein

Familiäre Belastung mit psychischen Störungen
Nervenkrankheiten in der Familie aufgetreten: ja/nein
wer/was: ________

Soziale Anamnese
Alter: ________ Jahre ________
Geburtsort: ________ Land: ________
Dorf/kleine/große Stadt
bei Eltern dort aufgewachsen: ________ aufgewachsen in: ________
Alter bei Auszug aus elterlichem Haus: ________
Muttersprache: ________
Religiös: ja/nein
Kindheit unauffällig und normal: ja/nein
schön/schlimm/schwierig/fordernd/gewalttätige Umwelt
Kindergarten: ja/nein
Schule Anzahl Jahre: ________ Sonderschule: nie/ von: ____ bis: ____
Abschluss: Hauptschule/Realschule/Gymnasium
Sitzengeblieben: ja/nein
Ausbildung zum: ________ Dauer: Jahre abgeschlossen: ja/nein

Berufliche und persönliche Entwicklung

Jahr/Ort	Beruf/Soziales

Militär: ja/nein Grund, warum nicht: ________
dabei disziplinarrechtliche Probleme: ja/nein
Hobbys: ________
Wohnung: ________
Miete/Eigentum Größe: ________ qm/Zimmer
Mitbewohner: ________
Geld: ausreichend/knapp
☐ Sozialhilfe ☐ Arbeitslosenhilfe ☐ Arbeitslosengeld
Schulden: ja/nein
Höhe: ________€; bei: ________
Offenbarungseid: ja/nein zuletzt: ________
Vermögen: ja/nein

Muster 1.3 (Fortsetzung)

Fahrerlaubnis erworben: entzogen: wegen: ______

☐ Asylantrag gestellt ☐ Aufenthaltsberechtigung
Status: bewilligt / abgelehnt / noch im Entscheidungsprozess
Vorstrafen: ja/nein
andere anhängige Gerichtsverfahren: ja/nein
Haft: ______
Freunde/Bekannte viele/wenige
Einzelgänger: ja/nein
Derzeitige Beziehung/Ehe: ja/nein — frühere Beziehungen: ______
bekannt seit: ______ 1./2./ Ehe
verheiratet seit: ______ getrennt seit: ______ geschieden seit: ______
Alter: ______ Beruf: ______
gesund/krank
Beziehungsqualität: gut/schlecht
weitere Partnerschaften: ______

Zukunftsperspektive / sozialer Empfangsraum: ______

______

Psychosexuelle Anamnese (Befragung, wenn indiziert)
Eintritt der Pubertät: Lebensjahr
Konkrete Erinnerungen daran: ja/nein
Verbunden mit besonderen Ängsten, psychischen Belastungen oder Verhaltensänderungen: ja/nein
Körperliche Entwicklungsstörungen: ja/nein
1. Geschlechtsverkehr im Alter von ______ Jahren im Rahmen einer kurzen/lang andauernden partnerschaftlichen Beziehung
Sexuelle Funktionsstörungen: ja/nein
Sexuelles Erleben subjektiv normal/nicht normal
Ungewöhnliche sexuelle Phantasien oder Praktiken (Phantasien und Praktiken in Verbindung mit dem Zufügen oder dem Erleiden von Schmerzen, Gewaltphantasien, Beherrschungs- oder Unterwerfungsphantasien, besonders ritualisierte Inszenierungen): ja/nein
Phantasien oder Impulse, sich einer Frau oder Kindern gegen deren Willen und mit Gewalt zu bemächtigen: ja/nein
wann/was: ______
Eigene sexuelle Missbrauchserlebnisse: ja/nein
wann/was: ______
Homosexuelle Neigungen: ja/nein

Zum Untersuchungsanlass:
Aufklärung erfolgt, nur aus eigenem Gedächtnis zu berichten: ja/nein
a. ohne Vorhalte
b. mit Vorhalten (welche?) ______

Muster 1.3 (Fortsetzung)

3. Untersuchungsbefunde
Psychischer Befund
Freie Beschreibung/Eindruck(mit Formulierungsbeispielen):
Mittelgroß/groß, schlank/adipös, kurze/lange/schwarze/braune/blonde Haare, Bart und Brille
Sportliche/modische/elegante/schlichte/einfache Kleidung
Körperlich und in der Kleidung nicht ganz/durchschnittlich/sehr gepflegt
Kein/ausgeprägter Akzent
Sehr jugendlich/vorgealtert wirkend
Pünktlich zum vereinbarten Untersuchungstermin erschienen
SOZIALKONTAKT: selbstunsicher/beflissen/selbstsicher/adäquat/höflich/freundlich-zugewandt
AFFEKT: Stimmung nicht/auffällig verändert/subdepressiv/depressiv/ängstlich-angespannt/hoffnungslos/ängstlich/ratlos, Gefühl des Ausgeliefertseins; affektive Schwingungsfähigkeit gut/nicht erhalten
ANTRIEB: nicht gestört/verlangsamt/müde/erschöpft
SUIZIDALITÄT: kein Anhalt für Suizidalität; latente Suizidalität/Lebensunlust/ausgeprägter Todeswunsch mit/ohne konkrete Umsetzungsgedanken
KOGNITIONEN: Konzentration gut. Merkfähigkeit und Gedächtnisfunktionen intakt; deutliche, erschwerte Auffassungsgabe und massive Aufmerksamkeits- und Konzentrationsstörungen
FORMALES DENKEN: ungestört/verlangsamt/weitschweifig
INHALTLICH, WAHRNEHMUNGSSTÖRUNGEN: keine/deutlich ausgeprägte Wahnsymptomatik mit Beeinträchtigungs-, Verfolgungs- und Vergiftungsideen; spontane Schilderung von akustischen Halluzinationen (imperative und beschimpfende Stimmen)
ORIENTIERUNG, BEWUSSTSEIN: keine Beeinträchtigungen
PSYCHISCHE WERKZEUGSTÖRUNGEN: keine/welche?
INTELLIGENZ: unterhalb/im/oberhalb des Normbereiches

AMDP-Befund

Merkmalsbereich	*Symptome*
Bewusstseinsstörungen	Quantitativ (Bewusstseinsverminderung) qualitativ (Bewusstseinstrübung, -einengung, verschiebung)
Orientierungsstörungen	Zeitlich, örtlich, situativ, zur Person
Aufmerksamkeitsstörungen	Auffassungsstörungen, Konzentrationsstörungen, Merkfähigkeits- und Gedächtnisstörungen
Formale Denkstörungen	Verlangsamung, Hemmung, umständliches Denken, eingeengtes Denken, Perseveration, Grübeln, Gedankendrängen, Ideenflucht, Vorbeireden, gesperrt/Gedankenabreißen, inkohärent/zerfahren, Neologismen
Inhaltliches Denken	Nicht wahnhaft: Zwang, Hypochondrie, Phobien, überwertige Ideen, formale und inhaltliche Wahnmerkmale
Sinnestäuschungen	Illusionen, Halluzinationen auf verschiedenen Sinnesmodalitäten
Ich-Störungen	Derealisation, Depersonalisation, Gedankenausbreitung, -entzug, -eingebung, andere Fremdbeeinflussungserlebnisse

■ **Muster 1.3** (Fortsetzung)

Merkmalsbereich	*Symptome*
Störungen der Affektivität	Ratlosigkeit, Gefühl der Gefühllosigkeit, affektarm, Störung der Vitalgefühle, deprimiert/depressiv, hoffnungslos, ängstlich, euphorisch, dysphorisch, gereizt, innerlich unruhig, klagsam/jammerig, Insuffizienzgefühle, gesteigertes Selbstwertgefühl, Schuldgefühle, Verarmungsgefühle, ambivalent, Parathymie, affektlabil, Affektdurchlässigkeit (-inkontinenz), affektstarr
Antriebs- und psychomotorische Störungen	Antriebsarm, antriebsgehemmt, antriebsgesteigert, motorisch unruhig, Parakinesen, Hyperkinesen, Akinese, Hypokinese, Stupor, Raptus, manieriert/bizarr, theatralisch, mutistisch, logorrhoisch
Zirkadiane Besonderheiten	Morgens schlechter, abends schlechter, abends besser
Sonstige Merkmale	Aggressivität, Selbstbeschädigung, Suizidalität, Mangel an Krankheitseinsicht, Mangel an Krankheitsgefühl, Ablehnung der Behandlung, sozialer Rückzug, soziale Umtriebigkeit

Allgemeiner körperlicher Befund (mit Formulierungsbeispielen für einen Normalbefund)

Untersuchungsdatum: ____________

Guter Allgemein- und Ernährungszustand (gemessen: ________kg, ________cm)

Narben/Tätowierungen: keine

Haut, Gesichtsfarbe und sichtbare Schleimhäute: unauffällig

Lymphknoten nicht tastbar

Schilddrüse nicht vergrößert tastbar

Gebiss saniert, Zunge feucht, Rachenring nicht gerötet

Brustkorb symmetrisch, Lunge auskultatorisch und perkutorisch unauffällig bei vesikulärem Atemgeräusch. Lungengrenzen beidseits 1 Querfinger verschieblich

Herztöne rein, keine pathologischen Herzgeräusche

Gefäßstatus unauffällig. Blutdruck ________mmHg links im Liegen, Puls ________/min

Keine Ödeme oder Varizen

Abdomen weich, keine Druckschmerzhaftigkeit, keine Resistenzen, Darmgeräusche lebhaft. Leber am Rippenbogen in der Medioklavikularlinie tastbar

Nierenlager beidseits frei

Vegetatives Nervensystem unauffällig

Nicht eingeschränkte Beweglichkeit der Wirbelsäule und der Extremitäten

Neurologischer Befund

Händigkeit: links/rechts/beidhändig

Hirnnerven unauffällig

Keine Paresen, keine feinmotorischen Störungen

Keine Auffälligkeiten von Muskeltonus und -trophik

Muskeleigenreflexe seitengleich mittellebhaft auslösbar

Keine pathologischen Reflexe

Kein Meningismus, keine Stauungspapille

Keine Koordinationsstörungen

Sensibilität unauffällig, insbesondere Pallästhesie von allseits 8/8

Muster 1.3 (Fortsetzung)

1.7 Gutachtenbeispiele

Im Folgenden wird ein psychiatrisches Gutachten zur Frage der Schuldfähigkeit und den Voraussetzungen einer Maßregel bei einem schizophrenen Patienten wiedergegeben (■ Muster 1.4). Es ist beispielhaft für andere gutachterliche Fragestellungen im Bereich von Psychiatrie und Psychotherapie zu verstehen. Anschließend wird – in einem ganz anderen Fall, einer Intelligenzminderung – beispielhaft ein testpsychologisches Gutachten dargestellt (■ Muster 1.5).

Geändert wurden jeweils alle Hinweise wie Namen und Orte, die auf den Begutachteten und seine Tatopfer Rückschlüsse erlauben. Zur besseren Lesbarkeit wurden dafür jeweils andere Bezeichnungen eingefügt.

Der Fall des schizophren erkrankten Peter Hardenberg ist inzwischen rechtskräftig abgeschlossen. In der Hauptverhandlung, in der Verhandlungsfähigkeit wieder bestand, gaben die Eltern und Nachbarn zu Protokoll, dass der Proband seit vielen Jahren regelmäßig über das Hören von Stimmen sowie über Verfolgungs- und Bedrohungserlebnisse Fremder berichtet hatte. Dies war für eine diagnostische Einschätzung ganz wesentlich. Ein Arbeitskollege gab darüber hinaus an, dass der Proband immer wieder von einer Art Mafia berichtet habe, die hinter ihm her sei. Nur er selbst sei auserwählt, die Menschheit durch seine Handlungen vor dem Bösen in Form dieser Mafia zu retten. Letztere habe eine Verbindung zu den italienischen Rechtspopulisten und sei noch immer Hitler und seinen Nazischergen ergeben. Nach dem Anschlag am 11. September in New York habe Herr Hardenberg ihm einmal erzählt, dass er nun wisse, dass er den Kampf gegen afghanische Gotteskrieger aufgenommen habe. Dies habe er (der Arbeitskollege) nicht ernst genommen.

In der Hauptverhandlung versuchte Herr Hardenberg wieder, sich als völlig gesund darzustellen. Sowohl für die beiden Berufs- wie auch die beiden Laienrichter der großen Strafkammer des Landgerichtes und für die übrigen Prozessbeteiligten war aber unverkennbar, dass er eine schwere, behandlungsbedürftige psychische Störung aufwies.

Das Urteil führte zu einem Freispruch wegen Schuldunfähigkeit (§ 20 StGB) sowie zu einer Einweisung in ein psychiatrisches Krankenhaus (§ 63 StGB). Auf Anraten seines Verteidigers verzichtete der Proband noch im Gerichtssaal auf eine Revision.

Univ.-Prof. Dr. Dr. Frank Schneider
Direktor der Klinik für Psychiatrie und Psychotherapie
Universitätsklinikum Aachen

52074 Aachen, 22.09.2005
Pauwelsstr. 30
Tel.: 0241 80 89 633
Fax: 0241 80 82 401
psychiatrie@ukaachen.de
www.psychiatrie.ukaachen.de

An die
Staatsanwaltschaft
43569 Kleve

44 Dk 97/05

Auf Ersuchen der Staatsanwaltschaft Kleve vom 10.07.2005 erstatten wir das folgende vorbereitende, wissenschaftlich begründete

psychiatrische Gutachten

über Herrn
Peter Hardenberg,
geb. am 3.11.1973 in Kleve,
z.Zt. Rheinische Kliniken Bedbach.

In einem Gutachten soll aus psychiatrischer Sicht zur Frage der Schuldfähigkeit gemäß den §§ 20, 21 StGB und ggf. zu den Voraussetzungen einer Maßregel entsprechend § 63 StGB Stellung genommen werden.

Es lagen vor die Akten der Staatsanwaltschaft Kleve, Az.: 44 Dk 97/05, Blatt 1 bis 103. Die vom Unterzeichnenden am 15.07.2005 angeforderte Betreuungsakte des Amtsgerichtes Kleve stand noch nicht zur Verfügung.

Darüber hinaus entband der Proband die ihn vormals und gegenwärtig behandelnden Ärzte von ihrer Schweigepflicht, sodass entsprechende Unterlagen zum Zwecke der Gutachtenerstellung angefordert und verwendet werden konnten.

Das Gutachten stützt sich auf eine ambulant durchgeführte psychiatrische Untersuchung am 06.08., 10.08. und 18.08.2005 in den Rheinischen Kliniken Bedbach.

Zu Beginn der gutachterlichen Exploration wurde Herr Hardenberg über Auftraggeber und Fragestellung des Gutachtens informiert. Auch die möglichen Konsequenzen im Rahmen des Gutachtenauftrages wurden eingehend vorgestellt und erläutert, wobei der Proband jederzeit die Möglichkeit zu Rückfragen hatte. Der Unterzeichner wies Herrn Hardenberg darauf hin, dass es ihm freistehe, Angaben zu machen, insbesondere, dass seine Mitarbeit vollkommen freiwillig sei, ferner, dass er alle oder auch nur einzelne Fragen beantworten könne, dass keine Vertraulichkeit bestehe und er unmittelbar die Unterredung beenden könne. Weiterhin wurde er darüber aufgeklärt, dass er zunächst seinen Anwalt oder eine andere Person hinzuziehen dürfe, um zu erfragen, ob dieser ihm die Mitarbeit an einem psychiatrisch-psychotherapeutischen Gutachten empfehle. Ein weiterer Hinweis bezog sich darauf, dass der Sachverständige grundsätzlich dem Gericht gegenüber zur Aussage verpflichtet ist und insoweit kein Schweigerecht hat. Zum Termin am 06.08.2005 erklärte der Proband, dass er nicht an der Begutachtung mitwirken wolle. Er wolle sich zunächst mit seinem Rechtsanwalt beraten. Herr Rechtsanwalt Berger aus Köln teilte sodann am 08.08.2005 per Fax mit, dass der Proband mit der Begutachtung einverstanden sei, weswegen Herr Hardenberg

Muster 1.4. Psychiatrisches Beispielgutachten

am 10.08.2005 erneut aufgesucht wurde. Nunmehr erklärte er sich bereit, an der Begutachtung mitzuwirken. Dieses Einverständnis wiederholte er am 18.08.2005.

Übersicht über die Aktenlage

Akten der Staatsanwaltschaft Kleve, Az.: 44Dk 97/05

Auf Blatt 1 findet sich die Festnahmeanzeige des Probanden vom 28.06.2005. Danach hätte der Proband am genannten Tage in die psychiatrische Abteilung des Krankenhauses Kleve eingewiesen werden sollen. Der Proband sei bereits mehrfach zuvor gewalttätig aufgetreten. Er habe sich in seiner Wohnung versteckt gehabt, mit einer Axt in Richtung auf einen Polizisten schlagen wollen und sei dann aus einem Badezimmerfenster geklettert, eine Axt, ein Beil sowie ein Messer in den Händen. Der Proband sei weggerannt und habe auf dem gegenüberliegenden elterlichen Gehöft seinen Vater mittels Axt und Beil angegriffen, der am Arm verletzt worden sei. Daraufhin sei der Proband überwältigt und vorläufig festgenommen worden. Nähere Angaben zum Tatablauf gegenüber dem Vater finden sich in einem polizeilichen Vermerk auf den Blättern 5 und 7.

Blatt 48 enthält das Protokoll einer Anhörung von Herrn Horst Hardenberg aus Hünxe vom 28.06.2005. Der Vater des Probanden wurde in der chirurgischen Ambulanz eines Krankenhauses angetroffen. Er berichtete, dass der Proband seit geraumer Zeit psychisch sehr auffällig gewesen sei. Unter anderem bewerfe er Autos mit Steinen oder demoliere sie mit Werkzeugen. Auch müsse die Familie häufiger unter den Gewaltausbrüchen des Probanden leiden. Bislang seien trotz intensiver Bitten seitens der Familie weder das Gesundheitsamt noch andere Behörden tätig geworden. Am frühen Morgen des Tattages sei der Proband mit einem Hammer bewaffnet auf seinem Bauernhof unterwegs gewesen, habe ein Fahrzeugfenster und dann eine Scheibe eines Wohnhauses eingeschlagen. Dann habe der Proband ihn, den Vater, mit Steinen beworfen und mit einem Hammer bedroht. Einige Stunden später am Mittag sei der Proband auf seinen Hof gelaufen, wild mit Beil und Axt um sich schlagend. Dabei habe er zu dem Geschädigten/Vater gerufen: »Ich mache Dich alle. Du Sau. Du Nazi-Schwein.« Er habe das Beil in seine Richtung geschleudert. Der Proband habe ihn hiernach mit einer Axt am linken Arm getroffen. Daraufhin sei er gestürzt und von der Axt vermutlich auch im oberen Rückenbereich getroffen worden. Zu diesem Zeitpunkt habe sein Sohn noch mit der Axt über ihm gestanden. Der Vater habe ihn zu Fall bringen können. Die Polizei sei sodann vor Ort erschienen.

Bei der polizeilichen Vernehmung vom 29.06.2005 (Blatt 63) gab der Proband an, dass er keine Angaben machen wolle.

Die psychiatrische Abteilung des Hubertus-Hospitals in Kleve berichtete dem Amtsgericht Kleve am 12.07.2005 von der Unterbringung des Probanden in der Klinik gem. PsychKG NW seit dem 29.06.2005. Diagnostisch liege aller Wahrscheinlichkeit nach eine anhaltende wahnhafte Störung vor (ICD-10: F22.0). »Es bestehen überzeugende Anhaltspunkte dafür, dass aus dieser Störung heraus eine anhaltende Fremdgefährlichkeit resultiert. Herr Hardenberg leidet offenbar unter der wahnhaften Überzeugung, dass gegen ihn ein Komplott geschmiedet, er gemobbt wird usw. Er fühlt sich deshalb im Recht, wenn er gegen die von ihm als Aggressoren empfundenen dritten Personen gewaltsam vorgeht. Letzte diagnostische Sicherheit besteht allerdings deshalb nicht, da sich Herr Hardenberg während der gesamten Behandlungsdauer auf keinerlei Behandlungsbündnis eingelassen hat. Er teilt den Behandelnden nichts über seine innere Befindlichkeit mit. Es festigt sich der Eindruck, dass die Behandelnden und alle übrigen am Unterbringungsvorgang Beteiligten mittlerweile in sein Wahnsystem einbezogen und als feindselig angesehen werden.« Die Krankheitsprognose wurde als sehr schlecht beschrieben. Man bat, die Möglichkeiten einer Unterbringung zur Begutachtung und ggf. Sicherung in einer forensischen Psychiatrie zu prüfen.

Muster 1.4. (Fortsetzung)

Auf Blatt 91 findet sich der Unterbringungsbefehl des Amtsgerichtes Dinslaken vom 14.07.2005, der die einstweilige Unterbringung in einem psychiatrischen Krankenhaus anordnete.

Arztschreiben (nicht in der Akte der Staatsanwaltschaft vorhanden)
Die psychiatrische Abteilung des Hubertus-Hospitals in Kleve berichtete am 01.08.2005 in einem Kurzarztbrief über einen stationären Aufenthalt vom 29.06. bis zum 14.07.2005 wegen anhaltender wahnhafter Störung (ICD-10: F22.0). Es sei eine beschützte, geschlossene Unterbringung nach PsychKG durchgeführt worden. Der Proband sei bezüglich der Medikation compliant, eine Exploration wegen der Verweigerungshaltung nicht möglich gewesen. Die laborchemischen Befunde bei Aufnahme sowie im Verlauf zeigten keine Auffälligkeiten. Zur Entlassung sei folgende Medikation verabreicht worden: Olanzapin 20 mg, Fluvoxamin 50 mg, Zopiclon 7,5 mg.

Krankengeschichte aus den Unterlagen der Rheinischen Kliniken Bedbach
Herr Hardenberg wurde am 14.07.2005 gemäß dem Unterbringungsbefehl des Amtgerichtes Kleve auf der Rechtsgrundlage des § 126a StPO in der Klinik stationär aufgenommen. Vorausgegangen war eine stationäre Behandlung gemäß dem PsychKG NW im Hubertus-Hospital in Kleve.

Eine körperliche und neurologische Untersuchung vom 09.11.2004 ergab keine relevanten Auffälligkeiten.

Die laborchemischen Untersuchungen vom 11.11.2004 zeigten leichte Erhöhungen von Bilirubin, Glukose und Harnstoff bei im Übrigen unauffälligen Befunden der Transaminasen, der Enzyme, des Gesamteiweißes, der Retentionsstoffe, der Blutfette und der Spurenelemente. Ein TSH-Test ergab ein Ergebnis im Normbereich.

Ein am 16.07.2005 abgeleitetes EEG wies eine niedrige Amplitude von ca. 9 Hz entsprechend einem Alphagrundrhythmus auf. Ein Seiten- oder Herdhinweis oder Zeichen gesteigerter zerebraler Erregbarkeit konnten nicht festgestellt werden.

Ein am 16.07.2005 abgeleitetes EKG ergab einen unauffälligen Befund.

Im Rahmen einer internistischen Konsiliaruntersuchung vom 18.07.2005 wurde eine bekannte Aortenklappeninsuffizienz mit einer letzten kardiologischen Untersuchung vor drei Jahren bei Dr. Paul in Viersen geschildert, die keiner klinischen Behandlung bedurfte.

Der Proband wurde seit der Aufnahme durchgängig mit 20 mg Olanzapin behandelt, zeitweise mit 50 mg Fluvoxamin bzw. bis zu 2 mg Lorazepam und erhält seit dem 27.07.2005 durchgängig 600 mg Amisulprid, 1 Tablette Zopiclon und 3 mg Lorazepam.

Eine testpsychologische Untersuchung am 22.07.2005 zeigte bei dem prämorbid gut durchschnittlich bis überdurchschnittlich intelligenten und nach eigener Einschätzung leicht depressiven Patienten zum Testzeitpunkt in den durchgeführten Verfahren (HAWIE-R, d2) keine Beeinträchtigungen der aktuellen intellektuellen Leistungsfähigkeit. Die Persönlichkeitsverfahren ergaben bei deutlicher Dissimulation, die eine gültige Interpretation einschränkte, Erhöhungen in den Skalen Hyperchondrie und Psychasthenie (MMPI). Hinweise auf eine hirnorganische Beeinträchtigung fanden sich nicht (Benton-Test, SKT).

Immer wieder wurde in Eintragungen dokumentiert, dass der Proband im stationären Alltag zurückgezogen sei und keinen Kontakt zu Mitpatienten, ärztlichen und psychologischen Mitarbeitern oder dem Pflegepersonal ergreife. So wird z. B. am 21.07.2005 beschrieben, dass der Proband unsicher und misstrauisch sei und auf Ansprache oder Blickkontakt ausweiche. Im ärztlichen Gespräch habe er sich wortkarg gezeigt, einsilbig und leise. Auf konkrete Fragen bezüglich des Deliktes und auf Fragen bezüglich seiner Vergangenheit sei er danebenredend und ausweichend. Ebenfalls wurde eine depressive Beeinträchtigung beschrieben.

Am 23.07.2005 heißt es über ein psychotherapeutisches Gespräch unter anderem: »Insgesamt wirkt der Patient im Gespräch angestrengt, denkt lange nach und äußert

Muster 1.4. (Fortsetzung)

oft erst auf Nachfrage Bruchstücke seiner Geschichte ohne Zusammenhänge. Affektiv wirkt er ratlos. Wenn er über das ihn widerfahrene Unrecht spricht, zeigt er sich deutlich angespannt.«

Unter dem 27.07.2005 findet sich folgende Eintragung: »In Erwartung des ersten Gutachtergespräches spricht Hr. Hardenberg von sich aus mehr, wirkt gespannt und ist deutlich sitzunruhig. Auf Fragen nach seinen Annahmen und Vermutungen bzgl. der Ursachen der Problementwicklung (denkbar, dass diese wahnhaft sind) besteht er – anders als in der letzten Sitzung – erneut darauf, unwissend zu sein. Er erklärt, auch dem Gutachter nur erzählen zu können, was er der Referentin bereits erzählt habe. [...] Nach bereits beendetem Gespräch kommt der Patient erstmalig von sich aus auf die Referentin zu, um zu klären, was und aus welchem Grund diese dem Gutachter besser verschweigen solle. Dabei handelt es sich um bereits fremdanamnestisch von der Mutter berichtete Vorfälle. Der Patient scheint diese im Zusammenhang mit dem Gegenstand der Begutachtung über zu bewerten.«

Nach gewisser Besserung der psychotischen und depressiven Symptomatik in den ersten beiden Augustwochen 2005 heißt es ab dem 14.08.2005 wieder regelmäßig, dass der Proband zurückgezogen, misstrauisch, depressiv, reduziert schwingungsfähig, leicht angespannt und nervös gewesen sei.

Eigene Angaben des Untersuchten

Eine psychiatrische oder psychologische Vorbegutachtung sei nie durchgeführt worden.

Vor einigen Monaten sei eine Betreuung eingerichtet worden, und zwar kurz vor der Aufnahme in der Klinik. Der Betreuer heiße Herr Schlauf. Er mache seinen Job mäßig gut und sei für Aufenthalt und medizinische Betreuung zuständig.

Zur aktuellen Befindlichkeit

Körperlich sei er völlig gesund. Er habe keine Schmerzen, keine Behinderungen. Psychisch habe er eigentlich kein Problem, fühle sich vom Nervlichen her völlig gesund.

Auf Nachfrage gab der Proband an, dass er möglicherweise wegen der Anlasstat in der Klinik sei. Der Staatsanwalt wolle das so. Er wisse allerdings keinen Grund. Der Rechtsanwalt sage, er solle erst einmal hier in der Klinik bleiben und keinen Widerspruch dagegen einlegen. Daran halte er sich jetzt.

Wenn er jetzt entlassen würde, könne er bei den Eltern wohnen. Seine jetzige Wohnung habe er gekündigt. Diese sei gegenüber den Eltern lokalisiert. Seine Wohnung habe er noch einen Monat bis zum Ablauf der Kündigungsfrist.

Er könne auch wieder mit seiner Tätigkeit als Systemadministrator beginnen, sei dort gegenwärtig krank gemeldet, und zwar seit dem Zeitpunkt der Anlasstat vor einigen Monaten.

Frühere Krankheiten

Mit etwa fünf Jahren habe er eine Operation im Mundraum wegen eines Geschwürs gehabt. Die Vereiterung sei ambulant behandelt worden. Er habe keine Folgeprobleme entwickelt.

Im Übrigen seien keine schweren Krankheiten aufgetreten, Operationen durchgeführt worden oder Unfälle geschehen. Auch habe er nie eine Gehirnerschütterung oder eine Verletzung des Gehirns gehabt.

Psychische Erkrankungen

Er sei noch nie in seinem Leben nervenkrank gewesen.

Nach der Anlasstat sei er nach dem Gesetz für einige Wochen in der Psychiatrie im Hubertus-Hospital in Kleve gewesen, anschließend in die Rheinischen Kliniken Bedbach gekommen. Dies sei sein erster stationärer Aufenthalt in einer Nervenklinik.

Muster 1.4. (Fortsetzung)

Vor zwei Jahren sei er einmal bei dem Neurologen Dr. Krass in Viersen gewesen, weil er stärkere Kopfschmerzen gehabt habe. Ihm sei Aspirin verordnet worden. Die Kopfschmerzen seien langsam besser geworden, dann vollständig verschwunden.

Im Übrigen sei er sonst nie bei einem Nervenarzt, Psychiater, Neurologen oder Psychologen in Behandlung gewesen.

Er habe niemals einen Selbstmordversuch in Erwägung gezogen oder durchgeführt.

Medikation

Er nehme derzeit Medikamente ein, Solian 500 mg über den Tag verteilt. Solian erhalte er seit ein paar Wochen. Vorher habe er Zyprexa gehabt, das sei nicht ganz so gut gewesen. Das könne er aber nicht näher konkretisieren. Mit Solian fühle er sich jetzt wohler. Daneben nehme er noch 1 mg Tavor, was fest angesetzt sei.

Zum Tatzeitpunkt habe er keine Medikamente und keine Drogen eingenommen, aber zuvor am Morgen eine Flasche Bier getrunken.

Frühkindliche Entwicklung

Schwangerschaft, Geburtsverlauf und frühkindliche Entwicklung seien unauffällig gewesen.

Prämorbide Persönlichkeit

Eine Art Lebensknick sei niemals bei ihm aufgetreten.

Vegetative Anamnese

In den letzten 4 Wochen sei der Schlaf gestört, er werde in der letzten Zeit konstant sehr früh wach. Er schlafe üblicherweise von 21 bis 4 Uhr morgens. Auch halte er immer eine halbe Stunde Mittagsschlaf.

Der Appetit sei gut, er habe aber seit der Aufnahme hier in der Klinik 2 kg abgenommen. Er wiege derzeit 78 kg bei 173 cm Körpergröße.

Die sexuelle Lust verspüre er seit der Aufnahme in der Klinik nicht mehr, in der alten Klinik sei das noch normal gewesen. Die Potenz sei ansonsten normal.

Probleme beim Wasserlassen oder beim Stuhlgang habe er nicht.

Eine Allergie oder Überempfindlichkeit sei nicht bekannt.

Tages- oder jahreszeitliche Schwankungen der Stimmung kenne er aus der Vergangenheit nicht.

Zum Tatzeitpunkt sei der Schlaf gut gewesen, jedenfalls besser als jetzt. Auch sein Appetit sei gut gewesen, er habe damals 2 kg mehr gewogen als heute. Sexuelle Lust und Potenz bezeichnet Hr. Hardenberg als völlig normal. Er habe damals keine Probleme beim Wasserlassen oder beim Stuhlgang gehabt.

Zum Tatzeitpunkt habe er sich gut gefühlt. Jetzt fühle er sich schlechter, weil er eingesperrt sei.

Suchtanamnese

Er habe noch nie in seinem Leben geraucht.

Erfahrungen mit illegalen Drogen wie Haschisch, Kokain, synthetischen/Designerdrogen, Heroin, LSD, Speed bzw. Amphetaminen oder verschreibungspflichtigen Medikamenten vom Schwarzmarkt habe er niemals gemacht.

Alkohol sei für ihn nie ein Problem gewesen. Er habe nur Bier getrunken, dann 1 Flasche à 0,5 l am Tag, aber nicht täglich.

Das erste Mal habe er in der Pubertät Alkohol getrunken und sei das erste Mal mit 16 Jahren volltrunken gewesen. Dies habe sich später wiederholt, vielleicht ein paar Mal im Jahr. Niemals habe er aber mehr oder regelmäßiger Alkohol getrunken.

Entzugszeichen von Alkohol kenne er nicht. Eine Alkoholentwöhnungsbehandlung habe er nie durchgeführt und sei ihm auch nie empfohlen worden. Alkoholtypische Folgeerkrankungen wurden auf konkretes Nachfragen verneint.

Muster 1.4. (Fortsetzung)

Familienanamnese

Der Vater lebe 60-jährig, sei Landwirt, gesund. Das Verhältnis zu ihm sei gut, anders als früher; gebessert habe es sich erst hier in der Klinik.

Die Mutter lebe 54-jährig, sei Hausfrau, ebenfalls gesund. Auch zu ihr bestehe ein gutes Verhältnis.

Jetzt habe er nach der Anlasstat vor, wegen dieser nach Köln in die Nähe seiner Arbeitsstelle zu ziehen, weg von den Eltern. Mit den Eltern habe er noch nie über seine Tat gesprochen. Sie kämen beide einmal wöchentlich in die Klinik.

Er habe einen zwei Jahre älteren Bruder, gesund, einen Maurer, der mit seiner Familie in einem neuen Mehrfamilienhaus der Eltern wohne. Er sei verheiratet und habe zwei Kinder. Das Verhältnis zum Bruder sei ebenfalls gut, er komme hin und wieder zu Besuch.

Dann habe er noch einen zwei Jahre jüngeren Bruder, von Beruf Schlosser, der alleine in einer Wohnung in dem genannten Mehrfamilienhaus wohne. Dieser Bruder sei nicht verheiratet, habe auch keine Kinder. Der Bruder sei gesund. Das Verhältnis zu ihm empfindet er als nicht so eng, der Bruder sei einmal in der Klinik zu Besuch gewesen.

Weitere Geschwister, insbesondere Halb- oder Stiefgeschwister, habe er nicht, auch keine Kinder.

Nervenkrankheiten seien in der Familie nicht aufgetreten.

Soziale Anamnese

Er sei vor 33 Jahren in Kleve geboren und dort bei den Eltern aufgewachsen. Mit 25 Jahren habe er den elterlichen Haushalt verlassen.

Die Kindheit sei schön gewesen. Er habe den Kindergarten besucht, dann das Gymnasium, bis zum Abitur. Er sei nie sitzen geblieben.

Nach dem Abitur habe er eine Ausbildung als Biologisch-Technischer-Assistent bei einer großen Firma gemacht. Vor der IHK Kleve habe er nach 2½ Jahren erfolgreich abgeschlossen.

Er habe noch 7 Monate bei der Ausbildungsfirma gearbeitet, dann seinen Zivildienst geleistet: Er sei im Allgemeinkrankenhaus Paul-Hospital in Wuppertal gewesen, habe z. T. im Büro geholfen, z. T. in der Kinderabteilung bei verschiedenen Untersuchungen ausgeholfen. Er habe an seinem Einsatzort im Schwesternwohnheim ein Zimmer bewohnt.

Nach dem Zivildienst sei er 6 Monate arbeitslos gewesen, habe anschließend eine im Vergleich zum Ausbildungsberuf herabgestufte Tätigkeit als Operator bei der Firma Clearing in Kleve über 2 Jahre ausgeübt. Dann habe er sich intern versetzen lassen, und zwar eine Stelle als Juniorprogrammierer für 4 Jahre. Im Rahmen von betriebsbedingten Stellenstreichungen sei es zu einem Aufhebungsvertrag gekommen.

Bei der Firma Rational in Köln habe er dann vor 2 Jahren seine Tätigkeit als Systemadministrator begonnen. Das Beschäftigungsverhältnis bestehe noch, er sei derzeit krank geschrieben, aber erst seit der Anlasstat.

Er wohne seit dem 25. Lebensjahr allein in einer 80 qm großen Wohnung zur Miete, diese befinde sich in einem Dorf bei Kleve. Die Wohnung habe er gekündigt. Die Eltern würden nun seine Möbel ausräumen und einlagern.

Sein Geld sei ausreichend gewesen; er habe keine Schulden, sondern ein bisschen Vermögen.

Die Fahrerlaubnis für die Klasse 5 zum Fahren von Traktoren habe er im 16. Lebensjahr, die Klasse 3 im 18. Lebensjahr gemacht. Vor 4 Jahren sei er zu schnell gefahren, er habe damals 200 DM Geldstrafe bezahlen müssen, und der Führerschein sei für einen Monat eingezogen worden. Vor einem Jahr sei er bei einer Alkoholfahrt mit 0,5 Promille in eine Routinekontrolle geraten. Er habe 100 € Geldstrafe bezahlen müssen, der Führerschein sei für einen Monat eingezogen worden.

Muster 1.4. (Fortsetzung)

Das Amtsgericht Kleve habe ihn vor 3 Jahren wegen Körperverletzung gegenüber seiner ehemaligen Freundin zu 3000 € Geldstrafe verurteilt. Vom Amtsgericht sei er vor 2 Jahren mit 4000 € wegen Sachbeschädigung bestraft worden, weil er das Auto des gegenwärtigen Freundes dieser früheren Freundin mit Steinen beworfen haben sollte. Das stimme aber nicht, er habe nur Sand darauf geworfen. Die Freundin und ihr Freund tauchten immer wieder bei seinem Vater auf, wollten dort ein Pferd unterstellen, was ihm aber nicht recht sei. Sein Vater könne einfach nicht einsehen, dass die beiden ihnen schaden wollten. Der Vater hätte dieses Einsehen auch früher nicht gehabt. Näheres dürfe er dazu nicht angeben.

Weitere anhängige Gerichtsverfahren gebe es nicht. In Haft sei er nie gewesen.

Sein Freundes- und Bekanntenkreis sei mittelgroß. Er habe keinen guten Freund, sei jedoch kein Einzelgänger.

Derzeit habe er keine Beziehung. Zuletzt sei er mit einer Frau aus Bonn zusammen gewesen, über 3 Monate, vor einem Jahr. Früher sei er 6 Jahre mit einer Frau zusammen gewesen, habe auch mit ihr zusammen gewohnt, und zwar bis vor 4 Jahren. Diese Zeitangaben seien alle ungefähr. Er sei niemals verheiratet gewesen.

Homosexuelle Neigungen kenne er nicht.

Zum Untersuchungsanlass

Erste Befragung

Die Polizei sei bei ihm zu Hause gewesen, habe ihn gegen seinen Willen mit dem Ordnungsamt in eine Klinik mitnehmen wollen. Er habe sich in sein Badezimmer eingeschlossen, zusammen mit einer Axt, einem Beil und einem Messer. Er habe gewusst, dass die Polizei mit der früheren Freundin und ihrem neuen Freund ein Komplott gegen ihn schmieden würden. Diese Botschaft sei aus dem Fernseher gekommen, eine Stimme habe ihm das in den Tagen vor diesem Anlass immer wieder gesagt, morgens, abends und in der Nacht. Es sei immer eine männliche Stimme gewesen, die er allerdings keiner ihm bekannten Person zuordnen könne. Diese Stimme habe er erstmals vor ein paar Jahren gehört, auch vor den anderen ihm vorgeworfenen, bereits abgeurteilten Straftaten. Darüber habe er aber noch nie mit jemandem gesprochen. Mehr dürfe er dazu nicht sagen. Das habe mit dem Komplott gegen ihn zu tun. Eine Art afghanische Mafia sei hinter ihm her. Den Grund dürfe er auch nicht sagen. Es habe aber mit seiner Arbeit als Systemadministrator zu tun, allerdings sei er da nicht ganz sicher. Begonnen habe dies nach dem Anschlag in New York vom 11. September 2001.

Dann sei die Tür aufgebrochen worden, er habe die Leute mit der Axt verschreckt, daraufhin seien alle verschwunden. Er sei aus dem ebenerdigen Fenster geklettert und zum Vater auf den Hof gegenüber der Straße gelaufen, und zwar mit Axt, Beil und Messer.

Er sei dann auf den Vater los, weil der die Polizei gerufen hatte. Dies sei eine Art Strafe für den Vater gewesen. Seine Stimme habe ihm den Befehl zum Eingreifen gegeben. Was die Stimme genau gesagt habe, wisse er nicht mehr. Sinngemäß habe sie gesagt, dass er nun mit der Zerstörung des Vaters den konspirativen Ring der Mafia zerschlagen müsse. Er habe gar keine andere Wahl gehabt als zuzuschlagen. Eigentlich tue ihm schon leid, dass er den Vater habe verletzten müssen. Es sei schon richtig, dass der Vater nicht zu der Mafia gehöre, ganz sicher sei er sich aber nicht.

Der Vater habe sich mit einem Weidezaunpfahl, einem zwei Meter langen Holz, gewehrt, habe ihm in das Gesicht geschlagen. Er habe dann dem Vater einmal mit der scharfen Seite der Axt in den Arm geschlagen und sie dann weggeworfen. Der Vater habe auf dem Boden gelegen, sei überströmt von Blut gewesen. Er habe dann dem Vater noch einmal mit dem Beil auf die Schulter geschlagen, wieder mit der scharfen Seite. Dann habe er das Beil weggeworfen, weil sein Auftrag jetzt erfüllt gewesen sei. Das habe seine Stimme ihm damals so gesagt. Das Messer habe er schon vorher weggeworfen.

Dann habe er einen Würgegriff bei dem Vater angesetzt. Mit einem Würgegriff meine er einen »Schwitzkasten«. Dann sei die Polizei gekommen, habe sie beide ausei-

Muster 1.4. (Fortsetzung)

nander gebracht. Er sei festgenommen worden, einen Tag in Polizeigewahrsam gewesen, dann in die Klink gekommen, das Hubertus-Hospital in Kleve.

Auf Nachfragen gab der Proband an, dass er zu dem damaligen Zeitpunkt ziemlich aufgeregt gewesen sei, weil er eingewiesen werden sollte. Schon morgens habe er mit dem Vater gestritten, einfach so. Der Vater habe ihm an dem Morgen Hausverbot erteilt. Den Grund dafür wisse er nicht.

Zweite Befragung
Nachdem der Proband nach Thematisierung der Anlasstat am 10.08.2005 zunehmend und in bedrohlicher Weise aggressiv angespannt, unruhig, zerfahren und emotional beeinträchtigt wirkte, wurde die Untersuchung abgebrochen; am 18.08.2005 wurde der Proband aber nochmals und unter Vorhalt einiger Aktenauszüge nach dieser Situation befragt. Dabei gab er an:

Damals sei er gesund gewesen. Auch rückblickend gebe es keinen Grund, dass er in eine Klinik habe gehen müssen. Er bedaure, was er getan habe, wisse jedoch nicht, warum andere Leute darauf kommen würden, dass er krank gewesen sein könnte.

Unter Vorhalt aus den Akten gab der Proband an (Blatt 3 Mitte), es stimme, dass er von der Polizei mit Pfefferspray eingesprüht worden sei. Dies habe er vergessen.

Die Auskunft (Blatt 7), wonach er den Vater mit »Spastiker« und »Nazi-Sau« beschimpft habe, könne er so nicht mehr nachvollziehen. Dies wisse er nicht mehr. Dass er mit dem Hammer gegen den Geländewagen des Vaters geschlagen habe, sei dagegen richtig (Blatt 7 unten).

Die Aussage (Blatt 8 oben), wonach er in regelmäßigen Abständen auf dem Hof des Vaters und in der Wohnung seines Bruders randaliert habe, sei falsch.

Auf die Frage, was das Ziel des Angriffs auf den Vater gewesen sei, äußerte der Proband, dass er den Vater habe bestrafen und nicht töten wollen. Er habe ihm wehtun wollen, weil er ihn vorher an die Polizei verraten hatte. Es sei aber nicht richtig, dass die Situation mit dem Vater etwas mit Mobbing oder einem Komplott gegen ihn zu tun gehabt haben könnte. Es gebe kein Komplott gegen ihn.

Auch sei falsch, dass irgendjemand feindselig gegen ihn eingestellt sei. Er wisse jedenfalls nichts von Feindseligkeit. Es gebe niemanden auf der Welt, dem er Schaden zufügen oder der ihm Schaden zufügen wollte. Allerdings dürfe er dazu nichts weiter sagen: Seine Stimme drohe ihm schon seit über 2 Jahren, dass die Menschheit sterben müsse, wenn er dagegen verstoße. Daran halte er sich, er habe eigentlich schon zu viel erzählt.

Auf die Frage nach seinem Zustand bei den letzten Treffen antwortete der Proband, dass nichts mit ihm los gewesen sei. Auf wiederholtes Nachfragen gab er an, dass er Unruhe verspürt habe. Er habe jedoch nicht bemerkt, dass er angespannt gewesen sei.

Untersuchungsbefunde
Allgemeiner körperlicher Befund

- Guter Allgemein- und Ernährungszustand (91 kg, 175 cm).
- Reizlose Narbe (anamnestisch nach Impfung in der Kindheit) im Bereich des rechten Oberarmes, ca. 3×5 cm. Im übrigen Haut, Gesichtsfarbe und sichtbare Schleimhäute unauffällig.
- Keine Lymphknoten tastbar.
- Schilddrüse nicht vergrößert tastbar.
- Gebiss saniert bis auf einige Zahnlücken, Zunge feucht, Rachenring nicht gerötet.
- Brustkorb symmetrisch, Lunge auskultatorisch und perkutorisch unauffällig bei vesikulärem Atemgeräusch. Lungengrenzen beidseits einen Querfinger verschieblich.
- Herztöne rein, keine pathologischen Herzgeräusche.
- Gefäßstatus unauffällig.
- Blutdruck 140/80 mmHg links im Liegen, Puls 82/min.

Muster 1.4. (Fortsetzung)

- Keine Ödeme oder Varizen.
- Abdomen weich, keine Druckschmerzhaftigkeit, keine Resistenzen, Darmgeräusche lebhaft.
- Leber am Rippenbogen in der Medioklavikularlinie tastbar.
- Nierenlager beidseits frei.
- Vegetatives Nervensystem unauffällig.
- Keine eingeschränkte Beweglichkeit der Wirbelsäule und der Extremitäten.

Neurologischer Befund
- Rechtshändigkeit.
- Hirnnerven unauffällig.
- Keine Paresen, keine feinmotorischen Störungen.
- Keine Auffälligkeiten von Muskeltonus und -trophik.
- Muskeleigenreflexe seitengleich sehr lebhaft auslösbar.
- Keine pathologischen Reflexe.
- Kein Meningismus, keine Stauungspapille.
- Keine Koordinationsstörungen.
- Sensibilität unauffällig, insbesondere Pallästhesie von allseits 8/8.

Psychischer Befund
Herr Hardenberg ist knapp mittelgroß, hatte eine Halbglatze, war leicht adipös. Er trug legere einfache Kleidung und war körperlich und in der Kleidung durchschnittlich gepflegt. In der Motorik zeigte sich der Proband sehr steif, wies einen leichten Tremor, zeitweise Manierismen und eine ausgeprägte Akathisie auf.

Im Sozialkontakt wirkte er selbstunsicher, dabei höflich und misstrauisch.

Die Stimmung war deutlich depressiv-angstvoll verändert, die affektive Schwingungsfähigkeit sehr deutlich zum negativen Pol hin reduziert. Der Proband zeigte eine ausgeprägte Ambivalenz.

Zeitweise wirkte der Proband vom Antrieb her verlangsamt, ferner müde und erschöpft. Mit zunehmender Untersuchungsdauer und ganz besonders ausgeprägt bei Thematisierung der Anlasstat am 10.08.2005 war der Proband zunehmend aggressiv-angespannt, konnte sich nur mit Mühe zusammennehmen, sodass dann auch aus therapeutischen Gründen die Untersuchung abgebrochen wurde.

Es bestand kein unmittelbarer Anhalt für Suizidalität.

Die Konzentration, Merkfähigkeit und Gedächtnisfunktionen waren beeinträchtigt. Es wurde die große Mühe deutlich, die die längeren Gespräche dem Probanden bereiteten.

Das formale Denken des Probanden lässt sich als sehr deutlich verlangsamt, inkohärent und zeitweise ausgesprochen zerfahren bewerten.

Inhaltliche Denkstörungen wurden vom Probanden an einem Untersuchungstag in Form von Beziehungs-, Beeinträchtigungs- und Verfolgungswahn bejaht, am letzten Untersuchungstag dagegen vehement verneint. Dabei wirkten die Angaben am letzten Tag deutlich verleugnend.

Der Proband beschrieb Wahrnehmungsstörungen in Form des Stimmenhörens (imperative Stimmen) ebenfalls zunächst sowohl für den Anlasszeitraum als auch für die jetzige gutachterliche Situation. Auch dieser Umstand wurde anschließend wieder in Abrede gestellt.

Es bestanden keine Beeinträchtigungen der Orientierung oder des Bewusstseins, ferner lagen keine psychischen Werkzeugstörungen vor.

Die Intelligenz erschien vom Gesamteindruck her im Normbereich zu liegen.

Krankheitseinsicht bestand nicht, Behandlungseinsicht nur partiell.

Zusammenfassende Beurteilung und forensisch-psychiatrische Einschätzung
Herr Peter Hardenberg, geb. am 03.11.1973, wurde ambulant psychiatrisch am 06.08., 10.08. und 18.08.2005 untersucht. Der Staatsanwaltschaft Kleve soll ein Gutachten

Muster 1.4. (Fortsetzung)

zur Frage der Schuldfähigkeit zum Tatzeitpunkt und ggf. zu den Voraussetzungen einer Maßregel erstattet werden.

Der Proband stellte sich selbst als psychisch völlig gesund dar, berichtete über keinerlei gegenwärtige oder frühere Auffälligkeiten von besonderem Krankheitswert. Nur bei Thematisierung der Anlasstat machte er einmalig eingehende Angaben zu wahnhaftem Erleben in Form von Beziehungs-, Beeinträchtigungs- und Verfolgungserleben, verbunden mit imperativen Stimmen, die ihm die Schädigung des Opfers, des Vaters, befahlen. Dies wurde zu einem späteren Untersuchungszeitpunkt wieder in Abrede gestellt.

Dieses verneinende Verhalten stand in drastischem Kontrast zu dem in der Akte dokumentierten Erleben und Verhalten in früheren Zeiten, insbesondere auch zum Tatzeitpunkt. Auch ergab sich ein massiver Kontrast zu den Beschreibungen während der stationären Beobachtung unmittelbar nach der Anlasstat sowie nun auch in den Rheinischen Kliniken Bedbach. In diesem Zusammenhang ist die testpsychologisch objektivierte und klinisch imponierende Bagatellisierungstendenz besonders zu berücksichtigen. Insofern scheinen die Angaben zur Anlasstat des Probanden vom 10.08.2005 gegenüber dem Unterzeichnenden Ausdruck des damals von ihm Erlebten gewesen zu sein. Insbesondere entsprach auch der während der gutachterlichen Situation erhobene Befund mit massivsten psychopathologischen Auffälligkeiten nicht der Selbstbeschreibung des Probanden zum letzten Untersuchungszeitpunkt.

Eine wahnhafte Störung wurde von den Vorbehandelnden beschrieben. Entsprechend der Internationalen Klassifikation psychischer Störungen der Weltgesundheitsorganisation liegt bei Herrn Hardenberg sowohl zum Tatzeitpunkt als auch zum jetzigen Untersuchungszeitpunkt eine paranoide Schizophrenie mit kontinuierlichem Verlauf vor (ICD-10: F20.04). Deutlich wurde nun eine gewisse Aggravation und Bagatellisierung der psychopathologischen Symptomatik.

Entsprechend der ICD-10 sind schizophrene Störungen im Allgemeinen durch grundlegende und charakteristische Störungen von Denken und Wahrnehmung sowie inadäquate oder verflachte Affektivität gekennzeichnet. Die Klarheit des Bewusstseins und der intellektuellen Fähigkeiten werden dadurch in der Regel nicht beeinträchtigt. Im Laufe der Zeit können sich jedoch gewisse kognitive Defizite entwickeln. Die Störung beeinträchtigt die Grundfunktionen, die dem normalen Menschen ein Gefühl von Individualität, Einzigartigkeit und Entscheidungsfreiheit geben. Die Betroffenen glauben oft, dass ihre inneren Gedanken, Gefühle und Handlungen anderen bekannt sind oder dass andere daran teilhaben. Die Betroffenen können sich so als Schlüsselfigur allen Geschehens erleben. Besonders häufig sind akustische Halluzinationen, die das Verhalten oder die Gedanken u. U. kommentieren. Die Wahrnehmung ist nicht selten auf andere Weise gestört. Unbedeutende Eigenschaften alltäglicher Dinge können wichtiger sein als das ganze Objekt oder die Gesamtsituation. Zu Beginn ist auch Ratlosigkeit häufig und führt oft zu der Überzeugung, dass alltägliche Situationen eine besondere, meist unheimliche Bedeutung besitzen, die sich einzig auf die betroffene Person beziehen. Bei der charakteristischen schizophrenen Denkstörung werden nebensächliche und unwichtige Züge eines Gesamtkonzepts, die bei normaler psychischer Aktivität eine geringe Rolle spielen, in den Vordergrund gerückt und an Stelle wichtiger und situationsentsprechender Elemente verwendet. So wird das Denken vage, »schief« und verschwommen, und der sprachliche Ausdruck gelegentlich unverständlich. Brüche und Einschiebungen in den Gedankenfluss sind häufig. Gedanken scheinen wie von einer äußeren Stelle entzogen.

Die Stimmung ist charakteristischerweise flach, kapriziös oder unangemessen. Ambivalenz oder Antriebsstörung können als Trägheit, Negativismus oder Stupor erscheinen. Katatonie kann vorhanden sein.

Die Stimmung beginnt meist akut mit schwerwiegend gestörtem Verhalten oder stellt sich schleichend mit allmählicher Entwicklung seltsamer Gedanken oder Verhaltenweisen ein. Der Verlauf zeigt gleichfalls große Unterschiede und ist keineswegs unvermeidlich chronisch oder sich verschlechternd.

Muster 1.4. (Fortsetzung)

Obwohl keine eindeutig pathognomonischen Symptome zu benennen sind, erscheint es entsprechend der ICD-10 aus praktischen Überlegungen sinnvoll, die oben genannten Symptome in Gruppen zu unterteilen, die besondere Bedeutung für die Diagnose haben und oft gemeinsam auftreten:

1. Gedankenlautwerden, Gedankeneingebung oder Gedankenentzug, Gedankenausbreitung.
2. Kontrollwahn, Beeinflussungswahn, Gefühl des Gemachten, deutlich bezogen auf Körper- oder Gliederbewegungen oder bestimmte Gedanken, Tätigkeiten oder Empfindungen; Wahnwahrnehmungen.
3. Kommentierende oder dialogische Stimmen, die über den Patienten und sein Verhalten sprechen oder andere Stimmen, die aus einem Teil des Körpers kommen.
4. Anhaltender, kulturell unangemessener oder völlig unrealistischer Wahn.
5. Anhaltende Halluzinationen jeder Sinnesmodalität, begleitet entweder von flüchtigen oder undeutlich ausgebildeten Wahngedanken oder deutliche affektive Beteiligung oder begleitet von anhaltenden überwertigen Ideen, täglich, über Wochen oder Monate auftretend.
6. Gedankenabreißen oder Einschiebungen in den Gedankenfluss, was zu Zerfahrenheit, Danebenreden oder Neologismen führt.
7. Katatone Symptome, wie Erregung, Haltungsstereotypien oder wächserne Biegsamkeit, Negativismus, Mutismus und Stupor.
8. Negative Symptome wie auffällige Apathie, Sprachverarmung, verflachte oder inadäquate Affekte, zumeist mit sozialem Rückzug und verminderter sozialer Leistungsfähigkeit. Diese Symptome dürfen nicht durch eine Depression oder eine neuroleptische Medikation verursacht sein.
9. Eindeutige und durchgängige Veränderungen bestimmter umfassender Aspekte des Verhaltens, was sich in Ziellosigkeit, Trägheit, einer in sich selbst verlorenen Haltung und sozialem Rückzug manifestiert.

Für die Diagnose einer Schizophrenie ist mindestens ein eindeutiges Symptom der oben genannten Gruppen 1–4 oder es sind mindestens zwei Symptome der Gruppe 5–9 notwendig. Diese Symptome müssen fast ständig während eines Monats oder länger deutlich vorhanden gewesen sein.

Bei dem Probanden bestanden zum Tatzeitpunkt, sofern dies von hier aus retrospektiv unter Berücksichtung der beschriebenen Bagatellisierungstendenz festzustellen ist, die Kriterien 2, 3, 4, 5, 6, (7), 8 und 9.

Entsprechend der diagnostischen Leitlinien der ICD-10 wird das klinische Bild einer paranoiden Schizophrenie von ziemlich dauerhaften Wahnvorstellungen beherrscht, meist begleitet von Halluzinationen, besonders akustischer Art. Störungen der Stimmung, des Antriebs und der Sprache sowie katatone Symptome stehen nicht im Vordergrund. Denkstörungen können im akuten Stadium deutlich sein, aber sie verhindern nicht die klare Beschreibung der typischen Wahngedanken oder Halluzinationen. Der Affekt ist meist weniger verflacht als bei den anderen Schizophrenieformen. Eine gewisse Inadäquatheit kommt ebenso häufig vor, wie Störungen der Stimmung, der Reizbarkeit, plötzliche Wutausbrüche, Furchtsamkeit und Misstrauen gegeben sind. Negative Symptome wie Affektverflachung und Antriebsstörung treten oft auf, beherrschen das klinische Bild jedoch nicht.

Der Verlauf der paranoiden Schizophrenie kann sich episodisch mit teilweiser oder vollständiger Remission oder chronisch darstellen.

Diese Unterform einer paranoiden Schizophrenie bestand bei dem Probanden zum Tatzeitpunkt wie zum jetzigen Untersuchungszeitpunkt. Der Ersterkrankungsbeginn liegt einige Jahre zurück: Der Proband berichtete, schon »seit Jahren« Stimmen zu hören und das Gefühl der Verfolgung und Beeinflussung zu erleben. Eine nähere zeitliche Konkretisierung war ihm nicht möglich.

Es ergeben sich keine Hinweise auf Grund der Aktenlage, den eigenen Angaben des Probanden und der jetzigen Untersuchungsergebnissen, wonach eine andersartige psychische Störung, z. B. eine organische Störung, eine Missbrauchs- oder Abhängig-

Muster 1.4. (Fortsetzung)

keitserkrankung, eine affektive Störung, eine neurotische oder Verhaltensstörung oder eine Persönlichkeitsstörung, bestehen könnte. Auch fanden sich keine Hinweise auf eine andere somatische Erkrankung.

Es ist davon auszugehen, dass die psychische Störung zum Tatzeitpunkt in akuter Ausprägung bestand. Die Informationen in den Akten sowie auch eine Reihe von Angaben des Probanden gegenüber dem Unterzeichner weisen in diese Richtung. Weitere Aufklärung hierzu ist aus der Hauptverhandlung mit der Vernehmung von Zeugen (z. B. den Eltern) zu erwarten, da unmittelbar vor der Anlasstat eine Einweisung nach PsychKG NW vorgesehen war.

Eine paranoid schizophrene Störung ist dem Eingangskriterium einer krankhaften seelischen Störung gemäß den §§ 20/21 StGB zuzuordnen. Hinweise für eine besonders affektive Akzentuierung bei Begehung der Tat im Sinne einer tiefgreifenden Bewusstseinsstörung haben sich nicht ergeben. Ein Schwachsinn konnte klinisch und testpsychologisch ausgeschlossen werden. Auch ergeben sich keine Anhaltspunkte für eine sogenannte schwere andere seelische Abartigkeit.

Aufgrund des wahrscheinlichen, hier unterstellten psychotischen Erlebens zum Tatzeitpunkt war die Einsicht in das begangene Unrecht zum Tatzeitpunkt offensichtlich aufgehoben. Dies ist auf Grund der hier bekannten Umstände der Anlasstat und dem jetzigen diagnostischen Eindruck zu schlussfolgern. Insofern ist diese Einschätzung, ungeachtet der beschriebenen Bagatellisierungstendenz, als mit einer besonders hohen Wahrscheinlichkeit ausgestattet abzugeben.

Damit würden in diesem Bereich zusammenfassend die Voraussetzungen einer aufgehobenen Schuldfähigkeit im Sinne des § 20 StGB zum Tatzeitpunkt aus psychiatrischer Sicht vorliegen.

Zugleich wird von hier aus die Unterbringung in einem psychiatrischen Krankenhaus gem. § 63 StGB befürwortet. Die Gesamtwürdigung des Probanden und seiner Tat ergibt, dass von ihm infolge seines Zustandes erhebliche rechtswidrige Taten zu erwarten sind und er deshalb für die Allgemeinheit gefährlich ist. Diese Annahme gründet sich insbesondere auf die fehlende Krankheits- und die mangelnde Behandlungseinsicht. Auch die jetzige, weiter nicht remittierte psychotische Symptomatik mit besonderen affektiven, kognitiven und Antriebsstörungen lässt einen solchen Schluss zu. Da der Proband selbst seinen Behandelnden gegenüber Denkstörungen und – fast durchgängig auch – Wahrnehmungsstörungen verneint hat, die nach dem Gesamtbild der klinischen Symptomatik aber vorliegen müssten, sind Krankheits- sowie Kriminalprognose derzeit als relativ schlecht anzusehen.

Auch die mehrmonatige stationär-psychiatrische und -psychotherapeutische Behandlung hat diesen Zustand nicht wesentlich verbessert. Daher ist gegenwärtig aus psychiatrischer Sicht nicht zu empfehlen, entsprechend § 67b Abs. 1 S. 1 StGB eine Maßregel zugleich mit der Anordnung zur Bewährung auszusetzen.

Es wird von hier aus empfohlen, dass die ärztlich Behandelnden vor einer anzusetzenden Hauptverhandlung eine Stellungnahme zur aktuellen Verhandlungsfähigkeit abgeben. Außerdem ist anzuraten, dass der für den Probanden verantwortliche Chefarzt oder Oberarzt der Klinik als weiterer Sachverständiger geladen wird und zum weiteren Verlauf der Erkrankung im Rahmen einer prognostischen Einschätzung Stellung nehmen kann.

Zusammenfassend wurde im vorliegenden Gutachten beschrieben, dass aus psychiatrischer Sicht die Voraussetzungen einer aufgehobenen Schuldfähigkeit zum Tatzeit-

Muster 1.4. (Fortsetzung)

punkt vorlagen. Daneben wurde die Unterbringung in einem psychiatrischen Krankenhaus empfohlen.

Prof. Dr. med. Dr. rer. soc. Frank Schneider
Facharzt für Psychiatrie und Psychotherapie
Diplom-Psychologe, Psychologischer Psychotherapeut
Forensische Psychiatrie (DGPPN)

Muster 1.4. (Fortsetzung)

Univ.-Prof. Dr. Dr. Frank Schneider
Direktor der Klinik für Psychiatrie und Psychotherapie
Universitätsklinikum Aachen

52074 Aachen, 30.08.2005
Pauwelsstr. 30
Tel.: 0241 80 89 633
Fax: 0241 80 82 401
psychiatrie@ukaachen.de
www.psychiatrie.ukaachen.de

An die
Staatsanwaltschaft Düsseldorf
Postfach 10 11 22
40002 Düsseldorf

43 AK 107/05

Testpsychologisches Zusatzgutachten

über

Herrn
Paul Krassner,
geb. am 15.04.1980,
wohnhaft Bahnweg 1,
49100 Bergbach

Die Erstellung des nachfolgenden testpsychologischen Zusatzgutachtens über Herrn Paul Krassner erfolgt auf Veranlassung der Staatsanwaltschaft Düsseldorf im Rahmen eines psychiatrischen Gutachtens des Unterzeichnenden zur Frage der strafrechtlichen Verantwortlichkeit. Das Gutachten stützt sich auf testpsychologische Untersuchungen am 15.08.2005 und 19.08.2005 in der Klinik für Psychiatrie und Psychotherapie des Universitätsklinikums Aachen.

Folgende standardisierte testpsychologische Verfahren wurden verwendet:

1. Revidierte Fassung des Hamburg-Wechsler-Intelligenztests für Erwachsene (HAWIE-R 91)
2. Kurztest für die allgemeinen Basisgrößen der Informationsverarbeitung (KAI)
3. Aufmerksamkeitsbelastungstest d2 nach Brickenkamp
4. Test zur Objektivierung zerebraler Insuffizienzen (c.I.-Test)
5. Syndrom-Kurztest (SKT)
6. Visual Retention Test nach Benton
7. Trail-Making-Test (TMT)

Die durchgeführten Verfahren zielen auf die Überprüfung folgender im Hinblick auf die Fragestellung wichtiger Funktionen und Persönlichkeitsdimensionen ab: Intelligenz, kognitive Flexibilität, Hirnleistung allgemein, Konzentrationsfähigkeit, Informationsverarbeitungsgeschwindigkeit, Merkfähigkeit, Gedächtnis und affektive Belastbarkeit.

Herr Krassner erschien zu beiden Untersuchungsterminen in Begleitung eines Mitarbeiters seines Wohnheimes.

Vor der Testdurchführung wurde Herr Krassner zunächst über die Gutachtensituation aufgeklärt, wobei betont wurde, dass im Rahmen der Begutachtung kein Raum für

Muster 1.5. Testpsychologisches Beispielgutachten

vertrauliche Mitteilungen sei, da alle für das Gutachten relevanten Informationen darin aufgenommen und dem Gericht bekannt würden.

Herr Krassner erklärte sich damit einverstanden und war zur freiwilligen Mitarbeit bereit.

Testbefunde
Danach gefragt, gab Herr Krassner an, bislang keine Erfahrungen mit psychologischen Tests gemacht zu haben.

Revidierter Hamburg-Wechsler-Intelligenztest für Erwachsene (HAWIE-R 91; Tewes 1994)

Dieses Verfahren dient der Erfassung der globalen Intelligenz und wichtiger Teilbereiche der intellektuellen Leistungsfähigkeit. Herr Krassner erzielt in den einzelnen Untertests folgende Testergebnisse in Wertpunkten:

Allgemeines Wissen	WP = 2
Zahlennachsprechen	WP = 1
Wortschatztest	WP = 1
Rechnerisches Denken	WP = 3
Allgemeines Verständnis	WP = 3
Gemeinsamkeiten finden	WP = 1
Bilderergänzen	WP = 1
Bilderordnen	WP = 3
Mosaik-Test	WP = 1
Figurenlegen	WP = 5
Zahlensymboltest	WP = 2

Verbal-IQ = 41; Handlungs-IQ = 35; Gesamt-IQ = 37

Mit einem in diesem Verfahren erzielten Gesamt-IQ von 37 liegt Herr Krassner sehr weit unter dem Durchschnitt seiner Altersgruppe. Seine intellektuelle Leistungsfähigkeit ist dem Schwachsinn gleichzusetzen. Dieser Wert entspricht einem Prozentrang von noch unter 0,1, d. h., mehr als 99,9% der Gleichaltrigen würden in diesem Test eine bessere Intelligenzleistung erbringen. Die Messungenauigkeit des Verfahrens mit eingerechnet, dürfte sein wahrer IQ mit einer Wahrscheinlichkeit von 95% zwischen 30 und 44 liegen.

Ein Unterschied in der Bearbeitung mehr sprachlich orientierter Aufgabenstellungen und eher praktischen, nichtsprachlichen lässt sich nicht finden. Bei beiden Aufgabenanforderungen treten ähnlich schwache Leistungen zutage.

Das sehr auffällige intellektuelle Leistungsprofil weist ausschließlich stark unterdurchschnittliche Leistungen in den einzelnen Untertests auf.

Seine beste Leistung erzielt er, wenn es um die vorstellungsmäßige Erfassung von Gestaltzusammenhängen und die Herstellung von Beziehungen zwischen Teil und Ganzem geht. Aber auch hier zeigt die Beobachtung des Lösungsverhaltens, dass Herr Krassner bei der Suche nach der Lösung nach Versuch und Irrtum vorgeht und keine zielgerichtete Strategie verfolgt.

Sehr schwach ist die kurzfristige Merkfähigkeit bei akustischem Material. Auch der Wortschatz und damit das verbale Verständnis sind sehr gering ausgeprägt. Am äußersten unteren Ende des Leistungsspektrums befinden sich ferner das Abstraktionsvermögen und das abstrakt logische Denken sowie die Kombinationsfähigkeit bei geometrisch-räumlichen Figuren. Besonders die Ergebnisse dieses Untertests können Hinweise auf mögliche hirnorganische Beeinträchtigungen liefern. Herr Krassner ist zudem praktisch nicht in der Lage, bei bekannten Gegenständen zwischen wichtigen und unwichtigen Einzelheiten zu differenzieren. Er zeigt hier eine sehr geringe Wahrnehmungsgenauigkeit.

Muster 1.5. (Fortsetzung)

Insgesamt betrachtet gibt es keine größeren Schwankungen der Leistungen in den verschiedenen Untertests. Fast alle Leistungen befinden sich im untersten Normbereich.

Kurztest für allgemeine Basisgrößen der Informationsverarbeitung (KAI; Lehrl et al. 1991b)

Mit dem KAI kann Auskunft über die allgemeine geistige Leistungsfähigkeit gegeben werden, und zwar speziell hinsichtlich des Informationsflusses zum Kurzspeicher (zentrale Informationsverarbeitungsgeschwindigkeit) und der Gegenwartsdauer (unmittelbares Behalten, Gedächtnisspanne). Es lässt sich damit die Ausprägung der fluiden Intelligenz bestimmen. Der Test kann aber auch zur Diagnose intellektueller Leistungsminderungen infolge hirnorganischer Störungen verwendet werden. Bei Herrn Krassner ergibt sich ein Wert, der bereits außerhalb der genauen Normierung liegt und nur noch eine ungefähre Einordnung ermöglicht. Die erzielten Rohwerte ergeben einen IQ von unter 71, der eine sehr niedrige aktuelle geistige Leistungsfähigkeit anzeigt. Die akute intellektuelle Funktionstüchtigkeit, die relativ unabhängig von Erfahrungen ist, weist demnach Beeinträchtigungen auf. Die Kurzzeitspeicherkapazität, die als Zentrale für das akute Informationsmanagement gesehen werden kann, ist sehr niedrig. Die Ergebnisse geben somit Hinweise auf eine Funktionsminderung aufgrund einer zerebralen Insuffizienz.

Aufmerksamkeitsbelastungstest d2 (Brickenkamp 2002)

Mit diesem Verfahren wird eine intelligenzunabhängige Prüfung der Aufmerksamkeitsleistung in quantitativer und qualitativer Hinsicht angestrebt. Hierbei erreicht Herr Krassner folgende Leistungen:

Gesamtleistungsmenge (GZ)	PR = 1,4
Leistungsgüte (F%)	PR = <0,1
Gesamttestwert (GZ-F)	PR = <0,1
Schwankungsbreite(SB)	PR = 10
Fehlerverteilung	27 / 30 / 22

Im Bereich der Detaildiskrimination zur Messung der Aufmerksamkeit und Konzentration bei einfachen Routinetätigkeiten zeigt Herr Krassner eine stark unterdurchschnittliche Leistungsmenge und ein sehr geringes Arbeitstempo. Er übertrifft hier nur rund 1,4% seiner Altersgruppe. Betrachtet man die Leistungsgüte und die Geschwindigkeit im Zusammenhang, so erreicht Herr Krassner auch in diesem Test nur sehr stark unterdurchschnittliche Werte, die seine Ergebnisse am untersten Ende der Normwerteverteilung einordnen. Er übertrifft nicht einmal 0,1% der Gleichaltrigen. Die Qualität der Leistung ist gemessen an der Fehlerzahl sehr gering und lässt eine unzureichende Fähigkeit zur Ausdauer und Genauigkeit bei der Arbeit erkennen. Der Leistungsverlauf ist zudem sehr schwankend.

Man kann den Ergebnissen zufolge nicht von einer ausreichenden psychophysischen Belastbarkeit und Aufmerksamkeitsleistung ausgehen.

Test zur Objektivierung zerebraler Insuffizienzen (c.I.-Test; Lehrl u. Fischer 1997)

Mit diesem sensitiven Screeningverfahren zur Diagnostizierung zerebraler Insuffizienzen lassen sich bei Herrn Krassner Anzeichen eines psychoorganischen Syndroms feststellen. Reizaufnahme und Reizverarbeitung bei störenden Umweltbedingungen (Symbole zählen) sind verlangsamt. Die schnelle kognitive Flexibilität (Interferenztest) ist dagegen nicht auffällig beeinträchtigt.

Syndromkurztest (SKT; Erzigkeit 2001)

Der Syndromkurztest ist ein Leistungsverfahren, das ein breites Spektrum psychischer Funktionen erfasst. Er dient der Objektivierung erworbener Intelligenzstö-

Muster 1.5. (Fortsetzung)

rungen. Herr Krassner erzielt einen Gesamtwert von 12, ein Ergebnis, das der Test als leichtes organisches Psychosyndrom klassifiziert.

Das Leistungsprofil in diesem Test ist recht heterogen, es fallen große Leistungsdifferenzen zwischen den einzelnen Untertests auf. Solche Schwankungen kommen bei ausgeprägten Gedächtnisstörungen oder bei umschriebenen zerebralen Schädigungen vor, sie können aber auch durch Aggraviations- und Verfälschungstendenzen verursacht sein. Letzteres lässt sich aufgrund der Verhaltensbeobachtung und des klinischen Eindruckes jedoch ausschließen. Das Leistungsprofil zeigt, dass bei bekannten visuellen Gegenständen die kurzfristige Behaltensleistung nicht und die langfristige Gedächtnisleistung sowie die geistige Umstellungsfähigkeit kaum beeinträchtigt sind und damit nicht gestörte Funktionsbereiche darstellen. Auffällig sind Beeinträchtigungen im Umgang mit Zahlen und in der Verarbeitungsgeschwindigkeit. Diese Beeinträchtigungen stehen in Übereinstimmung mit weiteren ermittelten Testergebnissen.

Visual Retention Test nach Benton (1996)
Der Benton-Test dient der Diagnose hirnorganischer Störungen. Es werden damit die visuelle Merkfähigkeit, die Gestaltauffassungsfähigkeit (Figur-Grund-Differenzierung) und die Formreproduktionsfähigkeit (visuomotorische Koordination) gemessen. Den Probanden werden auf Vorlagen Abbildungen geometrischer Figuren gezeigt. Sie sollen sich die Figuren einprägen und nach 10 Sekunden Darbietungszeit aus dem Gedächtnis nachzeichnen. Hirnschädigungen drücken sich dabei in Minderleistungen aus. Herr Krassner hat keine einzige korrekte Lösung bei den 10 Vorlagen und macht dabei 23 Fehler. Bei Annahme eines Intelligenzniveaus von 37 liegt der Erwartungswert für die Zahl richtiger Lösungen im Benton-Test nach Lebensalter bei 3-4, für die Zahl der Fehler bei 8-9.

Die Leistung liegt damit mindestens 3 Punkte unter dem Erwartungswert und legt eine Störung der kognitiven Leistung nahe. Die Fehlerzahl liegt sogar bis zu 15 Punkte über dem Erwartungswert und gibt einen ernsthaften Hinweis auf eine solche Störung.

Die Art der Fehler, es handelt sich vor allem um Auslassungen und Entstellungen, weisen darauf hin, dass bei Herrn Krassner eine Störung der visuokonstruktiven Fähigkeiten, der visuellen Wahrnehmung und des visuellen Gedächtnisses vorliegt. So kann er beispielsweise die Figur (Dreieck) benennen, die er gesehen hat, aber nicht mehr aus dem Gedächtnis nachzeichnen. Auslassungen weisen auf Hirnschädigungen hin, da sie für Patienten mit solchen Schädigungen typisch sind; bei Personen mit Schwachsinn kommt es häufiger zu Entstellungsfehlern.

Trail-Making-Test (TMT; Reitan 1992)
Dieser Test dient der Messung der Merkmalsbereiche Symbolerfassung, Überblicksgewinnung, Umstellfähigkeit. Diese Funktionen werden mittels motorischer Reaktionen (Linienverbindungen) auf visuelles Reizmaterial erhoben. Testleistungsdefizite gelten als Hinweis auf hirnorganische Störungen.

Die von Herrn Krassner benötigte Bearbeitungszeit ist so hoch, dass sie im Vergleich mit den Normwerten auf ziemlich bis stark gestörte Hirnfunktionen hinweist. In der Normgruppe finden sich keine gesunden Kontrollpersonen mit so hohen Bearbeitungszeiten.

Angaben des Probanden
Herr Krassner äußert sich zu den ihm zur Last gelegten Tatvorwürfen zunächst mit folgender Schilderung: Er habe in der Stadt CDs angeguckt, da ihm langweilig gewesen sei. Er habe die CDs eingepackt und sei damit aus dem Laden gegangen. Da habe es an der Tür gepiept, und er habe die CDs zurückgeben müssen. Auf Nachfrage, warum es gepiept habe, gab er an, er habe die CDs nicht bezahlt, weil er kein Geld dabei

Muster 1.5. (Fortsetzung)

gehabt habe. Auf weitere Nachfragen äußert Herr Krassner, dass man dies nicht dürfe, sondern dies Diebstahl wäre. Die Polizei (auf Nachfrage) sei aber nicht gekommen. Zu dem Vorfall sei es im November oder Dezember 2000 gekommen.

Nach weiteren Vorfällen befragt, berichtet Herr Krassner von dem Besuch bei seinem Freund Pete, bei dem er Geld aus einem Portemonnaie entwendet habe. Er habe bei seinem Freund übernachtet. Sie seien im Kino in Duisburg gewesen, anschließend wären sie zurückgefahren, hätten gegessen und ferngesehen sowie Musik gehört. Er sei dann ins Schlafzimmer der Eltern von Pete und habe nach Geld gesucht. Das Portemonnaie von Frau Hauser habe dort auf dem Tisch gelegen und er habe Kleingeld, so 6-7 € rausgenommen. Auf Nachfrage, ob das alles gewesen sei, was er mitgenommen habe, antwortete er, er habe auch noch die D-Karte (er meinte damit die Scheckkarte) mitgenommen. Dann sei er wieder zu Pete ins Zimmer, er habe dem aber nichts davon erzählt. Mit der Karte habe er nichts gemacht, er wisse ja nicht, wie das funktioniere, Geld abzuheben. Er habe die Karte dann dem Dieter gezeigt, der bei ihm im Heim arbeite und der habe sie ihm weggenommen. Nachher habe er zur Polizei gehen müssen. An mehr könne er sich nicht mehr erinnern.

Klinischer Eindruck und Verhaltensbeobachtung
Das äußere Erscheinungsbild zeigt einen durchschnittlich gepflegten, sportlich gekleideten jungen Mann. Herr Krassner macht einen sehr kindlich-naiven Eindruck. Er ist höflich, bemüht und im Kontakt freundlich, dabei aber gehemmt und schweigsam. Es ist eine gewisse Nervosität spürbar. Antworten und Aussagen kommen vielfach nur auf Nachfrage.

Bei der Testbearbeitung zeigt er eine ausreichende Leistungsmotivation und gibt keinen Anlass für einen Verdacht auf mangelndes Bemühen oder absichtliches Vortäuschen von Defiziten. Er freut sich sichtlich, wenn ihm Lösungen gelingen und man ihn lobt und wirkt auf der anderen Seite recht verzweifelt, wenn er mit Defiziten konfrontiert wird bzw. ihm Lösungen der Aufgaben nicht gelingen. Bei seinen Lösungsbemühungen fällt auf, dass er meist nach Versuch und Irrtum vorgeht und langsam arbeitet. Es gelingt ihm nicht, Probleme gedanklich zu durchdringen oder hierfür Lösungsstrategien zu entwickeln.

Teilweise ist er bemüht, seine offensichtlichen Schwierigkeiten zu verbergen und nicht von vornherein immer offenzulegen. Bei den Antworten und Lösungen, die er nicht kennt, überlegt er lange und gibt erst auf Nachfrage zu, dass er die Antwort nicht weiß.

Es fällt auf, dass ihm eine geordnete Schilderung der ihm zur Last gelegten Taten kaum möglich ist und viele Antworten erst auf Nachfrage kommen. Er lässt wenig Schuld- oder Reuegefühle im Zusammenhang mit den ihm zur Last gelegten Vorwürfen erkennen.

Zusammenfassender testpsychologischer Untersuchungsbefund
Den Ergebnissen der Leistungsuntersuchung zufolge verfügt Herr Krassner mit einem IQ von 34 über eine extrem niedrige Intelligenz, die der Merkmalskategorie eines sogenannten Schwachsinnes im Sinne der §§ 20, 21 StGB zuzuordnen ist. Die erreichte Gesamtleistung, die einem Prozentrang von unter 0,1 entspricht, liegt damit am untersten Ende der Normwerteverteilung der Gleichaltrigen. Sein verbales Verständnis, die kurzfristige Merkfähigkeit bei akustischem Material, die Formwahrnehmung und Beobachtungsfähigkeit sowie sein Abstraktionsvermögen sind besonders beeinträchtigt. Das Leistungsspektrum ist dabei recht gleichmäßig ausgeprägt; durchschnittliche oder gar überdurchschnittliche Leistungen fehlen völlig. Auch die Basiskomponenten der Informationsverarbeitung, die Gedächtnisspanne und Informationsverarbeitungsgeschwindigkeit sind gering und lassen eine sehr eingeschränkte Kapazität des Kurzzeitgedächtnisses erkennen.
Herr Krassner kann außerdem nicht ausreichend lesen, schreiben oder rechnen. Kenntnisse in diesen Bereichen sind rudimentär.

Muster 1.5. (Fortsetzung)

Auch bei einfachen Detaildiskriminationsaufgaben zeigt er unter zeitlicher Belastung eine starke Irritierbarkeit. Er arbeitet sehr langsam und die Leistungsqualität ist äußerst gering, sodass keine altersadäquate Konzentrationsfähigkeit vorliegt. Möglicherweise werden hier die Testresultate noch zusätzlich beeinflusst von den offensichtlich vorhandenen Wahrnehmungs- und visuellen Differenzierungsdefiziten von Herrn Krassner.

Solche zeigen sich in weiteren Verfahren, die dazu eingesetzt wurden, um mögliche Hirnleistungsstörungen zu objektivieren.

Hinweise auf ein hirnorganisches Psychsyndrom finden sich in den Resultaten aller hierzu verwendeten Tests. So sind die visuelle Formwahrnehmung und das visuelle Gedächtnis sowie visuokonstruktive Fertigkeiten stark beeinträchtigt und deuten auf eine zerebrale Insuffizienz. Auch die Einschränkung in der allgemeinen geistigen Leistungsfähigkeit, gemessen anhand der Kurzzeitspeicherkapazität, indizieren eine solche Störung. Weitere Hinweise erhält man aus der reduzierten Geschwindigkeit der Reizaufnahme und Verarbeitung und anhand der Leistungseinbußen in der Symbolerfassung und Überblicksgewinnung sowie der Konstruktion räumlicher Konfigurationen.

Nicht vergleichbar gestört sind dagegen die schnelle geistige Umstellfähigkeit, d. h., Herr Krassner zeigt keine erhöhte Interferenzneigung, sowie die kurzfristige und auch längerfristige Gedächtnisleistung im Bezug auf konkrete und bekannte visuelle Gegenstände.

Ausgehend von diesen Ergebnissen ist eine mittelgradige Intelligenzminderung entsprechend ICD-10: F71 zu diagnostizieren.

Priv.-Doz. Dr. rer. soc. Ute Habel
Diplom-Psychologin

Einverstanden aufgrund eigener Untersuchung und Urteilsbildung

Prof. Dr. med. Dr. rer. soc. Frank Schneider
Facharzt für Psychiatrie und Psychotherapie
Diplom-Psychologe, Psychologischer Psychotherapeut
Forensische Psychiatrie (DGPPN)

Muster 1.5. (Fortsetzung)

1.8 Literatur

AMDP: Arbeitsgemeinschaft für Methodik und Dokumentation in der Psychiatrie (2000, [8]2006) Das AMDP-System. Manual zur Dokumentation psychiatrischer Befunde. Hogrefe, Göttingen

AMDP, CIPS (1990) Rating scales for psychiatry. Beltz, Weinheim

Amthauer R (2000) Intelligenz-Struktur-Test 2000-R. Hogrefe, Göttingen

Banger M (2000) Drogenscreening-Untersuchungen. In: Gastpar M, Banger M (Hrsg) Laboruntersuchungen in der psychiatrischen Routine. Thieme, Stuttgart, S 9–20

Baumann U, Stieglitz RD (1983) Testmanual zum AMDP-System. Empirische Studien zur Psychopathologie. Springer, Berlin Heidelberg New York Tokio

Baumann U, Stieglitz RD (1998) Klassifikation. In: Baumann U, Perrez M (Hrsg) Klinische Psychologie. Bd 1: Grundlagen, Diagnostik, Ätiologie. Huber, Bern, S 83–99

Bayerlein W (2002) Praxishandbuch Sachverständigenrecht. Beck, München

Beck AT, Hautzinger M, Bailer M, Worall H, Keller F (1995) Beck-Depressions-Inventar (BDI). Hogrefe Göttingen

Benton AL, Benton Sivan A, Spreen O (1996) Der Benton-Test. Huber, Bern

Bienwald W (1999) Betreuungsrecht – Gesetz zur Reform des Rechts der Vormundschaft und Pflegschaft für Volljährige, Kommentar, 3. Aufl. Gieseking, Bielefeld

Blanke J (2000) Die CDT-Untersuchung. In: Gastpar M, Banger M (Hrsg) Laboruntersuchungen in der psychiatrischen Routine. Thieme, Stuttgart, S 21–25

Boetticher A, Nedopil N, Bosinski HAG, Saß H (2005) Mindestanforderungen für Schuldfähigkeitsgutachten. NStZ 25: 57–62

Brähler E, Holling H, Leutner D, Petermann F (Hrsg) (2002) Brickenkamp Handbuch psychologischer und pädagogischer Tests, 2 Bde. Hogrefe, Göttingen

Brickenkamp R (2002) Test d2 Aufmerksamkeits-Belastungs-Test. Hogrefe, Göttingen

Bronisch Th, Hiller W, Mombour W, Zaudig M (1995) Internationale Diagnosen Checkliste für Persönlichkeitsstörungen nach ICD-10 (IDCL-P). Huber, Bern

Bürger R (1999) Sachverständigenbeweis im Arzthaftungsprozess. MedR 17: 100–111

CIPS (1996) Internationale Skalen für Psychiatrie, 4. Aufl. Beltz, Weinheim

Collatz J, Koch E, Salman R, Machleidt (1997) Transkulturelle Begutachtung. Verlag für Wissenschaft und Bildung, Berlin

Cordes J, Malevani J (2002) Zusatzdiagnostik. Labor. In: Gaebel W, Müller-Spahn F (Hrsg) Diagnostik und Therapie psychischer Störungen. Kohlhammer, Stuttgart, S 766–787

Creutz R (1993) Zeitgemäße Anforderungen an die psychiatrische Begutachtung von Angehörigen des öffentlichen Dienstes durch das Gesundheitsamt. Gesundh Wes 55: 294–300

Däubler W (2002) Die Reform des Schadensersatzrechts. JuS 42: 625–630

Dauner-Lieb B, Heidel T, Lepa M, Ring G (2002) Schuldrecht. Erläuterungen der Neuregelungen zum Verjährungsrecht, Schuldrecht, Schadensersatzrecht und Mietrecht. DeutscherAnwaltVerlag, Bonn

Deegener G (1996) Multiphasic Sex Inventory (MSI). Hogrefe, Göttingen

Dilling H (2000) Die vielen Gesichter des psychischen Leids. Huber, Bern

Dilling H, Mombour W, Schmidt MH (2000a) ICD-10 Kap. V (F) Klinisch-diagnostische Leitlinien, 4. Aufl. Huber, Bern

Dilling H, Mombour W, Schmidt MH, Schulte-Markwort E (2000b) ICD-10 Kap. V (F) Diagnostische Kriterien für Forschung und Praxis, 2. Aufl. Huber, Bern

Dilling H (2002): Lexikon zur ICD-10 Klassifikation psychischer Störungen. Huber, Bern

DIMDI (1995a) ICD-10. Bd I: Systematisches Verzeichnis. Urban & Schwarzenberg, München

DIMDI (1995b) ICD-10. Bd II: Regelwerk. Urban & Schwarzenberg, München

Dittmann V, Dilling H, Freyberger HJ (Hrsg) (1992a) Psychiatrische Diagnostik nach ICD-10. Klinische Erfahrungen bei der Anwendung. Ergebnisse der ICD-10-Merkmalslistenstudie. Huber, Bern

Dittmann V, Freyberger HJ, Stieglitz R-D, Zaudig M (1992b) Die ICD-10-Merkmalsliste. Test-Version III. In: Dittmann V, Dilling H, Freyberger HJ (Hrsg) (1992a), S 185–216

Drimmelen-Krabbe J, Bertelsen A, Pull C (1999) Ähnlichkeiten und Unterschiede zwischen ICD-10 und DSM-IV. In: Helmchen H, Henn H, Lauter H, Sartorius N (Hrsg) Psychiatrie der Gegenwart, Bd 2: Allgemeine Psychiatrie. Springer, Berlin Heidelberg New York Tokio S 89–117

Ehlers A (1997) Praxis des medizinischen Gutachtens im Prozess. Jehle Rehm, München

Eisenberg U (2002) Beweisrecht der StPO, 4. Aufl. Beck, München

Erlenkämper A (2004) Rechtliche Grundlagen. In: Venzlaff U, Foerster K (Hrsg) Psychiatrische Begutachtung. Ein praktisches Handbuch für Ärzte und Juristen, 4. Aufl. Urban & Fischer, München, S 581–641

Erzigkeit H (2001) Manual zum SKT, Formen A–E. Vless, Ebersberg

Fähndrich E, Stieglitz RD (2006) Leitfaden zur Erfassung des psychopathologischen Befundes. Halb-strukturiertes Interview anhand des AMDP-Systems, 3. Aufl. Hogrefe, Göttingen

Fahrenberg J, Hampel R, Selg H (2001) Das Freiburger Persönlichkeitsinventar FPI. Revidierte Fassung FPI-R und teilweise geänderte Fassung FPI-A1, 7. überarbeitete und neu normierte Aufl. Hogrefe, Göttingen

Foerster K (2002) Der psychiatrische Sachverständige zwischen Proband, Justiz und Öffentlichkeit. Forensische Psychiatrie und Psychotherapie 9(3): 29–43

Foerster K (2003) Von der Verantwortung des psychiatrischen Sachverständigen. In: Amelung K, Beulke W, Lilie H, Rosenau H, Rüping H, Wolfslast G (Hrsg) Strafrecht, Biorecht, Rechtsphilosophie. Müller, Heidelberg, S 81–88

Foerster K, Leonhard M (2002) Die Beurteilung der Schuldfähigkeit bei akuter Alkoholintoxikation und Alkoholabhängigkeit. In: Schneider F, Frister H (Hrsg) Alkohol und Schuldfähigkeit. Springer, Berlin Heidelberg New York Tokio, S 55–67

Foerster K, Winckler P (2004) Forensisch-psychiatrische Untersuchung. In: Venzlaff U, Foerster K (Hrsg) Psychiatrische Begutachtung, 4. Aufl. Urban & Fischer, München, S 17–30

Forster B, Joachim H (1997) Alkohol und Schuldfähigkeit. Eine Orientierungshilfe für Mediziner und Juristen. Beck, München

Franke G (1995) SCL-90-R. Beltz, Weinheim

Freyberger HJ, Dilling H (1999) Fallbuch Psychiatrie. Kasuistiken zum Kap. V (F) der ICD-10. Huber, Bern

Freyberger HJ, Stieglitz RD (2004) Dissoziative Störungen. In: Berger M (Hrsg) Psychiatrische Erkrankungen, 2. Aufl. Urban & Fischer, München, S 757–767

Freyberger HJ, Ermer A, Stieglitz RD (2002) Psychische Untersuchung und Befunderhebung. In: Freyberger HJ, Schneider W, Stieglitz RD (Hrsg) Kompendium Psychiatrie, Psychotherapie, Psychosomatische Medizin, 11. Aufl. Karger, Basel, S 2–16

Goodman WK et al. (1989) The Yale-Brown Obsessive Compulsive Scale. Arch Gen Psychiatrie 46: 1006–1016

Grant DA, Berg EA (1993) Wisonsin Card Sorting Test. Psychological Assessment Ressources, Odessa/FL

Gülick-Bailer M, Maurer K, Häfner H (1994) Schedules for Clinical Assessment in Neuropsychiatry (SCAN). Huber, Bern

Gutzmann H, Kühl KP, Göhringer K (2000) Das AGP-System. Dokumentation gerontopsychiatrischer Befunde. Hogrefe, Göttingen

Habel U, Schneider F (2002) Diagnostik und Symptomatik von Alkoholintoxikation, schädlichem Gebrauch und Alkoholabhängigkeit. In: Schneider F, Frister H (Hrsg) Alkohol und Schuldfähigkeit. Springer, Berlin Heidelberg New York Tokio, S 23–54

Habermeyer E (2006) Kriterienkataloge: Ein Beitrag zur Qualitätssicherung in der Forensischen Psychiatrie. In: Schneider F (Hrsg) Entwicklungen der Psychiatrie. Springer, Berlin Heidelberg New York Tokio (im Druck)

Haffner HJ, Blank JH (2002) Berechnung und Stellenwert der Blutalkoholkonzentration bei der Schuldfähigkeitsbeurteilung. In: Schneider F, Frister H (Hrsg) Alkohol und Schuldfähigkeit. Springer, Berlin Heidelberg New York Tokio, S 69–89

Hamilton M (1960) A rating scale for depression. J Neurol Neurosurg Psychiatry 23: 56–62 (deutsche Fassung in CIPS 1996)

Hamilton M (1984) Klinische Psychopathologie. Enke, Stuttgart

Hampel R, Selg H (1975) FAF Fragebogen zur Erfassung von Aggressivitätsfaktoren. Hogrefe, Göttingen

Hare RD (2003) The Hare psychopathy checklist revised, 2nd edn. Multi-Health Systems, Toronto

Härting C, Markowitsch HJ, Neufeld H, Calabrese P, Deisinger K, Kessler J (2000) Wechsler Gedächtnis Test – Revidierte Fassung (WMS-R). Hogrefe, Göttingen

Hathaway SR, McKinley JC (2000) Minnesota Multiphasic Personality Inventory-2, Manual zum Deutschen MMPI-2, hg. v. RR Engel. Huber, Bern

Heubrock D, Petermann F (2000) Testbatterie zur Forensischen Neuropsychologie (TBFN). Swets Test Services, Frankfurt/Main

Heumann F-W (2001) Das Sachverständigengutachten im familiengerichtlichen Verfahren. FuR 12: 16–20

Hiller W, Zaudig M, Mombour W (1995) Internationale Diagnosen-Checklisten (IDCL). Huber, Bern

Horn W (1983) Leistungsprüfsystem LPS. Hogrefe, Göttingen

Horn HJ (1995) Die Begutachtung von fremdsprachigen Ausländern – Probleme und Fehlerquellen. Mschr Krim 77: 382–386

Hörner W, Liebau K, Foerster K (1988) Die Berücksichtigung des forensisch-psychiatrischen Gutachtens im Strafverfahren und im rechtskräftigen Urteil. Mschr Krim 71: 395–400

Hornig UC, Gottschaldt M (1996) Kohlenhydrat-defizientes Transferrin (CDT) als Indikator in der Diagnostik eines erhöhten Alkoholkonsums. Sucht 42: 176–180

Iffland R, Balling P, Börsch G, Herold C, Kaschade W, Löffler T, Schmidtmann U, Stettner J (1994) Zur Wertung erhöhter Spiegel von GGT, CDT, Methanol, Aceton und Isopropanolol im Blut alkoholauffälliger Kraftfahrer – Alkoholismusindikatoren anstelle medizinisch-psychologischer Untersuchungen. Blutalkohol 31: 273–314

Jacobs W (2001) Haftung des gerichtlichen Sachverständigen. ZRP 11: 489–493

Jessnitzer K, Frieling G (2001) Der gerichtliche Sachverständige: Ein Handbuch für die Praxis, 11. Aufl. Heymanns, Köln

Kay SR, Fiszbein A, Opler LA (The Positive and Negative Syndrome Scale (PANNS) for Schizophrenia. Schizophr Bull 13: 261–276

Kessler C, Freyberger HJ (1996) Neurologische Adaptation der ICD-10 – Kap. VI (G). Huber, Bern

Koch E, Özek M, Pfeiffer W (1995) Psychologie und Pathologie der Migration. Lambertus, Freiburg, S 277–303

Kühne A, Zuschlag B (2001) Richtlinien für die Erstellung psychologischer Gutachten. Deutscher Psychologen Verlag, Bonn

Laufs A, Uhlenbruck W (2002) Handbuch des Arztrechts, 3. Aufl. Beck, München

Lehrl S, Fischer B (1997) c.I. Test. Kurztest für cerebrale Insuffizienz. Huber, Bern

Lehrl S, Merz J, Burkard G, Fischer B (1991a) Mehrfachwahl-Wortschatz-Intelligenztest MWT-A. Perimed, Erlangen

Lehrl S, Gallwitz A, Blaha L, Fischer B (1991b) Geistige Leistungsfähigkeit. Theorie und Messung der biologischen Intelligenz mit dem Kurztest KAI. Vless, Ebersberg

Leibfahrt M (2003) Anwendung und Interpretation von Drogenscreenings im stationär-psychiatrischen Umfeld. Krankenhauspsychiatrie 14: 24–30

Leichsenring F (1997) Borderline-Persönlichkeits-Inventar (BPI). Hogrefe, Göttingen

Leitner WG (2000) Zur Mängelerkennung in familienpsychologischen Gutachten. FuR 11: 57–63

Lesting W (1992) Die Belehrungspflicht des psychiatrischen Sachverständigen über das Schweigerecht des beschuldigten Patienten. R&P 10: 11–16

Lienert GA (1969) Testaufbau und Testanalyse. Beltz, Weinheim

Malchow CP, Dilling H (2000) ICD-10-Computer-Tutorial II. Huber, Bern

Meyer P, Höver A, Bach W (2005) Die Vergütung und Entschädigung von Sachverständigen, Zeugen, Dritten und von ehrenamtlichen Richtern nach dem JVEG, 23. Aufl. Heymanns, Köln

Meyer-Goßner L (2003) Strafprozessordnung, 46. Aufl. Beck, München

Mombour W, Zaudig M, Berger P et al.(1996) International Personality Disorder Examination (IPDE). Huber, Bern

Müller K (1988) Der Sachverständige im gerichtlichen Verfahren. Handbuch des Sachverständigenbeweises, 3. Aufl. Müller, Heidelberg

Müller E (1997) Über Probleme des Sachverständigenbeweises im staatsanwaltlichen Ermittlungsverfahren. In: Festschrift für Gerhard Lüke zum 70. Geburtstag. Beck, München, S 493–502

Münchner Kommentar (2000) Zivilprozessordnung, Bd 2, §§ 355–802. Beck, München (zit. MünchKomm-Bearbeiter)

Müßigbrodt H, Kleinschmidt S, Schürmann A, Freyberger HJ, Dilling H (2000) Psychische Störungen in der Praxis. Leitfaden zur Diagnostik und Therapie in der Primärversorgung nach dem Kap. V (F) der ICD-10, 2. Aufl. Huber, Bern

Narr H (2002) Ärztliches Berufsrecht – Ausbildung, Weiterbildung, Berufsausübung, 2. Aufl, Bd 2. Deutscher Ärzte Verlag, Köln

Nedopil N, Stadtland C (2005) Methodenprobleme der forensisch-psychiatrischen Prognosebeurteilung. In: Schneider F (Hrsg) Entwicklungen der Psychiatrie. Springer, Berlin Heidelberg New York Tokio (im Druck)

Olzen D (1980) Das Verhältnis von Richtern und Sachverständigen im Zivilprozeß. ZZP 93: 66–88

Parzeller M, Wenk M, Rothschild MA (2005) Die ärztliche Schweigepflicht. Dtsch Ärztebl 102: 289–296

Payk TR (2002) Pathopsychologie. Vom Symptom zur Diagnose. Springer, Berlin Heidelberg New York Tokio

Peters UH (2005) Lexikon Psychiatrie, Psychotherapie, Medizinische Psychologie, 4. Aufl. Urban & Fischer bei Elsevier, München

Rauscher T (2002) Die Schadensrechtsreform. JURA 24: 577–584

Raven JC (1979) Standard Progressive Matrices. Beltz, Weinheim

Reitan RM (1992) Trial Making for Adults. Reitan Lab., Tucson/AZ

Rieger H-J (Hrsg) (2001) Lexikon des Arztrechts, 2. Aufl. Müller, Heidelberg

Rissing-van Saan R (2002) Beeinträchtigung der Schuldfähigkeit bei der Begehung von Straftaten und deren strafrechtliche Folgen. In: Schneider F, Frister H (Hrsg) Alkohol und Schuldfähigkeit. Springer, Berlin Heidelberg New York Tokio, S 103–119

Saß H (2000) Zur Musterweiterbildungsordnung: Schwerpunkt »Forensische Psychiatrie«, Weiterbildungscurriculum und Übergangsbestimmungen. Nervenarzt 71: 763–765

Saß H (2001) Schwerpunkt Forensische Psychiatrie: Gegenwärtiger Stand. Nervenarzt 72: 575

Saß H, Steinmeyer EM, Ebel H, Herpertz S (1995) Untersuchungen zur Kategorisierung und Dimensionierung von Persönlichkeitsstörungen. Z Klin Psychol 24: 239–251

Saß H, Wittchen HU, Zaudig M (1998) Diagnostisch und Statistisches Manual Psychischer Störungen (DSM-IV), 2. Aufl. Hogrefe, Göttingen

Scharfetter C (2002) Allgemeine Psychopathologie, 5. Aufl. Thieme, Stuttgart

Scharfetter C, Faust V (1995) Anamnese und psychischer Befund in Stichworten. In: Faust V (Hrsg) Psychiatrie. Ein Lehrbuch für Klinik, Praxis und Beratung. Fischer, Stuttgart, S 57–82

Schmelz S (2002) Gesetzliche Grundlagen der Blutentnahme. In: Schneider F, Frister H (Hrsg) Alkohol und Schuldfähigkeit. Springer, Berlin Heidelberg New York Tokio, S 91–101

Schneewind KA, Graf J (1998) Der 16-Persönlichkeits-Faktoren-Test, revidierte Fassung. Huber, Bern

Schöch H (2004) Juristische Aspekte des Maßregelvollzugs. In: Venzlaff U, Foerster K (Hrsg) Psychiatrische Begutachtung. Ein praktisches Handbuch für Ärzte und Juristen, 4. Aufl. Urban & Fischer, München, S 385–416

Schönke A, Schröder H (2001) Strafgesetzbuch. Beck, München (zit. Schönke u. Schröder-Bearbeiter)

Schreiber HL, Rosenau H (2004) Der Sachverständige im Verfahren und in der Verhandlung. In: Venzlaff U, Foerster K (Hrsg) Psychiatrische Begutachtung. Ein praktisches Handbuch für Ärzte und Juristen, 4. Aufl. Urban & Fischer, München, S 125–137

Schütz H (1983) Alkohol im Blut. Verlag Chemie, Weinheim, S 6–11, S 33–36

Siebel U, Michels R, Hoff P et al. (1997) Multiaxiales System des Kapitels V (F) der ICD-10. Nervenarzt 68: 231–238

Spearman C (1904) »General intelligence«, objectively determined and measured. Am J Psychol 15: 201–293

Staudinger J (2002) Kommentar zum Bürgerlichen Gesetzbuch mit Einführungsgesetz und Nebengesetzen, Buch 2: Recht der Schuldverhältnisse, §§ 839, 839a, 13. Aufl. De Gruyter, Berlin (zit. Staudinger-Bearbeiter)

Stein F, Jonas M (1999) Kommentar zur Zivilprozessordnung, Bd 4, Teilbd 2, §§ 348–501b, 21. Aufl. Mohr, Tübingen

Stieglitz RD (2000) Diagnostik und Klassifikation psychischer Störungen. Hogrefe, Göttingen

Stieglitz RD, Baumann U, Freyberger HJ (2001) Psychodiagnostik in Klinischer Psychologie, Psychiatrie, Psychotherapie. Thieme, Stuttgart

Stieglitz RD, Freyberger HJ, Mombour W (2002) Klassifikation und diagnostischer Prozess. In: Freyberger HJ, Schneider W, Stieglitz RD (Hrsg) Kompendium Psychiatrie, Psychotherapie, Psychosomatische Medizin, 11. Aufl. Karger, Basel, S 17–31

Sturm W, Willmes K, Horn W (1993) Leistungsprüfsystem 50+. Hogrefe, Göttingen

Tewes U (1994) HAWIE-R Hamburg-Wechsler Intelligenztest für Erwachsene, Revision 1991. Huber, Bern

Thomas H, Putzo H (2002) Zivilprozessordnung, 24. Aufl. Beck, München

Wagner R, Cramer S (2002) Kündigungsschutzprozess: Ist der Arzt Zeuge oder Sachverständiger? Deutsches Ärzteblatt 99, B2248

Wagner HJ, Möller MR (1995) Asservierung von Haaren zum Nachweis chronischen Drogenkonsums. Deutsches Ärzteblatt 92: B2169–B2172

Wechsler D (1956) Die Messung der Intelligenz Erwachsener. Huber, Bern

Weiss RH (1998) Grundintelligenztest-Skala2. CFT 20. Hogrefe, Göttingen

Wellmann CR (1997) Der Sachverständige in der Praxis, 6. Aufl. Werner, Düsseldorf

Westhoff K, Kluck M-L (1998) Psychologische Gutachten schreiben und beurteilen. Springer, Berlin Heidelberg New York Tokio

Wetterling T, Kanitz RD (1997) Der neue »Alkoholmarker« carbohydratdefizientes Transferrin (CDT). Fortschr Neurol Psychiatr 65: 337–346

WHO (1995) Symptom-Checkliste (SCL). Huber, Bern

Wittchen HU, Pfister H (1997) DIA-X Interview. Swets & Zeitlinger, Frankfurt/M.

Zaudig M, Hiller W (1996) Strukturiertes Interview für die Diagnose einer Demenz vom Alzheimer Typ, der Multiinfarkt-(oder vaskulären) Demenz und Demenzen anderer Ätiologie nach DSM-III-R, DSM-IV und ICD-10 (SIDAM). Huber, Bern

Zaworka W, Hand I, Jauernig G, Lünenschloss K (1983) Hamburger Zwangsinventar (HZI). Fragebogen zur Erfassung von Zwangsgedanken und Zwangsverhalten. Hogrefe, Göttingen

Zerssen D von (1975) Depressivitätsskala (DS). Beltz, Weinheim

Zimmermann P, Fimm B (1993) Testbatterie zur Aufmerksamkeitsprüfung (TAP). Psytest, Herzogenrath

Zöller R (2002) Zivilprozessordnung, Kommentar, 23. Aufl. Schmidt, Köln (zit. Zöller-Bearbeiter)

2

Schuldfähigkeit und Verantwortlichkeit

Breiten Raum in der forensisch-psychiatrischen Gutachtenpraxis nimmt die Einschätzung der Schuldfähigkeit im Strafrecht ein. Dabei werden mit medizinisch-psychologischen Methoden Informationen gesammelt (Exploration und ärztliche Untersuchung, Zusatzuntersuchungen wie testpsychologische und apparative Verfahren, Aktenlage hinsichtlich der Krankengeschichte und des tatzeitlichen Verhaltens und Erlebens), ggf. zu einer Diagnose für den Tatzeitpunkt zusammengefasst, und es werden die Auswirkungen auf die Schuldfähigkeit im Rechtssinne diskutiert.

Die Entscheidung über die strafrechtliche Verantwortlichkeit hat das erkennende Gericht zu treffen, während der Gutachter allenfalls eine entsprechende Empfehlung abgeben soll – ein Grundsatz, dem in der Praxis nicht immer entsprochen wird.

2.1 Begutachtung der Schuldfähigkeit Erwachsener

Die häufig konstatierten Verständigungsschwierigkeiten zwischen Juristen und Ärzten werden sowohl von juristischer als auch von psychiatrischer Seite vor allem auf den Mangel einer gemeinsamen Sprache zurückgeführt (Detter 1998, S. 60; Nedopil 1999, S. 433 ff.). Tatsächlich sind mit den von beiden Seiten benutzten Begriffen für die jeweils andere Disziplin abweichende Inhalte und Konnotationen verbunden. Einen wesentlichen Anlass dürfte dieses Kommunikationsproblem in den Bestimmungen über die Schuldfähigkeit Erwachsener (§§ 20, 21 StGB) haben, denen selbst von juristischer Seite attestiert wird, sie seien aufgrund der insgesamt verunglückten Gesetzesfassung »nicht wirklich interpretationsfähig« (NK-Schild, § 20 Rn. 71). Zielführend sind interdisziplinäre Kontakte: So sind gerade von einer Arbeitsgruppe, bestehend aus Richtern am Bundesgerichtshof, Bundesanwälten, forensischen Psychiatern und Psychologen, Sexualmedizinern und Juristen Empfehlungen für die forensische Schuldfähigkeitsbeurteilung nach den §§ 20 und 21 StGB erarbeitet worden (Bötticher et al. 2005).

§ 20 StGB. Schuldunfähigkeit wegen seelischer Störungen. Ohne Schuld handelt, wer bei Begehung der Tat wegen einer krankhaften seelischen Störung, wegen einer tiefgreifenden Bewusstseinsstörung oder wegen Schwachsinns oder einer schweren anderen seelischen Abartigkeit unfähig ist, das Unrecht der Tat einzusehen oder nach dieser Einsicht zu handeln.

§ 21 StGB. Verminderte Schuldfähigkeit. Ist die Fähigkeit des Täters, das Unrecht der Tat einzusehen oder nach dieser Einsicht zu handeln, aus einem der in § 20 bezeichneten Gründe bei Begehung der Tat erheblich vermindert, so kann die Strafe nach § 49 Abs. 1 gemildert werden.

§ 3 JGG. Verantwortlichkeit. Ein Jugendlicher ist strafrechtlich verantwortlich, wenn er zur Zeit der Tat nach seiner sittlichen und geistigen Entwicklung reif genug ist, das Unrecht der Tat einzusehen und nach dieser Einsicht zu handeln. Zur Erziehung eines Jugendlichen, der mangels Reife strafrechtlich nicht verantwortlich ist, kann der Richter dieselben Maßnahmen anordnen wie der Familien- oder Vormundschaftsrichter.

2.1.1 Bedeutung der Schuldfähigkeit für die Rechtfertigung der Strafe

Das strafrechtliche Schuldprinzip

Beauftragt das Gericht einen psychiatrischen oder psychologischen Sachverständigen mit einer Begutachtung der Schuldfähigkeit, so lassen sich die Erwartungen des Auftraggebers in etwa wie folgt konkretisieren: Der Sachverständige soll feststellen, ob der Untersuchte zu einem bestimmten Zeitpunkt an psychischen Defekten litt, die Einfluss auf seine Verantwortlichkeit gehabt haben könnten (SK-Rudolphi 2003, § 20 Rn. 3).

! Der so umrissene juristische Erwartungshorizont erklärt sich aus der Verpflichtung des Strafrechts auf das Schuldprinzip. Nach diesem mit verfassungsrechtlichem Rang ausgestatteten Grundsatz setzt jede Strafe die Schuld des von ihr Betroffenen voraus (BVerfGE 20, S. 331; 41, S. 125).

Dahinter steht die Erwägung, dass die Bestrafung eines Straftäters ihrerseits ein großes Unrecht darstellen würde, wenn dieser für seine Tat »nichts kann« (LK-Jähnke 2003, § 20 Rn. 3). Ergeben sich nun Anhaltspunkte dafür, dass der Täter zum Tatzeitpunkt eine psychische Störung hatte, infolge derer er für die Tat eventuell »nichts kann«, so hat das Gericht diesem Gesichtspunkt – in der Regel unter Zuziehung eines psychiatrischen oder psychologischen Sachverständigen – nachzugehen.

Diesen wenigen, eher umgangssprachlichen Wendungen lässt sich allerdings noch keine genauere Aussage dazu entnehmen, welche inhaltliche Ausfüllung das Schuldprinzip durch die herrschende Auffassung im Strafrecht erfährt. Was meinen also die Strafjuristen, wenn sie den Grundsatz aufstellen, es dürfe keine Strafe ohne Schuld des Betroffenen verhängt werden?

Bemüht man sich um eine inhaltliche Konkretisierung des Schuldgrundsatzes, so wird man im Strafgesetzbuch selbst zunächst nicht fündig. Zwar erklärt der Gesetzgeber in § 46 Abs. 1 S. 1 StGB die Schuld des Täters zur Grundlage für die Zumessung der Strafe. Auch nimmt er an verschiedenen Stellen eine Negativabgrenzung vor, indem er Aussagen dazu trifft, in welchen Konstellationen der Täter ohne Schuld handelt – so in den Vorschriften zum Verbotsirrtum und zum entschuldigenden Notstand (§§ 17, 35 StGB) oder eben in § 20 StGB hinsichtlich der Schuldunfähigkeit wegen seelischer Störungen. Eine positive Definition dessen, was Schuld im strafrechtlichen Sinne sein soll, findet sich im Gesetz hingegen nicht (Schreiber u. Rosenau 2004, S. 55).

Schuldfähigkeit als Willensfreiheit?

In der Rechtsprechung des Bundesgerichtshofes findet sich demgegenüber bereits in einer frühen Entscheidung der Versuch, dem Schuldgrundsatz inhaltliche Konturen zu verleihen.

! Nach dem in dieser Entscheidung eingenommenen Standpunkt liegt dem Strafrecht das Bild eines auf freie, verantwortliche, sittliche Selbstbestimmung angelegten Menschen zugrunde, der grundsätzlich die Fähigkeit besitzt, sich für das Recht und gegen das Unrecht zu entscheiden und sein Verhalten nach den rechtlichen Sollensnormen auszurichten (BGHSt 2, S. 200; vgl. BGHSt 10, S. 262; BGHSt 18, S. 94; Theune 2002a, S. 302).

Indem der Bundesgerichtshof von der Willensfreiheit des Menschen als der Grundlage staatlichen Strafens ausgeht, bezieht er im klassischen Streit um die Freiheitsproblematik, der seit jeher zwischen den Vertretern des Indeterminismus (wonach Freiheit stets im Andershandelnkönnen des mit einer Entscheidungssituation Konfrontierten besteht) und denjenigen des Determinismus (welcher die Existenz gerade dieser Wahlfreiheit des Handelnden negiert und ihn als das Objekt auf ihn einwirkender Kausalverläufe sieht) ausgetragen wird, eine klar indeterministische Position (Schreiber u. Rosenau 2004, S. 55 f.).

Den psychiatrischen oder psychologischen Sachverständigen konfrontiert die Rechtsprechung des Bundesgerichtshofs mit dem Problem, dass sich die Fähigkeit zur Selbstbestimmung nicht in dem von der Judikatur vorausgesetzten Sinne eines »Andershandelnkönnens« als Fähigkeit bestimmen lässt, immer auch eine andere als die getroffene Entscheidung zu treffen. Bereits Kant hat in seiner 1781 erschienenen *Kritik der reinen Vernunft* gezeigt, dass jede Analyse der Willensentscheidung eines Menschen diese Entscheidung als Reaktion einer bestimmten Person auf eine bestimmte Entscheidungssituation versteht und mit dieser Grundannahme zugleich davon ausgeht, dass die getroffene Entscheidung aus den Eigenarten der Person und der Entscheidungssituation resultiert.

Bereits aus erkenntnistheoretischen Gründen ist es nicht möglich, im Strafprozess zu einer erfahrungswissenschaftlich fundierten Antwort auf die vom Bundesgerichtshof formulierte Frage zu gelangen, ob der konkret zu beurteilende Täter im Tatzeitpunkt anders handeln konnte als geschehen oder ob er ausnahmsweise aufgrund der bei ihm bestehenden psychischen Problematik in seiner Entscheidungsfreiheit so weit eingeschränkt war, dass ihm kein (bzw. nur ein verminderter) Schuldvorwurf gemacht werden kann (Frister 1993, S. 18).

Schuldfähigkeit als formale Willensbildungsfähigkeit

Einen Ausweg aus dem Dilemma des Schuldbegriffes weist die Feststellung, dass trotz der aufgezeigten Problematik, Autonomie als psychischen Sachverhalt erkenntnistheoretisch zu ergründen, die Fähigkeit zur Selbstbestimmung in der sozialen Realität von den an einer sozialen Interaktion Beteiligten dem jeweiligen Gegenüber im Regelfall durchaus selbstverständlich zugeschrieben wird. Dem sozialen Erleben des Menschen stellt sich sowohl das eigene Verhalten als auch dasjenige anderer keineswegs als Naturereignis wie etwa Blitz oder Donner dar, sondern als Gestaltung der Welt durch ein autonomes, der Selbstbestimmung fähiges Subjekt. Die Annahme der Willensfreiheit ist demnach nicht erst eine Erfindung des Strafrechts, sondern die implizite Voraussetzung der sich von der natürlichen Umwelt abhebenden sozialen Welt des Menschen. Da das gesamte soziale Leben auf der wechselseitigen Zuerkennung von Autonomie beruht, ist diese auch ein notwendiger und legitimer Anknüpfungspunkt strafrechtlicher Zurechnung (Schünemann 1989, S. 151).

Ein in dieser Weise begründetes Schuldprinzip wird auch durch die jüngste Debatte über die Vereinbarkeit der Annahme der Willensfreiheit des Menschen mit den Ergebnissen der neueren Hirnforschung nicht in Frage gestellt. Ob die Ergebnisse gehirnphysiologischer Experimente von Libet und anderen (Libet et al. 1983; Haggard et al. 2002) tatsächlich den empirischen Nachweis erbringen, dass das menschliche Verhalten durchgängig durch neuronale Prozesse bestimmt werde und das Bewusstsein autonomer Steuerung bloße wirkungslose Einbildung sei (so Roth 2003, S. 553 f.; Singer 2004; kritisch Helmrich 2004; Kröber 2003), ist für ein richtig verstandenes Schuldprinzip ohne Bedeutung. Ein solcher Nachweis wäre lediglich die empirische Bestätigung der auf Kant zurückgehenden erkenntnistheoretischen Überlegung, dass bei theoretischer Betrachtung jedes Verhalten aus den Eigenarten der Person und der Situation zu erklären ist. Die wechselseitige Zuerkennung von Autonomie als Voraussetzung einer sich von der natürlichen Umwelt abhebenden sozialen Welt wird dadurch nicht berührt (vgl. zur Diskussion Bieri 2005; Kröber 2004, S. 106; Schockenhoff 2004; Schreiber u. Rosenau 2004, S. 58).

Die Zuerkennung von Autonomie hängt im sozialen Leben von der formalen Qualität des Willensbildungsprozesses ab: Wer über die Fähigkeit verfügt, sich auf eine Art und Weise zu entscheiden, deren Rationalität nicht signifikant hinter dem Niveau zurückbleibt, das für einen erwachsenen Menschen unserer Gesellschaft bei der in Frage stehenden Entscheidung im Allgemeinen erreichbar ist, wird als frei angesehen (Frister 1993, S. 128).

> **!** Ist der Täter in der Lage, einen im Hinblick auf obigen Vergleichsmaßstab hinreichend differenzierten Entscheidungsprozess zu durchlaufen, so kann dementsprechend auch das Strafrecht davon ausgehen, dass der Täter sich in der in Rede stehenden Situation prinzipiell anders – nämlich normgemäß – verhalten konnte und sich deshalb durch die Verwirklichung des zur Anklage gebrachten Deliktes schuldig gemacht hat (Roxin 1997, § 19 Rn. 35).

Legt man ein solches nicht am Entscheidungsinhalt, sondern an der Art und Weise der Entscheidungsfindung orientiertes Verständnis des Schuldprinzips zugrunde, so erscheint der Gedanke von der Willensfreiheit als der Grundlage staatlichen Strafens zumindest als gut handhabbares »praktisches Postulat« (LK-Jähnke 2003, § 20 Rn. 12), das seine Plausibilität aus dem Umstand gewinnt, dass Kategorien wie »Schuld« und »Verantwortung« von den Menschen als unleugbare Bestandteile unserer sozialen Wirklichkeit erlebt und im alltäglichen Umgang dem jeweils anderen praktisch zugeschrieben werden (Grasnick 1987, S. 55 f.). Die Kommunikation zwischen psychiatrischen oder psychologischen Sachverständigen und Juristen sollte der Schuldgrundsatz dann nicht weiter in dem eingangs ausgeführten Sinne belasten.

2.1.2 Schuldunfähigkeit bei Erwachsenen (§ 20 StGB)

Die gesetzliche Regelung geht davon aus, dass der erwachsene Mensch in der Regel schuldfähig ist: Während für Kinder in § 19 StGB die unwiderlegliche Vermutung der Schuldunfähigkeit ausgesprochen wird und bei Jugendlichen zwischen 14 und

18 Jahren die für die Schuldfähigkeit erforderliche geistige und sittliche Reife nach § 3 JGG erst im Einzelfall positiv festgestellt werden muss, geht das geltende Recht bei Erwachsenen davon aus, dass sie im Normalfall schuldfähig sind.

! Normalität und Verantwortlichkeit gelten dem Gesetz damit als Regelfall, der nicht weiter begründet werden muss; erst für den Fall, dass Umstände auftreten, die Zweifel an der Schuldfähigkeit des Täters begründen, wird eine eingehende Auseinandersetzung des Gerichts mit dieser Frage erforderlich (BGH NStZ 1989, S. 190).

Aus diesem Grunde beschränkt sich das Gesetz in § 20 StGB – im Unterschied zur positiven Regelung der Schuldfähigkeit in § 3 JGG – darauf, als Ausnahme von der Regel negativ die Voraussetzungen der Schuldunfähigkeit zum Zeitpunkt der Tat zu bestimmen (Schönke u. Schröder-Lenckner/Perron 2001, § 20 Rn. 1).

Legt man das herrschende Verständnis dieser Norm zugrunde, so folgt die Feststellung der Schuldunfähigkeit in § 20 StGB einer zweistufigen Methode: Auf der ersten Stufe ist zu fragen, ob der Täter bei Begehung der Tat eine psychische Störung aufwies, die sich den in § 20 StGB aufgeführten Merkmalen zuordnen lässt. Die zweite Stufe beschäftigt sich sodann mit der Frage, ob der Täter aufgrund des psychopathologischen Zustandes außerstande war, das Unrecht der von ihm begangenen Tat einzusehen oder nach dieser Einsicht zu handeln (▪ Abb. 2.1).

Aufgrund der unterschiedlichen Anknüpfungspunkte dieser beiden Prüfungsschritte spricht man auch von einer »biologisch-psychologischen« oder von einer »psychisch-normativen Methode« (Tondorf 2005, Rn. 29). Die letztgenannte Bezeichnung ist allerdings zumindest insoweit ungenau, als sich auch die erste Stufe nicht auf die bloße Beschreibung psychischer Zustände beschränkt, sondern ihrerseits bereits wertende Elemente wie das Erfordernis einer »tiefgreifenden« Bewusstseinsstörung oder einer »schweren« seelischen Abartigkeit aufweist (Roxin 1997, § 20 Rn. 2; Tröndle u. Fischer 2004, § 20 Rn. 5).

Der genannte Umstand macht deutlich, dass es sich bei den in § 20 StGB gebildeten Kategorien um Rechtsbegriffe handelt. Diese nehmen zwar Bezug auf psychiatrisch-psychologische Diagnosen (Schreiber u. Rosenau 2004, S. 60f.). Die Entscheidung über die Anwendung der psychischen Merkmale der ersten Stufe auf den konkret zu beurteilenden Fall fällt hingegen nach der gesetzgeberischen Konzeption allein in den Kompetenzbereich des – sachverständig zu beratenden – Gerichts (Tondorf 2005 Rn. 61; Tröndle u. Fischer 2004, § 20 Rn. 63).

Die weit verbreitete richterliche Praxis, den Sachverständigen dennoch zu einer Aussage über die Zuordnung des bei dem Angeklagten ggf. vorgefundenen Krankheitsbildes zu den Eingangsmerkmalen des § 20 StGB sowie den möglichen Implikationen auf Einsichts- bzw. Steuerungsfähigkeit zu bewegen, entbindet den Tatrichter nicht davon, sich in eigener Verantwortung mit dem erstatteten Gutachten auseinanderzusetzen und seine Entscheidung über die Schuldfähigkeit des Angeklagten auf eine für das Revisionsgericht nachvollziehbare Art und Weise in den Urteilsgründen darzulegen (BGHSt 7, S. 239; Detter 1998, S. 59; Tröndle u. Fischer 2004, § 20 Rn. 65).

Die Eingangsmerkmale der ersten Stufe

Nach § 20 StGB können bei der Beurteilung der Schuldfähigkeit nur diejenigen Zustände Berücksichtigung finden, die sich als

- »krankhafte seelische Störung«,
- »tiefgreifende Bewusstseinsstörung«,
- »Schwachsinn« oder
- »schwere andere seelische Abartigkeit«

bezeichnen lassen. Diese Aufzählung ist abschließend zu verstehen, weshalb eine analoge Anwendung auf andere als die dort genannten Störungsbilder auszuscheiden hat. Das begriffliche Instrumentarium ist allerdings – wie im Einzelnen noch zu zeigen sein wird – ohnehin so weit geraten, dass sich alle in Betracht kommenden psychischen Störungen ohne weiteres zwanglos erfassen lassen (Albrecht 1983, S. 194; Blau 1989, S. 74).

Bereits an dieser Stelle soll auf die Problematik hingewiesen werden, die sich aus der Anlehnung der geltenden Gesetzesfassung an den somatischen Krankheitsbegriff des Psychiaters Kurt Schneider ergibt: Diesem lag eine klare Unterscheidung zwischen zwar »abnormen«, als bloßen

»Spielarten menschlichen Wesens« jedoch letztlich nicht »wirklich krankhaften« Phänomenen sowie solchen Zuständen zugrunde, die aufgrund ihrer körperlichen oder nach damaligem Kenntnisstand doch zumindest postulierbar körperlichen Ursachen als eigentliche »Krankheiten« einzustufen sein sollten (Schneider 1948, S. 5 ff.; vgl. Schmidt-Recla 2000, S. 160 ff.). Während zu ersterer Kategorie nach Auffassung Kurt Schneiders (und in damaliger Terminologie) abnorme Verstandeslagen (Schwachsinn), Triebanomalien, abnorme Persönlichkeiten, abnorme Erlebnisreaktionen sowie – als Zwischenstufe – abnorme erlebnisreaktive Persönlichkeitsentwicklungen (Neurosen) gehörten, sollte die letztgenannte lediglich die (»wirklich krankhaften«) Psychosen erfassen (NK-Schild, § 20 Rn. 5). In der Gesetzesfassung des § 20 StGB hat diese Konzeption insofern ihren Niederschlag gefunden, als diese für die Psychosen das Merkmal der »krankhaften seelischen Störung« vorsieht, während die vermeintlich »normalpsychologischen« Zustände vor allem unter die »schwere andere seelische Abartigkeit« zu subsumieren sein sollen.

! Der somatische Krankheitsbegriff von Kurt Schneider, die hieraus abgeleiteten gesetzlichen Formulierungen und die dahinterstehenden Konzepte sind heute überholt.

Die biologische Psychiatrie und ihre benachbarten wissenschaftlichen Fächer haben mittlerweile für viele der nach dem Modell von Kurt Schneider noch den »Spielarten menschlichen Wesens« zuzuordnenden psychischen Störungen ebenfalls biologische Korrelate auf genetischer, hirnmorphologischer und hirnfunktioneller oder anderer Ebene gefunden, sodass die Unterscheidung zwischen »wirklich krankhaften« und »sonstigen psychischen Störungen« nicht mehr aufrechtzuerhalten ist.

Nach dem gegenwärtigen Stand der psychiatrischen Wissenschaften und der zur Verfügung stehenden Nomenklatur ICD-10 und DSM-IV besteht kein Zweifel daran, dass auch die die Schuldfähigkeit beeinträchtigenden bloßen »Spielarten menschlichen Wesens« einschließlich schwerer Intelligenzminderungen psychische Krankheitszustände sind. Die Ausgliederung der sog. »anderen seelischen Abartigkeiten« einschließlich des sog. »Schwachsinns« aus dem Begriff der krankhaften seelischen Störung ist deshalb nur noch eine Konvention ohne sachliche Berechtigung.

! De lege ferenda könnten und sollten deshalb die Eingangsmerkmale »Schwachsinn« und »schwere andere seelische Abartigkeit« aus den §§ 20 und 21 StGB gestrichen werden. Dies gilt umso mehr, als diese Merkmale schon aufgrund ihrer stigmatisierenden Formulierung durchgreifenden Bedenken begegnen, worauf auch schon andere Autoren hingewiesen haben (Rasch 1991, S. 126; Venzlaff 1983, S. 281 f.).

Umstritten ist die Bedeutung gängiger psychiatrischer Klassifikationssysteme wie ICD-10 oder DSM-IV für die Beurteilung der Schuldfähigkeit: So sieht sich der Versuch einer Zuordnung der 4 Eingangsmerkmale des § 20 StGB zu den Kategorien der ICD-10 im einschlägigen Schrifttum z. T. deutlicher Kritik ausgesetzt (Blau 1989, S. 72 ff.). Beizupflichten ist den Kritikern einer Berücksichtigung der genannten Diagnoseschlüssel bei der Schuldfähigkeitsbegutachtung darin, dass diese Systeme nicht für forensische Zwecke entwickelt wurden, weshalb etwa die Aufnahme eines bestimmten Krankheitsbildes in die ICD-10 oder das DSM-IV den Sachverständigen niemals davon entbinden kann, konkrete Feststellungen zum Ausmaß der zu beurteilenden Störung zu treffen und ihre Auswirkung auf die Tat darzulegen (BGHSt 37, S. 400 f.; NStZ 1997, S. 383; Tröndle u. Fischer 2004, § 20 Rn. 7). Diese sicherlich nicht unproblematischen Gesichtspunkte dürfen jedoch nicht darüber hinwegtäuschen, dass vor allem die ICD-10 in der deutschen Gerichtspraxis inzwischen weit verbreitet ist (MünchKomm-Streng 2003, § 20 Rn. 13). Damit ist gewährleistet, dass sich Sachverständige in von außen nachvollziehbarer Weise an diagnostischen Konventionen und Beschreibungen orientieren (Theune 2002a, S. 310; ▶ Kap. 1.3). Das Problem besteht allerdings weniger in der Verwendung von ICD-10 oder DSM-IV, sondern vielmehr darin, dass unkritisch psychiatrische Diagnosen den Eingangsmerkmalen zugeordnet werden – unter Umgehung der mehrstufigen Beurteilungsnotwendigkeit (■ Abb. 2.1).

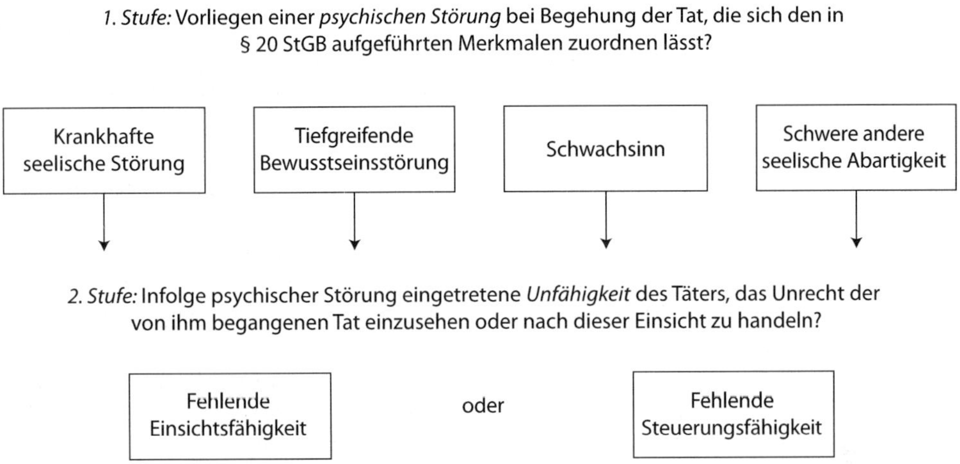

Abb. 2.1. Zweistufenmodell zur Feststellung der *Schuldunfähigkeit* im Sinne von § 20 StGB

»Krankhafte seelische Störung«

Mit dem Begriff der krankhaften seelischen Störung sind all diejenigen psychischen Störungen gemeint, die nach dem Krankheitsbegriff Kurt Schneiders auf einer körperlich-organischen Ursache beruhen (sog. exogene Psychosen) oder für die sich nach diesem Krankheitsbegriff eine solche Ursache zumindest postulieren lässt (früher sog. endogene Psychosen; Lackner u. Kühl 2004, § 20 Rn. 5; MünchKomm-Streng 2003, § 20 Rn. 34). Dabei stellt der Begriff der Störung klar, dass hierzu sowohl angeborene als auch erworbene Störungen zu rechnen sind (Lenckner 1972, S. 114); überdies werden neben länger andauernden Zuständen auch sehr kurze Veränderungen erfasst (Schönke u. Schröder-Lenckner/Perron 2001, § 20 Rn. 7). Der Begriff des Seelischen umfasst die gesamte menschliche Psyche und soll nicht nur Beeinträchtigungen des Geistes im Sinne des intellektuellen Vermögens, sondern auch solche des Willens, Gefühls- und Trieblebens in den Anwendungsbereich dieses Merkmals einbeziehen, also Kognitionen und Emotionen bzw. Erleben und Verhalten (Lackner u. Kühl 2004, § 20 Rn. 3; Schreiber u. Rosenau 2004, S. 61).

Psychosen

Problematisch erscheint zunächst der in den gängigen Klassifikationssystemen wie ICD-10 oder DSM-IV nicht mehr verwendete Begriff der sog. **endogenen Psychosen**, der – historisch gesehen – eine biologische Verursachung impliziert und übersetzt werden kann mit »im Körperinneren entstehend, von innen kommend« (NK-Schild § 20 Rn. 147). Der Sache nach wird mit dem Begriff der endogenen Psychosen eine Gruppe von Krankheiten bezeichnet, deren hervorstechendstes Merkmal eine Störung des Realitätsbezugs ist (Rasch 1989, S. 13), was allerdings auch bei anderen psychischen Krankheiten der Fall ist.

Ihre Gleichstellung mit den körperlich begründbaren Psychosen – in heutiger Terminologie eine symptomatisch definierte Teilmenge (psychotisches Erleben) organischer einschließlich symptomatischer psychischer Störungen (ICD-10:F0) – wird durch den historischen Gesetzgeber damit gerechtfertigt, dass sie in gleicher Weise den Kern der Persönlichkeit und die Fähigkeit zu sinnvollem Handeln beeinträchtigen (BT-Drucks. IV 650, S. 138).

Beispiel

Beispiele aus der Rechtsprechung

- Schizophrenien:
  - BGH StV 1995, S. 405;
  - StV 1998, S. 15;
  - NStZ 2000, S. 437.
- Bipolare Störungen:
  - BGH NStZ-RR 1998, S. 5;
  - NJW 2001, S. 1436;
  - BGHR StGB § 63, Zustand 11.

Wenngleich auch dieser Begriff in der Wissenschaft heute nicht mehr verwendet wird, bewegt man sich juristisch bei den sog. **exogenen Psychosen** doch auf vergleichsweise gesichertem Terrain: Hierunter werden alle diejenigen Krankheiten verstanden, die auf biologisch nachweisbaren hirnorganischen Störungen beruhen und darum auch als »körperlich begründbare Psychosen« bezeichnet werden können. Der Nachweis derartiger Krankheitsbilder erscheint insoweit erleichtert, als sich die zugrunde liegenden Defekte häufig mit technischen Methoden und Apparaten feststellen und in ihrer Stärke erfassen lassen (LK-Jähnke 2003, § 20 Rn. 41). Allerdings kann aus dem Ausmaß einer messbaren hirnorganischen Veränderung nicht unmittelbar auf das Maß der psychischen Beeinträchtigung geschlossen werden. Hirnorganische Veränderungen können in sehr unterschiedlichem Maße kompensiert werden, sodass neben der Feststellung der betreffenden Veränderung stets auch eine Beurteilung der psychopathologischen Folgen erforderlich ist.

Wie beschrieben hat die Forschung mit dem Auffinden neurobiologischer Korrelate vieler psychischer Störungen zu einer Ausweitung des Begriffes der krankhaften seelischen Störungen geführt, was vom historischen Gesetzgeber so nicht vorauszusehen war. Allerdings sollte in der gutachterlichen Praxis nicht so sehr das historische Verständnis von Krankheiten, sondern die moderne Medizin bei der Zuordnung zu den Eingangskategorien beachtet werden, was zu einer deutlichen Ausweitung des ursprünglichen Begriffs der krankhaften seelischen Störung, d. h. somatisch begründbarer psychischer Störungen, führt.

Beispiel

Beispiele aus der Rechtsprechung

- Traumatische Psychosen nach Hirnverletzungen:
  - BGH NJW 1993, S. 1540;
  - Glatzel 1990.
- Hirnorganische Krampfleiden wie die genuine Epilepsie:
  - BGH NJW 1995, S. 795;
  - StV 1992, S. 503;
  - Koufen 1984; Pittrow u. Saß 1994.
- Folgeerscheinungen von Alkohol-, Drogen- und Medikamentenabhängigkeit:
  - BGH MDR/H 1977, S. 982;
  - NJW 1995, S. 1229;
  - NStZ 1999, S. 448.
- Fälle hirnorganisch begründeten Persönlichkeitsabbaus im Sinne der Demenz:
  - BGH NStZ 1983, S. 34;
  - StV 1989, S. 102 f.;
  - StV 1994, S. 15.

Intoxikationen

So besteht inzwischen über die Zuordnung von Intoxikationen infolge Drogen- oder Alkoholkonsums zur Merkmalskategorie der krankhaften seelischen Störung aufgrund der mit ihnen verbundenen toxischen Beeinträchtigung der Hirntätigkeit weitgehend Einigkeit (BGHSt 43, S. 69; Foerster u. Leonhardt 2002, S. 62). Die überkommene Einordnung als tiefgreifende Bewusstseinsstörung (Arab-Zadeh 1978, S. 2326) ist demgegenüber als veraltet anzusehen.

Die Begutachtung der Schuldfähigkeit im Zusammenhang mit einem Alkoholrausch hat grundsätzlich im Rahmen einer Gesamtwürdigung sämtliche äußeren und inneren Kennzeichen des Tatgeschehens und der Persönlichkeitsverfassung des Täters in den Blick zu nehmen und dabei nicht zuletzt auch den Blutalkoholwert einzubeziehen (BGHSt 36, S. 288; NStZ 1987, S. 321). In der Rechtsprechung fand der letztgenannte Gesichtspunkt allerdings in der Vergangenheit in Gestalt einer zunehmend starr gehandhabten Schwellenwertregelung Berücksichtigung: Neben der Feststellung, das Vorliegen verminderter Schuldfähigkeit im Sinne des § 21 StGB sei ab einem Blutalkoholwert von 2‰ »zumindest naheliegend« (BGH NJW 1989, S. 1043; StV 1987, S. 385), findet sich insoweit auch die Formulierung, dass ab 2‰ »in der Regel von einer erheblichen Verminderung der Steuerungsfähigkeit auszugehen« sei (BGH StV 1989, S. 14). Entsprechendes sollte für den Anwendungsbereich des § 20 StGB ab einem Schwellenwert von 3‰ gelten; bei gravierenderen Delikten gegen Leib und Leben wurden erhöhte Untergrenzen angenommen (BGH NJW 1994, S. 2630; Rissing-van Saan 2002, S. 104; Salger 1988, S. 389).

Ihren vorläufigen Abschluss fand diese auch als schematisierende »Promillediagnostik« (Blau 1988, S. 210; Rösler u. Blocher 1996, S. 329) kritisierte Entwicklung in einer Entscheidung des 4. Senats des Bundesgerichtshofs, in der die Feststellung getroffen wurde, zwischen Blutalkoholkonzentration einerseits und Beeinträchtigungen der Schuldfähigkeit andererseits gebe es »zwar keine gesetzmäßige lineare Beziehung, jedoch statistisch belegbare, mehr oder weniger ausgeprägte Regelmäßigkeiten, die Wahrscheinlichkeitsaussagen jedenfalls über die Verminderung oder den Wegfall der Steuerungsfähigkeit« zuließen. Abgesehen von Ausnahmefällen seien keine Beurteilungskriterien zur Rekonstruktion der psychischen Befindlichkeit des Täters zur Tatzeit von solcher Überzeugungskraft ersichtlich, die geeignet wären, den in ständiger Rechtsprechung angewandten Erfahrungssatz in Bezug auf eine Blutalkoholkonzentration von 2‰ und mehr zu entkräften (BGHSt 37, 233, 241; Rissing-van Saan 2002, S. 105 f.).

Im Rahmen eines auf Betreiben des 1. Strafsenats zustande gekommenen Vorlageverfahrens wurde diese Position jedoch wieder zugunsten einer eher an einer Gesamtschau aller in der Person des Täters und im Tatgeschehen wirksamen Umstände orientierten Betrachtungsweise aufgegeben. Da auch die anderen Senate des Bundesgerichtshofs mittlerweile nicht mehr an der von BGHSt 37, S. 233 vorgenommenen strikten Fokussierung lediglich des Blutalkoholwertes festhalten wollten, sah sich der 1. Senat in der Lage, unter ausdrücklicher Aufgabe der bisherigen Rechtsprechung zu judizieren, dass es keinen medizinisch-statistischen Erfahrungssatz gebe, demzufolge »ohne Rücksicht auf psychodiagnostische Beurteilungskriterien allein wegen einer bestimmten Blutalkoholkonzentration zur Tatzeit in aller Regel vom Vorliegen einer alkoholbedingt erheblich verminderten Steuerungsfähigkeit auszugehen« sei (BGHSt 43, S. 66; Detter 1999, S. 8 ff.; Rissing-van Saan 2002, S. 106 f.).

Die psychodiagnostischen Kriterien, denen nach der skizzierten Rechtsprechungsänderung nunmehr wieder verstärkte Bedeutung bei der Beurteilung einer alkoholbedingten Beeinträchtigung der Schuldfähigkeit des Täters bei Begehung der Tat zukommen soll, knüpfen sowohl an die Täterpersönlichkeit und das Tatgeschehen als auch an das Verhalten des Täters vor, während und nach der Tat an (Foerster u. Leonhardt 2002, S. 56 ff.). Bedeutung kann in diesem Zusammenhang so unterschiedlichen Aspekten wie der finalen Struk-

Prüfpflichten

Mit dem Erreichen bestimmter Schwellenwerte bei der Blutalkoholkonzentration sind nach der neueren Rechtsprechung nunmehr vornehmlich besondere Prüfpflichten für das erkennende Gericht verbunden.

- So soll ab einer Blutalkoholkonzentration von 3‰ – bei alkoholungewohnten Jugendlichen und Heranwachsenden auch darunter – die Schuldunfähigkeit zumindest so nahe liegen, dass sie der Tatrichter eingehend und in aller Regel mit Hilfe eines Sachverständigen zu prüfen hat (BGH NStZ/D 1998, S. 183; OLG Düsseldorf, NStZ-RR 1998, S. 86). Insbesondere bei trinkgewohnten Personen soll allerdings auch die von einer wesentlich höheren BAK ausgehende Indizwirkung sehr viel geringer sein, als dies bei bloßen Gelegenheitskonsumenten der Fall ist; die Feststellung von Schuldunfähigkeit setzt daher eine umfassende Würdigung sämtlicher Umstände des konkreten Falles voraus (BGH NStZ-RR 1999, S. 359; OLG Düsseldorf, NVZ 1998, S. 418).
- Einer Blutalkoholkonzentration von 2‰ sollen sich immerhin noch wesentliche Anhaltspunkte für eine erhebliche Verminderung der Schuldfähigkeit des Täters im Sinne des § 21 StGB entnehmen lassen, wenngleich es sich lediglich um eine entsprechende Prüf- und Erörterungspflichten des Gerichts auslösende »widerlegbare Vermutung« handeln soll (BGH NStZ-RR 1997, S. 162; Maatz 1998, S. 281).
- In Einzelfällen kann schließlich auch bei einem Blutalkoholwert von unter 2 ‰ eine Beeinträchtigung der Schuldfähigkeit in Betracht zu ziehen sein, so etwa beim Vorliegen jugendlichen Alters in Verbindung mit gruppendynamischen Prozessen (BGH NStZ/D 1991, S. 476) oder im Zusammenwirken mit einem (juristisch so genannten) Unfallschock bzw. einer Magenerkrankung und bisheriger Abstinenz (BGH VRS 30, S. 277).

tur, Planmäßigkeit, Sinnhaftigkeit, Zielgerichtetheit, Folgegerichtetheit, Geschicklichkeit sowie Situations- und Persönlichkeitsadäquatheit des Verhaltens zukommen, ferner der Eintrübung des Erinnerungsvermögens, der motorischen Beherrschung, der Alkoholverträglichkeit usw. (Rösler u. Blocher 1996, S. 333). Aus der Vielzahl der in der Literatur zur Frage der Rauschbeurteilungskriterien entwickelten Kataloge (Bresser 1984; Konrad u. Rasch 1992, S. 172 ff.; Kröber 1996; vgl. Plate 2002, S. 194 ff.) soll hier exemplarisch die von Detter (1999, S. 10) anhand von Rechtsprechungsbeispielen zusammengestellte Übersicht herausgegriffen werden. Danach sind bei der Begutachtung der Schuldfähigkeit unter Alkoholeinfluss folgende Gesichtspunkte zu berücksichtigen:

- Gegen eine Beeinträchtigung soll sprechen: detaillierte Einlassung, akuter und chronischer Alkoholkonsum, logische und schlüssige Handlungssequenzen verbunden mit motorischen Kombinationsleistungen, umsichtiges Reagieren auf plötzlich und unerwartet sich ändernde Situationen, Situationserkennen, Wahrnehmungsvermögen, Rückzugsverhalten.
- Für eine Beeinträchtigung soll sprechen: Handeln entgegen bisherigen Verhaltensmustern, Sinnlosigkeit und Persönlichkeitsfremdheit der Tat.
- Sowohl für als auch gegen eine Beeinträchtigung können sprechen: Blutalkoholkonzentration, Trunkenheitsgrad, Handlungsablauf, Erinnerungsvermögen (Problem bei der Erfassung: Verfälschungstendenzen), spontanes und eingeschliffenes Handeln (d. h. Leistungsverhalten).

Im Einzelnen ist hier jedoch noch vieles ungeklärt, und die Rechtsprechung befindet sich nach wie vor im Fluss (Schönke u. Schröder-Lenckner/Perron 2001, § 20 Rn. 16b). So wurde auf der einen Seite die Anwendbarkeit des § 21 StGB bei 2,8 ‰ wegen Alkoholgewöhnung des Täters sowie planmäßiger und motorisch genau kontrollierter Tatausführung abgelehnt (BGH NStZ 1998, S. 457, 458), während auf der anderen Seite Alkoholgewöhnung und Erinnerungsvermögen, einem unauffälligen Leistungsverhalten sowie – durch eine mögliche Ernüchterung wegen der Tat beeinflusstem – Nachtatverhalten jegliche Eignung zu einer Entkräftung der von der Blutalkoholkonzentration ausgehenden Indizwirkung abgesprochen wurde (BGH NStZ 1998, S. 295; StV 1998, S. 256). Es wird nicht zuletzt Aufgabe der medizinisch-psychiatrischen Wissenschaft sein, die bestehenden Unsicherheiten zu beseitigen und einheitliche Standards herauszuarbeiten (Maatz 1998, S. 282).

Die Beeinträchtigung der Schuldfähigkeit kann sich auch erst aus einem Zusammenwirken situativer oder konstellativer Faktoren mit dem Alkoholkonsum des Täters ergeben (Schönke u. Schröder-Lenckner/Perron 2001, § 20 Rn. 16e).

Beispiel

Beispiele aus der Rechtsprechung

- Schizophrenie: BGH NStZ 1991, S. 527;
- verminderte Alkoholtoleranz infolge eines Anfallsleidens: BGH StV 1991, S. 156;
- Intelligenzminderung: BGH NStE § 21 Nr. 18, und OLG Köln VRS 67, S. 21;
- affektive Erregung: BGH StV 1994, S. 13, und NStZ 2000, S. 585;
- schwere Persönlichkeitsstörung: BGH NStZ 1999, S. 508, oder sog. neurotische Fehlentwicklung: BGH NJW 1984, S. 1631;
- Wesensveränderung infolge langjähriger Alkoholabhängigkeit: BGHR StGB § 20, »Einsichtsfähigkeit 1«;
- Unfallschock: BGH VRS 24, S. 189;
- Übermüdung: OLG Koblenz, DAR 1973, S. 137;
- Altersabbau: BGH StV 1994, S. 14;
- Zusammenwirken mit Medikamenten oder Betäubungsmitteln: BGH StV 1988, S. 294.

Die Ermittlung der Blutalkoholkonzentration zum Zeitpunkt der Tat, die grundsätzlich zum Fachgebiet der Rechtsmedizin und nicht zu dem der Psychiatrie gehört, erfolgt in der Praxis – soweit eine nachträglich entnommene Blutprobe vorhanden ist – durch Rückrechnung anhand folgender Grundsätze: Da ein individueller Abbauwert nach herrschender Auffassung nicht feststellbar ist (BGHSt 34, S. 32; NStZ 1986, S. 114), wird in ständiger Rechtsprechung ein höchstmöglicher Abbauwert von 0,2‰ pro Stunde zuzüglich eines (einmaligen) Sicherheitsabschlages von weiteren 0,2‰ zugrunde gelegt (BGHSt 35, S. 314; BGHSt 37, S. 237).

In Anwendung des Grundsatzes »in dubio pro reo« darf eine Fortsetzung des Alkoholkonsums nach der Tat, der sog. Nachtrunk, nur dann zur Annahme einer niedrigeren Blutalkoholkonzentration zum Tatzeitpunkt führen, wenn er zweifelsfrei feststeht (LK-Jähnke 2003, § 20 Rn. 48).

Stehen lediglich Trinkmengenangaben zur Verfügung, so ist nach der sog. Widmark-Formel zu verfahren: Die aufgenommene Alkoholmenge in Gramm wird durch das mit einem Verteilungsfaktor multiplizierte Körpergewicht in Kilogramm geteilt; hiervon ist sodann das Resorptionsdefizit sowie der Alkoholabbau in Abzug zu bringen (Haffner u. Blank 2002, S. 72 f.; MünchKomm-Streng 2003, § 20 Rn. 73). Fehlt es auch insoweit an zuverlässigen Berechnungsgrundlagen, so hat sich der Richter unter Beachtung des Zweifelssatzes eine Überzeugung davon zu verschaffen, welche Höchstmenge aufgenommenen Alkohols in Betracht kommt (BGH NStZ 1992, S. 32).

»Pathologischer Rausch«

Als eine Sonderform unter den alkoholbedingten Intoxikationen begegnet schließlich in der Rechtsprechung vereinzelt der sog. pathologische Rausch (BGHSt 40, S. 198, 200; LG Bad Kreuznach NStZ 1992, S. 338). Hierbei soll es sich um eine ganz seltene Form der alkoholbedingten Psychose handeln, die fast immer im Zusammenhang mit einer Hirnschädigung oder einer körperlichen Erkrankung stehen und bereits nach dem Konsum geringer Mengen Alkohols auftreten soll (LK-Jähnke 2003, § 20 Rn. 43; Tröndle u. Fischer 2004, § 20 Rn. 18).

Mit dem Begriff »pathologischer Rausch« als diagnostischer Kategorie sind jedoch erhebliche Probleme verbunden (Foerster u. Leonhardt 2002, S. 60; Winckler 1999, S. 808): Aufgrund seiner lediglich unscharfen Definition eignet sich der Begriff gerade auch im forensischen Kontext dazu, aus bloßen Verhaltensauffälligkeiten im Rahmen einer Intoxikation diagnostisch auf das Vorliegen eines pathologischen Rauschs zu schließen; die Verwendung des Begriffes birgt mithin die Gefahr, dass die Diagnose unter normativen Gesichtspunkten und nicht auf der Basis psychopathologischer Kriterien erfolgt. Bei den Phänomenen, die man früher als »pathologischer Rausch« bezeichnete, steht zudem weniger die Wirkung des Alkohols im Vordergrund; vielmehr liegt eine symptomatische Psychose vor, die durch Alkoholeinnahme ausgelöst wurde. Aus den genannten Gründen sollte auf die Verwendung des Begriffes zugunsten einer präziseren diagnostischen Zuordnung anhand allgemein anerkannter wissenschaftlicher Kriterien verzichtet werden (Foerster u. Leonhardt 2002, S. 61; Winckler 1999, S. 808).

»Tiefgreifende Bewusstseinsstörung«

Unter einer tiefgreifenden Bewusstseinsstörung versteht das Gesetz Störungen der Fähigkeit zur Vergegenwärtigung des eigenen Erlebens, die nicht auf einem Organprozess beruhen (LK-Jähnke 2003, § 20 Rn. 25); es handelt sich mithin um nicht krankhafte, in der historischen Diktion Kurt Schneiders »normal psychologische« seelische Störungen (Glatzel 1982, S. 434). Bewusstseinsstörung ist die Beeinträchtigung der Bewusstseinsfähigkeit, die zu einer Trübung oder partiellen Ausschaltung des Selbst- oder Außenweltbewusstseins und damit zu einer Einschränkung der Selbstbestimmung führt (Schönke u. Schröder-Lenckner/Perron 2001, § 20 Rn. 13).

In der Wahl des Begriffes »tiefgreifend« wird das Bemühen des Gesetzgebers deutlich, all diejenigen Bewusstseinsstörungen aus dem Anwendungsbereich der Norm auszuschließen, die »noch im Spielraum des Normalen liegen« (BT-Drucks. IV/650, S. 138). Hierzu wurde in der Gesetzesbegründung ausgeführt, auch der normale Mensch unterliege immer wieder mehr oder weniger starken Bewusstseinsbeeinträchtigungen, die ebenfalls auf den Mangel an Schlaf, auf Erschöpfung, Erregung, Schrecken oder sonstige körperliche oder seelische Ursachen zurückzuführen seien. Solche Zustände beeinträchtigten jedoch in der Regel nicht die Schuldfähigkeit, sondern könnten allenfalls bei der Bewertung des Maßes der Schuld berücksichtigt werden. Nach dem Willen des Gesetzgebers sollte eine Exkulpation nur denjenigen Tätern zuteil werden, deren Störung in ihrer Auswirkung eine solche Stärke aufweise, dass sie wie eine akute Psychose die Fähigkeit des Täters zu sinnvollem, normgemäßem Handeln in Frage stelle.

Gedacht war damit letztlich an eine »Gleichwertigkeit« der Bewusstseinsstörung zur ersten Alternative des § 20 StGB, der krankhaften seelischen Störung (Lenckner 1972, S. 117), ohne dass allerdings die Ausführungen hierzu wesentlich über die verhältnismäßig dehnbare Formulierung hinausgegangen wären, die Bewusstseinsstörung müsse so intensiv sein, »dass das seelische Gefüge des Betroffenen zerstört oder im Fall des § 21 StGB erschüttert« sei (BT-Drucks. V/4095, S. 11). Das Problem, wie die Gleichwertigkeit von Ungleichartigem zu beurteilen sein soll, wird durch derartig allgemein gehaltene Setzungen jedenfalls nicht gelöst (Endres 1998, S. 674).

Beim Hauptanwendungsfall der Bewusstseinsstörung, dem Affekt, gelangt die Rechtsprechung nur in Ausnahmefällen zu einer vollständigen Exkulpation. In der Regel zieht sie allenfalls eine Schuldminderung im Sinne des § 21 StGB in Betracht (NK-Schild, § 20 Rn. 161; Tröndle u. Fischer 2004, § 20 Rn. 30). Bei einem auch als »Höchstform des Erregungszustandes« (BGHSt 11, S. 24) bezeichneten Affekt findet ein besonnenes Abwägen von Gründen und Gegengründen nicht mehr statt, und es kommt zu einem Durchbruch destruktiver Handlungsmuster (Schönke u. Schröder-Lenckner/Perron 2001, § 20 Rn. 15). Unter Verwendung einer in der Rechtswissenschaft gängigen Gegenüberstellung unterscheidet Jähnke sog. sthenische Affekte wie Wut, Hass oder Zorn, bei denen sich geradezu typische Konstellationen wie etwa eskalierende partnerschaftliche Konflikte aufdrängten, »in denen Selbstbeherrschung eine die Kräfte des Täters übersteigende Aufgabe sein kann« (LK-Jähnke 2003, § 20 Rn. 56) und sog. asthenische Affekte wie Verwirrung, Furcht oder Schrecken. Als Beispiel für die letztgenannte Kategorie kann der juristisch so genannte »Unfallschock« gelten – eine durch die mit einem Unfall verbundene seelische Erschütterung ausgelöste hochgradige Verwirrung, Bestürzung oder Furcht (OLG Köln, NJW 1964, S. 1522).

Bei der Beschreibung des Affekts besteht in Rechtsprechung und Schrifttum eine deutliche Neigung zur Verwendung einer dramatischen, an den Bereich der Naturgesetzlichkeit angelehnten Metaphorik: So ist die Rede davon, der Affekt fege »wie ein Sturm die Funktionen des Wollens, Fühlens, Denkens weg« (NK-Schild, § 20 Rn. 153); der Täter werde von der Affektaufwallung wie von einer »Lawine« überrumpelt (Undeutsch 1974, S. 105) bzw. handele unter dem Eindruck eines »blindwütigen, alle Dämme der Beherrschung brechenden und zur Schuldunfähigkeit führenden Affektsturms« (BGH StV 1997, S. 630). Seine Verortung im Bereich archaischer, primitiver Persönlichkeitsschichten hat dem Affekt schließlich auch die Bezeichnung als »Primitivreaktion« eingetragen (Saß 1983, S. 559). Für die Frage, ob im konkreten Fall die Schuldfähigkeit des Täters infolge einer besonderen Belastungssituation gemindert ist, verschaffen die genannten wortreichen Umschreibungen indessen kaum eigenen Erkenntnisgewinn, weshalb man zu einem sachlicheren Sprachgebrauch zurückkehren sollte.

Mehr Ertrag versprechen insoweit die in der Literatur entwickelten und inzwischen auch von der Rechtsprechung vermehrt aufgegriffenen Versuche (BGH StV 1987, S. 434; 1990, S. 493), das Phänomen des Affekts anhand von ausführlichen Kriterienkatalogen besser fassbar zu machen. Beispielhaft soll hier der von Saß (1983, S. 562 ff.) entwickelte und häufig zitierte Katalog vorgestellt werden (◘ Tab. 2.1).

Saß weist selbst darauf hin, dass diese Merkmale nicht im Sinne eines starren Kriterienkataloges zu verstehen sind. Dies würde ebenso wenig weiterhelfen wie die bereits zurückgewiesene gängige Praxis einer Illustration unter Zuhilfenahme eingängiger Naturmetaphorik. Um der stets zu gewärtigenden Gefahr einer reinen »Abfragerunde« zwischen Juristen und Natur- und Verhaltenswissenschaftlern vorzubeugen, ist auch hier eine auf den jeweiligen Einzelfall bezogene, unterschiedliche Gewichtung der einzelnen Aspekte vorzunehmen; die klinische Urteilsbildung hat dementsprechend auf der Grundlage einer Gesamtschau von Täter und Tatgeschehen zu erfolgen, bei der von den normativen Vorgaben des Gesetzes auszugehen ist (Foerster u. Venzlaff 2004, S. 226; Tröndle u. Fischer 2004, § 20 Rn. 32).

Von Venzlaff (1985, S. 403) stammt der Vorschlag, bei der Beurteilung der forensisch-psychiatrischen Relevanz einer affektiven Erschütterung des Täters auf folgende Inhalte zurückzugreifen:

1. Feststellung bestimmter Strukturmerkmale in der Täterpersönlichkeit, die für Hilflosigkeit gegenüber kritischen Lebenssituationen, Frustrierbarkeit und Unterlegenheitsgefühle sprechen, die starke Besetzung mit Trennungs- und Verlustängsten, ein Angewiesensein auf tragende mitmenschliche Bindungen, ein Verhaftetsein an starren Ordnungssystemen und Konventionen, geringe Flexibilität und Mangel an persönlicher Originalität, Tendenz zur

Tab. 2.1. Kriterienkatalog nach Saß (1983)

Kriterien, die für das Vorliegen einer tiefgreifenden Bewusstseinsstörung sprechen können	Kriterien, die gegen das Vorliegen einer tiefgreifenden Bewusstseinsstörung sprechen können
1. Spezifische Tatvorgeschichte und Tatanlaufzeit mit chronischen Affektspannungen	1. Aggressives Vorgestalten in der Phantasie
2. Affektive Ausgangssituation mit Tatbereitschaft	2. Ankündigungen der Tat
3. Psychopathologische Disposition der Persönlichkeit	3. Aggressive Handlungen in der Tatanlaufzeit
4. Konstellative Faktoren wie Alkoholeinfluss, Rauschdrogen, psychotrope Medikamente, Erschöpfung etc.	4. Vorbereitungshandlungen für die Tat
5. Abrupter, elementarer Tatablauf ohne Sicherungstendenzen	5. Konstellierung der Tatsituation durch den Täter
6. Charakteristischer Affektauf- und -abbau	6. Fehlender Zusammenhang Provokation–Erregung–Tat
7. Folgeverhalten mit schwerer Erschütterung	7. Zielgerichtete Gestaltung des Tatablaufs vorwiegend durch den Täter
8. Einengung des Wahrnehmungsfeldes und der seelischen Abläufe	8. Lang hingezogenes Tatgeschehen
9. Missverhältnis zwischen Tatanstoß und Reaktion	9. Komplexer Handlungsablauf in Etappen
10. Erinnerungsstörungen und Störung der Sinn- und Erlebniskontinuität	10. Erhaltene Introspektionsfähigkeit bei der Tat
11. Persönlichkeitsfremdheit	11. Exakte, detailreiche Erinnerung
12. Störung der Sinn- und Erlebniskontinuität	12. Zustimmende Kommentierung des Tatgeschehens
	13. Fehlen von vegetativen, psychomotorischen und psychischen Begleiterscheinungen heftiger Affekterregung

In der linken Spalte sollten die Kriterien Nr. 9–12 aufgrund ihrer Subjektivität lediglich ergänzend zu den als wichtig und relativ verlässlich angesehenen Kriterien Nr. 1–8 herangezogen werden.

Risiko- und Konfliktvermeidung sowie ausgeprägtes Streben nach sozialer Angepasstheit;

2. eine sich – oft über Jahre hinziehende – seelische Zermürbung im Rahmen eines Partnerkonflikts, in dem sich die Partnerbeziehung mehr und mehr ambivalent gestaltet, und in dessen Rahmen der potenzielle Täter durch die geistige, verbale oder körperliche Überlegenheit des Partners immer wieder beschämende Niederlagen und Demütigungen erleidet;
3. zunehmende Isolierung des Täters im Verbande der engeren und weiteren Familien- oder Bezugsgruppe mit Verstärkung seiner Rat- und Hilflosigkeit;
4. psychopathologische Abwandlung im situativen Tatvorfeld in Richtung einer präsuizidalen bzw. depressiven Symptomatik, u. U. in Verbindung mit psychosomatischen Störungen oder allgemeinen Erschöpfungszuständen;
5. eruptiver Affektdurchbruch ohne Vorkonstituierung und Risikoabsicherung auf einen konfliktspezifischen Reiz oder eine akute leiblich-existenzielle Bedrohung, die vom Opfer ausgehen;

6. kurz dauernde, nicht die Anlasssituation mit einschließende Erinnerungslücke oder lediglich gewisse Erinnerungsunschärfen;
7. gegebenenfalls das Vorhandensein körperlicher oder psychischer konstellativer Faktoren, die eine zusätzliche psychische oder körperliche Unterminierung bewirken;
8. Phase planlosen oder impulsiven Verhaltens nach der Tat wie z. B. länger dauernder Affektstupor, panikartiges Fortlaufen, Suizidversuch oder hilflose Verzweiflung.

In der Rechtsprechung haben vor allem Erinnerungslücken des Täters eine unterschiedliche, zuletzt zunehmend zurückhaltende Beurteilung in ihrer Bedeutung für die Einordnung eines Affekts als tiefgreifende Bewusstseinsstörung erfahren (Maatz 2001; MünchKomm-Streng 2003, § 20 Rn. 174). Danach kann etwa bei einem Tötungsdelikt eine auf das eigentliche Tötungsgeschehen begrenzte Erinnerungslücke Ausdruck eines affektiven Erinnerungsverlustes sein; allerdings ist zu beachten, dass eine solche Erinnerungslücke von vielen Angeklagten bewusstseinsnah lediglich postuliert wird.

! Ein erhalten gebliebenes Erinnerungsvermögen soll dagegen noch nicht ohne weiteres den Nachweis für ein intaktes Hemmungsvermögen zum Zeitpunkt der Tat erbringen. Nur wenn der Täter über exakte, detailreiche Erinnerungen an das Tatgeschehen verfüge, lasse dies ausnahmsweise den Schluss gegen eine Beeinträchtigung der Schuldfähigkeit zu (Theune 1999, S. 276).

»Schwachsinn«

Aus der Formulierung des Gesetzeswortlauts geht hervor, dass der historische Gesetzgeber den Schwachsinn lediglich als einen Unterfall der »schweren seelischen Abartigkeit« verstanden wissen wollte. Erfasst werden sollten von dieser Bezeichnung sämtliche Fälle einer angeborenen Intelligenzschwäche ohne nachweisbare Ursache (MünchKomm-Streng 2003, § 20 Rn. 38; Roxin 1997, § 20 Rn. 21). Eine bereits bei der Geburt vorhandene Schädigung, etwa der Fall einer Chromosomenanomalie, sollte demgegenüber als Krankheit gelten mit der Folge, dass dann die erste Alternative des § 20 StGB (krankhafte seelische Störung) anzunehmen sei (LK-Jähnke 2003, § 20 Rn. 29).

Wie bei der Einordnung der Intoxikationen als krankhafte seelische Störungen ist hingegen derzeit auch bei Intelligenzminderungen grundsätzlich von einer biologischen (»organischen«) Verursachung auszugehen, weshalb die genannte Differenzierung zugunsten einer ausnahmslosen Einordnung als krankhafte seelische Störung aufzugeben ist.

Nach neuerem Stand der psychiatrischen Wissenschaft ist darüber hinaus die Unterscheidung zwischen erworbener und angeborener Intelligenzminderung wenig zielführend; eine Differenzierung erfolgt vielmehr anhand der Erlebnis- und Verhaltenskonsequenzen einer Schädigung. Insoweit enthält ICD-10 (F70–79) eine Einteilung nach dem Schweregrad (Lehmkuhl 1999, S. 869 ff.):

- leichte Intelligenzminderung: verzögerter Spracherwerb, normale Kommunikation im alltäglichen Leben möglich;
- mittelgradige Intelligenzminderung: sprachliche Leistungsfähigkeit deutlich begrenzt, Erwerb von Fähigkeiten im Bereich der Selbstversorgung und der motorischen Fertigkeiten verzögert;
- schwere Intelligenzminderung: sprachliche Fähigkeiten reichen zur Verständigung meistens nicht aus, häufig Zeichen einer organischen Schädigung oder Fehlentwicklung des zentralen Nervensystems;
- schwerste Intelligenzminderung: Unfähigkeit, Aufforderungen oder Anweisungen nachzukommen, rudimentäre nonverbale Kommunikation.

»Schwere andere seelische Abartigkeit«

Mit dem Begriff der »schweren anderen seelischen Abartigkeit« werden Abweichungen von einer für den Durchschnittsmenschen zugrunde gelegten Norm des psychosozialen Gefüges bezeichnet, die entsprechend der historischen Sichtweise nicht auf organischen Substraten beruhen und die auch sonst nicht den psychischen Störungen zugeordnet werden (Schönke u. Schröder-Lenckner/Perron 2001, § 20 Rn. 19). Die vierte Alternative des § 20 StGB fungiert damit als Auffangkategorie für alle diejenigen psychischen Beeinträchtigungen, die der

Gesetzgeber in Anlehnung an den somatischen Krankheitsbegriff des Psychiaters Kurt Schneider nicht als krankhafte seelische Störungen im Sinne des ersten Merkmals ansehen wollte.

In konsequentem Nachvollzug der Restriktionserwägungen des Gesetzgebers verlangt die Rechtsprechung seit jeher, die sog. schwere andere seelische Abartigkeit müsse in ihrer den Betroffenen belastenden Wirkung und somit auch im Hinblick auf seine Fähigkeit zu normgemäßem Verhalten von solchem Gewicht sein, dass sie den krankhaften seelischen Störungen als gleichwertig erscheine (BGHSt 37, S. 401; NStZ 1996, S. 380; Theune 2002a, S. 310 ff.). Der besagte Zusammenhang wurde vor allem in älteren Entscheidungen auch mit der griffigen Formulierung beschrieben, die psychische Störung müsse »Krankheitswert« besitzen. Dieser Terminus ist jedoch von Seiten des psychiatrischen Schrifttums insofern als missverständlich kritisiert worden, als die bei der Bestimmung von Krankheiten relevanten Gesichtspunkte mit dem Schweregrad von psychischen Störungen wenig zu tun hätten, weshalb der Begriff des »Krankheitswerts« als Instrument der quantitativen Bestimmung des Grades einer Störung letztlich unbrauchbar sei (Schreiber u. Rosenau 2004, S. 72). Die neuere Rechtsprechung verzichtet denn auch weitgehend auf seine Verwendung und zieht die erste Alternative des § 20 StGB lediglich im oben erläuterten Sinn als abstrakten Vergleichsmaßstab für die Bestimmung desjenigen Ausmaßes heran, in dem die als »schwere andere seelische Abartigkeit« bezeichnete Störung auf das Handlungsgefüge des Täters einwirken muss (BGH NStZ 2004, S. 438; MünchKomm-Streng, § 20 Rn. 91; Tondorf 2005 Rn. 43 ff.).

Der Begriff der »Abartigkeit« begegnet aufgrund seines stigmatisierenden Charakters den bereits eingangs angesprochenen durchgreifenden Bedenken, was auch von anderen Autoren angemerkt wurde (Rasch 1991, S. 126; Tondorf 2005, Rn. 34; Venzlaff 1983, S. 281 f.). Der Ausdruck geht auf die Entartungs- und Degenerationslehren des Nationalsozialismus zurück und knüpft unmittelbar an die »Musterungsvorschriften der Deutschen Wehrmacht im Kriege« vom 01.04.1944 an; im Diagnosekatalog der Psychiatrie kommt er ohnehin nicht vor und ist als obsolet anzusehen (NK-Schild, § 20 Rn. 133). Um die von einem dergestalt vorbelasteten und verächtlichen Sprachgebrauch ausgehende unnötige Herabsetzung eines Angeklagten oder Beschuldigten zu vermeiden, könnte bis zu der Abschaffung dieser überholten Kategorie durch den Gesetzgeber der insoweit besser geeignet erscheinende Formulierungsvorschlag »vergleichbare schwere seelische Störung« von Blau (1993, S. 114) aufgegriffen werden.

Persönlichkeitsstörungen

Unter das vierte Merkmal des § 20 StGB fallen zunächst die Persönlichkeitsstörungen, für die sich in Rechtsprechung und juristischem Schrifttum – in Abweichung von dem inzwischen differenzierteren Begriffsgebrauch der gängigen psychiatrischen Terminologie – nach wie vor auch die überkommene Bezeichnung als Psychopathien findet (BGH NStZ-RR 1998, S. 106; Streng 2004, S. 616).

Entsprechend der Klassifikation der ICD-10 unterscheidet die Praxis paranoide, schizoide, dissoziale, emotional instabile, histrionische, anankastische, ängstliche (vermeidende), abhängige sowie sonstige und nicht näher bezeichnete Persönlichkeitsstörungen (ICD-10:F60.0–60.9); auch gibt es Kombinationen der Merkmale verschiedener Störungen, bei denen kein Symptombild vorherrschend ist, das eine spezifische Diagnose erlauben würde (F61; Krücken et al. 2002, S. 622 ff.).

Entscheidend für die Beurteilung der Schuldfähigkeit bei einer Persönlichkeitsstörung ist – wie stets bei der Prüfung der Eingangsmerkmale des § 20 StGB – eine Gesamtwürdigung der zu beurteilenden Persönlichkeit und ihrer Entwicklung, des Gewichts der Störung und ihres Zusammenhangs mit der konkreten Tat sowie der aktuell wirkenden sonstigen konstellativen Faktoren (LK-Jähnke, § 20 Rn. 68). In Anlehnung an entsprechende Übersichten bei den Affektdelikten hat Saß (1987, S. 118 f.) den Versuch unternommen, in einem Merkmalskatalog diejenigen Gesichtspunkte zu versammeln, deren Vorliegen für oder gegen eine Beeinträchtigung der Schuldfähigkeit des Täters sprechen kann. Obwohl die Beschreibungen des Kataloges im Einzelnen unpräzise erscheinen, sind sie doch immerhin geeignet, als eine Art Richtschnur bei der oben angesprochenen Gesamtschau zu fungieren.

- Gesichtspunkte, die für das Vorliegen einer die Schuldfähigkeit beeinträchtigenden Persönlichkeitsstörung sprechen: psychopathologische Disposition der Persönlichkeit, chronische konstellative Faktoren, z. B. Abusus, depravierende Lebensumstände, Schwäche der Abwehr- und Realitätsprüfungsmechanismen, Einengung der Lebensführung, Stereotypisierung des Verhaltens, Häufung sozialer Konflikte auch außerhalb des Delinquenzbereiches, emotionale Labilisierung in der Zeit vor dem Delikt, aktuelle konstellative Faktoren, z. B. Alkohol, Ermüdung, affektive Erregung, Hervorgehen der Tat aus neurotischen Konflikten bzw. neurotischer Primordialsymptomatik, bei sexuellen Deviationen schließlich Einengung, Fixierung und Progredienzphänome.
- Gesichtspunkte, die gegen das Vorliegen einer die Schuldfähigkeit beeinträchtigenden Persönlichkeitsstörung sprechen: Tatvorbereitungen, planmäßiges Vorgehen bei der Tat, Fähigkeit zu warten, lang hingezogenes Tatgeschehen, komplexer Handlungsablauf in Etappen, Vorsorge gegen Entdeckung, Möglichkeit anderen Verhaltens unter vergleichbaren Umständen, Hervorgehen des Delikts aus dissozialen Charakterzügen.

Vereinzelt begegnet in der Rechtsprechung des Bundesgerichtshofs schließlich die Auseinandersetzung mit dem als **»Borderline-Störung«** bezeichneten Typus der Persönlichkeitsstörung, bei der alternierend neurotische und psychotische Symptome auftreten sollen (BGHSt 42, S. 385; NStZ 1999, S. 508). Nun gibt es eine klinisch relevante Persönlichkeitsstörung mit dem Subtypus emotionale Instabilität und der weiteren Subdifferenzierung vom Borderline-Typus (ICD-10:F60.31), bei der in den Diagnosekriterien psychotisches Erleben und Verhalten nicht aufgeführt wird. Diese Diskrepanz lässt sich daraus erklären, dass früher insbesondere von psychoanalytischer Seite eine Borderline-Störung beschrieben wurde, bei der die Patienten in der Tat alternierend neurotische und psychotische Symptome zeigen sollten. Eine solche Störung ist in den gängigen Klassifikationssystemen ICD-10 und DSM-IV nicht enthalten und ist nicht zu verwechseln mit der emotional instabilen Persönlichkeitsstörung vom Borderline-Typus (F60.31), für die andere Symptome gelten.

Für die Begutachtung ist in diesem Zusammenhang von besonderer Bedeutung, ob das Tatverhalten innerhalb einer psychotisch geprägten Episode liegt (und die Grunderkrankung dann möglicherweise eher eine schizophrene Psychose ist) und wie groß das Ausmaß der ggf. bestehenden Persönlichkeitsstörung ist (Schreiber u. Rosenau 2004, S. 71).

Besonders bei persönlichkeitsgestörten Straftätern wird eine gewisse Zurückhaltung im Umgang mit den exkulpierenden Vorschriften der §§ 20 und 21 StGB des öfteren damit begründet, diese Klientel sei kaum behandelbar und würde bei einer Unterbringung nach § 63 StGB den therapeutischen Betrieb in den psychiatrischen Krankenhäusern ohnehin nur stören (»Psychopathenproblem«, Rasch 1982, S. 180).

! Eine solche Argumentation setzt sich jedoch in Widerspruch zu der insoweit eindeutigen Rechtslage, da die Therapiefähigkeit des Täters weder im Rahmen der Schuldfähigkeitsbestimmungen noch bei einer eventuellen Unterbringungsentscheidung im Sinne des § 63 StGB eine Rolle spielen darf. Entsprechende Überlegungen dürfen demgemäß auch bei der Begutachtung keine Rolle spielen (NK-Schild, § 20 Rn. 82).

Verhaltensstörungen (Neurosen)

Ebenfalls den »schweren anderen seelischen Abartigkeiten« zugerechnet werden die früher so genannten neurotischen Störungen als erworbene und oftmals auch einer Behandlung zugängliche Verhaltensstörungen, die sich als abnorme Erlebnisreaktionen darstellen (Roxin 1997, § 20 Rn. 24). Von den in den gängigen psychiatrischen Klassifikationssystemen ICD-10 und DSM-IV insoweit unterschiedenen Störungsformen werden hierher vor allem die neurotischen und die somatoformen Störungen zu rechnen sein, während die Reaktionen auf Belastungen und Anpassungsstörungen (ICD-10:F43.xx; DSM-IV: 308.3 und 309.xx) in der Terminologie des § 20 StGB als tiefgreifende Bewusstseinsstörung einzuordnen sind (NK-Schild, § 20 Rn. 135). Danach zählen zu den hier relevanten (neurotischen) Störungen die phobischen Störungen wie Agoraphobie (Angstauslösung auf

Straßen und Plätzen, in Menschenansammlungen), Klaustrophobie (Angst in geschlossenen Räumen, in vollen Verkehrsmitteln etc.), Akrophobie (Höhenangst), Tierphobie, soziale Phobie oder Flugangst, ebenso jedoch auch andere, nicht situations- oder objektgebundene Angststörungen (Panikstörung, generalisierte Angststörung und Angst- und depressive Störung) und schließlich Zwangsstörungen (Plate 2002, S. 277 ff.).

Hauptkennzeichen der somatoformen Störungen sind körperliche Symptome, die nicht durch eine organische Erkrankung oder einen spezifischen pathophysiologischen Prozess erklärt werden können.

Sexualstörungen

Das vierte Merkmal des § 20 StGB erfasst psychische und Verhaltensstörungen in Verbindung mit der sexuellen Entwicklung und Orientierung sowie der Sexualpräferenz, insbesondere die Deviationen und Perversionen, die nach ständiger Rechtsprechung jedoch nur dort zu einem Ausschluss der Schuldfähigkeit führen können, wo der Sexualtrieb so anormal gesteigert ist, dass der Täter ihm selbst unter Aufbietung aller ihm zur Verfügung stehenden Willenskräfte nicht zu widerstehen vermag (BGHSt 14, S. 32; StV 1994, S. 75; MünchKomm-Streng 2003, § 20 Rn. 99). An anderer Stelle wird gefordert, die Sexualstörung müsse sich mit einer »das Hemmungsvermögen betreffenden Persönlichkeitsentartung« verbinden (BGH StV 1993, S. 240; NStZ 1998, S. 30 f.). Als mögliche Beurteilungskriterien im Rahmen der auch hier anzustellenden Gesamtschau werden etwa eine süchtige Entgleisung (BGH NStZ 1994, S. 181; Theune 2002b, S. 228) oder Auffälligkeiten des äußeren Tatgeschehens im Sinne eines »sexuell motivierten Rituals« (BGH NStZ 1994, S. 75) genannt.

Die in der Rechtsprechung nach wie vor anzutreffende Unterscheidung zwischen »naturwidriger geschlechtlicher Triebhaftigkeit« (z. B. Homosexualität oder Pädophilie), bei der schon ein Trieb von durchschnittlicher Stärke exkulpieren soll und »normaler Sexualität«, bei der ein unüberwindbar stark ausgeprägter Trieb gefordert wird, ist hingegen als verfehlt zurückzuweisen: Auch in diesem Zusammenhang kann es allein auf die Stärke und Ausprägung des Triebes sowie auf das Maß der hierdurch bedingten Beeinträchtigungen des Verhaltensspielraums ankommen und nicht auf eine etwaigen »Krankheitswert« der Störung (Schreiber u. Rosenau 2004, S. 73).

Die Rechtsprechung ist in der Annahme einer »schweren anderen seelischen Abartigkeit« insgesamt sehr zurückhaltend: So ist im Einzelnen betont worden, von bloßen sog. Charaktermängeln (BGHSt 23, S. 190) oder einer allgemeinen Haltlosigkeit des Täters (BGH MDR/D 1953, S. 146 f.) könne grundsätzlich keine Beeinträchtigung der Schuldfähigkeit ausgehen, und auch bei einer gesteigerten Spielleidenschaft soll nur dann eine »schwere andere seelische Abartigkeit« gegeben sein, wenn sie zu entsprechend schweren Persönlichkeitsveränderungen führt (BGH NStZ 1999, S. 448; Rasch 1991, S. 129 f.).

! Selbst wenn vom Vorliegen einer »schweren anderen seelischen Abartigkeit« ausgegangen wird, gelangt die Rechtsprechung in der weit überwiegenden Zahl der Fälle lediglich zu verminderter Schuldfähigkeit im Sinne des § 21 StGB.

Eine vollständige Exkulpation gem. § 20 StGB bleibt grundsätzlich seltenen Ausnahmefällen wie etwa psychoseähnlichen Störungen oder psychotischen und hirnorganischen Persönlichkeitsveränderungen vorbehalten (Foerster 1989, S. 86; Schönke u. Schröder-Lenckner/Perron 2001, § 20 Rn. 22).

Zusammentreffen mehrerer psychischer Störungen

Nicht selten ist schließlich ein Zusammentreffen mehrerer Beeinträchtigungen, etwa eines Affekts (»Bewusstseinsstörung«) auf der Basis einer Persönlichkeitsstörung (»schwere andere seelische Abartigkeit«) und einer akuten Alkoholintoxikation (»krankhafte seelische Störung«), die zwar jede nicht für sich allein betrachtet, jedoch in kumulativem Zusammenwirken eine Beeinträchtigung der Schuldfähigkeit bewirken könnten (Schreiber u. Rosenau 2004, S. 61, S. 7 f.; Streng 2004).

Die zweite Stufe der Einsichts- und Steuerungsfähigkeit

Neben dem Vorliegen der auf der ersten Stufe zu beurteilenden psychischen Störungen fordert das Gesetz,

- dass der Täter gerade aufgrund dieser Beeinträchtigung unfähig war, das Unrecht der Tat einzusehen (**Fehlen der Einsichtsfähigkeit**)
- oder nach dieser Einsicht zu handeln (**Fehlen der Steuerungsfähigkeit**).

Auf der zweiten Stufe der Schuldfähigkeitsbeurteilung ist, dem Willen des Gesetzgebers entsprechend, somit der Ursachenzusammenhang zwischen organisch-biologischer Kausalität und psychosozialen Folgen im Hinblick auf die konkrete Tat zu untersuchen (Schönke u. Schröder-Lenckner/Perron 2001, § 20 Rn. 25).

Es entspricht einer nach wie vor verbreiteten Auffassung in der psychiatrischen Wissenschaft, dass sich begründete Aussagen dazu, ob der zu beurteilende Täter im konkreten Fall die Fähigkeit zur Einsicht in das Unrecht seiner Tat besaß bzw. in der Lage war, diese Einsicht zur Grundlage seines Handelns zu machen, nicht treffen lassen. Die Vertreter dieser auf den Psychiater Kurt Schneider zurückgehenden Ansicht argumentieren unter anderem, eine auch nur einigermaßen zuverlässige Abstufung bei der Beurteilung vor allem der Steuerungsfähigkeit scheitere an der Vielschichtigkeit menschlicher Motivations- und Determinationsstrukturen (Langelüddeke u. Bresser 1976, S. 269; Schneider 1948, S. 13 ff.). In dieser unter dem Schlagwort Agnostizismusdebatte geführten Diskussion steht die – insoweit gnostische – Gegenposition auf dem Standpunkt, dass eine Möglichkeit zur wissenschaftlichen Fundierung von Aussagen über die Einsichts- und Steuerungsfähigkeit des Täters auf der Grundlage psychiatrisch-psychologischer Erfahrungen durchaus bestehe (Venzlaff 1975, S. 902 ff.).

Bei der Behandlung dieser Streitfrage erlangen erneut die bereits aus der Diskussion des Schuldprinzips bekannten Gesichtspunkte Bedeutung: Sieht man nämlich – entsprechend den obigen Ausführungen – in der Selbstbestimmungsfähigkeit im Sinne des § 20 StGB lediglich die Fähigkeit zur Durchführung eines für den Entwicklungsstand unserer Gesellschaft hinreichend differenziert strukturierten Entscheidungsprozesses oder, anders ausgedrückt, die Fähigkeit einer Person, sich auf eine Art und Weise zu entscheiden, deren Rationalität nicht signifikant hinter dem Niveau zurückbleibt, das für einen erwachsenen Menschen unserer Gesellschaft bei der in Frage stehenden Entscheidung im Allgemeinen erreichbar ist (Frister 1993, S. 128), so sind die von den Agnostikern so vehement abgelehnten Aussagen über einen indeterministisch verstandenen Grad der Freiheit des Menschen auf der hier zu erörternden zweiten Stufe der Schuldfähigkeitsprüfung gar nicht erforderlich. Für den damit eingenommenen Standpunkt kommt es bei der Frage nach der Einsichts- und Steuerungsfähigkeit lediglich auf die normale – und insoweit durchschnittlich generalisierend festzustellende – Motivierbarkeit des Betreffenden durch soziale Normen, seine »normative Ansprechbarkeit« (NK-Schild, § 20 Rn. 98) an, für deren Feststellung es einer Beantwortung der Frage nach der sittlichen Wahlfreiheit des Menschen gerade nicht bedarf (Schreiber u. Rosenau 2004, S. 75).

Nach alledem hat der Sachverständige auch zur Beurteilung der Einsichts- und Steuerungsfähigkeit einen wesentlichen Beitrag zu leisten. Seine Aufgabe besteht darin, durch einen Vergleich der psychischen Verfassung des Täters mit den ihm aus klinischer Erfahrung bekannten Störungsbildern zu Aussagen über eine mögliche Beeinträchtigung des zu Beurteilenden in seiner sozialen Handlungskompetenz zu gelangen (Rasch 1984, S. 267). Der Richter hat diese Aussagen in tatsächlicher Hinsicht zu würdigen und sodann zu entscheiden, ob das von dem Täter zu erreichende Differenzierungsniveau nach den in der sozialen Interaktion praktizierten Maßstäben als für die Zuerkennung der Zurechnungsfähigkeit hinreichend anzusehen ist oder nicht (Frister 1993, S. 180 f.; Schreiber u. Rosenau 2004, S. 75). Die Darstellung dieser Überlegungen in den Urteilsgründen unterliegt der revisionsgerichtlichen Kontrolle (BGHSt 8, S. 113, 118; Schreiber u. Rosenau 2004, S. 85 f.).

! Nach dem insoweit eindeutigen Wortlaut der Norm reicht das Fehlen der Einsichtsfähigkeit bereits für sich genommen für eine Exkulpation aus. Ein etwaiger Mangel der Steuerungsfähigkeit ist deshalb immer erst dann zu prüfen, wenn der Täter das Unrecht seiner Tat eingesehen hat oder zumindest einsehen konnte (BGH MDR/H 1987, S. 93).

Der Logik dieser im Gesetz festgeschriebenen Vorgehensweise entspricht es im Übrigen, dass Einsichts- und Steuerungsfähigkeit strenggenommen niemals gleichzeitig fehlen können. Obwohl eine Trennung zwischen diesen beiden Fragenkreisen in der Praxis nicht selten auf Probleme stößt (Janzarik 1991), erscheint es zumindest dann, wenn die Schuldunfähigkeit zugleich als Anordnungsvoraussetzung der Unterbringung in einem psychiatrischen Krankenhaus nach § 63 StGB fungiert, als unzulässig, wenn das Gericht die Anwendung des § 20 StGB auf fehlende Einsichts- und Steuerungsfähigkeit zugleich stützt (BGH NStZ 1991, S. 529; Tröndle u. Fischer 2004, § 20 Rn. 44).

Nach der Rechtsprechung deckt sich die in der ersten Alternative des § 20 StGB vorausgesetzte Unfähigkeit, das Unrecht der Tat einzusehen, in ihren Auswirkungen mit dem in § 17 StGB geregelten Verbotsirrtum: Gemeinsames Kennzeichen der von den beiden Vorschriften erfassten Fallgruppen sei die fehlende Unrechtseinsicht des Täters, die bei § 20 StGB allerdings zusätzlich auf die dort genannten »biologischen« Gründe zurückzuführen sein müsse (BGH MDR 1968, S. 854). Aufgrund der Tatsache, dass die genannten Störungen den gleichzeitig vorliegenden Verbotsirrtum stets »unvermeidbar« machen (und damit den Täter nach § 17 S. 1 StGB ebenfalls »ohne Schuld« handeln lassen), fehlt es bei Zugrundelegung dieser Ansicht mithin an einem eigenen Anwendungsbereich des § 20 StGB. Zu beachten ist in diesem Zusammenhang allerdings, dass nur unter den Voraussetzungen der §§ 20 und 21 StGB die Unterbringung in einem psychiatrisch-psychotherapeutischen Krankenhaus gem. § 63 StGB in Betracht kommt (Schönke u. Schröder-Lenckner/Perron, § 20 Rn. 4).

An der Steuerungsfähigkeit soll es dem Täter nach herrschender Auffassung dann mangeln, wenn er trotz vorhandener Unrechtseinsicht auch bei Aufbietung aller ihm zur Verfügung stehenden Widerstandskräfte nicht in der Lage war, seinen Willen durch vernünftige Erwägungen zu bestimmen (Lackner u. Kühl 2004, § 20 Rn. 12; LK-Jähnke, § 20 Rn. 36). Damit wird jedoch nichts anderes beschrieben, als das – wie dargelegt – schon aus erkenntnistheoretischen Gründen nicht feststellbare »Andershandelnkönnen« in der konkreten Entscheidungssituation (Frister 1994, S. 317 f.).

Der Sache nach bezeichnet die Steuerungsfähigkeit nichts anderes als die über die bloße Intelligenz hinausgehenden Voraussetzungen der oben beschriebenen Fähigkeit zu einer hinreichend differenzierten Willensbildung.

! Die Steuerungsfähigkeit fehlt insbesondere dann, wenn der Täter zwar zu hinreichend differenzierter Erkenntnis in der Lage ist und insofern Einsichtsfähigkeit besitzt, jedoch nicht in hinreichendem Maße in der Lage ist, das Erkannte auf die eigene Person zu beziehen und ihm dadurch eine positive, negative oder neutrale Bedeutung zu verleihen (Frister 1993, S. 140 ff.).

Dabei wird man auch die Steuerungsfähigkeit des Täters nicht abstrakt, sondern im Hinblick auf den jeweiligen Einzelfall und das konkret verwirklichte Delikt zu beurteilen haben, was etwa bei gleichermaßen im Zustand der Trunkenheit begangener Beleidigung und gefährlicher Körperverletzung, aber auch bei Sexual- und Tötungsdelikten durchaus zu einer unterschiedlichen Bewertung führen kann (BGHSt 14, S. 116; NStZ 1990, S. 231). Neben einer lediglich partiellen Schuldfähigkeit – als Schuldfähigkeit eines Kranken für bestimmte Delikte – gibt es demnach auch eine partielle Schuldunfähigkeit – als Ausschluss der Verantwortung eines prinzipiell Schuldfähigen für bestimmte Delikte (MünchKomm-Streng 2003, § 20 Rn. 2; Schönke u. Schröder-Lenckner/Perron 2001, § 20 Rn. 31). Aus den genannten Gründen kommt im Übrigen auch dem Umstand einer Betreuung im Sinne der §§ 1896 ff. BGB in keiner Weise präjudizielle Bedeutung für die Beurteilung der Schuldfähigkeit zu (OLG Frankfurt, GA 1963, S. 54).

Beispiele

Fall 2.1. Im Rahmen einer Erstmanifestation einer schizophrenen Psychose fühlte sich der 25-jährige Student Holger K. verfolgt von einer fremden Macht, die ihn mit dem Tode bedrohte. Er spürte diese Beeinflussung körperlich durch Bestrahlungserlebnisse und hörte die Stimmen seiner Verfolger, die ihn ermahnten, diese oder jene Dinge zu tun bzw. zu lassen. Holger K. wurde in seiner Nachbarschaft und an der Universität erst nach vielen Monaten auffällig, nachdem er sich immer mehr aus Angst vor den vermeintlich ihn Bedrohenden in sein Appartement zurückgezogen hatte. Es wurde aber von seinem Umfeld toleriert, dass sich er zurückgezogen hatte.
Unvermittelt geriet Herr K. nach der versuchten Tötung eines Politikers in die Presseschlagzeilen: »Wahn-

sinniger attackiert Minister«. Er war bei einer Parteiveranstaltung auf den Redner am Pult zugegangen, hatte in einem Blumenstrauß ein Messer versteckt, das er unmittelbar vor dem Pult zog und mit dem er auf den Politiker einstach.

Bei der Aufnahme in das psychiatrisch-psychotherapeutische Fachkrankenhaus, die von der Polizei und der Staatsanwaltschaft innerhalb weniger Stunden nach der Tat über die lokalen Ordnungsbehörden veranlasst wurde, waren neben dem wahnhaften Erleben und akustischen und zönästhetischen Halluzinationen eine massive Ambivalenz, Depressivität sowie formale Denkstörungen in Form von Weitschweifigkeit, Inkohärenz und Gedankenabreißen auffällig.

Herr K. berichtete, dass er zur Rettung der Menschheit den attackierten Minister, der in Wahrheit einer erdfernen Population angehöre, die die Menschheit versklaven wolle, umbringen müsse. Von seinen Stimmen sei er zu dieser Tat gedrängt worden.

Aufgrund sachverständiger Empfehlung wurde Herrn K. im Urteil des Landgerichts Schuldunfähigkeit aufgrund der Erstmanifestation einer krankhaften seelischen Störung (paranoide Psychose, ICD-10:F20.00) mit aufgehobener Einsichtsfähigkeit zugebilligt. Es war ihm zum Tatzeitpunkt nicht möglich, das Unrecht der Tat aufgrund der psychotischen, realitätsfernen Sichtweise einzusehen. Seine Unterbringung in einem psychiatrischen Krankenhaus gem. § 63 StGB wurde beschlossen.

Fall 2.2. Hubert U., 56-jähriger Frührentner, war wegen einer seit 24 Jahren bekannten, inzwischen chronifizierten schizophrenen Psychose in einer Pflegefamilie untergebracht. Er war intermittierend in einer Werkstatt für Behinderte stundenweise tätig und hatte – bis auf seine inzwischen über 80-jährige Mutter – keine weitreichenden sozialen Kontakte. Von dieser erhielt er gelegentlich Geld für Tabak. Er hörte seit Jahren kontinuierlich Stimmen, die sein Handeln kommentierten. Er war zeitweise sehr in sich gekehrt, häufig interesse- und freudlos. Er war stabil auf ein Neuroleptikum eingestellt, was u. a. bewirkte, dass die zuvor fast jährlich erneut auftretenden Krankheitsausbrüche ausblieben. Es bestand eine umfassende gesetzliche Betreuung.

Eines Morgens saß er auf einem Bürgersteig, wie er das oft zu tun pflegte. Eine ihm nicht bekannte ältere Passantin sprach ihn an, da sie ihm helfen wollte. Sofort stürzte sich Herr U. auf diese und verletzte sie schwer. Anschließend lief er weg und sprach bei einer Polizeiwache vor. Er wollte eine Anzeige wegen versuchter Entführung gegen die Passantin abgeben. Bei seiner Festnahme berichtete Herr U., dass die Passantin versucht habe, ihn in einer Art zu verwandeln, dass er ein lebendiger Leichnam würde, der dann 1000 Jahre dahinvegetieren müsste. Sie habe versucht, ihn in ihr Haus, eine Brutstätte einer verschworenen religiösen Organisation und der Kinderschändung, zu entführen um ihn dort aufzuessen.

Auch bei diesem Patienten wurde eine fehlende Einsicht in das begangene Unrecht aufgrund einer chronifizierten, erneut zum Ausbruch gekommenen undifferenzierten Schizophrenie (ICD-10:F20.31) wegen des realitätsfernen Erlebens zum Tatzeitpunkt postuliert. Er wurde in eine psychiatrische Klinik gem. § 63 StGB eingewiesen.

Fall 2.3. Mit 58 Jahren wurde die allein lebende frühere Schneiderin Wilhelmine G. erstmals auffällig. Sie zeigte immer mehr kognitive Einbußen in Form von Vergesslichkeit gerade erworbener Gedächtnisinhalte, Aufmerksamkeitsstörungen und ein hypomanes Syndrom mit Antriebssteigerung. Sie wurde in einem Altenheim untergebracht.

Frau G. wurde der Brandstiftung beschuldigt, nachdem sie unstreitig versucht hatte, ihre Küche in Brand zu setzen. Es wurde durch einen Brandsachverständigen rekonstruiert, dass Frau G. offensichtlich wahllos Gegenstände auf ihrem Herd aufgetürmt hatte, die sich entzündeten. Das Mehrfamilienhaus brannte in der Folge bis auf die Grundmauern ab.

Frau G. hatte in ihrer Vernehmung angegeben, dass sie sich an einen Brand nicht erinnern könne. Ein psychiatrischer und ein psychologischer Sachverständiger diagnostizierten auf Grund eingehender Explorationen und medizinischer (psychiatrisch, internistisch, neurologisch), testpsychologischer und apparativer Untersuchungen (MRT, EEG) eine Demenz bei Alzheimer-Krankheit mit frühem Beginn (ICD-10:F00.0).

Die Patientin war wegen der massiven kognitiven Beeinträchtigungen nicht in der Lage, an einer Hauptverhandlung teilzunehmen, diese wurde in ihrer Abwesenheit durchgeführt. Eine Schuldunfähigkeit aufgrund einer krankhaften seelischen Störung (Demenz) mit aufgehobener Einsichtsfähigkeit in das begangene Unrecht der Tat wurde angenommen. Zudem wurde sie gem. § 63 StGB in ein psychiatrisches Krankenhaus eingewiesen; diese Maßregel wurde aber nach § 67b StGB zugleich mit der Anordnung zur Bewährung ausgesetzt. Als Bewährungsauflage wurde der Aufenthalt in einem geschlossenen Pflegeheim angeordnet, der auf Basis des Betreuungsrechts durchgeführt wurde. Dort starb sie 4 Jahre nach der Anlasstat; die Diagnose wurde post mortem gesichert.

Fall 2.4. Hartmut F., 41-jähriger Manager eines Industrieunternehmens, kam nach einer Afrikareise zunächst gesund zurück. Innerhalb eines Jahres veränderte er sich zunächst körperlich und dann auch psychisch in erheblichem Maße. Zum Zeitpunkt der Erstuntersuchung in einer auf Tropenkrankheiten spezialisierten Universitätsklinik wurde bereits ein massiver, irreversibler Befall des Gehirns bei einer Wurmerkrankung diagnostiziert, an dem der Patient einige Monate später starb. Während dieses Krankenhausaufenthalts entwich Herr F. von der Station und hielt sich für einige Tage als Obdachloser in der Stadt auf. Er wurde festgenommen, nachdem er stark alkoholisiert Stahlträger auf Bahngleise gelegt hatte.
Unter Polizeibewachung blieb er in der Universitätsklinik, wurde später in ein Justizvollzugskrankenhaus überwiesen. In der Antragsschrift ging man von einem versuchten Tötungsdelikt aus, verneinte aber die Schuldfähigkeit wegen der Infektion. Die Staatsanwaltschaft, sachverständig beraten, führte weiter aus, dass bei bestehender Einsicht in das begangene Unrecht die Fähigkeit, entsprechend der vorhandenen Einsicht das Handeln normgerecht zu organisieren, aufgehoben war. Zu einer Hauptverhandlung kam es wegen des baldigen Todes des Patienten nicht mehr.

Fall 2.5. Das Ehepaar T. war seit 18 Jahren verheiratet, die 15- und 17-jährigen Söhne lebten zu Hause. Herr T. war Metzger, Birgit T. verkaufte die Fleisch- und Wurstwaren in der eigenen Metzgerei. Bis zu zwei Verkäuferinnen waren als gelegentliche Aushilfe tätig. Das Familienleben war seit Jahren durch die Alkoholabhängigkeit des Mannes, die Arbeitsüberlastung der beiden als Selbstständige und ständige Streitereien untereinander und mit den Söhnen geprägt.
Am letzten verkaufsoffenen Tag vor Weihnachten kam Herr T. schon frühmorgens angetrunken in die Metzgerei und konsumierte am Vormittag weitere Alkoholika. Er beschimpfte seine Frau als nichtsnutzige Hure, die zu dumm sei, seine Wurst zu verkaufen, und beschuldigte sie, dass sie ständig den Kunden zu viel Wechselgeld herausgebe (was offensichtlich nicht den Tatsachen entsprach).
Frau T., die üblicherweise sehr introvertiert und still war und die die Führungsrolle ihres Mannes in der Familie immer akzeptierte, nahm nach diesem Vorwurf ohne Vorankündigung und – retrospektiv von ihr so angegeben – ohne Vorüberlegung ein großes Schlachtermesser und schlug es ihrem Mann in die Halsgegend, der sofort verblutete. Sie ließ sich widerstandslos am Tatort festnehmen, war dort bei Erscheinen der Polizei regungslos stehend angetroffen worden. Im Polizeigewahrsam unternahm sie einen Suizidversuch durch Erhängen, was verhindert werden konnte.
Eine tiefgreifende Bewusstseinsstörung wurde vom erkennenden Landgericht, sachverständig beraten, aufgrund einer akuten Belastungsreaktion (ICD-10:F43.0) bei der sonst gesunden, wenngleich etwas depressiv und ängstlich-zurückgezogen imponierenden Frau angenommen. Es wurde postuliert, dass zwar die Einsicht in das begangene Unrecht zur Tat ungestört gewesen sei, es aber in einer ganz besonderen affektiven Akzentuierung zu einer aufgehobenen Steuerungsfähigkeit gekommen sei. Schuldunfähigkeit wurde im Urteil festgestellt, eine Gefahr für die Allgemeinheit dagegen nicht gesehen.

Vorverlagerte Schuld

Nach dem Wortlaut des § 20 StGB handelt der Täter grundsätzlich ohne Schuld, wenn er bei Begehung der Tat aufgrund einer psychischen Störung in seiner Einsichts- oder Steuerungsfähigkeit beeinträchtigt war. Nun sind allerdings Fallgestaltungen denkbar, in denen die Voraussetzungen des § 20 StGB zum Tatzeitpunkt zwar vorliegen, der Täter jedoch den seine Schuldfähigkeit beeinträchtigenden Zustand im Vorfeld der Tat vorwerfbar herbeigeführt hat: Zu denken ist in diesem Zusammenhang etwa an den Täter, der sich vor der Begehung eines Tötungsdeliktes gezielt »Mut antrinkt«, um seine Hemmungen zu überwinden, oder an einen, der sich exkulpiert wähnt, wenn er erst im Zustand der Trunkenheit mit der eigentlichen Tatausführung beginnt, oder auch an einen Täter, der fahrlässig nicht bedenkt, dass er nach entsprechendem Alkoholkonsum stets zu Gewalttaten neigt. Weiterhin gehört hierher auch der Eifersuchtstäter, der seine Neigung zu unkontrollierbaren Wutausbrüchen kennt und sich dennoch, sozusagen »sehenden Auges«, in eine kritische Situation begibt (weitere Beispiele bei Deiters 2002, S. 125).

Derartige Konstellationen werden von der Rechtswissenschaft unter dem Schlagwort **»actio libera in causa«** (richtigerweise müsste man noch ergänzen: »sed illibera in actu«; NK-Schild, § 20 Rn. 173) diskutiert, was übersetzt werden kann als »Handlung, die zwar in ihrem Ursprung frei ist, jedoch unfrei in ihrer Ausführung«. Damit wird auf den gerade unter dem Gesichtspunkt des Schuldgrundsatzes problematischen Umstand hingewiesen, dass der Täter noch im Zustand der Schuldfähigkeit einen Handlungsverlauf anstößt, der seinen Niederschlag in der Verwirklichung eines Delikts erst zu einem Zeitpunkt findet, in dem die Schuldfähigkeit des Täters – sei es durch Alkoholeinfluss, sei es unter dem Eindruck eines Affekts – zumindest erheblich beeinträchtigt ist. Es würde den hier vorgegebenen Rahmen sprengen, wenn man versuchen wollte, die vielstimmige Diskussion in Literatur und Rechtsprechung nachzuzeichnen, die sich der Frage widmet, wie man trotz des insoweit eindeutig scheinenden Wortlauts des § 20 StGB (»bei Begehung der Tat«) bei den Fallgestaltungen der »actio libera in causa« dem ebenso deutlich empfundenen Strafbedürfnis Rechnung tragen könnte. An dieser Stelle muss es deshalb mit dem Hinweis auf die Existenz von Lösungswegen sein Bewenden haben, die es grundsätzlich ermöglichen, auch in solchen Fällen auf einem rechtlich zumindest vertretbaren Wege zu einer Bestrafung des Täters zu gelangen (Roxin 1997, § 20 Rn. 58 ff.). Eine jüngere Entscheidung des Bundesgerichtshofs hat allerdings die Anwendung der »actio libera in causa« auf verhaltensgebundene Tatbestände wie etwa die Gefährdung des Straßenverkehrs gem. § 315c Abs. 1 StGB oder die Trunkenheit im Verkehr gem. § 316 StGB ausgeschlossen (BGHSt 42, S. 235; Deiters 2002, S. 125 f.); gleichzeitig wurde die Verzichtbarkeit der hier in Rede stehenden Hilfskonstruktion im Fahrlässigkeitsbereich festgestellt (BGH, a.a.O., S. 236 f.; Deiters 2002, S. 127). Abschließend bleibt festzuhalten, dass auch in der Berücksichtigung eines Vorverschuldens beim Affekt in letzter Zeit eine leichte Tendenz der Rechtsprechung zur Zurückhaltung zu verzeichnen ist (Frisch 1989, S. 538 ff.).

2.1.3 Erheblich verminderte Schuldfähigkeit (§ 21 StGB)

Die Vorschrift des § 21 StGB eröffnet für den Fall, dass die Fähigkeit des Täters, das Unrecht der Tat einzusehen oder nach dieser Einsicht zu handeln, aus einem der in § 20 StGB genannten Gründe bei Begehung der Tat erheblich vermindert ist, die Möglichkeit einer Strafmilderung. Das Gesetz lehnt sich demnach bei der Regelung der erheblich verminderten Schuldfähigkeit an die bereits bei § 20 StGB verwendete zweistufige Methode an:

- Auf der ersten Stufe wird das Vorliegen bestimmter, abschließend aufgezählter psychopathologischer Zustände vorausgesetzt;
- auf einer zweiten Stufe wird sodann eine von diesen Störungen ausgehende erhebliche Beeinträchtigung des Täters in seiner Einsichts- oder Steuerungsfähigkeit gefordert (▣ Abb. 2.2).

Rechtsfolge ist nach dem Wortlaut des Gesetzes nicht – wie bei § 20 StGB – die völlige Straflosigkeit, sondern lediglich eine fakultative, d. h. im Ermessen des Gerichts stehende Strafmilderung, deren genaue Modalitäten § 49 Abs. 1 StGB bestimmt.

Die Eingangsmerkmale der ersten Stufe

Die Bezugnahme auf § 20 StGB macht deutlich, dass eine erhebliche Minderung der Schuldfähigkeit bei allen vier dort genannten biologisch-psychologischen Anknüpfungsbefunden in Betracht kommt. Es gibt somit weder psychische Störungen, welche die Schuld stets voll ausschließen, noch solche, bei denen ausschließlich von einer erheblich verminderten Schuldfähigkeit im Sinne des § 21 StGB ausgegangen werden kann (sog. Einheitslösung).

Beispiele aus der Rechtsprechung, bei denen § 21 StGB erörtert wurde

- Zusammenwirken von alkoholischer Enthemmung und beginnender Demenz: BGH StV 1989, S. 102;
- leichtere Form der Intelligenzminderung zusammen mit Tablettenabhängigkeit und neurotisch-depressiver Störung: BGHR StGB § 21 (Ursachen, mehrere 5);

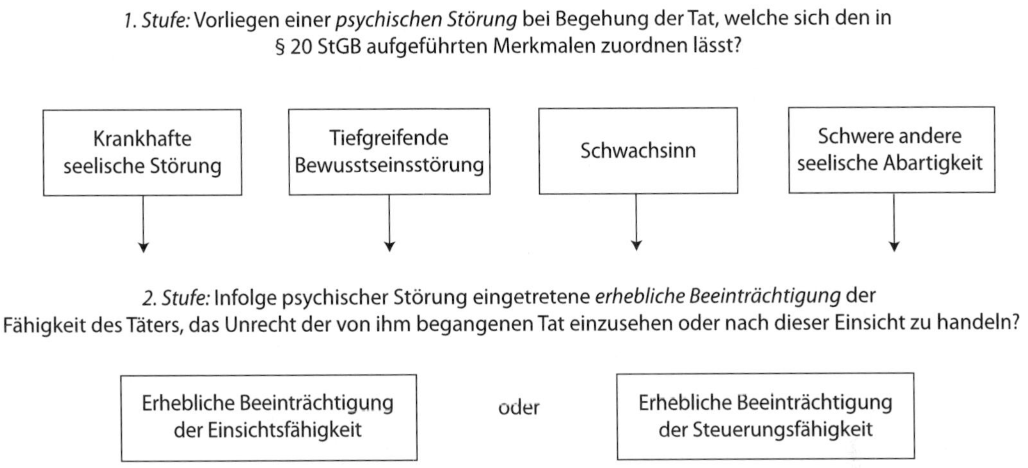

Abb. 2.2. Zweistufenmodell zur Feststellung *erheblich verminderter Schuldfähigkeit* im Sinne von § 21 StGB

- Alkoholrausch: BGH NStZ 1989, S. 17; NStZ/D 1991, S. 180;
- Affekt: BGH NStZ 1988, S. 268; StV 1997, S. 630;
- Neurose: BGH StV 1989, S. 104;
- Wahnvorstellungen: BGH NStZ 1991, S. 31;
- soziopathische Persönlichkeitsstörung: BGH NStZ 1992, S. 380, bzw. dissoziale Persönlichkeitsstörung: BGH NStZ-RR 1999, S. 359;
- Exhibitionismus: OLG Zweibrücken, StV 1986, S. 436;
- Querulanz: OLG Düsseldorf GA 1983, S. 473;
- schwere reaktive Depression: BGHSt 34, S. 22.

Drogenabhängigkeit des Täters führt nach ständiger, im Schrifttum teilweise deutlich kritisierter Rechtsprechung (Tröndle u. Fischer 2004, § 20 Rn. 11b) bei isolierter Betrachtung nur dann zu einer Anwendung des § 21 StGB, wenn eine langjährige »Drogenkarriere« zu schwersten Persönlichkeitsveränderungen geführt hat oder der Täter starke Entzugserscheinungen erleidet bzw. aufgrund früheren Erlebens deren Eintritt fürchtet und dadurch zu Beschaffungsstraftaten getrieben wird (BGH NJW 2002, S. 2045; Arab-Zadeh 1978, S. 2327). Auch dem exzessiv (»pathologisch«) betriebenen Glücksspiel soll Bedeutung im Rahmen des § 21 StGB nur bei einer hierdurch hervorgerufenen Persönlichkeitsveränderung zukommen, die in ihrem Schweregrad den krankhaften seelischen Störungen gleichwertig erscheint (BGH JR 1989, S. 379; LK-Jähnke 2003, § 20 Rn. 66; Rasch 1991, S. 129).

Die zweite Stufe der Einsichts- und Steuerungsfähigkeit

Resultat der psychischen Beeinträchtigung des Täters muss – anders als bei § 20 StGB – nicht die vollständige Aufhebung der Einsichts- oder Steuerungsfähigkeit sein, sondern lediglich ihre **erhebliche Minderung**. Für die Rechtsprechung ist es jedoch nicht ausreichend, wenn es dem Täter aufgrund seines Zustandes lediglich generell erschwert war, Einsicht in das Unrecht seines Tuns zu gewinnen oder nach dieser Einsicht zu handeln – soweit er in der konkreten Situation sehr wohl über die erforderliche Unrechtseinsicht (BGH NStZ 1990, S. 333) oder ein hinreichendes Hemmungsvermögen (OLG Hamm NJW 1977, S. 1498) verfügte. Die Versagung der nach dem Wortlaut des § 21 StGB an sich auch in derartigen Konstellationen eröffneten Möglichkeit einer Strafmilderung wird damit begründet, dass die Schuld des Täters nicht gemindert sei, wenn er trotz erheblich verminderter Einsichtsfähigkeit das Unrecht der Tat tatsächlich eingesehen habe (BGHSt 21, S. 27 f.).

Bei der Überlegung, ob die von der psychischen Störung des Täters ausgehende Beeinträchtigung der Einsichts- oder Steuerungsfähigkeit als erheblich im Sinne des § 21 StGB angesehen werden kann, handelt es sich letztlich um eine rein normativ-wertende Frage, die der Richter grundsätzlich unter Einbeziehung des klinischen Erfahrungswissens eines Sachverständigen zu vergleichbaren Konstellationen zu beantworten hat, ohne jedoch an dessen Äußerungen gebunden zu sein (BGHSt 43, S. 77; BGH NStZ 2004, S. 438). Angesichts des von der Rechtsprechung angenommenen Grundsatzes, demzufolge eine verminderte Einsichtsfähigkeit strafrechtlich nur dann von Bedeutung sein soll, wenn sie auch tatsächlich das Fehlen der Einsicht zur Folge hat, während eine erheblich verminderte Steuerungsfähigkeit stets zur Anwendung des § 21 StGB führen soll, darf der Richter im Übrigen auch bei § 21 StGB seine Entscheidung nicht auf das Fehlen beider Fähigkeiten zugleich stützen, sondern hat sich Klarheit über die in Betracht kommende Alternative zu verschaffen (BGH NJW 1995, S. 1229).

Die herrschende Auffassung versteht § 21 StGB schließlich unter Bezugnahme auf den Wortlaut (»kann [...] gemildert werden«) als Ermessensvorschrift: Danach ergibt sich die Entscheidung für die von § 21 StGB eröffnete Möglichkeit einer Strafmilderung beim Vorliegen der zuvor besprochenen Voraussetzungen der Norm nicht bereits zwingend, sondern sie unterliegt dem pflichtgemäßen Ermessen des Richters (LK-Jähnke 2003, § 20 Rn. 18). Dem Umstand, dass im Falle erheblich verminderter Schuldfähigkeit in der Regel auch ein entsprechend geminderter Schuldgehalt der Tat und damit eine geringere Strafwürdigkeit vorliegen dürfte, versucht man allerdings durch eine grundsätzlich restriktive Auslegung der »Kann-Regelung« Rechnung zu tragen (BGH NJW 1981, S. 1221). So darf der Tatrichter insbesondere nicht aus schuldfremden Erwägungen, etwa zu Präventionszwecken, von einer Strafmilderung absehen (BGHSt 7, S. 31; MünchKomm-Streng 2003, § 21 Rn. 21).

Besonderheiten gelten nach neuester Rechtsprechung des Bundesgerichtshofs für den Bereich alkoholbedingter Beeinträchtigung der Schuldfähigkeit: Insoweit entspricht es seit langem herrschender Auffassung, dass von der nach § 21 StGB eröffneten Möglichkeit einer Strafmilderung dann kein Gebrauch gemacht werden darf, wenn die durch die Herabsetzung der Einsichts- und Steuerungsfähigkeit verminderte Tatschuld durch schulderhöhende Umstände – etwa die schuldhafte Herbeiführung des Rauschzustandes – aufgewogen wird (Tröndle u. Fischer 2004, § 21 Rn. 25). Zu einem Ausschluss der Strafmilderung sollte es nach bisheriger Rechtsprechung jedoch nur dann kommen, wenn der Täter schon früher unter Alkoholeinfluss nach Ausmaß und Intensität der jetzigen Tat vergleichbare Straftaten begangen hat und daher wusste oder sich hätte bewusst sein können, dass er im Zustand der Alkoholisierung zu Straftaten neigt (BGHSt 43, S. 66, 78; BGH NStZ 1993, S. 537).

In einer Entscheidung neueren Datums (BGH JZ 2003, S. 1016) hat der 3. Strafsenat des Bundesgerichtshof nunmehr erklärt, dass er an den genannten Einschränkungen nicht mehr festhalten will. Vielmehr soll eine Strafmilderung nach den §§ 21 und 49 StGB in der Regel schon allein dann nicht in Betracht kommen, wenn die erhebliche Verminderung der Schuldfähigkeit des Täters auf verschuldeter Trunkenheit beruht. Ob der Täter bereits früher unter Alkohol vergleichbare Straftaten begangen hat, soll demnach künftig ohne Belang sein. Nachdem sich unterdessen der 5. Strafsenat – unter Hervorhebung der Notwendigkeit einer stärker individualisierenden, auf die Vorhersehbarkeit für den konkreten Täter abstellenden Betrachtungsweise – eher ablehnend zu der vorgeschlagenen Rechtsprechungsänderung geäußert hat (BGH NJW 2004, S. 3350), erscheint zweifelhaft, ob sich die mit dem Schuldprizip nur schwer zu vereinbarende Sichtweise des 3. Senats (Frister 2003, S. 1019; Neumann 2003, S. 530 f.) in der Rechtsprechung auch der anderen Strafsenate des Bundesgerichtshofs durchsetzen wird.

Beispiele

Fall 2.6. Hartmut K., 36-jähriger Angestellter, überfuhr im angetrunkenen Zustand mit seinem PKW eine Fußgängerin, als er vorschriftswidrig abgebogen war. Tatzeitnah wurde eine Blutalkoholkonzentration von 1,6‰ festgestellt. Von Zeugen wurde ein leichtes Schwanken und Lallen berichtet, der Polizeiarzt sprach dagegen nur von einer leichten Alkoholisierung.
Herr K. selbst gab für den gesamten Vorfall zunächst in seiner Beschuldigtenvernehmung eine Erinnerungslücke an, während er bei der Hauptverhandlung jede Angabe zur Sache verweigerte. Der psychiatrische Sachverständige diagnostizierte einen einfachen Alkoholrausch ohne Komplikationen (ICD-10:F10.00) ohne jeden Hinweis auf eine weiter gehende psychische

Störung, z. B. eine Alkoholabhängigkeit. Das Tatgericht erkannte auf eine erheblich verminderte Schuldfähigkeit im Sinne des § 21 StGB wegen einer krankhaften seelischen Störung (Alkoholintoxikation).

Fall 2.7. Der 24-jährige arbeitslose Peter U., gelernter Anstreicher, war seit Jahren heroinabhängig. Er war Hepatitis-C- sowie HIV-positiv, insgesamt in einem ausgesprochen reduzierten Allgemein- und Ernährungszustand. Er lebte meist auf der Straße, hatte keine festen sozialen Kontakte mehr. Im Rahmen von Beschaffungskriminalität stieg er eines Nachts in eine Blumenhandlung ein, indem er ein Fenster aufhebelte. Er entwendete geringe Bargeldvorräte. Aufgrund der fortgeschrittenen psychosozialen und somatischen Beeinträchtigungen in Folge der Heroinabhängigkeit wurde bei erhaltener Einsichtsfähigkeit und erheblich eingeschränkter Steuerungsfähigkeit eine erheblich geminderte Schuldfähigkeit angenommen. Es wurde auf eine Gefängnisstrafe sowie eine Maßregel nach § 64 StGB erkannt.

Fall 2.8. Peter B. war angeklagt, seine Freundin getötet zu haben. Zeugen beschrieben das Tatverhalten des Probanden als völlig impulsiv, unbeherrscht, blindwütig. Der psychiatrische Sachverständige diagnostizierte eine dissoziale Persönlichkeitsstörung entsprechend ICD-10:F60.2. Der Tatrichter ließ sich von dem Sachverständigen davon überzeugen, dass eine genetische Mitverursachung und hirnanatomische und hirnfunktionelle Störungen bei dieser Persönlichkeitsstörung wissenschaftlich nachgewiesen worden waren, die das Tatverhalten mit erklären würden. Bei erhaltener Einsichtsfähigkeit wurde von der Schwurgerichtskammer eine erheblich geminderte Steuerungsfähigkeit im Urteil beschrieben. Als Konsequenz wurde in Abweichung von der gesetzlich vorgesehenen Reihenfolge »Maßregel vor Strafe« eine Einweisung in ein psychiatrisch-psychotherapeutisches Krankenhaus auf der Grundlage des § 63 StGB nach Verbüßung der Haft angeordnet.

2.1.4 Verfahrensfragen

Da die gesetzliche Konzeption beim erwachsenen Straftäter den Normalfall der Schuldfähigkeit zugrunde legt, muss sich das Gericht mit den Voraussetzungen der §§ 20 und 21 StGB nicht auseinander setzen, wenn Anhaltspunkte für eine psychische Beeinträchtigung des Täters zum Tatzeitpunkt nicht ersichtlich sind (BGH NStE, § 20 Nr. 20). Erst wenn konkrete Umstände Anlass zu der Annahme geben, der Täter sei bei Begehung der Tat nicht voll schuldfähig gewesen, hat sich das Gericht von Amts wegen mit den einschlägigen Vorschriften zu befassen.

Regelmäßig wird jedoch dem Gericht die für eine Beurteilung der Schuldfähigkeitsfrage erforderliche Sachkunde fehlen, weshalb in der Regel ein psychiatrischer Sachverständiger hinzuzuziehen ist (Detter 1998, S. 58). Geht das Gericht demgegenüber ausnahmsweise davon aus, im Besitz entsprechender Sachkunde zu sein, so hat es diese in den Urteilsgründen darzulegen (BGHSt 12, S. 18).

! Ist damit zu rechnen, dass die Unterbringung in einem psychiatrischen Krankenhaus, einer Entziehungsanstalt oder in der Sicherungsverwahrung angeordnet werden wird, so schreibt § 246a StPO die Zuziehung eines Sachverständigen zwingend vor.

Die Zuziehung eines Sachverständigen ist nach der Rechtsprechung in der Regel erforderlich:

- bei einer Blutalkoholkonzentration von über 3‰ (OLG Düsseldorf NStZ-RR 1998, S. 86);
- bei alkoholkranken Wiederholungstätern (OLG Karlsruhe BA 1993, S. 309);
- bei Hirnschäden und Kopfverletzungen (BGH StV 1988, S. 52; Glatzel 1990, S. 133);
- bei neurotisch geprägter Sexualanomalie (BGH NStE, § 20 Nr. 49);
- bei Intelligenzstörung oder einem Zurückbleiben in der Entwicklung (BGH NJW 1967, S. 299);
- bei erstmaliger Straffälligkeit in fortgeschrittenem Lebensalter (BGH StV 1992, S. 321).

Die Auswahl des geeigneten Sachverständigen stellt § 72 Abs. 1 S. 1 StPO grundsätzlich in das pflichtgemäße Ermessen des Richters. Bei der Beurteilung bestimmter Erkrankungen, etwa Entwicklungsstörungen eines Angeklagten, kann die Begutachtung statt durch einen Psychiater auch durch einen Diplompsychologen durchgeführt werden (Rasch 1992, S. 264). Handelt es sich hingegen bei der zu begutachtenden Störung um eine psychische Störung, so wird in der Regel allein der Facharzt für Psychiatrie und Psychotherapie bzw. Nervenarzt über die erforderliche wissenschaftliche Qualifikation verfügen; bei Anhaltspunkten für eine im engeren Sinne neurologische Erkrankung (»Hirnschädigung oder Kopfverletzung«) wird man auf die Sachkunde eines Neurologen zurückzugreifen haben (BGH StV 1984, S. 142) und bei altersbedingt eingeschränkter Einsichtsfähigkeit auf diejenige eines entsprechend erfahrenen Psychiaters (BGH NStZ 1991, S. 81).

Zur Vorbereitung eines Gutachtens über den psychischen Zustand des Beschuldigten gestattet § 81 StPO dem Gericht die Anordnung der Unterbringung und Beobachtung des Beschuldigten in einem öffentlichen psychiatrischen Krankenhaus für die Dauer von bis zu 6 Wochen, nachdem hierzu ein Sachverständiger und der Verteidiger angehört wurden. Im zweiten Absatz dieser Norm wird eine entsprechende Unterbringung an das Vorliegen eines dringenden Tatverdachts geknüpft sowie unter den Vorbehalt der Verhältnismäßigkeit gestellt: Wiegt die Unterbringung für den Beschuldigten schwerer als die Strafe oder Maßregel im Sinne der §§ 62 ff. StGB, die er für die Straftat zu erwarten hat, so darf eine Anordnung nach § 81 StPO nicht ergehen.

Eine Unterbringung ist daher unzulässig, wenn die Befunde einer früheren Untersuchung ausreichen (LG Berlin NJW 1960, S. 2256) oder der Sachverständige durch ambulante Untersuchungen eine hinreichende Erkenntnisgrundlage gewinnen kann (OLG Düsseldorf StV 1993, S. 571; OLG Hamm StV 2001, S. 156). Abzusehen ist von einer Unterbringung auch dann, wenn der Beschuldigte sich freiwillig in einer privaten Klinik untersuchen lässt und die dortigen Ärzte als Sachverständige geeignet sind (Eisenberg 2002, Rn. 1694).

! Während eine Anordnung nach § 81 StPO vor allem dazu dient, die Voraussetzungen für eine fachlich fundierte Begutachtung der Schuldfähigkeit des Beschuldigten zu schaffen, besteht der Zweck einer einstweiligen Unterbringung nach § 126a StPO darin, die Allgemeinheit schon vor dem Urteil vor als besonders gefährlich erachteten Rechtsbrechern zu schützen (Meyer-Goßner 2004, § 126a Rn. 1).

Da die Unterbringung gem. § 126a StPO in einem psychiatrisch-psychotherapeutischen Krankenhaus oder einer Entziehungsanstalt vollzogen wird und so faktisch die Vorwegnahme der Unterbringung nach den §§ 63 und 64 StGB ermöglicht, ist ihre Anordnung an strenge Voraussetzungen geknüpft: Nach § 126a Abs. 1 StPO müssen dringende Gründe für die Annahme vorliegen, dass die Tat im Zustand der Schuldunfähigkeit oder verminderten Schuldfähigkeit im Sinne der §§ 20 und 21 StGB begangen wurde und dass die Unterbringung des Beschuldigten in einem psychiatrischen Krankenhaus oder in einer Entziehungsanstalt angeordnet werden wird. Darüber hinaus muss die einstweilige Unterbringung im Interesse der öffentlichen Sicherheit erforderlich sein; für die insoweit vorzunehmende Gefährlichkeitsprognose wird eine sachverständige Begutachtung in der Regel unabweisbar sein (SK-Paeffgen, § 126a Rn. 5).

2.2 Begutachtung der Verantwortlichkeit (§ 3 JGG)

Im Gegensatz zum Erwachsenenstrafrecht normiert § 3 JGG eine Verpflichtung des Gerichts zur positiven Feststellung der Verantwortungsreife des jugendlichen Täters: Danach setzt die strafrechtliche Verantwortlichkeit eines Jugendlichen voraus, dass dieser zur Zeit der Tat nach seiner sittlichen und geistigen Entwicklung reif genug war, das Unrecht der Tat einzusehen und nach dieser Einsicht zu handeln. Anders als bei § 20 StGB ist die so bezeichnete Verantwortlichkeit somit nicht lediglich bei Anhaltspunkten für ihr Fehlen zu erörtern, sondern im Urteil stets explizit festzustellen und näher zu begründen (Böhm u. Feuerhelm 2004, S. 44; Meier et al. 2003, § 5 Rn. 9). Mit der Frage nach dem erreichten Zustand sittlicher und geistiger Reife einerseits sowie der Einsichts- und Steuerungsfähigkeit andererseits wird allerdings nach herrschender Sichtweise erneut ein zweistufiges Modell festgeschrieben, das sich insoweit an die Vorgehensweise bei der Begutachtung der Schuldfähigkeit beim Erwachsenen anlehnt. Dabei lässt sich die noch unabgeschlossene geistige und sittliche Entwicklung der ersten Stufe – ähnlich der psychischen Störung im Sinne des § 20 StGB – als biologische Komponente der Verantwortlichkeit einordnen, während die fehlende Einsichts- oder Handlungsfähigkeit der zweiten Stufe anhand psychologisch-normativer Kriterien zu beurteilen ist (Schaffstein u. Beulke 2002, S. 63).

Der Versuch einer inhaltlichen Ausfüllung des so umrissenen Verantwortungsbegriffes stößt aufgrund der strukturellen Anlehnung an § 20 StGB erwartungsgemäß auf ähnliche Probleme, wie sie bereits bei der Konkretisierung des Schuldprinzips diskutiert wurden: Nach herrschender Auffassung setzt auch die von § 3 JGG geforderte Einsichtsfähigkeit zunächst die Fähigkeit zur Einsicht in das staatliche Verbotensein der Tat voraus, was auf der einen Seite mehr sein soll als eine bloße Bewertung des Verhaltens als unmoralisch, anstößig oder unehrenhaft, auf der anderen Seite aber nicht die Kenntnis gerade der Strafbarkeit voraussetzen soll (Ostendorf 2003, § 3 Rn. 7). In der Rechtsprechung findet sich hierzu auch die Formulierung, der Jugendliche müsse zum Zeitpunkt der Tat einen Entwicklungsstand erreicht haben, welcher ihn zu der Erkenntnis befähige, dass sein Verhalten mit einem geordneten und friedlichen Zusammenleben der Menschen unvereinbar sei und deshalb von der Rechtsordnung nicht geduldet werden könne (LG Passau NJW 1997, S. 1165). Mit der Steuerungs- oder Handlungsfähigkeit soll sodann die Fähigkeit bezeichnet sein, das individuelle Verhalten im konkreten Einzelfall auch an der zuvor gewonnenen Unrechtseinsicht auszurichten (Diemer et al. 2002, § 3 Rn. 10). Im Ergebnis wird damit erneut die Selbstbestimmungsfähigkeit des Menschen als Voraussetzung jeden staatlichen Strafens postuliert.

Die Untauglichkeit des so umrissenen indeterministischen Verständnisses der Einsichts- und Steuerungsfähigkeit für die Praxis des Strafverfahrens ist bereits weiter oben erörtert worden, weshalb es hier mit einem erneuten Hinweis auf die schon aus erkenntnistheoretischen Gründen bestehenden Grenzen der Analyse menschlicher Willensentscheidungen sein Bewenden haben soll: Versteht man die Willensentscheidung als Reaktion einer bestimmten Person auf eine bestimmte Entscheidungssituation, so impliziert dies eben auch ein Resultieren der besagten Entscheidung aus den Eigenarten dieser Person und der konkreten Entscheidungssituation, weshalb die Vorstellung von einem »Andershandelnkönnen« im Sinne der Fähigkeit, immer auch eine andere als die tatsächlich getroffene Entscheidung treffen zu können, denklogisch unmöglich erscheint (Frister 1993, S. 18).

! Richtigerweise wird man deshalb auch im Kontext des § 3 JGG nicht etwa im vorstehend wiedergegebenen Sinne nach einem individuellen »Andershandelnkönnen« des Jugendlichen fragen, sondern dessen Fähigkeit zu einer hinreichend strukturierten Willensbildung zum Gegenstand der Untersuchung machen müssen. Einzig die Gründe für eine mögliche Beeinträchtigung dieses Willensbildungsprozesses sind – insoweit anders als bei § 20 StGB – nicht in bestimmten psychischen Störungsbildern, sondern in der mangelnden Entwicklung des Jugendlichen zu suchen.

Als Vergleichsmaßstab ist in diesem Zusammenhang auf den vom Gesetzgeber unterstellten Entwicklungsstand eines 18-Jährigen Bezug zu nehmen, da dieser grundsätzlich für eine strafrechtliche Inanspruchnahme ausreichen soll, wenn nicht ausnahmsweise eine psychische Störung vorliegt (Meier et al. 2003, § 5 Rn. 10; Ostendorf 2003, § 3 Rn. 5).

Bei der Beurteilung des Reifezustandes ist entsprechend dem Wortlaut des § 3 JGG auf den Zeitpunkt der Tat abzustellen; insoweit muss der persönliche Eindruck zeitlich versetzt korrigiert und einer etwaigen Nachreifung des Jugendlichen Rechnung getragen werden (Meier et al. 2003, § 5 Rn. 11; Ostendorf 2003, § 3 Rn. 11). Die Einsichts- und Steuerungsfähigkeit des Jugendlichen ist überdies für jede einzelne der von ihm verwirklichten Taten gesondert festzustellen und kann für bestimmte, der jugendlichen Lebenssphäre sehr ferne Verhaltensweisen noch fehlen, während sie hinsichtlich anderer, im engeren Lebensraum eines Jugendlichen beheimateter Deliktskategorien bereits vorhanden ist (sog. partielle Verantwortlichkeit; Eisenberg 2004,

§ 3 Rn. 5 ff.). So braucht etwa ein Jugendlicher, der bereits das Einsichtsvermögen in das Unrecht eines Diebstahls oder einer Sachbeschädigung hat, noch keineswegs die Fähigkeit besitzen, das Unrecht eines zu gleicher Zeit von ihm verwirklichten differenzierteren Tatbestandes zu erkennen, z. B. eines Urkundendelikts oder einer Tat gegen Rechtsgüter der Allgemeinheit (Schaffstein u. Beulke 2002, S. 64 f.).

Um der Gefahr vorzubeugen, dass es bei der Anwendung des § 3 JGG in der Justizpraxis weitgehend mit »inhaltslosen Leerformeln« (Frehsee 1993, S. 383) sein Bewenden hat, sollte der strafrechtlichen Beurteilung jugendlichen Fehlverhaltens stets eine ausführliche psychosoziale Beschuldigtendiagnose zugrunde gelegt werden, die sich um eine Offenlegung der einzelnen Persönlichkeitsschichten des Probanden bemüht, wie sie sich in seiner biographischen Entwicklung, in seinem Erziehungs- und Sozialisationsprozess herausgebildet haben (Ostendorf 2003, § 3 Rn. 12). Hierzu wird zumindest bei gravierenderen Tatvorwürfen die Zuziehung eines Facharztes für Kinder- und Jugendpsychiatrie und -psychotherapie bzw. eines auf Kinder und Jugendliche spezialisierten Psychologen in Erwägung zu ziehen sein (Eisenberg 2004, § 43 Rn. 43), wobei allerdings unter dem Gesichtspunkt der Verhältnismäßigkeit immer auch die von einer entsprechenden Exploration ausgehenden Eingriffe in Persönlichkeit und Privatsphäre und die hiermit einhergehenden stigmatisierenden Wirkungen mit zu bedenken sind (Meier et al. 2003, § 5 Rn. 13; Ostendorf 2003, § 3 Rn. 14).

Im Einzelnen umstritten ist das Verhältnis der jugendstrafrechtlichen Verantwortungsreife gem. § 3 JGG zu den Schuldfähigkeitsbestimmungen der §§ 20 und 21 StGB. Aufgrund der bereits erwähnten Übereinstimmungen in der Normstruktur sind hier Konstellationen denkbar, in denen die Beeinträchtigung der Einsichts- oder Steuerungsfähigkeit auf ein Zusammentreffen jugendspezifischer Reifedefizite mit einem pathologischen Zustand zurückgeht, was die Frage nach sich zieht, welcher Regelung der Vorrang bei der rechtlichen Beurteilung zu geben ist.

Von Bedeutung ist die mit der Beantwortung dieser Frage vorgenommene Weichenstellung vor allem unter dem Gesichtspunkt der in Betracht kommenden Rechtsfolgen: Während dem Gericht nach einer Verneinung der Verantwortlichkeit nach § 3 S. 2 JGG lediglich der Rückgriff auf die allgemeinen vormundschaftsrechtlichen Erziehungsmaßnahmen (§§ 1666, 1666a BGB, §§ 27–41 SGB VIII) bleibt, fungieren die §§ 20 und 21 StGB als Anknüpfungspunkte für die Möglichkeit der Unterbringung in einem psychiatrischen Krankenhaus gem. § 63 StGB, die einen weitaus gravierenderen Eingriff in die Rechtssphäre des Betroffenen darstellt.

Nach herrschender Auffassung hat für das Verhältnis der genannten Normen des Jugend- und Erwachsenenstrafrechts und die sich daraus ergebenden Konsequenzen für eine etwaige Maßregelanordnung Folgendes zu gelten:

! In denjenigen Konstellationen, in denen das psychische Zurückbleiben als Folge eines noch nicht abgeschlossenen Entwicklungsprozesses erscheint und aus diesem Grunde bei fortschreitender Reifung einen Ausgleich erwarten lässt, ist nur § 3 JGG anwendbar mit der Folge, dass § 63 StGB ausgeschlossen ist (Meier et al. 2003, § 5 Rn. 18; Schaffstein u. Beulke 2002, S. 67). Liegt hingegen ein vom Reifungsprozess unabhängiger psychopathologischer Zustand im Sinne des § 20 StGB vor (z. B. angeborene Intelligenzminderung), der nicht oder nur mangelhaft ausgleichsfähig ist, geht die Bestimmung des § 20 StGB dem § 3 JGG vor, sodass die Möglichkeit einer Unterbringung nach § 63 StGB eröffnet ist (Schönke u. Schröder-Lenckner/Perron 2001, § 20 Rn. 44).

Kann nicht aufgeklärt werden, ob die Schuldunfähigkeit des Jugendlichen nur entwicklungsbedingt ist oder ob sie auf einem vom Reifungsvorgang unabhängigen pathologischen Zustand beruht, ist wiederum nur § 3 JGG mit den in Satz 2 der Vorschrift angesprochenen Rechtsfolgen anzuwenden (Brunner u. Dölling 2002, § 3 Rn. 10a). Für Entwicklungsstörungen, die sich zwar auf pathologische Ursachen zurückführen lassen, bei denen jedoch mit zunehmenden Alter mit einem Ausgleich zu rechnen ist, sollen schließlich nach Auffassung der Rechtsprechung sowohl die §§ 20 und 21 StGB als auch § 3 JGG zur Anwendung gelangen, weshalb bei Vorliegen der weiteren Voraussetzungen des § 63 StGB die Unterbringung angeordnet werden müsse (BGHSt 26, S. 67). Allerdings wird zu berücksichtigen sein, dass an die Unterbringung eines Jugendlichen im psychiatrischen Krankenhaus aufgrund der mit ihr verbundenen Eingriffsintensität generell besonders strenge Anforderungen zu stellen sind (BGHSt 37, 373; NK-Schild, § 20 Rn. 108).

2.3 Literatur

Albrecht P-A (1983) Unsicherheitszonen des Schuldstrafrechts – »Bewusstseinsstörung« und »Abartigkeit« zwischen normativen Setzungen und empirischer Psychologie. GA 130: 193–217

Arab-Zadeh A (1978) Schuldfähigkeit und Strafzumessung bei drogenabhängigen Klienten. NJW 31: 2326–2329

Bieri P (2005) Schadet die Regie des Gehirns der Freiheit des Willens? In: Gestrich C, Wabel T (Hrsg) Freier oder unfreier Wille. Handlungsfreiheit und Schuldfähigkeit im Dialog der Wissenschaften (Beiheft zur Berliner Theologischen Zeitschrift). Wichern, Berlin

Blau G (1988) Anmerkung zu BGH JR 1988, S 208 f. und 209 f.; 210–214

Blau G (1989) Methodische Probleme bei der Handhabung der Schuldfähigkeitsbestimmungen des Strafgesetzbuchs aus juristischer Sicht. MSchrKrim 72: 71–77

Blau G (1993) Paraphrasen zur Abartigkeit. In: Die Sprache des Verbrechens – Wege zu einer klinischen Kriminologie. Festschrift für Wilfried Rasch. Kohlhammer, Stuttgart, S 113–125

Böhm A, Feuerhelm W (2004) Einführung in das Jugendstrafrecht, 4. Aufl. Beck, München

Bötticher A, Nedopil N, Bosinski HAG, Saß H (2005) Mindestanforderungen für Schuldfähigkeitsgutachten. NStZ 25: 57–61

Bresser PH (1984) Trunkenheit, Bewusstseinsstörung, Schuldfähigkeit. Zum Methodischen: Das Typische und das Abnorme. Forensia 5: 45–60

Brunner R, Dölling D (2002) Jugendgerichtsgesetz-Kommentar, 11. Aufl. De Gruyter, Berlin

Deiters M (2002) Die freie Entscheidung zur Tat: Zur Rechtsfigur der actio libera in causa. In: Schneider F, Frister H (Hrsg) Alkohol und Schuldfähigkeit. Springer, Berlin Heidelberg New York Tokio, S 121–139

Detter K (1998) Der Sachverständige im Strafverfahren – eine Bestandsaufnahme. NStZ 18: 57–61

Detter K (1999) Zur Schuldfähigkeitsbegutachtung aus revisionsrechtlicher Sicht. BA 36: 3–21

Diemer H, Schoreit A, Sonnen B-R (2002) Jugendgerichtsgesetz-Kommentar, 4. Aufl. Müller, Heidelberg

Eisenberg U (2002) Beweisrecht der StPO, 4. Aufl. Beck, München

Eisenberg U (2004) Jugendgerichtsgesetz, 10. Aufl. Beck, München

Endres J (1998) Psychologische und psychiatrische Konzepte der »tiefgreifenden Bewusstseinsstörung« nach §§ 20, 21 StGB. StV 18: 674–682

Foerster K (1989) Gedanken zur psychiatrischen Beurteilung neurotischer und persönlichkeitsgestörter Menschen bei strafrechtlichen Fragen. MSchrKrim 72: 83–87

Foerster K, Leonhardt M (2002) Die Beurteilung der Schuldfähigkeit bei akuter Alkoholintoxikation und Alkoholabhängigkeit. In: Schneider F, Frister H (Hrsg) Alkohol und Schuldfähigkeit. Springer, Berlin Heidelberg New York Tokio, S 55–67

Foerster K, Venzlaff U (2004) Affektive Ausnahmezustände. In: Foerster K, Venzlaff U (Hrsg) Psychiatrische Begutachtung, 4. Aufl. Elsevier, Urban & Fischer, München, S 223–234

Frehsee D (1993) Strafreife – Reife des Jugendlichen oder Reife der Gesellschaft? In: Festschrift für Horst Schüler-Springorum. Heymann, Köln, S 379–395

Frisch W (1989) Grundprobleme der Bestrafung »verschuldeter« Affekttaten. ZStW 101: 538–610

Frister H (1993) Die Struktur des »voluntativen Schuldelements«. Duncker & Humblot, Berlin

Frister H (1994) Der Begriff der Schuldfähigkeit. MSchrKrim 72: 316–323

Frister H (2003) Anmerkung zu BGH JZ 2003, 1017 ff. JZ 58: 1019–1020

Glatzel J (1982) Zur forensisch-psychiatrischen Problematik der tiefgreifenden Bewusstseinsstörung. StV 2: 434–437

Glatzel J (1990) Die Bedeutung des Nachweises einer Hirnverletzung für die Beurteilung der Schuldfähigkeit. StV 10: 132–134

Grasnick W (1987) Über Schuld, Strafe und Sprache. Mohr, Tübingen

Haffner H-T, Blank JH (2002) Berechnung und Stellenwert der Blutalkoholkonzentration bei der Schuldfähigkeitsbeurteilung. In: Schneider F, Frister H (Hrsg) Alkohol und Schuldfähigkeit. Springer, Berlin Heidelberg New York Tokio, S 69–89

Haggard P, Clark S, Kalogeras J (2002) Voluntary action and conscious awareness. Nat Neurosci 5: 382–385

Helmrich H (2004) Wir können auch anders: Kritik der Libet-Experimente. In: Geyer C (Hrsg) Hirnforschung und Willensfreiheit. Zur Deutung der neuesten Experimente. Suhrkamp, Frankfurt/Main, S 92–97

Jakobs G (1993) Strafrecht Allgemeiner Teil, 2. Aufl. De Gruyter, Berlin

Janzarik W (1991) Grundlagen der Einsicht und das Verhältnis von Einsicht und Steuerung. Nervenarzt 62: 423–427

Konrad N, Rasch W (1992) Zur psychiatrischen Beurteilung forensisch relevanter Rauschzustände. In: Frank C, Harrer G (Hrsg) Kriminalprognose. Alkoholbeeinträchtigung – Rechtsfragen und Begutachtungsprobleme. Forensia-Jahrbuch 3. Springer, Berlin Heidelberg New York Tokio, S 167–177

Koufen H (1984) Zur forensischen Beurteilung psychischer Auffälligkeiten von Epileptikern. MSchrKrim 67: 389–393

Kröber H-L (1996) Kriterien verminderter Schuldfähigkeit nach Alkoholkonsum. NStZ 16: 569–576

Kröber H-L (2003) Freie Entscheidung gegen den Fahrstuhl. Aktuelle Argumente gegen die menschliche Willensfreiheit basieren auf verkürzten Interpretationen einzelner Experimente. Gehirn & Geist: Angriff auf das Menschenbild, S 55

Kröber H-L (2004) Die Hirnforschung bleibt hinter dem Begriff strafrechtlicher Verantwortlichkeit zurück. In: Geyer C (Hrsg) Hirnforschung und Willensfreiheit. Zur Deutung der neuesten Experimente. Suhrkamp, Frankfurt/Main, S 103–110

Krücken A, Habel U, Schneider F (2002) Persönlichkeitsstörungen (F 60, F 61, F 62, F 68). In: Gaebel W, Müller-Spahn F (Hrsg) Diagnostik und Therapie psychischer Störungen. Kohlhammer, Stuttgart, S 612–640

Lackner K, Kühl K (2004) Strafgesetzbuch mit Erläuterungen, 25. Aufl. Beck, München

Langelüddeke A, Bresser PH (1976) Gerichtliche Psychiatrie, 4. Aufl. De Gruyter, Berlin

Lehmkuhl G (1999) Intelligenzminderung. In: Berger (Hrsg) Psychiatrie und Psychotherapie. Urban & Schwarzenberg, München, S 867–880

LK: Leipziger Kommentar zum Strafgesetzbuch (2003) Band 1. Einleitung, §§ 1–31, 11. Aufl. De Gruyter, Berlin (zit. LK-Bearbeiter)

Lenckner T (1972) Strafe, Schuld und Schuldfähigkeit. In: Göppinger H, Witter H (Hrsg) Handbuch der forensischen Psychiatrie I. Springer, Berlin Heidelberg New York Tokio, S 3–286

Libet B, Gleason CA, Wright EW, Pearl DK (1983) Time of conscious intention to act in relation to onset of cerebral activity (readiness-potential). Brain 106: 623–642

Maatz KR (1998) §§ 20, 21 StGB, Privilegierung der Süchtigen? – Zur normativen Bestimmung der Schuldfähigkeit alkoholisierter Straftäter. StV 18: 279–285

Maatz KR (2001) Erinnerung und Erinnerungsstörungen als sog. Psychodiagnostische Kriterien der §§ 20, 21 StGB. NStZ 21: 1–8

Meier B-D, Rössner D, Schöch H (2003) Jugendstrafrecht. Beck, München

Meyer-Goßner L (2004) Strafprozessordnung, 47. Aufl. Beck, München

Münchener Kommentar zum Strafgesetzbuch (2003) Band 1, §§ 1–51 StGB. Beck, München (zit. MünchKomm-Bearbeiter)

Nedopil N (1999) Verständigungsschwierigkeiten zwischen dem Juristen und dem psychiatrischen Sachverständigen. NStZ 19: 433–439

Neumann U (2003) Anmerkung zu BGH StV 2003, S 497 ff. StV 23: 527–531

NK: Nomos-Kommentar zum Strafgesetzbuch, Loseblattsammlung. Nomos, Baden-Baden (zit. NK-Bearbeiter)

Ostendorf H (2003) Jugendgerichtsgesetz-Kommentar, 6. Aufl. Heymann, Köln

Pittrow L, Saß H (1994) Epilepsie und Dämmerzustand bei motivisch unklaren Delikten. MSchrKrim 77: 82–88

Plate J (2002) Psyche, Unrecht und Schuld. Die Bedeutung der psychischen Verfassung des Täters für die allgemeinen Voraussetzungen der Strafbarkeit. Beck, München

Rasch W (1982) Angst vor der Abartigkeit – Über einen schwierigen Begriff der §§ 20, 21 StGB. NStZ 2: 177–183

Rasch W (1984) Die Zuordnung der psychiatrisch-psychologischen Diagnosen zu den vier psychischen Merkmalen der §§ 20, 21 StGB. StV 4: 264–269

Rasch W (1989) Die Bedeutsamkeit psychodynamischer Gesichtspunkte bei der Beurteilung der Schuldfähigkeit. In: Beck-Mannagetta H, Reinhardt K (Hrsg) Psychiatrische Begutachtung im Strafverfahren. Luchterhand, Neuwied, S 11–20

Rasch W (1991) Die psychiatrisch-psychologische Beurteilung der sogenannten schweren anderen seelischen Abartigkeit. StV 11: 126–131

Rasch W (1992) Die Auswahl des richtigen Psycho-Sachverständigen im Strafverfahren. NStZ 12: 257–265

Rissing-van Saan R (2002) Beeinträchtigung der Schuldfähigkeit bei der Begehung von Straftaten und deren strafrechtliche Folgen. In: Schneider F, Frister H (Hrsg) Alkohol und Schuldfähigkeit. Springer, Berlin Heidelberg New York Tokio, S 103–119

Rösler M, Blocher D (1996) Die Begutachtung alkoholisierter Straftäter aus der Sicht der forensischen Psychiatrie. BA 33: 329–338

Roth G (2003) Fühlen, Denken, Handeln – Wie das Gehirn unser Verhalten steuert. Suhrkamp, Frankfurt/Main

Roxin C (1997) Strafrecht Allgemeiner Teil, Bd 1, 3. Aufl. Beck, München

Salger H (1988) Die Bedeutung des Tatzeit-Blutalkoholwertes für die Beurteilung der erheblich verminderten Schuldfähigkeit. In: Festschrift für Gerd Pfeiffer. Heymann, Köln, S 379–395

Saß H (1983) Affektdelikte. Nervenarzt 54: 557–572

Saß H (1987) Psychopathie – Soziopathie – Dissozialität. Zur Differentialtypologie der Persönlichkeitsstörungen. Springer, Berlin Heidelberg New York Tokio

Schaffstein F, Beulke W (2002) Jugendstrafrecht, 14. Aufl. Kohlhammer, Stuttgart

Schmidt-Recla A (2000) Theorien zur Schuldfähigkeit, Leipziger Universitätsverlag, Leipzig (zugl.: Leipzig, Univ. Diss 1999)

Schneider K (1948) Die Beurteilung der Zurechnungsfähigkeit. Thieme, Stuttgart

Schockenhoff E (2004) Wir Phantomwesen. Über zerebrale Kategorienfehler. In: Geyer C (Hrsg) Hirnforschung und Willensfreiheit. Zur Deutung der neuesten Experimente. Suhrkamp, Frankfurt/Main, S 166–170

Schönke A, Schröder H (2001) Strafgesetzbuch Kommentar, 26. Aufl. Beck, München (zit. Schönke u. Schröder-Bearbeiter)

Schreiber H-L, Rosenau H (2004) Rechtliche Grundlagen der psychiatrischen Begutachtung. In: Venzlaff U, Foerster K (Hrsg) Psychiatrische Begutachtung, 4. Aufl. Elsevier, Urban & Fischer, München, S 53–123

Schünemann B (1989) Die Entwicklung der Schuldlehre in der Bundesrepublik Deutschland. In: Hirsch H-J, Weigend Th (Hrsg) Strafrecht und Kriminalpolitik in Japan und Deutschland. Duncker & Humblot, Berlin, S 147–176

Singer W (2004) Verschaltungen legen uns fest: Wir sollten aufhören, von Freiheit zu sprechen. In: Geyer C (Hrsg) Hirnfor-

schung und Willensfreiheit. Zur Deutung der neuesten Experimente. Suhrkamp, Frankfurt/Main, S 30–65
SK: Systematischer Kommentar zur Strafprozessordnung, Loseblattsammlung. Luchterhand, Neuwied (zit. SK-Bearbeiter)
Streng F (2004) »Komorbidität«, Schuld(un)fähigkeit und Maßregelanordnung – Befunde zur rechtlichen Relevanz des Zusammentreffens mehrerer psychischer Störungen. StV 24: 614–620
Theune W (1999) Auswirkungen des normalpsychologischen (psychogenen) Affekts auf die Schuldfähigkeit sowie den Schuld- und Rechtsfolgenausspruch. NStZ 19: 273–280
Theune W (2002a) Die Beurteilung der schweren anderen seelischen Abartigkeit in der Rechtsprechung und ihre Vereinbarkeit mit dem Schuldprinzip. ZStW 114: 300–318
Theune W (2002b) Auswirkungen einer schweren anderen seelischen Abartigkeit auf die Schuldfähigkeit und die Zumessung von Strafe und Maßregel. NStZ 22: 225–229
Tondorf, G (2005) Psychologische und psychiatrische Sachverständige im Strafverfahren – Verteidigung bei Schuldfähigkeits- und Prognosebegutachtung, 2. Aufl. Müller, Heidelberg
Tröndle H, Fischer T (2004) Strafgesetzbuch, 52. Aufl. Beck, München
Undeutsch U (1974) Schuldfähigkeit unter psychologischem Aspekt. In: Eisen G (Hrsg) Handwörterbuch der Rechtsmedizin, Bd 2. Enke, Stuttgart, S 91–115
Venzlaff U (1975) Aktuelle Probleme der forensischen Psychiatrie. In: Kisker KP, Lauter H, Meyer J-E, Müller C, Strömgren E (Hrsg) Psychiatrie der Gegenwart, Bd 3, 2. Aufl. Springer, Berlin Heidelberg New York Tokio, S 883–932
Venzlaff U (1983) Die Mitwirkung des psychiatrischen Sachverständigen bei der Beurteilung der Schuldfähigkeit. In: Justiz und Recht, Festschrift aus Anlass des 10jährigen Bestehens der Deutschen Richterakademie. Müller, Heidelberg, S 277–292
Venzlaff U (1985) Die forensisch-psychiatrische Beurteilung affektiver Bewusstseinsstörungen – Wertungs- oder Quantifizierungsproblem? In: Festschrift für Günter Blau. De Gruyter, Berlin, S 391–403
Winckler P (1999) Der »pathologische Rausch« – Diagnostische Fehlkonstruktion oder zuverlässige psychiatrische Diagnose? Nervenarzt 70: 803–809

Zivilrechtliche Verantwortlichkeit (Deliktsfähigkeit)

Die zivilrechtliche Verantwortlichkeit ist zwar im Recht der unerlaubten Handlungen geregelt, innerhalb des Zivilrechts jedoch auch sonst von Bedeutung, insbesondere im Rahmen des Verschuldens oder Mitverschuldens. Für Schäden, die im bewusstlosen oder in einem die freie Willensbestimmung ausschließenden Zustand herbeigeführt werden, ist der Verursacher nicht verantwortlich. Etwas anderes gilt jedoch, wenn er sich auf schuldhafte Art und Weise in diesen die Verantwortlichkeit ausschließenden Zustand versetzt hat. Es besteht dann zumindest eine Haftung, wie wenn ihm Fahrlässigkeit zur Last fiele.

Minderjährige sind vor Vollendung des 7. Lebensjahres zivilrechtlich nicht verantwortlich. Sogar bis zu ihrem 10. Lebensjahr ist ihre Verantwortung im Straßen- und Schienenverkehr grundsätzlich ausgeschlossen, da sie die damit verbundenen Gefahren nicht erkennen können. Ansonsten entscheidet, ob der Minderjährige die zur Begehung der schädigenden Handlung erforderliche Einsicht zur Erkenntnis der Verantwortlichkeit hat.

3.1 Überblick

Der für das ganze Zivilrecht geltende Grundsatz der Privatautonomie überlässt es dem einzelnen Bürger, seine Lebensverhältnisse selbständig zu gestalten, allerdings verbunden mit der Verantwortlichkeit für eigenes Handeln: Wer einen Vertrag schließt, ist daran gebunden; wer schuldhaft Rechtsgüter anderer verletzt, hat Schadensersatz zu leisten. Die Zurechnung des eigenen Verhaltens findet jedoch dort ihre Grenze, wo es in nicht mehr ausreichendem Maße willensgesteuert ist (Staudinger-Oechsler 2003, § 827 Rn. 1 für die Zurechnung von Delikten). Deshalb hat der Gesetzgeber in den §§ 104 ff. BGB die Wirksamkeit rechtsgeschäftlichen Handelns an die Geschäftsfähigkeit geknüpft (► Kap. 6). Entsprechende Vorschriften für die Deliktsfähigkeit finden sich in den §§ 827 und 828 BGB.

3.1.1 Regelungsgehalt der Paragraphen 827 ff. BGB

§ 827. Ausschluss und Minderung der Verantwortlichkeit. Wer im Zustand der Bewusstlosigkeit oder in einem die freie Willensbestimmung ausschließenden Zustand krankhafter Störung der Geistestätigkeit einem anderen Schaden zufügt, ist für den Schaden nicht verantwortlich. Hat er sich durch geistige Getränke oder ähnliche Mittel in einen vorübergehenden Zustand dieser Art versetzt, so ist er für einen Schaden, den er in diesem Zustand widerrechtlich verursacht, in gleicher Weise verantwortlich, wie wenn ihm Fahrlässigkeit zur Last fiele; die Verantwortlichkeit tritt nicht ein, wenn er ohne Verschulden in den Zustand geraten ist.

§ 828. Minderjährige. (1) Wer nicht das siebente Lebensjahr vollendet hat, ist für einen Schaden, den er einem anderen zufügt, nicht verantwortlich.

(2) Wer das siebente, aber nicht das zehnte Lebensjahr vollendet hat, ist für den Schaden, den er bei einem Unfall mit einem Kraftfahrzeug, einer Schienenbahn oder einer Schwebebahn einem anderen zufügt, nicht verantwortlich. Dies gilt nicht, wenn er die Verletzung vorsätzlich herbeigeführt hat.

(3) Wer das 18. Lebensjahr noch nicht vollendet hat, ist, sofern seine Verantwortlichkeit nicht nach Absatz 1 oder 2 ausgeschlossen ist, für den Schaden, den er einem anderen zufügt, nicht verantwortlich, wenn er bei der Begehung der schädigenden Handlung nicht die zur Erkenntnis der Verantwortlichkeit erforderliche Einsicht hat.

Die §§ 827 und 828 BGB mindern die zivilrechtliche Verantwortlichkeit für verursachte Schäden oder schließen sie sogar aus, anknüpfend an die meist nur mit psychiatrischer Sachverständigenhilfe feststellbare zivilrechtliche Verantwortlichkeit (in der juristischen Terminologie auch Zurechnungsfähigkeit genannt; zum Begriff s. Deutsch 1996) des Verursachers zum Zeitpunkt seiner schädigenden Handlung.

! Fehlt es an der zivilrechtlichen Verantwortlichkeit, ist ein Anspruch des Geschädigten gegen den Schädiger auf Schadensersatz grundsätzlich ausgeschlossen. In Betracht kommt allein eine Haftung des zur Aufsicht des Schädigers Verpflichteten gem. § 832 BGB, weil er seinen Verpflichtungen zur Überwachung (des Minderjährigen bzw. der wegen ihres körperlichen oder geistigen Zustands aufsichtsbedürftigen Person) nicht nachgekommen ist.

Hierzu kann nachgeordnet den Schädiger trotz Fehlens der zivilrechtlichen Verantwortlichkeit ausnahmsweise eine Ersatzpflicht gem. § 829 BGB treffen, falls es die Gerechtigkeit (bzw. in der Terminologie des Gesetzes: die »Billigkeit«) erfordert, z. B. wenn er über sehr viel Vermögen verfügt, während der Schaden den Geschädigten besonders hart treffen würde.

3.1.2 Anwendungsbereich der §§ 827 ff. BGB

Die Bedeutung der Deliktsfähigkeit ergibt sich aus dem großen Anwendungsbereich der §§ 827 ff. BGB im Haftungssystem des BGB. Zwar deutet die systematische Stellung im Deliktsrecht allein auf eine Geltung für unerlaubte Handlungen.

Darunter versteht man Verletzungen von allgemeinen, vertragsunabhängig zwischen allen Bürgern bestehenden und von jedermann zu beachtenden Rechtsbeziehungen (Palandt-Sprau 2005, Einf. v. § 823 Rn. 2). Das für die Praxis relevanteste Beispiel einer unerlaubten Handlung gibt § 823 Abs. 1 BGB. Danach ist derjenige, der vorsätzlich oder fahrlässig das Leben, den Körper, die Gesundheit, die Freiheit, das Eigentum oder ein sonstiges Recht eines anderen widerrechtlich verletzt, dem anderen zum Ersatz des daraus entstehenden Schadens verpflichtet.

Die fehlende zivilrechtliche Verantwortlichkeit führt aber auch in allen anderen Fällen zivilrechtlicher Verschuldenshaftung zum Ausschluss der Verantwortlichkeit, wie sich aus der allgemeinen Vorschrift des § 276 Abs. 1 S. 2 BGB ergibt, die eine entsprechende Anwendung der §§ 827 und 828 BGB anordnet. Der zivilrechtlichen Verantwortlichkeit kommt somit z. B. bei einem vertraglich vereinbarten, an Verschulden anknüpfenden Kündigungs- oder Rücktrittsrecht Bedeutung zu (BGH NJW 1968, S. 1132 f.), ferner bei der Feststellung der Erbunwürdigkeit im Sinne des § 2339 Abs. 1 Nr. 1 BGB (BGHZ 102, S. 227), ebenso im Versicherungsrecht, sodass der Versicherer nur bei Vorsatz oder grober Fahrlässigkeit des zivilrechtlich verantwortlichen, d. h. zurechnungsfähigen Versicherungsnehmers gem. § 61 VVG von seiner Leistungspflicht befreit wird, also nicht mehr zahlen muss (BGH VersR 1967, S. 944; BGH NJW 1985, S. 2648). Sogar im Bereicherungsrecht – d. h. bei der Rückabwicklung (z. B. infolge von Anfechtung) fehlgeschlagener Verträge – können die §§ 827 ff. BGB eine Rolle spielen (BGHZ 55, S. 128, 136 f.).

Für das Mitverschulden im Sinne des § 254 BGB, der einen Schadensersatzanspruch des Geschädigten mindert oder ausschließt, gelten die Grundsätze der zivilrechtlichen Verantwortlichkeit (BGH VersR 1975, S. 133, 135) und der Billigkeitshaftung des § 829 BGB (BGH VersR 1964, S. 385) aufgrund der Ähnlichkeit der Fragestellung analog.

Dagegen sind die Normen grundsätzlich nicht im Rahmen der Gefährdungshaftung heranzuziehen, weil diese die Verantwortung des Schädigers verschuldensunabhängig eintreten lässt (Palandt-Sprau 2005, § 827 Rn. 1). Allerdings diskutiert man eine analoge Anwendung für solche Fälle der Gefährdungshaftung, die an die Haltereigenschaft anknüpfen (Erman-Schiemann 2004, § 827 Rn. 1; zum Streitstand Staudinger-Oechsler 2003, § 828 Rn. 40).

Beispiel
Kommt beispielsweise jemand durch den Biss eines Hundes zu Schaden, haftet hierfür gem. § 833 S. 1 BGB der Halter dieses Hundes, und zwar allein deshalb, weil er durch die Anschaffung und Haltung des Tieres eine Gefahrenquelle für andere geschaffen hat. Auch hier kommt es nicht auf ein Verschulden des Halters (z. B. »Gassigehen« ohne Leine) an.

Für das praxisrelevanteste Beispiel, die Fahrzeughalterhaftung nach § 7 StVG, gelten die §§ 827 ff. BGB bereits unstreitig (Palandt-Thomas 2003, § 827 Rn. 1).

3.1.3 Verhältnis zur Geschäftsfähigkeit und zur Schuld

Parallelen bestehen zwischen der Deliktsfähigkeit (zivilrechtlichen Verantwortlichkeit) und der Geschäftsfähigkeit (► Kap. 6). Zum einen ist die untere Altersgrenze von 7 Jahren für beide gleich (§§ 104 Nr. 1, 828 Abs. 1 BGB; ► Abschn. 3.3.1 und ► Kap. 6), zum anderen werden Begriffe, soweit der Gesetzgeber sie in beiden Bereichen verwendet, inhaltlich auch entsprechend ausgelegt (► Abschn. 3.2.1).

Schwieriger ist das Verhältnis zur Schuld (► Kap. 2). Obwohl man sich bei der Schaffung der Vorschriften zur Deliktsfähigkeit im 19. Jahrhundert noch an das Strafrecht anlehnte, entfernten sich die Entwicklungen in der Folgezeit immer weiter voneinander (zur Entstehungsgeschichte s. Deutsch 1996). Dies kann entweder als gesetzgeberische Entscheidung gedeutet werden, Strafe und Schadensersatzpflicht unterschiedlich zu behandeln, oder als bloßer historischer Zufall (Staudinger-Oechsler 2003, § 827 Rn. 3). Für eine – vom Schrifttum noch heute überwiegend befürwortete – Orientierung an § 20 StGB bei der Konkretisierung des § 827 BGB spricht die umfangreiche strafrechtliche Kasuistik, die dann Verwendung finden kann (Staudinger-Oechsler 2003, § 827 Rn. 3). Dagegen kann man jedoch einwenden, dass sich die Zwecksetzung der strafrechtlichen und die der zivilrechtlichen Haftung unterscheiden. Die höchstrichterliche Rechtsprechung hat diese Problematik noch nicht entschieden.

Für die psychiatrische gutachterliche Praxis macht eine solche Differenzierung wenig Unterschied, da es jeweils auf den psychopathologischen Befund zu einem gegebenen Zeitpunkt ankommt, der in der Regel sachverständig zu rekonstruieren und einzuschätzen ist. Die zu beantwortende Fragestellung erscheint entsprechend relativ gleichartig.

3.2 Deliktsfähigkeit Volljähriger (§ 827 BGB)

Die Deliktsfähigkeit Volljähriger ist in dem unter ► 3.1.1 vollständig wiedergegebenen § 827 BGB geregelt: »Wer im **Zustand der Bewusstlosigkeit** oder in einem die **freie Willensbestimmung ausschließenden Zustand** krankhafter Störung der Geistestätigkeit einem anderen Schaden zufügt, ist für den Schaden nicht verantwortlich« (Satz 1). Da das Gesetz damit eine Ausnahme normiert, muss ein Schädiger, der sich darauf beruft, um der Haftung zu entgehen, dessen Voraussetzungen darlegen und ggf. auch beweisen. Dies ist bei psychischen Störungen nicht immer einfach, da beispielsweise bei psychotischen oder demenziellen Erkrankungen gelegentlich mangelnde Krankheitseinsicht besteht. In solchen Fällen kann es nützen, wenn ein gesetzlicher Betreuer die Interessen des Schädigers vertritt.

3.2.1 Zustände fehlender Verantwortlichkeit (§ 827 S. 1 BGB)

Bewusstlosigkeit (§ 827 S. 1 Fall 1 BGB)
Definition
Ein Zustand der Bewusstlosigkeit im Sinne des § 827 S. 1 BGB liegt vor, wenn die Wahrnehmungs- und Steuerungsmöglichkeit schwer beeinträchtigt sind und infolgedessen eine freie Willensbetätigung fehlt (Staudinger-Oechsler 2003, § 827 Rn. 5). Zu beachten ist, dass diese juristische Definition mit dem medizinischen Begriff der Bewusstlosigkeit nur sehr bedingt vereinbart werden kann. Dort steht mehr der Grad der Bewusstseinstrübung im Vordergrund (► Abschn. 1.2.3): Differenzierter werden sog. quantitative Bewusstseinsstörungen (Bewusstseinsverminderung auf dem Kontinuum zur Somnolenz bis hin zum Koma), die durch eine Störung der Vigilanz (Wachheit) bedingt sind, von qualitativen Bewusstseinsstörungen (Bewusstseinstrübung, -einengung, -verschiebung oder -erweiterung) unterschieden.

! Demgegenüber kommt es bei der hier ausschlaggebenden Bewusstlosigkeit im juristischen Sinne entscheidend darauf an, ob eine freie Willensbetätigung noch möglich ist.

Bewusstlosigkeit und Handlung

Einordnungsschwierigkeiten unter den im Gesetz gebrauchten (juristischen) Begriff der Bewusstlosigkeit ergeben sich bezüglich völligen Fehlens des Bewusstseins, wie es bei den Bewusstlosigkeiten im medizinischen Sinne vorkommt, etwa bei Zuständen kurzfristiger Ohnmacht. In der Literatur wird zum großen Teil vertreten, dass dann – ebenso wie in der Rechtsgeschäftslehre des bürgerlichen Rechts (s. hierzu MünchKomm-Schmitt 2001, § 105 Rn. 39) und im Strafrecht (s. hierzu Tröndle u. Fischer 2001, § 20 StGB Rn. 10) – schon keine Handlung im Rechtssinne vorliege (Baumgärtel 1987; Dunz 1987). Demgegenüber ist die Bewusstseinslage nach Ansicht des BGH vom deliktsrechtlichen Handlungsbegriff zu unterscheiden (BGHZ 98, S. 135, 138). Dem § 827 S. 1 BGB sei gerade zu entnehmen, dass eine Handlung auch im Zustand der Bewusstlosigkeit vorgenommen werden könne – lediglich die Verantwortlichkeit hierfür werde ausgeschlossen. Dass die Gesetzgeber des BGB so gedacht haben, zeigt auch § 105 Abs. 2 BGB, wonach eine im Zustand der Bewusstlosigkeit abgegebene Willenserklärung zwar in ihren Rechtswirkungen nichtig, damit aber doch immerhin denkbar ist. In diesen Zusammenhang gehören insbesondere Handlungen durch Unterlassen.

Die Problematik hat jedoch geringe praktische Relevanz; sie wirkt sich im Ergebnis nicht aus, weil hinsichtlich der Beweislastverteilung Einigkeit besteht: Ergeben sich bereits aus ihrem äußeren Erscheinungsbild Zweifel an einer Handlung, z. B. bei physischem Zwang oder bloßen Reflexen, sind diese vom Geschädigten durch geeignete Beweismittel zu beseitigen, wenn er mit seiner Klage durchdringen will. Innere Vorgänge, die zum Fehlen der zivilrechtlichen Verantwortlichkeit führen, darunter auch die eben angesprochene »Willenlosigkeit«, muss dagegen der Schädiger beweisen, der sich auf seine mangelnde Verantwortlichkeit berufen möchte.

Unterschiede können sich allerdings bei der Beurteilung von Notwehrfällen ergeben, nämlich bei der Frage, ob ein gegenwärtiger rechtswidriger Angriff (§ 227 Abs. 2 BGB) seitens des Bewusstlosen vorliegt. Denn auch der Angriff stellt eine Handlung im Rechtssinne dar. Erkennt man eine Angriffshandlung auch des Bewusstlosen an, liegen die Notwehrvoraussetzungen des § 227 Abs. 2 BGB vor. Nach der Gegenauffassung kann mangels rechtlich relevanter Handlung des Bewusstlosen von einem Angriff nicht gesprochen werden. Es entsteht somit kein Notwehrrecht im Sinne des § 227 BGB; vielmehr sind von vornherein nur die Voraussetzungen des »milderen« § 228 BGB bzw. des § 34 StGB gegeben (Staudinger-Oechsler 2003, § 827 Rn. 8).

Tiefgreifende Bewusstseinsstörungen

Nach einhelliger Auffassung wird unter Bewusstlosigkeit im Sinne des § 827 S. 1 BGB auch die tiefgreifende Bewusstseinsstörung subsumiert, wenn sie die freie Willensbestimmung ausschließt (MünchKomm-Wagner 2004, § 827 Rn. 6 mit weiteren Nachweisen; zum Ausschluss der freien Willensbestimmung s. weiter unten).

Die tiefgreifende Bewusstseinsstörung ist eine »grundsätzlich nicht krankhafte Trübung oder Einengung des Bewusstseins« (Tröndle u. Fischer 2001, § 20 StGB Rn. 10). Insoweit kann aufgrund der Parallelität zu § 20 StGB auf die Ausführungen zur Schuldfähigkeit verwiesen werden (► Kap. 2; vgl. auch Tröndle u. Fischer 2004, § 20 StGB Rn. 27 ff.). Maßgeblich bleibt also, wie in Kap. 2 ausgeführt, ob eine besondere affektive Akzentuierung bei Begehung der Handlung angenommen werden kann. Zu beachten ist, dass ein mit der erheblich verminderten Schuldfähigkeit des § 21 StGB vergleichbares Institut der »erheblich verminderten Zurechungsfähigkeit« im Zivilrecht nicht existiert (BGH NJW 1984, S. 1958).

Beispiel

Fall 3.1. Herbert Z., 51-jähriger Autofahrer, wird in der Folge einer erstmals erlebten kardialen Ischämie am Steuer bewusstlos. Herr Z. vermochte infolgedessen sein Fahrzeug nicht mehr zu kontrollieren und verursachte einen Unfall. Damit war seine freie Willensbestimmung und in der Folge seine zivilrechtliche Verantwortlichkeit aufgehoben.

Erwähnenswert ist an dieser Stelle die im Rahmen des § 827 S. 1 BGB besonders hervorgehobene Erscheinungsform der **Alkoholintoxikation**. Anders als im Strafrecht, wo sie als krankhafte Störung gilt (► Kap. 2), wird sie im Rahmen von § 827 S. 1 BGB aus juristischer Sicht als tiefgreifende Bewusstseinsstörung angesehen. Diese unterschiedliche Zuordnung ist jedoch nur wenig von Belang, so dass auch hier das im Rahmen der Schuldfähigkeit Gesagte gilt: Sowohl das Gericht und in diesem Rahmen auch der Sachverständige dürfen ihre Einschätzung einer forensisch relevanten Alkoholintoxikation – wie im Strafrecht – nicht allein auf die Blutalkoholkonzentration abstellen, weil die Alkoholverträglichkeit von Person zu Person sehr verschieden sein kann (BGH VersR 1965, S. 656) und darüber hinaus zahlreiche weitere Quellen der inter- wie intraindividuellen Varianz der Alkoholverträglichkeit bzw. der Konsequenzen bestehen.

Deshalb sind auch andere Indizien zu berücksichtigen und zu rekonstruieren. Immerhin kann aber im Allgemeinen bei einer Blutalkoholkonzentration von 3‰ oder mehr ein Ausschluss der freien Willensbestimmung in Betracht gezogen werden (MünchKomm-Mertens 1997, § 827 Rn. 3; s. auch OLG Hamm, NJW 1992, S. 1635), während bei 2‰ oder weniger die zivilrechtliche Verantwortlichkeit zumeist noch gegeben sein wird (MünchKomm-Mertens 1997, § 827 Rn. 3; vgl. auch die bei MünchKomm-Wagner 2004, § 827 Rn. 7 genannten Rechtsprechungsbeispiele, die noch einmal verdeutlichen, dass die Umstände des Einzelfalls entscheidend sind: Die Zurechnungsfähigkeit wurde bejaht bei BAK-Werten von 2,66‰, 2,96‰ sowie 3,00‰, hingegen verneint bei 2,26‰ und 2,5‰).

Ähnlich verhält es sich bei **Drogen**. Auch hier entscheidet, ob die freie Willensbestimmung ausgeschlossen ist (Staudinger-Oechsler 2003, § 827 Rn. 15). Die alleinige medizinische Diagnose einer Intoxikation reicht hier ebenfalls grundsätzlich nicht, da über die individuelle und auf den jeweiligen Tatzeitpunkt bezogene Art und die Quantität der Intoxikation sachverständig Feststellungen zu machen sind.

Beispiel

Fall 3.2. Fred J., 26-jähriger Gelegenheitsarbeiter, hatte unstreitig versucht, in die Geschäftsräume einer Blumenhandlung einzubrechen. Er schlug die Schaufensterscheibe ein, wonach er, durch die ausgelöste Alarmanlage erschreckt, floh. Er wurde von Passanten festgehalten und kurze Zeit später der Polizei übergeben. Herr J. hatte die Anlasstat als Beschaffungskriminalität im Rahmen einer Heroinabhängigkeit durchgeführt. Im zivilrechtlichen Verfahren führte Herr J. an, dass es aufgrund seiner Drogenabhängigkeit zu einem Fehlen der zivilrechtlichen Verantwortlichkeit gekommen sei. Dies konnte durch den Sachverständigen nicht bestätigt werden, da zum Tatzeitpunkt weder eine wesentliche Entzugssymptomatik noch eine Intoxikation bestand. Die Heroinabhängigkeit selbst war zwar im medizinischen Sinne als schwer ausgeprägt einzuschätzen (ICD-10:F11.24), allerdings stellte die Zivilkammer auf die Empfehlung des Gutachters hin fest, dass es bislang bei Herrn J. nicht zu schwerwiegenden somatischen oder psychischen Problemen aufgrund der Abhängigkeit gekommen war. In der Folge wurde er als zivilrechtlich verantwortlich eingeschätzt.

Schlaf (BGHZ 23, S. 90, 97) und extreme Übermüdung gelten im zivilrechtlichen Sinne ebenfalls als tiefgreifende Bewusstseinsstörung, die unter Umständen die Verantwortlichkeit ausschließen können. Wichtig ist in diesem Zusammenhang aber, dass eine unerlaubte Handlung schon dann vorliegt, wenn jemand eine Tätigkeit ausübt, die Wachsamkeit voraussetzt, und sie trotz Müdigkeitsanzeichen fortsetzt (MünchKomm-Mertens 1997, § 827 Rn. 2).

Beispiel

Ein Autofahrer etwa, der am Steuer einschläft und infolgedessen einen Unfall verursacht, kann sich der Haftung im Ergebnis nicht entziehen. Selbst wenn man aufgrund des Schlafes die zivilrechtliche Verantwortlichkeit zum Zeitpunkt des Unfalls verneint, haftet er, weil er sich im wachen und damit zurechnungsfähigen Zustand trotz Müdigkeitsanzeichen zum Weiterfahren entschlossen hat.

Eine tiefgreifende Bewusstseinsstörung kann des Weiteren auf einem Zustand beruhen, der im allgemeinen Sprachgebrauch als »Unfallschock« bezeichnet wird, in der Medizin aber eher unter dem Begriff der akuten Belastungsreaktion im Sinne von ICD-10:F43.0 gefasst wird (BGH VersR 1977, S. 430). Ein solcher »Schock« wird allerdings in der für § 827 S. 1 BGB erforderlichen Intensität in aller Regel nur kurze Zeit andauern. Auch panischer Schrecken (OLG Nürnberg VersR 1965, S. 93), äußerste Erregung (»Affektsturm«; BGH NJW 1958, S. 266 zu § 51 StGB a. F.) oder ein hypnotischer

Dämmerzustand (MünchKomm-Mertens 1997, § 827 Rn. 2) können zum Ausschluss der zivilrechtlichen Verantwortlichkeit führen.

Beispiel

Fall 3.3. Kerstin O., 24-jährige Studentin, sah als Autofahrerin, wie direkt vor ihr nachts auf einer Bundesstraße zwei Autos frontal zusammenstießen. Sie blieb mit ihrem PKW mitten auf der Straße stehen, machte ihr Fahrlicht aus und rührte sich nicht mehr. Ein nachfolgender PKW fuhr auf, der Fahrer verletzte sich schwer. Im folgenden zivilrechtlichen Verfahren begehrte er Schmerzensgeld, welches ihm vom Gericht aufgrund der mit sachverständiger Hilfestellung angenommenen tiefgreifenden Bewusstseinsstörung im Sinne einer akuten Belastungsreaktion (ICD-10:F43.0) von Frau O. zum Tatzeitpunkt nicht zugebilligt wurde.

Freie Willensbestimmung ausschließende Störung (§ 827 S. 1 Fall 2 BGB)

Gemäß § 827 S. 1 Fall 2 BGB ist die zivilrechtliche Verantwortlichkeit auch dann ausgeschlossen, wenn sich der Schädiger zum Zeitpunkt der unerlaubten Handlung in einem die freie Willensbestimmung ausschließenden Zustand krankhafter Störung der Geistestätigkeit (medizinisch ausgedrückt: **psychische Störung**) befand. Der Unterschied zur Bewusstlosigkeit (im Rechtssinne) besteht weniger in der Intensität als in der Dauer der Willensbeeinträchtigung (Staudinger-Oechsler 2003, § 827 Rn. 5).

Auch hier sei nochmals auf die unterschiedliche Terminologie in Recht und Medizin sowie auf die daraus resultierenden Verständigungsschwierigkeiten hingewiesen. Die Differenzierung nach der Dauer der Willensbeeinträchtigung erscheint aus medizinischer Sicht sinnlos, da entgegen der Alltagssprache Bewusstlosigkeiten im medizinischen Sinne recht lange andauern können. Erleichterung schafft diesbezüglich der Umstand, dass beide in § 827 S. 1 BGB genannten Alternativen, die »Bewusstlosigkeit« und der »Zustand krankhafter Störung der Geistestätigkeit«, gleichermaßen zum Ausschluss der zivilrechtlichen Verantwortlichkeit führen und der Abgrenzung dieser Begriffe somit kein entscheidendes Gewicht zukommt.

Krankhafte Störung

Der Begriff der »krankhaften Störung der Geistestätigkeit« in § 827 S. 1 BGB ist gleichbedeutend mit dem des § 104 Nr. 2 BGB und entspricht jedenfalls nach Ansicht der Literatur inhaltlich auch der »krankhaften seelischen Störung« des § 20 StGB (MünchKomm-Mertens 1997, § 827 Rn. 4; ► Kap. 2 und ► Abschn. 3.1.3). Er erfasst somit eine psychische Störung, die meist wenigstens in dem Ausmaß einer akuten psychotischen Erkrankung ausgeprägt ist (Erman-Palm 2000, § 104 Rn. 3).

! Unerheblich ist, ob die krankhafte Störung schon zum Zeitpunkt der Geburt vorlag oder später eintrat und wie sie medizinisch eingeordnet wird (Staudinger-Oechsler 1998, § 827 Rn. 16).

Ausschluss der freien Willensbestimmung

Nach dem Wortlaut der Norm entscheidet, ob die krankhafte Störung der Geistestätigkeit (psychische Störung) die freie Willensbestimmung ausschließt. Eine bloß quantitative Minderung der Geistes- und Willenskraft, mithin der emotionalen und kognitiven Funktionen, genügt daher nicht (so schon RG 74, 110 zu § 105), ebenso wenig eine krankheitsbedingte Gleichgültigkeit gegenüber den Folgen des eigenen Handelns (Diederichsen u. Dröge 2000), wie sie häufiger bei Manien oder akuten Psychosen auftreten kann.

Auch die Unfähigkeit zu ruhigen und vernünftigen Überlegungen ist nicht ausreichend (Erman-Schiemann 2004, § 827 Rn. 2). Jedoch kann in solchen Fällen das Hinzutreten weiterer Umstände, insbesondere qualitativer psychopathologischer Veränderungen, zum Ausschluss der Willensbestimmung führen. Allerdings kann man bei derartigen qualitativen Veränderungen häufig von einer Aufhebung ausgehen.

! Gewisse Krankheiten, wie z. B. psychotisches Erleben mit inhaltlichen Denkstörungen oder auch Wahrnehmungsstörungen, stehen einer freien Willensbestimmung grundsätzlich nicht im Wege. Vielmehr kommt es – wie im Strafrecht – auf Art und Ausprägung sowie auf die Verbindung zur Anlasstat an.

Zu bedenken ist schließlich, dass zumindest theoretisch auch ein krankheitsbedingt Deliktsunfähiger in lichten Momenten (»lucida intervalla«) zivilrechtlich verantwortlich sein kann (Staudinger-Oechsler 2003, § 827 Rn. 17). Ein solcher Fall scheint in der Praxis allerdings extrem selten zu sein, und es ist sogar fraglich, ob solche lichten Intervalle überhaupt auftreten können bzw. welche Implikationen das Vorhandensein nicht lichter Momente auf die lichten Momente hat.

Anwendungsfälle

Nach dem eben Gesagten kann ein die freie Willensbestimmung ausschließender Zustand krankhafter Störung psychischer Funktionen (»der Geistestätigkeit«) z. B. bei ausgeprägtem Intelligenzmangel, inhaltlichen Denkstörungen und sogar bei exzessiver Furcht vor bestimmten Tieren bejaht werden (Diederichsen 2004; Diederichsen u. Dröge 2000). Viele weitere psychische Störungen in akuter und deutlicher Ausprägung sind hier hinzuzufügen (z. B. organische Störungen, Intoxikationen und Entzugssyndrome, schizophrene und affektive Erkrankungen).

! Selbstverständlich hat die Anordnung eines Betreuers vor oder nach der Anlasstat hinsichtlich der zivilrechtlichen Verantwortlichkeit keine direkten Konsequenzen (Deutsch 1996). Vielmehr bedarf es auch hier – wie stets – einer Prüfung des Einzelfalles, ob die Voraussetzungen für den Ausschluss der Verantwortlichkeit vorliegen.

Im Übrigen kann auf die ausführliche, im Rahmen des § 20 StGB entwickelte Kasuistik zur krankhaften seelischen Störung verwiesen werden.

Beispiel

Fall 3.4. Bei Hermann F., einem 51-jährigen Unternehmer, war seit vielen Jahren eine bipolare Störung bekannt. Im Rahmen einer manischen Episode mit psychotischen Symptomen (ICD-10:F31.2) kaufte Herr F. innerhalb von 5 Tagen mehrere Autos, beging Zechprellereien (logierte in Hotels ohne zu bezahlen, machte dort mehrere Tausend Euro Schulden aufgrund von Telefonsexverbindungen) und hängte Zettel mit Gewaltandrohungen an die Restauranttür eines Geschäftspartners. Bei seiner Erkrankung war eine familiäre Bindung bekannt, auch bei dem Vater und einem Großonkel väterlicherseits war die Krankheit beschrieben worden. Zivilrechtlich wurde sein Erleben und Verhalten zu den einzelnen Tatzeitpunkten als freie Willensbestimmung ausschließender Zustand krankhafter Störung der Geistestätigkeit gewertet.

3.2.2 Bedeutung der Zustandsverursachung (§ 827 S. 2 BGB)

Grundsatz: Haftung wie bei zu vertretener Fahrlässigkeit

Die Haftung des Schädigers ist auch im Falle des Fehlens der zivilrechtlichen Verantwortlichkeit nicht zwangsläufig vollständig ausgeschlossen; § 827 S. 2 Hs. 1 BGB sieht vielmehr vor, dass derjenige, der sich durch geistige Getränke oder ähnliche Mittel, insbesondere also Alkohol oder Drogen, in einen Intoxikationszustand der eben beschriebenen Art versetzt, für einen Schaden, den er in diesem Zustand widerrechtlich verursacht, ungeachtet der dann fehlenden Verantwortlichkeit in gleicher Weise verantwortlich ist, wie wenn ihm Fahrlässigkeit zur Last fiele.

Die Beweislast für die genannten Voraussetzungen trifft den Geschädigten (BGH VersR 1982, S. 849). Der Schädiger haftet allerdings nur, wenn das begangene Delikt auch bei Fahrlässigkeit, d. h. bei unabsichtlicher Außerachtlassung der im Verkehr üblichen Sorgfalt, § 276 Abs. 2 BGB, zu einer Schadensersatzpflicht führt (Palandt-Sprau 2005, § 827 Rn. 2). Die Rechtsprechung bejaht sogar grobe Fahrlässigkeit, also einen besonders gravierenden, wenngleich noch nicht vorsätzlichen Verstoß gegen die Sorgfalt, wenn der Delinquent – wie etwa bei Trunkenheitsfahrten – elementare Verhaltensvorschriften verletzt (BGH NJW 1989, S. 1612 f.; zur Relevanz für das Versicherungsrecht ► Abschn. 3.1.2).

Die Verantwortlichkeit für Vorsatzdelikte (z. B. §§ 825, 826 BGB, teilweise auch § 823 Abs. 2 BGB), bei denen mehr als ein bloßer Verstoß gegen die Sorgfalt erforderlich ist, kann über § 827 S. 2 Hs. 1 BGB hingegen nicht herbeigeführt werden (BGH NJW 1968, S. 1132 f.). Diesbezüglich kommt jedoch eine Haftung nach den Grundsätzen der **actio libe-**

ra in causa in Betracht, die an die vorsätzliche Herbeiführung des willensunfreien Zustands zur Begehung der unerlaubten Handlung anknüpft und neben § 827 S. 2 BGB anwendbar ist (Soergel-Zeuner 1999, § 827 Rn. 4, 5). Der Vorwurf gründet sich hierbei darauf, dass der Täter sich in die entsprechende Verfassung versetzt hat (weitere, hier sinngemäß geltende Ausführungen zur »actio libera in causa« ► Kap. 2).

Beispiel

Fall 3.5. Frau Henriette P., 44-jährige Handelsvertreterin, hatte in der Vergangenheit mehrfach Trunkenheitsfahrten begangen. Sie war entsprechend zur Verantwortung gezogen worden. Nun hatte sie, wiederum angetrunken (Blutalkoholkonzentration 2,8‰, deutliche psychopathologische, alkoholtypische Auffälligkeiten), einen Fahrradfahrer angefahren und schwer verletzt. Dieser begehrte Schadensersatz. Die Einschaltung eines psychiatrischen Sachverständigen war lange strittig. Nachdem ein solcher tätig war, ergab sich ein einfaches Bild: Frau P. hatte keine Alkoholabhängigkeit, allerdings eine – bei Frauen relativ selten anzutreffende – dissoziale Persönlichkeitsstörung (ICD-10:F60.2). Bei ihr kam es zu gelegentlichen Trinkexzessen. Das Gericht urteilte dann auch, dass Frau P. sich vorsätzlich in einen »alkoholintoxikierten« Zustand versetzt hat, vorher wohl wissend – u. a. aufgrund ihrer eigenen strafrechtlichen Erfahrungen –, welche Wirkungen Alkohol in hohem Ausmaß auf ihr Erleben und Verhalten haben würde.

Ausnahme: Zustandsverursachung ohne Verschulden

Auch wenn der Schädiger seinen Zustand der fehlenden zivilrechtlichen Verantwortlichkeit (Unzurechnungsfähigkeit) selbst verursacht hat, entfällt die Haftung, falls er beweisen kann, dass dies nicht schuldhaft geschah (§ 827 S. 2 Hs. 2 BGB).

Bezugspunkt des Verschuldens ist dabei nicht die unerlaubte Handlung oder ihre Vorhersehbarkeit in normaler Verfassung, sondern das Hervorrufen des Zustands fehlender Verantwortlichkeit (sog. Initiationsverschulden; Palandt-Thomas 2003, § 827 Rn. 2; Diederichsen 2004). Keine Schuld trifft den Täter, wenn er die berauschende Eigenschaft des Getränks bzw. Mittels weder gekannt hat noch kennen musste (BGH NJW 1968, S. 1132 f.; Palandt-Sprau 2005, § 827 Rn. 2). Die mögliche Intensivierung der Alkoholwirkung durch einzelne Medikamente wird allerdings als bekannt vorausgesetzt, ebenso das Risiko, bei einem Kauf illegaler Drogen vermischte bzw. verunreinigte Ware zu erhalten (MünchKomm-Wagner 2004, § 827 Rn. 9). Auf (z. B. krankheitsbedingt) fehlende Toleranz seines Körpers gegen Alkohol kann sich der Täter nicht stützen, wenn er hiervon Kenntnis hatte (Palandt-Thomas 2003, § 827 Rn. 2; strenger, weil kenntnisunabhängig Palandt-Sprau 2005, § 827 Rn. 2). Krankheitsbedingte Intoleranz gegenüber Alkohol oder illegalen Drogen kommt in der gutachterlichen Praxis allerdings höchst selten vor.

3.3 Deliktsfähigkeit Minderjähriger (§ 828 BGB)

Die Deliktsfähigkeit Minderjähriger ist in § 828 BGB (Normtext s. unter ► 3.1.1) geregelt und danach zum einen vom Alter, zum anderen von der Einsichtsfähigkeit abhängig.

3.3.1 Kinder unter 7 Jahren (§ 828 Abs. 1 BGB)

❗ § 828 Abs. 1 BGB schließt die Verantwortlichkeit von Kindern, die nicht das 7. Lebensjahr vollendet haben, aus.

Dies entspricht der Regelung des § 104 Nr. 1 BGB zur Geschäftsfähigkeit. Maßgeblich für die Altersfeststellung ist der Zeitpunkt der Vornahme der unerlaubten Handlung, nicht der des Schadenseintritts (Erman-Schiemann 2004, § 828 Rn. 1).

Die strenge Altersgrenze macht aus medizinisch-psychologischer Sicht nur bedingt Sinn und kann im Einzelfall aufgrund höchst unterschiedlicher Reifung zu unangemessenen Ergebnissen führen. Eine feste Altersgrenze schien dem Gesetzgeber jedoch aus Gründen der Rechtssicherheit geboten.

3.3.2 Kinder zwischen dem 7. und dem vollendeten 10. Lebensjahr (§ 828 Abs. 2 BGB)

Nach § 828 Abs. 2 S. 1 BGB sind Kinder zwischen dem 7. und dem vollendeten 10. Lebensjahr nicht verantwortlich für Schäden, die sie bei einem Unfall mit einem Kraftfahrzeug, einer Schienen- oder einer Schwebebahn verursacht haben.

Mit dieser durch Art. 2 Nr. 4 des 2. Schadensersatzrechtsänderungsgesetzes vom 19.7.2002 (BGBl. I, S. 2674) eingeführten Vorschrift berücksichtigt der Gesetzgeber, dass Kinder dieses Alters die typischen Gefahren des motorisierten Straßen- und Bahnverkehrs nicht erkennen und sich deshalb nicht angemessen verhalten können (Däubler 2002). Ursächlich hierfür sind kindliche Eigenheiten, wie etwa Lauf- und Erprobungsdrang, Impulsivität, Affektreaktionen, mangelnde Konzentrationsfähigkeit und gruppendynamisches Verhalten (BT-Drucks. 14/7752, S. 26). Das Anliegen der Gesetzesänderung bestand vor allem darin, einer Kürzung der Schadensersatzansprüche minderjähriger Unfallopfer aufgrund von Mitverschulden entgegenzutreten (Wagner 2002; ▶ Abschn. 3.1.2).

Das Haftungsprivileg greift nach dem Sinn und Zweck des § 828 Abs. 2 S. 1 BGB jedoch nur ein, wenn sich in der Fallkonstellation eine typische Überforderungssituation des Kindes durch die spezifischen Gefahren des motorisierten Verkehrs realisiert hat, nicht hingegen, wenn bspw. ein Kind mit seinem Kickboard gegen einen ordnungsgemäß parkenden PKW prallt (BGH NJW 2005, S. 354).

Zu beachten ist, dass gem. § 828 Abs. 2 S. 2 BGB die Verantwortlichkeit des Minderjährigen allerdings dann nicht entfällt, wenn er die Verletzung vorsätzlich herbeigeführt hat. In Betracht kommt dann jedoch ein Ausschluss der Verantwortlichkeit gem. § 828 Abs. 3 BGB (s. unten).

Beispiel

Fall 3.6. Der 9-jährige, gesunde Junge Alexander K. bewirft im Rahmen einer Mutprobe vorbeifahrende Autos absichtlich mit Steinen. Obwohl es sich um ein Geschehen im Straßenverkehr handelt, führt § 828 Abs. 2 BGB hier nicht zum Ausschluss der Verantwortlichkeit, weil Alexander K. die Steine absichtlich geworfen hat und nicht einer der Norm zugrunde liegenden Überforderungssituation im Straßenverkehr ausgesetzt ist (BT-Drucks. 14/7752, S. 27). Ein typischer, von der Norm erfasster Fall wäre hingegen der des gleichaltrigen Ralf L., der mit seinem Fahrrad aus Unachtsamkeit einen Unfall verursacht.

3.3.3 Kinder und Jugendliche bis zum vollendeten 18. Lebensjahr (§ 828 Abs. 3 BGB)

Absatz 3 des unter 3.1.1 vollständig aufgeführten § 828 BGB entspricht inhaltlich § 828 Abs. 2 S. 1 a. F. BGB (BT-Drucks. 14/7752): »Wer das 18. Lebensjahr noch nicht vollendet hat, ist, sofern seine Verantwortlichkeit nicht nach Absatz 1 oder 2 ausgeschlossen ist, für den Schaden, den er einem anderen zufügt, nicht verantwortlich, wenn er bei der Begehung der schädigenden Handlung **nicht die zur Erkenntnis der Verantwortlichkeit erforderliche Einsicht** hat.«

Die in § 828 Abs. 2 S. 2 a. F. BGB vorgenommene Gleichstellung von Taubstummen mit Minderjährigen wurde berechtigterweise als diskriminierend empfunden und daher ersatzlos gestrichen. Infolgedessen unterscheidet sich die Deliktsfähigkeit Taubstummer nicht mehr von der anderer gesunder Personen.

Bedeutung der erforderlichen Einsicht

Nach dem Wortlaut der Norm ist für die Frage der zivilrechtlichen Verantwortlichkeit allein die zur Erkenntnis der Verantwortlichkeit erforderliche Einsicht des Minderjährigen maßgeblich, also die geistige Reife, »die ihn in den Stand setzt, das Unrecht seiner Handlung gegenüber den Mitmenschen und zugleich die Verpflichtung zu erkennen, in irgendeiner Weise für die Folgen seiner Handlung selbst einstehen zu müssen« (Palandt-Sprau 2005, § 828 Rn. 6). Auf die individuelle Steuerungsfähigkeit zum Zeitpunkt der Tat, sich einsichtsgemäß zu verhalten, kommt es hingegen für § 828 BGB anders als im Rahmen von § 3 JGG und § 20 StGB nicht an (BGH NJW 1984, S. 1958; ▶ Kap. 2).

Die hier erörterte (personenbezogene) zivilrechtliche Verantwortlichkeit des § 828 Abs. 3 BGB ist von der Frage des (handlungsbezogenen) Verschuldens (§ 276 BGB) strikt zu trennen. Die Steuerungsfähigkeit findet nur beim Verschulden Berücksichtigung, da dieses die Vermeidbarkeit des Gefahreneintritts durch den Schädiger voraussetzt. Aufgrund des hierbei anzulegenden objektiven Maßstabs kommt es für die Beurteilung von Vorsatz und vor allem von Fahrlässigkeit auf die jeweilige Verstandesreife an, die allgemein von Jugendlichen der entsprechenden Altersgruppe erwartet werden kann (sog. Gruppenfahrlässigkeit; BGH NJW 1984, S. 1958). Berücksichtigt wird demnach nur die Steuerungsfähigkeit, wie sie ganzen Altersgruppen von Jugendlichen eigen ist. Die individuelle (!) Steuerungsfähigkeit des Schädigers bleibt hingegen ohne Relevanz. Daher kann und soll das Gericht die Vermeidbarkeit und somit das Verschulden regelmäßig ohne sachverständige Hilfe feststellen.

Das außen Acht lassen der individuellen Steuerungsfähigkeit ist aus medizinisch-psychologischer Sicht zu bedauern, da alle hierfür maßgeblichen individuellen Leistungen und Eigenschaften unberücksichtigt bleiben – ein befremdliches Vorgehen des Gesetzgebers. Aufgrund von entwicklungspsychologischen Untersuchungen ist wissenschaftlich eine solche kollektive Reifungsnorm mit der gebotenen Präzision nicht festzustellen.

Bemerkenswert bleibt schließlich, dass der Minderjährige im Haftungsrecht des BGB in viel stärkerem Maße zur Verantwortung gezogen wird als im Strafrecht (BGH NJW 1984, S. 1958), wo die individuelle Steuerungsfähigkeit Berücksichtigung findet. Den insofern strengeren zivilrechtlichen Maßstab gebietet der Schutz der Allgemeinheit vor der Beeinträchtigung ihrer Rechtsgüter, wie z. B. Eigentum oder Gesundheit.

Einsicht bezüglich der Gefahr des Handelns

Im Zusammenhang mit der Einsichtsfähigkeit spricht man auch von einer »**doppelten Psychologisierung**« (Diederichsen u. Dröge 2000). Der Jugendliche muss danach zum einen – entsprechend seinem Entwicklungsstand – von der rechtlichen Verantwortlichkeit im Allgemeinen wissen und zum anderen dieses Bewusstsein auch auf den konkreten Fall anwenden können. Dabei braucht er allerdings keine bestimmte Vorstellung von den rechtlichen und wirtschaftlichen Folgen seines Verhaltens zu haben.

! Ausreichend ist das generelle Verständnis des Jugendlichen, dass sein Verhalten geeignet ist, irgendwelche Gefahren herbeizuführen (BGH NJW 1984, S. 1958; OLG Köln, MDR 93, S. 739).

Kann der Minderjährige die Gefährlichkeit seiner Handlung nicht erkennen, bleibt er gleichwohl für die Schädigung verantwortlich, falls er sich über Verbote oder Warnungen hinweggesetzt hat, die er nach seiner Reife bereits verstehen konnte (Diederichsen u. Dröge 2000).

Einsicht bezüglich der rechtlichen Konsequenzen

Auf welche Art er für das Unrecht einzustehen haben wird, welche zivilrechtlichen Konsequenzen ihn treffen, muss der Minderjährige nicht übersehen (Erman-Schiemann 2004, § 828 Rn. 4). Allerdings erlaubt die Erkenntnis, dass das eigene Verhalten geeignet ist, Gefahren herbeizuführen, regelmäßig den Schluss auf die Erkenntnis, für das eigene Verhalten (in welcher Form auch immer) einstehen zu müssen (BGH VersR 57, S. 415; 70, S. 374).

Beispiel

Fall 3.7. Der 13-jährige Mark L. besuchte seit etwa einem halben Jahr regelmäßig den Jugendclub seiner Stadt. Obwohl er dort mit Freunden regelmäßig Alkohol konsumierte, fuhr er stets mit dem Fahrrad zurück nach Hause. Eines Abends kollidierte er in angetrunkenem Zustand mit der Fußgängerin Birgit H., die sich mittelschwer verletzte. Im Schadensersatzprozess macht Mark L., vertreten durch seine Eltern, geltend, ihm habe die zur Erkenntnis seiner Verantwortlichkeit erforderliche Einsicht gefehlt. Das Gericht verweist darauf, dass ihm die mit dem Fahrradfahren in angetrunkenem Zustand verbundenen Gefahren bewusst waren. Ein Jugendlicher, der die Gefährlichkeit seiner Handlung kennt, wisse im Allgemeinen auch, dass er zur Verantwortung gezogen werden kann, wenn er sie dennoch begeht.

Prüfung der Einsichtsfähigkeit

Im Rahmen der Prüfung der Einsichtsfähigkeit sind die Umstände des Einzelfalles sowie die individuelle Entwicklung des Jugendlichen von besonderer Bedeutung (Palandt-Sprau 2005, § 828 Rn. 6). Das schließt die Berücksichtigung allgemeiner Erfahrungssätze, insbesondere bezüglich des Alters, jedoch nicht aus. Zwar darf die erforderliche Einsicht nicht allein aufgrund der Annäherung an die obere oder untere Altersgrenze des § 828 Abs. 3 BGB bejaht bzw. verneint werden. Zulässig ist es aber, die erforderliche Einsicht des Schädigers mit der

Begründung anzunehmen, dass sie in seiner Altersgruppe erfahrungsgemäß gegeben sei und bei ihm kein geringerer Entwicklungsgrad gegenüber durchschnittlichen Gleichaltrigen vorliege (Erman-Schiemann 2004, § 828 Rn. 5). Dadurch wird einerseits die interindividuelle Varianz der Reifeentwicklung berücksichtigt. Andererseits obliegt es dem minderjährigen Schädiger, den Beweis für seinen geringeren Entwicklungsgrad zu führen.

Letzteres erklärt sich dadurch, dass § 828 Abs. 3 BGB eine Ausnahmeregelung zu dem Grundsatz darstellt, dass die erforderliche Einsicht vorliegt.

Anwendungsfälle

Kinder- und jugendpsychiatrische Gutachten über die Einsichtsfähigkeit eines Minderjährigen werden insbesondere bei Schadensersatzansprüchen eingeholt, die auf Brandlegung oder auf beim Spielen erlittenen Körperverletzungen basieren. Dabei werden von der Rechtsprechung die Gefahren, die von als Waffen benutzten Spielzeugen ausgehen (z. B. Pfeil und Bogen, Steinschleudern, Schwerter oder Blasrohre), als erkennbar angesehen (MünchKomm-Mertens 1997, § 828 Rn. 9). Bei anderen, »kleineren« Delikten entfällt häufig eine individuelle Begutachtung, obschon sie eigentlich indiziert wäre.

Der Umgang mit Chemikalien oder Medikamenten, aber auch mit Streichhölzern ist aufgrund des komplexeren Gefahrzusammenhangs je nach Alter noch nicht erfassbar (MünchKomm-Mertens 1997, § 828 Rn. 9, mit weiteren Nachweisen).

Beispiel

Fall 3.8. Florian P., 14-jähriger Schüler einer Sonderschule für schwer erziehbare Jugendliche, verletzte indirekt Frau U., eine Erzieherin seines Wohnheimes, nachdem er im Bad seiner Wohngruppe einen Brand gelegt hatte. Die Erzieherin hielt sich in der Wohngruppe auf und verbrannte Teile ihrer Arme bei Löschversuchen. Sie begehrte nun Schadensersatz. Die polizeilichen Ermittlungen hatten ergeben, dass Florian den Brand vorsätzlich gelegt hatte, da er sich von Frau U. ungerechtfertigterweise gemaßregelt fühlte. Fremdaggressive Handlungen waren in der Vergangenheit schon häufig bei Florian aufgetreten.

Eine kinder- und jugendpsychiatrische Begutachtung ergab unter Berücksichtigung eines testpsychologischen Zusatzgutachtens einen mittleren IQ von 61 in einem standardisierten Test (HAWIK). Dies entspricht einer leichten Intelligenzminderung entsprechend ICD-10:F70. Bei der Geburt hatte Florian einen hypoxischen Hirnschaden erlitten. Einsicht in das begangene Unrecht hatte Florian nach Meinung des Sachverständigen nicht, da er aufgrund der psychischen Störung zwar abstrakt verstehen konnte, dass ein Brand jemanden erheblich schädigen könne, allerdings aufgrund seiner hirnorganischen Schädigungen die Konsequenzen seines Tuns im Rahmen der impulsiv ablaufenden Tathandlung nicht überblicken konnte.

Wird der Jugendliche für verantwortlich erachtet, kommt in Ausnahmefällen eine Haftungseinschränkung aus Billigkeitsgründen (§ 242 BGB) sowie aus verfassungsrechtlichen Gründen (Art. 1 Abs. 1 GG in Verbindung mit Art. 2 Abs. 1 GG) in Betracht, falls eine unbegrenzte Haftung zur Existenzvernichtung des Jugendlichen führen würde (BVerfG NJW 98, S. 3557).

3.4 Literatur

Baumgärtel G (1987) Anmerkung zu BGH VI ZR 294/85 vom 1.7.1986. JZ 42: 42

Däubler W (2002) Die Reform des Schadensersatzrechts. JuS 42: 625–630

Deutsch E (1996) Allgemeines Haftungsrecht, 2. Aufl. Heymanns, Köln

Diederichsen U (2004) Juristische Voraussetzungen. In: Venzlaff U, Foerster K (Hrsg) Psychiatrische Begutachtung, 4. Aufl. Urban & Fischer, München, S 453–502

Diederichsen U, Dröge M (2000) Deliktsfähigkeit und Schadensersatzrecht. In: Venzlaff U, Foerster K (Hrsg) Psychiatrische Begutachtung, 3. Aufl. Urban & Fischer, München, S 417–424

Dunz W (1987) Anmerkung zu BGH VI ZR 294/85 vom 1.7.1986. JR 33: 239–240

Erman W ([10]2000, [11]2004) Bürgerliches Gesetzbuch, 1. Bd. Aschendorff, Münster (zit. Erman-Bearbeiter)

Erman W ([11]2004) Bürgerliches Gesetzbuch, 2. Bd. Aschendorff, Münster (zit. Erman-Bearbeiter)

Münchener Kommentar (1997–2004) Kommentar zum Bürgerlichen Gesetzbuch, Bd. 1: Allgemeiner Teil (§§ 1–240 AGB-Gesetzt) Bd. 5: Schuldrecht (Besonderer Teil III, §§ 705–853). Beck, München (zit. MünchKomm-Bearbeiter)

Palandt O ([62]2003, [64]2005) Bürgerliches Gesetzbuch. Beck, München (zit. Palandt-Bearbeiter)
Soergel HT (1999) Kommentar zum Bürgerlichen Gesetzbuch, Bd. 5/2, §§ 823–853 Produkthaftungsgesetz Umwelthaftungsgesetz, 12. Aufl. Kohlhammer, Stuttgart (zit. Soergel-Bearbeiter)
Staudinger J (1998, 2003) Kommentar zum Bürgerlichen Gesetzbuch mit Einführungsgesetz und Nebengesetzen, Zweites Buch, Recht der Schuldverhältnisse, §§ 826–829; Produkthaftungsgesetz, 13. Bearbeitung (Neubearbeitung 2003). De Gruyter, Berlin (zit. Staudinger-Bearbeiter)
Tröndle H, Fischer T ([50]2001, [52]2004) Strafgesetzbuch und Nebengesetze. Beck, München
Wagner G (2002) Das Zweite Schadensersatzrechtsänderungsgesetz. NJW 55: 2049–2064

4

Verhandlungs-, Vernehmungs- und Haftfähigkeit

Durch eine überschaubare Darstellung der wesentlichen Leitlinien höchstrichterlicher Rechtsprechung zur Verhandlungs-, Vernehmungs- und Haftfähigkeit sollen in diesem Kapitel dem wissenschaftlichen Sachverständigen wie dem mit den entsprechenden Entscheidungen befassten Juristen die erforderlichen Grundlagen für den interdisziplinären Dialog in Strafverfahren und Strafvollstreckung bereitgestellt werden. Bei diesem Dialog sollte sich insbesondere auch der Jurist stets darüber im Klaren sein, dass die Begutachtung der betreffenden Fähigkeiten aufgrund der zumeist erforderlichen Abschätzung gesundheitlicher Risiken der Natur der Sache nach mit der Gefahr prädiktorischer Irrtümer belastet ist (Wille u. John 1986, S. 567).

4.1 Verhandlungsfähigkeit

Die Teilnahme an der Hauptverhandlung darf das Leben des Angeklagten nicht gefährden und nicht zu irreparablen schweren Gesundheitsschäden führen. Verhandlungsfähigkeit setzt die Fähigkeit des Beschuldigten voraus, in oder außerhalb der Verhandlung seine Interessen vernünftig wahrzunehmen, die Verteidigung in verständiger und verständlicher Weise zu führen sowie Prozesserklärungen abzugeben und entgegenzunehmen.

4.1.1 Der Anwesenheitsgrundsatz des § 230 Abs. 1 StPO

§ 230 StPO. Ausbleiben des Angeklagten.
(1) Gegen einen ausgebliebenen Angeklagten findet eine Hauptverhandlung nicht statt. […]

In § 230 Abs. 1 StPO findet sich der Grundsatz, dass die strafprozessuale Hauptverhandlung gegen einen ausgebliebenen Angeklagten nicht stattfindet. Sinn dieser Regelung ist zum einen, die gerichtliche Wahrheitsfindung zu fördern, zum anderen jedoch auch, dem Angeklagten zu seinem in Art. 103 Abs. 1 GG verbrieften rechtlichen Gehör zu verhelfen (KK-Tolksdorf 2003, § 230 Rn. 1). Als regelmäßige Folge einer ernsthaften und länger andauernden Verhandlungsunfähigkeit des Angeklagten sieht das Gesetz deshalb die vorläufige (§ 205 StPO) bzw. endgültige (§§ 206a Abs. 1, 260 Abs. 3 StPO) Einstellung des Verfahrens wegen eines Verfahrenshindernisses vor.

Nach der Rechtsprechung des Bundesgerichtshofes soll der Zweifelsgrundsatz (»in dubio pro reo«) bei der Frage der Verhandlungsfähigkeit zwar insoweit keine Anwendung finden, als eine auf die Verletzung des § 230 Abs. 1 StPO gestützte Revisionsrüge nur Erfolg haben kann, wenn das Bestehen von Verhandlungsunfähigkeit positiv nachgewiesen ist (BGH MDR/D 1973, S. 902; BGH NStZ 1984, S. 521). Dies bedeutet jedoch keineswegs, dass der Tatrichter die Hauptverhandlung durchführen darf, wenn er begründete Zweifel an der Verhandlungsfähigkeit des Angeklagten hat: Liegen die – unter ► Abschn. 4.1.2 und 4.1.3 zu erörternden – Voraussetzungen der §§ 231 Abs. 2 und 231a Abs. 1 StPO nicht vor, so hat er das Verfahren vielmehr nach § 205 StPO vorläufig einzustellen (BGH NStZ 1984, S. 521; Burhoff 2003, Rn. 970; KK-Tolksdorf 2003, § 205 Rn. 11). Die endgültige Verfahrenseinstellung, die außerhalb der Hauptverhandlung gemäß § 206a Abs. 1 StPO und in der Hauptverhandlung nach § 260 Abs. 3 StPO erfolgt, setzt demgegenüber die Gewissheit voraus, dass die Verhandlungsunfähigkeit einen »zweifelsfrei unverbesserlichen Dauerzustand« (Seetzen 1974, S. 259) darstellt, die Verhandlungsfähigkeit des Angeklagten also zur Überzeugung des Gerichts auf Dauer entfallen ist (BGH NStZ 1996, S. 242).

4.1.2 Die Ausnahmen vom Anwesenheitsgrundsatz

Aus der hohen Bedeutung, die dem Anwesenheitsgrundsatz angesichts seiner grundgesetzlichen Verankerung zukommt, erklärt sich, dass die Strafprozessordnung die Durchführung einer Hauptverhandlung ohne den Angeklagten auch im Falle der Verhandlungsunfähigkeit lediglich im Ausnahmefall zulässt: In § 231 Abs. 2 StPO wird diese Möglichkeit an die Voraussetzung geknüpft, dass der Angeklagte über die Anklage bereits vernommen worden ist und das Gericht seine Anwesenheit für den Rest der Verhandlung nicht mehr für erforderlich erachtet. Hat auch eine Vernehmung zur Sache noch nicht stattgefunden, so gestattet § 231a StPO die Hauptverhandlung ohne den verhandlungsunfähigen Angeklagten nur dann, wenn er den Zustand der Verhandlungsunfähigkeit vorsätzlich und schuldhaft herbeigeführt und damit wissentlich seine weitere Teilnahme am Verfahren verhindert hat. Dieser Nachweis ist naturgemäß nicht einfach zu führen.

Für schuldunfähige Täter, bei denen lediglich über die Verhängung von Maßregeln der Besserung und Sicherung zu befinden ist, ist in §§ 413 ff. StPO schließlich das Sicherungsverfahren vorgesehen, in dem gem. § 415 StPO unter bestimmten Voraussetzungen ebenfalls das Erfordernis der Anwesenheit des Beschuldigten entfällt.

Verhandlungsunfähigkeit nach Vernehmung zur Sache (§ 231 Abs. 2 StPO)

> **§ 231 StPO. Anwesenheitspflicht des Angeklagten.** [...] (2) Entfernt der Angeklagte sich dennoch oder bleibt er bei der Fortsetzung einer unterbrochenen Hauptverhandlung aus, so kann diese in seiner Abwesenheit zu Ende geführt werden, wenn er über die Anklage schon vernommen war und das Gericht seine fernere Anwesenheit nicht für erforderlich erachtet.

Tritt die Verhandlungsunfähigkeit – unabhängig davon, ob vom Angeklagten verschuldet oder nicht – nach dem Abschluss seiner Vernehmung zur Anklage ein, kommt eine Verhandlung ohne ihn nur unter den Voraussetzungen des § 231 Abs. 2 StPO in Betracht (KK-Tolksdorf 2003, § 231a Rn. 1; LR-Gollwitzer 2001, § 231a Rn. 2). Dies setzt zunächst die Eigenmächtigkeit des Fernbleibens voraus, an der es fehlt, wenn der Angeklagte sich mit ausdrücklicher oder stillschweigender Billigung des Gerichts aus der bereits begonnenen Verhandlung entfernt (BGH StV 1993, S. 285) oder wenn das Gericht ihm freigestellt hat, ob er zum Fortsetzungstermin erscheinen wolle (BGH StV 1987, S. 189). Für eine Fortsetzung des Verfahrens ohne den Angeklagten muss das Gericht darüber hinaus dessen fernere Anwesenheit für obsolet erachten; hierüber hat es nach pflichtgemäßem Ermessen unter Würdigung der besonderen Umstände des Einzelfalls sowie der aktuellen Prozesslage zu entscheiden (Meyer-Goßner 2004, § 231 Rn. 20).

Ein den Anwendungsbereich des § 231 Abs. 2 StPO eröffnender Fall des eigenmächtigen Fernbleibens kann nach ständiger Rechtsprechung etwa bei einem auf einer zurechenbaren Willensentscheidung beruhenden Suizidversuch gegeben sein, soweit dieser die Verhandlungsunfähigkeit des Angeklagten zur Folge hat (BGHSt 16, S. 178; Meyer-Goßner 2004, § 231 Rn. 17). Auch wenn bei einer weiteren Anwesenheit des Angeklagten in der Hauptverhandlung die Gefahr eines solchen Suizidversuchs besteht, kann die aus dieser Gefahr resultierende Verhandlungsunfähigkeit als eigenmächtiges Fernbleiben bewerten werden.

Das Vorliegen einer zurechenbaren Willensentscheidung ist aus medizinischer Sicht kaum reliabel abzuschätzen: Häufig genug ist die Situation einer Hauptverhandlung mit dem Realisieren der möglichen strafrechtlichen Konsequenzen und der öffentlichen Breitenwirkung ein ganz besonders hoher Stressor, der zu selbstschädigendem Verhalten führen kann. Dies kann aus psychiatrischer Sicht als akute Belastungsreaktion, also als krankhafte Reaktion, verstanden werden, die kaum vorwerfbar erscheint. Jedoch ist eine zurechenbare Willensentscheidung in der Regel zumindest dann anzunehmen, wenn ein Suizidversuch als alleiniges Instrument zur Verfahrensbeeinflussung durchgeführt wurde bzw. angedroht wird. Dies mit hinreichender Sicherheit nachzuweisen dürfte allerdings im Einzelfall unmöglich sein.

Beispiele

Fall 4.1. Herbert K., 51-jähriger Manager aus einer Großstadt, hatte sich wegen eines Wirtschaftsvergehens seit über einem Jahr in einer Hauptverhandlung zu verantworten. Am Morgen vor einem weiteren Termin erreichte die Kammer ein Fax des Verteidigers, in dem Verhandlungsunfähigkeit geltend gemacht wurde. Beigefügt war das Attest eines Arztes für Allgemeinmedizin vom Vortag, in dem eine Neurasthenie und eine erhebliche Selbstmordgefährdung diagnostiziert wurden. Weiter wurde in dem Attest ausgeführt, dass eine Verhandlungsfähigkeit »aus medizinischer Sicht« ausgeschlossen sei. – Von den übrigen Prozessbeteiligten wurde die Vorlage des Attestes zu dem Zeitpunkt als ein Versuch der Prozessverzögerung angesehen. Zuvor waren zahlreiche Beweisanträge der Verteidigung durch die Wirtschaftsstrafkammer abgelehnt worden. Der Angeklagte wurde von der Polizei im Gerichtssaal vorgeführt. Ein hinzu gezogener Amtsarzt stellte keine medizinische Diagnose fest, wobei der Angeklagte sich auf Anraten der Verteidigung von diesem nicht untersuchen ließ. Die Kammer zog unmittelbar einen Facharzt für Psychiatrie und Psychotherapie hinzu, der auf Vorschlag der Verteidigung vom Gericht als Sachverständiger ernannt wurde. Dieser stellte nach eingehender ambulanter Untersuchung an zwei Terminen sowie nach Aktenstudium fest, dass keine psychiatrische Diagnose festzustellen war.

Fall 4.2. Die 34-jährige Martha S. hatte sich am ersten Verhandlungstag zu der Anklage des versuchten Totschlages zum Nachteil ihres Mannes eingelassen. Sie machte erstmals in dem gesamten Verfahren eine Aussage und schilderte die Tötungsabsicht und ihr seinerzeitiges Vorgehen. Eine psychiatrische Begutachtung wurde seitens der Staatsanwaltschaft oder seitens der Kammer als unnötig eracht. Am Abend des nächsten Verhandlungstages unternahm sie, zurück in der JVA, einen Suizidversuch, indem sie sich die Pulsadern aufschnitt. Ein hinzugezogener psychiatrischer Sachverständiger diagnostizierte eine typische Depression mit wahnhaftem Erleben, was retrospektiv auch Auswirkungen auf die Schuldfähigkeit hatte. Das Verfahren wurde wegen Verhandlungsunfähigkeit zunächst auf unbestimmte Zeit ausgesetzt und die Hauptverhandlung nach 6 Monaten neu aufgenommen, als das depressive Syndrom unter entsprechender psychopharmakologischer und psychosozialer Therapie deutlich entaktualisiert war. Wegen Schuldunfähigkeit aufgrund einer krankhaften seelischen Störung wurde Frau S. freigesprochen.

Verhandlungsunfähigkeit vor Vernehmung zur Sache (§ 231a StPO)

Im Unterschied zur Ermessensvorschrift des § 231 Abs. 2 StPO ist der aus der Zeit der Terroristenprozesse stammende § 231a StPO als zwingende Bestimmung ausgestaltet und gilt nur für den Fall, dass der Angeklagte seine Verhandlungsfähigkeit vorwerfbar und zielgerichtet herbeiführt, noch bevor er vollständig zur Anklage vernommen worden ist.

> **§ 231a StPO. Hauptverhandlung bei vorsätzlich herbeigeführter Verhandlungsunfähigkeit.** (1) Hat sich der Angeklagte vorsätzlich und schuldhaft in einen seine Verhandlungsfähigkeit ausschließenden Zustand versetzt und verhindert er dadurch wissentlich die ordnungsgemäße Durchführung oder Fortsetzung der Hauptverhandlung in seiner Gegenwart, so wird die Hauptverhandlung, wenn er noch nicht über die Anklage vernommen war, in seiner Abwesenheit durchgeführt oder fortgesetzt, soweit das Gericht seine Anwesenheit nicht für unerlässlich hält. Nach Satz 1 ist nur zu verfahren, wenn der Angeklagte nach Eröffnung des Hauptverfahrens Gelegenheit gehabt hat, sich vor dem Gericht oder einem beauftragten Richter zur Anklage zu äußern. […]
>
> (3) Die Verhandlung in Abwesenheit des Angeklagten nach Absatz 1 beschließt das Gericht nach Anhörung eines Arztes als Sachverständigen. […]

Als mögliche Ursachen für die nach § 231a StPO maßgebliche verschuldete Verhandlungsunfähigkeit werden genannt die Durchführung eines Hungerstreiks, jede Art von Selbstbeschädigung, der Genuss von Rauschgift sowie der Missbrauch von Medikamenten (KK-Tolksdorf 2003, § 231a Rn. 3a). Die Mittel, mit denen der Angeklagte die Verhandlungsunfähigkeit herbeigeführt hat, dürften jedoch letztlich eher von sekundärer Bedeutung sein (SK-Schlüchter, § 231a Rn. 4). In Betracht kommen insoweit auch bewusstes Hineinsteigern in einen psychischen Ausnahmezustand (wobei aus medizinischer Sicht Zweifel bestehen, wie derartiges überhaupt diagnostiziert werden kann) oder der Abbruch einer bereits begonnenen ärztlichen Behandlung (OLG Hamm NJW 1977, S. 1739). Auch Letzteres kann beispielsweise aufgrund eines depressiven oder eines psychotischen Syndroms geschehen, sodass eine Vorwerfbarkeit hier nicht festzustellen sein wird. Nach herrschender Auffassung kann schließlich vom Angeklagten nicht verlangt werden, dass er sich einem gravierenden Heileingriff unterzieht oder sonst eine über das allgemein Übliche hinausgehende aktive Maßnahme zur Behebung einer nicht selbst schuldhaft herbeigeführten Verhandlungsunfähigkeit ergreift (BVerfG StV 1993, S. 620; BGHSt 26, S. 234; LR-Gollwitzer 2001, § 231a Rn. 9).

Die Anwendbarkeit des § 231a Abs. 1 StPO setzt voraus, dass der Angeklagte den seine Verhandlungsunfähigkeit bedingenden Zustand zumindest bedingt vorsätzlich herbeigeführt hat, d. h., er muss bei seinem schädigenden Verhalten ernsthaft mit der Möglichkeit gerechnet haben, dass dessen Folge seine Verhandlungsunfähigkeit sein könnte (BGHSt 26, S. 228, 239). Soweit § 231a Abs. 1 StPO darüber hinaus auch schuldhaftes Handeln des Angeklagten verlangt, wird auf den strafrechtlichen Schuldausschließungsgrund des § 20 StGB Bezug genommen; lediglich verminderte Schuldfähigkeit im Sinne des § 21 StGB reicht also nicht aus (SK-Schlüchter, § 231a Rn. 5). Durch das Herbeiführen der Verhandlungsunfähigkeit muss der Angeklagte schließlich wissentlich verhindert haben, dass das Gericht in seiner Gegenwart verhandeln kann, d. h., er muss sich dieser Folge seines selbstschädigenden Verhaltens im Ergebnis, nicht hingegen hinsichtlich aller Einzelheiten des Kausalverlaufs bewusst gewesen sein (LR-Gollwitzer 2001, § 231a Rn. 8).

Resultat des Versuchs, sich der Hauptverhandlung zu entziehen, muss eine mit dem strafprozessualen Beschleunigungsgebot nicht mehr vereinbare Verzögerung der Hauptverhandlung sein (LR-Gollwitzer 2001, § 231a Rn. 5; Rieß 1975, S. 269). Soweit demgegenüber davon auszugehen ist, dass der Angeklagte alsbald wieder verhandlungsfähig sein wird, weil etwa eine Trunkenheit im Wege der Ausnüchterung beseitigt werden kann, ist die Anwendung des § 231a StPO ausgeschlossen. In derartigen Fällen erscheint es im Hinblick auf die in § 231a Abs. 1 S. 2 und Abs. 3 StPO aufgestellten weiteren Voraussetzungen einer Verhandlung ohne den Angeklagten auch als Gebot der Prozessökonomie, die schon laufende Hauptverhandlung zu unterbrechen bzw. den Termin zu verlegen (SK-Schlüchter, § 231a Rn. 6). § 231a Abs. 3 S. 1 StPO schreibt zwingend die Anhörung eines Arztes vor, bevor das Gericht über die Fortführung der Hauptverhandlung entscheidet. Dies kann ein Gerichts- oder Amtsarzt sein (Meyer-Goßner 2004, § 231a Rn. 17). Grundsätzlich sollten psychische Störungen allerdings immer von einem Facharzt für Psychiatrie und Psychotherapie diagnostiziert werden, eine Qualifikation, die Gerichts- oder Amtsärzte nur in Ausnahmefällen besitzen.

Verhandlungsunfähigkeit und Sicherungsverfahren (§ 415 StPO)

Das in den §§ 413 ff. StPO geregelte Sicherungsverfahren dient der selbständigen Anordnung von Maßregeln der Besserung und Sicherung – etwa der Unterbringung in einem psychiatrischen Krankenhaus gem. § 63 StGB oder in einer Entziehungsanstalt gem. § 64 StGB – für den Fall, dass das Strafverfahren gegen den Täter wegen Schuldunfähigkeit oder Verhandlungsunfähigkeit nicht durchgeführt werden kann. In Abweichung von der ansonsten bestehenden Zweispurigkeit des strafrechtlichen Sanktionssystems (Strafe und Maßregel) sind Gegenstand dieses Verfahrens mithin allein die Anordnungsvoraussetzungen einer Maßregel; der Zweck des Verfahrens liegt ausschließlich in der Sicherung der Allgemeinheit vor dem für gefährlich erachteten Straftäter (BGHSt 22, S. 3; Meyer-Goßner 2004, § 413 Rn. 1).

Den vorstehend skizzierten Besonderheiten des Sicherungsverfahrens trägt auch die Anwesenheitsregelung des § 415 StPO Rechnung: Danach kann die Hauptverhandlung in Abwesenheit des Beschuldigten durchgeführt werden, wenn dies wegen seines Zustandes oder aus Gründen der öffentlichen Sicherheit oder Ordnung angebracht ist. Ersteres kann etwa der Fall sein infolge Selbstmordgefahr oder Transportunfähigkeit (LR-Gössel 2001, § 415 Rn. 2), Letzteres, wenn massiv fremdgefährdendes Verhalten oder Ausbruchsversuche während des Transports bzw. in der Hauptverhandlung zu erwarten sind und durch anderweitige Sicherungen nicht hinreichend abwendbar erscheinen (Meyer-Goßner 2004, § 415 Rn. 3). Für die Hauptverhandlung schreibt § 415 Abs. 5 StPO zwingend die Mitwirkung eines Sachverständigen vor, dem gem. § 414 Abs. 3 StPO nach Möglichkeit bereits im Ermittlungsverfahren Gelegenheit zur Vorbereitung seines Gutachtens durch Exploration des Beschuldigten gegeben werden soll.

Beispiel

Fall 4.3. Herr Ferdinand K., 37-jähriger Frührentner, hatte seine Frau getötet. Ein Jahr zuvor hatte er einen schweren Verkehrsunfall mit einem Schädel-Hirn-Trauma erlitten, war viele Monate auf einer Intensivstation beatmet worden, bis er nun als sog. Pflegefall nach Hause entlassen worden war. Die Familie war mit der Pflege deutlich überfordert. Herr K. war nicht orientiert, unruhig, hatte einen veränderten Schlaf-Wach-Rhythmus und war zeitweise fremdaggressiv. Grund für die Feststellung der Verhandlungsunfähigkeit war nun die massive Beeinträchtigung des Kurzzeit- und des Intermediärgedächtnisses, was klinisch und testpsychologisch festgestellt wurde. Er konnte der Hauptverhandlung nicht folgen.

4.1.3 Der Begriff der Verhandlungsfähigkeit

Bei der Bestimmung des Begriffs der Verhandlungsfähigkeit werden üblicherweise zwei Kategorien unterschieden:

- eine auf eine adäquate Beteiligung des Angeklagten am Verfahren bezogene, seine Fähigkeit zu einer geordneten Verteidigung thematisierende Kategorie;
- eine auf die Wahrung seiner physischen Integrität abzielende, die gesundheitlichen Risiken einer Teilnahme am Prozess erörternde Kategorie (Gatzweiler 1989, S. 168).

Danach setzt Verhandlungsfähigkeit zunächst die Fähigkeit des Beschuldigten voraus, in oder außerhalb der Verhandlung seine Interessen vernünftig wahrzunehmen, die Verteidigung in verständiger und verständlicher Weise zu führen sowie Prozesserklärungen abzugeben und entgegenzunehmen (BVerfG NJW 1995, S. 1951; BGH NStZ 1996, S. 242). Nach der Definition des Bundesgerichtshofs ist unter Verhandlungsfähigkeit ein Zustand geistiger Klarheit und Freiheit zu verstehen, der es ermöglicht, dass mit dem Angeklagten strafgerichtlich verhandelt werden kann; der Angeklagte soll aufgrund seiner psychischen und physischen Verfassung in der Lage sein, der Verhandlung zu folgen, die Bedeutung des Verfahrens sowie der einzelnen Verfahrensakte zu erkennen und zu würdigen und sich sachgerecht zu verteidigen (BGH MDR/D 1958, S. 141; Seetzen 1974, S. 260).

Zahlreiche Gefangene erhalten psychotrop wirksame Medikation, insbesondere Benzodiazepine, in den Justizvollzugsanstalten häufig nicht von Psychiatern, sondern eher von nicht entsprechend weitergebildeten Anstaltsärzten verordnet. Im schlimmsten Fall erfolgt eine Medikation sogar ganz ohne ärztliche Verschreibung durch das Krankenpflegepersonal in den Gefängnissen. Dies ist dann auch ein Problem des Hauptverfahrens. Je nach Auswahl und Dosierung des Präparates kann es zu einer vorübergehenden Verhandlungsunfähigkeit kommen, zumal bei einer Verwertung unter dem Einfluss der Medikation gewonnener Aussagen ein etwaiger Verstoß gegen die Vorschrift des § 136a Abs. 1 S. 1 StPO zu erörtern ist (Gatzweiler 1989, S. 169).

Die Teilnahme an der Hauptverhandlung darf darüber hinaus jedoch auch das Leben des Angeklagten nicht gefährden und nicht zu irreparablen schweren Gesundheitsschäden führen (Gatzweiler 1989, S. 168). Von der Rechtsprechung werden insoweit allerdings strenge Anforderungen aufgestellt: Danach muss eine durch konkrete Anhaltspunkte belegte Besorgnis bestehen, der Angeklagte werde bei Durchführung der Hauptverhandlung sterben oder schwerwiegend an seiner Gesundheit geschädigt werden (BVerfGE 51, S. 324, 346). Allein die bloße Möglichkeit einer lebensgefährdenden Erkrankung oder des Eintritts gesundheitlicher Schäden soll demgegenüber für die Annahme von Verhandlungsunfähigkeit nicht ausreichen (OLG Frankfurt NJW 1969, S. 570).

Nach Wille und John (1986, S. 565) kommen für eine Begründung der Verhandlungsunfähigkeit aus gesundheitlichen Gründen insbesondere kardiale und zerebrale Störungen in Betracht, die in Verbindung mit emotionaler Belastung sowohl das Gesundheitsrisiko erhöhen als auch bei bestimmten

Persönlichkeitsstrukturen die kognitive Leistungsfähigkeit beeinträchtigen können.

Beispiel

Fall 4.4. Herr Peter P., 46-jähriger Makler, wurde des mehrfachen Betruges zum Nachteil von Kunden und Geschäftspartnern angeklagt. Er hatte bereits zwei Herzinfarkte erlitten. Von der Verteidigung wurde Verhandlungsunfähigkeit geltend gemacht. Die Kammer ließ sich von einem Facharzt für innere Medizin sachverständig beraten, der angab, dass »nicht ausgeschlossen werden« könne, dass ein erneuter Herzinfarkt bei Aufnahme der Hauptverhandlung eintreten könne. Die Kammer ordnete nun an, dass die gesamte Hauptverhandlung im Beisein einer Anästhesistin mit entsprechender notfallmäßiger Ausstattung (einschließlich Beatmungsgerät) durchgeführt werden müsse.

Während der Sachverständige demnach bei der erstgenannten Kategorie, die auch als **prozessuale Verteidigungsfähigkeit** bezeichnet werden kann, vor allem die für eine ordnungsgemäße Wahrnehmung prozessualer Beteiligungsrechte unumgänglichen psychischen Mindestfertigkeiten zugrunde zu legen hat, steht bei der zweiten, auch als **physische Verhandlungsunfähigkeit** zu bezeichnenden Kategorie, die in Abwägung zum staatlichen Strafverfolgungsinteresse noch tolerable Risikohöhe im Vordergrund (Wille u. John 1986, S. 565).

Der Begriff der Verhandlungsfähigkeit kann niemals abstrakt, sondern stets nur bezogen auf das jeweilige konkrete Verfahrensstadium bestimmt werden. So sind die Anforderungen in der Tatsacheninstanz geprägt durch die vom Gesetz vorgesehenen vielfältigen originären Beteiligungsrechte des Angeklagten: Dessen Einlassung ist wesentliches Beweismittel, er kann selbst Anträge stellen und Zeugen befragen und wird vor Entscheidungen des Gerichts neben seinem Verteidiger gehört (BGH NStZ 1996, S. 242). Während für diesen Verfahrensabschnitt somit hohe Anforderungen an die Verhandlungsfähigkeit des Angeklagten zu stellen sind, eröffnen sich im Revisionsverfahren, das auf eine reine Rechtskontrolle reduziert ist und in dem Erörterungen tatsächlicher Art nicht stattfinden, Partizipationsmöglichkeiten vor allem für den Verteidiger und weniger für den Rechtsmittelführer selbst. Hier soll es deshalb nach herrschender Auffassung ausreichen, wenn der Angeklagte über die Einlegung des Rechtsmittels verantwortlich entscheiden kann, er um die Bedeutung des Revisionsverfahrens weiß und fähig ist, mit seinem Verteidiger eine Grundübereinkunft über die Fortführung oder die Rücknahme des Rechtsmittels zu treffen (BVerfG NStZ 1995, S. 391; BGHSt 41, S. 16, 18; KK-Tolksdorf 2003, § 205 Rn. 9).

Einer lediglich eingeschränkten Verhandlungsfähigkeit des Angeklagten ist dadurch Rechnung zu tragen, dass die Verhandlungsführung seinen spezifischen Bedürfnissen angepasst wird, indem etwa der jeweilige Hauptverhandlungstermin zeitlich begrenzt wird oder die Belastungen durch häufige Pausen, Unterbrechungen bzw. ärztliche Aufsicht reduziert werden (OLG Celle Nds. Rechtspflege 1983, S. 126; Seetzen 1974, S. 260). Hier eröffnet sich die Möglichkeit, unter Einbeziehung aller Verfahrensbeteiligten – nicht zuletzt auch des medizinischen Sachverständigen – bereits im Vorfeld der Hauptverhandlung zu klären, wie auf vorhandene Beeinträchtigungen des Angeklagten, z.B. Schwerhörigkeit, Rücksicht genommen werden kann (Burhoff 2003, Rn. 969).

4.1.4 Terminsfähigkeit

Abzugrenzen ist die Verhandlungsfähigkeit von der Kategorie der Terminsfähigkeit. Diese bezeichnet die Fähigkeit eines Beschuldigten, Zeugen oder Sachverständigen, den Weg zum Gericht allein oder in Begleitung zurückzulegen und an der Hauptverhandlung in dem geforderten Umfang teilzunehmen (Schulte 2000, S. 310). Auch hier gilt, dass das Erscheinen vor Gericht aus eigener Kraft oder mit fremder Hilfe nicht mit erheblichen Gesundheitsrisiken verbunden sein darf (Schewe u. Reinhardt 1992, S. 249; Wille u. John 1986, S. 563). Bei Zeugen und Sachverständigen besteht bei Terminsunfähigkeit gem. § 223 StPO die Möglichkeit einer sog. kommissarischen Vernehmung durch den beauftragten oder ersuchten Richter, etwa am Wohnort der Auskunftsperson. Dies wird in der Praxis allerdings nur höchst vereinzelt durchgeführt.

Beispiel

Fall 4.5. Ein psychologischer Sachverständiger hatte vor 4 Monaten ein vorbereitendes schriftliches Gutachten in einem Strafverfahren erstattet. Er wurde zur Hauptverhandlung schriftlich geladen und bestätigte die Terminsnachricht. Zwischenzeitlich erlitt er aufgrund einer zerebrovaskulären Insuffizienz eine Stunden dauernde, vorübergehende, inzwischen wieder vollständig abgeklungene Halbseitensymptomatik. Er gab an, dass ihm aufgrund seiner fehlenden Fahrtüchtigkeit der Weg zum Gericht nicht zuzumuten sei. Die vollständig remittierten gesundheitlichen Beschwerden schränkten seine Terminsfähigkeit allerdings nach Auffassung des Gerichts in keiner Weise ein. Die Benutzung öffentlicher Verkehrsmittel sei möglich und zumutbar.

4.2 Vernehmungsfähigkeit

Die Vernehmungsfähigkeit ist zunächst insoweit begrifflich weiter gefasst als die Verhandlungsfähigkeit, als sie sowohl beim Beschuldigten wie auch bei Sachverständigen und Zeugen gegeben sein muss (Konrad 2004, S. 368). Nach verbreiteter Auffassung sollen darüber hinaus an den für die Vernehmungsfähigkeit maßgeblichen physischen und psychischen Zustand des Probanden generell geringere Mindestanforderungen zu stellen sein, als dies bei der Beurteilung der Verhandlungsfähigkeit der Fall ist; zur Begründung wird unter anderem auf das Mehr an Beteiligungsrechten verwiesen, die das Prozessrecht dem Angeklagten in der Hauptverhandlung im Vergleich zur Vernehmung des Ermittlungsverfahrens zuschreibt (Wille u. John 1986, S. 563, 565). Ob sich jedoch eine solche Nivellierung des Anforderungsniveaus für die verschiedenen Vernehmungssituationen rechtfertigen lässt, erscheint zweifelhaft, weshalb im Folgenden zwischen der Vernehmungsfähigkeit des Beschuldigten einerseits sowie derjenigen von Zeugen und Sachverständigen andererseits unterschieden werden soll.

4.2.1 Vernehmungsfähigkeit des Beschuldigten

! Vernehmungsfähigkeit des Beschuldigten setzt voraus, dass dieser die Bedeutung des Tatvorwurfs und der Verdachtsgründe erfassen, eine überlegte Wahl zwischen Aussage und Schweigen treffen und den Inhalt seines Vorbringens in Erkenntnis der Tragweite und orientiert an seinen Interessen bestimmen kann. Der Sache nach ist damit nichts anderes gemeint als die **Verhandlungsfähigkeit**.

Eine explizite Regelung oder gar Legaldefinition findet sich in der Strafprozessordnung zur Frage der Vernehmungsfähigkeit ebenso wenig wie zur Verhandlungsfähigkeit. Wille und John definieren sie als die Fähigkeit zu einer inhaltlich geordneten Kommunikation mit den Ermittlungsbehörden und anderen Rechtspflegeorganen im Vorverfahren (1986, S. 546). Anderen Autoren zufolge setzt Vernehmungsfähigkeit vor allem die Fähigkeit voraus, der Vernehmung zu folgen, Fragen in ihrem Sinngehalt aufzunehmen und in freier Willensentschließung und Willensbetätigung Antworten und Erklärungen in verständlicher Form abzugeben (Glatzel 1982, S. 285; Konrad 2004, S. 368). Eine kurze und bündige Zusammenfassung erfährt der Meinungsstand schließlich in der Formulierung, die jeweilige Auskunftsperson müsse in der Lage sein, den Sinn von Fragen zu verstehen und sinnvoll zu antworten (Schewe u. Reinhardt 1992, S. 247).

Eine vorübergehende Vernehmungsunfähigkeit kommt danach etwa in Betracht bei akuten Intoxikationen oder Entzugssyndromen, insbesondere bei Abhängigkeitserkrankungen, psychotischen oder hirnorganischen Erkrankungen oder schweren akuten Belastungsreaktionen. Dauernde Vernehmungsunfähigkeit kommt eher selten vor, gelegentlich bei chronischen Psychosen und schweren organischen Psychosyndromen.

Beispiel

Fall 4.6. Reinhard G., 48-jähriger Patient mit langjährigem chronischem Psychosyndrom, der in einem Pflegeheim lebte, wurde als dauernd vernehmungsunfähig eingeschätzt, nachdem gezeigt werden konnte, dass er zeitlich, örtlich und zur Person aufgrund der Folgen eines schweren Schädel-Hirn-Traumas nach einem Autounfall nicht orientiert war.

Es stellt sich allerdings die Frage, ob mit einer derartigen Reduktion des Begriffs der Vernehmungsfähigkeit auf die Frage bloßer Kommunikationsfähigkeit der spezifischen Situation der Beschuldigtenvernehmung hinreichend Rechnung getragen wird. Wie sich der Vorschrift des § 136 Abs. 2 StPO entnehmen lässt, soll die Vernehmung des Beschuldigten diesem Gelegenheit zur Beseitigung der gegen ihn vorliegenden Verdachtsgründe und zur Geltendmachung der zu seinen Gunsten sprechenden Tatsachen geben. Der Zweck der Beschuldigtenvernehmung liegt demnach in der Gewährung rechtlichen Gehörs. Dies hat zur Folge, dass der Beschuldigte auch dann in seiner Rolle als Verfahrenssubjekt bleibt, wenn er sich dazu entschließt, von seinem Schweigerecht keinen Gebrauch zu machen; zu einem bloßen Objekt staatlicher Ausforschung darf er nach dem Gesetzeszweck auch im Falle vorliegender Aussagebereitschaft nicht werden (Grünwald 1993, S. 58 ff).

Ausgehend von dieser Funktion der Beschuldigtenvernehmung ist zu fordern, dass der Beschuldigte in jeder Vernehmungssituation nach seiner physischen und psychischen Verfassung in der Lage sein muss, sich sachgemäß zu verteidigen. Dazu muss er die Bedeutung des Tatvorwurfs und der Verdachtsgründe erfassen, eine überlegte Wahl zwischen Aussage und Schweigen treffen und den Inhalt seines Vorbringens in Erkenntnis der Tragweite und orientiert an seinen Interessen bestimmen können (Grünwald 1993, S. 63 f). Der Sache nach ist damit jedoch nichts anderes beschrieben als die bereits weiter oben erörterten Anforderungen an die Verhandlungsfähigkeit, deren Vorliegen mithin Voraussetzung nicht erst für die Durchführung des gerichtlichen Verfahrens, sondern bereits für die Vernehmung des Beschuldigten in den vorangegangenen Verfahrensstadien sein muss (Grünwald 1993).

4.2.2 Vernehmungsfähigkeit des Zeugen und Sachverständigen

! Vernehmungsfähigkeit des Zeugen und Sachverständigen beschreibt die kommunikative Fähigkeit, einer Vernehmung zu folgen, Fragen in ihrem Sinngehalt aufzunehmen und in freier Willensentschließung und Willensbetätigung Antworten und Erklärungen in verständlicher Form abzugeben. Dies bedeutet, dass eine Person in der Lage sein muss, den Sinn von Fragen zu verstehen und sinnvoll zu antworten.

Anders als bei der Vernehmung des Beschuldigten kann es bei der Vernehmung von Zeugen und Sachverständigen mit der von der herrschenden Auffassung geforderten Kommunikationsfähigkeit sein Bewenden haben: Sowohl der Zeuge als auch der Sachverständige treten dem Vernehmungsorgan als persönliches Beweismittel in dem gegen einen anderen gerichteten Strafverfahren gegenüber; sie erfüllen mit ihrer Aussage bzw. mit der Erstattung des Gutachtens grundsätzlich eine – erforderlichenfalls mit Zwangsmitteln durchsetzbare – staatsbürgerliche Pflicht. Zumindest in diesem Sinn sind die Träger des Personalbeweises demnach – in Abgrenzung zum Beschuldigten – als Objekt der Beweisaufnahme und nicht als Prozesssubjekte einzustufen (LR-Rieß 1999, Einleitung, Abschn. I, Rn. 5 und 125). Erschöpft sich danach jedoch die Rolle des Zeugen bzw. Sachverständigen bei seiner Vernehmung darin, zur Wahrheitsfindung in dem gegen einen Dritten anhängigen Strafverfahren beizutragen, so genügt für die Vernehmungsfähigkeit die von Wille und John geforderte Fähigkeit zu inhaltlich geordneter Kommunikation, die Fähigkeit, den Sinn von Fragen zu verstehen und sinnvoll zu antworten.

4.3 Haftfähigkeit

! Haftfähigkeit setzt voraus, dass der psychische und physische Zustand des Beschuldigten oder des Verurteilten den Freiheitsentzug zulässt. Der Inhaftierte muss in einer Einrichtung des Straf- oder Untersuchungshaftvollzuges leben, den Freiheitsentzug ohne Gefahr für seine Gesundheit oder sein Leben absolvieren und – für den Fall, dass es sich um einen verurteilten Straftäter handelt – auch den Sinn und Zweck der Verbüßung einer Freiheitsstrafe erkennen können.

Die Frage der Haftfähigkeit, insbesondere der Vollzugstauglichkeit Gefangener, gilt als »weithin ungelöstes Problem der ärztlichen Gesundheitsfürsorge im Strafvollzug« und als »dauernde Herausforderung an den Anstaltsarzt« (AK-Boetticher u. Stöver 2000, § 56 Rn. 16). Wenngleich sein Gutachten lediglich Entscheidungsgrundlage für die Beschlüsse der juristisch geschulten Strafvollstreckungsorgane und damit letztlich ohne unmittelbare Konsequenzen für den untersuchten Probanden ist (Kiesecker 1999, S. 55), wird sich auch der medizinische Sachverständige bei der Erstellung seines Gutachtens den spezifischen Konfliktlinien der Haftfähigkeitsfrage nicht entziehen können – zu deutlich kollidieren hier der staatliche Strafanspruch auf der einen und das Recht des Strafgefangenen auf die Gewährleistung eines menschenwürdigen Strafvollzugs einschließlich des Verzichts auf die Vollstreckung einer Strafe um jeden Preis auf der anderen Seite (AK-Boetticher u. Stöver 2000).

Eine einheitliche, gar gesetzlich abgeleitete Definition existiert auch zur Frage der Haftfähigkeit nicht. Im Allgemeinen wird darunter, wie oben angedeutet, die Fähigkeit eines Beschuldigten oder Verurteilten verstanden, in einer Einrichtung des Straf- oder Untersuchungshaftvollzuges leben zu können, den Freiheitsentzug ohne Gefahr für seine Gesundheit oder sein Leben zu ertragen und – für den Fall, dass es sich um einen verurteilten Straftäter handelt – auch den Sinn und Zweck der Verbüßung einer Freiheitsstrafe zu erkennen (Konrad 2004, S. 364 ff.). Der Vollzug von Untersuchungs- oder Strafhaft setzt danach voraus, dass der psychische und physische Zustand des Inhaftierten den Freiheitsentzug zulässt und dass dem gesundheitlichen Zustand während des Freiheitsentzuges genügend Rechnung getragen werden kann, indem der Inhaftierte bei Bedarf zum Beispiel in ein Vollzugskrankenhaus oder in ein öffentliches Krankenhaus mit entsprechend überwachter Unterbringung verlegt wird (Gatzweiler 1996, S. 284).

Nach Boetticher und Stöver (AK 2000, § 56 Rn. 16) bietet sich bei der **Beurteilung der Haftfähigkeit** generell eine Anlehnung an die Rechtsprechung des Bundesverfassungsgerichts zur Frage der Verhandlungsfähigkeit (BVerfG NJW 1995, S. 1951; BVerfG NStZ-RR 1996, S. 38) an: Danach kommen als körperliche Ursachen der Haftunfähigkeit vor allem schwerwiegende kardiovaskuläre und gastrointestinale Erkrankungen sowie neurologische und psychische Störungen in Betracht. Aber auch Krankheitsbilder, bei denen die somatische Grunderkrankung für sich gesehen noch nicht zur Haftunfähigkeit führt, die jedoch aufgrund ihrer Verbindung mit psychischen Störungen zu Problemen im Vollzugsalltag – etwa zu Desorientierung oder einem Verlust an Eigenkontrolle – führen, sind als Ursachen für Haftfähigkeit anzusehen (Gatzweiler 1996, S. 285).

! Die Frage der Haftfähigkeit entzieht sich damit letztlich einer generalisierenden Beantwortung, da das jeweilige individuelle Krankheitsbild stets zu den vorhandenen – oder eben auch fehlenden – medizinischen Versorgungsmöglichkeiten im Strafvollzug im konkreten Einzelfall in Beziehung gesetzt werden muss (AK-Boetticher u. Stöver 2000, § 56 Rn. 16).

Von der Haft- bzw. Vollzugsfähigkeit abzugrenzen ist die Frage der **Gewahrsamstauglichkeit**, bei der eine Aussage darüber zu treffen ist, ob der psychisch-physische Zustand des Probanden die zeitlich relativ kurz bemessene Gewahrsamnahme nach den Polizeigesetzen der Länder, etwa nach § 35 PolG NRW, gestattet (Heide et al. 2003, S. 667; Konrad 2004, S. 364). Bei der Gewahrsamnahme handelt es sich nicht um eine Beschränkung der persönlichen Freiheit zum Zwecke der Sicherung eines Strafverfahrens oder der Vollstreckung einer Freiheitsstrafe, sondern um eine engen zeitlichen Grenzen unterliegende Maßnahme zur Abwendung unmittelbarer Gefahren von dem Betroffenen selbst oder der Allgemeinheit. Im Vordergrund stehen dementsprechend zumeist Intoxikationen durch psychotrope Substanzen oder entsprechende Entzugssymptome, aber auch internistische und chirurgische Krankheitsbilder (Elsing et al. 2001, S. 1121; Heide et al. 2003, S. 668 f.; Konrad 2004, S. 364). Obwohl die Beurteilung oftmals ad hoc und unter unzureichenden räumlichen und zeitlichen Verhältnissen zu erfolgen hat, wird von dem Gutachter zumindest eine valide »Kurzzeitprognose« für einen konkret umrissenen Zeitraum, etwa die nächsten 24 Stunden, gefordert. Der Gutachter hat dann – auch zur Begrenzung des eigenen Haftungsrisikos – ggf. darauf hinzuweisen, dass es sich bei seiner Aussage zum psychisch-physischen Zustand des Betroffenen lediglich um eine Momentaufnahme handelt und dass eine Veränderung der Symptomatik eine erneute ärztliche Untersuchung und Stellungnahme erforderlich machen kann (Heide et al. 2003, S. 668).

Im Hinblick auf den Zeitpunkt der Begutachtung können für die Haft- bzw. Vollzugsfähigkeit im Wesentlichen drei unterschiedliche Verfahrensstadien unterschieden werden:

1. Stadium des strafrechtlichen Erkenntnisverfahrens, in dem der Frage der Haftfähigkeit vor allem bei der Außervollzugsetzung eines Haftbefehls im Wege der Haftverschonung gem. § 116 StPO Relevanz zukommen kann;
2. Zeitraum vor Antritt einer Freiheitsstrafe und nach erfolgter rechtskräftiger Verurteilung, in dem wegen bestehender gesundheitlicher Probleme oder Risiken um einen Strafaufschub im Sinne des § 455 Abs. 1–3 StPO nachgesucht werden kann;
3. eigentlicher Vollzug der Freiheitsstrafe, bei dessen Antritt nach § 5 Abs. 3 StVollzG eine Eingangsuntersuchung durch den Anstaltsarzt zu erfolgen hat und in dessen Verlauf bei entsprechenden Anhaltspunkten von der Vollstreckungsbehörde von Amts wegen über eine Strafunterbrechung gemäß § 455 Abs. 4 StPO zu entscheiden ist.

4.3.1 Haftfähigkeit in der Untersuchungshaft

Wie die Nichterwähnung der Haftfähigkeit im Rahmen der Voraussetzungen des Haftbefehls in den §§ 112 ff. StPO zeigt, steht die Haftunfähigkeit des Beschuldigten dem Erlass eines Haftbefehls nicht entgegen; sie hindert lediglich dessen Vollzug (KK-Boujong 2003, § 112 Rn. 52; Meyer-Goßner 2004, § 112 Rn. 3).

! Besteht die naheliegende, konkrete Gefahr, dass der Beschuldigte durch den Vollzug der Untersuchungshaft schwerwiegenden Schaden an seiner Gesundheit erleidet oder zu Tode kommt, so darf der Haftbefehl nicht vollstreckt werden (OLG Düsseldorf JZ 1984, S. 248; KG StV 1992, S. 584).

Wille und John (1986, S. 567) weisen in diesem Zusammenhang auf die Bedeutung der Unschuldsvermutung hin, die insgesamt einen großzügigeren Maßstab als bei Beurteilung der Vollzugstauglichkeit eines bereits rechtskräftig zu einer Freiheitsstrafe verurteilten Inhaftierten erlaube.

Beim Auftreten einer schwerwiegenden Erkrankung des Beschuldigten im Verlauf der Untersuchungshaft kann zudem Haftverschonung gem. § 116 StPO gewährt werden, wenn beispielsweise die zuvor bejahte Fluchtgefahr aufgrund einer erheblichen körperlichen Funktionsstörung deutlich gemindert erscheint (Kiesecker 1999, S. 52). In Betracht zu ziehen ist insoweit auch, dem Beschuldigten gem. § 116 Abs. 1 S. 2 Nr. 2 StPO die Auflage zu erteilen, für die Dauer seiner Behandlung nicht das Krankenhaus zu verlassen, in das er sich nach seiner Haftentlassung zur stationären Behandlung begeben soll (Gatzweiler 1996, S. 286). Problematisch ist in solchen Fällen die nicht seltene Praxis der Justizbehörden, in der Regel telefonisch oder auch durch Beschluss von den behandelnden Ärzten zu fordern, noch vor Entlassung des Patienten Rücksprache zu halten, damit dieser wieder einer Justizvollzugseinrichtung zugeführt werden kann. Dies ist nur dann tolerabel, wenn der betreffende Patient ausdrücklich entsprechend von der Schweigepflicht entbindet.

Rechtfertigen dringende Anhaltspunkte die Annahme, dass der Beschuldigte die ihm vorgeworfene Tat im Zustand der Schuldunfähigkeit (§ 20 StGB) oder erheblich verminderten Schuldfähigkeit (§ 21 StGB) begangen hat, und ist zu erwarten, dass das Gericht aufgrund der fortbestehenden Gefährlichkeit des Beschuldigten dessen Unterbringung in einem psychiatrischen Krankenhaus oder einer Entziehungsanstalt anordnen wird, so kommt nach § 126a StPO bereits im Ermittlungsverfahren eine einstweilige Unterbringung zur Abwendung von Gefahren für die öffentliche Sicherheit in Betracht (▶ Kap. 9).

4.3.2 Strafaufschub gemäß § 455 Abs. 1–3 StPO

Die vorübergehende Aussetzung der Strafvollstreckung aus gesundheitlichen Gründen, die mit dem Oberbegriff des **Strafausstandes** bezeichnet werden kann, umfasst sowohl die Aussetzung der Strafvollstreckung vor Beginn des Vollzugs, den sog. Strafaufschub, als auch die erst nach Vollzugsbeginn angeordnete Strafunterbrechung (KK-Fischer 2003, § 455 Rn. 2).

> **§ 455 StPO. Aufschub der Vollstreckung einer Freiheitsstrafe.** 1) Die Vollstreckung einer Freiheitsstrafe ist aufzuschieben, wenn der Verurteilte in Geisteskrankheit verfällt.
>
> (2) Dasselbe gilt bei anderen Krankheiten, wenn von der Vollstreckung eine nahe Lebensgefahr für den Verurteilten zu erwarten ist.
>
> (3) Die Strafvollstreckung kann auch dann aufgeschoben werden, wenn sich der Verurteilte in einem körperlichen Zustand befindet, bei dem eine sofortige Vollstreckung mit der Einrichtung der Strafanstalt unverträglich ist. [...]

Infolge der Verweisungsnorm des § 463 Abs. 1 StPO findet das Regelungssystem des § 455 StPO auch auf die Vollstreckung von freiheitsentziehenden Maßregeln der Besserung und Sicherung nach § 63 ff. StGB Anwendung, es erfährt allerdings in § 463 Abs. 4 StPO einige Modifikationen. Obwohl auch im Zusammenhang mit dem Vollzug von Freiheitsstrafen üblicherweise weiterhin von »Haftfähigkeit« die Rede ist (Konrad 2004, S. 364), erscheint für diesen Verfahrensabschnitt – in Abgrenzung zum Zeitraum der Untersuchungshaft, für den dieser Begriff passt – die Bezeichnung als »Vollzugstauglichkeit« sachnäher.

Der Strafaufschub findet seine gesetzliche Regelung in den Absätzen 1–3 des § 455 StPO. Die Vorschrift enthält eine differenzierte Regelung, die Aufschluss darüber gibt, in welchen Fällen der Beginn der Vollstreckung einer zeitigen, aber auch lebenslangen (LR-Wendisch 2001, § 455 Rn. 4) Freiheitsstrafe wegen Erkrankung aufzuschieben ist oder aufgeschoben werden kann. Voraussetzung hierfür ist in jedem Fall die Befürchtung, dass der Verurteilte in Anbetracht seines Gesundheitszustandes bei einer Fortsetzung der Strafvollstreckung sein Leben einbüßen oder schwerwiegenden Schaden an seiner Gesundheit nehmen würde (OLG München MDR 1981, S. 426). Während jedoch die Absätze 1 und 2 des § 455 StPO Umstände beschreiben, in denen ein Strafaufschub obligatorisch ist und dem Verurteilten infolgedessen ein Recht auf dessen Gewährung zusteht (LR-Wendisch 2001, § 455 Rn. 5), ist der Strafaufschub in § 455 Abs. 3 StPO in das Ermessen der Vollstreckungsbehörde gestellt; der Verurteilte hat hier lediglich ein Recht auf fehlerfreie Ermessensausübung (BVerfGE 89, S. 315, 322; BVerfGE JZ 1998, S. 565, 566; SK-Paeffgen § 455 Rn. 6).

Die Entscheidungskompetenz liegt für Entscheidungen über den Aufschub einer Freiheitsstrafe oder freiheitsentziehenden Maßregel – wie auch bei der Strafunterbrechung – bei der Staatsanwaltschaft als Vollstreckungsbehörde (LR-Wendisch 2001, § 455 Rn. 28). Die Verfügung eines Strafaufschubs erfolgt grundsätzlich von Amts wegen; es besteht also kein Antragserfordernis, wenngleich ein Antrag des Verurteilten oder seines Verteidigers natürlich möglich und unter Umständen sogar mit der gebotenen Nachdrücklichkeit vorzubringen ist, um die Prüfung der Vollzugstauglichkeit gegen etwaige Widerstände der Behörden durchzusetzen (Gatzweiler 1996, S. 287). Gegen die Versagung eines begehrten Strafaufschubes kann eine gerichtliche Entscheidung nach § 458 Abs. 2 StPO herbeigeführt werden, wobei das Gericht nach § 455 Abs. 3 StPO die Aufschubs- oder Unterbrechungsanordnung auch selbst treffen kann. Gegen eine ablehnende Entscheidung des Gerichts ist wiederum die sofortige Beschwerde zulässig (§ 462 Abs. 3 S. 1 StPO).

Strafaufschub wegen einer psychischen Störung (»Verfallen in Geisteskrankheit«, § 455 Abs. 1 StPO)

Mit dem in § 455 Abs. 1 StPO erwähnten Verfallen des Verurteilten in Geisteskrankheit ist das Auftreten ausgeprägter psychischer Krankheitszustände, insbesondere akuter Psychosen, schwerer affektiver Störungen und hirnorganischer Psychosyndrome gemeint. Die Verwendung des Begriffs »Verfallen« in Verbindung mit dem Verurteiltenbegriff macht deutlich, dass der Gesetzgeber von einem Auftreten der psychischen Erkrankung erst nach dem Zeitpunkt der Verurteilung ausgegangen ist, da er für die Fälle bereits bei Begehung der Tat vorhandener und zum Entscheidungszeitpunkt noch manifester Krankheitsbilder davon ausging, die Schuldfähigkeitsbestimmungen der §§ 20 und 21 StGB sowie die Maßregel der Unterbringung in einem psychiatrischen Krankenhaus (§ 63 StGB) ermöglichten einen adäquaten Umgang mit der psychischen Beeinträchtigung des Angeklagten (KK-Fischer 2003, § 455 Rn. 6). Entgegen seinem Wortlaut muss § 455 Abs. 1 StPO nach herrschender Auffassung jedoch auf sämtliche Fälle psychischer Störungen bei verurteilten Straftätern Anwendung finden, und zwar unabhängig vom Zeitpunkt des Auftretens der Erkrankung (KK-Fischer 2003, § 455 Rn. 6; SK-Paeffgen, § 455 Rn. 8).

Beispiel

Relevante Beispiele für schwerwiegende, hier relevante psychische Störungen sind weitreichendes psychotisches Erleben bei Schizophrenie und wahnhafter Depression oder schwere organische Psychosyndrome unterschiedlicher Ätiologie und verschiedenartiger Psychopathologie.

Folge einer entsprechenden psychischen Störung muss sein, dass der Verurteilte für die Zwecke der Strafverfolgung nicht mehr ansprechbar ist und den Sinn einer Freiheitsstrafe nicht mehr zu erfassen vermag (OLG München NStZ 1981, S. 240); bei einer psychischen Störung geringeren Grades kommt die Einweisung in eine Vollzugsanstalt mit entsprechenden Behandlungsmöglichkeiten im Wege des § 152 Abs. 2 StVollzG in Betracht (KK-Fischer 2003, § 455 Rn. 6; Konrad 2004, S. 366).

Strafaufschub wegen naher Lebensgefahr (§ 455 Abs. 2 StPO)

Üblicherweise werden hierunter lediglich somatische Erkrankungen gefasst. Dies ist aus medizinisch-psychologischer Sicht nicht nachzuvollziehen, da psychische Störungen wie somatische Erkrankungen ein hohes Komorbiditätsrisiko haben (und psychisch Kranke dann häufiger als Gesunde sterben) und darüber hinaus nicht selten akute Suizidalität besteht, was durchaus eine nahe Lebensgefahr beinhaltet.

An die nach § 455 Abs. 2 StPO zu fordernde Lebensgefährdung werden von der herrschenden Auffassung strenge Anforderungen gestellt, was mit der in den Äußerungen von Praktikern häufig durchscheinenden Unterstellung zu tun haben dürfte, mit den Aussetzungsgründen des § 455 StPO sei Simulantentum und Wehleidigkeit ein weites Feld eröffnet (Lesting 1992, S. 82). Danach soll es nicht bereits ausreichen, wenn lediglich nicht ausgeschlossen werden kann, dass die Krankheit sich durch den Vollzug lebensbedrohlich verschlechtern werde; vielmehr soll ein höherer Grad an Wahrscheinlichkeit zu fordern sein (OLG Hamm MDR 1976, S. 778; OLG Düsseldorf NJW 1991, S. 765). Bedenken begegnet die verbreitet anzutreffende Aussage, bei lang andauernden Strafen seien die Anforderungen an die Wahrscheinlichkeit noch einmal zu erhöhen (OLG München NStZ 1981, S. 240; Meyer-Goßner 2004, § 455 Rn. 5): Dafür gibt es weder eine nachvollziehbare medizinische, noch eine gesetzliche Grundlage.

Nach Kiesecker (1999, S. 52) soll § 455 Abs. 2 StPO Anwendung finden auf akut Schwerkranke, frisch Operierte, Patienten mit schwerwiegenden kardiovaskulären und gastrointestinalen Erkrankungen sowie Erkrankungen des zentralen Nervensystems. Eine alleinige HIV-Infektion ohne Ausbruch der Krankheit soll nach Fischer (KK 2004, § 455 Rn. 7) einen Strafaufschub regelmäßig zumindest solange nicht rechtfertigen, wie eine angemessene medizinische Betreuung in der Anstalt oder in einem Vollzugskrankenhaus gewährleistet ist. Dies scheint in der Praxis kaum der Fall zu sein, da insbesondere die psychosoziale Betreuung kaum gewährleistet ist, entspricht aber dem gängigen Vorgehen.

Die drohende Verschlechterung des Gesundheitszustandes muss schließlich auf den Vollzug der Freiheitsstrafe bzw. der Maßregel zurückzuführen sein: Soweit die sich aus der Krankheit ergebenden Gefahren durch den Vollzug nicht erhöht werden, sondern außerhalb des Vollzugs in gleicher Weise bestehen würden (z.B. Schlaganfallgefährdung bei bestehendem Diabetes mellitus und Hypertonie), kommt § 455 Abs. 2 StPO nicht zur Anwendung (OLG Düsseldorf NStZ 1991, S. 151; Konrad 2004, S. 366; LR-Wendisch 2001, § 455 Rn. 9).

Strafaufschub wegen Unverträglichkeit sofortiger Vollstreckung (§ 455 Abs. 3 StPO)

In die Regelung des § 455 Abs. 3 StPO, welche die Möglichkeit eines Strafaufschubs in denjenigen Fällen einräumt, in denen eine sofortige Vollstreckung aufgrund des körperlichen Zustands des Verurteilten mit den Einrichtungen der Strafanstalt unvereinbar erscheint, haben zwei unterschiedliche Interessenpositionen Eingang gefunden: Bereits aus dem Wortlaut der Norm ist ersichtlich, dass der Vollzugsanstalt Schwierigkeiten erspart werden sollen, die sich wegen einer körperlichen Besonderheit des Verurteilten, etwa einer gravierenden Behinderung, im Hinblick auf eine geordnete Durchführung des Vollzuges ergeben könnten (LR-Wendisch 2001, § 455 Rn. 10). Die Vorschrift hat jedoch auch die Interessen des somatisch schwer beeinträchtigten Verurteilten im Blick, der im Vollzug nicht die notwendige Rücksichtnahme auf seinen Zustand erwarten könnte, weil der Anstalt die notwendigen Mittel zu seiner Gesundheitsfürsorge oder Pflege nicht zur Verfügung stehen (Gatzweiler 1996, S. 284).

Für die Versorgung von schwangeren Frauen oder solchen, die gerade entbunden haben, ist auf die in den §§ 76 ff. StVollzG enthaltenen Spezialregelungen zu verweisen. Aus deren Vorhandensein folgert die herrschende Auffassung, dass die zugrunde liegenden körperlichen Zustände prinzipiell nicht als Gründe für einen Strafaufschub nach § 455 Abs. 3 StPO in Betracht kommen (Meyer-Goßner 2004, § 455 Rn. 6; SK-Paeffgen, § 455 Rn. 10).

Der nach Maßgabe der in § 455 Abs. 1–3 StPO gewährte Aufschub endet durch Fristablauf oder durch Verfügung der Vollstreckungsbehörde und Ladung zum Strafantritt; ein erneuter bzw. mehrmaliger Aufschub ist grundsätzlich statthaft (KK-Fischer 2003, § 455 Rn. 9).

4.3.3 Strafunterbrechung gemäß § 455 Abs. 4 StPO

§ 455 StPO. Aufschub der Vollstreckung einer Freiheitsstrafe. [...] (4) Die Vollstreckungsbehörde kann die Vollstreckung einer Freiheitsstrafe unterbrechen, wenn

1. der Verurteilte in Geisteskrankheit verfällt,
2. wegen einer Krankheit von der Vollstreckung eine nahe Lebensgefahr für den Verurteilten zu besorgen ist,
3. der Verurteilte sonst schwer erkrankt und die Krankheit in einer Vollzugsanstalt oder einem Anstaltskrankenhaus nicht erkannt oder behandelt werden kann und zu erwarten ist, dass die Krankheit voraussichtlich für eine erhebliche Zeit fortbestehen wird.

Die Vollstreckung darf nicht unterbrochen werden, wenn überwiegende Gründe, namentlich der öffentlichen Sicherheit, entgegenstehen.

Während die Unterbrechung der Strafvollstreckung nach Antritt der Freiheitsstrafe früher in den §§ 45 und 46 StVollstrO normiert war, die heute lediglich noch technische Fragen der Verfahrensgestaltung enthalten, sind die Voraussetzungen der Strafunterbrechung nunmehr in § 455 Abs. 4 StPO geregelt. Der abschließende Charakter, den der Gesetzgeber der Normierung geben wollte, lässt es ausgeschlossen erscheinen, die in Teilen großzügigere Regelung der Aussetzung in den Absätzen 1–3 auf die Strafunterbrechung entsprechend anzuwenden (LR-Wendisch 2001, § 455 Rn. 16). Der Verschärfung der Voraussetzungen liegt die sicherlich nicht unangreifbare Maßgabe zugrunde, dass eine einmal begonnene Strafvollstreckung – nicht zuletzt im Interesse des Verurteilten, da ansonsten nur das Ende der Strafzeit hinausgeschoben würde – nach Möglichkeit ohne Unterbrechung zu Ende geführt werden sollte (KK-Fischer 2003, § 455 Rn. 10).

Von Bedeutung ist in diesem Zusammenhang vor allem, dass § 455 Abs. 4 StPO – ebenso wie die

Regelung des Strafaufschubes aus vollzugsorganisatorischen Gründen in § 455 Abs. 3 StPO – der Behörde ein Ermessen einräumt: Der Gefangene hat deshalb kein Recht auf die Gewährung einer Unterbrechung, jedoch hat er einen Anspruch auf ermessensfehlerfreie Entscheidung, dessen Berücksichtigung durch die Vollstreckungsbehörde einer zumindest eingeschränkten gerichtlichen Überprüfung offen steht (Meyer-Goßner 2004, § 455 Rn. 7). Nach § 455 Abs. 4 S. 2 StPO ist eine Unterbrechung der Vollstreckung allerdings zwingend ausgeschlossen, wenn überwiegende Gründe, namentlich solche der öffentlichen Sicherheit, dieser entgegenstehen; derartige Gründe können etwa in der Gefahr einer Begehung neuer schwerwiegender Straftaten oder in einer trotz der Erkrankung bestehenden erheblichen Fluchtgefahr zu sehen sein (KK-Fischer 2003, § 455 Rn. 15).

In der Formulierung der eine Unterbrechung der Strafvollstreckung ermöglichenden Gründe lehnt sich § 455 Abs. 4 StPO wie bereits erwähnt an die Absätze 1–3 der Vorschrift an, knüpft jedoch die Möglichkeit einer Unterbrechung aus vollzugsorganisatorischen Gründen in Nr. 3 an strengere Anforderungen, als diese für den Zeitraum vor dem Strafantritt in § 455 Abs. 3 StPO aufgestellt werden: In Ergänzung zu den unzureichenden Ressourcen sowohl der Vollzugsanstalt als auch der vollzugsinternen Behandlungseinrichtungen (»Anstaltskrankenhäuser«) im Hinblick auf eine adäquate Therapie wird nunmehr die Erwartung vorausgesetzt, dass die Krankheit voraussichtlich für eine längere Zeit fortbestehen wird.

Mit der Erwähnung des »Anstaltskrankenhauses« in § 455 Abs. 4 Nr. 3 StPO ist im übrigen ein Umstand nur unvollkommen beschrieben, der mit dazu beitragen dürfte, dass es sich bei der Strafunterbrechung in der Praxis um ein eher seltenes Phänomen handelt (Heischel 1998, S. 41): Stets vorrangig zu prüfen ist nämlich sowohl die Möglichkeit der Behandlung des Gefangenen in einem Anstaltskrankenhaus oder in einer Vollzugsanstalt mit entsprechender Krankenabteilung, wie sie § 65 Abs. 1 StVollzG vorsieht, als auch die Realisierbarkeit der von § 65 Abs. 2 StVollzG vorgesehenen – ggf. unter Bewachung durchgeführten – Behandlung in einem Krankenhaus außerhalb des Vollzuges (Konrad 2004, S. 367).

Sehr problematisch ist die Praxis einer Reihe von Bundesländern zu bewerten, in denen psychiatrisch-psychotherapeutische Abteilungen in Justizvollzugsanstalten nicht existieren, so beispielsweise in Nordrhein-Westfalen. Dies führt zu einer massiven Benachteiligung psychisch kranker Gefangener ohne sachlichen Grund. Darüber hinaus ist die Verlegung von Strafgefangenen in psychiatrisch-psychotherapeutische Fachkliniken außerhalb des Vollzugs in der Regel entweder wegen der zu unterbrechenden und damit zu verlängernden Strafhaft mit Nachteilen für die Gefangenen verbunden oder wegen Sicherheitsbedenken entweder gar nicht bzw. nur unter Bewachung auf der Krankenstation durchführbar.

Beispiel

Fall 4.7. Herr Paul M., 24-jähriger Patient mit akuter schizophrener Psychose, wurde notfallmäßig in ein psychiatrisches Krankenhaus verlegt. Er wurde dort unter der Bewachung von zwei uniformierten, bewaffneten Justizangestellten in einem leer geräumten Mehrbettzimmer behandelt. Die anderen Patienten der Intensivstation waren durch dieses Vorgehen zutiefst verunsichert und geängstigt. Die Überwachungsmaßnahmen führten bei ihnen zu einem erheblichen Anstieg von sedierenden Psychopharmaka, für die es eigentlich primär keine medizinische Notwendigkeit gab. Dem Krankenhaus wurde lediglich der allgemeine Pflegesatz für den Patienten bezahlt; nicht berücksichtigt wurde die Aufnahme des Wachpersonals und die damit verbundene Sperre einiger Betten, die deswegen nicht belegt werden konnten.

Gegenüber diesen Optionen, die eine nach § 461 Abs. 1 StPO grundsätzlich auf die Strafdauer anzurechnende Fortsetzung der Freiheitsentziehung darstellen, ist die Strafunterbrechung subsidiär (OLG Karlsruhe NStZ 1991, S. 54; LG Ellwangen NStZ 1988, S. 331; Kiesecker 1999, S. 56).

Bedenken begegnet die in Rechtsprechung und Literatur häufig anzutreffende Feststellung, selbst manifeste Suizidgefahr des Gefangenen rechtfertige eine Strafunterbrechung grundsätzlich nicht, da in diesen Fällen das Instrumentarium der besonderen Sicherungsmaßnahmen nach § 88 StVollzG angemessene Reaktionen ermögliche (KG NStZ

1994, S. 255; Konrad 2004, S. 366; LR-Wendisch 2001, § 455 Rn. 9). Die von dieser Norm eröffneten Zwangsmaßnahmen wie Fesselung oder Vorenthaltung drosselungstauglicher Kleidung erscheinen vor dem Hintergrund, dass der Selbstmordversuch im Regelfall Ausdruck tief empfundener innerer Not des Strafgefangenen sein dürfte, nur schwer erträglich und zumeist wohl auch inadäquat (SK-Paeffgen, § 455 Rn. 6). Aus diesem Grunde ist mit Gatzweiler (1996, S. 285) zumindest bei schweren Depressionen und auch bei Angst- oder Verhaltensstörungen vor dem Hintergrund neuerer Erkenntnisse der Suizidprävention eine sensiblere Beurteilung der Haftfähigkeitsfrage dringend einzufordern.

Beispiel

Fall 4.8. Herr Thorsten K., 21 Jahre, wurde dem Konsiliararzt für Psychiatrie und Psychotherapie bei dessen wöchentlicher Sprechstunde in der Justizvollzugsanstalt vorgestellt. Die Dokumentation des Anstaltsarztes ergab, dass Herr K. 3 Tage zuvor wegen selbstschädigendem Verhalten (versuchtes Erhängen) und Fremdaggressivität (Herr K. wehrte sich vehement, als ihn Anstaltsbedienstete antrafen) in den besonders gesicherten Haftraum (B-Zelle) verbracht worden war. Dort war er bis zum Besuch des Konsiliararztes eingesperrt, hatte nur seine Unterhose an und war mit einem Fuß an einer der 4 Vorrichtungen angekettet. Es bestand durchgängig Videokontakt, das Licht war ständig an, und es war sehr warm. Der Psychiater diagnostizierte eine akute schizophrene Psychose und veranlasste die notfallmäßige Aufnahme in einem psychiatrischen Krankenhaus und die Überführung in Begleitung eines Notarztes.

In entsprechender Anwendung des § 455 Abs. 4 Nr. 3 StPO kommt eine Strafunterbrechung schließlich auch dann in Betracht, wenn die Vollzugstauglichkeit zwar gegenwärtig nicht tangiert ist, es sich aber um eine schwere Erkrankung handelt, die langfristig mit Erfolgsaussichten nur außerhalb des Strafvollzugs behandelt werden kann (OLG Stuttgart StV 1991, S. 478: Lebertransplantation wegen Leberzirrhose). Demgegenüber soll einer Aids-Erkrankung des Gefangenen zumindest im Anfangsstadium nach herrschender juristischer Auffassung keine eine Strafunterbrechung legitimierende Bedeutung zukommen, solange eine angemessene medizinische Betreuung in der Anstalt gewährleistet ist (KK-Fischer 2003, § 455 Rn. 13; s. oben); eine Einschätzung, die in ihrer Ausrichtung allein auf die somatischen Aspekte der Krankheit bei gleichzeitiger Vernachlässigung der ungünstigen Auswirkungen psychosozialer Störungen auf den Infektions- und Krankheitsverlauf nicht unbedenklich erscheint (Bruns 1987, S. 507).

Die Strafunterbrechung nach § 455 Abs. 4 StPO endet mit Fristablauf, durch gesonderte Verfügung der Vollstreckungsbehörde oder durch Anordnung von Maßnahmen, die die Verfügungsgewalt wieder herstellen sollen, wie etwa der Vorführungs- oder Haftbefehl nach § 457 StPO oder eine Bewachung des Verurteilten (SK-Paeffgen, § 455 Rn. 5).

4.4 Literatur

AK: Alternativkommentar zum Strafvollzugsgesetz (2000) 4. Aufl. Luchterhand, Neuwied (zit. AK-Bearbeiter)

Bruns M (1987) Aids und Strafvollzug. StV 7: 504–507

Burhoff D (2003) Handbuch für die strafrechtliche Hauptverhandlung, 4. Aufl. Verlag für die Rechts- und Anwaltspraxis, Herne

Elsing C, Schlenker T, Stremmel W (2001) Haft- und Gewahrsamsfähigkeit aus internistischer Sicht. DMW 126: 1118–1121

Gatzweiler N (1989) Der Sachverständige zur Beurteilung der Verhandlungsfähigkeit bzw. Verhandlungsunfähigkeit. StV 9: 167–172

Gatzweiler N (1996) Haftunfähigkeit – Chancen und Versagen der Verteidigung bei Haftvollzug. StV 16: 283–289

Glatzel J (1982) Die Ermittlungsvernehmung aus psychologisch-psychopathologischer Sicht. StV 2: 283–287

Grünwald G (1993) Das Beweisrecht der Strafprozessordnung. Nomos, Baden-Baden

Heide S, Stiller D, Kleiber M (2003) Problematik der Gewahrsamstauglichkeit. Deutsches Ärzteblatt 100: 667–670

Heischel O (1998) »Haftverschonung« aus Gesundheitsgründen gemäß § 455 StPO. ZfStrVo 47: 40–47

Kiesecker R (1999) Arzt und Gewahrsams-/Haftfähigkeit. MedR 17: 51–57

KK: Karlsruher Kommentar (2003) zur Strafprozessordnung und zum Gerichtsverfassungsgesetz, 5. Aufl. Beck, München (zit. KK-Bearbeiter)

Konrad N (2004) Begutachtung der Haft-, Vernehmungs- und Verhandlungsfähigkeit. In: Venzlaff U, Foerster K (Hrsg) Psychiatrische Begutachtung, 4. Aufl. Elsevier, Urban & Fischer, München , S 363–370

Lesting W (1992) Wohin mit psychisch kranken Strafgefangenen? R&P 10: 81–89

LR: Löwe-Rosenberg (1999, 2001) Großkommentar zur Strafprozessordnung. Bd 1 (^{25}1999) §§ 1–71; Bd 3 (^{25}2001) §§ 213–295; Bd 5 (^{25}2001) §§ 374–495. De Gruyter, Berlin (zit. LR-Bearbeiter)

Meyer-Goßner L (2004) Strafprozessordnung, 47. Aufl. Beck, München

Rieß P (1975) Die Durchführung der Hauptverhandlung ohne Angeklagten. JZ 30: 265–272

Schewe G, Reinhardt G (1992) Forensische Psychopathologie. In: Schwerd W (Hrsg) Rechtsmedizin, 5. Aufl. Deutscher Ärzte Verlag, Köln, S 210–260

Schulte R-M (2000) Begutachtung der Haft-, Verhandlungs- und Vernehmungsfähigkeit. In: Venzlaff U, Foerster K (Hrsg) Psychiatrische Begutachtung, 3. Aufl. Urban & Fischer, München, S 303–310

Seetzen U (1974) Zur Verhandlungs(un)fähigkeit. DRiZ 52: 259–261

SK: Systematischer Kommentar zur Strafprozessordnung, Loseblattsammlung. Luchterhand, Neuwied (zit. SK-Bearbeiter)

Wille R, John K (1986) Termins- und Haftfähigkeit, Vernehmungs- und Verhandlungsfähigkeit. In: Forster B (Hrsg) Praxis der Rechtsmedizin. Thieme/Beck, Stuttgart, S 563–568

Einwilligungsfähigkeit und Betreuungsrecht

Die Betreuung von Personen, die infolge von Krankheit oder Behinderung nicht mehr in der Lage sind, ihre Angelegenheiten zu besorgen, ist in eine komplexe Rechtsmaterie eingebettet. Nach einem kurzen Überblick (▶ 5.1) werden im Folgenden die Voraussetzungen der Betreuerbestellung dargelegt (▶ 5.2). Dabei ist außer auf die rechtlichen Anforderungen (▶ 5.2.1) insbesondere auf die erforderliche sachverständige Begutachtung einzugehen (▶ 5.2.2). Besteht ein Betreuungsverhältnis, stellt sich die Frage nach der Rechtswirksamkeit von Handlungen, die der Betreuer als gesetzlicher Vertreter oder der Betreute selbst vornehmen (▶ 5.3). Insoweit interessiert insbesondere der Bereich der Rechtsgeschäfte (▶ 5.3.1) und der Einwilligung in medizinische Behandlungen (▶ 5.3.2). Nicht selten bedarf es dabei einer Begutachtung der Geschäfts- bzw. Einwilligungsfähigkeit des Betroffenen (▶ 5.3.3). Praktische Relevanz hat ferner der sog. Einwilligungsvorbehalt, mit dessen Anordnung das Vormundschaftsgericht die Teilnahme des Betreuten am Rechtsverkehr zu dessen eigenem Schutz weiter einschränken kann (▶ 5.4). Ist Eile geboten, dürfen sowohl die Bestellung des Betreuers als auch die Anordnung des Einwilligungsvorbehalts im Wege einer einstweiligen Anordnung erfolgen; es ergeben sich dann verfahrensrechtliche Besonderheiten (▶ 5.5). Betreuerbestellung und Einwilligungsvorbehalt können jederzeit aufgehoben oder modifiziert und damit dem Krankheitszustand des Betroffenen angepasst werden (▶ 5.6). Ein besonders praxisrelevantes und zugleich eingriffsintensives Instrument des Betreuungsrechts stellt die Unterbringung dar (▶ 5.7).

5.1 Rechtliche Betreuung im Überblick

Die Betreuung bedeutet staatliche Hilfe in Form von Rechtsfürsorge; sie ist überwiegend in den §§ 1896 ff. BGB geregelt. Darüber hinaus existieren Regelungen in den Unterbringungsgesetzen der Länder, etwa das Gesetz über Hilfen und Schutzmaßnahmen bei psychischen Krankheiten (PsychKG) in Nordrhein-Westfalen (▶ Abschn. 9.6). Schließlich finden sich verfahrensrechtliche Vorschriften in den §§ 65 ff. des Gesetzes über die Angelegenheiten der freiwilligen Gerichtsbarkeit (FGG).

Schon durch die mit Wirkung vom 01.01.1999 geänderte Titelüberschrift »Rechtliche Betreuung« soll verdeutlicht werden, dass dem Betreuer nicht bloß eine faktische Hilfe und Fürsorge obliegt, sondern der Schwerpunkt in der rechtlichen Organisation der Angelegenheiten des Betroffenen zu sehen ist. Die Betonung der rechtlichen Komponente darf jedoch nicht zu der Fehlvorstellung führen, dass der Betreute lediglich Objekt der Betreuungstätigkeit sei. Das Gegenteil ist der Fall: **Oberste Richtschnur bildet das Wohl des Betroffenen** (§ 1901 Abs. 2 BGB; vgl. BayOLG, FamRZ 1994, S. 720 f.). Als Ausfluss dessen hat der Betreuer, der gem. § 1897 Abs. 1 BGB zur persönlichen Betreuung **geeignet** sein muss, den **Wünschen** des Betreuten grundsätzlich **zu entsprechen** (§ 1901 Abs. 3 BGB). Dies gilt unabhängig von der Geschäftsfähigkeit des Betreuten, denn auch die Vorstellungen eines Geschäftsunfähigen sind nicht per se unvernünftig; umgekehrt kann der Wunsch eines Geschäftsfähigen zu ignorieren sein, so etwa die Bitte um Hilfe zur Selbstschädigung.

! Die Betreuung setzt voraus, dass der Betroffene **betreuungsbedürftig** ist, mithin infolge von Krankheit oder Behinderung seine Angelegenheiten ganz oder teilweise nicht besorgen kann (§ 1896 Abs. 1 S. 1 BGB).

Krankheit oder Behinderung allein genügen für die Bestellung eines Betreuers nicht. Hinzutreten muss ein durch das Leiden hervorgerufenes Unvermögen des Betroffenen, die ihn als Individuum betreffenden Rechte und Pflichten wahrzunehmen und den eigenen Alltag gemäß der bisherigen gewollten Lebensgestaltung zu bewältigen (vgl. Bienwald 1994, § 1896 Rn. 64). Geschäftsunfähigkeit im Sinne des § 104 Nr. 2 BGB ist hingegen weder erforderlich noch Folge der Betreuungsanordnung. In der Praxis resultiert die Betreuungsbedürftigkeit meistens aus organischen Störungen, Schizophrenien oder schweren und schwersten Intelligenzminderungen.

Die **Bestellung des Betreuers** erfolgt sowohl auf Antrag als auch von Amts wegen (§ 1896 Abs. 1 S. 1 BGB). Der Betreuer sollte nach Möglichkeit eine natürliche Person sein (§ 1897 Abs. 1 BGB). Soweit erforderlich, kann das Vormundschaftsgericht aber auch einen anerkannten Betreuungsverein bestellen (§ 1900 BGB).

Die Betreuung umfasst nur solche Tätigkeiten, die zur Besorgung der Angelegenheiten des Betroffenen **erforderlich** sind. Der Aufgabenkreis des Betreuers muss somit im Einzelfall bestimmt werden. Innerhalb seines Aufgabenkreises ist der Betreuer gesetzlicher Vertreter des Betreuten. Der Betreute wird dadurch im Falle seiner Geschäftsfähigkeit jedoch nicht gehindert, auch selbst rechtsgeschäftlich tätig zu werden. Hierbei handelt es sich um den wohl wichtigsten Unterschied zum früheren (mit Wirkung vom 01.01.1992 durch das Rechtsinstitut der Betreuung ersetzten) Entmündigungsrecht, nach dem der Betroffene keine rechtswirksamen Handlungen mehr vornehmen konnte.

Anders verhält es sich, wenn das Vormundschaftsgericht zur Abwendung einer erheblichen Gefahr für die Person oder das Vermögen des Betreuten einen sog. **Einwilligungsvorbehalt** anordnet (§ 1903 BGB). In diesem Fall kann der Betreute nur mit Einwilligung des Betreuers am Rechtsverkehr teilhaben; der Betreuer wiederum bedarf für die Erteilung dieser Einwilligung in besonders schwerwiegenden Angelegenheiten, z. B. bei Aufgabe der Mietwohnung (§ 1907 Abs. 1 S. 1 BGB) oder bei ärztlichen Maßnahmen mit möglicherweise gravierenden Folgen (§ 1904 Abs. 1 S. 1 BGB) seinerseits der Genehmigung durch das Vormundschaftsgericht.

Insgesamt stellt das Betreuungsrecht einen Eingriff in die Selbstbestimmungsfreiheit des Betreuten dar, weil dessen Autonomie durch das Vertretungsrecht des Betreuers und das Instrument des Einwilligungsvorbehalts beschränkt wird; zugleich aber handelt es sich um eine soziale Leistung, da der Betreute nicht ohne staatliche Unterstützung bleibt, soweit er derer – nicht zuletzt zum Schutz vor sich selbst – bedarf.

5.2 Bestellung eines Betreuers

5.2.1 Juristische Voraussetzungen

Die Voraussetzungen für die Bestellung eines Betreuers sind in § 1896 BGB abschließend aufgeführt, insbesondere in Abs. 1 S. 1 und Abs. 2 S. 1.

- Materielle Voraussetzungen:
  - Der Betroffene leidet an einer psychischen Krankheit oder an einer körperlichen, geistigen oder seelischen Behinderung.
  - Der Betroffene kann aufgrund dieses Leidens seine Angelegenheiten ganz oder teilweise nicht besorgen.
  - Die Bestellung des Betreuers ist erforderlich.
- Formelle Voraussetzungen:
  - Der Betroffene muss volljährig sein.
  - Die Bestellung des Betreuers muss vom Betroffenen beantragt sein oder von Amts wegen erfolgen.

Medizinischer Befund

In § 1896 Abs. 1 S. 1 BGB wird vorausgesetzt, dass die zu betreuende Person an einer »psychischen Krankheit« oder einer »körperlichen, geistigen oder seelischen Behinderung« leidet. Eine Differenzierung nach verschiedenen Krankheits- und Behinderungsgraden erfolgt nicht.

❗ Auf die Schwere der Krankheit oder Behinderung kommt es im Rahmen der Diagnose somit nicht an, ebenso wenig auf die Ursache des Leidens. Entscheidend ist allein, dass eine Krankheit oder Behinderung festgestellt werden kann.

Dieses einstufige System wurde vom Gesetzgeber bewusst gewählt, da jede Unterscheidung nach der medizinischen Ursache die Gefahr der Diskriminierung mit sich brächte und ein »Zwei-Klassen-Betreuungsrecht« (BT-Drucks. 11/4528, S. 57) zur Konsequenz hätte.

Psychische Krankheiten

Mit dem Begriff der »psychischen Krankheiten« stellt der Gesetzgeber auf die im Fachgebiet der Psychiatrie beschriebenen Erkrankungen ab. **Ge-**

meint sind also entsprechend ICD-10 alle F-Diagnosen (► Abschn. 1.3.3).

Die meisten Betreuungen werden bei Personen mit organischen Störungen (F0) – besonders solche mit demenziellen Syndromen wie Demenz bei Alzheimer-Krankheit (F00) und vaskulärer Demenz (F01) –, mit Schizophrenien (F2) oder schweren und schwersten Intelligenzminderungen verschiedenartigster Ätiologien (F72, F73) angeordnet. Abhängigkeiten (F1), affektive Störungen (F3) sowie Verhaltens- und Persönlichkeitsstörungen (F4, F6) führen dagegen eher selten zu einer Betreuung des Betroffenen. Gleichwohl können auch sie, ebenso wie alle anderen psychiatrischen Erkrankungen, im Einzelfall die Bestellung eines Betreuers erforderlich machen.

Nach der Begründung des Regierungsentwurfs (BT-Drucks. 11/4528, S. 116) zählen Suchtleiden, insbesondere Alkohol-, Drogen- und Medikamentenabhängigkeit, ebenfalls zu den psychischen Krankheiten, was medizinisch-nosologisch selbstverständlich erscheint. Dabei ist über die Feststellung der Abhängigkeit hinaus erforderlich, dass diese »entweder in ursächlichem Zusammenhang mit einem geistigen Gebrechen steht, oder ein darauf zurückzuführender Zustand im psychischen Bereich eingetreten ist, der bereits die Annahme eines geistigen Gebrechens rechtfertigt« (BayOLG, FamRZ 1993, S. 1489 f.; BayOLG, FamRZ 1990, S. 665, = NJW 1990, S. 774 ff., mit weiteren Nachweisen zu § 1910 Abs. 2 BGB a. F.). Drogenabhängigkeit stellt folglich erst dann eine psychische Krankheit im Sinne des § 1896 Abs. 1 S. 1 BGB dar, wenn eine drogeninduzierte Psychose und ein damit verbundener deutlicher Abbau der geistigen Funktionen festgestellt werden können (BayOLG, FamRZ 1993, S. 1489 f.).

Behinderungen

Ein Grund für die Betreuung liegt außer in einer psychischen Krankheit auch in einer körperlichen, geistigen oder seelischen Behinderung.

Körperliche Behinderung

Unter einer körperlichen Behinderung im Sinne des Gesetzes ist jede Beeinträchtigung der körperlichen Fähigkeiten zu verstehen, wie **Blindheit, Taubheit, Einschränkung der Fortbewegungsmöglichkeit**.

Die Bestellung eines Betreuers allein aufgrund einer körperlichen Behinderung stellt eine Ausnahme dar, weil der Betroffene dadurch in seiner Entscheidung, wie er die eigenen Angelegenheiten gestalten möchte, in aller Regel nicht beeinträchtigt wird. Hinzu kommt, dass zumeist auf andere Hilfen – etwa auf die eines Bevollmächtigten – zurückgegriffen werden kann, und die Betreuerbestellung somit am Prinzip der Erforderlichkeit scheitert (§ 1896 Abs. 2 S. 2 BGB; s. unten). Am Beispiel der körperlichen Behinderungen zeigt sich somit besonders deutlich, dass allein die Diagnose eines Leidens für die Einrichtung einer Betreuung nicht genügt.

Als Gegenbeispiel dienen jedoch Fälle, in denen der Betroffene trotz Vollbesitzes der geistigen Kräfte aufgrund einer Körperbehinderung nicht mehr in der Lage ist, seinen Willen kundzutun. So kann etwa der an einer schweren Spastizität Erkrankte ebenso betreuungsbedürftig sein wie der zervikal Gelähmte (Staudinger-Bienwald 1999, § 1896 Rn. 31).

Schließlich bleibt zu bedenken, dass körperliche Behinderungen mit psychischen Krankheiten oder geistigen bzw. seelischen Behinderungen einhergehen können. Dann mag zwar eine Betreuung aufgrund der körperlichen Behinderung ausscheiden, jedoch aufgrund des anderen, psychischen Leidens in Betracht kommen, z. B. bei der Wahnerkrankung eines Tauben.

Geistige Behinderung

Unter geistig Behinderten versteht das Gesetz »Kinder, Jugendliche und Erwachsene, deren geistige Entwicklung durch angeborene oder erworbene Störungen hinter der altersgemäßen Norm zurückgeblieben ist, sodass sie für ihre Lebensführung besonderer Hilfen bedürfen« (BT-Drucks. 7/4201, S. 3). Damit sind im Wesentlichen schwere und schwerste Intelligenzminderungen gemäß ICD-10: F72 und F73 gemeint (► Abschn. 1.3.3), die naturgemäß völlig unterschiedliche Ätiologien haben können (genetisch determinierte Erkrankung, perinatal oder als Unfallfolge erworben usw.).

Im medizinischen Schrifttum wird bisweilen zwischen geistig Behinderten und Lernbehinderten unterschieden, was nicht immer überzeugt. Die Autoren dieser Definitionen sehen entweder einen kategorialen oder einen quantitativen Unterschied. Es empfiehlt sich grundsätzlich auch hier, eine Diagnostik mit Anamneseerhebung, psychischem Befund, testpsychologischer sowie hirnmorphologischer und -funktioneller Untersuchung, ICD-10-orientierter Diagnose und expliziter Beschreibung der Bewältigungsressourcen (»coping«) durchzuführen (▶ Abschn. 1.2–1.5).

Seelische Behinderung

Unter seelischen Behinderungen versteht die juristische Literatur bleibende psychische Beeinträchtigungen als Folge von psychischen Krankheiten (Palandt-Diederichsen 2005, § 1896 Rn. 6). Der Begriff wurde eingefügt, um Gesetzeslücken vorzubeugen, die deshalb entstehen könnten, weil manche Beeinträchtigungen infolge von Altersabbau nicht als Krankheit, sondern als seelische Behinderung qualifiziert werden (Staudinger-Bienwald 1999, § 1896 Rn. 37). Die Bezeichnung gilt jedoch als überholt und sollte im Rahmen der multiaxialen Diagnostik mit standardisierten, internationalen Diagnoseinventaren wie ICD-10 oder DSM-IV nicht länger Verwendung finden.

Aufgrund des engen Zusammenhangs zwischen seelischen Behinderungen und psychischen Krankheiten empfiehlt es sich, im Rahmen des § 1896 Abs. 1 S. 1 BGB zunächst zu prüfen, ob nicht bereits der Betreuungsgrund der »psychischen Krankheit« vorliegt. Zu beachten ist, dass die strengen Anforderungen des Tatbestandmerkmals »psychische Krankheit« nicht durch eine großzügige Anwendung des Merkmals der »seelischen Behinderung« unterlaufen werden dürfen.

Unvermögen, die eigenen Angelegenheiten zu besorgen

Allgemeines

Unvermögen und Kausalität als gesondert zu prüfende Voraussetzungen der Betreuerbestellung

§ 1896 Abs. 1 S. 1 BGB bestimmt, dass allein die Diagnose einer Krankheit oder Behinderung für die Bestellung eines Betreuers nicht genügt.

❗ Vielmehr muss der Betroffene als Folge seines Leidens ganz oder teilweise außerstande sein, die eigenen Angelegenheiten zu besorgen.

Individuelle Situation als maßgebliches Kriterium

Die Prüfung, ob und inwieweit der Betroffene seine Angelegenheiten nicht besorgen kann, muss individuell auf seine Person und seine konkrete Lebenssituation abstellen. Es kommt entscheidend darauf an, ob er in der Lage ist, die ihn »als Individuum und als soziales Wesen innerhalb einer bestimmten Gemeinschaft betreffenden Rechte und Pflichten wahrzunehmen und den eigenen Alltag mitsamt der Sorge für die eigene Gesundheit und körperliche Befindlichkeit der bisherigen gewollten Lebensgestaltung gemäß zu bewältigen« (Bienwald 1994, § 1896 Rn. 64).

Unabhängigkeit der Betreuerbestellung vom Nutzen für den Betroffenen

Unerheblich ist dagegen, ob die Besorgung der Angelegenheiten durch den Betreuer dem Betroffenen zum Vorteil gereicht. Die Betreuungsbedürftigkeit entbindet nicht von bestehenden Rechten und Pflichten, sodass sich die Bestellung eines Betreuers für den Betroffenen auch wirtschaftlich nachteilig auswirken kann, etwa weil der Betreuer Verbindlichkeiten erfüllt, die der Betreute selbst aus rechtlichen Gründen nicht erfüllen könnte.

Beispiel

Fall 5.1. Der geschäftsunfähige Herbert A., der unter einer Alzheimer-Erkrankung leidet, schuldet Peter B. aus früheren Tagen 1000 €. Da gem. § 105 Abs. 1 BGB Willenserklärungen von Geschäftsunfähigen nichtig sind, ist Herbert A. nicht in der Lage, dem Peter B. das Geld zu übereignen. Wird für Herbert A. hingegen ein Betreuer bestellt, so kann dieser als gesetzlicher Vertreter (§ 1902 BGB) die Zahlung rechtswirksam für den Betreuten vornehmen (vgl. BGHZ 93, S. 1, zu § 1910 BGB a. F.).

Unabhängigkeit der Betreuerbestellung vom Verschulden

Da das Betreuungsrecht nicht am Verschuldensprinzip anknüpft, liegt die Betreuungsbedürftigkeit bei Vorliegen der sonstigen Voraussetzungen auch dann vor, wenn sie der Betroffene selbst vorsätzlich herbeigeführt hat, z. B. im Rahmen eines Suizidversuchs oder als Folge einer Suchterkrankung. Das ist schon deshalb zu begrüßen, weil die

Frage, inwiefern den zu Betreuenden an seiner Lage ein Verschulden trifft, aus medizinischer Sicht bisweilen schwer zu beantworten ist. So resultieren etwa die meisten Suizidversuche aus psychischen Störungen; entsprechendes gilt für Suchterkrankungen, die als neuropsychiatrische Erkrankung mit hoher genetischer Penetranz nur sehr bedingt einem freien Willen zur Abstinenz unterliegen, obschon die Krankheit fälschlicherweise häufig als Folge eigenen Verschuldens dargestellt wird.

Angelegenheiten des Betroffenen

Tatbestandsmerkmal »Angelegenheiten«

Der Begriff der »Angelegenheiten«, zu deren Besorgung der Betroffene ganz oder teilweise nicht imstande sein darf, wird im Gesetz nicht näher definiert. Der Titelüberschrift »Rechtliche Betreuung« kann entnommen werden, dass jedenfalls alle rechtlichen Lebensbereiche umfasst sein sollen. Deren Schwerpunkt bilden die Rechtsgeschäfte. Als »Angelegenheiten« im Sinne des Gesetzes gelten allerdings auch die sonstigen Rechtshandlungen, etwa die sog. personenrechtlichen Gestattungen, deren wichtigstes Beispiel die Einwilligung in medizinische Maßnahmen darstellt. Ferner ist die Ausübung und Wahrung von Rechten erfasst, so z. B. die Verweigerung der unverhältnismäßig kostspieligen Nacherfüllung seitens des Verkäufers im Sinne des § 439 Abs. 3 S. 1 BGB.

Tatbestandsmerkmal »seine«

Um eine eigene Angelegenheit im Sinne des § 1896 Abs. 1 S. 1 BGB handelt es sich dann, wenn sie der Betroffene in gesundem Zustand gewöhnlich selbst, d. h. ohne fremde Hilfe (z. B. eines Anwalts oder eines Arztes), erledigen würde (Erman-Holzhauer 2004, § 1896 Rn. 20). Dagegen können solche Tätigkeiten nicht als eigene Angelegenheiten bezeichnet werden, die der Betroffene nicht für sich selbst, sondern als Vertragsleistung für andere oder als gesetzlicher Vertreter eines Dritten besorgt, wie z. B.

- die Erfüllung arbeitsvertraglicher Pflichten durch Angestellte,
- die elterliche Vertretung von Kindern.

Höchstpersönliche Angelegenheiten

Höchstpersönliche Angelegenheiten, wie die Errichtung eines Testaments (§ 2064 BGB) oder die Eheschließung (§§ 1303, 1304 BGB), sind von der Betreuung grundsätzlich ausgenommen. Es bestehen jedoch Ausnahmen, etwa bezüglich der Einwilligung in ärztliche Heileingriffe (Palandt-Diederichsen 2005, § 1896 Rn. 23).

Arten des Unvermögens

Der zu Betreuende vermag eine Angelegenheit im Rechtssinne dann nicht zu besorgen, wenn seine Erkrankung oder Behinderung einen solchen Grad erreicht hat, dass eine freie Willensbestimmung entfällt. Wann dies der Fall ist, kann angesichts der Bandbreite des Begriffs »Angelegenheiten« nicht allgemeingültig bestimmt werden. Je nach betroffenem Lebensbereich muss man differenzieren. So sind die Anforderungen an einen Vertragsschluss beispielsweise andere als an die Einwilligung in eine Operation.

Es kann unterschieden werden zwischen

- dem tatsächlichen Unvermögen,
- dem rechtlichen Unvermögen (Geschäftsunfähigkeit),
- der Unfähigkeit zu personenrechtlichen Gestattungen (Einwilligungsunfähigkeit).

Tatsächliches Unvermögen

Von tatsächlichem Unvermögen spricht man, wenn der Betroffene allein aus faktischen Gründen an der Besorgung seiner Angelegenheiten gehindert ist, ohne dabei geschäfts- oder handlungsunfähig zu sein, wie etwa bei starker körperlicher Behinderung. Tatsächliches Unvermögen kann in allen Lebensbereichen auftreten.

Rechtliches Unvermögen (Geschäftsunfähigkeit)

Rechtliches Unvermögen liegt vor, wenn der Betroffene geschäftsunfähig ist und folglich von ihm abgegebene Willenserklärungen gem. § 105 Abs. 1 BGB nichtig sind, sofern es sich nicht um ein Geschäft des täglichen Lebens im Sinne des § 105a BGB handelt (► Abschn. 5.3.1, ► Kap. 6). Geschäftsunfähig ist nach der Definition des § 104 Nr. 2 BGB, »wer sich in einem die freie Willensbestimmung ausschließenden Zustand krankhafter Störung der Geistestätigkeit befindet, sofern nicht der Zustand seiner

Natur nach ein vorübergehender ist«. Keine Rolle spielt die wirtschaftliche Bedeutung der in Frage stehenden Willenserklärung.

! Die Geschäftsunfähigkeit – und somit das rechtliche Unvermögen – kann sich je nach Zustand des Betroffenen auf den gesamten rechtsgeschäftlichen Bereich erstrecken oder aber (allerdings sehr selten) nur einen bestimmten, abgrenzbaren Kreis von Angelegenheiten berühren. Im letzteren Falle spricht man von partieller Geschäftsunfähigkeit (BGHZ 18, S. 184; ▶ Kap. 6).

Einwilligungsunfähigkeit

Ähnlich dem rechtlichen Unvermögen ist die Unfähigkeit zur wirksamen Erteilung einer personenrechtlichen Gestattung, zu der unter anderem die Einwilligung in ärztliche Heileingriffe zählt. Bei personenrechtlichen Gestattungen handelt es sich nicht um Willenserklärungen, sondern um sog. geschäftsähnliche Handlungen (grundlegend BGHZ 29, S. 33, 36). Der Unterschied liegt darin, dass geschäftsähnliche Handlungen im Gegensatz zu Willenserklärungen nicht auf einen rechtlichen, sondern lediglich auf einen tatsächlichen Erfolg gerichtet sind, der bei der Einwilligung des Patienten in der Vornahme der gewünschten medizinischen Maßnahme liegt. Auch geschäftsähnliche Handlungen ziehen jedoch Rechtswirkungen nach sich; im Falle der Einwilligung ist es die Rechtfertigung der Körperverletzung, die tatbestandlich jeden Heileingriff erfüllt. Diese Rechtswirkungen treten jedoch – anders als bei der Willenserklärung – kraft Gesetzes und nicht deshalb ein, weil sie von einem rechtsgeschäftlichen Willen des Erklärenden umfasst sind.

Dementsprechend ist für die Abgabe der Einwilligung Geschäftsfähigkeit nicht erforderlich. Es bedarf aber der verstandesmäßigen, geistigen und sittlichen Reife, die man benötigt, um die Bedeutung und Tragweite des Heileingriffs zu erkennen. Ferner muss die Urteilskraft gegeben sein, das Für und Wider abzuwägen, schließlich die Fähigkeit, das Handeln nach der eigenen Einsicht zu bestimmen (grundlegend BGHZ 29, S. 33, seitdem ständige Rechtsprechung des BGH; Abschn. 5.2.2). Diese Erfordernisse bezeichnet man als **Einwilligungsfähigkeit**.

! Unvermögen, die eigenen (gesundheitlichen) Angelegenheiten zu besorgen, liegt daher dann vor, wenn die betroffene Person einwilligungsunfähig ist.

Im Rahmen einer medizinischen Behandlung bedarf es neben der Einwilligung in den Heileingriff auch des Abschlusses eines entsprechenden Behandlungsvertrages mit dem Arzt. Es handelt sich hierbei um eine juristisch von der Einwilligung zu trennende Handlung. Folglich sind auch im Rahmen der Untersuchung des Unvermögens zwei isolierte Prüfungen vorzunehmen; dabei darf weder von der Geschäftsfähigkeit (die für den Abschluss des Behandlungsvertrages gegeben sein muss) auf die Einwilligungsfähigkeit (die Voraussetzung für die Wirksamkeit der Einwilligung ist) geschlossen werden noch umgekehrt. Es erscheint deshalb möglich, dass der geschäftsunfähige, aber noch einwilligungsfähige Betroffene selbst in die ärztliche Maßnahme einwilligt, beim Abschluss des Behandlungsvertrages jedoch durch seinen Betreuer vertreten werden muss. Es liegt dann nur rechtliches Unvermögen vor. Ist der Patient hingegen geschäfts- und einwilligungsunfähig, so besteht ein doppeltes Unvermögen im Hinblick auf die rechtlichen und die gesundheitlichen Angelegenheiten.

Erforderlichkeit der Betreuerbestellung

Bei der Bestellung eines Betreuers muss das Gericht schließlich das Prinzip der Erforderlichkeit berücksichtigen. Es hat Verfassungsrang und ist in § 1896 Abs. 2 BGB »einfachgesetzlich« ausgestaltet: Ein Betreuer kann danach nur für solche Aufgabenkreise bestellt werden, in denen die Besorgung der Angelegenheiten durch einen Bevollmächtigten oder andere Hilfen, bei denen kein gesetzlicher Vertreter bestellt wird, nicht ebenso gut wahrgenommen werden kann.

Anwendungsbereich des Grundsatzes der Erforderlichkeit

Der Grundsatz der Erforderlichkeit gilt in zweierlei Hinsicht, nämlich

- ob überhaupt ein Betreuer bestellt werden darf oder muss,
- für welche Aufgabenkreise er zu bestellen ist.

Inhalt des Grundsatzes der Erforderlichkeit

Das Prinzip der Erforderlichkeit gebietet es zum einen, dass die staatliche Hilfe in Form der Betreuung gegenüber anderen Hilfen – beispielsweise durch eine vom Betroffenen bevollmächtigte Person – subsidiär ist; die Betreuung soll also die Ausnahme bleiben. Zum anderen wird klargestellt, dass das Maß der Betreuung inhaltlich und auch zeitlich der Betreuungsbedürftigkeit zu entsprechen hat. Die Betreuung darf somit lediglich so weit reichen wie das krankheitsbedingte Unvermögen des Betroffenen.

Hilfe durch Bevollmächtigte

Die Notwendigkeit einer Betreuung entfällt nach § 1896 Abs. 2 S. 2, 1. Fall BGB trotz Vorliegens von Betreuungsbedürftigkeit, wenn die Angelegenheiten des Betroffenen durch einen Bevollmächtigten ebenso gut besorgt werden können. Dabei ist es unerheblich, ob die Bevollmächtigung speziell für den eingetretenen Fürsorgefall (sog. »Vorsorgevollmacht«) oder unabhängig davon erfolgte. Ebenso wenig kommt es auf den Zeitpunkt der Vollmachtserteilung an. Entscheidend bleibt allein, dass die Vollmacht wirksam ist und die betreuungsbedürftigen Angelegenheiten umfasst.

Die Bevollmächtigung kann selbst noch zum Zeitpunkt der Eröffnung des Betreuungsverfahrens erteilt werden, solange die hierfür erforderliche Geschäftsfähigkeit vorliegt. Die wirksam erteilte Vollmacht wird durch die erst später eintretende Geschäftsunfähigkeit des Vollmachtgebers nicht berührt (§§ 168 S. 1 und 672 S. 1 BGB).

Die Erteilung einer Vollmacht ist formlos gültig, unabhängig von der Art des Rechtsgeschäftes, auf das sie sich bezieht (§ 167 Abs. 2 BGB). Um Beweisschwierigkeiten zu umgehen, sollte sie aber schriftlich erfolgen. Gewisse Vertretungsgeschäfte können zurückgewiesen werden, wenn der Vertreter keine Vollmachtsurkunde vorlegt (§ 174 S. 1 BGB). In Grundbuchangelegenheiten muss die Vollmacht gem. § 29 Abs. 1 GBO öffentlich beglaubigt sein (§ 129 BGB). Um Auseinandersetzungen über die Geschäftsfähigkeit des Vollmachtgebers auszuschließen, empfiehlt sich sogar die notarielle Beurkundung, da sich der Notar gem. § 11 Abs. 1 BeurkG von der Geschäftsfähigkeit seines Mandanten überzeugt.

Bevollmächtigter kann grundsätzlich jeder sein. Gehört die bevollmächtigte Person jedoch zu einer Einrichtung, in welcher der Betreute untergebracht ist oder wohnt, lässt dies die Notwendigkeit der Betreuung nicht entfallen. Dasselbe gilt, wenn der Betreute zum Bevollmächtigten in einem Abhängigkeitsverhältnis oder in einer anderen engen Beziehung steht (vgl. §§ 1896 Abs. 2 S. 2, 1897 Abs. 3 BGB). In derartigen Konstellationen ist eine Interessenkollision nicht ausgeschlossen und das Vormundschaftsgericht daher berechtigt, trotz der (wirksamen) Bevollmächtigung einen Betreuer zu bestellen. Dessen Aufgabenkreis wird sich in der Regel auf die Geltendmachung von Rechten des Betreuten gegenüber seinem Bevollmächtigten beziehen (§ 1896 Abs. 3 BGB, »Kontrollbetreuer«; s. hierzu Erman-Holzhauer 2004, § 1896 Rn. 46).

! Deckt die Bevollmächtigung nicht alle betreuungsbedürftigen Angelegenheiten ab, ist die Betreuerbestellung nur zum Teil erforderlich; Vollmacht und Betreuung werden dann kombiniert. Der Betreuer darf wählen, ob er den Bevollmächtigten entlässt, ihn lediglich überwacht (d. h. nur als Kontrollbetreuer auftritt) oder sogar seine Bestellung zum Mitbetreuer im Sinne des § 1899 BGB anregt.

Andere Hilfen

Gemäß § 1896 Abs. 2 S. 2, 2. Fall BGB ist eine Betreuung auch dann nicht erforderlich, wenn die Angelegenheiten des Betroffenen durch »andere Hilfen, bei denen kein gesetzlicher Vertreter bestellt wird, ebenso gut wie durch einen Betreuer besorgt werden können«. Das betrifft in erster Linie Familienangehörige, Lebensgefährten, Freunde oder soziale Dienste des Betreuten. Da bei derartigen Hilfen nach dem Gesetzeswortlaut kein gesetzlicher Vertreter bestellt wird, eignen sie sich regelmäßig nur zur Besorgung tatsächlicher Aufgaben (Waschen, Kochen, Putzen etc.). Denn nur in diesen Fällen kann eine nicht vertretungsberechtigte Person ebenso gut wie ein (gesetzlich vertretungsberechtigter) Betreuer tätig werden. Sobald es jedoch zur Wahrnehmung der Interessen des Betroffenen einer Vertretungsmacht bedarf, ist entweder die Hilfe durch einen Bevollmächtigten oder die Betreuerbestellung erforderlich.

Vertretungsrecht des Ehegatten und naher Angehöriger

In diesem Zusammenhang ist darauf hinzuweisen, dass nach geltender Rechtslage entgegen einer weit verbreiteten Auffassung weder der Ehegatte noch die nahen Angehörigen des Betroffenen ein gesetzliches Vertretungsrecht haben. Im Falle der Geschäfts- oder Einwilligungsunfähigkeit des Betroffenen sind die genannten Personen daher nicht dazu befugt, im Namen des Betroffenen Rechtsgeschäfte abzuschließen oder in Heilbehandlungen einzuwilligen, sofern der Betroffene ihnen nicht eine Vollmacht bzw. sog. Patientenvollmacht erteilt hat (dazu ▶ Abschn. 5.3.2).

Diesbezüglich wurde im Gesetzgebungsverfahren zum 2. Betreuungsrechtsänderungsgesetzt eine Gesetzesänderung diskutiert (vgl. BT-Drucks. 15/2494): Nach dem Entwurf sollte ein neu geschaffener § 1358 BGB-E unter bestimmten Umständen dem Ehepartner ein gesetzliches Vertretungsrecht für die Vermögenssorge einräumen. Der Ehegatte (§ 1358a BGB-E), nachrangig auch die volljährigen Kinder des Betroffenen (§ 1618b BGB-E), sollten ferner berechtigt sein, anstelle des Betroffenen in Untersuchungen des Gesundheitszustandes und Heilbehandlungen einzuwilligen, sofern der Betroffene selbst hierzu nicht mehr in der Lage (d. h. einwilligungsunfähig) ist. Diese Vorschriften hätten sich auch auf das Betreuungsrecht ausgewirkt. Denn anders als nach der momentan geltenden Rechtslage hätte z. B. der Ehegatte eines Betreuungsbedürftigen nicht nur die tatsächlichen, sondern kraft seines dann bestehenden gesetzlichen Vertretungsrechts auch die rechtsgeschäftlichen und gesundheitlichen Angelegenheiten grundsätzlich »ebenso gut« wie ein Betreuer besorgen können. Die Bestellung eines Betreuers wäre in solchen Fällen daher nicht mehr erforderlich gewesen (so auch ausdrücklich § 1896 Abs. 2 Nr. 2 BGB-E). Dieser Teil des Gesetzesentwurfs hat sich jedoch im Gesetzgebungsverfahren nicht durchgesetzt.

Volljährigkeit

Eine rechtliche Betreuung kommt gem. § 1896 Abs. 1 S. 1 BGB nur bei Volljährigen in Betracht. Eine Ausnahme enthält § 1908a BGB, wonach das Vormundschaftsgericht auch für Minderjährige, die das 17. Lebensjahr vollendet haben, einen Betreuer bestellen und einen Einwilligungsvorbehalt anordnen darf, wenn anzunehmen ist, dass diese Maßnahmen bei Eintritt der Volljährigkeit erforderlich werden.

Sinn dieser Vorschrift ist es, in Fällen, in denen die Notwendigkeit einer Betreuung ab dem vollendeten 18. Lebensjahr schon vorher abzusehen ist, zeitliche Lücken zu vermeiden.

Antrag des Betroffenen oder Bestellung von Amts wegen

Dem Betroffenen wird gem. § 1896 Abs. 1 S. 1 BGB nur »auf seinen Antrag oder von Amts wegen« ein Betreuer bestellt. Der Antrag des Betroffenen stellt eine Verfahrenshandlung dar, die auch ein Geschäftsunfähiger vornehmen kann (§ 1896 Abs. 1 S. 2 BGB).

Besonderheiten ergeben sich, wenn der Betroffene geschäftsfähig ist: Nach dem Wortlaut des alten § 1896 Abs. 1 BGB erschien auch in diesem Fall eine Betreuerbestellung von Amts wegen und somit gegen den Willen des Betroffenen möglich. Dies bedeutet jedoch einen nicht zu rechtfertigenden Eingriff in dessen grundgesetzlich garantiertes Selbstbestimmungsrecht (Art. 2 Abs. 1 GG). Die Rechtsprechung verlangte daher schon sehr früh über den Wortlaut des § 1896 Abs. 1 BGB hinaus, dass eine Betreuung von Amts wegen nur mit dem Einverständnis des Betroffenen erfolgen darf, es sei denn, dieser ist infolge seiner Krankheit oder Behinderung nicht in der Lage, seinen Willen frei zu bestimmen (BayOLG, FamRZ 1994, S. 720 f., seitdem ständige Rechtsprechung des BayOLG; OLG Hamm, FamRZ 95, S. 433, 435). Diese Rechtslage ist im Zuge des 2. BtÄndG in § 1896 Abs. 1a BGB verankert worden.

Daraus darf indes kein Umkehrschluss dahingehend gezogen werden, dass bei Einverständnis des Betroffenen die übrigen Voraussetzungen der Betreuung – wie insbesondere Krankheit oder Behinderung sowie das Unvermögen, die eigenen Angelegenheiten zu besorgen – nicht vorliegen müssten.

Bei körperlichen Behinderungen erfolgt die Bestellung des Betreuers ausschließlich auf Antrag des Betroffenen. Eine Bestellung von Amts wegen kommt hier nur in Frage, wenn der Betroffene seinen Willen nicht mehr kundtun kann (§ 1896 Abs. 1 S. 3 BGB).

5.2.2 Gutachten im Rahmen der Betreuerbestellung

Erforderlichkeit des Sachverständigengutachtens

Gemäß § 68b Abs. 1 S. 1 FGG darf ein Betreuer grundsätzlich erst nach Einholung eines Sachverständigengutachtens bestellt werden. Davon sieht das Gesetz in § 68b Abs. 1 S. 2 und S. 3 FGG folgende Ausnahmen vor: Bereits ein ärztliches Zeugnis kann als Grundlage der Betreuerbestellung genügen,

- wenn der Betreuer nur zur Geltendmachung von Rechten des Betroffenen gegenüber seinem Bevollmächtigten bestellt wird (sog. Kontrollbetreuer; § 68b Abs. 1 S. 3 FGG),
- wenn der Betroffene auf die Begutachtung verzichtet hat und die Einholung des Gutachtens unverhältnismäßig wäre (68b Abs. 1 S. 2 FGG),
- wenn der Betreuer vorläufig durch einstweilige Anordnung bestellt wird (§§ 69f Abs. 1 S. 1 Nr. 2 FGG; ► Abschn. 5.5).

Das ärztliche Zeugnis unterscheidet sich sowohl seiner Struktur als auch seinem Inhalt nach nicht wesentlich vom forensisch-psychiatrischen Sachverständigengutachten (► Kap. 1). Unterschiede existieren jedoch im Verfahrensrecht (z. B. hinsichtlich Auswahl und Entschädigung der Person, die das Gutachten bzw. ärztliche Zeugnis erstellt), weil für das ärztliche Zeugnis die strengen Regeln des förmlichen Beweisverfahrens (§§ 402 ff. ZPO) nicht gelten. Insbesondere kann das Gericht seine Schlussfolgerungen aus einem ihm vorgelegten ärztlichen Zeugnis in freier Beweiswürdigung ziehen. Anders als beim Sachverständigengutachten (§ 69b Abs. 1 S. 4 FGG) ist der Arzt gesetzlich nicht verpflichtet, den Betroffenen vor der Erstellung des Zeugnisses persönlich zu untersuchen und zu befragen (s. unten); allerdings erscheint die Aussage des Zeugnisses zweifelhaft, wenn ihm keine persönliche Untersuchung zugrunde liegt (Münch-Komm-Schwab 2002, §1896 Rn. 120).

Ziel der Begutachtung

In der Regel ist der Richter verpflichtet, ein Gutachten einzuholen (§ 68b Abs. 1 S. 1 FGG). Zwar entscheidet allein er selbst, ob die Voraussetzungen für die Anordnung der Betreuung vorliegen; hierfür bedarf es aber in nicht unerheblichem Maße medizinischer Kenntnisse. Der Richter benötigt daher sachverständige Unterstützung. Ziel eines jeden betreuungsrechtlichen Gutachtens muss es somit – wie auch sonst – sein, dem Richter einen umfassenden Eindruck von der Person des Betroffenen zu verschaffen.

Qualifikation des Gutachters

Die Qualifikation des Gutachters richtet sich nach der Art der Erkrankung des Betroffenen, da die Diagnose einen wesentlichen Teil des Gutachtens ausmacht. In aller Regel wird es sich um einen Sachverständigen aus dem Bereich der Psychiatrie handeln.

Die Auswahl des Sachverständigen liegt im pflichgemäßen Ermessen des Gerichts. Es muss sich jedoch um einen in der Psychiatrie erfahrenen Arzt handeln (BayOLG, FamRZ 1988, S. 433 f.). Unter Umständen hat der Richter die Kompetenz des Gutachters zu überprüfen (BayOLG, FamRZ 1997, S. 901 f.). Gemäß § 15 FGG in Verbindung mit § 406 ZPO kann ein Sachverständiger aus denselben Gründen wie ein Richter abgelehnt werden, also insbesondere aufgrund der Besorgnis der Befangenheit.

Dem beauftragten Sachverständigen steht es frei, Hilfspersonen einzusetzen, solange er die persönliche Verantwortung für das Gutachten behält (Keidel et al. 2003, § 68b FGG, Rn. 4; ► Abschn. 1.1.2).

Inhalt des Gutachtens

Im Rahmen von Betreuungsverfahren sind einige Besonderheiten hervorzuheben, die über die Voraussetzungen allgemeiner psychiatrischer Gutachtentätigkeit hinausgehen (► Kap. 1). Das Gericht hat das Gutachten im Rahmen der freien Beweiswürdigung gem. § 15 Abs. 1 S. 1 FGG in Verbindung mit § 286 Abs. 1 ZPO zu bewerten. Gegenstand der richterlichen Unterlegung wird dabei vor allem sein, inwieweit die dem Gutachten zugrunde gelegten Tatsachen zutreffen und vom Sachverständigen korrekt gewürdigt wurden. Ein Gericht, das nicht von der Richtigkeit des Gutachtens überzeugt ist, muss entweder – sofern es die erforderliche Sachkunde besitzt – selbst entsprechend seiner abweichenden Beurteilung entscheiden oder aber ein weiteres Gutachten in Auftrag geben (BayOLG, FamRZ 1994, S. 720 f.).

! Deshalb ist die Nachvollziehbarkeit des Gutachtens von besonderer Bedeutung. Damit der Richter das Gutachten auf seine wissenschaftliche Fundierung, Logik und Schlüssigkeit überprüfen kann, sind konkrete und hinreichend detaillierte Aussagen erforderlich. Die bloße Feststellung, die fragliche Person sei betreuungsbedürftig, genügt keineswegs (OLG Hamm, FamRZ 1995, S. 433 f.; KG FamRZ 1995, S. 1379 f.).

Das Gutachten soll ausweisen, welche Fragen man dem Betroffenen gestellt hat, welche Untersuchungen an ihm vorgenommen und welche Befunde erhoben wurden (OLG Brandenburg, FamRZ 2001, S. 38 f. mit weiteren Nachweisen), ebenso, welche Folgerungen der Sachverständige aus den Befundtatsachen gezogen hat (KG FamRZ 1995, S. 1379 f.). Es muss zu ersehen sein, dass der Gutachter sämtliche Erkenntnisquellen ausgeschöpft und sich mit den relevanten Meinungsstreitigkeiten innerhalb der Wissenschaft auseinandergesetzt hat (KG FamRZ 1988, S. 981, 983).

Für den Sachverständigen empfiehlt es sich gelegentlich, kurz auf seine Qualifikation und Erfahrung in der zu begutachtenden Materie einzugehen, da das Gericht in seiner Entscheidung die Sachkunde des Sachverständigen darzulegen hat, sofern sie sich nicht ohne weiteres aus der Berufsbezeichnung oder aus der Art der Berufstätigkeit ergibt (BayOLG, FamRZ 1997, S. 901 f.). Insbesondere ist die Schwerpunktbezeichnung bzw. das DGPPN-Zertifikat »Forensische Psychiatrie« als besondere Qualifikation zu nennen (► Abschn. 1.1.9).

Notwendiger Inhalt

Der Inhalt des Sachverständigengutachtens ist vom Gesetz vorgegeben, wie sich aus § 68b FGG schließen lässt.

> **§ 68b Abs. 1 S. 1 FGG.** Ein Betreuer darf erst bestellt werden, nachdem das Gutachten eines Sachverständigen über die Notwendigkeit der Betreuung eingeholt worden ist.

Da eine Betreuung nur dann notwendig ist, wenn die materiellen Voraussetzungen des § 1896 BGB (s. unter ► 5.2.1) vorliegen, sind diese vom Sachverständigen allesamt zu erörtern. Darüber hinaus ist Folgendes zu beachten:

> **§ 68b Abs. 1 S. 5 FGG.** Kommt nach Auffassung des Sachverständigen die Bestellung eines Betreuers in Betracht, so hat sich das Gutachten auch auf den Umfang des Aufgabenkreises und die voraussichtliche Dauer der Betreuungsbedürftigkeit zu erstrecken.

Insgesamt ergibt sich folgender zwingender Inhalt des Gutachtens:
- Art und Schwere der Erkrankung;
- Auswirkung der Erkrankung auf die Fähigkeit, die Angelegenheit in den fraglichen Lebensbereichen zu besorgen;
- Kausalität zwischen Krankheit und Unvermögen;
- Erforderlichkeit der Betreuung;
- Umfang des zu betreuenden Aufgabenkreises;
- Prognose über die Dauer der Betreuungsbedürftigkeit.

Um zu verhindern, dass vom Sachverständigen allein die Notwendigkeit der Betreuung begutachtet wird, sollte sich der Gutachtenauftrag des Gerichts ausdrücklich auch auf den Umfang des Aufgabenkreises und die voraussichtliche Betreuungsdauer erstrecken. Selbst wenn dieser Hinweis fehlt, empfiehlt es sich für den Gutachter, von sich aus auf diese beiden Fragen einzugehen (Bienwald 1994, § 68b FGG, Rn. 30).

Voraussetzungen der Betreuerbestellung

Hinsichtlich der materiellen Voraussetzungen der Betreuerbestellung (Art und Schwere der Erkrankung, Unvermögen, die eigenen Angelegenheiten zu besorgen, Kausalität zwischen Erkrankung und Unvermögen, Erforderlichkeit) kann grundsätzlich auf ► Abschn. 5.2.1 verwiesen werden. Für den Sachverständigen ist darüber hinaus in Bezug auf episodenhaft verlaufende Krankheiten, hinsichtlich der Begutachtung der Einwilligungsfähigkeit sowie mit Blick auf die Erforderlichkeit der Betreuung noch das Folgende zu beachten:

Unvermögen bei episodenhaft verlaufenden Krankheiten. Die psychische Krankheit oder Behinderung sowie das daraus resultierende Unvermögen, die eigenen Angelegenheiten selbst zu erledigen, müssen im Zeitpunkt der Betreuerbestellung vorliegen. Die Diagnose eines vergangenen oder eines in der Zukunft mit gewisser Sicherheit eintretenden Leidens bzw. Unvermögens genügt nicht. Daraus ergeben sich bei episodenhaft auftretenden Krankheiten Probleme.

Grundsätzlich gilt auch hier: Ein Betreuer darf nur bestellt werden, wenn und soweit die Fähigkeit des Betroffenen zu selbstverantwortlichem Handeln infolge der Erkrankung eingeschränkt ist. In der Praxis erweist sich jedoch die Prognose, wann und in welcher Intensität eine Krankheitsepisode auftritt, als schwierig. Dies führt zu einem Dilemma, weil sich sowohl die voreilige Bestellung eines Betreuers (als Eingriff in die freie Selbstbestimmung) als auch die Nichtbestellung (als Ablehnung staatlicher Hilfe) negativ auswirken können.

Aus diesem Grunde ist zumindest bei konkret zu befürchtenden Krankheitsepisoden ausnahmsweise eine vorsorgliche Betreuerbestellung gestattet (BayOLG, FamRZ 1994, S. 319 f.). In derartigen Fällen muss der Betreuer seiner Pflicht aus § 1901 Abs. 5 S. 1 BGB besonders sorgsam nachkommen und dem Vormundschaftsgericht alle ihm bekannt werdenden Umstände mitteilen, die eine Aufhebung der Betreuung (► Abschn. 5.6) ermöglichen.

Beispiel

Fall 5.2. Herta F., 33-jährige Bankangestellte, litt an einer bipolaren Erkrankung (»manisch-depressive Störung«), deren Kennzeichen u. a. eine vollständige Gesundung zwischen den einzelnen Episoden ist. Während der letzten manischen Episode (F31.20) sollte eine gesetzliche Betreuung eingerichtet werden, da Frau F. Einkäufe erheblichen Umfangs machte, die für sie sinnlos waren und auch ganz deutlich ihre finanziellen Möglichkeiten überstiegen (für diese Zeit wurde Geschäftsunfähigkeit festgestellt). Der Amtsrichter lehnte die Einrichtung einer Betreuung ab, da Frau F. nach den vergangenen Episoden immer wieder vollständig gesundete. Obschon die Patientin eine phasenprophylaktische Medikation zuverlässig einnahm, lag es im Bereich des Möglichen, dass sie zu späterer Zeit wieder erkranken würde. Dies war für die Einrichtung einer Betreuung nicht ausreichend. Der Amtsrichter empfahl, dass in einem zukünftigen Fall der Wiedererkrankung ggf. die Mittel des Unterbringungsrechtes anzuwenden seien.

Unvermögen infolge Einwilligungsunfähigkeit. Neben der Prüfung der Geschäftsfähigkeit, deren Fehlen dazu führt, dass der Betroffene seine rechtlichen Angelegenheiten nicht mehr selbst besorgen kann (zur Geschäftsfähigkeit sowie zu ihrer Begutachtung ► Kap. 6), hat in der Praxis vor allem die Begutachtung der Einwilligungsfähigkeit große Bedeutung. Denn im Falle der Einwilligungsunfähigkeit ist der Betroffene nicht mehr dazu in der Lage, rechtswirksam in ärztliche Behandlungen einzuwilligen, und bedarf daher der Betreuung.

Die Einwilligungsfähigkeit verdankt ihren Stellenwert nicht zuletzt der rechtsdogmatischen Einordnung ärztlicher Heileingriffe. Juristisch betrachtet stellt nämlich jede medizinische Maßnahme zunächst eine tatbestandliche Körperverletzung des Patienten dar, die sowohl straf- als auch zivilrechtliche Konsequenzen nach sich zieht.

Der behandelnde Arzt macht sich gem. §§ 223 ff. StGB wegen Körperverletzung strafbar und schuldet dem Patienten Schadensersatz und Schmerzensgeld aus Vertrag bzw. wegen einer unerlaubten Handlung (§§ 280 Abs. 1, 823, 253 Abs. 2 BGB). Das gilt selbst dann, wenn die Behandlung medizinisch indiziert ist, de lege artis durchgeführt wird und im Ergebnis erfolgreich verläuft. Die Rechtswidrigkeit des ärztlichen Eingriffs entfällt nur dann, wenn der Patient wirksam in den Heileingriff einwilligt. Dazu muss er jedoch Bedeutung und Tragweite des Eingriffs erfassen, mit anderen Worten **einwilligungsfähig** sein.

Bei der Begutachtung der Einwilligungsfähigkeit hilft die gebräuchliche Definition (► Abschn. 5.2.1) kaum weiter. Ob jemand die verstandesmäßige, geistige und sittliche Reife besitzt, um die Bedeutung und Tragweite des Eingriffs zu erkennen, und über die Urteilskraft verfügt, das Für und Wider abzuwägen, lässt sich angesichts der Unbestimmtheit dieser Merkmale ebenso schwer prüfen wie die Frage, ob er dazu befähigt ist, das Handeln nach seiner Einsicht zu bestimmen. Dennoch hat die Arbeitsgruppe um Helmchen und Lauter (1995) eine praktisch verwendbare Konkretisierung vorgenommen.

Konkretisierung der Definition der Einwilligungsfähigkeit

Einwilligungsunfähig ist demnach, wer aufgrund von **Minderjährigkeit** (dieser Fall spielt im Rahmen des Betreuungsrechts mit Ausnahme von Konstellationen des § 1908a BGB keine Rolle, ► Abschn. 5.2.1), **geistiger Behinderung** oder **psychischer Erkrankung** nicht erfassen kann,

- um welche Tatsachen es sich bei der Entscheidung handelt oder
- welche Folgen bzw. Risiken die Einwilligungsentscheidung mit sich bringt und welche weniger belastenden Mittel existieren oder
- welchen Wert bzw. Rang die betroffenen Güter für ihn besitzen.

Einwilligungsunfähig ist auch, wer zwar die erforderliche Einsicht besitzt, aber nicht danach zu handeln vermag.

Für die Annahme der Einwilligungsfähigkeit wird also vorausgesetzt, dass der Betroffene in der Lage ist, die vom Arzt über die Behandlung erteilte Information zu **verstehen**, rational zu **verarbeiten**, objektiv und subjektiv zu **bewerten** sowie nach der so gewonnenen Einsicht zu **entscheiden** (Kröber 1998; zum psychischen Befund ► Abschn. 1.2).

Der Patient muss zunächst verstehen, welche ärztlichen Maßnahmen aus welchen Gründen und in welcher Weise in Betracht kommen, ferner, welche Belastungen, Risiken und Nebenwirkungen sie mit sich bringen. Er muss somit die kognitive Fähigkeit zur Problemerfassung besitzen. Daran fehlt es bei ganz erheblichen Störungen des Kurz- und Langzeitgedächtnisses sowie bei fehlender Krankheitseinsicht (was unterschiedlich determiniert sein kann). Eine genauere Prüfung der kognitiven Fähigkeiten sollte bereits erfolgen, wenn der Betroffene unter leichteren, zeitlichen Orientierungsstörungen, aphasischen Störungen, psychotisch bedingten Konzentrations- und Auffassungsstörungen oder erheblicher Intelligenzstörung leidet (Kröber 1998).

! Diese Prüfung richtet sich auf die Feststellung, inwieweit der Patient die ärztliche Aufklärung verstanden hat und sie in ihren wesentlichen Aspekten mit seinen Worten eigenständig wiedergeben kann.

Der Patient muss darüber hinaus in der Lage sein, die verstandene Information rational zu **verarbeiten**, d. h. die Vor- und Nachteile der verschiedenen Behandlungsmöglichkeiten vergleichend gegeneinander abzuwägen. Diese Fähigkeit fehlt einerseits bei hochgradig affektiver Verschlossenheit – etwa aus Panik, psychotischer Angst, psychotischem Misstrauen oder depressivem Nihilismus –, andererseits bei wahnhafter Verarbeitung der verstandenen Information. Sie ist hingegen nicht zwingend schon bei Überbewertung bestimmter Ideen oder Ideale ausgeschlossen, z. B. religiöser oder politischer Art, oder bei Fehlabwägungen, die aus Trotz oder Misstrauen entstehen (Kröber 1998). Bei massiver, aber nicht psychotischer Verleugnung oder Bagatellisierung der eigenen Krankheit sowie bei deutlichen affektiven Störungen bleibt ungewiss, ob der Patient seine Krankheit rational verarbeiten kann. In derartigen Fällen sollte der Sachverständige daher eine genauere Untersuchung der Verarbeitungsfähigkeit vornehmen (Kröber 1998). Die Fähigkeit zur rationalen Verarbeitung von Informationen liegt unter Umständen auch vor, ohne dass der Betroffene von ihr Gebrauch macht. So ist es zum Beispiel für die Frage der Einwilligungsfähigkeit ohne Belang, wenn der Betroffene eine Auseinandersetzung mit seiner medizinischen Problematik aus normal psychologischen, etwa religiösen Gründen verweigert.

Entsprechend den oben dargestellten Kriterien hat der Patient die verschiedenen Gesichtspunkte unter Berücksichtigung seines eigenen Wertgefüges individuell zu **beurteilen**. Ein Indiz für das Fehlen dieser Fähigkeit liegt im Nichterkennen nahe stehender Personen. Wer bislang vertraute externe Fixpunkte des eigenen Lebens nicht mehr zu erfassen vermag, kann sich regelmäßig auch nicht an seinen internen Grundwerten orientieren. Am Bewertungsvermögen mangelt es ferner, wenn der Betroffene die Bedeutung der anstehenden Entscheidung für das eigene Leben nicht zu ermessen vermag – z. B. weil er nicht in der Lage ist, die Konsequenzen seiner Erkrankung oder deren Behandlung in sein Lebenskonzept bzw. in die eigene soziale Situation einzuordnen. Das gleiche gilt, wenn er sie emotional nicht zu verarbeiten vermag – sei es aus Euphorie, Parathymie, Affektstarre oder krankhaftem Mangel an Ernsthaftigkeit (Kröber 1998).

Schließlich muss der Betroffene **den eigenen Willen frei bestimmen** können, mithin befähigt sein, das Ergebnis der Überlegungen autonom, d. h. unter Ausschaltung anderer Einflüsse, in Handlungen umzusetzen. **Willensbildung** und **Willensäußerung** sind also zwei voneinander zu unterscheidende Vorgänge.

Die freie Bestimmbarkeit des Willens fehlt ganz oder zum Teil bei

- affektiven Störungen, insbesondere bei hochgradigen Entscheidungshemmungen bei depressiven Erkrankungen oder im Rahmen von Getriebenheit bei Manien;
- schizophrenen Psychosen, insbesondere bei hochgradigen psychotischen Ambivalenzen und wahnhaftem Erleben;
- akuten Intoxikationen;
- abnormalen Erlebnisreaktionen;
- hirnorganischen Erkrankungen;
- Intelligenzstörungen;
- symptomatisch bei stuporösen Zuständen, d. h. relativen motorischen bzw. psychischen Bewegungslosigkeiten mit Einschränkungen der Reizaufnahme und der Reaktionen unterschiedlicher Ätiologie;
- Willensschwächen (Abulien), die hirnorganisch bedingt sein können oder im Rahmen schizophrener Psychosen auftreten;
- zwanghaftem Widerruf der jeweils letzten Entscheidung.

Der in der Praxis häufigste Fall mangelnder Bestimmbarkeit des eigenen Willens ist bei älteren Patienten mit vaskulärer oder Alzheimer-Demenz zu beobachten; diese Patienten können sich z. B. den Empfehlungen der jeweils im Raum anwesenden Person nicht widersetzen (Kröber 1998; zur Klassifikation und Psychopathologie ▶ Abschn. 1.2 und 1.3).

Erforderlichkeit der Betreuung. Im Hinblick auf die Erforderlichkeit der Betreuung wird ein Sachverständiger oft mit dem Problem konfrontiert, dass er keine Kenntnis davon hat, ob im Umfeld des Betroffenen Personen existieren, die entweder als Bevollmächtigte oder durch Leistung anderer Hilfe im Sinne des § 1896 Abs. 2 S. 2 BGB eine Betreuung entbehrlich machen können (▶ Abschn. 5.2.1). Dies liegt allerdings auch nicht im Kompetenzbereich des (medizinischen) Gutachters und lässt sich nur durch einen Sozialbericht der zuständigen Behörde klären.

Zu beachten ist jedoch, dass die Effektivität fremder Hilfen maßgeblich von Art und Schwere der Krankheit bzw. Behinderung des Betroffenen abhängt. Auch wenn dem Sachverständigen die für eine Unterstützung in Betracht kommenden Personen unbekannt sind, sollte er daher gutachterlich klären, ob und inwieweit der eventuell zu Betreuende imstande ist, jene Angelegenheiten, die er selbst nicht erledigen kann, durch andere wahrnehmen zu lassen. Dabei kann zum Beispiel von Bedeutung sein, ob der Betroffene in der Lage ist, einen anderen wirksam zu bevollmächtigen. Dies erfordert eine Prüfung der Geschäftsfähigkeit.

Bei der Begutachtung der Erforderlichkeit einer Betreuung empfiehlt sich ein Vorgehen nach dem Orientierungsraster von Crefeld (1990).

Umfang des Aufgabenkreises

Auch nach Feststellung der Betreuungsbedürftigkeit und Beurteilung des erforderlichen Umfangs der Betreuung ergeben sich die Aufgabenkreise des Betreuers nicht zwangsläufig. Der Gutachter muss vielmehr – zumindest in gewissem Ausmaß – den vermutlichen Krankheitsverlauf in seine Überlegungen einbeziehen. Ein solches Vorgehen bereitet Schwierigkeiten: Einerseits verbietet es der Grundsatz der Erforderlichkeit, den Aufgabenkreis des Betreuers auf Bereiche zu erstrecken, in denen ein Betreuungsbedarf erst in unbestimmter Zukunft entsteht. Andererseits hat das Sachverständigengutachten einen absehbaren Betreuungsbedarf zu berücksichtigen, um weitere Gerichtsverfahren zu vermeiden, die den Betroffenen über Gebühr belasten (Schwab 1992).

Typische Aufgabenkreise einer Betreuung sind

- Gesundheitsfürsorge (Entscheidungen über Heilbehandlungen einschließlich Untersuchungen und Operationen),
- Aufenthaltsbestimmung,

Begutachtung der Betreuungserforderlichkeit

- *Stufe 1: Inwieweit besteht eine Behinderung?* (Beschreibung des individuellen Behinderungsbilds)
  - Gesundheitliches Schadensbild (impairments): Beeinträchtigungen oder Verlust von normalerweise vorhandenen physischen, psychischen oder geistigen Strukturen und Funktionen.
  - Funktionelle Einschränkungen aufgrund des Schadensbildes (disabilities): z. B. Gehstörungen, Blindheit, Störungen des Antriebs, der Merkfähigkeit, der zwischenmenschlichen Beziehungsfähigkeit, der Einschränkung des sozialen Kontakts infolge Entstellung oder chronischer Schmerzzustände.
  - Einschränkungen im sozialen Feld (Handikaps):
  - Wohnbereich (Schlafen, Essen, Körperpflege, Sexualität usw., Recht auf Privatsphäre);
  - Arbeitsbereich (materielle Sicherung, Selbstverwirklichung usw.);
  - Freizeitbereich (Bedürfnis nach sozialer Kommunikation, Aktivität usw.).
- *Stufe 2: Bewältigungsmöglichkeiten für die Behinderung (Coping-Ressourcen) und Gefährdungen*
  - Genutzte oder bisher ungenutzte Möglichkeiten und Fähigkeiten des Behinderten, die sich aus seiner Persönlichkeit, Lebenserfahrung und Biografie ergeben.
  - Soziales Netzwerk und seine Funktionalität für den Betroffenen.
  - Vorhandene materielle Sicherungen der Bedürfnisse; Ansprüche gegenüber Dritten und Ansprüche oder Zugriffe anderer.
- *Stufe 3: Verbleibender professioneller Interventionsbedarf*
  - Lösungen durch Inanspruchnahme sozialer Unterstützung (persönliche Hilfen, Geld- und Sachleistungen);
  - Rehabilitations- oder Pflegeplan;
  - Lösung von Vermögensproblemen usw..
- *Stufe 4: Lösungen unter Zuhilfenahme einer Betreuung.*

- Vermögensangelegenheiten (Einteilung, Verwendung und Verwaltung der Einkünfte),
- Vertretung gegenüber Behörden,
- Mietangelegenheiten,
- Geltendmachen von Rechten,
- Entgegennahme und Öffnen von Post,
- Entscheidung über freiheitsentziehende Maßnahmen und deren Kontrolle.

Beispiele

Fall 5.3. Arthur B., 61-jähriger Angestellter, wurde notfallmäßig erstmals in ein psychiatrisches Fachkrankenhaus aufgenommen. Dort diagnostizierte man eine Demenz bei Alzheimer-Krankheit (ICD-10:F00.0). Er war in der Stadt aufgefallen, nachdem er seine Arbeitsstelle nicht mehr aufgesucht hatte, da er nicht mehr wusste, wo er arbeitete, und welcher Tätigkeit er nachging. Die 15 Jahre ältere Ehefrau hatte nach eigenem Bekunden keine Veränderungen bei ihm bemerkt. Andere enge Angehörige gab es nicht. Insbesondere die neuroradiologische Diagnostik ergab eine massive frontale Atrophie und andere typische Befunde. Die neuropsychologische Untersuchung erbrachte schwerwiegende kognitive Defizite, insbesondere waren die Gedächtnisfunktionen sehr deutlich gestört. Die Fremdanamnese durch Arbeitskollegen bestätigte eine schleichende Entwicklung der Defizite seit mehreren Jahren. Zudem zeigte Herr B. nun eine depressive Symptomatik sowie eine Vernachlässigung der persönlichen Hygiene. Von den behandelnden Ärzten wurde beim zuständigen Amtsgericht eine umfassende Betreuung angeregt. Daraufhin bestellte das Gericht Herrn G., einen befreundeten Arbeitskollegen des Herrn B., zum Betreuer; zugleich wurde ein Einwilligungsvorbehalt angeordnet.

Fall 5.4. Susanne Z., 34-jährige Hausfrau, litt seit Jahren an einer schizophrenen Psychose (ICD-10:F20.3). Nach sieben akuten Episoden, während derer sich Frau Z. jeweils stationär in Kliniken aufhielt, war die Krankheit immer mehr chronifiziert, und es bestand eine sehr deutliche, durchgängige Negativsymptomatik mit Interesselosigkeit, Depressivität, Anhedonie, sozialem Rückzug. Bis dahin war Frau Z. immer in der Lage gewesen, ihre Angelegenheiten selbst zu regeln. Nur einmal war die ansonsten sehr kooperative sowie krankheits- und behandlungseinsichtige Patientin nach dem Unterbringungsgesetz des Landes eingewiesen worden. Nun hatte sich die Symptomatik immer weiter verschlechtert: Frau Z. öffnete keine Post mehr, erledigte ihre Behördengänge nicht und kümmerte sich nicht mehr um ihre Bankangelegenheiten. Eine Betreuung wurde von ihr selbst gewünscht, um sie in diesen Bereichen zu unterstützen (Post, Bankangelegenheiten, Vertretung bei Behörden und anderen öffentlichen Einrichtungen). Die nicht betroffenen Bereiche, wie medizinische Fürsorge oder Aufenthaltsbestimmung, waren von der Betreuung mangels Erforderlichkeit nicht umfasst. Ein Einwilligungsvorbehalt wurde nicht angeordnet.

Voraussichtliche Dauer der Betreuungsbedürftigkeit

Der Sachverständige hat schließlich die voraussichtliche Dauer der Betreuungsbedürftigkeit zu begutachten. Dabei ist nicht nur von der Betreuungsbedürftigkeit im Begutachtungszeitpunkt auszugehen; vielmehr gilt es, die Betreuungsdauer mittels einer Prognose über den mutmaßlichen Krankheitsverlauf sowie dessen Auswirkung auf die Fähigkeit zur Selbstbestimmung abzuschätzen.

Dabei ergeben sich insofern regelmäßig Probleme, als eine sichere Prognose in den wenigsten Fällen möglich ist. So kann z. B. nur schwer abgeschätzt werden, ob und innerhalb welcher Zeitspanne die Arbeit des Betreuers und der Einsatz anderer, etwa technischer Hilfen zur Wiedererlangung der Selbständigkeit beitragen. Das Gutachten sollte deshalb alternative Krankheitsverläufe sowie deren jeweilige Auswirkungen auf die Betreuungsbedürftigkeit und -dauer aufzeigen. Dadurch wird nicht nur der voraussichtliche Betreuungszeitraum konkretisiert, sondern zugleich auch die spätere Arbeit des Betreuers erleichtert, der dem Gutachten in jedem Krankheitsstadium die jeweilige Betreuungsbedürftigkeit entnehmen kann.

Fakultativer Inhalt

Der Sachverständige kann in seinem Gutachten dazu Stellung nehmen, ob bestimmte Modalitäten des Betreuungsverfahrens erhebliche Nachteile für die Gesundheit des Betroffenen mit sich brächten und deshalb von dem sonst üblichen Vorgehen abgewichen werden sollte.

! Sind erhebliche Nachteile für die Gesundheit des Betroffenen zu befürchten, kann

- die persönliche Anhörung des Betroffenen unterbleiben (§ 68 Abs. 2 Nr. 1 FGG),
- von der Bekanntmachung der Entscheidungsgründe abgesehen werden (§ 69a Abs. 1 S. 2 FGG) und
- man die Benachrichtigung des Betroffenen darüber unterlassen, dass andere Gerichte, Behörden oder sonstige öffentliche Stellen von der Betreuungsentscheidung unterrichtet wurden (§ 69k Abs. 3 S. 2 Nr. 2 FGG).

Zwar wird die Frage nach den Nachteilen für die Gesundheit des Betroffenen erst im jeweiligen Verfahrensstadium bedeutsam; ihre vorsorgliche Beantwortung im Rahmen des für die Betreuungsanordnung zu erstellenden Gutachtens ist aus arbeitsökonomischen Gründen dennoch ratsam (Zimmermann 1991).

Form des Gutachtens

Bezüglich der Form des Gutachtens enthält das Gesetz keinerlei Vorschriften. Auch ein mündliches Gutachten wäre demnach grundsätzlich zulässig. De facto muss das Gutachten jedoch stets schriftlich angefertigt werden, da die daran gestellten strengen Anforderungen auf andere Art und Weise nicht zu erfüllen sind (Foerster 2004). Auf Verlangen des Gerichts hat der Sachverständige sein Gutachten in der Verhandlung mündlich zu erläutern; dies ergibt sich aus § 411 Abs. 3 ZPO, der über § 15 Abs. 1 S. 1 FGG entsprechende Anwendung findet.

Vorbereitung des Gutachtens: persönliche Untersuchung oder Exploration

Für die Qualität des Gutachtens kommt es entscheidend darauf an, dass es zeitnah und aufgrund eigener Erkenntnisse des Sachverständigen – also nicht nur nach Aktenlage – erstellt wird.

! Aus diesem Grund schreibt § 68b Abs. 1 S. 4 FGG die persönliche Untersuchung oder Befragung des Betroffenen durch den Sachverständigen vor (und nicht etwa nur durch dessen Hilfskräfte).

Grundsätzlich muss der Betroffene weder an einem vom Gutachter bestimmten Termin erscheinen noch sich untersuchen lassen. Eine derartige Pflicht besteht aber dann, wenn die Untersuchung bzw. die Vorführung zum Zwecke der Untersuchung vom Gericht ausdrücklich angeordnet wird (§ 68b Abs. 3 S. 1 FGG). Diese Anordnung ist nicht anfechtbar (§ 68b Abs. 3 S. 2 FGG).

Das Gericht kann gem. § 68b Abs. 4 FGG nach vorheriger Anhörung des Betroffenen auch eine **zwangsweise** Unterbringung und Beobachtung auf bestimmte Dauer anordnen, soweit ihm dies zur Vorbereitung des Gutachtens erforderlich erscheint. Voraussetzung für eine derartige Anordnung ist gemäß dem Grundsatz der Verhältnismäßigkeit, dass mildere Mittel nicht erfolgreich waren oder mit an Sicherheit grenzender Wahrscheinlichkeit keinen Erfolg versprechen.

Die Unterbringung darf gem. § 68b Abs. 4 S. 3 FGG grundsätzlich einen Zeitraum von 6 Wochen nicht überschreiten, kann aber auf maximal 3 Monate verlängert werden (§ 68b Abs. 4 S. 4 FGG). Gegen sie ist Beschwerde zulässig, über die das Landgericht entscheidet (§ 19 FGG).

Maßgeblicher Zeitpunkt der Begutachtung

Die Begutachtung darf der Bestellung des Betreuers nicht allzu weit vorgelagert sein. Nur wenn das Gutachten die nötige Aktualität aufweist, ist davon auszugehen, dass in der Zwischenzeit keine maßgeblichen Veränderungen hinsichtlich der Betreuungsbedürftigkeit eingetreten sind. Anderenfalls kann eine ergänzende Begutachtung erforderlich werden.

5.3 Auswirkungen der Betreuerbestellung

5.3.1 Rechtsgeschäfte

Vom Betreuten vorgenommene Rechtsgeschäfte

Nachdem der Gesetzgeber auf eine Feststellung der Geschäftsunfähigkeit des Betreuten verzichtet hat, wirkt sich die Betreuerbestellung im Hinblick auf die Wirksamkeit von Rechtsgeschäften des Betreuten grundsätzlich nicht aus (insofern kann auf die Ausführungen in ▶ Kap. 6 verwiesen werden):

- Rechtsgeschäfte von betreuten **geschäftsfähigen** Personen sind wirksam, auch wenn sie in den Aufgabenkreis des Betreuers fallen. Etwas anderes gilt nur, falls ein Einwilligungsvorbehalt angeordnet worden ist (▶ Abschn. 5.4.3).
- Rechtsgeschäfte des **geschäftsunfähigen** Betreuten sind grundsätzlich gem. § 105 Abs. 1 BGB nichtig. Das gilt in gleichem Maße für Rechtsgeschäfte, die im Zustand der Bewusstlosigkeit oder vorübergehender Störung der Geistestätigkeit vorgenommen werden (§ 105 Abs. 2 BGB; ▶ Kap. 6).

Eine Ausnahme zu § 105 Abs. 1 BGB findet sich in § 105a BGB. Danach gelten Geschäfte des täglichen Lebens, die mit geringwertigen Mitteln bewirkt werden können, trotz Geschäftsunfähigkeit mit ihrem Vollzug in Ansehung von Leistung und, soweit vereinbart, Gegenleistung als wirksam (▶ Kap. 6).

Vom Betreuer vorgenommene Rechtsgeschäfte

Rechtsgeschäfte können nicht nur vom Betroffenen selbst, sondern nach Bestellung eines Betreuers ebenso von diesem als gesetzlicher Stellvertreter vorgenommen werden. Damit trägt der Gesetzgeber der Tatsache Rechnung, dass die Mehrzahl der Betreuten erfahrungsgemäß mehr oder minder geschäftsunfähig ist und infolgedessen nicht mehr selbständig im Rechtsverkehr auftreten kann.

Vertretungsmacht des Betreuers

Die Vertretungsmacht des Betreuers ergibt sich aus § 1902 BGB. Sie erstreckt sich auf gerichtliche wie außergerichtliche Angelegenheiten des bei der Bestellung übertragenen Aufgabenkreises. Eine weitergehende Befugnis zur Vertretung kann durch den (geschäftsfähigen) Betreuten erteilt werden (§ 167 BGB).

! Der Betreuer ist berechtigt, in seinem Aufgabenkreis Willenserklärungen im Namen des Betreuten abzugeben und auch zu empfangen (§ 164 Abs. 1 und 2 BGB). Dies gilt unabhängig davon, ob der Betreute geschäftsfähig ist oder nicht.

Hinzuweisen ist jedoch auf Folgendes: Dem geschäftsfähigen Betreuten können Willenserklärungen Dritter wirksam zugehen. Im Gegensatz dazu ist bei geschäftsunfähigen Betreuten allein der Betreuer empfangszuständig (§§ 131 Abs. 1, 1902 BGB). Bedeutung erlangt dies zum Beispiel, wenn dem Betreuten von seinem Vermieter oder Arbeitgeber gekündigt wird.

Gemäß § 1901 Abs. 3 BGB hat der Betreuer den Wünschen des Betreuten zu entsprechen, soweit dies dessen Wohl nicht zuwiderläuft und dem Betreuer zumutbar ist. Dieser allgemeine Grundsatz des Betreuungsrechts gilt auch im Bereich der rechtsgeschäftlichen Vertretung. Auf die Geschäftsfähigkeit des Betreuten kommt es dabei nicht an. (Vorstellungen eines Geschäftsunfähigen sind nicht per se unvernünftig. Umgekehrt kann der Wunsch eines Geschäftsfähigen zu ignorieren sein, so etwa die Bitte um Hilfe zur Selbstschädigung.)

Erforderlichkeit vormundschaftsgerichtlicher Genehmigungen

In besonders schwerwiegenden Angelegenheiten schränkt das Gesetz die Vertretungsmacht des Betreuers ein. Es lässt ihn nicht mehr allein entscheiden, sondern verlangt zusätzlich für die Wirksamkeit der Vertretung eine Genehmigung durch das Vormundschaftsgericht.

Beispiel

Einer vormundschaftsgerichtlichen Genehmigung bedürfen etwa

- Verfügungen über Forderungen und Wertpapiere (§§ 1908i, 1812 BGB);
- Geschäfte über Grundstücke (§§ 1908i, 1821 BGB);
- Kreditaufnahmen (§§ 1908i, 1822 Nr. 8 BGB);
- Kündigung einer vom Betreuten gemieteten Wohnung (§ 1907 BGB).

Widersprechende Geschäfte des Betreuers und des Betreuten

Ist der Betreute geschäftsfähig, kann er, wie jeder andere Geschäftsfähige auch, am Rechtsverkehr teilnehmen. Das gesetzliche Vertretungsrecht des Betreuers indessen bleibt davon unberührt. Insofern ist es denkbar, dass der Betreute und sein Betreuer Rechtsgeschäfte abschließen, die sich widersprechen. Derartige Konstellationen sind nach den allgemeinen Regeln des Vertretungsrechts zu lösen.

Bei sog. **kollidierenden Verfügungsgeschäften** gilt das Prinzip der Priorität: Das zuerst getätigte Rechtsgeschäft ist wirksam, das spätere allenfalls nach den Vorschriften des gutgläubigen Erwerbs vom Nichtberechtigten (z. B. mehrere Übereignungen derselben Sache).

Schuldrechtliche Verpflichtungen hingegen sind wegen des bürgerlich-rechtlichen Abstraktionsprinzips grundsätzlich allesamt wirksam (nichtkollidierende Rechtsgeschäfte). Sofern nur eines dieser Rechtsgeschäfte erfüllt werden kann, hat der Betreute im Übrigen regelmäßig Schadensersatz zu leisten. Ein Beispiel wäre hier der doppelte Verkauf eines Gegenstandes durch Betreuer und Betreuten.

5.3.2 Personenrechtliche Gestattungen: Einwilligung in ärztliche Heileingriffe

Die Ausführungen zu den Rechtsgeschäften gelten sinngemäß auch für personenrechtliche Gestattungen: Die Betreuerbestellung beeinträchtigt die Wirksamkeit einer entsprechenden Erklärung des Betreuten grundsätzlich nicht. An dieser Stelle soll nur auf den Hauptanwendungsfall der personenrechtlichen Gestattung, die Einwilligung in ärztliche Heileingriffe, eingegangen werden.

Situation bei Einwilligungsfähigkeit des Betreuten

! Der einwilligungsfähige Betreute ist genauso zu behandeln wie eine nicht betreute Person.

Sofern der Betreute einwilligungsfähig ist (▶ Abschn. 5.2.1 und 5.2.2) entscheidet er allein über den ärztlichen Heileingriff (Diederichsen 2004; MünchKomm-Schwab 2002, § 1904 Rn. 6). Er bedarf weder der Zustimmung des Betreuers noch einer Genehmigung des Vormundschaftsgerichts.

Die Einwilligungskompetenz, die auch eine Entscheidung gegen den Eingriff umfasst, liegt auch dann ausschließlich beim Betroffenen, wenn die anstehende ärztliche Maßnahme als besonders gravierend einzuschätzen ist; das gilt selbst dann, wenn die Gefahr besteht, dass der Patient aufgrund der Maßnahme verstirbt. Ferner ist bei Einwilligungsfähigkeit des Betroffenen belanglos, ob der Aufgabenkreis des Betreuers die Einwilligung in die Heilbehandlung ausdrücklich umfasst (MünchKomm-Schwab 2002, § 1904 Rn. 6).

Situation bei Einwilligungsunfähigkeit des Betreuten

! Im Falle der Einwilligungsunfähigkeit des Betreuten muss an seiner Stelle der Betreuer die Einwilligung in die ärztliche Maßnahme erteilen.

Ist für den Betroffenen noch kein Betreuer bestellt, so bedarf es spätestens jetzt einer entsprechenden gerichtlichen Anordnung. Dagegen ist nur eine Erweiterung des Aufgabenkreises des Betreuers notwendig (▶ Abschn. 5.6), wenn der Patient zwar schon unter Betreuung steht, diese aber noch nicht den gesundheitlichen Bereich erfasst.

Beachtung der Wünsche des einwilligungsunfähigen Betreuten

Im Rahmen der Einwilligungserteilung hat der Betreuer gem. § 1901 Abs. 3 S. 1 BGB – wie bei allen seinen Tätigkeiten – den Wünschen des Betreuten zu entsprechen, soweit dies dem Wohl des Betreuten nicht zuwiderläuft und dem Betreuer auch zumutbar ist. Damit trägt die Betreuung auch bei fehlender Einwilligungsfähigkeit des Betroffenen der Selbstbestimmungsfreiheit Rechnung.

Das Wohl des Betreuten darf nicht mit der bestmöglichen medizinischen Versorgung verwechselt werden. Das Anliegen eines Betroffenen, sein Leiden nicht oder nur teilweise zu kurieren, ist stets zu beachten, soweit es sich nicht als Ausdruck seiner Krankheit darstellt. Dies gilt auch und besonders für Maßnahmen, die lebens- aber zugleich schmerzverlängernd wirken (BT-Drucks. 11/4528, S. 142).

Patiententestament

Ein Betreuer ist gem. § 1901 Abs. 2 und 3 BGB auch an vor seiner Bestellung geäußerte Wünsche des Betreuten gebunden, es sei denn, dass der Betroffene daran erkennbar nicht mehr festhalten will. In diesem Zusammenhang erlangt in der Praxis das sog. Patiententestament besondere Bedeutung.

Begriff. Beim Patiententestament handelt es sich um eine im einwilligungsfähigen Zustand verfasste Verfügung des Betroffenen, wonach er bestimmte Behandlungsmethoden wünscht oder ablehnt. Patiententestamente beziehen sich meist auf das Ob und Wie lebensverlängernder Maßnahmen und auf die Vergabe von Schmerzmitteln.

Rechtsnatur. Die Rechtsnatur des Patiententestaments ist umstritten, weil es (noch) an gesetzlichen Regelungen fehlt. Nach einer Meinung handelt es sich lediglich um ein Indiz, das bei der Ermittlung des gegenwärtigen mutmaßlichen Willens eines mittlerweile einwilligungsunfähigen Patienten, mit dem keine Verständigung möglich erscheint, heranzuziehen ist. Somit können neben dem Patiententestament auch andere Umstände berücksichtigt werden, etwa die Tatsache, dass die medizinischen Möglichkeiten mittlerweile fortgeschritten sind, oder andere wesentliche Veränderungen, die dazu führen, dass der einst geäußerte Wunsch des Patienten seinen eigentlichen Absichten (d. h. dem mutmaßlichen Willen) nicht mehr entspricht.

Nach der Gegenauffassung stellt das Patiententestament hingegen eine vorweggenommene Entscheidung des Betroffenen dar. Im Unterschied zur eben dargelegten Meinung liegt also eine (antizipierte und im einwilligungsfähigen Zustand abgegebene) Einwilligung bzw. Verweigerung der Einwilligung des Betroffenen vor, welche die Entscheidung des Betreuers entbehrlich macht und auch für das Abstellen auf den (möglicherweise aufgrund von neuen Forschungserkenntnissen geänderten) mutmaßlichen Willen des Betroffenen keinen Raum belässt.

Der BGH hat in einem Urteil aus jüngerer Zeit (BGH NJW 2003, S. 1588, 1591) die grundsätzlich bindende Wirkung des Patiententestaments betont. Schon die Würde des Betroffenen (Art. 1 Abs. 1 GG) verlange, »dass eine von ihm eigenverantwortlich getroffene Entscheidung auch dann noch respektiert wird, wenn er die Fähigkeit zu eigenverantwortlichem Entscheiden inzwischen verloren hat«. Der Betreuer (und auch sonst niemand) dürfe diese Entscheidung nicht durch einen Rückgriff auf den mutmaßlichen Willen des Betroffenen korrigieren, es sei denn, »dass der Betroffene sich von seiner früheren Verfügung [dem Patiententestament] mit erkennbarem Widerrufswillen distanziert oder die Sachlage sich nachträglich so erheblich geändert hat, dass die frühere selbstverantwortlich getroffene Entscheidung die aktuelle Sachlage nicht umfasst«.

Voraussetzungen. Zwingende Wirksamkeitserfordernisse existieren nicht. Bestimmte Vorgaben sind jedoch nach allgemeiner Ansicht unerlässlich (Olzen 2001).

- Der Betroffene muss zum Zeitpunkt der Errichtung des Patiententestaments einwilligungsfähig sein (s. oben). Inhaltliche Grenzen setzen nur das ärztliche Standesrecht sowie die übrige Rechtsordnung: Es kann z. B. nicht (wirksam) verfügt werden, dass der Arzt aktive Sterbehilfe leisten soll.
- Der Betroffene sollte erkennen lassen, dass er sich bewusst mit dem Thema auseinandergesetzt hat und seinen Anweisungen bindende Wirkung zukommen lassen möchte. Aus diesem Grunde sind konkrete Formulierungen zu Krankheitsbildern und Symptomen vorgefertigten Dokumenten mit Ankreuzverfahren vorzuziehen.
- Wenngleich gesetzliche Formerfordernisse nicht existieren, sollte die Schriftform (§ 126 BGB) eingehalten werden, die insbesondere eine eigenhändige Unterschrift erfordert. Eine notarielle Beurkundung kann man deshalb empfehlen, weil der Notar die Geschäftsfähigkeit prüfen muss, sofern er daran Zweifel hat. In gleicher Hinsicht ist die Hinzuziehung von Zeugen oder die Bestätigung des entsprechenden Willens durch den (Haus-)Arzt hilfreich.
- Das Patiententestament darf bis zur Vornahme der medizinischen Maßnahme nicht widerrufen worden sein. Ein solcher Widerruf ist jederzeit, ohne Begründung und formlos möglich. Er braucht nicht ausdrücklich zu erfolgen. Bereits ein Zeichen mit den Augen oder ein Kopfnicken auf eine entsprechende Frage des Arztes genügt (Laufs u. Uhlenbruck 2002).

Patientenvollmacht

Begriff und Auswirkung. Vom Patiententestament ist die sog. Patientenvollmacht zu unterscheiden, bei der der Betroffene im noch gesunden (und damit geschäftsfähigen) Zustand einer Person seines Vertrauens Vertretungsmacht dahingehend erteilt, für ihn in medizinischen Angelegenheiten zu entscheiden. Dies empfiehlt sich zum Beispiel bei episodenhaft verlaufenden Krankheiten.

> **!** Soweit die Patientenvollmacht reicht, kann der Bevollmächtigte an Stelle des Betroffenen die Einwilligung in ärztliche Maßnahmen erteilen oder verweigern. Eine Betreuung ist für den von der Patientenvollmacht umfassten Bereich folglich nicht erforderlich (§ 1896 Abs. 2 S. 2 BGB; ► Abschn. 5.2.1).

Voraussetzungen der wirksamen Einwilligung durch den Bevollmächtigten. Da es sich bei der Einwilligung in ärztliche Maßnahmen um einen höchstpersönlichen und damit vertretungsfeindlichen Akt handelt, kann der Bevollmächtigte erst nach Eintritt der Einwilligungsunfähigkeit des Betroffenen wirksam tätig werden. Darüber hinaus setzt die wirksame Einwilligungserteilung durch einen vom Patienten bevollmächtigten Stellvertreter Folgendes voraus:

1. Der Vollmachtgeber (Betroffene) war im Zeitpunkt der Erteilung der Patientenvollmacht geschäftsfähig.
2. Die Patientenvollmacht erstreckt sich ausdrücklich auf die fragliche Maßnahme (§ 1904 Abs. 2 S. 2 BGB).

3. Die Patientenvollmacht wurde in der vorgeschriebenen Form, d. h. zumindest schriftlich, erteilt (§§ 1904 Abs. 2 S. 2, 126 BGB).
4. Die Patientenvollmacht darf mittlerweile nicht erloschen sein.
5. Bei schwerwiegenden ärztlichen Eingriffen muss der Bevollmächtigte zudem eine vormundschaftsgerichtliche Genehmigung einholen (§ 1904 Abs. 2 S. 1 in Verbindung mit Abs. 1 S. 1 BGB).

Geschäftsfähigkeit des Patientenvollmachtgebers. Streitig ist, ob der Betroffene im Zeitpunkt der Vollmachtserteilung geschäftsfähig sein muss oder ob seine Einwilligungsfähigkeit genügt (MünchKomm-Schwab 2002, § 1904 Rn. 58). Entscheidend ist, dass die Vollmachtserteilung ein Rechtsgeschäft darstellt. Dessen Gegenstand bildet nicht der eventuelle spätere medizinische Eingriff, sondern dass der Betroffene »die Ausübung der Selbstbestimmung über Körper und Gesundheit für den Fall der eigenen Einwilligungsunfähigkeit einem anderen zu treuen Händen« überlässt (MünchKomm-Schwab 2002, § 1904 Rn. 58). Die damit verbundenen Risiken muss der Betroffene deshalb auch erfassen können. Maßgeblich ist somit die bezüglich dieser Art von Rechtsgeschäften erforderliche (partielle) Geschäftsfähigkeit (so kann der infolge Spielsucht partiell Geschäftsunfähige noch in der Lage sein, eine Patientenvollmacht zu verfassen, da im hierfür ausschlaggebenden Bereich Geschäftsfähigkeit besteht).

Inhaltliche Anforderungen: Gemäß § 1904 Abs. 2 S. 2 BGB muss die Patientenvollmacht ausdrücklich (!) die ärztliche Maßnahme enthalten. Empfehlenswert ist dementsprechend, die Vollmacht für »alle Gesundheitsangelegenheiten, insbesondere für jedwede Einwilligung in eine Untersuchung des Gesundheitszustandes, eine Heilbehandlung oder einen ärztlichen Eingriff« zu erteilen, und zwar »auch für den Fall, dass die begründete Gefahr besteht, dass der Vollmachtgeber auf Grund der Maßnahme stirbt oder einen schweren und länger dauernden gesundheitlichen Schaden erleidet« (MünchKomm-Schwab 2002, §1904 Rn. 61; zu den Begriffen »Untersuchung«, »Heilbehandlung«, »ärztlicher Eingriff« und »schwerer und länger dauernder gesundheitlicher Schaden« s. unten). Selbstverständlich kommt auch eine partielle Vollmacht in Betracht.

Fortbestehende Wirksamkeit der Vollmacht. Aus der Patientenvollmacht kann nur dann auf die Einwilligung des Betroffenen zu konkreten Maßnahmen geschlossen werden, wenn die darin niedergelegte Willensrichtung zum Zeitpunkt des ärztlichen Eingriffs fortbesteht. Die Vollmacht darf also noch nicht widerrufen worden sein, was jederzeit und formlos möglich ist. Der Widerruf setzt – wie die Bevollmächtigung selbst – zumindest partielle Geschäftsfähigkeit des Betroffenen voraus. Fehlt diese, kommt ein Widerruf seitens des Kontrollbetreuers in Betracht (MünchKomm-Schwab 2002, § 1904 Rn. 65), sofern ein solcher gem. § 1896 Abs. 3 BGB bestellt wurde (zum Kontrollbetreuer s. Erman-Holzhauer 2004, § 1896 Rn. 46 BGB; ► Abschn. 5.2.1).

Vormundschaftsgerichtliche Genehmigung. Schließlich erfordert die wirksame Einwilligung in gravierende ärztliche Maßnahmen eine Genehmigung durch das Vormundschaftsgericht (§ 1904 Abs. 2 S. 1 BGB). Insofern gilt nichts anderes als bei der stellvertretenden Einwilligung durch den Betreuer (s. unten).

Einfachere und dringende Eingriffe: Einwilligung allein durch den Betreuer

Die Frage, ob ein Betreuer bei Einwilligungsunfähigkeit des Betroffenen allein über die Vornahme der ärztlichen Maßnahme entscheiden kann, beantwortet § 1904 Abs. 1 BGB wie folgt: »[1]Die Einwilligung des Betreuers in eine Untersuchung des Gesundheitszustandes, eine Heilbehandlung oder einen ärztlichen Eingriff bedarf der Genehmigung des Vormundschaftsgerichts, wenn die begründete Gefahr besteht, dass der Betreute auf Grund der Maßnahme stirbt oder einen schweren und länger dauernden gesundheitlichen Schaden erleidet. [2]Ohne die Genehmigung darf die Maßnahme nur durchgeführt werden, wenn mit dem Aufschub Gefahr verbunden ist.«

Der Betreuer besitzt demnach die alleinige Entscheidungskompetenz, wenn

- nicht die begründete Gefahr besteht, dass der Betreute aufgrund der ärztlichen Maßnah-

me verstirbt oder zumindest einen schweren und länger dauernden gesundheitlichen Schaden erleidet (Umkehrschluss aus § 1904 Abs. 1 S. 1 BGB), oder
- diese Gefahr zwar besteht, jedoch mit der Einholung der vormundschaftsgerichtlichen Genehmigung Gefahr verbunden wäre (§ 1904 Abs. 1 S. 2 BGB).

Diese Kompetenzverteilung entspricht weitgehend derjenigen bei der Vornahme von Rechtsgeschäften: Im Falle der Geschäfts-/Einwilligungsfähigkeit darf der Betreute allein entscheiden, bei fehlender Geschäfts-/Einwilligungsfähigkeit wird er durch den Betreuer vertreten, wobei Rechtsgeschäfte/Einwilligungen mit besonders gravierenden und weitreichenden Folgen überdies vom Vormundschaftsgericht zu genehmigen sind.

Zu beachten bleibt, dass im Falle des § 1904 Abs. 1 S. 2 BGB, also bei drohender Gefahr, zwar auf die Genehmigung des Vormundschaftsgerichts verzichtet wird, nicht jedoch auf die Einwilligung des Betreuers, die zumindest mutmaßlich bestehen muss (Tröndle u. Fischer 2001, § 223 StGB Rn. 9a; zur mutmaßlichen Einwilligung Tröndle u. Fischer 2004, § 223 StGB Rn. 15 f.; Deutsch u. Spickhoff 2003).

Gravierende Eingriffe: vormundschaftsgerichtliche Genehmigung

Bei begründeter Gefahr für Leben oder Gesundheit durch die Untersuchung, die Heilbehandlung oder den ärztlichen Eingriff ist neben der Einwilligung des Betreuers die vormundschaftsgerichtliche Genehmigung erforderlich (§ 1904 Abs. 1 S. 1 BGB).

Untersuchung des Gesundheitszustandes, Heilbehandlung, ärztlicher Eingriff

Mit einer Untersuchung des Gesundheitszustandes sind im Rahmen des § 1904 Abs. 1 S. 1 BGB alle Formen diagnostischer Verfahren gemeint. Heilbehandlungen im Sinne des Gesetzes richten sich auf die Herstellung der Gesundheit, die Linderung von Krankheit oder ihrer Folgen bzw. ihre Verhütung. Der Begriff des ärztlichen Eingriffs hat nur noch eine Auffangfunktion für Maßnahmen, die nicht bereits als Heilbehandlung gelten, aber dennoch die körperliche Unversehrtheit beeinträchtigen (Beispiele für ärztliche Eingriffe im letztgenannten Sinne: Schönheitsoperationen, medizinisch nicht indizierte Schwangerschaftsabbrüche).

Begründete Gefahr für Leben oder Gesundheit

Wann die begründete Gefahr besteht, dass der Patient infolge der ärztlichen Maßnahme stirbt oder einen schweren und länger dauernden gesundheitlichen Schaden erleidet, ist schwer festzustellen. Eine gesetzliche Konkretisierung fehlt.

Begriff der »begründeten Gefahr«. Nicht ausreichend für die Annahme einer begründeten Gefahr sind bloße Befürchtungen. Es bedarf einer objektiven, d. h. ernstlichen und konkret zu erwartenden Gefahr (BT-Drucks. 11/6949, S. 73), die unter Berücksichtigung aller Umstände beurteilt werden muss (Schwab 1990).

Beispiel
Während z. B. die Operation eines jungen, an sich gesunden Menschen unter Umständen nur ein normales Risiko darstellt, kann derselbe Eingriff bei einem älteren Menschen mit gestörter Blutgerinnung überdurchschnittlich gefährlich sein.

Erforderlich ist nach überwiegender Ansicht zudem, dass das Risiko der ärztlichen Maßnahme bei kunstgerechter Durchführung signifikant über dem Durchschnittsrisiko medizinischer Behandlungen liegt (MünchKomm-Schwab 2002, § 1904 Rn. 28). Im Rahmen dieser Prognose werden Behandlungsfehler des Arztes nicht berücksichtigt, weil eine solche Betrachtungsweise zur Genehmigungspflicht der Mehrzahl der medizinischen Maßnahmen führen würde. Die Möglichkeit eines Behandlungsfehlers ist nämlich stets in Betracht zu ziehen. Eine regelmäßige Pflicht zur Genehmigung entspräche aber nicht der Intention des Gesetzgebers, der mit § 1904 BGB eine Ausnahmevorschrift schaffen wollte.

Bisweilen wird vertreten, eine begründete Gefahr liege ab einem bestimmten, prozentual festgelegten Wahrscheinlichkeitsgrad des Risikoeintritts vor. Im Schrifttum wird eine Komplikationshäufigkeit von mindestens 20% diskutiert (Wiebach et al. 1997). Demgegenüber lässt das LG Berlin eine allgemeine Schadenswahrscheinlichkeit von 8–10% genügen, wenn der Patient einer Risikogruppe zugehört, bei der das Schadensrisiko bis auf das Dreifache ansteigen kann (LG Berlin, FamRZ 1993, S. 598). Problematisch bei diesen Berechnungen ist, dass sich eine individuelle, auf den konkreten Einzelfall bezogene Wahrscheinlichkeitsangabe häufig nicht machen lässt.

Begriff des »schweren und länger dauernden gesundheitlichen Schadens«. Die Gefahr muss darauf gerichtet sein, dass der Patient einen schweren und länger dauernden gesundheitlichen Schaden erleidet. Demgemäß genügt eine schwere, aber nur kurz anhaltende Gesundheitsstörung ebenso wenig wie ein langfristiges Leiden geringen Ausmaßes. Eine »längere Dauer« im Sinne der Norm wird ab einem Jahr angenommen. Je nach Schwere der gesundheitlichen Beeinträchtigung sind Abweichungen möglich (BT-Drucks. 11/4528, S. 140 f.). Bezüglich der Schwere des gesundheitlichen Schadens verweist die amtliche Begründung zu § 1904 BGB auf den Katalog des § 226 Abs. 1 StGB. Ein schwerer gesundheitlicher Schaden liegt demnach vor bei Verlust eines oder beider Augen, des Gehörs, des Sprechvermögens, der Fortpflanzungsfähigkeit oder eines wichtigen Körpergliedes, ferner bei dauernder Entstellung in erheblicher Weise und bei Verfall in Siechtum, Lähmung oder geistiger Krankheit oder Behinderung.

! Die Frage, ob die begründete Gefahr eines schweren und länger dauernden gesundheitlichen Schadens besteht, stellt sich speziell bei der **Langzeitverordnung von Psychopharmaka**, deren regelmäßige Einnahme grundsätzlich zu gravierenden und lang anhaltenden Gesundheitsbeeinträchtigungen im Sinne von Nebenwirkungen führen kann. Dies gilt insbesondere dann, wenn bestimmte Risikofaktoren kumulieren. Eine Genehmigungspflicht besteht dennoch nicht generell.

Elektrokrampftherapien erfordern eine vormundschaftsgerichtliche Genehmigung in aller Regel nicht, da es sich unter der Beachtung der Kontraindikation um eine sichere Maßnahme zur Behandlung schwerer Depressionen und kataton ausgeprägter schizophrener Psychosen handelt. Die hauptsächlich anzutreffende Nebenwirkung der Amnesie lässt sich bei Einsatz der unilateralen Stimulation nur vereinzelt und angesichts der Gefährlichkeit der behandelten Krankheit in vernachlässigbarer Schwere beobachten.

Entscheidung über die Genehmigungsbedürftigkeit

Ob eine medizinische Maßnahme genehmigungspflichtig ist, hat der Betreuer zu klären. Hierzu kann er sich an den behandelnden Arzt wenden oder auch richterliche Beratung in Anspruch nehmen (§ 1908i Abs. 1 S. 1 in Verbindung mit § 1837 Abs. 1 S. 1 BGB). Ferner besteht für ihn die Möglichkeit, die Genehmigung beim Vormundschaftsgericht sofort einzuholen, allerdings mit dem Risiko, dass dieses sie nicht für notwendig erachtet. Deshalb kann der Betreuer auch ein sog. gerichtliches Negativattest beantragen (Bienwald 1999, § 1904 Rn. 21).

Hält das Vormundschaftsgericht die Einwilligung des Betreuers für genehmigungspflichtig, ordnet es – sofern der Betreuer eine andere Auffassung vertritt – die Einholung der Genehmigung an und setzt zur Beachtung dieser Anweisung gegebenenfalls ein Zwangsgeld fest (§ 1908i Abs. 1 S. 1 BGB in Verbindung mit § 1837 Abs. 2 S. 1 und Abs. 3 S. 1 BGB). Auch die Entlassung des Betreuers kommt in Betracht (§ 1908b Abs. 1 S. 1 BGB).

Doppelte Genehmigungspflichtigkeit

Die Genehmigung der ärztlichen Maßnahme erstreckt sich nur auf diese selbst. Soll im Zuge der medizinischen Behandlung zugleich eine Unterbringung oder eine unterbringungsähnliche Maßnahme erfolgen (▶ Abschn. 5.7), wird hierfür eine weitere Genehmigung des Vormundschaftsgerichts benötigt.

Abbruch lebensverlängernder Maßnahmen

Lange Zeit war umstritten, ob der Betreuer/Bevollmächtigte der vormundschaftsgerichtlichen Genehmigung auch dann bedarf, wenn er (entsprechend dem – etwa in einem Patiententestament geäußerten – Willen des Betroffenen) in den Abbruch lebensverlängernder Maßnahmen einwilligt.

Der Abbruch lebensverlängernder Maßnahmen ist jedenfalls bei einem tödlich Kranken, dessen Grundleiden mit infauster Prognose einen irreversiblen Verlauf angenommen hat und zum nahen Tod führen wird, gerechtfertigt (sog. passive Sterbehilfe). Hat der Sterbevorgang noch nicht eingesetzt, so kommt ein Abbruch der Behandlung dagegen nur in Grenzfällen in Betracht. Schließlich dürfen an einen tödlich Erkrankten auch schmerzlindernde Medikamente verabreicht werden, die als Nebenwirkung den Todeseintritt beschleunigen (sog. indirekte Sterbehilfe). **Alle Formen der Sterbehilfe sind stets nur mit Einwilligung des Patienten zulässig.**

Der BGH hat die Notwendigkeit vormundschaftsgerichtlicher Genehmigung in einer aufsehenerregenden Entscheidung bejaht (BGH NJW 2003, S. 1588). Das gerichtliche Verfahren biete den angemessenen Rahmen für die Prüfung, ob der Betreuer (Bevollmächtigte) den Willen des Betroffenen erschöpfend ermittelt habe oder nach den Umständen des Einzelfalls weitere Erkundigungen notwendig seien. Darüber hinaus eröffne es die Möglichkeit, für alle Beteiligten (und somit nicht zuletzt auch zum Schutze des Betreuers/Bevollmächtigten) verbindlich festzustellen, dass die Einstellung der Behandlung in der nunmehr vorliegenden Situation dem Willen des Betroffenen wirklich entspreche.

Aus rechtlicher Sicht ist interessant, dass der BGH die Genehmigungsbedürftigkeit des Abbruchs von lebensverlängernden Maßnahmen nicht auf eine (analoge) Anwendung von § 1904 BGB stützt, weil es insoweit an einer Gleichheit der Problemlagen fehle: Der von § 1904 BGB bezweckte Schutz eines heilungsfähigen Patienten vor dem Einsatz riskanter medizinischer Mittel sei etwas anderes als die medizinische Versorgung eines tödlich und unheilbar erkrankten Menschen. Stattdessen begründet der BGH die Zuständigkeit des Vormundschaftsgerichts mit einem »unabweisbaren Bedürfnis des Betreuungsrechts«. Das Zustimmungserfordernis trage den Grundrechten des Betreuten auf Leben, Selbstbestimmung und Menschenwürde in ausgewogener Weise Rechnung. Zugleich bestehe die Notwendigkeit, den Betreuer zu entlasten; ihm werde mit der Entscheidung über den Abbruch lebensverlängernder oder -erhaltender Behandlungen des Betreuten eine schwere Last aufgebürdet, die allein zu tragen ihm nicht zugemutet werden könne.

Zugleich betonte der BGH in seinem Urteil, dass für eine Einwilligung des Betreuers (Bevollmächtigten) in eine lebensverlängernde oder -erhaltende Behandlung ebenso wie für die entsprechende vormundschaftsgerichtliche Genehmigung kein Raum sei, »wenn ärztlicherseits eine solche Behandlung nicht angeboten werde – sei es, dass sie nach Auffassung der behandelnden Ärzte von vornherein medizinisch nicht indiziert, sinnlos geworden oder aus sonstigen Gründen nicht möglich sei«.

Fehlt es an einem ärztlichen Angebot zur Weiterbehandlung des Betroffenen, kommt eine vormundschaftsgerichtliche Prüfung allenfalls insoweit in Betracht, »als die Pflicht des Betreuers in Frage steht, in Wahrnehmung der Interessen des Betroffenen die Erfüllung des ärztlichen Heilauftrages durch die Einforderung bestimmter lebensverlängernder oder -erhaltender Maßnahmen durchzusetzen« (BGH NJW 2003, S. 1593). Das Vormundschaftsgericht trifft insofern eine Pflicht zur Beaufsichtigung (und ggf. Entlassung) des Betreuers (§ 1908i BGB in Verbindung mit §§ 1837, 1908b BGB).

Sterilisation

Auch wenn es sich bei dem vorzunehmenden ärztlichen Eingriff um eine Sterilisation handelt, bedarf die Einwilligung des gem. § 1899 Abs. 2 BGB speziell für die Sterilisation zu bestellenden besonderen Betreuers der vormundschaftsgerichtlichen Genehmigung (§ 1905 Abs. 2 S. 1 BGB; MünchKomm-Schwab 2002, § 1905 Rn. 1 ff.).

Zwangsbehandlungen

Aus dem Recht zur freien Selbstbestimmung ergibt sich, dass ein medizinischer Eingriff zu unterbleiben hat, wenn ein einwilligungsfähiger Patient seine Einwilligung verweigert (s. oben). Bei Einwilligungsunfähigkeit des Betroffenen hielt man im Falle körperlicher Gegenwehr physische Gewalt zur Erreichung des medizinischen Zweckes lange Zeit für denkbar (sog. Zwangsbehandlung). Zumindest lebensrettende Maßnahmen sollten durchgeführt werden können.

Mittlerweile hat die Rechtsprechung jedoch gegen die Zwangsbehandlung betreuter Personen entschieden (BGH FamRZ 2001, S. 149 ff.). Der gegen den natürlichen Willen des Betroffenen vorgenommene medizinische Eingriff stelle eine Freiheitsbeschränkung dar, für die es gem. Art. 2 Abs. 2 GG und Art. 104 Abs. 1 GG eines formellen Gesetzes bedürfe. Außer in den Fällen gesetzlich zulässiger Freiheitsentziehungen sei körperlicher Zwang gegenüber einem Betreuten verboten.

5.3.3 Gutachten zur Beurteilung einzelner Handlungen des Betreuten

Bei der Frage, ob ein Rechtsgeschäft wirksam ist, kommt es auf die Geschäftsfähigkeit bzw. die Einwilligungsfähigkeit des Betroffenen an. Beides kann der Richter oft nur mit sachverständiger Hilfe feststellen.

Begutachtung der Geschäftsfähigkeit

Besondere Schwierigkeiten bestehen für den Sachverständigen, wenn das fragliche Rechtsgeschäft bereits vor längerer Zeit vorgenommen wurde, so z. B. bei der Klärung der Frage, ob der (inzwischen verstorbene) Erblasser zum Zeitpunkt der Errichtung seines Testaments testierfähig im Sinne des § 2229 BGB war (▶ Kap. 6). Falls der Sachverständige die betroffene Person kannte, z. B. weil er im Rahmen einer Betreuerbestellung ein Gutachten erstellt hatte, darf er auf seine alten Aufzeichnungen zurückgreifen. Diesbezüglich zeigt sich in der Rechtsprechung eine Tendenz, die ärztliche Schweigepflicht als nicht verletzt anzusehen. Denn die Feststellung der Testierfähigkeit entspricht in aller Regel dem mutmaßlichen Willen des Erblassers, sodass ein Verstoß gegen die ärztliche Schweigepflicht, der an sich gem. § 203 StGB strafbar ist, gerechtfertigt erscheint (BGHZ 91, S. 392, 398).

Aus älteren Gutachten dürfen jedoch keine pauschalen Schlüsse gezogen werden. Vielmehr muss der Sachverständige sein Gutachten einzelfallbezogen erstellen und sich dabei gegebenenfalls auch kritisch mit den von ihm oder anderen (Notar etc.) getroffenen Feststellungen auseinandersetzen. Deshalb ist es nicht zulässig und auch wenig sinnvoll, wenn ein Sachverständiger, der im Rahmen der Beurteilung eines früheren Rechtsgeschäftes die Geschäftsunfähigkeit des Betroffenen festgestellt hatte, diese automatisch auch für alle folgenden Rechtsgeschäfte annimmt.

Begutachtung der Einwilligungsfähigkeit

Das eben Angeführte gilt sinngemäß für die Begutachtung der Einwilligungsfähigkeit. Des Weiteren wird auf die Ausführungen zur Betreuerbestellung verwiesen (s. unter ▶ 5.2.2). Anzumerken bleibt, dass der psychiatrische Sachverständige in den Fällen des § 1904 BGB keine Aussagen zu den Erfolgsaussichten der ärztlichen Maßnahme zu treffen hat, sondern sich allein auf die Begutachtung der Einwilligungsfähigkeit des Betroffenen konzentrieren soll.

5.4 Einwilligungsvorbehalt

Wie bereits ausgeführt, wird die Geschäftsfähigkeit des Betroffenen durch die Bestellung eines Betreuers nicht berührt. Der Betroffene kann daher grundsätzlich nach wie vor Rechtsgeschäfte tätigen. In vielen Fällen besteht aber das Bedürfnis, die Teilnahme des Betroffenen am Rechtsverkehr zu seinem eigenen Schutz einzuschränken.

Diesem Anliegen kann mit Hilfe des sog. Einwilligungsvorbehalts (§ 1903 BGB) nachgekommen werden. Ordnet das Vormundschaftsgericht ihn an, bedarf der Betreute zur wirksamen Abgabe einer Willenserklärung in dem vom Einwilligungsvorbehalt erfassten Bereich der Zustimmung des Betreuers. Dadurch kann der Betreuer jedes Rechtsgeschäft, das der Betreute vornimmt, kontrollieren und gegebenenfalls scheitern lassen.

5.4.1 Juristische Voraussetzungen

Da der Einwilligungsvorbehalt stärker in die Privatautonomie des Betreuten eingreift als die bloße Bestellung eines Betreuers, sind auch die gesetzlichen Anforderungen strenger.

Voraussetzungen des Einwilligungsvorbehaltes (§ 1903 Abs. 1 S. 1 BGB)

- Es muss ein Betreuer bestellt sein, in dessen Aufgabenbereich die fragliche Angelegenheit liegt.
- Gegenstand des Einwilligungsvorbehaltes sind Willenserklärungen oder geschäftsähnliche Handlungen, die nicht höchstpersönlicher Natur sind.
- Der Betreute muss außerstande sein, die Angelegenheit selbstverantwortlich zu regeln.
- Daraus resultiert eine erhebliche Gefahr entweder für die Person des Betreuten oder für das Vermögen des Betreuten.
- Der Einwilligungsvorbehalt ist zur Abwendung der Gefahr erforderlich.

Bestellung eines Betreuers mit entsprechendem Aufgabenkreis

Bereits vor der Anordnung des Einwilligungsvorbehaltes muss ein Betreuer bestellt worden sein, in dessen Aufgabenkreis die vom Einwilligungsvorbehalt erfasste Angelegenheit fällt. Es erscheint jedoch denkbar und aufgrund des Erforderlichkeitsprinzips sogar unter Umständen zwingend, dass der Einwilligungsvorbehalt sich nicht auf den gesamten Aufgabenkreis des Betreuers erstreckt (vgl. § 1903 Abs. 1 S. 1 BGB: »**Soweit** dies [...] erforderlich ist«).

Gegenstand des Einwilligungsvorbehaltes

Der Einwilligungsvorbehalt bezieht sich zunächst nur auf Willenserklärungen des Betreuten (§ 1903 Abs. 1 S. 1 BGB). Über den Wortlaut hinaus darf er jedoch auch für geschäftsähnliche Handlungen angeordnet werden, deren Rechtsfolgen unabhängig davon eintreten, ob sie gewollt sind oder nicht, so z. B. für Mahnungen (§ 286 Abs. 1 BGB) oder Fristsetzungen mit Ablehnungsandrohung (§ 281 Abs. 1 S. 1 BGB)

Gemäß § 69l Abs. 2 S. 1 FGG kann sich der Einwilligungsvorbehalt ferner auf die »Aufenthaltsbestimmung des Betreuten« erstrecken. Da die Aufenthaltsbestimmung selbst weder ein Rechtsgeschäft noch eine geschäftsähnliche Handlung darstellt, können damit nur Willenserklärungen gemeint sein, die im Rahmen der Aufenthaltsbestimmung Bedeutung erlangen, so etwa die Kündigung einer Mietwohnung oder die im Rahmen der Wohnsitzbegründung/-aufhebung erforderlichen (geschäftsähnlichen) Erklärungen. Nur auf sie kann sich ein Einwilligungsvorbehalt beziehen.

Der Einwilligungsvorbehalt darf sich gem. § 1903 Abs. 2 BGB nicht auf Willenserklärungen erstrecken, die auf die Eingehung einer Ehe oder auf eine Verfügung von Todes wegen gerichtet sind. Auch für sonstige höchstpersönliche Willenserklärungen kommt ein Einwilligungsvorbehalt grundsätzlich nicht in Betracht (Palandt-Diederichsen 2005, § 1903 Rn. 13).

Darüber hinaus existiert eine Vielzahl von Erklärungen, hinsichtlich derer die Anordnung eines Einwilligungsvorbehaltes kraft ihrer Eigenart untersagt ist. Zu nennen ist insbesondere die **Einwilligung in ärztliche Maßnahmen** oder in Freiheitsentziehungen, des Weiteren Willenserklärungen bezüglich Angelegenheiten des religiösen Bekenntnisses sowie solche, die der Betreute als gesetzlicher Vertreter seiner Kinder abgibt oder empfängt (MünchKomm-Schwab 2002, § 1903 Rn. 23).

Übergesetzliche Ergänzung: Unvermögen zur freien Willensbildung

Der Betroffene muss nach der Rechtsprechung aufgrund seiner Erkrankung außerstande sein, in dem vom Einwilligungsvorbehalt berührten Bereich selbstverantwortlich zu handeln (BayOLG, FamRZ 1995, S. 1518 f.). Er darf also seinen Willen nicht frei bestimmen können. Damit scheidet bei lediglich körperlich Behinderten die Anordnung eines Einwilligungsvorbehaltes aus.

Erhebliche Gefahr für die Person oder das Vermögen des Betreuten

Aus dem Unvermögen des Betreuten zur eigenen Entscheidung muss eine erhebliche Gefahr für seine Person oder sein Vermögen resultieren. Darunter ist die konkrete Befürchtung zu verstehen, der Betreute werde sich ohne den Einwilligungsvorbehalt selbst beträchtlich schädigen. Dies betrifft beispielsweise

- Personen mit querulatorischen Persönlichkeitsakzentuierungen, die sich unnötig Prozesskosten aufbürden;
- Personen, die Anlass zur Sorge geben, ordnungsgemäße Willenserklärungen ihres Betreuers zu widerrufen.

Ein Einwilligungsvorbehalt erübrigt sich daher in aller Regel bei leichten Krankheiten oder Behinderungen, weil bei solchen Leiden normalerweise nicht die Gefahr besteht, dass der Betreute sich durch Willenserklärungen selbst schadet. Das Gleiche gilt in schwerwiegenden Fällen, wenn der Betreute geschäftsunfähig ist und in Folge dessen sein Handeln gem. § 105 Abs. 1 BGB keine Rechtsfolgen auslöst (BT-Drucks. 11/4528, S. 137).

Zu beachten ist jedoch, dass im Rahmen des § 105 Abs. 1 BGB demjenigen die Beweislast obliegt, der sich auf die Geschäftsunfähigkeit beruft. Gelingt diese Beweisführung nicht, gilt der Betroffene als geschäftsfähig. Gerade in Grenzfällen bzw. bei fehlender Erkennbarkeit der Geschäftsunfähigkeit liegt daher eine Gefahr vor, die mittels des Einwilligungsvorbehaltes abgewandt werden kann. In solchen Konstellationen kommt dem Einwilligungsvorbehalt somit vor allem eine klarstellende Funktion zu (Bienwald 1999, § 1903 Rn. 4).

Eine erhebliche Gefahr für die Person des Betreuten setzt voraus, dass Rechtsgüter wie Leben, Gesundheit oder andere wichtige Persönlichkeitsgüter gefährdet werden. Demgegenüber rechtfertigt eine Vermögensgefahr die Anordnung eines Einwilligungsvorbehalts nur in schwerwiegenden Fällen. Die Gefahr geringfügiger Vermögensschäden reicht ebenso wenig aus wie eine lediglich potenzielle Gefahr. Es muss vielmehr das Vermögen des Betreuten hinreichend konkret gefährdet sein, das dieser für seinen Lebensunterhalt bzw. die Erfüllung seiner Verpflichtungen benötigt (MünchKomm-Schwab 2002, § 1903 Rn. 9).

Erforderlichkeit

Wie im gesamten Betreuungsrecht gilt auch bei der Anordnung des Einwilligungsvorbehaltes das Erforderlichkeitsprinzip. Maßgeblich ist dabei nicht die Schwere der Erkrankung, sondern allein, ob der Einwilligungsvorbehalt geeignet, erforderlich und geboten erscheint, die drohenden Gefahren für die Person oder das Vermögen des Betreuten abzuwenden.

Die Geeignetheit kann nur bejaht werden, wenn die abzuwehrende Gefahr aus dem rechtsgeschäftlichen (oder geschäftsähnlichen) Bereich stammt. Denn nur dort kann der Einwilligungsvorbehalt wirken. Resultiert z. B. die abzuwendende Gefahr aus einem deliktischen Handeln des Betreuten – etwa in Form von riskanter Autofahrweise – wäre ein Einwilligungsvorbehalt ungeeignet. Die Erforderlichkeit ist zu bejahen, wenn kein milderes Mittel zur Gefahrenabwehr eingreift (Beispiele für mildere Mittel: Beratung oder Hilfe bei der Durchführung von Rechtsgeschäften). Schließlich muss der Einwilligungsvorbehalt geboten sein. Er ist also auf diejenigen Bereiche zu begrenzen, aus denen die Gefahr stammt.

5.4.2 Gutachten im Rahmen der Anordnung des Einwilligungsvorbehaltes

Für die Anordnung eines Einwilligungsvorbehaltes bedarf es regelmäßig eines psychiatrischen Sachverständigengutachtens. Dies ergibt sich aus § 68b Abs. 2 FGG, der gerade nicht auf die Fälle des § 68b Abs. 1 S. 2 und S. 3 FGG verweist, in denen ein ärztliches Gutachten genügen kann. Für den Inhalt und die Vorbereitung des Gutachtens gelten diejenigen Vorschriften entsprechend, die hinsichtlich der Begutachtung im Rahmen der Betreuerbestellung Anwendung finden (§ 68b Abs. 2 FGG).

Vom Sachverständigen ist damit vor der Anordnung des Einwilligungsvorbehalts folgendes zu erörtern:

- Notwendigkeit des Einwilligungsvorbehalts (d. h. das Vorliegen seiner in § 1903 BGB geregelten Voraussetzungen);
- Umfang des Aufgabenkreises, auf den sich der Einwilligungsvorbehalt erstrecken soll;
- voraussichtliche Dauer des Einwilligungsvorbehalts.

Insofern kann auf die Ausführungen zu den Voraussetzungen des Einwilligungsvorbehaltes (► Abschn. 5.4.1) und zu den Anforderungen an das Gutachten bei der Bestellung eines Betreuers (► Abschn. 5.2.2) verwiesen werden.

5.4.3 Auswirkungen des Einwilligungsvorbehalts

Der Einwilligungsvorbehalt wirkt sich auf nach seiner Anordnung vom Betreuten getätigte Rechtsgeschäfte wie folgt aus:

! Sofern das Rechtsgeschäft nicht in den vom Einwilligungsvorbehalt erfassten Bereich fällt, ist es zustimmungsfrei, sodass es für seine Wirksamkeit allein auf die Geschäftsfähigkeit des Betreuten ankommt.

Fällt das Rechtsgeschäft hingegen in den vom Einwilligungsvorbehalt erfassten Bereich, muss danach unterschieden werden, ob der Betreute geschäftsfähig oder geschäftsunfähig ist.

Rechtsgeschäfte des geschäftsfähigen Betreuten

Jedes vom Einwilligungsvorbehalt umfasste Rechtsgeschäft bleibt grundsätzlich ungeachtet der Geschäftsfähigkeit des Betreuten zunächst schwebend unwirksam. Stimmt der Betreuer zu, wird das Rechtsgeschäft gem. § 1903 Abs. 1 S. 2 BGB, § 108 Abs. 1 BGB und § 184 Abs. 1 BGB von Anfang an wirksam. Verweigert er die Zustimmung, so bleibt es unwirksam.

Die Zustimmung kann der Betreuer als Einwilligung entweder bereits vor Abschluss des Rechtsgeschäftes abgeben (§ 183 S. 1 BGB) oder als Genehmigung, nachdem der Betreute das Rechtsgeschäft schon vorgenommen hat (§ 184 Abs. 1 BGB). Die Zustimmung wird entweder gegenüber dem Betreuten oder gegenüber dem Adressaten der Willenserklärung erteilt (§ 182 Abs. 1. BGB); Formerfordernisse bestehen nicht (§ 182 Abs. 2 BGB).

Von dem geschilderten Grundsatz schwebender Unwirksamkeit gibt es allerdings zwei Ausnahmen:

- Zunächst sind alle einseitigen Rechtsgeschäfte des Betreuten gem. § 1903 Abs. 2 BGB in Verbindung mit § 111 S. 1 BGB ohne Einwilligung von Beginn an unwirksam; eine spätere Genehmigung scheidet aus.
- Überdies kann der Vertragspartner verlangen, dass ihm die Einwilligung schriftlich vorgelegt wird (§ 111 S. 2 BGB).

Darüber hinaus gibt es einige Rechtsgeschäfte, die ungeachtet eines Einwilligungsvorbehaltes zustimmungsunabhängig sind: Dies betrifft gem. § 1903 Abs. 3 S. 1 BGB zunächst alle diejenigen Rechtsgeschäfte, die dem Betreuten lediglich einen rechtlichen Vorteil bringen. Das ist immer dann der Fall, wenn dem Betreuten zwar Rechte, aber keine Pflichten entstehen, wie z. B. bei der Annahme eines Schenkungsversprechens. Darüber entscheidet der rechtliche Vorteil; lediglich wirtschaftlich vorteilhafte Geschäfte, wie etwa der Kauf eines Gegenstandes zu einem günstigen Preis, sind stets zustimmungsbedürftig, da sie eine Verpflichtung zur Kaufpreiszahlung auslösen.

Auch geringfügige Angelegenheiten des täglichen Lebens kann der Betreute selbständig tätigen, soweit das Gericht nicht etwas anderes angeordnet hat (§ 1903 Abs. 3 S. 2 BGB): Dementsprechend kann das Gericht z. B. gegenüber einem Alkoholkranken verfügen, dass er auch zu Geschäften des täglichen Lebens der Zustimmung des Betreuers bedarf, um zu verhindern, dass er sich Alkohol verschafft. Was eine geringfügige Angelegenheit ist, bestimmen die wirtschaftlichen Verhältnisse des Betreuten. Regelmäßig erfasst sind alltägliche Bargeschäfte über geringwertige Gegenstände (Palandt-Diederichsen 2005, § 1903 Rn. 18).

Schließlich sind auch die in § 110 BGB, § 112 BGB und § 113 BGB genannten Tatbestände zustimmungsfrei. Es handelt sich zum einen um Rechtsgeschäfte, die der Betreute mit ihm eigens zur freien Verfügung oder zu bestimmten Zwecken überlassenen Mitteln bewirkt, ferner um den seltenen Fall, dass er ein selbstständiges Erwerbsgeschäft betreibt oder sich in einem Dienst- bzw. Arbeitsverhältnis befindet.

Rechtsgeschäfte des geschäftsunfähigen Betreuten

Die Rechtsgeschäfte eines geschäftsunfähigen Betreuten sind grundsätzlich gem. § 104 Nr. 2 BGB und § 105 Abs. 1 BGB nichtig (► Abschn. 5.3.1 und Kap. 6). Da die Zustimmung des Betreuers ein notwendiges, aber nicht hinreichendes Erfordernis für die Wirksamkeit des Rechtsgeschäftes darstellt, kann auch sie dem nichtigen Rechtsgeschäft nicht zur Wirksamkeit verhelfen. Das Problem, dass durch die Zustimmung des Betreuers der Rechtsverkehr irregeführt werden kann, ist im Interesse des Betreuten hinzunehmen.

Beispiel

Hierin zeigt sich der Unterschied zwischen Zustimmungsbefugnis und Vertretungsmacht des Betreuers: Tritt der Betreuer nämlich als Vertreter auf, so kommt es auf die Geschäftsfähigkeit des Betreuten nicht an (s. unter ► 5.3.1).

Regelmäßig kann auch der geschäftsunfähige und unter Einwilligungsvorbehalt stehende Betreute ohne Zustimmung seines Betreuers Rechtsgeschäfte des täglichen Lebens tätigen. Dass die diesbezüglichen Willenserklärungen des Betreuten als wirksam gelten können, folgt aus § 105a BGB (► Abschn. 5.3.1). Die Zustimmungsfreiheit ergibt sich aus § 1903 Abs. 3 S. 2 BGB, wobei es dem Gericht freisteht, etwas anderes anzuordnen (s. oben).

5.5 Einstweilige Anordnung der Betreuung oder des Einwilligungsvorbehalts

Ist zum Schutze des Betroffenen Eile geboten, kann das Gericht durch einstweilige Anordnungen gem. § 69f Abs. 1 S. 1 FGG einen vorläufigen Betreuer bestellen (sog. Eilbetreuung) oder einen vorläufigen Einwilligungsvorbehalt anordnen. In der Praxis wird der Antrag auf einstweilige Anordnungen einer Betreuung häufig im Zusammenhang mit einer bevorstehenden Unterbringung des Betroffenen gestellt. Dabei kommt es zu Abgrenzungsschwierigkeiten zwischen der Unterbringung im Sinne des § 1906 BGB und derjenigen nach Landesrecht (z. B. PsychKG/NW, ► Abschn. 5.7.1).

Einstweilige Anordnung der Betreuung oder des Einwilligungsvorbehalts

Das Gericht kann gem. § 69f Abs. 1 S. 1 FGG durch einstweilige Anordnung einen vorläufigen Betreuer bestellen oder einen vorläufigen Einwilligungsvorbehalt anordnen, wenn:

- dringende Gründe für die Annahme bestehen, dass die Voraussetzungen für die Bestellung eines Betreuers oder die Anordnung eines Einwilligungsvorbehalts gegeben sind;
- mit einem Aufschub der Betreuerbestellung bzw. der Anordnung des Einwilligungsvorbehalts Gefahr verbunden wäre;
- ein ärztliches Zeugnis über den Zustand des Betroffenen vorliegt (ein Sachverständigengutachten ist also nicht erforderlich; ► Abschn. 5.2.2);
- der Betroffene persönlich angehört worden ist (ebenso wie der Verfahrenspfleger, der bestellt werden muss, soweit dies zur Wahrnehmung der Interessen des Betroffenen erforderlich ist [§§ 69f Abs. 1 S. 1 Nr. 3, 67 Abs. 1 FGG]; dieses Erfordernis besteht insbesondere dann, wenn ein Betreuer bestellt werden soll, dessen Aufgabenkreis sich auf sämtliche Angelegenheiten des Betroffenen bezieht).

Die Anhörung des Betroffenen kann gem. § 69f Abs. 1 S. 2 FGG auch durch einen sog. ersuchten Richter erfolgen, der also einem anderen Gericht angehört als dem zuständigen Vormundschaftsgericht (vgl. § 362 ZPO). Sie darf völlig unterbleiben, wenn hiervon erhebliche Nachteile für die Gesundheit des Betroffenen zu besorgen sind, oder der Betroffene offensichtlich nicht in der Lage ist, seinen Willen kundzutun (§ 69f Abs. 1 S. 3 FGG in Verbindung mit § 69d Abs. 1 S. 4 FGG).

Bei Gefahr in Verzug sieht das Gesetz Einschränkungen der Verfahrensgarantien des Betroffenen vor: Nach § 69f Abs. 1 S. 4 FGG darf das Gericht die einstweilige Anordnung bereits vor der Anhörung des Betroffenen sowie vor Bestellung und Anhörung des Verfahrenspflegers erlassen. Diese Verfahrenshandlungen müssen allerdings unverzüglich nachgeholt werden.

Die Dauer der einstweiligen Anordnung der Betreuung bzw. des Einwilligungsvorbehalts ist auf höchstens 6 Monate begrenzt. Sie kann nach Anhörung eines Sachverständigen jedoch durch weitere einstweilige Anordnungen bis zu einer Gesamtdauer von einem Jahr verlängert werden (§ 69f Abs. 2 FGG).

Beispiel

Fall 5.5. Werner S., ein 54-jähriger ehemaliger Kraftfahrer, wurde in einem Fachkrankenhaus für Psychiatrie und Psychotherapie aufgenommen. Er war zum wiederholten Male von Alkohol intoxikiert eingewiesen worden. Nach wenigen Tagen stationären Aufenthaltes hatte er die Behandlung jeweils abgebrochen und war rückfällig geworden. Nun meinten die Ärzte, dass angesichts von Obdachlosigkeit, Verschuldung und massiven familiären Problemen der Zeitpunkt gekommen sei, auch gegen den erklärten Willen des Herrn S. eine längere Entwöhnungsbehandlung durchzuführen. Die Voraussetzungen einer akuten Suizidalität im Sinne des Unterbringungsgesetzes des Landes waren allerdings nicht gegeben. Der Antrag auf eine Eilbetreuung wurde vom Gericht nicht weiter verfolgt, da der Amtsrichter der Auffassung war, dass zu einem späteren Zeitpunkt in einem regulären Verfahren Zeit genug zur Befassung mit dieser Angelegenheit sei, die Eilbedürftigkeit also fehle. Nach über 4 Monaten wurde dann der Einrichtung einer Betreuung zugestimmt. Der Patient war zwischenzeitlich noch mehrere Male in delirantem Zustand in die Klinik eingeliefert worden.

Ebenso wie das Gericht einen Betreuer durch einstweilige Anordnung bestellen kann, hat es die Möglichkeit, ihn durch einstweilige Anordnung zu entlassen, wenn dringende Gründe für die Annahme bestehen, dass hierfür die erforderlichen Voraussetzungen vorliegen und mit dem Aufschub der Maßnahme Gefahr verbunden wäre (§ 69f Abs. 3 FGG). Die Entlassungsgründe finden sich in § 1908b BGB und liegen z. B. im Wegfall der Eignung des Betreuers oder einem anderen wichtigen Grund.

5.6 Aufhebung oder Änderung von Betreuung und Einwilligungsvorbehalt

Gemäß § 1908d Abs. 1 S. 1 BGB ist die Betreuung aufzuheben, sobald ihre Voraussetzungen wegfallen. Bei vermindertem Betreuungsbedarf bleibt die Betreuung bestehen, allerdings wird der Aufgabenkreis des Betreuers eingeschränkt (§ 1908d Abs. 1 S. 2 BGB). Dieser kann andererseits – soweit erforderlich – in entsprechender Anwendung der Vorschriften über die Betreuerbestellung auch erweitert werden (§ 1908d Abs. 3 BGB). Gleiches gilt für die Aufhebung oder Änderung des Einwilligungsvorbehaltes (§ 1908d Abs. 4 BGB).

Sowohl die Aufhebung als auch die Änderung von Betreuung bzw. Einwilligungsvorbehalt erfolgen von Amts wegen, es sei denn der Betreuer wurde auf Antrag des Betroffenen bestellt (§ 1908d Abs. 2 BGB).

5.7 Unterbringung und unterbringungsähnliche Maßnahmen

5.7.1 Unterbringung

Als Betreuungsmaßnahme kommt gem. § 1906 BGB auch eine mit Freiheitsentziehung verbundene Unterbringung des Betreuten in Betracht. Daneben hat das Vormundschaftsgericht gem. §§ 1908i Abs. 1 S. 1, 1846 BGB die Möglichkeit, eine Unterbringung als vorläufige (!) Maßnahme anzuordnen, sofern noch kein Betreuer bestellt oder dieser an der Erfüllung seiner Pflichten verhindert ist.

Anordnung der Unterbringung

Eine mit Freiheitsentziehung verbundene Unterbringung erfordert, dass sie zum Wohl des Betreuten erforderlich ist, weil

- aufgrund seines Leidens die Gefahr besteht, dass er sich selbst tötet oder erheblichen gesundheitlichen Schaden zufügt (§ 1906 Abs. 1 Nr. 1 BGB);
- eine medizinische Maßnahme notwendig wird, die eine Unterbringung erfordert, und der Betreute die Notwendigkeit der Unterbringung aufgrund seines Leidens nicht erkennen oder nicht nach dieser Einsicht handeln kann (§ 1906 Abs. 1 Nr. 2 BGB).

Eine Unterbringung bedarf grundsätzlich der Genehmigung des Vormundschaftsgerichts (§ 1906 Abs. 2 S. 1 BGB).

Mit Freiheitsentziehung verbundene Unterbringung

Von einer Unterbringung mit Freiheitsentziehung spricht man, wenn der Betroffene »gegen oder ohne seinen Willen in seiner gesamten Lebensführung auf einen gewissen räumlichen Bereich begrenzt und seine Möglichkeit zur Fortbewegung auf diesen Bereich beschränkt wird« (MünchKomm-Schwab 2002, § 1906 Rn. 7). Eine Freiheitsentziehung liegt demnach nicht vor, sofern der Betroffene mit der Unterbringung einverstanden ist. Dasselbe gilt, wenn sich der Betreute nicht mehr selbstständig bewegen kann, er also keine Bewegungsfreiheit hat, die ihm entzogen werden könnte. Auch bloße Freiheitsbeschränkungen, etwa durch die Hausordnung eines Altenheims, stellen keine Freiheitsentziehung dar.

Erforderlichkeit der Unterbringung zum Wohl des Betreuten

In § 1906 BGB ist vorausgesetzt, dass die Unterbringung zum Wohl des Betreuten erfolgt. Unterbringungen, die lediglich dem Schutz Dritter oder dem öffentlichen Interesse dienen, werden von der Vorschrift somit nicht erfasst. In diesen Fällen kommt allerdings eine Unterbringung nach öffentlich-rechtlichen Vorschriften (Unterbringungsgesetze der Länder) in Betracht (s. unten und ► Abschn. 9.6).

Eine Unterbringung ist in zwei Konstellationen zum Wohl des Betreuten erforderlich: Sie erfolgt zum einen, wenn auf Grund einer psychischen Krankheit oder geistigen oder seelischen Behinderung des Betreuten die Gefahr besteht, dass er sich selbst tötet oder erheblichen gesundheitlichen Schaden zufügt (§ 1906 Abs. 1 Nr. 1 BGB). Gefahr in diesem Sinne meint ein ernstliches und konkretes Risiko, kein zielgerichtetes Tun des Betroffenen. Erfasst werden deshalb auch willen- bzw. planlose Handlungen, wie z. B. das sinnlose Umherirren, das die Gefahr von Stürzen und/oder Erfrierungen birgt.

! Gefahren für andere Rechtsgüter als Leben oder Gesundheit, etwa für das Vermögen, rechtfertigen keine Unterbringung. Die Ursache der Gefahr muss in der Erkrankung des Betreuten liegen.

Eine Unterbringung ist zum anderen zulässig, wenn eine Untersuchung des Gesundheitszustandes, eine Heilbehandlung oder ein ärztlicher Eingriff notwendig wird, aber ohne die Unterbringung des Betreuten nicht durchgeführt werden kann und der Betreute auf Grund einer psychischen Krankheit oder geistigen oder seelischen Behinderung die Notwendigkeit der Unterbringung nicht erkennt oder außerstande ist, nach dieser Einsicht zu handeln (§ 1906 Abs. 1 Nr. 2 BGB). Dabei sind die Intensität der mit der Unterbringung verbundenen Freiheitsentziehung und der drohende gesundheitliche Schaden gegeneinander abzuwägen. Kommen weniger einschneidende Maßnahmen in Betracht – etwa eine ambulante Behandlung –, scheidet eine Unterbringung aus.

Genehmigung durch das Vormundschaftsgericht

! Grundsätzlich ist jede Unterbringung durch das Vormundschaftsgericht zu genehmigen (§ 1906 Abs. 2 S. 1 BGB).

Ähnlich dem Genehmigungserfordernis bei schwerwiegenden medizinischen Maßnahmen, ist auch die Unterbringung ausnahmsweise ohne Genehmigung zulässig, wenn mit dem Aufschub Gefahr droht (§ 1906 Abs. 2 S. 2 1. Hs. BGB). Die Genehmigung muss dann allerdings gem. § 1906 Abs. 2 S. 2 2. Hs. BGB unverzüglich nachgeholt werden.

Sofern neben der Unterbringung zugleich ein gefährlicher ärztlicher Eingriff vorgenommen werden soll, ist dafür zusätzlich eine vormundschaftsgerichtliche Genehmigung nach § 1904 BGB einzuholen (► Abschn. 5.3.2).

Begutachtung

In § 70e Abs. 1 S. 2 FGG wird vom Vormundschaftsgericht verlangt, vor einer Unterbringung des Betreuten das Gutachten eines Sachverständigen einzuholen. Dieser soll in der Regel Facharzt für Psychiatrie und Psychotherapie sein.

Der Inhalt des Gutachtens kann entsprechend dem Grund der Unterbringung variieren und hat sich an den Standards der forensischen Begutachtung zu orientieren (► Abschn. 1.1). Der Sachverständige muss darüber hinaus die Notwendigkeit der Unterbringungsmaßnahme darlegen und unter Umständen Alternativen benennen. Dazu ist ein detaillierter psychischer Befund mit psychiatrischer Diagnose erforderlich. Ferner hat der Gutachter darzulegen, ob und in welchem Maße der Betreute durch seine Krankheit oder Behinderung daran gehindert wird, seinen Willen bezüglich der Unterbringung frei zu bestimmen. Die zum Zwecke der psychiatrischen Diagnose durchgeführten Untersuchungen und Befragungen sind offen zu legen. Ebenso muss das Gutachten eine Prognose hinsichtlich der voraussichtlichen Dauer der Unterbringung enthalten. Bei Unterbringung aufgrund krankheitsbedingter Selbstgefährdung des Betreuten ist eine Einschätzung der Gefährdung vorzunehmen.

Vor der Begutachtung hat der Sachverständige den Betreuten persönlich zu befragen und auch zu untersuchen (§ 70e Abs. 1 S. 1 FGG). Bezugnahmen auf frühere Gutachten, die etwa vor der Bestellung des Betreuers verfasst wurden, sind nicht zulässig.

Einstweilige Anordnung der Unterbringung

Auch die Unterbringung des Betroffenen kann (wie schon die Bestellung des Betreuers und die Anordnung eines Einwilligungsvorbehalts) durch einstweilige Anordnung erfolgen. Sie wird in aller Regel durch den Betreuer beantragt. Fehlt ein Betreuer, so ist es eine Betreuung, notfalls ebenfalls im Wege einer (weiteren) einstweiligen Anordnung, vorläufig anzuordnen (▶ Abschn. 5.5). Erst nachrangig hierzu eröffnet sich auch dem Gericht selbst die Möglichkeit, seinerseits eine Unterbringung zu verfügen; dies setzt allerdings voraus, dass ein Betreuer noch nicht bestellt wurde und auch nicht vorläufig in der gebotenen Zeit bestellt werden kann oder aber, dass der Betreuer an der Erfüllung seiner Pflichten verhindert ist (§§ 1908i Abs. 1 S. 1, 1846 BGB).

Das Gericht hat in diesem Ausnahmefall jedoch die Pflicht, mit der vorläufigen Unterbringungsanordnung durch geeignete Maßnahmen sicherzustellen, dass dem Betroffenen unverzüglich ein Betreuer oder jedenfalls ein vorläufiger Betreuer im Sinne des § 69f FGG (▶ Abschn. 5.5) zur Seite gestellt wird (BGH NJW 2002, S. 1801).

Unabhängig davon, ob die einstweilige Anordnung der Unterbringung von Betreuer oder Gericht initiiert wird, bestehen dieselben Anordnungsvoraussetzungen (vgl. § 70h Abs. 3 FGG). Sie entsprechen im Wesentlichen den Voraussetzungen der einstweiligen Anordnung einer Betreuerbestellung oder eines Einwilligungsvorbehaltes (▶ Kap. 5.5), weil hier wie dort § 69f FGG Anwendung findet (vgl. den Verweis des § 70h Abs. 1 S. 1 FGG).

! Die Voraussetzungen der einstweiligen Anordnung einer vorläufigen Unterbringung sind gem. § 70h Abs. 1 S. 1 FGG in Verbindung mit § 69f Abs. 1 S. 1 FGG gegeben, wenn
- dringende Gründe für die Annahme bestehen, dass die Voraussetzungen für die Unterbringung vorliegen,
- mit einem Aufschub der Unterbringung Gefahr verbunden wäre,
- ein ärztliches Zeugnis über den Zustand des Betroffenen vorliegt (ein Sachverständigengutachten ist hingegen nicht erforderlich, ▶ Abschn. 5.2.2),
- der Betroffene persönlich angehört wurde (ebenso wie der Verfahrenspfleger, der bestellt werden muss, soweit dies zur Wahrnehmung der Interessen des Betroffenen erforderlich ist; §§ 69f Abs. 1 S. 1 Nr. 3, 67 Abs. 1 FGG).

Die einstweilige Anordnung der Unterbringung darf die Dauer von 6 Wochen nicht überschreiten, kann aber nach Anhörung eines Sachverständigen durch eine weitere einstweilige Anordnung bis zu einer Gesamtdauer von 3 Monaten verlängert werden (§ 70h Abs. 2 S. 1 und S. 2 FGG). Eine Unterbringung zur Vorbereitung eines Gutachtens (▶ Abschn. 5.2.2) ist in diese Gesamtdauer einzubeziehen (§ 70h Abs. 2 S. 3 FGG).

Beendigung der Unterbringung

Die Unterbringung muss vom Betreuer beendet werden, wenn ihre Voraussetzungen wegfallen (§ 1906 Abs. 3 S. 1 BGB). Die Beendigung ist dem Vormundschaftsgericht anzuzeigen (§ 1906 Abs. 3 S. 2 BGB). Die Unterbringung kann auch durch das Vormundschaftsgericht – ggf. gegen den Willen des Betreuers – aufgehoben werden (§ 70i Abs. 1 S. 1 FGG in Verbindung mit § 70 Abs. 1 S. 3 FGG).

Abgrenzung zur öffentlich-rechtlichen Unterbringung

Die (zivilrechtliche) Unterbringung des § 1906 BGB ist von der (öffentlich-rechtlichen) Unterbringung im Sinne der Unterbringungsgesetze der Länder (z. B. PsychKG/NW; ▶ Abschn. 9.6) zu unterscheiden. Während für letztere eine unmittelbar bevorstehende Gefahr für die Person des Betroffenen oder Rechtsgüter anderer genügt, darf eine Unterbringung nach § 1906 BGB nur erfolgen, wenn sie zum Wohl des Betroffenen erforderlich erscheint (s. weiter oben). Ein alleiniger Schutz Dritter oder der Allgemeinheit reicht für eine Unterbringung im Sinne des § 1906 BGB also nicht aus. Damit fügt sich die Unterbringung des § 1906 BGB in das Gesamtkonzept des Betreuungsrechts ein, dessen Anliegen allein die Fürsorge für den Betroffenen ist.

Ein weiterer Unterschied zwischen der zivil- und der öffentlich-rechtlichen Unterbringung besteht im Hinblick auf die Personen, die über die Unterbringung des Betroffenen entscheiden: Die öffentlich-rechtliche Unterbringung des Betroffenen wird vom Amtsgericht angeordnet (vgl. § 70 Abs. 1 S. 2 Nr. 3 und Abs. 5 S. 1 FGG); demgegenüber erfolgt die Unterbringung im Rahmen des § 1906 BGB ausweislich des Wortlauts »durch den Betreuer«. Die von ihm gem. § 1906 Abs. 2 BGB grundsätzlich einzuholende vormundschaftsgerichtliche Genehmigung (s. oben) stellt »nur« ein Rechtmäßigkeitserfordernis dar und darf nicht darüber hinwegtäuschen, dass der Betreuer der alleinige Träger der Unterbringungsentscheidung ist. Lediglich in der Ausnahmekonstellation der §§ 1908i Abs. 1 S. 1 und 1846 BGB, also in dem Fall, dass ein Betreuer noch nicht bestellt oder aber an der Erfüllung seiner Pflichten verhindert ist, kann auch im Rahmen des Betreuungsrechts ein Gericht die Unterbringung des Betroffenen anordnen (s. oben). Der Unterschied setzt sich fort im Rahmen der Unterbringungsbeendigung, die nach Landesrecht gerichtlich angeordnet werden muss, während im Falle der betreuungsrechtlichen Unterbringung gem. § 1906 Abs. 3 S. 1 BGB der Betreuer entscheidet.

Neben den aufgezeigten Differenzen gibt es aber auch Berührungspunkte. Hervorzuheben ist insbesondere das mittlerweile einheitliche Verfahren nach den §§ 70 ff. FGG. Nicht zuletzt diese Gemeinsamkeit hat dazu geführt, dass die landesrechtlichen Unterbringungsgesetze ihre frühere Bedeutung größtenteils verloren haben (Staudinger-Bienwald 1999, § 1906 Rn. 12).

! Sofern es zu Überschneidungen mit der Unterbringung im Sinne des § 1906 BGB kommt, sind die Unterbringungsvorschriften der Länder subsidiär (so ausdrücklich für Nordrhein-Westfalen etwa § 1 Abs. 3 PsychKG/NW).

5.7.2 Unterbringungsähnliche Maßnahmen

Das zur Unterbringung Ausgeführte gilt gem. § 1906 Abs. 4 BGB entsprechend für unterbringungsähnliche Maßnahmen. Sie liegen vor, »wenn dem Betreuten, der sich in einer Anstalt, einem Heim oder einer sonstigen Einrichtung aufhält, ohne untergebracht zu sein, durch mechanische Vorrichtungen, Medikamente oder auf andere Weise über einen längeren Zeitraum oder regelmäßig die Freiheit entzogen werden soll«. Beispiele sind Maßnahmen wie das Anbringen von Bettgittern, Festbinden, Verabreichung von Medikamenten, z. B. Beruhigungsmitteln (Palandt-Diederichsen 2005, § 1906 Rn. 17).

Unter einem regelmäßigen Freiheitsentzug versteht man Einschränkungen der Bewegungsfreiheit, die stets zur selben Zeit oder aus wiederkehrendem Anlass vorgenommen werden. Eine solche Freiheitsentziehung liegt nicht vor, wenn ein Medikament zu Heilzwecken verabreicht wird, das den Bewegungsdrang des Betreuten nur als Nebenwirkung einschränkt (BT-Drucks. 11/4528, S. 149).

Unterbringungsähnliche Maßnahmen stellen gegenüber der Unterbringung das mildere Mittel dar. Ihnen gebührt nach dem Verhältnismäßigkeitsprinzip deshalb der Vorrang gegenüber der Unterbringung. Das nächtliche Festbinden am Bett eines offenen Heims ist demnach gegenüber der Einlieferung in eine geschlossene Station vorzuziehen.

Anders als für Unterbringungen genügt für unterbringungsähnliche Maßnahmen gem. § 70e Abs. 1 S. 3 FGG und § 70 Abs. 1 S. 2 Nr. 2 FGG grundsätzlich ein ärztliches Zeugnis (▶ Abschn. 5.2.2). Das Vormundschaftsgericht darf jedoch auch ein Gutachten verlangen.

Der testierende Arzt muss keiner bestimmten Fachrichtung angehören. In der Regel wird der Heimarzt das ärztliche Zeugnis verfassen. Bei einschneidenden Maßnahmen oder längerer Dauer sollte aber ein Facharzt für Psychiatrie und Psychotherapie hinzugezogen werden. Da auch im ärztlichen Zeugnis auf sämtliche für die Unterbringung maßgeblichen Gesichtspunkte einzugehen ist, kann im Übrigen auf die obigen Ausführungen verwiesen werden (▶ Abschn. 5.7.1).

5.8 Literatur

Bienwald W (1994) Betreuungsrecht: Gesetz zur Reform des Rechts der Vormundschaft für Volljährige (Betreuungsgesetz, BtG), 2. Aufl. Gieseking, Bielefeld

Bienwald W (1999) Betreuungsrecht: Gesetz zur Reform des Rechts der Vormundschaft und Pflegschaft für Volljährige (Betreuungsgesetz, BtG) und Gesetz über die Wahrnehmung behördlicher Aufgaben bei der Betreuung Volljähriger (Betreuungsbehördengesetz, BtBG), 3. Aufl. Gieseking, Bielefeld

Crefeld W (1990) Der Sachverständige im Betreuungsverfahren. FuR 5: 272–81

Deutsch E, Spickhoff A (2003) Medizinrecht – Arztrecht, Arzneimittelrecht, Medizinprodukterecht und Transfusionsrecht, 5. Aufl. Springer, Berlin Heidelberg New York Tokio

Diederichsen U (2004) Juristische Voraussetzungen. In: Venzlaff U, Foerster K (Hrsg) Psychiatrische Begutachtung, 4. Aufl. Urban & Fischer, München, S 453–502

Erman W (2004) Bürgerliches Gesetzbuch, Bd. 2, 11. Aufl. Aschendorff, Münster (zit. Erman-Bearbeiter)

Foerster A (2004) Begutachtung bei zivilrechtlichen Fragen. In: Venzlaff U, Foerster K (Hrsg) Psychiatrische Begutachtung, 4. Aufl. Urban & Fischer, München, S 503–23

Helmchen H, Lauter H (1995) Arbeitskreis Forschungsbedarf und Einwilligungsproblematik bei psychisch Kranken: Dürfen Ärzte mit Demenzkranken forschen? Thieme, Stuttgart

Keidel T, Kuntze J, Winkler K (2003) Freiwillige Gerichtsbarkeit: Kommentar zum Gesetz über die Angelegenheiten der freiwilligen Gerichtsbarkeit, 15. Aufl. Beck, München

Kröber H-L (1998) Psychiatrische Kriterien zur Beurteilung der Einwilligungsfähigkeit. Rechtsmedizin 8: 41–46

Laufs A, Uhlenbruck W (2002) Handbuch des Arztrechts, 3. Aufl. Beck, München

Münchener Kommentar (2002) Kommentar zum Bürgerlichen Gesetzbuch Bd. 8, Familienrecht II, §§ 1589–1921 SGB VIII, 4. Aufl. Beck, München (zit. MünchKomm Bearbeiter)

Olzen D (2001) Selbstbestimmung über das Ende des Lebens. ArztRecht 5: 116–123

Palandt O (2005) Bürgerliches Gesetzbuch, 64. Aufl. Beck, München (zit. Palandt-Bearbeiter)

Schwab D (1990) Das neue Betreuungsrecht. FamRZ 37: 681–683

Schwab D (1992) Probleme des materiellen Betreuungsrechts. FamRZ 39: 493–507

Staudinger J (1999) Kommentar zum Bürgerlichen Gesetzbuch mit Einführungsgesetz und Nebengesetzen, 4. Buch, Familienrecht, §§ 1896–1921, 13. Bearbeitung. De Gruyter, Berlin (zit. Staudinger-Bearbeiter)

Tröndle H, Fischer T ([50]2001, [52]2004) Strafgesetzbuch und Nebengesetze. Beck, München

Wiebach K, Peters H, Wächter C, Kreyßig M, Winterstein P (1997) Was ist »gefährlich«? Ärztliche und juristische Aspekte bei der Anwendung des § 1904 BGB. BtPrax 2 48–53

Zimmermann W (1991) Das neue Verfahren in Betreuungssachen. FamRZ 38: 270–279

6

Geschäfts- und Testierfähigkeit

Geschäftsfähigkeit beschreibt die psychische Gesundheit und das erforderliche Alter, Rechtsgeschäfte eigenverantwortlich vorzunehmen. Dazu sind Einsichts- und Urteilsvermögen notwendig. Als **Testierfähigkeit** bezeichnet man die Fähigkeit, eine letzwillige Verfügung wirksam zu errichten.

6.1 Geschäftsfähigkeit

6.1.1 Definition

Begriff und Wesen

Der Grundsatz der Privatautonomie ermöglicht es dem Einzelnen, privatrechtliche Rechtsverhältnisse im Rahmen der Rechtsordnung nach seinem eigenen Willen zu begründen, aufzuheben und inhaltlich auszugestalten (Dörner et al. 2003, Vorbemerkung zu §§ 104–185, Rn. 1). Der im BGB verankerte Begriff der Geschäftsfähigkeit meint die dafür notwendige Fähigkeit, Rechtsgeschäfte eigenverantwortlich vornehmen zu können, da diese das wichtigste Mittel sind, Rechtsbeziehungen zwischen Bürgern zu begründen, meist durch Abschluss von Verträgen.

Geschäftsfähigkeit billigt die Rechtsordnung nur solchen Personen zu, die ein gewisses Mindestmaß an Einsichts- und Urteilsvermögen haben, das in der Regel für jede natürliche Person vorausgesetzt wird. Deshalb enthält das BGB keine positive Umschreibung der Geschäftsfähigkeit, sondern bestimmt in den §§ 104 ff. BGB nur die Ausnahmefälle der beschränkten Geschäftsfähigkeit und der Geschäftsunfähigkeit.

Inwieweit eine Person als geschäftsfähig anzusehen ist, bestimmt das Gesetz in Abhängigkeit vom Alter und vom psychischen Zustand. Geschäftsfähig ist grundsätzlich jeder, der das 18. Lebensjahr vollendet hat (§§ 2, 106 BGB). Solche Personen können Rechtsgeschäfte jeder Art allein vornehmen. Minderjährige Personen zwischen 7 und 14 Jahren sind dagegen gemäß der §§ 106 ff. BGB in der Geschäftsfähigkeit beschränkt. Sie benötigen für alle Rechtsgeschäfte, die ihnen nicht lediglich vorteilhaft sind, die Zustimmung ihrer gesetzlichen Vertreter (§§ 107 ff. BGB). Geschäftsunfähig sind Kinder bis zum 7. Lebensjahr (§ 104 Abs. 1, § 106 BGB) und Jugendliche bzw. volljährige Patienten mit psychischen Störungen, die eine freie Willensbestimmung ausschließen (§ 104 Abs. 2 BGB).

Die Vorschriften über die Geschäftsfähigkeit dienen verschiedenen Zielen, wobei aber der Schutz des nicht voll Geschäftsfähigen vor Nachteilen aus seinen Handlungen im Vordergrund steht (MünchKomm-Schmitt, Bd. 1, Vorbemerkung zu §§ 104 ff., Rn. 1). Der gute Glaube eines Vertragspartners an die Geschäftsfähigkeit des anderen wird dagegen nicht geschützt. Die Gefahr des unerkannt psychisch Kranken und des Minderjährigen, der den Eindruck eines Volljährigen erweckt, für den Rechtsverkehr muss hingenommen werden. Der Schutz des gutgläubigen Vertragsgegners des nicht voll Geschäftsfähigen steht demnach zugunsten des Schutzes eines Geschäftsunfähigen und beschränkt Geschäftsfähigen zurück, sodass weder der Gesichtspunkt des Vertrauensschutzes noch der des Rechtsscheins den Mangel der Geschäftsfähigkeit ersetzen können.

Abgrenzung zu verwandten Begriffen

Die Geschäftsfähigkeit ist eine Unterart der **Handlungsfähigkeit**. Darunter versteht man die Fähigkeit, rechtlich bedeutsames Handeln vorzunehmen. Dieser Begriff, der vom BGB nicht verwendet wird, umfasst neben der Geschäftsfähigkeit auch die Deliktsfähigkeit (§§ 827, 828 BGB; ► Kap. 3), und die Verantwortlichkeit für die Verletzung von Verbindlichkeiten (§ 276 Abs. 1 S. 2 BGB), die einem Bürger aus Vertrag oder aus gesetzlichen Schuldverhältnissen treffen können (Palandt-Heinrichs 2005, Einf. v. § 104 Rn. 1). Im Bereich des öffentlichen Rechts wird durch den Begriff der Handlungsfähigkeit die Fähigkeit beschrieben, Verfahrenshandlungen gegenüber Verwaltungs- und Finanzbehörden und Sozialleistungsträgern vorzunehmen (§ 12 VwVfG, § 79 AO, § 36 SGB I; vgl. dazu ausf. MünchKomm-Schmitt, Bd. 1, Vorbemerkung zu § 104, Rn. 13 ff.).

Von der Geschäftsfähigkeit zu unterscheiden sind die **Rechtsfähigkeit** und die **Verfügungsfähigkeit**.

- Rechtsfähigkeit im Sinne von § 1 BGB ist die Fähigkeit, Subjekt von Rechtsverhältnissen, also Träger von Rechten und Pflichten zu sein.

Sie besteht für natürliche Personen – und zwar grundsätzlich ab der Geburt. Juristische Personen werden ihnen gleichgeordnet (Palandt-Heinrichs 2005, Überblick v. § 1, Rn. 1).
- Unter Verfügungsmacht (Verfügungsfähigkeit) versteht man die Befugnis, über einen bestimmten Gegenstand im eigenen Namen verfügen zu können.

Im Gegensatz zur Geschäftsfähigkeit als Eigenschaft einer Person kennzeichnet die Verfügungsmacht die Beziehung einer Person zu einem bestimmten Gegenstand (Palandt-Heinrichs 2005, Einf. v. § 104, Rn. 4). Regelmäßig steht sie dem Rechtsinhaber, meist dem Eigentümer einer Sache, zu; nur ausnahmsweise kann die Befugnis zur Verfügung trotz uneingeschränkter Geschäftsfähigkeit aufgrund besonderer gesetzlicher Regelung fehlen, so z. B. beim Schuldner in einem Insolvenzverfahren (§ 21 InsO) oder beim Erben im Fall der Nachlassverwaltung gem. § 1984 BGB oder im Fall der Testamentsvollstreckung gem. § 2211 BGB (MünchKomm-Schmitt, Bd. 1, § 104 Rn. 5).

In verschiedenen Bereichen hat die Geschäftsfähigkeit außerdem eine besondere Ausprägung erfahren. So im Prozess als **Prozessfähigkeit** und im Erbrecht als **Testierfähigkeit.**
- Im Zivilprozess entspricht die Prozessfähigkeit dem materiellrechtlichen Begriff der Geschäftsfähigkeit (§§ 51 ff. ZPO). Es ist die Fähigkeit, Prozesshandlungen selbst oder durch selbstbestellte Vertreter wirksam vorzunehmen oder vornehmen zu lassen (Thomas u. Putzo 2004, § 51 Rn. 2; ► Kap. 7).
- Als Testierfähigkeit bezeichnet man die Fähigkeit, ein Testament wirksam zu errichten (► Abschn. 6.2).

6.1.2 Geschäftsunfähigkeit

Voraussetzungen

Die Geschäftsunfähigkeit regeln die §§ 104 und 105 BGB. Seit der ersatzlosen Aufhebung des § 104 Nr. 3 BGB a. F. (»Geschäftsunfähigkeit infolge Entmündigung wegen Geisteskrankheit«; Streichung durch das Betreuungsgesetz vom 12.09.1990, BGBl I, S. 2002 ff.) kennt das BGB nur noch zwei gesetzlich geregelte Fälle der Geschäftsunfähigkeit:
- die Geschäftsunfähigkeit des Minderjährigen,
- die Geschäftsunfähigkeit aufgrund tatsächlicher Unfähigkeit zur Selbstbestimmung (§ 104 BGB).

Altersbedingte Geschäftsunfähigkeit

! Geschäftsunfähig ist zunächst, wer noch nicht das 7. Lebensjahr vollendet hat (§ 104 Nr. 1 BGB).

Die altersbedingte Geschäftsunfähigkeit hängt nicht von der geistigen Entwicklung des Kindes ab; sie endet gem. § 187 Abs. 2 S. 1 und § 188 Abs. 2 BGB mit Ablauf des letzten Tages des 7. Lebensjahres, also um 24.00 Uhr. Nach diesem Zeitpunkt gilt der Minderjährige gem. § 106 BGB als beschränkt geschäftsfähig, soweit keine Geschäftsunfähigkeit wegen einer krankhaften Störung der Geistestätigkeit vorliegt. Die beschränkte Geschäftsfähigkeit dauert ihrerseits bis zur Vollendung des 18. Lebensjahres (§ 2 BGB).

Geschäftsunfähigkeit wegen psychischer Störung

! Gemäß § 104 Nr. 2 BGB gilt daneben die Person als geschäftsunfähig, die sich in einem die freie Willensbestimmung ausschließenden Zustand krankhafter Störung der Geistestätigkeit befindet, sofern nicht der Zustand seiner Natur nach ein vorübergehender ist.

Im Gegensatz zur Geschäftsunfähigkeit kraft rechtlichen Status (§ 104 Nr. 1 BGB) kann diese aufgrund tatsächlicher Unfähigkeit zur Selbstbestimmung vorliegende Geschäftsunfähigkeit als »natürliche« bezeichnet werden (Flume 1992, § 13).

Krankhafte Störung der Geistestätigkeit. Die Annahme einer psychischen Störung setzt zunächst einen entsprechenden psychopathologischen Befund voraus (MünchKomm-Schmitt, Bd. 1, § 104 Rn. 10; ► Abschn. 1.2), wobei es nicht darauf ankommt, welche Ursache die Störung hat. Die Beurteilung, ob eine solche Störung gem. § 104 Nr. 2 BGB vorliegt, ist außerdem unabhängig davon, welche medizinische Diagnose besteht. Bei bestimmten psychischen Störungen wird sie jedoch meist zu bejahen sein, so z. B. bei neuropsychiatrischen Erkrankungen, wenn das Urteilsvermögen und die Willensbildung erheblich gestört sind (Larenz u. Wolf 2004, § 6 II 2b Rn. 21). Beispielsweise werden bipolare Störungen (manisch-depressive Erkrankungen) als entsprechende psychische Erkrankungen anerkannt, schließen die Geschäftsfähigkeit allerdings nur dann aus, wenn mit einer normalen Urteilsfindung oder Motivation nicht mehr gerechnet werden kann (BGH WM 1965, S. 1186). Dies ist aus psychiatrischer Sicht regelmäßig nur im Akutstadium und grundsätzlich zeitlich befristet der Fall.

Dauerzustand. Des Weiteren darf die krankhafte Störung nicht nur vorübergehender Natur sein; vielmehr setzt die natürliche Geschäftsunfähigkeit einen Dauerzustand voraus. Ein solcher ist unabhängig von der Krankheitsprognose und damit von der Dauer, soweit die Störung nur eine Behandlung über einen längeren Zeitraum hinweg beansprucht. Zu verneinen ist er dagegen bei Störungen, die nur intermittierend auftreten und stets nach mehreren Tagen nachlassen (Palandt-Heinrichs 2005, § 104 Rn. 4).

> ❗ Für Zustände, die beispielsweise durch Bewusstlosigkeit, hochgradiges Fieber, Volltrunkenheit oder andere Rauschzustände ausgelöst wurden, gilt § 104 Nr. 2 BGB nicht. Willenserklärungen, die in einem solchen Zustand abgegeben werden, sind gem. § 105 Abs. 2 BGB nichtig.

Da die Wirksamkeit einer Willenserklärung gegenüber einem Bewusstlosen oder vorübergehend psychisch Kranken nicht von § 131 BGB erfasst wird, können diesen Personen aber dennoch Willenserklärungen wirksam zugehen, z. B. Kündigungserklärungen.

Der Wortlaut der Regelung des § 104 Nr. 2 BGB (»sich in einem […] Zustande befindet«) ergibt weiterhin, dass auch bei zeitlich dauerhaften psychischen Störungen Geschäftsfähigkeit in sog. lichten Augenblicken, **lucida intervalla**, in Betracht kommt. In solchen Fällen, die z. B. bei gefäßbedingten hirnorganischen Störungen gegeben sein können (Diederichsen 2004, S. 487), kommt es also zur Geschäftsfähigkeit für einzelne Rechtsgeschäfte bei ansonsten dauernder Geschäftsunfähigkeit.

Ausschluss der freien Willensbestimmung. Eine krankhafte Störung führt nur dann zur Geschäftsunfähigkeit, wenn sie den Ausschluss der freien Willensbestimmung zur Folge hat. Ein solcher Ausschluss der freien Willensbestimmung liegt dann vor, wenn jemand außerstande ist, seinen Willen frei und unbeeinflusst von einer vorliegenden psychischen Störung zu bilden und nach zutreffend gewonnenen Einsichten zu handeln (BGH WM 1996, S. 104).

> ❗ Es kommt also darauf an, ob eine freie Entscheidung aufgrund einer Abwägung des Für und Wider möglich ist (BGH NJW 1996, S. 919), ob also die Person ihre Entscheidungen von vernünftigen Erwägungen abhängig machen kann (BayOLG, NJW-RR 2000, S. 1030).

Die Voraussetzung freier Willensbildung liegt nicht vor, wenn infolge der psychischen Störung die Einflüsse dritter Personen den Willen übermäßig beherrschen (BGH NJW 1996, S. 919) oder wenn die Willensbildung durch unkontrollierte Triebe und Vorstellungen bestimmt wird (BayOLG, NJW 1990, S. 774). Bloße Willensschwäche oder leichte Beeinflussbarkeit reichen dafür aber ebenso wenig aus wie das Unvermögen, die Tragweite der abgegebenen Willenserklärung zu erfassen (Palandt-Heinrichs 2005, § 104 Rn. 5).

Für einen Ausschluss der freien Willensbestimmung besteht nicht schon deshalb eine Vermutung, weil der Betroffene seit längerem an einer psychischen Störung (»geistigen Störung«) leidet (BayOLG, ZEV 2002, S. 234). Es kommt demnach für die Tatbestandsvoraussetzungen nicht so sehr auf die kognitiven Fähigkeiten, sondern vielmehr auf die Freiheit des Willensentschlusses an.

Beispiel

So wird z. B. die Geschäftsunfähigkeit gem. § 104 Abs. 2 BGB bei Debilität erst bei einem geringeren IQ als 60 in Betracht gezogen (OLG Düss, VersR 96, S. 1493). Eine Alkoholkrankheit bewirkt nur dann die Geschäftsunfähigkeit, wenn chronischer Konsum zu hirnorganischen Veränderungen oder schweren psychosozialen Folgen geführt hat. Dies verdeutlicht, dass es nicht auf die Diagnose als solche ankommt, sondern allein auf die psychopathologischen Folgen (BayOLG, NJW 2003, S. 219; Nedopil 2000, S. 91).

Der Sachverständige hat demnach zu prüfen, ob und wie sich eine Erkrankung auf die Willensbildung des Betroffenen auswirkt. Dabei muss das Gutachten – wie auch sonst – erkennen lassen, dass es von den richtigen Begriffsbestimmungen zu § 104 Nr. 2 BGB ausgeht (BayOLG, NJW 1992, S. 2100).

Relative und partielle Geschäftsunfähigkeit

! Solange der Zustand der krankhaften Störung der Geschäftsfähigkeit andauert, ist es unerheblich, ob er sich bei Vornahme des einzelnen Rechtgeschäftes ausgewirkt hat.

Es kommen Fälle psychischer Störungen (»Geistesschwäche«) vor, in denen der Betroffene einfache Geschäfte übersehen und vornehmen kann, während er bei Geschäften, die einige Überlegung verlangen, versagt (Flume 1992, § 13). In diesem Zusammenhang hat es der BGH abgelehnt, die Geschäftsfähigkeit bei leichten bis mittleren Intelligenzstörungen einer Person oder bei bloßen Intelligenzmängeln je nach dem Schwierigkeitsgrad des jeweiligen Rechtsgeschäfts zu beurteilen. Die Anerkennung einer solchen relativen Geschäftsunfähigkeit hätte nach Ansicht des BGH nämlich erhebliche Abgrenzungsschwierigkeiten und damit Unsicherheiten für den Rechtsverkehr zur Folge (Palandt-Heinrichs 2005, § 104 Rn. 6), da die Gefahr bestehe, dass sich jeder darauf berufen könne, dass seine geistigen Fähigkeiten gerade für das ihm nachteilige Geschäft nicht ausreichend seien (Diederichsen 2004, S. 487). Der Schutz von Personen, die generell in der Lage sind, ihren Willen frei zu bestimmen, deren geistige Fähigkeiten aber bei schwierigen rechtlichen Verhältnissen überfordert sind, kann im Übrigen durch die Bestellung eines Betreuers (§ 1906 BGB) oder in sonstiger geeigneter Weise gewährleistet werden (BGH NJW 1970, S. 1680; Soergel-Hefermehl 2003, § 104 Rn. 7).

Anerkannt ist demgegenüber eine partielle Geschäftsunfähigkeit, wenn sich eine Störung nur auf bestimmten Lebensgebieten äußert. Sofern also für den Betroffenen nach Art seiner krankhaften Störung die freie Willensbestimmung und die Einsichtsfähigkeit nur in einem gegenständlich beschränkten Kreis von Angelegenheiten ausgeschlossen ist, beschränkt sich der Ausschluss der Geschäftsfähigkeit ausnahmsweise auch nur auf diesen bestimmten Lebensbereich, hinsichtlich dessen der Betreffende unter dem Einfluss beispielsweise von Zwangsgedanken und -handlungen zu »normalem« Handeln unfähig ist. Der Begriff der partiellen Geschäftsunfähigkeit erfasst also nicht das Vorliegen einer allein partiellen kognitiven Störung, sondern stellt darauf ab, dass sich die vorhandene Störung nur partiell auswirkt. Dies bedeutet, dass sich die Erkrankung ausschließlich bei bestimmten Vorgängen oder in einem bestimmten Bereich äußert, während der Betroffene in allen anderen Lebensgebieten im üblichen Rahmen reagiert und handelt. Da es sich bei derartigen Personen um einen krankhaften Zustand dauerhafter Art handelt, ist § 104 Abs. 2 BGB und nicht § 105 Abs. 2 BGB einschlägig.

Eine partielle Geschäftsunfähigkeit hat die Rechtsprechung z. B. bei Querulantenwahn für die Prozessführung (► Kap. 7), bei krankhafter Eifersucht für Fragen der Ehe (BGHZ 18, S. 184) oder bei einem »Schock« eines Rechtsanwaltes wegen der Fristversäumung für die Führung eines bestimmten Prozesses (BGHZ 30, S. 112) angenommen. Dagegen gilt es nicht als ausreichend, wenn jemand zahlreiche Meinungsverschiedenheiten mit Behörden zum Gegenstand von Prozessen macht (MünchKomm-Schmitt, Bd. 1, § 104 Rn. 17).

Rechtsfolgen

! Gemäß § 105 Abs. 1 BGB ist die eigene Willenserklärung eines Geschäftsunfähigen nichtig, unabhängig davon, ob sie für ihn lediglich rechtlich vorteilhaft wirkt oder seine Interessen wahrt. Daher ist auch die Annahme einer Schenkung durch einen Geschäftsunfähigen grundsätzlich nichtig.

Auf geschäftsähnliche Handlungen findet die Bestimmung analoge, auf Realakte allerdings keine Anwendung. Als geschäftsähnliche Handlungen gelten Erklärungen, die auf einen tatsächlichen Erfolg gerichtet sind und deren Rechtsfolgen kraft Gesetztes eintreten. Realakte sind Willensbetätigungen; sie unterscheiden sich von den geschäftsähnlichen Handlungen dadurch, dass sie keine Willenserklärungen im Rechtssinne sind. Ein Geschäftsunfähiger kann daher z. B. Besitz an einer Sache erwerben (§ 854 Abs. 1 BGB) oder aufgeben (§ 856 Abs. 1 Fall 1 BGB), sofern er zur Bildung eines entsprechenden natürlichen Willens in der Lage ist (Dörner et al. 2003, § 105 Rn. 1).

! Da jedoch auch der Geschäftsunfähige gem. § 1 BGB rechtsfähig ist, muss er am Rechtsverkehr teilnehmen können. Für ihn handelt sein gesetzlicher Vertreter, dem die Sorge für die Person und das Vermögen des Vertretenen obliegt. Dies sind für Kinder in der Regel beide Eltern (§ 1629 Abs. 1 S. 2 BGB), für psychisch kranke Volljährige ihre Betreuer (§ 1902 BGB; ► Kap. 5).

Von der Vertretung sind höchstpersönliche Geschäfte ausgeschlossen. Darunter fallen insbesondere die Verlobung, die Eheschließung und die Testamentserrichtung (zu den Besonderheiten der Testamentsfähigkeit ► Abschn. 6.2.).

Anders als der beschränkt Geschäftsfähige ist der Geschäftsunfähige auch nicht in der Lage, ein Rechtsgeschäft mit Zustimmung seines gesetzlichen Vertreters wirksam vorzunehmen. Im Einzelfall kann allenfalls eine »Genehmigung« des Vertreters als Neuvornahme des Geschäfts anzusehen sein, wenn dieses keiner Form bedarf (Flume 1992, § 13). Ebenso kann auch der Geschäftsunfähige bei Erlangung der Geschäftsfähigkeit das Geschäft nur erneut vornehmen, wobei ein »Geltenlassen« als erneute Vornahme gedeutet werden kann (vgl. § 141 BGB). In beiden Fällen handelt es sich aber um erneute Rechtsgeschäfte des früheren Geschäftsunfähigen oder seines Vertreters.

Unerheblich bleibt weiterhin, ob der Geschäftsunfähige eine Willenserklärung für sich selbst oder für einen anderen abgibt. Die Nichtigkeit erfasst auch solche Willenserklärungen, die er als Vertreter für einen Dritten abgegeben hat. Ein Geschäftsunfähiger scheidet folglich als Stellvertreter eines anderen aus, auch wenn er aus diesem Geschäft weder berechtigt noch verpflichtet werden würde (Müller 1998, S. 24). Dies folgt aus § 165 BGB, der für die Stellvertretung zumindest beschränkte Geschäftsfähigkeit fordert.

Andererseits treffen den Geschäftsunfähigen aber rechtliche Folgen eines Rechtsgeschäftes, die sein gesetzlicher Vertreter in seinem Namen vorgenommen hat; auch ein Verschulden seines gesetzlichen Vertreters bei der Erfüllung einer ihn treffenden Verbindlichkeit ist ihm in diesem Zusammenhang gem. § 278 S. 1 BGB zurechenbar. Er wird also schadensersatzpflichtig, wenn seine Eltern oder sein Betreuer für ihn einen Vertrag schließen und bei dessen Durchführung einen Schaden verursachen. Überspitzt könnte man deshalb formulieren, dass der Geschäftsunfähige in solchen Fällen für seine gesetzlichen Vertreter haftet.

Die Abgabe einer Willenserklärung durch den Geschäftsunfähigen regelt § 105 Abs. 1 BGB. Für den Empfang gilt § 131 BGB, der besagt, dass eine gegenüber dem Geschäftsunfähigen abgegebene Willenserklärungen erst wirksam wird, wenn sie dem gesetzlichen Vertreter zugeht.

Beispiel

Fall 6.1. Huber T. litt an einer chronischen schizophrenen Psychose sowie einer mittelgradigen Intelligenzstörung. Eine umfassende Betreuung war seit Jahren eingerichtet. Der Empfang von z. B. Einschreibebriefen erfolgte an den Betreuer.

Vertreten Eltern ein Kind gemeinschaftlich, so genügt gem. § 1629 Abs. 1 S. 2 BGB Zugang bei einem Elternteil.

Sind im Hinblick auf die Willenserklärung des Geschäftsunfähigen bereits Leistungen ausgetauscht worden, so findet eine Rückabwicklung nach dem Bereicherungsrecht statt (§§ 812 ff. BGB). Um aber sowohl dem Schutzzweck der §§ 104 ff. BGB als auch den Wertungen der §§ 812 ff. BGB auch bei Gebrauchsvorteilen und Dienstleistungen gerecht zu werden, ist ein Geschäftsunfähiger nur dann ersatzpflichtig, wenn er durch die Erlangung Kosten gespart hat, deren Entstehung ansonsten dem Willen des gesetzlichen Vertreters entsprach (MünchKomm-Schmitt, Bd. 1, § 105 Rn. 50).

Die Regelung des § 105a BGB

Um die Rechtsstellung volljähriger Geschäftsunfähiger zu verbessern, wurde mit dem »Gesetz zur Änderung des Rechts zur Vertretung durch Rechtsanwälte vor den Oberlandesgerichten« § 105a BGB in das BGB eingeführt (mit Wirkung vom 01.08.2002 durch Gesetz vom 23.07.2002, BGBl I, S. 2850).

! Diese Vorschrift regelt folgende Fälle: Soweit ein volljähriger Geschäftsunfähiger ein Geschäft des täglichen Lebens tätigt, das mit geringwertigen Mitteln bewirkt werden kann, ist der von ihm geschlossene Vertrag in Ansehung von Leistung und Gegenleistung als wirksam anzusehen, sobald Leistung und Gegenleistung bewirkt sind.

Die Neuregelung erfasst alle volljährigen Geschäftsunfähigen, wobei die in § 104 Abs. 2 BGB statuierte natürliche Geschäftsunfähigkeit unberührt bleibt. Ebenso bleibt es bei der in § 105 Abs. 1 BGB niedergelegten Rechtsfolgenbestimmung der Nichtigkeit der Willenserklärung eines Geschäftsunfähigen, da die Regelung die Wirksamkeit der Leistungserbringung lediglich fingiert (Fiktionswirkung des § 105a BGB; BT-Drucks. 14/9266, S. 43).

Der sachliche Anwendungsbereich der Regelung beschränkt sich auf **Geschäfte des täglichen Lebens**, die mit geringwertigen Mitteln bewirkt werden können. Der Begriff bezeichnet entgeltliche sowie unentgeltliche Geschäfte (MünchKomm-Schmitt, Bd. 1a, § 105a Rn. 6), erfasst also auch Alltagsgeschenke durch den Geschäftsunfähigen. Nach der Gesetzesbegründung verlangt das Tatbestandsmerkmal »täglich« nicht, dass das in Betracht kommende Geschäft notwendigerweise jeden Tag vorgenommen werden muss (BT-Drucks. 14/9299, S. 43). Es ist ferner auch nicht erforderlich, dass es sich um ein existenznotwendiges Geschäft handelt.

Beispiel

Als Beispiel für alltägliche Geschäfte wird der Erwerb von Gegenständen des täglichen Bedarfs, die das übliche Maß nicht übersteigen, angeführt (Lebensmittel, kosmetische Artikel, einfache medizinische Produkte, Presseerzeugnisse und Textilien). Daneben sollen auch einfache Dienstleistungen von der Norm erfasst werden (BT-Drucks. 14/9299, S. 43).

Die Leistung muss weiterhin mit geringfügigen Mitteln bewirkt werden. Um Rechtssicherheit zu gewährleisten und das Prozessrisiko zu vermindern, ist dabei nicht auf die wirtschaftlichen Verhältnisse des Geschäftsunfähigen, die der Geschäftspartner schwer einschätzen kann, sondern auf das durchschnittliche Preis- und Einkommensniveau abzustellen (Palandt-Heinrichs 2005, § 105a Rn. 4). Die Geringfügigkeit der Mittel bezieht sich nicht auf den einzelnen Kaufgegenstand, sondern den Gesamtkaufpreis. Der Gesetzgeber hat es der Rechtsprechung überlassen, geeignete Grenzwerte zur praktischen Handhabung des § 105a BGB zu definieren (so auch Heim 2003, S. 143).

Liegen alle Voraussetzungen des § 105a S. 1 BGB vor, so tritt die Fiktionswirkung der Regelung ein. Rechtsfolge ist dann – anders als beim Handeln in lichten Momenten – kein wirksamer Vertrag. Die Fiktion schließt nur die Rückforderung von bewirkter Leistung und Gegenleistung aus; aus ihr können folglich weder Primär-(Erfüllungs-) noch Sekundäransprüche (Schadensersatz) entstehen. Insoweit wurde ein Rechtsinstitut geschaffen, das im Vertragsrecht des BGB kein Vorbild hat; die rechtlichen Einzelfragen sind allerdings streitig.

! Begründet ein Geschäft der geschilderten Art eine erhebliche Gefahr für die Person oder das Vermögen des Geschäftsunfähigen, ist die Anwendung des § 105a S. 1 BGB ausgeschlossen (§ 105a S. 2 BGB). Dann greift wieder die Nichtigkeitsfolge des § 105 Abs. 1 BGB ein. Diese Regelung basiert auf dem Grundgedanken des Betreuungsrechts, nach dem der Hilflose unter bestimmten Umständen vor sich selbst geschützt werden muss (BT-Drucks. 14/9299, S. 43).

Gefahr im Sinne der Norm besteht, wenn eine Schädigung persönlicher oder wirtschaftlicher Güter droht. Als erheblich stellt sich diese Gefahr dar, wenn ihre Konkretisierung mit hinreichender Sicherheit zu erwarten ist, und der Umfang des erwarteten Schadens das Wohl des Geschäftsunfähigen in seiner konkreten Lebenssituation wesentlich beeinträchtigt (LG Köln, NJW 1993, S. 207; MünchKomm-Schwab, Bd. 8, § 1903 Rn. 9). Die konkreten Umstände, unter denen ein Schutz des Geschäftsunfähigen vor sich selber notwendig sein könnte, sind insbesondere angesichts der engen Voraussetzungen des Satzes 1 nur schwer festzulegen. Solche könnten z. B. bei einem depressiv suizidalen Geschäftsunfähigen vorliegen, der ein Messer oder einen Strick zur Durchführung eines Suizidversuches kauft. Eine Gefährdung des Vermögens kommt auch in solchen Fällen in Betracht, in denen der Geschäftsunfähige wiederholt Alkoholika in jeweils kleinen Mengen kauft, diese in ihrer Gesamtheit aber langfristig zu erheblichen Ausgaben und/oder Gesundheitsschäden führen (Jauernig 2004, § 105a Rn. 7). Beide Beispiele sind in der Praxis jedoch kaum von Bedeutung.

Beweislast

Ob Geschäftsunfähigkeit vorliegt, entscheidet das Gericht unter Berücksichtigung der Umstände des Einzelfalles, wobei der Sachverständige den Richter bei der Feststellung der Umstände unterstützt. Wie erläutert, stellt die Geschäftsfähigkeit die Regel, ihr Fehlen dagegen die Ausnahme dar. Daraus lässt sich schließen, dass sich derjenige, der sich auf die Geschäftsunfähigkeit beruft, auch ihre Voraussetzungen zu beweisen hat. Das gilt für alle Fälle der Geschäftsunfähigkeit gem. § 104 BGB.

Unproblematisch wird der Beweis bei altersbedingter Geschäftsunfähigkeit, z. B. in Verbindung mit einem demenziellen Prozess in der Regel gem. § 104 Nr. 1 BGB zu führen sein. In Fällen der natürlichen Geschäftsunfähigkeit hat derjenige, der sich auf diese beruft, nachzuweisen, dass eine dauernde, die freie Willensbetätigung ausschließende geistige Beeinträchtigung im fraglichen Zeitraum vorlag. Der Beweisantrag muss nicht zwingend vom Geschäftsunfähigen selbst stammen, der seine Verpflichtung damit leugnen will; vielmehr kann auch der Vertragspartner das Ziel verfolgen, einen für den Geschäftsunfähigen günstigen Vertrag zu Fall zu bringen.

Ist die länger dauernde psychische Störung gem. § 104 Nr. 2 BGB nachgewiesen, so muss kein Beweis darüber erbracht werden, dass auch das einzelne Geschäft in willensunfreiem Zustand geschlossen wurde (Soergel-Hefermehl 2003, § 104 Rn. 9). Es liegt vielmehr beim Gegner, den Gegenbeweis zu führen, dass das Geschäft in einem lichten Augenblick geschlossen wurde (BGH NJW 1988, S. 3011).

Andere Grundsätze gelten dagegen für die Prozessfähigkeit gem. §§ 51 ff. ZPO (► Kap. 7).

6.1.3 Vorübergehende Störung der psychischen Funktionen

! In § 105 Abs. 2 BGB werden Willenserklärungen, die im Zustand erheblicher Bewusstlosigkeit oder der vorübergehenden Störung kognitiver oder emotionaler Funktionen (Geistestätigkeit) abgegeben werden, den Willenserklärungen eines Geschäftsunfähigen gleichgestellt; auch solche Willenserklärungen sind demnach nichtig.

Unter erheblicher Bewusstlosigkeit versteht man nicht das völlige Fehlen des Bewusstseins, da dann von einer Willenserklärung keine Rede mehr sein kann. Vielmehr genügt eine hochgradige Bewusstseinstrübung, die die freie Willensbestimmung ausschließt; dies kann z. B. bei erheblicher Intoxikation gegeben sein (Brox 2004, Rn. 269; OLG Köln, NJW-RR 2002, S. 622), z. B. bei einer Blutalkoholkonzentration von mehr als 3 ‰(obschon hier die Diskussion des Strafrechts zum Primat des psychopathologischen Befundes über die BAK zu berücksichtigen ist;► Kap. 2). Als weitere Störungen sind delirante Zustände im Rahmen hohen Fiebers, Nachtwandeln, Schlaftrunkenheit, Hypnose, epileptische Anfälle und bipolare Störungen (manisch-depressive Erkrankung) beschrieben (MünchKomm-Schmitt, Bd. 1, § 105 Rn. 39).

Eine vorübergehende Störung der Geistestätigkeit im Sinne der Norm verlangt ebenso wie die Regelung des § 104 Nr. 2 BGB eine psychische Störung. Im Gegensatz zu § 104 Nr. 2 BGB darf die Störung aber nicht dauernd sein. Erfasst werden somit insbesondere Störungen, die durch Alkohol, Medikamente oder Rauschmittel verursacht wurden (Medicus 2002, Rn. 544). Es bleibt aber zu beachten, dass der Status der Geschäftsfähigkeit an sich von dieser vorübergehenden Störung nicht berührt wird. Dem gem. § 105 Abs. 2 BGB Geschäftsunfähigen können aus diesem Grund Erklärungen rechtswirksam zugehen (§ 130 BGB).

Beispiele

Fall 6.2. Während der Erstmanifestation einer schizophrenen Episode verkaufte der 25-jährige Peter Z. sein fast neuwertiges Auto für 100 € an einen ihm nicht näher bekannten Mann, den er kurz zuvor in einer Gastwirtschaft kennen gelernt hatte. Bei Herrn Z. bestanden an diesem Tag, der auch der Aufnahmetag in das psychiatrisch-psychotherapeutische Krankenhaus war, u. a. akustische Halluzinationen, Beeinträchtigungs- und Beziehungswahn und eine Antriebssteigerung. Herr K. wollte nach seiner Genesung den Autoverkauf rückgängig machen, was ihm auch gelang. Gemäß § 105 Abs. 2 BGB wurde die Nichtigkeit dieses Geschäftes festgestellt.

Fall 6.3. Der 31-jährige Angestellte Peter J. litt seit Jahren an einer bipolaren affektiven Störung entsprechend ICD-10:F31.1. In der fraglichen Episode bestand eine manische Ausprägung. Er hatte seine phasenprophylaktisch wirksame Lithiummedikation vor einiger Zeit ohne Rücksprache mit seinem behandelnden Psychiater selbst abgesetzt und erlitt einen Rückfall. Zwei Wochen fuhr er mit Autos kreuz und quer durch Deutschland und angrenzende Länder, kaufte zweimal in dieser Zeit Wagen bei Autohändlern mit schriftlichem Vertrag, wobei er jeweils sein altes Auto dort zurückließ, ohne es in Zahlung zu geben. Er übernachtete in First-Class-Hotels. Dort telefonierte er häufig mit sog. 0190-Nummern, ließ sich teures Essen aus Restaurants bringen und fuhr jeweils nach 1–2 Tagen weiter, ohne irgendeine Rechnung bezahlt zu haben. In dieser Zeit bestanden deutliche gehobene Lebensgefühle, Rededrang, vermindertes Schlafbedürfnis, sexuelle Enthemmtheit, was den Personen um ihn herum auch sehr deutlich wurde. Im Strafverfahren wurde Herr J. wegen Schuldunfähigkeit auf Grund einer krankhaften seelischen Störung und resultierender fehlender Einsichtsfähigkeit freigesprochen. In den zivilrechtlichen Verfahren stellte das Gericht wegen des Berichts über den dreimonatigen stationären Aufenthalt und jenen des behandelnden Psychiaters und Psychotherapeuten nach § 105 Abs. 2 BGB Geschäftsunfähigkeit für den fraglichen Zeitraum fest.

6.1.4 Beschränkte Geschäftsfähigkeit

! Als beschränkt geschäftsfähig gelten minderjährige Personen, die das 7. Lebensjahr vollendet haben, aber noch nicht volljährig sind (§§ 106, 2 BGB).

Beschränkt geschäftsfähige Personen können in bestimmtem Umfang Rechtsgeschäfte selbst wirksam vornehmen, zunächst solche, durch die sie lediglich eine rechtlichen Vorteil erlangen (§ 107 BGB). Einen lediglich rechtlichen Vorteil erlangt der Minderjährige aber nur dann, wenn er durch das Rechtsgeschäft lediglich eine Zuwendung erhält oder seine Rechtslage ansonsten lediglich verbessert wird. Es kommt demnach nicht darauf an, ob das Rechtsgeschäft für ihn wirtschaftlich günstig ist, oder ob die Vorteile im einzelnen Fall die sich aus dem Geschäft ergebenden Nachteile überwiegen (Flume 1992, S. 191). Jeder gegen ihn gerichtete Anspruch schließt deshalb den rechtlichen Vorteil für ihn aus. Somit gelten Verpflichtungsgeschäfte nur dann als rechtlich vorteilhaft, wenn der beschränkt Geschäftsfähige keine rechtsgeschäftliche Verpflichtung übernimmt, also bei der Schenkung gem. § 516 BGB, oder wenn er nur als Vertreter für einen anderen handelt (§ 165 BGB), da er dann kein Vertragspartner wird. Dagegen kann ein gegenseitiger Vertrag niemals rechtlich vorteilhaft für ihn sein, da der eine Vertragspartner seine Leistung gerade darum verspricht, weil sich der andere zur Gegenleistung verpflichtet (Brox 2004, Rn. 273). Ein Verfügungsgeschäft, etwa eine Eigentumsübertragung gem. § 929 S. 1 BGB, kann von dem Minderjährigen gem. § 107 BGB wirksam vorgenommen werden, wenn das Recht zu seinen Gunsten übertragen, aufgehoben, verändert oder belastet wird.

Ist mit dem Geschäft nur irgendein rechtlicher Nachteil für den Minderjährigen verbunden, so bedarf er der Zustimmung seines gesetzlichen Vertreters, und zwar entweder als Einwilligung oder als Genehmigung. Unter Einwilligung ist die vorherige Zustimmung des gesetzlichen Vertreters (§ 183 BGB) zu einer Willenserklärung des Minderjährigen zu verstehen. Das Rechtsgeschäft, z. B. der Kaufvertrag, wird in diesem Falle sofort mit der Vornahme wirksam. Ein Vertrag, den ein beschränkt Geschäftsfähiger ohne die erforderliche

Einwilligung vorgenommen hat, kann durch Genehmigung als nachträgliche Zustimmung wirksam werden (§ 108 Abs. 1 BGB), die aber auch auf die Vornahme des Rechtsgeschäftes zurückwirkt (§ 184 Abs. 1 BGB). Daneben gilt ein ohne spezielle Zustimmung des gesetzlichen Vertreters geschlossener Vertrag gem. § 110 BGB als von Anfang an wirksam, wenn der Minderjährige die vertragsmäßige Leistung mit Mitteln bewirkt, die ihm zu diesem Zweck oder zur freien Verfügung von dem Vertreter oder mit dessen Zustimmung von einem Dritten überlassen worden sind (sog. Taschengeldparagraph). Die gleiche Rechtswirkung hat die sog. partielle Geschäftsfähigkeit des Minderjährigen gemäß der §§ 112 und 113 BGB. Wenn die gesetzlichen Vertreter dem Minderjährigen den selbstständigen Betrieb eines Erwerbsgeschäftes oder die Aufnahme eines Dienst- oder Arbeitsverhältnisses erlauben, so kann der Minderjährige die in diesem Rahmen anfallenden notwendigen Geschäfte selber abschließen.

6.2 Testierfähigkeit

6.2.1 Gesetzliche Erbfolge

Gemäß § 1922 BGB geht mit dem Tode einer Person (Erblasser) deren Vermögen als Ganzes auf eine oder mehrere andere Personen über. Hat der Erblasser kein Testament verfasst, so gilt die gesetzliche Erbfolge, die detailliert in den §§ 1922 ff. BGB geregelt ist. Grundsätzlich erben die Verwandten des Verstorbenen (§§ 1924 ff. BGB in Verbindung mit § 1589 BGB), die in verschiedene Ordnungen eingeteilt werden, wobei die dem Erblasser nähere Ordnung die entferntere jeweils ausschließt (§ 1930 BGB). So erben etwa die Abkömmlinge des Erblassers als Erben erster Ordnung vor den Eltern des Erblassers und deren Abkömmlingen (§§ 1924 ff. BGB).

Daneben gilt, dass der Ehegatte des Erblassers neben den Abkömmlingen des Erblassers ein Viertel, neben Verwandten der zweiten Ordnung oder den Großeltern die Hälfte erbt. Lebten die Ehegatten bis zum Tode des Erblassers in Zugewinngemeinschaft, dann erhöht sich grundsätzlich der gesetzliche Erbteil des überlebenden Gatten um ein Viertel (§ 1371 Abs. 1 BGB).

6.2.2 Gewillkürte Erbfolge

Hat der Erblasser eine wirksame Verfügung von Todes wegen hinterlassen, so gehen die darin enthaltenen Erbregelungen den gesetzlichen Bestimmungen vor.

Der Begriff der »Verfügung von Todes wegen« umfasst als Sammelbezeichnung Testamente und Erbverträge. Das Testament ist gem. § 1937 BGB die einseitige Verfügung von Todes wegen, während der Erbvertrag (§§ 1941, 2274 ff. BGB) einen (notariell zu beurkundenden) Vertrag von Todes wegen darstellt, also ein zweiseitiges Rechtsgeschäft, in dem wenigstens eine Partei von Todes wegen verfügt. Erwähnenswert bleibt das gemeinschaftliche Testament als letztwillige Verfügung von Ehegatten (§§ 2265 ff. BGB) oder auch von Lebenspartnern (§ 10 Abs. 4 LebenspartnerschaftsG).

In diesem Zusammenhang ist darauf hinzuweisen, dass durch eine Verfügung von Todes wegen nicht unmittelbar auf den Bestand eines Rechtes des Erblassers eingewirkt wird; vielmehr tritt die Rechtswirkung erst mit seinem Tode ein.

! Der Erblasser kann durch einseitige Verfügung von Todes wegen seinen Erben bestimmen sowie einzelne Personen von der Erbfolge ausschließen (§§ 1937, 1938 BGB). Die Gültigkeit eines Testaments setzt voraus, dass der Erblasser testierfähig ist und die Verfügung persönlich errichtet, ferner, dass bestimmte Formerfordernisse eingehalten werden.

Bei Streitigkeiten infolge eines Erbfalls wird gerade die Testierfähigkeit des Erblassers von den Beteiligten häufig bestritten, insbesondere bei solchen Testamenten, die im fortgeschrittenen Alter errichtet wurden oder bei einer großen Erbmasse.

Mit der Bestimmung über die persönliche Errichtung (§§ 2064, 2274 BGB) verbietet das Gesetz jede Stellvertretung bei der Errichtung. Dies soll insbesondere die Sicherung der freien Willensentschließung bewirken und ausschließen, dass der

Erblasser diese sittliche Verantwortung auf andere abwälzt (Lange u. Kuchinke 2001, S. 345).

Testierfähigkeit meint die Fähigkeit, rechtswirksam ein Testament errichten zu können (Dörner et al. 2003, § 2229 Rn. 3) und bezeichnet eine Sonderform der Geschäftsfähigkeit (▶ Abschn. 6.1), die in den §§ 2229, 2230, 2253 Abs. 2, 2275 BGB besonders geregelt wird. Die Testierfähigkeit stimmt insoweit mit der Geschäftsfähigkeit überein, als dass jeder Geschäftsfähige auch testierfähig ist.

! Da das Gesetz für die Errichtung einer Verfügung von Todes wegen eine persönliche Errichtung fordert, kennt es keine beschränkte Testierfähigkeit, sondern nur die volle Testierfähigkeit oder die Testierunfähigkeit.

Es gibt auch keine je nach Schwierigkeit des Testaments abgestufte (sog. relative) Testierfähigkeit (BGHZ 30, S. 117) und auch keine für einen bestimmten, gegenständlich abgegrenzten Kreis von Angelegenheiten (sog. partielle Testierfähigkeit), so wie bei der Geschäftsfähigkeit (▶ Abschn. 6.1). Selbst wenn sich psychische Störungen beim Erblasser nur in einzelnen Lebensbereichen auswirken, so ist die Fähigkeit zur Testamentserrichtung entweder gegeben oder nicht (Palandt-Edenhofer 2005, § 2229 Rn. 2).

Ebenso wie bei der Geschäftsfähigkeit regelt das Gesetz nicht die Testierfähigkeit, sondern nur ihr Gegenteil, die Testierunfähigkeit (§ 2229 Abs. 4 BGB). Diese Vorschrift gilt jedoch ausschließlich für Testamente. Die Feststellung der Nichtigkeit von Erbverträgen wegen Testierunfähigkeit erfolgt nach den allgemeinen Regelungen der §§ 104 Nr. 2, 105 und 105a BGB – § 2275 Abs. 1 BGB verlangt für den Abschluss eines Erbvertrages nämlich die unbeschränkte Geschäftsfähigkeit.

Uneingeschränkte Testierfähigkeit

Die uneingeschränkte Testierfähigkeit hat nur der voll Geschäftsfähige (▶ Abschn. 6.1.1). Sie setzt zunächst die Vorstellung des Erblassers voraus, dass er überhaupt ein Testament errichtet. Unbedingt erforderlich ist ferner die Einsicht in die Tragweite, Bedeutung und Auswirkung der einzelnen Anordnung, in die wirtschaftlichen Verhältnisse sowie ein klares Urteil über die Gründe, die für oder gegen die Berechtigung der einzelnen Anordnung sprechen (MünchKomm-Burkhart, Bd. 9, § 2229 Rn. 2). Nach diesem Urteil muss der Erblasser frei von Einflüssen etwaiger Dritter handeln (OLG Köln, FamRZ 1991, S. 1357; OLG Frankfurt, NJW-RR 1998, S. 870). Das schließt allerdings nicht aus, dass der Erblasser Anregungen eines Dritten folgt oder sich durch diesen zur Errichtung eines Testaments veranlassen lässt. Denn dabei können durchaus eine vernünftige Überlegung und eine freie Willensentschließung vorliegen.

! Wer ein Testament errichtet, aufhebt oder ändert, muss während des gesamten Vorgangs, d. h. vom Beginn der Errichtung bis zu seinem Abschluss, testierfähig sein (BGHZ 30, S. 294 ff.).

Testamente geschäftsunfähiger psychisch Kranker können wirksam sein, wenn sie in sog. »lichten Momenten« errichtet wurden, sofern in diesen die Einsichtsfähigkeit nach § 2229 Abs. 4 BGB vorliegt (zu den lichten Momenten ▶ Kap. 6.1.2). Allerdings ist das Vorliegen dieser Voraussetzungen kaum nachweisbar. In der Regel wird der Beweis in der Praxis durch ein psychiatrisches Gutachten geführt (MünchKomm-Burkart, Bd. 9, § 2229 Rn. 12; zu Beweisfragen s. unten).

Der nachträgliche Verlust der Testierfähigkeit beeinträchtigt die Gültigkeit eines zuvor wirksam errichteten Testaments nicht. Hat also ein Erblasser den Inhalt eines zu errichtenden Testaments in allen Einzelheiten mit dem Notar besprochen und erleidet in der folgenden Nacht einen Schlaganfall, so genügt es, wenn er am nächsten Tag noch in der Lage ist, die Bedeutung der Willenserklärung zu erkennen und nach dieser Einsicht frei zu handeln (BGHZ 30, S. 296 f.).

Testierfähigkeit Minderjähriger

Außer Volljährigen dürfen auch solche Minderjährige testieren, die das 16. Lebensjahr vollendet haben. Der Minderjährige bedarf zur Testamentserrichtung also nicht der Zustimmung des gesetzlichen Vertreters (§ 2229 Abs. 2 BGB). Allerdings sind besondere Formvorschriften zu beachten (§ 2233 Abs. 1 BGB, § 2247 Abs. 4 BGB). Danach kann ein Minderjähriger ein Testament nur durch eine Erklärung gegenüber dem Notar oder durch

Übergabe einer offenen Schrift zu Händen einer Urkundsperson errichten. Es soll dadurch sichergestellt werden, dass der Minderjährige in jedem Fall durch einen Notar beraten wird. Hat der Minderjährige ein ungültiges eigenhändiges Testament errichtet, wird es auch nicht dadurch gültig, dass er es als Volljähriger formlos bestätigt (§ 141 BGB). Denn die Bestätigung eines formbedürftigen Rechtsgeschäfts muss als Neuvornahme formgerecht erfolgen, so dass die Errichtung eines neuen Testaments erforderlich ist (Olzen 2001, S. 81).

Der Minderjährigenschutz tritt im Erbrecht gegenüber dem allgemeinen Rechtsgeschäftsbereich zurück, weil einen Minderjährigen durch die Errichtung eines Testaments zu Lebzeiten noch keine Rechtswirkungen treffen und er demnach nicht so wie bei Rechtsgeschäften unter Erwachsenen schutzbedürftig ist (Dörner et al. 2003, § 2229 Rn. 2).

Testierfähigkeit körperlich Behinderter

Im Falle der Unfähigkeit, Geschriebenes zu lesen oder hinreichend zu sprechen, stellte das Gesetz in § 2233 Abs. 2 und 3 BGB a. F. zusätzliche Erfordernisse für die Errichtung eines Testamentes auf. Diese Regelungen führten beim Zusammentreffen verschiedener Behinderungen, z. B. bei Taubstummen, bei stummen Schreib- oder Leseunkundigen etc., zur praktischen Testierunfähigkeit. Das Bundesverfassungsgericht hat den Ausschluss dieser Personen von der Testiermöglichkeit – soweit sie geistig und körperlich zu einer Testamentserrichtung in der Lage sind – als verfassungswidrig erachtet. Der generelle Ausschluss schreib- und sprechunfähiger Personen verstößt nach seiner Ansicht gegen die Erbrechtsgarantie des Art. 14 Abs. 1 GG sowie gegen den allgemeinen Gleichheitssatz des Art. 3 Abs. 1 GG und das Benachteiligungsverbot für Behinderte in Art. 3 Abs. 3 S. 2 GG (BVerfG NJW 1999, S. 1853).

Nach Inkrafttreten des OLG-Vertretungsänderungsgesetzes (Gesetz zur Änderung des Rechts zur Vertretung durch Rechtsanwälte vor den Oberlandesgerichten vom 23.07.2002, BGBl I 2002, S. 2850) wird jetzt auf das Erfordernis der Mündlichkeit in § 2232 BGB verzichtet. Der Gesetzgeber hat die Absätze 1 und 2 des § 2233 BGB diesem Verzicht angepasst und den durch die Änderung überflüssig gewordenen Absatz 3 gestrichen. Demnach müssen weder die Erklärung vor dem Notar noch diejenige bei Übergabe einer Schrift mündlich abgegeben werden. Es reichen vielmehr schriftliche Erklärungen, Gebärden sowie jede andere eindeutige Verständigung zwischen dem Betroffenen und dem Notar aus. Bei der Beurkundung sind wieder die Vorschriften des zweiten Abschnitts des Beurkundungsgesetzes zu beachten (ausf. zur gesetzlichen Neuregelung vgl. Bamberger u. Roth 2003, § 2233 Rn. 12).

Testierfähigkeit betreuter Personen

! Die Bestellung eines Betreuers hat für den Betreuten keinen Einfluss auf seine Testierfähigkeit. Denn anders als früher die Entmündigung, die seit dem 01.01.1992 abgeschafft und durch das Rechtsinstitut der Betreuung ersetzt worden ist, beeinflusst die Betreuung grundsätzlich die Geschäfts- und Testierfähigkeit nicht.

Ob unter Betreuung stehende Personen testierunfähig sind, richtet sich demzufolge allein nach § 2229 Abs. 4 BGB. Die Wirksamkeit eines Testaments kann folglich auch nicht von der Einwilligung eines Betreuers abhängig gemacht werden. Selbst wenn gem. § 1903 Abs. 1 BGB zur Abwendung einer erheblichen Gefahr für die Person oder das Vermögen des Betreuten die Einwilligung des Betreuers erforderlich ist, so unterliegen Willenserklärungen, die auf Verfügungen von Todes wegen gerichtet sind, keinem Einwilligungsvorbehalt (§ 1903 Abs. 2 BGB). Auch kann sich der geschäftsfähige Betreute, anders als der Minderjährige, aller vom Gesetz zugelassenen Testamentsformen bedienen, also auch handschriftlich testieren.

Testierunfähigkeit wegen psychischer Störung (Geistes- und Bewusstseinsstörung)

Nach § 2229 Abs. 4 BGB ist testierunfähig, wer wegen krankhafter Störung der Geistestätigkeit, wegen Geistesschwäche oder wegen Bewusstseinsstörungen nicht in der Lage ist, die Bedeutung einer von ihm abgegebenen Willenserklärung einzusehen und nach dieser Einsicht zu handeln.

Voraussetzungen

Nicht jede psychische Störung bewirkt die Testierunfähigkeit. Das Gesetz sieht vielmehr die Fähigkeit, die Bedeutung der letztwilligen Verfügung zu erkennen und sich bei seiner Entschließung von normalen Erwägungen leiten zu lassen, als maßgebend an (BayOLG, NJOZ 2001, S. 2140). Eine Person gilt deshalb erst dann als testierunfähig, wenn ihre Überlegungen nach allgemeiner Verkehrsauffassung auch unter Würdigung ihrer speziellen Lebensumstände und ihrer subjektiven Einstellung nicht mehr als freie Willensentscheidungen gewertet werden können. Das gilt z. B., wenn eine Person aufgrund paranoider Wahnvorstellungen nicht in der Lage ist, sich ein über die für und gegen die sittliche Berechtigung einer letztwilligen Verfügung sprechenden Gründe ein klares Urteil zu bilden (BayOLG, NJW-RR 2000, S. 8).

Psychopathologischer Kriterienkatalog

Foerster (1993, S. 582) hat die folgenden 4 Kriterien zusammengestellt, die die Zuerkennung von Testierunfähigkeit bedingen:

- Schwere Orientierungsstörungen im Hinblick auf grundlegende persönliche Daten und die Lebenssituation eines Verstorbenen
- Personenverkennungen
- Schwere Gedächtnisstörungen
- Schwere affektive Veränderungen

Wie auch bei der Feststellung der Geschäftsunfähigkeit reicht es für die Beurteilung der Testierfähigkeit nicht aus, nur den medizinischen Befund einer sog. Geisteskrankheit oder -schwäche festzustellen. Ob der Erblasser zum maßgebenden Zeitpunkt in der Lage war, die Tragweite seiner Anordnungen und insbesondere die Auswirkungen auf die persönlichen und wirtschaftlichen Verhältnisse der Betroffenen zu erkennen, muss vielmehr im Einzelfall festgestellt werden, was in der Praxis häufig große Schwierigkeiten bereitet (Bartsch 2001, S. 861). Das Vorliegen der Voraussetzungen der Testierunfähigkeit im Sinne von § 2229 Abs. 4 BGB kann daher regelmäßig nicht vom Gericht allein, sondern nur mit Hilfe eines Psychiaters bejaht werden (KG NJW 2001, S. 904).

So schließen z. B. Psychopathie, Drogenabhängigkeit oder querulatorische Veranlagung die Testierfähigkeit nicht von vornherein aus (Diederichsen 2004, S. 491 f.), sondern führen vielmehr nur unter Hinzutreten besonderer Umstände, insbesondere weiterer erheblicher neuropsychiatrischer Erkrankungen, zur Testierunfähigkeit.

Auch Störungen, wie z. B. hochgradige Alkohol- oder Drogenintoxikation, Entzugserscheinungen bei einem Abhängigen, organisch bedingte, schizophrene oder bipolare Störungen, haben erst den Verlust der Testierfähigkeit zur Folge, wenn dem Erblasser die in § 2229 Abs. 4 BGB vorausgesetzte Einsichtsfähigkeit fehlt. Dabei ist es vor allem Aufgabe eines psychiatrischen Sachverständigen, die Auswirkung der Erkrankung auf die Einsichts- und Willensbildungsfähigkeit des Erblassers abzuklären, um sich so ein Gesamtbild vom Krankheitsbild des Erblassers zu machen. Insbesondere bei Altersdemenz oder Zerebralsklerose kann die Testierunfähigkeit nur aufgrund des Gesamtverhaltens und des Gesamtbilds der Persönlichkeit festgestellt werden (OLG Düsseldorf, FamRZ 1998, S. 1064).

Über das Vorliegen der Testierunfähigkeit entscheidet der Zeitpunkt der Testamentserrichtung. Es ist folglich gleichgültig, ob die Krankheit oder der geistige Zustand von Dauer oder nur vorübergehender Natur war (Bamberger u. Roth 2003, § 2229 Rn. 9).

Beispiele

Fall 6.4. Lilo K., 83-jährige Rentnerin, war nach ihrer frühen Verheiratung Hausfrau und Mutter. Ihr Ehemann, der 6 Monate vor ihr verstarb, war in der Ehe dominant und als Buchhalter auch zu Hause für alle finanziellen Angelegenheiten zuständig. Nie kümmerte sich Frau K. um Behördenangelegenheiten. Beide Ehepartner hatten kein Testament errichtet. Nach dem Tod ihres Mannes musste sie sich erstmals mit der komplexen Materie des Erbrechts auseinander setzen, was ihr nicht in Ansätzen gelang. Frau K. hatte seit 3 Jahren eine diagnostizierte mittelgradige Demenz vom Alzheimer-Typ mit begleitender depressiver Symptomatik (ICD-10:F00.031), die während eines einwöchigen stationären Aufenthalts in der nahe gelegenen Universitätsklinik für Psychiatrie und Psychotherapie diagnostiziert worden war. Sie litt unter typischer Gedächtnisstörung, einer erheblichen Beeinträchtigung des

Denkvermögens und der Informationsverarbeitung, was in den letzten Jahren seit Diagnosestellung – für den Hausarzt ersichtlich und von diesem auch gut dokumentiert – erheblich zugenommen hatte. In ihren letzten Monaten bestand ein wahnhaft ausgestaltetes depressives Syndrom. Mit der Erbschaftsangelegenheit war sie völlig überfordert. Ihre Nachbarin überzeugte sie von dem Besuch eines Notars und der Unterzeichnung eines Testaments 6 Wochen nach dem Tod ihres Mannes. Dieser protokollierte, dass Frau K. gesund sei, ohne dies näher auszuführen. Die Kinder von Frau K. fühlten sich nach deren Tod von der Nachbarin übergangen. Im amtsgerichtlichen Verfahren führte ein psychiatrischer Sachverständiger aus, dass Testierunfähigkeit bei der Erblasserin bestanden habe und stützte diese Einschätzung auf die vorliegenden ärztlichen Dokumente mit den dokumentierten psychopathologischen Befunden und Diagnosen, die Befragung des Hausarztes und einer Freundin der Erblasserin vor Gericht. Die Entscheidung der Ungültigkeit des Testamentes von Frau K. wurde in anschließenden Verfahren vor dem Landgericht und dem Oberlandesgericht bestätigt; jeweils mit neuen psychiatrischen Sachverständigen.

Fall 6.5. Herr A., 54-jähriger Inhaber eines Softwarehauses, litt unter einer Herzinsuffizienz und war zweimal wegen zerebraler Blutungen hospitalisiert. Während des stationären Aufenthaltes in einer internistischen Klinik errichtete er vor einem ans Krankenbett gekommenen Notar ein Testament. In der Krankenakte deutete wenig auf einen psychopathologischen Befund. Lediglich eine gewisse Schläfrigkeit (offensichtlich aufgrund der verabreichten Medikation), reaktive Depressivität sowie eine Antriebsminderung waren dokumentiert. Der Notar hatte im Übrigen darauf Wert gelegt, dass im Vorfeld der Testamentserrichtung ein psychiatrischer Konsiliararzt Herrn A. untersuchte. In diesem Bericht fanden sich keine eine Testierunfähigkeit beweisenden Befunde, auch keine entsprechende Diagnose. Das von nicht berücksichtigten Erben angefochtene Testament behielt im gerichtlichen Verfahren seine Gültigkeit.

Rechtsfolge

War der Erblasser testierunfähig, so ist und bleibt das errichtete Testament unwirksam. Es wird auch bei späterem Eintritt der Testierfähigkeit nicht wirksam, sondern muss formgerecht neu errichtet werden (§ 141 Abs. 1 BGB). Die Geltendmachung der Testierunfähigkeit kann jederzeit erfolgen und ist im Gegensatz zur Anfechtung nicht fristgebunden.

Beweislast

! Entsprechend dem Grundsatz, dass eine Störung der Geistestätigkeit die Ausnahme bildet, gilt ein Erblasser so lange als testierfähig, wie seine Testierunfähigkeit nicht zur vollen Gewissheit des Gerichts nachgewiesen ist (§ 286 Abs. 1 ZPO). Bloße Zweifel genügen deshalb nicht zu ihrer Feststellung.

Art und Umfang der gerichtlichen Ermittlungen richten sich nach den Umständen des Einzelfalls. In jedem Fall ist aber mit Rücksicht auf die besondere Tragweite der Frage nach der Testierunfähigkeit eine sorgfältige und gewissenhafte Prüfung erforderlich, in der Regel unter Einbeziehung eines psychiatrischen Sachverständigen (OLG Frankfurt, NJW-RR 1998, S. 871).

Die Feststellungslast für die Testierunfähigkeit als eine das Erbrecht vernichtende Tatsache hat nach dem Gesagten grundsätzlich derjenige zu tragen, der sich auf die darauf beruhende Unwirksamkeit des Testaments beruft (OLG Köln, FamRZ 1990, S. 1357). Dies gilt auch dann, wenn für den Erblasser eine Gebrechlichkeitspflegschaft (§ 1910 Abs. 2 BGB und Abs. 3 BGB a. F.) oder eine Betreuung (§ 1896 Abs. 1 BGB) bestanden hat (OLG Frankfurt, FamRZ 1996, S. 635). In beiden Fällen greift also die Vermutung der Testierfähigkeit ein. Es besteht aber die Möglichkeit, auf die im Betreuungsverfahren eingeholten Gutachten und andere ärztliche Dokumente zurückzugreifen (Bamberger u. Roth 2003, § 2229 Rn. 2).

Auch können die Grundsätze über den Beweis des ersten Anscheins Anwendung finden. Danach begründen Feststellungen darüber, dass der Erblasser vor und nach der Testamentserrichtung testierunfähig war, einen Beweis des ersten Anscheins dafür, dass auch bei der Errichtung des Testaments Testierunfähigkeit bestand. Der Anscheinsbeweis gilt aber nur dann, wenn das Gericht im Grundsatz wirklich von einer anhaltenden Testierunfähigkeit des Erblassers vor und nach dem fraglichen Zeitraum ausgeht (BayOLG, NJWE-FER 1999, S. 126). Der Testamentserbe, der sich auf die wirksame Verfügung von Todeswegen beruft, muss den Anschein erschüttern und den Gegenbeweis dadurch führen, dass er die ernsthafte Möglichkeit eines lichten Intervalls beweist (► Abschn. 6.1.2). Wird der Beweis des ersten Anscheins der Testierunfähigkeit auf diese Weise erschüttert, wechselt die Feststellungslast für die tatsächliche Testierunfähigkeit wieder zu den daran interessierten gesetzlichen Erben (OLG Frankfurt, NJW-RR 1998, S. 870).

Lässt sich nicht feststellen, zu welchem Zeitpunkt ein Erblasser Veränderungen in seinem Testament vorgenommen hat, steht aber fest, dass der Erblasser zu irgendeinem Zeitpunkt innerhalb des für diese Änderungen in Betracht kommenden Zeitraums nicht mehr testierfähig war, so geht diese Tatsache in entsprechender Anwendung des § 2247 Abs. 4 S. 1 BGB zu Lasten desjenigen, der sich auf die Gültigkeit der vorgenommenen Veränderung beruft (BayOLG, NJW-RR 2003, S. 297).

Zur Klärung des Sachverhalts sind vom Gericht alle von den Parteien angebotenen Beweise heranzuziehen. In diesem Zusammenhang ist auch regelmäßig das Gutachten eines fachkundigen psychiatrischen Sachverständigen notwendig (► Abschn. 1.1.1).

Inwieweit ein vormals behandelnder Arzt bei der Feststellung der Testierfähigkeit der **ärztlichen Schweigepflicht** unterliegt, hängt davon ab, ob ein objektiver Anhalt dafür vorliegt, dass ein vernünftiges Interesse an der Geheimhaltung der betreffenden Tatsachen besteht oder nicht. Allgemein kann jedoch festgehalten werden, dass die ärztliche Schweigepflicht zwar grundsätzlich nicht mit dem Tode des Patienten erlöscht, aber auch nicht mehr in demselben Umfang besteht wie vorher, weil der Erblasser selbst ein Interesse an der Gültigkeit einer von ihm getroffenen letztwilligen Verfügung hat (BGHZ 91, S. 392, 396 ff.; zur Problematik der Schweigepflicht des Gutachters ► Abschn. 5.2.4).

6.3 Literatur

Bamberger G, Roth H (2003) Kommentar zum Bürgerlichen Gesetzbuch, Bd. 3, §§ 1297–2385, EGBGB, CISG. Beck, München

Bartsch H (2001) Die postmortale Schweigepflicht des Arztes beim Streit um die Testierfähigkeit des Patienten. NJW 54: 861–863

Brox H (2004) Allgemeiner Teil des BGB, 28. Aufl. Heymann, Köln

Casper M (2002) Geschäfte des täglichen Lebens. Kritische Anmerkung zum neuen § 105a BGB. NJW 55: 3425–3430

Diederichsen U (2004) In: Venzlaff U, Foerster K (Hrsg) Psychiatrische Begutachtung – Ein praktisches Handbuch für Ärzte und Juristen, 4. Aufl. Urban & Fischer, München, S 453–502

Dörner H, Ebert I, Eckert J et al. (2003) Bürgerliches Gesetzbuch, Handkommentar, 3. Aufl. Nomos, Baden-Baden

Foerster K (1993) Zur Beurteilung der Testierfähigkeit. In: Moeller HJ, Rohde A (Hrsg) Psychische Krankheit im Alter, Springer, Berlin Heidelberg New York Tokio, S 579–584

Flume W (1992) Allgemeiner Teil des Bürgerlichen Rechts, Bd 2: Das Rechtsgeschäft, 4. Aufl. Springer, Berlin Heidelberg New York Tokio

Heim S (2003) Gesetzgeberische Modifizierung der Auswirkungen der Geschäftsunfähigkeit Volljähriger beim Vertragsschluss. JuS 43: 141–145

Jauernig O (2004) Bürgerliches Gesetzbuch, 11. Aufl. Beck, München

Lange H, Kuchinke K (2001) Erbrecht, 5. Aufl. Beck, München

Larenz K, Wolf M (2004) Allgemeiner Teil des Bürgerlichen Rechts, 9. Aufl. Beck, München

Medicus D (2002) Allgemeiner Teil des BGB, 8. Aufl. Müller, Heidelberg

Müller G (1998) Betreuung und Geschäftsfähigkeit. Gieseking, Bielefeld

Münchener Kommentar (2001–2004) Kommentar zum Bürgerlichen Gesetzbuch, 4. Aufl.: Bd. 1 (2001) Allgemeiner Teil; Bd. 1a (2003) Allgemeiner Teil; Bd. 8 (2002) Familienrecht II; Bd. 9 (2004) Erbrecht. Beck, München (zit. MünchKomm-Bearbeiter)

Nedopil N (2000) Forensische Psychiatrie, 2. Aufl. Thieme, Stuttgart

Olzen D (2001) Erbrecht. De Gruyter, Berlin

Palandt O (2005) Bürgerliches Gesetzbuch, 64. Aufl. Beck, München (zit. Palandt-Bearbeiter)

Soergel H (2003) Bürgerliches Gesetzbuch mit Einführungsgesetzen und Nebengesetzen, Bd. 2, 13. Aufl. Kohlhammer, Stuttgart (zit. Soergel-Bearbeiter)

Thomas H, Putzo H (2004) Zivilprozessordnung, 26. Aufl. Beck, München

Prozessfähigkeit

Die Prozessfähigkeit bezeichnet im Zivilprozess die Fähigkeit, Prozesshandlungen selbst oder durch selbst bestellte Vertreter wirksam vorzunehmen oder entgegenzunehmen (Zöller-Vollkommer 2004, § 52 Rn. 1). Geschäftsunfähige sollen so vor nachteiligen Folgen geschützt werden, die sie durch die Vornahme von Prozesshandlungen erleiden könnten, weil sie z. B. infolge psychischer Störungen nicht in der Lage sind, die Folgen ihres Handelns in dem erforderlichen Maße abzusehen.

7.1 Begriff

7.1.1 Normzweck

§ 52 Abs. 1 ZPO bestimmt, dass eine Person prozessfähig ist, wenn sie sich durch Verträge verpflichten kann. Damit wird die Prozessfähigkeit grundsätzlich an die materiellrechtliche Geschäftsfähigkeit des bürgerlichen Rechtes gem. §§ 104 ff. BGB gekoppelt (► Kap. 6; Ausnahmen s. unten).

Das bürgerliche Recht verlangt die Geschäftsfähigkeit, um sich wirksam rechtsgeschäftlich binden zu können. Geschäftsunfähige und beschränkt Geschäftsfähige sollen so vor nachteiligen Verpflichtungen geschützt werden, die aus Rechtsgeschäften resultieren können, soweit sie infolge psychischer Störungen, mangelnden Alters und damit mangelnder Erfahrung nicht in der Lage sind, die Folgen ihres Handelns in dem erforderlichen Maße abzusehen.

Diesem Schutzgedanken von Geschäftsunfähigen trägt im Zivilprozess das Erfordernis der Prozessfähigkeit Rechnung (Baumgärtel 1972, S. 103). Denn dort gilt die Dispositionsmaxime, wonach der Inhalt des Rechtsstreits von den Parteien festgelegt wird, und das Gericht an die von den Parteien gestellten Anträge gebunden ist (§ 308 Abs. 1 S. 1 ZPO). Folglich drohen den Parteien erhebliche Nachteile, wenn sie den Umfang des Rechtsstreites nicht erfassen und nicht zu ihrem Vorteil handeln können. Zum Schutz dieser Personen verlangt deshalb § 52 Abs. 1 ZPO Prozessfähigkeit. Sie bildet damit das zivilprozessuale Gegenstück der Geschäftsfähigkeit, nämlich eine Prozesshandlungsvoraussetzung (Oda 1997, S. 36).

7.1.2 Unterscheidung zu anderen Eigenschaften einer Partei im Zivilprozess

Die Prozessfähigkeit steht im Zusammenhang mit anderen Fähigkeiten, über die die Parteien eines Zivilprozesses verfügen müssen, insbesondere der Kläger, um seine Klage führen zu können.

Parteifähigkeit

Der Prozessfähigkeit logisch vorrangig ist die Parteifähigkeit der Betroffenen. Nur für denjenigen, der Partei eines Zivilprozesses sein kann, stellt sich die Frage, ob er diesen Prozess selbst zu führen vermag.

! Parteifähigkeit bezeichnet also die Fähigkeit, Kläger oder Beklagter eines Zivilprozesses sein zu können (Zöller-Vollkommer 2005, § 50 Rn. 1).

Gemäß § 50 Abs. 1 ZPO ist parteifähig, wer rechtsfähig ist, d. h. wer Träger von Rechten und Pflichten sein kann. Dies gilt uneingeschränkt für alle Menschen von Geburt an bis zum Tode, unabhängig von Alter oder psychischer Gesundheit (§ 1 BGB).

Gleichgestellt sind juristische Personen. Ferner werden auch die Personenhandelsgesellschaften vom Gesetz als parteifähig angesehen. Dies bestimmt § 124 HGB für die OHG, und es gilt über § 161 Abs. 2 HGB auch für die KG. Nach der neueren Rechtsprechung des BGH kann auch die Gesellschaft Bürgerlichen Rechts Kläger oder Beklagter eines Zivilverfahrens sein (BGH NJW 2001, S. 1058).

Prozessführungsbefugnis

Die Prozessfähigkeit ist darüber hinaus von der Prozessführungsbefugnis abzugrenzen. Sie meint die Befugnis einer Person, einen Prozess in eigenem Namen führen zu können (Zöller-Vollkommer 2005, Vorbem. § 50 Rn. 18).

Damit soll verhindert werden, dass jemand ohne entsprechende Legitimation fremde Rechte in eigenem Namen zum Gegenstand eines Zivilprozesses machen kann, letztlich also der Ausschluss der Popularklage gewährleistet wird. Die Prozessführungsbefugnis steht grundsätzlich jedem zu, der behauptet, Rechtsinhaber bezüglich des Streitgegenstandes eines Zivilverfahrens zu sein.

Der Zivilprozess kennt allerdings als Ausnahme die Figur der Prozessstandschaft, wonach es ausnahmsweise zulässig ist, fremde Rechte im eigenen Namen geltend zu machen. Der Prozessstandschafter wird dadurch selbst Partei des Zivilprozesses und führt ihn unabhängig vom wirklichen Rechtsinhaber. Dies kann auf gesetzlicher Anordnung beruhen. So bestimmt § 265 ZPO, dass beim Streit um eine Forderung deren Abtretung während des Verfahrens keinen Einfluss auf den Prozess hat: Der ursprüngliche Forderungsinhaber bleibt weiterhin Kläger oder Beklagter. Auch rechtsgeschäftlich lässt sich Prozessstandschaft durch eine sog. Ermächtigung einräumen. Dies geschieht z. B. dann, wenn im Rahmen von Eigentumsvorbehaltsklauseln die Veräußerung von Gegenständen unter Eigentumsvorbehalt gestattet wird, eventuell darauf bezogene Prozesse aber durch den Vorbehaltskäufer zu führen sind. Im Hinblick auf die Prozessfähigkeit gelten keine Besonderheiten: Auch Prozessstandschafter kann nur sein, wer prozessfähig ist.

Postulationsfähigkeit

Schließlich ist noch auf die Postulationsfähigkeit hinzuweisen, die erforderlich ist, damit eine Partei vor Gericht auftreten kann.

! Man versteht darunter die Fähigkeit, in eigener Person vor einem Gericht wirksam prozessual handeln zu können. Diese Fähigkeit hat grundsätzlich jede prozessfähige Person.

Allerdings bestimmt § 78 ZPO als Ausnahme für bestimmte Verfahren, die der Gesetzgeber für besonders wichtig gehalten hat, Anwaltszwang. Hier besteht die Notwendigkeit der Vertretung einer Partei durch einen zugelassenen Anwalt, und zwar grundsätzlich vor dem Familiengericht, beim Landgericht oder auch in den höheren Instanzen.

7.2 Prozessfähige Personen

7.2.1 Grundsatz

Im Zusammenhang mit der hier näher zu behandelnden Prozessfähigkeit sind drei Situationen zu unterscheiden:

- prozessfähige Parteien,
- beschränkt (partiell) prozessfähige Parteien,
- prozessunfähige Parteien.

Im Allgemeinen sind die unbeschränkt geschäftsfähigen Personen (▶ Kap. 6), d. h. alle volljährigen Personen (§ 2 BGB), die sich nicht in einem die freie Willensbildung ausschließenden „Zustand krankhafter Störung der Geistestätigkeit“, d. h. in einer psychischen Störung befinden (vgl. § 104 Nr. 2 BGB und ▶ Abschn. 7.3.1), auch prozessfähig.

Insbesondere bleibt auch der Betreute grundsätzlich trotz Bestellung des Betreuers (▶ Abschn. 5.2.1) vorbehaltlich des § 104 Nr. 2 BGB geschäftsfähig und damit auch prozessfähig (Musielak-Weth 2005, § 52 Rn. 3). Allerdings sieht § 53 ZPO vor, dass der Betreute seine Prozessfähigkeit verliert, wenn der Aufgabenkreis des Betreuers die Prozessführung für ihn umfasst (▶ Abschn. 7.3.3). Ist die Betreuung dagegen mit der Anordnung eines Einwilligungsvorbehalts gemäß § 1903 BGB verbunden (▶ Abschn. 5.3), so stellt das Gesetz den Betreuten einem partiell beschränkt Geschäftsfähigen gleich (▶ Abschn. 7.3.2), er ist dann also prozessunfähig. Dies bezieht sich allerdings ausschließlich auf den festgelegten Aufgabenkreis des Betreuers. Im Übrigen bleibt der Betreute in diesen Fällen auch prozessfähig (Bork 1991, S. 98).

7.2.2 Ausnahmen

Bei nicht volljährigen, psychisch gesunden Personen wird in besonderen Fällen dennoch die Prozessfähigkeit angenommen. Eine beschränkte Prozessfähigkeit entsprechend der beschränkten Geschäftsfähigkeit im Sinne der §§ 106 ff. BGB (▶ Abschn. 6.1.4) für 7- bis 18-jährige Parteien des Zivilprozesses kennt das Gesetz aus Gründen der Rechtssicherheit und Verfahrensökonomie allerdings nicht.

Da von der Prozessfähigkeit die Zulässigkeit einer Klage abhängt (▶ Abschn. 7.4), müsste bei Anerkennung einer beschränkten Prozessfähigkeit bereits in jedem Einzelfall im Rahmen der Zulässigkeitsprüfung für eine Klage geprüft werden, ob etwa der Vertrag eines Minderjährigen im Rahmen des sog. Taschengeldparagraphen gem. § 110 BGB wirksam abgeschlossen wurde, weil der Minderjährige einen Kaufpreis mit eigenen Mitteln gezahlt hat. Dadurch wäre ein Rechtsstreit mit erheblichen Unsicherheiten belastet, da die Begründetheit eines Begehrens gleichzeitig über seine Zulässigkeit entscheiden würde. Deshalb fehlt einer Partei in den Fällen der beschränkten Geschäftsfähigkeit grundsätzlich die Prozessfähigkeit. Von diesem Prinzip sind allerdings die im Folgenden aufgeführten Ausnahmen anerkannt.

Gegenständlich beschränkte Prozessfähigkeit

Anerkannt ist zunächst eine Prozessfähigkeit Minderjähriger für bestimmte Verfahren. Bei der gegenständlich beschränkten Prozessfähigkeit handelt es sich um Fälle, in denen ein beschränkt Geschäftsfähiger für bestimmte Rechtsgeschäfte die unbeschränkte Geschäftsfähigkeit im bürgerlichen Recht genießt, §§ 112, 113 BGB. Insoweit hat der Minderjährige für darauf bezogene Gerichtsverfahren auch die volle Prozessfähigkeit. Für alle anderen Verfahren ist jedoch weiterhin Prozessunfähigkeit gegeben. Dadurch erklärt sich der Begriff der gegenständlich beschränkten Prozessfähigkeit.

Beispiel

Beispielsweise gilt ein Minderjähriger, der von seinem gesetzlichen Vertreter dazu ermächtigt ist, in ein Dienst- oder Arbeitsverhältnis zu treten, für Rechtsgeschäfte, die die Eingehung oder Aufhebung dieses Verhältnisses oder die Erfüllung der sich daraus ergebenden Verbindlichkeit betreffen, als unbeschränkt geschäftsfähig (vgl. § 113 Abs. 1 BGB). Konsequenterweise ist der Minderjährige für diese Rechtsgeschäfte auch prozessfähig. Gleiches gilt für einen betreuten Volljährigen bei Anordnung eines Einwilligungsvorbehalts (▶ Abschn. 5.3) in Bezug auf die angeführten Rechtsgeschäfte (§ 1903 Abs. 1 S. 2 BGB in Verbindung mit § 113 Abs. 1 BGB).

Erweiterte Prozessfähigkeit

Eine weitere Ausnahme von dem eingangs erwähnten Grundsatz bildet die sog. erweitere Prozessfähigkeit. Der Begriff ist missverständlich. Man bezeichnet damit diejenigen Fälle, in denen eine Partei im Prozess ihre Rechte selbstständig wahrnehmen kann, also prozessfähig ist, obwohl sie nach bürgerlichem Recht nicht als geschäftsfähig angesehen wird, und zwar auch nicht gegenständlich beschränkt.

Beispiel

Ein Beispiel dafür bildet die Prozessfähigkeit des minderjährigen Ehegatten in Ehesachen gem. § 607 Abs. 1 ZPO und die Prozessfähigkeit der minderjährigen Eltern bei der Vaterschaftsanfechtungsklage gem. § 640b S. 1 ZPO.

Unter den Begriff der erweiterten Prozessfähigkeit fällt ferner die Zubilligung dieser Fähigkeit im Rahmen des sog. Zulassungsstreits. Es entspricht fester Rechtsprechung, dass im Streit um die Prozessfähigkeit einer Partei diese als prozessfähig behandelt wird, um ihre Rechte wahrnehmen zu können (BGH NJW-RR 1986, S. 158).

7.3 Prozessunfähige Personen

7.3.1 Prozessunfähigkeit aufgrund Geschäftsunfähigkeit

Vollständige Prozessunfähigkeit

Die Prozessunfähigkeit aufgrund von Geschäftsunfähigkeit ist in den Fällen des § 104 BGB gegeben, d. h. zum einen bei minderjährigen Personen unter sieben Jahren (§ 104 Nr. 1 BGB), zum anderen bei volljährigen Personen, die an einer dauernden krankhaften Störung der Geistestätigkeit, d. h. an einer psychischen Störung leiden, die die freie Willensbestimmung ausschließt (§ 104 Nr. 2 BGB). Hier liegt der Schwerpunkt psychiatrischer Begutachtungen im Rahmen eines Zivilprozesses (▶ Abschn. 6.1.2).

Beispiel

Eine solche Geschäfts- und damit einhergehende Prozessunfähigkeit gem. § 104 Nr. 2 BGB kann abgesehen von den Fällen einer psychischen Störung auch dann gegeben sein, wenn die Person an einer sog. Querulanz leidet, d. h. ein ichbezogenes, forderndes, rechthaberisches Verhalten an den Tag legt, das oft ein reales Unrecht verallgemeinert und sich bis zum Wahn verselbständigen kann (BGH NJW 2000, S. 289). Dies erfordert allerdings eher eine juristische Einschätzung als eine medizinische Diagnose: In Frage kommen hier querulatorische Persönlichkeitsstörungen, psychotische Syndrome etc., daneben auch gesunde, aber „lästige" Persönlichkeitsakzentuierungen. Des Weiteren wurden ein Zustand krankhafter Störung der Geistestätigkeit und damit eine erhebliche psychische Störung und in dieser Folge Prozessunfähigkeit angenommen, als ein Beklagter infolge eines bei einem Verkehrsunfall erlittenen Schädel-Hirn- und Thoraxtraumas bei intensiver Behandlung in einer Klinik über Wochen ohne Bewusstsein künstlich ernährt und beatmet worden war (OLG München, NJW-RR 1989, S. 256).

Unterbrechung der dauernden psychischen Störung durch sog. lichte Momente

Personen, die an einer dauernden psychischen Störung leiden, können durchaus sog. lichte Augenblicke („luzide Intervalle") haben, d. h. Zwischenräume, in denen ihr psychischer Zustand (Geisteszustand) nicht die freie Willensbildung ausschließt. Willenserklärungen, die in solchen lichten Augenblicken abgegeben werden, sind wirksam, auch wenn ansonsten eine psychische Störung vorliegt (MünchKommBGB-Schmitt 2001, § 104 Rn. 13). Im Rahmen des Prozessrechtes werden diese Zwischenräume allerdings nur relevant, wenn sie das gesamte Verfahren abdecken, da die Prozessführung unteilbar ist (MünchKommZPO-Lindacher 2000, §§ 51, 52 Rn. 13). Im Bereich der psychischen Störungen kommen solche Fälle eher selten vor. Gleichwohl ist die Partei in einem solchen Fall für das Verfahren, in dem sie sich in einem sog. lichten Augenblick befindet, prozessfähig und bedarf keines Vertreters (▶ Abschn. 6.1.2).

Vorübergehende psychische Störung

Bei Personen, die lediglich an einer vorübergehenden Störung der sog. Geistestätigkeit entsprechend **§ 105 Abs. 2 BGB** leiden, sind dagegen nur die in diesem Zeitraum vorgenommenen Prozesshandlungen unwirksam, ebenso die Entgegennahme von mündlichen, nicht aber von schriftlichen Erklärungen (MünchKommZPO-Lindacher 2000, §§ 51, 52, Rn. 13; Rosenberg et al. 2004).

Beispiele

Fall 7.1. Das OLG Hamm hat in einer Entscheidung aus dem Jahre 1960 entschieden, dass die Zustellung eines Gerichtsurteils, die an eine Person bewirkt wird, die vorübergehend psychisch erkrankt war, wirksam ist (OLG Hamm, NJW 1960, S. 1391). Der Beklagte hatte verspätet Berufung eingelegt und angeführt, die Frist sei bisher nicht in Lauf gesetzt, weil ihm das Urteil nicht wirksam zugestellt worden sei. Er habe zum Zeitpunkt der Zustellung an einer schweren vegetativen Dystonie mit Unruhezustand gelitten. Aufgrund dieser Erkrankung sei er mehrere Monate geschäftsunfähig gewesen, sodass eine wirksame Zustellung an ihn ausgeschlossen gewesen sei. Dieser Ansicht hat sich das Gericht nicht angeschlossen. Vielmehr hindere die vorübergehende Erkrankung nicht die Geschäftsfähigkeit des Beklagten. Diese hätte er nur verloren, wenn er sich in einem sog. dauernden Zustand krankhafter Störung der Geistestätigkeit gem. § 104 Nr. 2 BGB befunden hätte. Der nur vorübergehende Zustand krankhafter Störung der Geistestätigkeit, in dem man gem. § 105 Abs. 2 BGB keine wirksame Willenserklärung abgeben kann, berühre nicht die Geschäftsfähigkeit und damit auch nicht die Prozessfähigkeit (OLG Hamm NJW 1960, S. 1392).

Fall 7.2. In einem zivilgerichtlichen Verfahren verlangte ein Autohaus die Rückabwicklung mehrerer Kaufverträge mit Andreas Z. Der 41-jährige gut situierte Bauunternehmer hatte im Rahmen einer Manie (ICD-10:F30.1) mehrere neuwertige Fahrzeuge gekauft, diese allerdings nie bezahlt. Die Fahrzeuge ließ er dann im Laufe des jeweiligen Tages irgendwo unverschlossen stehen. Zum damaligen Zeitpunkt traten Krankheitszeichen einer Manie wie situationsinadäquate gehobene Stimmung, vermehrter Antrieb, Rededrang, vermindertes Schlafbedürfnis, Größenideen und sexuelle Enthemmung auf. Nach einer etwa einwöchigen manischen Episode, in der er mehrere Personen und Gesellschaften um insgesamt ca. 250.000 € betrogen hatte, wurde er in ein psychiatrisches Fachkrankenhaus eingeliefert und die ersten 10 Tage dort auf der Grundlage des Unterbringungsgesetzes des Landes behandelt. Anschließend erfolgte eine weitere freiwillige stationäre, dann eine ambulante Behandlung. Nachdem Herr Z. wieder völlig entaktualisiert war, bestanden zum Klagezeitpunkt durch das Autohaus sowohl Geschäfts- wie auch Prozessfähigkeit.

Demnach führt eine derartig vorübergehende Erkrankung gerade nicht zur Prozessunfähigkeit aufgrund von Geschäftsunfähigkeit (▶ Abschn. 6.1.3). Von § 104 Nr. 2 BGB werden – ausweislich des Wortlauts – nur Erkrankungen von gewisser Dauer erfasst (MünchKommBGB-Schmitt 2001, § 104 Rn. 12). „Dauernd" ist dabei nicht gleichbedeutend mit „unheilbar": auch psychische Störungen, die heilbar sind, deren Behandlung aber längere Zeit in Anspruch nimmt, sind als nicht nur vorübergehende Störungen im Sinne von § 104 Nr. 2 BGB anzusehen (Palandt-Heinrichs 2005, § 104 Rn. 4).

Partielle Prozessunfähigkeit

Die Geschäftsfähigkeit und damit die Prozessfähigkeit kann auch für einen beschränkten Kreis von Angelegenheiten wegen Vorliegen einer psychischen Störung ausgeschlossen sein (sog. gegenständlich beschränkte bzw. partielle Prozessunfähigkeit; BGHZ 18, S. 186). Für die davon nicht betroffenen Lebensbereiche wird der Betroffene dann als uneingeschränkt prozessfähig angesehen.

Beispiel

Fall 7.3. Eine solche partielle Prozessunfähigkeit wurde beispielsweise in einem Eheprozess angenommen. In dem vom BGH entschiedenen Fall gründete sich die krankhafte Störung der psychischen Funktionen auf Seiten der Beklagten darauf, dass ihr Ehemann sich von ihr getrennt hatte und die Scheidung verlangte. In einem Sachverständigengutachten wurde festgestellt, dass es bezüglich dieses Schlüsselerlebnisses, nämlich in den mit ihrer Ehe und deren Scheidung zusammenhängenden Fragen, bei der Beklagten zu einem Verlust des Kontaktes mit der Wirklichkeit gekommen war. Die Beklagte hatte jedoch nach Ansicht des BGH dadurch nicht generell ihre Bestimmbarkeit durch normale Motive verloren, sondern nur für solche Angelegenheiten, die den Fragenkomplex der Ehescheidung berührten (BGHZ 18, S. 184). Dies ist aus psychiatrischer Sicht in diesem Fall schwer nachvollziehbar, allerdings nicht grundsätzlich ausgeschlossen.

Dagegen hat die Rechtsprechung eine relative, d. h. auf den Schwierigkeitsgrad des jeweiligen Rechtsgeschäfts bezogene Geschäftsunfähigkeit (▶ Abschn. 6.1.2) bisher immer abgelehnt, sodass auch eine entsprechende Prozessunfähigkeit nicht anerkannt wird. Sie liegt also nicht schon deshalb vor, weil eine volljährige, psychisch gesunde Person etwa in Folge ihrer Unerfahrenheit oder auch ihres Alters außerstande ist, die unter Umständen erheblichen wirtschaftlichen Folgen eines Rechtsgeschäftes richtig einzuschätzen (▶ Abschn. 6.1.2).

7.3.2 Prozessunfähigkeit aufgrund beschränkter Geschäftsfähigkeit

Prozessunfähig aufgrund beschränkter Geschäftsfähigkeit sind Minderjährige zwischen sieben und achtzehn Jahren (§§ 106 ff. BGB) für die Prozesse, in denen die oben (▶ Abschn. 7.2.1) genannten Ausnahmen nicht eingreifen.

7.3.3 Prozessunfähigkeit bei Betreuung oder Pflegschaft

Gemäß § 53 ZPO steht in einem Rechtsstreit eine prozessfähige Person bei Vertretung durch einen Betreuer oder Pfleger einer nicht prozessfähigen Person gleich. Die Voraussetzungen einer Betreuung wurden bereits weiter oben geschildert (▶ Abschn. 5.2.1). Mit der Anordnung einer Pflegschaft (§§ 1909 ff. BGB) bietet das Zivilrecht die Möglichkeit, bestimmte Angelegenheiten anderer zu besorgen, wenn dies aus tatsächlichen oder rechtlichen Gründen erforderlich ist (Staudinger-Bienwald 1999, Vorbem. §§ 1909-1921 Rn. 1).

Die Pflegschaft lässt sich – nach dem Grund ihrer Anordnung – unterteilen in

- Ergänzungspflegschaft (§ 1909 BGB),
- Pflegschaft für Abwesende (§ 1911 BGB),
- Pflegschaft für eine Leibesfrucht (§ 1912 BGB),
- Pflegschaft für unbekannte Beteiligte (§ 1913 BGB),
- Pflegschaft für Sammelvermögen (§ 1914 BGB).

Bis zum 31.12.1991 sah das Recht speziell für damals sog. körperlich und geistig Gebrechliche die Bestellung eines Gebrechlichkeitspflegers mit bei körperlichen Gebrechen umfassender oder partieller Aufgabenzuständigkeit vor (§ 1910 a. F. BGB). An die Stelle der ehemaligen Gebrechlichkeitspflegschaft ist seit dem 01.01.1992 das Rechtsinstitut der Betreuung getreten (► Kap. 5).

Grundsätzlich hat die gesetzliche Vertretung einer Person durch einen Betreuer oder Pfleger an sich keinen Einfluss auf die Geschäftsfähigkeit der vertretenen Person (Palandt-Diederichsen 2005, § 1902 Rn. 5). Eine Ausnahme gilt für die Betreuung, wenn ein Einwilligungsvorbehalt angeordnet wurde (§ 1903 BGB; ► Abschn. 5.3). Die prinzipiell verbleibende Geschäftsfähigkeit hätte an sich zur Folge, dass Personen, für die ein Betreuer oder ein Pfleger bestellt wurde, auch ihre Prozesse weiterhin selbst führen könnten. Dadurch bestünde aber die Gefahr, dass Betreuer oder Pfleger einerseits und der Vertretene selbst andererseits sich widersprechende Prozesshandlungen vornehmen. Deshalb bestimmt § 53 ZPO, dass die Prozessführung in solchen Fällen allein dem gesetzlichen Vertreter obliegt, also dem jeweiligen Pfleger oder Betreuer (BGH NJW 1988, S. 51).

7.4 Bedeutung der Prozessfähigkeit

Bereits oben wurde erwähnt, dass die Prozessfähigkeit eine Sachentscheidungsvoraussetzung darstellt, also ein Erfordernis für die Zulässigkeit einer Klage.

! Sofern dem Kläger die Prozessfähigkeit fehlt, ist seine Klage deshalb als unzulässig abzuweisen. Darüber hinaus bildet die Prozessfähigkeit aber für die gesamte Dauer des Verfahrens auch eine Handlungsvoraussetzung. Die prozessunfähige Partei ist rechtlich nicht in der Lage, wirksam Prozesshandlungen vorzunehmen, z. B. Beweisanträge zu stellen.

Klagen von und gegen prozessunfähige Personen sind also nur im Wege gesetzlicher Vertretung möglich. Die Vertretungsmacht beruht in solchen Fällen auf gesetzlichen Anordnungen (Musielak-Weth 2005, § 51 Rn. 2). Gemäß § 51 Abs. 1 ZPO gelten dafür grundsätzlich die Vorschriften des bürgerlichen Rechts, sofern der gesetzliche Vertreter selbst prozessfähig ist. Wer seine eigenen Prozesse zu führen außerstande ist, kann auch keine Rechtsstreitigkeiten für andere führen (OLG Zweibrücken, ZIP 1983, S. 941).

Auch im Falle gesetzlicher Vertretung bleibt der Vertretene selbst Partei des Verfahrens. Ihn treffen damit alle Wirkungen des entsprechenden Prozesses einschließlich der Kosten.

Beispiel

Bei **Minderjährigen** ist die gesetzliche Vertretung an das Sorgerecht gekoppelt. In der Regel sind gesetzliche Vertreter eines Kindes die Eltern, und zwar gemeinsam gem. § 1629 Abs. 1 S. 2 BGB. Eine entsprechende Vertretungsregel für prozessunfähige Volljährige findet sich im Hinblick auf die Betreuung in § 1902 BGB.

Ein **Mangel der Prozessfähigkeit** kann unter Umständen geheilt werden, zum einen durch die Genehmigung eines Vertreters, auch wenn dieser erst noch bestellt werden muss, zum anderen dadurch, dass eine ursprünglich prozessunfähige Partei nachträglich prozessfähig wird (BGH NJW 2000, S. 290).

7.5 Prüfung von Amts wegen

Gemäß § 56 Abs. 1 ZPO hat das Gericht den Mangel der Prozessfähigkeit von Amts wegen zu berücksichtigen. Die Amtsprüfung bedeutet, dass die Prüfungspflicht des Gerichtes dann einsetzt, wenn sich aufgrund des vorgetragenen Sachverhalts ausreichend Anhaltspunkte für das Nichtvorliegen der Prozessfähigkeit ergeben, also die Möglichkeit mangelnder Prozessfähigkeit nicht von der Hand zu weisen ist, wie es der BGH zum Ausdruck gebracht hat (BGH NJW-RR 1986, S. 157). Das Gericht muss das Vorliegen der Prozessfähigkeit in jeder Lage des Verfahrens prüfen, weil sich daran die Möglichkeit knüpft, im Verfahren eigenständig zu handeln (BGH NJW 1996, S. 1060).

Erwähnenswert erscheint, dass das Gericht bei der Feststellung amtswegiger Voraussetzungen grundsätzlich nicht an die Vorschriften des förmlichen Beweisverfahrens gebunden ist. Die Beweiserhebung erfolgt vielmehr im Wege des sog. Freibeweisverfahrens. Das Gericht kann die Auswahl und Auswertung seiner Beweismittel nach pflichtgemäßem Ermessen frei bestimmen, ohne an die Förmlichkeiten des sonstigen Beweisverfahrens gebunden zu sein (BGH NJW 1996, S. 1060).

Sobald Anhaltspunkte für die Prozessunfähigkeit auftreten, hat das Gericht alles in seiner Macht liegende zu tun, um diese Zulässigkeitsvoraussetzung zu klären. Da es sich nach dem Gesagten regelmäßig um die Feststellung einer dauernden psychischen Störung handeln muss, die die freie Willensbestimmung ausschließt (§ 104 Nr. 2 BGB), wird dafür grundsätzlich ein psychiatrisches Sachverständigengutachten erforderlich sein (BGH NJW 1990, S. 1735).

Beispiel

Fall 7.4. Im Rahmen einer akuten paranoid-halluzinatorischen Schizophrenie (ICD-10:F20.00) reichte Marita K. bei dem Amtsgericht Klage gegen ihre Nachbarin auf Unterlassung mit der Begründung ein, diese würde sie mit versteckten „Wanzen" und Richtmikrofonen abhören, durch den Fernseher und die Steckdosen bestrahlen lassen und am Schlaf hindern. Diese Klage wurde nach einem Schreiben der Nachbarin, die auf die Erkrankung hingewiesen hatte, und nach Hinzuziehung der Unterbringungsakte beim Vormundschaftsgericht als unzulässig abgewiesen.

Ein rechtlich umstrittenes Problem liegt darin, wie das Gericht zu verfahren hat, wenn sich nach Erschöpfung der erschließbaren Erkenntnisquellen nicht klären lässt, ob Prozessfähigkeit der entsprechenden Partei gegeben ist oder nicht. In Bezug auf die Geschäftsfähigkeit wird überwiegend vertreten, dass bei nicht klärbaren Zweifeln an der notwendigen psychischen Gesundheit diese Person als geschäftsfähig gilt (BGH NJW 1983, S. 2019). Aufgrund der durch § 52 ZPO vorgenommenen Gleichstellung von Prozessfähigkeit und Geschäftsfähigkeit läge es deshalb nahe, auch die Prozessfähigkeit im Zweifel als gegeben anzusehen (Musielak 1997, S. 1737). Nach überwiegender Auffassung, vor allem der Rechtsprechung, wird jedoch die Beweislastregelung für die Prozessfähigkeit anders beurteilt als für die Geschäftsfähigkeit.

Nach Ansicht des BGH trifft die Beweislast für die Prozessfähigkeit beider Parteien den Kläger. Demnach gehen nicht ausräumbare Zweifel zu seinen Lasten (BGH NJW 1996, S. 1060; Oda 1997, S. 62). Dies bedeutet, dass eine entsprechende Klage als unzulässig abgewiesen würde. Bei Prozessunfähigkeit des Beklagten müsste der Kläger für einen gesetzlichen Vertreter des prozessunfähigen Beklagten sorgen.

7.6 Literatur

Baumgärtel G (1972) Wesen und Begriff der Prozesshandlung einer Partei im Zivilprozess, 2. Aufl. Heymanns, Köln

Bork R (1991) Die Prozessfähigkeit nach neuem Recht. MDR 45: 97–99

Münchener Kommentar (2001) Kommentar zum Bürgerlichen Gesetzbuch Bd. 1, §§ 1–240 BGB, 4. Aufl. Beck, München (zit. MünchKommBGB-Bearbeiter)

Münchener Kommentar zur Zivilprozessordnung (2000) Bd. 1, §§ 1–354 ZPO, 2. Aufl. Beck, München (zit. MünchKomm ZPO-Bearbeiter)

Musielak H-J (1997) Die Beweislastregelung bei Zweifeln an der Prozessfähigkeit. NJW 50: 1736–1741

Musielak H-J (2005) Kommentar zur Zivilprozessordnung, 4. Aufl. Vahlen, München

Oda T (1997) Die Prozessfähigkeit als Voraussetzung und Gegenstand des Verfahrens. Heymanns, Köln

Palandt O (2005) Bürgerliches Gesetzbuch, 64. Aufl. Beck, München (zit. Palandt-Bearbeiter)

Rosenberg L, Schwab K-H, Gottwald P (2004) Zivilprozessrecht, 16. Aufl. Beck, München

Staudinger J (1999) Kommentar zum Bürgerlichen Gesetzbuch, §§ 1896–1921 BGB, 13. Aufl. De Gruyter, Berlin (zit. Staudinger-Bearbeiter)

Zöller R (2005) Zivilprozessordnung, 25. Aufl. Schmidt, Köln (zit. Zöller-Bearbeiter)

Transsexuellengesetz

Transsexualität beschreibt den Wunsch, als Angehöriger des anderen anatomischen Geschlechts zu leben und anerkannt zu werden. Es besteht das Verlangen, den eigenen Körper durch hormonelle und operative Behandlungen dem bevorzugten Geschlecht so weit wie möglich anzunähern. Zur Lösung der Probleme transsexueller Personen trägt die Rechtsordnung durch das Transsexuellengesetz (TSG) zwei Regelungen bei: Zum einen fördert es eine möglichst realistische Erprobung der gegengeschlechtlichen Rolle im Rahmen des sog. Alltagstests, indem es dem Betroffenen im Rahmen einer »kleinen Lösung« eine Vornamensänderung ermöglicht. Zum anderen unterstützt das TSG das Streben transsexueller Personen nach sozialer Anerkennung durch die mögliche Feststellung der Zugehörigkeit zum nicht im Geburtsantrag angegebenen Geschlecht; diese sog. »große Lösung« hat zur Folge, dass sich die vom Geschlecht abhängigen Rechte und Pflichten grundsätzlich am neuen Geschlecht orientieren.

8.1 Allgemeines

8.1.1 Transsexualität im Überblick

Begriff

Transsexualität ist ebenso wie die von ihr abzugrenzenden Phänomene Homosexualität und Transvestitismus der Obergruppe des (psychischen) Intersexualismus zuzuordnen (Eicher 1992). Anders als der körperliche Intersexualismus (Zwittrigkeit), bei dem eine eindeutige Zuordnung des Geschlechts infolge der somatischen Besonderheiten scheitert (so bereits Nevinny-Stickel u. Hammerstein 1967; Corell 1999), zeichnet sich der Transsexualismus durch die mehr oder weniger vollständige psychische Identifikation mit dem anderen, d. h. dem eigenen Körper widersprechenden Geschlecht aus (so bereits das Bundesverfassungsgericht in seiner für die Schaffung des TSG fundamentalen Grundsatzentscheidung, BVerfGE 49, S. 286, = NJW 1979, S. 595; ähnlich Becker et al. 1997). Die körperlichen Merkmale des angeborenen Geschlechts werden als störend empfunden und abgelehnt, ebenso die damit verbundenen, von der Gesellschaft aufgestellten rollentypischen Erwartungen (Becker et al. 1997). In dem Wunsch, als Angehöriger des Gegengeschlechts zu leben und sozial wie juristisch anerkannt zu werden, versuchen transsexuelle Personen, sich in ihrer äußeren Erscheinung (insbesondere Kleidung), in ihrem Verhalten und schließlich mittels hormoneller und operativer Behandlung dem anderen Geschlecht anzugleichen (Clement u. Senf 1996).

Die von der Weltgesundheitsorganisation aufgestellte Definition der Transsexualität nach ICD-10:F64.0 lässt sich durch die Formulierung folgender Wünsche zusammenfassen:

- Wunsch, als Angehöriger des anderen anatomischen Geschlechts zu leben und anerkannt zu werden (dies geht meist mit dem Gefühl des Unbehagens oder der Nichtzugehörigkeit zum eigenen Geschlecht einher);
- Wunsch, den eigenen Körper durch hormonelle und operative Behandlungen soweit möglich dem bevorzugten Geschlecht anzunähern.

Weiter wird in den ICD-10-Diagnoserichtlinien formuliert, dass die transsexuelle Identität mindestens 2 Jahre bestanden haben muss und nicht Symptom einer anderen psychischen Störung, wie z. B. einer Schizophrenie, sein darf. Ein Zusammenhang mit intersexuellen, genetischen oder geschlechtschromosomalen Anomalien muss ausgeschlossen werden.

Entgegen der ICD-10 fordert der insoweit vom Sachverständigen zu beachtende § 1 Abs. 1 TSG allerdings eine Feststellung darüber, ob der Betroffene seit mindestens **3 Jahren** unter dem Zwang steht, entsprechend seinen transsexuellen Vorstellungen zu leben (▶ Abschn. 8.2.1).

Ursachen

Die Ätiologie der Transsexualität ist – auch infolge der Interdependenz von Anlage- und Umwelteinflüssen – nicht abschließend geklärt. Es gibt Hinweise auf zentralnervöse und endokrinologische Ursachen (Will 1996). Eine Vertiefung der Frage kann an dieser Stelle nicht erfolgen (s. Pfäfflin 2004; Corell 1999; Sigusch 1997; Winkelmann 1993; Eicher 1992).

Behandlung

Das Ziel der medizinischen Behandlung transsexueller Personen besteht im Ausgleich der Diskrepanz zwischen objektiver und subjektiver Geschlechtszugehörigkeit. Nachdem die Anpassung der Psyche an den Körper – etwa im Wege von Psycho- oder Pharmakotherapien – allein keinen Erfolg brachte, verlagerte sich die medizinische Entwicklung hin zur Angleichung des Körpers an die Psyche, und zwar durch Hormonbehandlungen und operative Eingriffe, insbesondere Kastration und Penisamputation, Herstellung einer Vagina, Brustamputation, Entfernung der Eierstöcke, Entfernung der Gebärmutter oder das Anbringen eines künstlichen Penis (Eicher 1992; 1996b; Becker et al. 1997). Dabei ist es für den Behandlungserfolg unerlässlich, die geschlechtsändernden Eingriffe durch psychotherapeutische Maßnahmen zu begleiten (ausführlich Preuss 1999; Sigusch 1997).

Insgesamt lassen sich 5 Stufen unterscheiden, die bei der Behandlung Transsexueller durchlaufen werden sollten (Kockott 1996):

- Diagnostik,
- Alltagstest,
- Hormonbehandlung,
- geschlechtskorrigierende Operation,
- Nachbetreuung.

Hervorzuheben ist die **Bedeutung des Alltagstests**, dessen Bezeichnung nicht zu der Vorstellung führen darf, der Patient werde in dieser Phase einer Prüfung unterzogen (zu den negativen Auswirkungen einer derartigen Fehlinterpretation auf das Arzt-Patienten-Verhältnis s. Pfäfflin 2004). Vielmehr erprobt die betroffene Person in dem Stadium, das mindestens ein Jahr andauern sollte (Becker et al. 1997), kontinuierlich und in allen Lebensbereichen die Rolle des gewünschten Geschlechts. Dadurch können frühzeitig wichtige Erfahrungen gesammelt werden, insbesondere, ob die Zugehörigkeit zum Gegengeschlecht wirklich dem eigenen Empfinden entspricht, des Weiteren, wie Familienangehörige, Bekannte und Arbeitskollegen mit der neuen Situation umgehen, und auf welche Weise sich diese Reaktionen auf den Patienten auswirken (BVerfG NJW 1993, S. 1517 f.; Pfäfflin 2004). Ziel des Alltagstests ist also neben einer Verringerung des Leidensdrucks die Absicherung der Diagnose: Der Betroffene wird in dieser Zeit entweder in seinem transsexuellen Empfinden bestärkt und kann dann leichter in die Hormonbehandlung eintreten, oder aber er nimmt von seinem Wunsch nach Geschlechtsumwandlung Abstand (Eicher 1992; Pfäfflin 2004).

Katamnestische Studien haben gezeigt, dass bei umfassender Behandlung der Transsexualität die positiven die negativen Auswirkungen überwiegen und sowohl die soziale Integration als auch das körperliche und psychosoziale Wohlbefinden gefördert werden. Dabei fallen die Ergebnisse bei Frau-zu-Mann-Transsexuellen etwas besser aus als bei Mann-zu-Frau-Transsexuellen (ausführliche Übersicht bei Pfäfflin u. Junge 1992; s. auch Hepp et al. 2002). Das darf aber nicht darüber hinwegtäuschen, dass es in Einzelfällen, insbesondere im Rahmen der chirurgischen Maßnahmen, auch zu erheblichen Komplikationen kommen kann (Pfäfflin 2004, mit weiteren Nachweisen; signifikant schlechter auch die Ergebnisse von Rauchfleisch et al. 1998; zum Ganzen Bosinski 2003).

8.1.2 Transsexuellengesetz im Überblick

Kleine und große Lösung (§§ 1 ff. TSG)

Zur Lösung der Probleme transsexueller Personen trägt die Rechtsordnung (zur Zielsetzung des Gesetzentwurfes BT-Drucks. 8/2947, S. 1) durch das TSG (BGBl 1980, Teil I, S. 1654 ff.) zwei Regelungen für die Erkennung und Behandlung des Transsexualismus bei:

- Zum einen fördert es eine möglichst realistische Erprobung der gegengeschlechtlichen Rolle im Rahmen des Alltagstests, indem es dem Betroffenen in den §§ 1 ff. TSG, im Rahmen einer sog. »kleinen Lösung«, eine Vornamensänderung ermöglicht (Kockott 1997). Die Vornamensänderung ist für den Betroffenen vor allem deshalb wertvoll, weil sie ihm die Möglichkeit eröffnet, sich einen neuen, auf den geänderten Vornamen lautenden Personalausweis zu verschaffen (► Abschn. 8.2.3). Dadurch kann ein Großteil alltäglicher Problemsituationen transsexuell veranlagter Personen vermieden werden.

- Zum anderen unterstützt das TSG das Streben transsexueller Personen nach sozialer Anerkennung durch die gem. der §§ 8 ff. TSG mögliche Feststellung der Zugehörigkeit zum nicht im Geburtsantrag angegebenen Geschlecht (»große Lösung«). Sie hat zur Folge, dass sich die vom Geschlecht abhängigen Rechte und Pflichten grundsätzlich am neuen Geschlecht orientieren (§ 10 Abs. 1 TSG).

Rechtlich wie faktisch geht man davon aus, dass jeder Mensch entweder dem männlichen oder weiblichen Geschlecht angehört (BVerfGE 49, S. 286, 298, = NJW 1979, S. 595). Die Geschlechtszugehörigkeit ist demgemäß nicht ohne Rücksicht auf die Physis der betreffenden Person frei disponibel, »sondern verlautbart und bewertet die vorhandenen psychischen und physischen Geschlechtsmerkmale« (OLG Düsseldorf, NJW 1996, S. 793). Dem trägt das TSG dadurch Rechnung, dass es einerseits unter Berücksichtigung der freien Persönlichkeitsentfaltung eine Änderung der Geschlechtszugehörigkeit zulässt, andererseits aber diesen Prozess an – insbesondere körperbezogene – Bedingungen knüpft. Vor diesem Hintergrund stellt das TSG eine Ausgestaltung verfassungsrechtlicher Grundsätze auf der Ebene des einfachen Rechts dar.

Beide Lösungen setzen ein konstantes Zugehörigkeitsempfinden zum anderen Geschlecht voraus, ferner den psychischen Zwang, dieser Vorstellung entsprechend zu leben (§ 1 Abs. 1 TSG, § 8 Abs. 1 TSG). Die Feststellung der Geschlechtszugehörigkeit (»große Lösung«) erfordert darüber hinaus, dass der Betroffene sich durch die äußeren Geschlechtsmerkmale verändernden operativen Eingriffe dem Erscheinungsbild des Wunschgeschlechts deutlich angenähert hat und weder verheiratet noch fortpflanzungsfähig ist (§ 8 Abs. 1 Nr. 2–4 TSG).

Dass eine Vornamensänderung (»kleine Lösung«) auch dem verheirateten, fortpflanzungsfähigen und noch nicht in hormoneller respektive operativer Behandlung stehenden Transsexuellen möglich sein muss, ergibt sich aus ihrem Zweck, den **vor** der Durchführung medizinischer Maßnahmen angelegten Alltagstest zu fördern. Zudem gebietet es der Grundsatz der Verhältnismäßigkeit, Anpassungsmöglichkeiten zu schaffen, die transsexuell veranlagte Menschen auch ohne die Einleitung irreversibler Maßnahmen wahrnehmen können (BT-Drucks. 8/2947, S. 25; vgl. in diesem Zusammenhang auch die Ausführungen zur sog. Vorabfeststellung, ► Abschn. 8.3.2).

Hormonbehandlungen und geschlechtskorrigierende Operationen

Das TSG erfasst nicht die rechtlichen Aspekte der Hormonbehandlung sowie der geschlechtskorrigierenden operativen Eingriffe. Beide Maßnahmen stellen aber keine sittenwidrige Körperverletzung dar (BGHZ 57, S. 63, = JZ 1972, S. 281), sodass der Arzt sie mit wirksamer Einwilligung des Betroffenen vornehmen darf, ohne sich strafbar oder schadensersatzpflichtig zu machen, sofern er sie »lege artis« durchführt. Eine gesetzliche Altersuntergrenze existiert nicht, es entscheidet die Einwilligungsfähigkeit des Betroffenen (► Kap. 5). Auch Verheiratete können sich einer Umwandlungsoperation unterziehen (Augstein 1992), da § 8 Abs. 1 Nr. 2 TSG, der für die Feststellung der Geschlechtszugehörigkeit die Ehelosigkeit des Antragstellers voraussetzt, für die Zulässigkeit entsprechender Operationen nicht – auch nicht entsprechend – anwendbar ist. Für die Indikationsstellung gibt es zu beachtende Standards (Becker et al. 1997).

Die Pflicht zur Kostenübernahme geschlechtskorrigierender Maßnahmen durch die gesetzlichen (BSG NJW 1988, S. 1550, = VersR 1988, S. 1194) bzw. die privaten Krankenversicherungen (OLG Köln, VersR 1995, S. 447, = R&P 1995, S. 47) wurde mittlerweile gerichtlich anerkannt (zum Ganzen s. Laufs u. Uhlenbruck 2002; Pfäfflin 2004; Corell 1999; Deutsch u. Spickhoff 2003; Augstein 1992, 1996).

8.1.3 Begutachtung im TSG

Auswahl der Sachverständigen Erforderliche Qualifikation (§ 4 Abs. 3 S. 1 TSG)

Das Gericht darf in sämtlichen oben angesprochenen Verfahren des TSG einem Antrag des Betroffenen nur dann stattgeben, wenn es zuvor die Gutachten zweier Sachverständiger eingeholt hat, die aufgrund ihrer Ausbildung und beruflichen Erfahrung mit den besonderen Problemen des Transsexualismus ausreichend vertraut sein müssen (§ 4 Abs. 3 S. 1 TSG, der durch die Verweisungen in § 6 Abs. 2 TSG, § 9 Abs. 3 S. 1 TSG nicht nur für die »kleine Lösung«, sondern für alle Entscheidungen des TSG gilt). Bei der Auswahl der Gutachter ist zu beachten, dass für das Verständnis und insbesondere für die Diagnose von Transsexualität primär psychiatrisch-psychotherapeutische und sexualmedizinische Fähigkeiten erforderlich sind (Bosinski 2003). Chirurgische oder gynäkologische Kenntnisse haben hingegen weniger Bedeutung für die Begutachtung. Sofern Sachverhalte in diesem Bereich geklärt werden müssen, etwa, ob Uterus und Ovarien entfernt wurden, genügen in der Regel die Operationsberichte (Langer u. Hartmann 1997; Sieß 1996).

Problem der Befangenheit

Im Zusammenhang mit der Auswahl des Sachverständigen ist schließlich zu berücksichtigen, dass langdauernde ärztliche Behandlungen einer Prozesspartei durch den Sachverständigen gem. § 406 Abs. 1 S. 1 ZPO und § 42 ZPO dessen Ablehnung wegen Befangenheit begründen können (MünchKommZPO-Damrau 2000, § 406 Rn. 5). Dieser allgemeine Grundsatz des Zivilprozessrechts gilt über die Verweisung des § 4 Abs. 1 FGG in Verbindung mit § 15 Abs. 1 S. 1 FGG auch im TSG-Verfahren. Daher sollte jeder den Antragsteller behandelnde Arzt von vornherein als Gutachter ausscheiden (Sieß 1996). Die Besorgnis der Befangenheit besteht ferner, wenn ein Sachverständiger die Angleichung Transsexueller an ihr Wunschgeschlecht generell ablehnt, etwa weil er geschlechtsändernde Operationen als Verstümmelung ansieht (Augstein 1996).

Beispiel

Fall 8.1. Der behandelnde Psychiater Dr. Heribert K. erstattete einen mehrseitigen, von ihm in der Überschrift als »Gutachten entsprechend dem Transsexuellengesetz« bezeichneten Befundbericht. Darin nahm er ausführlich zu den Voraussetzungen der »kleinen Lösung« bei einem von ihm lange behandelten Patienten Stellung. Während das Amtsgericht den Bericht als eines von zwei unabhängigen Gutachten anerkannte, erachtete das Landgericht Dr. Heribert K. für befangen und holte ein weiteres Gutachten ein.

Durchführung der Begutachtung

Die beauftragten Sachverständigen müssen unabhängig voneinander tätig werden (§ 4 Abs. 3 S. 2 TSG), ohne miteinander Informationen auszutauschen. Insbesondere darf in Fällen einer zeitlich versetzten Begutachtung der Zweitgutachter nicht den bereits erstellten Bericht seines Kollegen einsehen (Sieß 1996). Um Letzteres zu verhindern und um das Verfahren zu beschleunigen, empfiehlt sich eine **gleichzeitige** Beauftragung der Sachverständigen durch das Gericht (Sieß 1996).

8.2 Änderung der Vornamen (»kleine Lösung«, §§ 1 ff. TSG)

8.2.1 Materiell-rechtliche Voraussetzungen

Die materiell-rechtlichen Voraussetzungen der in den §§ 1 ff. TSG geregelten Vornamensänderung lassen sich unterteilen in solche, zu deren Feststellung das Gericht sachverständige Hilfe benötigt, und solche, deren Vorliegen es selbst zu beurteilen vermag.

Mit sachverständiger Hilfe festzustellende Voraussetzungen

Der gutachterlichen Unterstützung bedarf das Gericht bezüglich folgender Voraussetzungen, zu denen die beiden Sachverständigen Stellung zu nehmen haben:

- ob sich der Antragsteller infolge transsexueller Prägung nicht mehr dem im Geburtsantrag, sondern dem anderen Geschlecht als zugehörig empfindet (§ 1 Abs. 1 TSG);
- ob er seit mindestens 3 Jahren unter dem Zwang steht, seinen Vorstellungen entsprechend zu leben (§ 1 Abs. 1 TSG);
- ob nach den Erkenntnissen der medizinischen Wissenschaft mit hoher Wahrscheinlichkeit anzunehmen ist, dass sich das Zugehörigkeitsempfinden zum anderen Geschlecht nicht mehr ändern wird (§ 1 Abs. 1 Nr. 2 TSG, § 4 Abs. 3 S. 2 TSG).

Abweichendes Geschlechtszugehörigkeitsempfinden infolge transsexueller Prägung (§ 1 Abs. 1 TSG)

Ob beim Betroffenen ein abweichendes Geschlechtszugehörigkeitsempfinden infolge transsexueller Prägung vorliegt, kann nach allgemeiner Auffassung nicht allein deskriptiv phänomenologisch diagnostiziert werden. Erforderlich sind vielmehr eine biographische Anamnese, eine körperliche Untersuchung und eine klinisch-psychiatrische Diagnostik zur Feststellung der Geschlechtsidentitätsstörung sowie eine präzise Differenzialdiagnose, um andere Ursachen als Transsexualismus auszuschließen (Becker et al. 1997; Eicher 1992; ► Kap. 1).

! Die Untersuchung des Antragstellers wird sich, wie bei den meisten anderen forensisch-psychiatrischen Gutachten auch, auf mehrere Termine erstrecken (Pfäfflin 2004; Sigusch 1997). Unterlagen aus vorangegangenen ärztlichen oder psychologischen Behandlungen sollten herangezogen werden. Eine stationäre Untersuchung ist in der Regel nicht nötig.

Soziale Anamnese

Im Rahmen der sozialen Anamnese liegt der Schwerpunkt auf der Begutachtung der Geschlechtsidentitätsentwicklung, der psychosexuellen Entwicklung sowie auf der gegenwärtigen Lebenssituation (Becker et al. 1997).

Aus der Kindheit sollten Vorlieben und Aversionen, Beziehungen zu den wichtigsten Personen und erste Erlebnisse mit »cross dressing« erfasst werden (Langer u. Hartmann 1997). Der in dieser Zeit wiederholte Wunsch, dem anderen Geschlecht anzugehören, das Tragen gegengeschlechtlicher Kleidung sowie das Nachahmen der Körpersprache, die intensive Vorliebe für Spielkameraden des anderen Geschlechts sowie die Präferenz, an deren Freizeitaktivitäten teilzunehmen oder bei Phantasiespielen in ihre Rolle zu schlüpfen, sind insbesondere bei kumulativem Auftreten Anzeichen für eine Geschlechtsidentitätsstörung (Clement u. Senf 1996; Eicher 1992).

Bei der Untersuchung der Pubertäts- und Adoleszenzzeit erscheint es von Interesse, wie der Betroffene auf den körperlichen Reifeprozess reagierte, ob und wie er sexuelle Erregung empfand und welcher Art die ersten Partnerkontakte waren (Langer u. Hartmann 1997). Das Verlangen, als Angehöriger des anderen Geschlechts zu leben und behandelt zu werden, ist als Symptom ebenso zu beachten wie die Überzeugung, entsprechend dem Wunschgeschlecht zu fühlen und zu reagieren (Bosinski 2003).

Für die Folgezeit empfiehlt sich für den Gutachter ein zweispuriges Vorgehen: Zum einen sollte der berufliche Werdegang untersucht werden, insbesondere, ob es sich um eine Tätigkeit des Gegengeschlechts handelt, ferner die zugrunde liegende Motivation. Zum anderen muss der Blick aber auch auf das Beziehungsleben sowie auf die Entwicklung von Emotionalität und Sexualität gerichtet sein (Langer u. Hartmann 1997).

Beispiel

Fall 8.2. Der 34 Jahre alte Herr J. wurde Jonas J. getauft. Schon in der Kindheit bevorzugte er es, mit Mädchen zu spielen. Er trug gerne heimlich Kleider und schminkte sich als Kind und Jugendlicher auch, obschon er von seinen Eltern deswegen häufig geschlagen und mit anderen Methoden diszipliniert wurde. Nach dem Schulabschluss wurde er Verkäufer in einer Apotheke, nachdem er in seinem Wunschberuf als Zahnarzthelfer aufgrund seines männlichen Geschlechts keine Ausbildungsstelle erhalten hatte. In seiner Freizeit trug er nach wie vor häufig Frauenkleider, schminkte sich und vermied es, in seiner Kleinstadt zu verkehren. Mehrfach wöchentlich fuhr er in die nahe Großstadt, in der er »als Frau« nicht auffiel und sich dergestalt ohne Stigmatisierung relativ frei bewegen konnte. Er beantragte nun die Vornamensänderung (»kleine Lösung«), um mittelfristig auch personenstandsrechtlich als Frau anerkannt zu werden. Beide psychiatrischen Gutachter befürworteten diesen Antrag, da Herr J. sich als »Johanna J.« fühlte, was im Rahmen der Exploration und Untersuchung offensichtlich wurde. Er hatte klare Vorstellungen von dem (späteren) Leben als Frau.

Körperliche Untersuchung

Die körperliche Untersuchung einschließlich der Erhebung des gynäkologischen bzw. andrologisch-urologischen sowie des endokrinologischen Befundes ist Teil des diagnostischen Ablaufs. Mit ihrer Hilfe können zwar der Allgemeinzustand sowie die körperlichen Voraussetzungen für eine etwaige Geschlechtsumwandlung eingeschätzt, nicht jedoch die Diagnose der Transsexualität gestellt werden, weil sich das (innere) Zugehörigkeitsempfinden zum anderen Geschlecht in der Regel nicht durch die (äußere) Betrachtung des Körpers, auch nicht der Genitalien, feststellen lässt (Clement u. Senf 1996; Langer u. Hartmann 1997). Bisweilen liefert eine körperliche Untersuchung jedoch Hinweise auf das Ausmaß der Körperaversion, z. B. in Fällen selbstschädigenden Verhaltens (Langer u. Hartmann 1997; Bosinski 2003).

Beispiel

Fall 8.3. Björn J., ein 36-jähriger Büroangestellter, wollte eine Mann-zu-Frau-Umwandlung durchführen lassen. Die psychiatrischen Begutachtungen der beiden Sachverständigen ließ er durchführen; allerdings stimmte er einer körperlichen Untersuchung nicht zu. Das zuständige Amtsgericht lehnte daraufhin seinen Antrag ab, da die notwendigen Erkenntnisquellen nicht berücksichtigt worden waren.

Psychiatrische Diagnostik

Eine Störung der Geschlechtsidentität bringt nicht selten psychopathologische Auffälligkeiten mit sich (Bosinski 2003; Becker et al. 1997). Schon aus diesem Grunde ist eine klinisch-psychiatrische Diagnostik angezeigt, nicht zuletzt aber auch, um den Betroffenen in seinem Erleben und Verhalten zu charakterisieren (Langer u. Hartmann 1997). Die Begutachtung sollte umfassend sein (▶ Abschn. 1.4, 1.5).

Differenzialdiagnostik

Da der Wunsch nach Geschlechtsumwandlung nicht nur bei Transsexualismus, sondern auch bei anderen Krankheitsbildern bzw. Verhaltensweisen auftreten kann (Sigusch 1997), sind im Rahmen einer Differenzialdiagnose nichttranssexuelle Entwicklungen auszuschließen. Dafür sprechen zunächst medizinische Gründe, weil die für transsexuelle Personen entwickelten Behandlungsmethoden anderen Patienten mit Geschlechtsidentitätsproblemen keine effektive Hilfe bieten. Aber auch das Gesetz stellt diese Voraussetzung auf, wenn es in § 1 Abs. 1 TSG heißt: »[...] auf Grund ihrer transsexuellen Prägung«.

! Der Gutachter muss den berechtigten Wunsch nach Geschlechtsumwandlung vor allem von Geschlechtsidentitätsproblemen abgrenzen, die sich infolge von Transvestitismus, Psychosen, Adoleszenzkonflikten oder aus der Ablehnung der eigenen Homosexualität ergeben (Becker et al. 1997; Sigusch 1997; Clement u. Senf 1996; mit Fallbeispielen Eicher 1992).

Des Weiteren können sich – ggf. auch zurückliegende – Persönlichkeitsstörungen auf die Geschlechtsidentität auswirken (Becker et al. 1997; Sigusch 1997). Sie sind ebenso auszuschließen wie andere Störungen, bei denen transsexuelle Symptomatiken zu Tage treten können, etwa intersexuelle Syndrome oder Temporallappenerkrankungen.

Beispiel

Fall 8.4. Der 28-jährige Kevin P. war schon mehrfach an paranoiden Psychosen erkrankt. Gegenwärtig litt er unter einer chronifizierten schizophrenen Psychose (ICD-10:F20.5). Im Rahmen eines aus dieser Erkrankung resultierenden Wahns lebte er in der Überzeugung, eine Frau zu sein. Vertreten durch seinen Betreuer, beantragte er beim zuständigen Amtsgericht seine Vornamensänderung. Dieser Antrag wurde abgelehnt, da der Wunsch des Herrn P. auf die Psychose zurückgeführt werden konnte.

Zwang, dem Zugehörigkeitsempfinden entsprechend zu leben (§ 1 Abs. 1 TSG)

Als weitere Voraussetzung verlangt das Gesetz die Feststellung des Gutachters, dass der Antragsteller seit mindestens 3 Jahren unter dem Zwang steht, entsprechend seinen Vorstellungen zu leben. Sie bereitet in aller Regel deshalb kaum Schwierigkeiten, weil sich die Sachverständigen bereits bei der Begutachtung des transsexuell bedingten Zugehörigkeitsempfindens zum anderen Geschlecht mit der Entwicklung des Betroffenen auseinander zu setzen haben.

»Zwang« im Sinne der Norm darf nicht mit der medizinischen Diagnose einer Zwangserkrankung verwechselt werden, die ein subjektives Leiden an der transsexuellen Symptomatik voraussetzen würde (Pfäfflin 1996). Eine solche Zwangserkrankung kann bei transsexuellen Personen, die sich zumeist mit ihrer Transsexualität »arrangiert« haben, in den seltensten Fällen bejaht werden. Sie empfänden es im Gegenteil als Zwang, sich entsprechend der Rolle des angeborenen Geschlechts verhalten zu müssen (Pfäfflin 1996, 2004).

Die Vorschrift darf nicht so ausgelegt werden, dass der Betroffene über einen Zeitraum von mindestens 3 Jahren bereits in der gegengeschlechtlichen Rolle gelebt haben muss. Dies stünde der von der »kleinen Lösung« bezweckten Förderung des Alltagstests entgegen. Entscheidend ist vielmehr, inwieweit die transsexuelle Entwicklung des Betroffenen seine Lebensführung beeinträchtigt (Pfäfflin 1996, 2004).

Stabilität des Zugehörigkeitsempfindens (§ 1 Abs. 1 Nr. 2 TSG)

> **!** Schließlich hat der Sachverständige zu begutachten, ob sich das Zugehörigkeitsempfinden des Antragstellers zum Gegengeschlecht nach den Erkenntnissen der Medizin mit hoher Wahrscheinlichkeit nicht mehr ändern wird.

Im Rahmen dieser Prognose kann er auf die Ergebnisse seiner bisherigen Untersuchungen (Diagnose, Anamnese, aktuelle Lebenssituation, eigener Eindruck) sowie auf die Erfahrungen aus einem evtl. bereits begonnenen Alltagstest zurückgreifen (Langer u. Hartmann 1997). Dabei darf von einem stabilen Zugehörigkeitsempfinden eher ausgegangen werden, wenn sich der Betroffene bereits recht früh und auch kontinuierlich zum anderen Geschlecht hingezogen fühlte. Objektiv bestimmbare Kriterien gibt es letztlich aber nicht (Pfäfflin 1996, 2004).

Ohne sachverständige Hilfe festzustellende Voraussetzungen

In Betracht kommender Personenkreis (§ 1 Abs. 1 Nr. 1 TSG)

Gemäß § 1 Abs. 1 Nr. 1 TSG kommt eine Vornamensänderung nur in Betracht für

- Deutsche im Sinne des Art. 116 GG,
- Staatenlose bzw. heimatlose Ausländer mit gewöhnlichem Aufenthalt in Deutschland,
- Asylberechtigte bzw. ausländische Flüchtlinge mit Wohnsitz in Deutschland.

Mindestalter (§ 1 Abs. 1 Nr. 3 TSG)

Die Vornamensänderung kann nach § 1 Abs. 1 Nr. 3 TSG nur von Personen beantragt werden, die mindestens 25 Jahre alt sind. Diese Altersgrenze wurde vom Bundesverfassungsgericht jedoch 1993 wegen Verstoßes gegen den Gleichheitsgrundsatz des Art. 3 GG für nichtig erklärt (BVerfG NJW 1993, S. 1517).

Dabei betonten die Richter, dass es gerade für jüngere Personen besonders wichtig sei, im Rahmen des Alltagstests vor belastenden Situationen geschützt zu werden, die entstehen können, weil die im Personalausweis genannten Vornamen nicht mit dem Auftreten in Einklang stehen (BVerfG NJW 1993, S. 1517 f.; zu Transsexualismus bei Kindern und Jugendlichen s. Bosinski et al. 1996). Des Weiteren habe der Gesetzgeber für geschlechtsändernde (irreversible) Operationen keine Altersgrenze gesetzt und deren Durchführung somit auch jungen Menschen ermöglicht; dann könne es aber »keinen einleuchtenden Grund dafür (geben), denselben Personenkreis vor einer Entscheidung zu bewahren, die weit weniger einschneidend ist und wieder rückgängig gemacht werden kann« (BVerfG ebd.; zur Aufhebung der Vornamensänderung ► Abschn. 8.2.5).

8.2.2 Verfahrensrechtliches

Das Vornamensänderungsverfahren wird nur auf Antrag durchgeführt (§ 1 Abs. 1 TSG), in dem die Vornamen, die der Antragsteller künftig führen will, anzugeben sind (§ 1 Abs. 2 TSG). Der Antragssteller ist vom Gericht persönlich anzuhören (§ 4 Abs. 2 TSG).

Antrag (§ 1 TSG) und Beteiligte (§ 3 TSG)

Beteiligter des Vornamensänderungsverfahrens sind zum einen der Antragsteller (§ 3 Abs. 2 Nr. 1 TSG), zum anderen ein gem. § 3 Abs. 3 TSG von der Landesregierung durch Rechtsverordnung zu bestimmender Vertreter des öffentlichen Interesses

(§ 3 Abs. 2 Nr. 2 TSG). Im Falle der Geschäftsunfähigkeit des Antragstellers wird das Verfahren von dessen gesetzlichem Vertreter geführt, der hierfür einer vormundschaftsgerichtlichen Genehmigung bedarf (§ 3 Abs. 1 TSG).

Zuständiges Gericht (§ 2 TSG)

Die sachliche Zuständigkeit für das Verfahren liegt beim Amtsgericht (§ 2 Abs. 1 S. 1 TSG). Örtlich ist das Amtsgericht zuständig, das seinen Sitz am Ort desjenigen Landgerichts hat, in dessen Bezirk sich der Wohnsitz des Antragstellers zum Zeitpunkt der Antragstellung befindet (§ 2 Abs. 2 S. 1 TSG). Die Zuständigkeit kann ferner allgemein durch Landesrecht oder von der Landesregierung bzw. nach entsprechender Ermächtigung auch von der Landesjustizverwaltung geregelt werden (§ 2 Abs. 1 S. 2–4 TSG).

Rechtsmittel

Die den Beteiligten gegen die Entscheidung zur Verfügung stehenden Rechtsmittel differieren nach Ausgang des Verfahrens (zum Ganzen Sieß 1996): Gibt das Gericht dem Antrag statt, kann gem. § 4 Abs. 1 und Abs. 4 S. 1 TSG in Verbindung mit § 22 FGG die sofortige Beschwerde, gegen die Entscheidung der Beschwerdeinstanz (Landgericht) die sofortige weitere Beschwerde (§ 4 Abs. 1 TSG in Verbindung mit § 29 Abs. 2 FGG) eingelegt werden. Gegen die Ablehnung des Antrags auf Vornamensänderung steht den Beteiligten hingegen die einfache Beschwerde (§ 4 Abs. 1 TSG in Verbindung mit § 19 FGG), gegen die Entscheidung der Beschwerdeinstanz dann die weitere einfache Beschwerde zu (§ 4 Abs. 1 TSG in Verbindung mit § 29 Abs. 1 FGG). Die Verfahren richten sich nach den §§ 19 ff. FGG respektive der §§ 27 ff. FGG, jeweils in Verbindung mit § 4 Abs. 1 TSG.

8.2.3 Rechtsfolgen der Entscheidung

Die dem Antrag des Betroffenen stattgebende Entscheidung des Gerichts bewirkt zweierlei: die Änderung des Vornamens und das Verbot, die bisher geführten Vornamen zu offenbaren.

Vornamensänderung (§ 1 Abs. 1 TSG)

Zum einen führt der Betroffene zukünftig die im Beschluss angegebenen Vornamen. Dabei gebieten Sinn und Zweck des § 1 Abs. 1 TSG ebenso wie der verfassungsrechtliche Hintergrund des Transsexuellengesetzes eine Anpassung auch der Anrede (Herr/Frau) der betroffenen Person (BVerfG NJW 1997, S. 1632; für Adelsbezeichnungen BayOLG, NJW-RR 2003, S. 289).

Nachdem die geänderten Vornamen per Randvermerk im Geburtenbuch eingetragen worden sind (§ 30 Abs. 1 PStG), kann sich der Betroffene neue Personenstandsurkunden verschaffen. Von Bedeutung ist hierbei, dass sowohl im neu ausgestellten Geburtsschein als auch in der neuen Geburtsurkunde auf die Transsexualität nicht hingewiesen wird (Sieß 1996). Infolge der beiden Dokumenten zueigenen Beweiskraft (§§ 60 Abs. 1 S. 1, 66 PStG) kann sich der Betroffene mit ihrer Hilfe andere Urkunden neu ausstellen lassen, ohne seine Transsexualität offen legen zu müssen. Dies gilt insbesondere für den Personalausweis, sodass es dem Transsexuellen dank der Vornamensänderung besser gelingt, unauffällig im Alltag aufzutreten (die durch die »kleine Lösung« unberührt bleibende Geschlechtszugehörigkeit ist im Personalausweis nicht vermerkt).

Offenbarungsverbot (§ 5 TSG)

Zum anderen greift mit Rechtskraft des Beschlusses das sog. Offenbarungsverbot des § 5 TSG ein, wonach die bis dahin geführten Vornamen ohne Zustimmung des Betroffenen nicht offenbart oder ausgeforscht werden dürfen, es sei denn, dass besondere Gründe des öffentlichen Interesses dies erfordern oder jemand ein rechtliches Interesse daran glaubhaft macht.

Beispiel

Ein öffentliches Interesse in diesem Sinne kann etwa vorliegen, falls der Verdacht besteht, der Betroffene habe unter altem Namen Straftaten begangen, oder wenn der Versicherungsverlauf in der gesetzlichen Rentenversicherung zu ermitteln ist. Ein rechtliches Interesse liegt etwa darin, dass eine Privatperson ohne die Kenntnis des früheren Vornamens an der Geltendmachung von Schadensersatz- oder Unterhaltsansprüchen gehindert wäre (Sieß 1996).

Die Relevanz des Offenbarungsverbots zeigt sich insbesondere im Arbeitsrecht. Dort führt es – in Verbindung mit der nachvertraglichen Fürsorgepflicht und verfassungsrechtlichen Grundsätzen – mittelbar zu der Verpflichtung des Arbeitgebers, ein bereits ausgefertigtes Arbeitszeugnis derart neu zu erteilen, dass der geänderte Vorname enthalten ist. Anderenfalls wäre der transsexuelle Arbeitnehmer bei Bewerbungen gezwungen, die Lücke in der Dokumentation seiner beruflichen Laufbahn dadurch zu schließen, dass er das (noch auf das falsche Geschlecht lautende) Originalzeugnis vorzeigt und damit seine Transsexualität selbst offenbart (LAG Hamm, NZA-RR 1999, S. 455, 458).

8.2.4 Unwirksamkeit der Entscheidung (§ 7 TSG)

Die Entscheidung wird ohne diesbezüglicher Feststellung des Gerichts in gewissen Fällen unwirksam, etwa dann, wenn mehr als 300 Tage nach ihrer Rechtskraft ein Kind des Antragstellers geboren wird (§ 7 Abs. 1 Nr. 1 TSG) oder wenn der Antragsteller eine Ehe schließt (§ 7 Abs. 1 Nr. 3 TSG). Der Betroffene muss in diesem Fall wieder seine ursprünglichen Vornamen tragen (§ 7 Abs. 2 S. 1 TSG).

Die Vorschrift ist viel kritisiert worden und zugleich von geringer praktischer Relevanz. Auf sie soll deshalb – ebenso wenig wie auf die nach Unwirksamwerden der Entscheidung bestehende Möglichkeit der erneuten Vornamensänderung aus schwerwiegenden Gründen (§ 7 Abs. 3 TSG) – nicht weiter eingegangen werden (Näheres bei Sieß 1996).

8.2.5 Aufhebung der Vornamensänderung (§ 6 TSG)

! Stellt der Betroffene fest, dass er sich wieder dem im Geburtseintrag angegebenen Geschlecht zugehörig empfindet, kann er gem. § 6 Abs. 1 TSG die Aufhebung der Vornamensänderung beantragen.

Die Einräumung dieser nur selten wahrgenommenen Möglichkeit ist konsequent, weil die Vornamensänderung zum Gelingen des ergebnisoffenen (!) Alltagstests beitragen soll.

Da das Aufhebungsverfahren demjenigen über die Erstentscheidung nachgebildet ist (§ 6 Abs. 2 S. 1 TSG), kann bezüglich der Verfahrensregeln, dem Erfordernis des fortdauernden Zugehörigkeitsempfindens und dessen Begutachtung durch Sachverständige auf die obigen Ausführungen verwiesen werden.

8.3 Feststellung der Geschlechtszugehörigkeit (»große Lösung«, § 8 Abs. 1 TSG)

Die zweite rechtliche Möglichkeit, die das Gesetz demjenigen zur Verfügung stellt, der sich dem anderen Geschlecht zugehörig fühlt, ist die sog. »große Lösung«. Sie betrifft die gerichtliche Feststellung des Gegengeschlechts.

8.3.1 Materiell-rechtliche Voraussetzungen

Voraussetzungen der Vornamensänderung

Ebenso wie im Verfahren zur Änderung des Vornamens muss sich die betroffene Person auch im Rahmen der Feststellung der Geschlechtszugehörigkeit aufgrund ihrer transsexuellen Prägung nicht mehr dem in ihrem Geburtseintrag angegebenen, sondern dem anderen Geschlecht als zugehörig empfinden und seit mindestens 3 Jahren unter dem Zwang stehen, ihren Vorstellungen entsprechend zu leben (§ 8 Abs. 1 TSG). Des Weiteren ergibt sich aus dem Verweis des § 8 Abs. 1 Nr. 1 TSG auf § 1 Abs. 1 Nr. 1–3 TSG, dass die Voraussetzungen der Geschlechtszugehörigkeitsfeststellung auch hinsichtlich der Wahrscheinlichkeit, dass sich das Zugehörigkeitsempfinden nicht mehr ändern wird, sowie hinsichtlich der Staatsangehörigkeit und des Alters des Antragstellers mit denjenigen der Vornamensänderung identisch sind. Die materiell-rechtlichen Voraussetzungen der Vornamensänderung müssen demnach in vollem Umfang auch für die (weitergehende) Feststellung der Geschlechtszugehörigkeit gegeben sein, sodass insoweit auf die Ausführungen dazu verwiesen werden kann (► Abschn. 8.2.1). Dies gilt in gleicher Weise auch für die erforderliche Anzahl und Qualifikation der Sachverständigen, die den Tatbestand begutachten sollen (▶ Abschn. 8.1.3).

Hervorzuheben bleibt, dass das BVerfG die Unvereinbarkeit der gesetzlichen Altersgrenze von 25 Jahren mit Art. 3 GG auch im Hinblick auf die Feststellung der Geschlechtszugehörigkeit festgestellt hat (BVerfG NJW 1982, S. 2061).

Zusätzliche Voraussetzungen

Darüber hinaus verlangt § 8 Abs. 1 TSG, dass der Antragsteller

- nicht verheiratet und (Nr. 2) ,
- dauernd fortpflanzungsunfähig ist (Nr. 3),
- sich einem die äußeren Geschlechtsmerkmale verändernden operativen Eingriff unterzogen hat, durch den eine deutliche Annäherung an das Erscheinungsbild des anderen Geschlechts erreicht würde (Nr. 4).

Ehelosigkeit

Die gemäß § 8 Abs. 1 Nr. 2 TSG erforderliche Ehelosikeit des Antragstellers kann selbstverständlich vom Gericht ohne gutachterliche Hilfe ermittelt werden.

Fehlende Fortpflanzungsfähigkeit

Anders verhält es sich mit der gem. § 8 Abs. 1 Nr. 3 TSG festzustellenden dauernden Fortpflanzungsunfähigkeit: § 9 Abs. 3 S. 1 Hs. 2 TSG bestimmt ausdrücklich, dass sie von beiden Sachverständigengutachten umfasst sein muss.

Dem Erfordernis der Fortpflanzungsunfähigkeit liegt die Überlegung des Gesetzgebers zugrunde, z. B. einem Mann-zu-Frau-Transsexuellen nach der Änderung seiner Geschlechtszugehörigkeit nicht die Eheschließung mit einem Mann zu ermöglichen, solange er sich selbst noch geschlechtlich als Mann betätigen kann (BT-Drucks. 8/2947, S. 12). Zu bedenken ist in diesem Zusammenhang auch, dass während der Entstehungszeit des TSG homosexuelle Handlungen gem. § 175 StGB noch als Unzucht bestraft wurden.

Mann-zu-Frau-Transsexualismus

Bei Mann-zu-Frau-Transsexuellen lässt sich die dauernde Fortpflanzungsunfähigkeit leicht feststellen. Im Rahmen der für die Änderung der Geschlechtszugehörigkeit notwendigen operativen Angleichung werden Penis und Hoden entfernt, sodass ein Blick auf das Operationsergebnis (Pfäfflin 1996, 2004; Sieß 1996) bzw. den Operationsbericht (Langer u. Hartmann 1997) genügt.

Frau-zu-Mann-Transsexualismus

Schwieriger gestaltet sich die Situation bei Frau-zu-Mann-Transsexuellen (Pfäfflin 1996, 2004; Einzelheiten bei Will 1996). Es genügt nicht die bloße Unterbrechung der Eileiterpassage (Sterilisation): Sie vermag die Fortpflanzung angesichts der ausgereiften Technik im Bereich der In-vitro-Fertilisation nicht zu unterbinden. Außerdem ist es möglich, die Funktionsfähigkeit des Eileiters wiederherzustellen, sodass es jedenfalls an der erforderlichen Dauerhaftigkeit fehlt (Sieß 1996). Aus demselben Grund erfüllt auch eine hormonelle Behandlung nicht die gesetzlichen Vorgaben. Die durch sie bewirkbare Verkümmerung der inneren Geschlechtsorgane kann ebenfalls revidiert werden (Pfäfflin 2004; Sieß 1996).

! Nach dem heutigen Stand der Medizin setzt dauernde Fortpflanzungsunfähigkeit deshalb voraus, dass die Eierstöcke entfernt werden (Sieß 1996).

Ausreichen dürfte für eine Feststellung nach dem TSG aber auch die Entfernung der Gebärmutter, wenngleich bei dieser Methode die (allerdings sehr geringe) Wahrscheinlichkeit einer Bauchhöhlenschwangerschaft besteht (Sieß 1996). Derartige Fälle treten in der Praxis jedoch nur selten auf, da in Deutschland regelmäßig neben der Gebärmutter Eierstöcke und das Anhangsgebilde entfernt werden (Pfäfflin 2004; Eicher 1992).

Operativer Eingriff zur Veränderung der Geschlechtsmerkmale (§ 8 Abs. 1 Nr. 4 TSG)

Neben der Fortpflanzungsunfähigkeit haben sich die Gutachten auf den die »äußeren Geschlechtsmerkmale verändernden operativen Eingriff« sowie auf die dadurch zu erreichende »deutliche Annäherung an das Erscheinungsbild des anderen Geschlechts« zu erstrecken (§ 8 Abs. 1 Nr. 4 TSG, § 9 Abs. 3 S. 1 TSG).

Die genannten Gesetzespassagen bedürfen wegen ihrer unbestimmten Rechtsbegriffe der Auslegung (BayOLG, NJW 1996, S. 791 f.). Deren Maßstab muss es sein, dass bei irreversiblen Fällen von Transsexualismus infolge der grundrechtlich garantierten Menschenwürde und der freien Entfaltung der Persönlichkeit (Art. 2 Abs. 1 GG in Verbindung mit Art. 1 Abs. 1 GG) die personenstandsrechtliche Berücksichtigung dieser Tatsachen nicht versagt werden darf (BVerfGE 49, S. 286, = NJW 1979, S. 595). Es können also »nur solche operativen Eingriffe verlangt werden, die nach dem Stand der medizinischen Wissenschaft unter Berücksichtigung des Wunsches des Transsexuellen sinnvoll und diesem nach Erfolgsaussichten und Komplikationsrisiko zumutbar sind« (BayOLG, NJW 1996, S. 791 f.; ähnlich und mit Hinweis darauf, dass Transsexuelle regelmäßig eine geschlechtliche Anpassung im Rahmen des medizinisch Möglichen wünschen und somit meist keine Interessenkollision zwischen ihnen und den Vorgaben des Gesetzes besteht, auch OLG Zweibrücken, NJW 1992, S. 760 f.).

Ein (weiterer) operativer Eingriff ist vor allem dann nicht geboten, falls sich der Betroffene bereits auf andere Weise dem Erscheinungsbild des Wunschgeschlechts deutlich angenähert hat (BayOLG, NJW 1996, S. 791, 793; nun wohl auch OLG Zweibrücken, R&P 1993, S. 150, das zuvor noch anderer Auffassung war, vgl. NJW 1992, S. 760 f.). Dies gilt umso mehr, wenn der Eingriff medizinisch nicht indiziert ist (BayOLG, NJW 1996, S. 791, 793).

Aus medizinischer Sicht unterscheiden sich die Eingriffsmöglichkeiten sowie die damit verbundenen Erfolgsaussichten und Risiken je nach Wunschgeschlecht erheblich, sodass zwischen Mann-zu-Frau- und Frau-zu-Mann-Transsexuellen differenziert werden muss.

Mann-zu-Frau-Transsexualismus

Obschon Scheidenoperationen bei Mann-zu-Frau-Transsexuellen immer noch komplikationsträchtig sind und auch nicht selten einer Nachoperation bedürfen, sind die Ergebnisse doch gut bis sehr gut (Pfäfflin 1993; ausführlich zur Genitaltransformationsoperation Eicher 1992). Die Umwandlung des männlichen Genitales in eine Vulva und Vagina stellt daher den Regelfall dar (Pfäfflin 1996, 2004), wobei für die vom Gesetz verlangte (auf das äußere Erscheinungsbild abstellende) Angleichung bereits die Herstellung einer Vulva genügt.

Die Anlage auch der Scheide empfiehlt sich jedoch. Die Erfahrung zeigt, dass nur äußerlich operierte Patienten in aller Regel die versäumte Behandlung nachholen möchten, was wesentlich mehr Schwierigkeiten bereitet als der kombinierte Eingriff (Pfäfflin 2004).

Daneben ist die Bildung einer weiblichen Brust erforderlich. Sie wird oftmals schon im Stadium der hormonellen Behandlung in ausreichendem Maße erreicht (Bosinski 2003).

Frau-zu-Mann-Transsexualismus

Bei Frau-zu-Mann-Transsexuellen ist die Situation anders. Neben der für die Fortpflanzungsunfähigkeit relevanten Entfernung der Eierstöcke und der Gebärmutter stellt einzig die Brustverkleinerung eine Standardoperation dar (Schneider 1992). Demgegenüber erweisen sich die Verfahren zur plastisch-chirurgischen Herstellung eines Penisäquivalents als technisch wenig ausgereift, komplikationsträchtig und im Erfolg fragwürdig (Bosinski 2003; Pfäfflin 1993; Schneider 1992). Ähnliches gilt für die Scheidenverschlussoperation (Scheidenexstirpation), mit der sich das Risiko von Blasen- und Darmverletzungen verbindet (Pfäfflin 1993).

! Aus diesem Grunde ist weder die Bildung eines künstlichen männlichen Geschlechtsteils und/oder eines Hodens noch ein Scheidenverschluss zwingend erforderlich, um den Anforderungen des Gesetzes zu genügen (BayOLG, NJW 1996, S. 791 f.; OLG Zweibrücken, R&P 1993, S. 150). Vielmehr genügt neben den bereits für die Herbeiführung der Fortpflanzungsunfähigkeit gebotenen Maßnahmen die operative Entfernung bzw. Verkleinerung der Brust (OLG Hamm, FamRZ 1983, S. 491).

Dies war lange Zeit streitig (Pfäfflin 2004, 1996; ausführlich und mit Schilderung des Ausgangsfalles Sieß 1996). Die Befürworter einer Notwendigkeit von Penisbildung und Scheidenverschluss berief sich auf den angeblich beeindruckenden Fortschritt in der Medizin. Dem werden die eben angesprochenen Bedenken entgegengehalten. Im Hinblick auf den Scheidenverschluss tritt hinzu, dass die Vagina kein für das Erscheinungsbild relevantes äußeres Geschlechtsmerkmal darstellt.

8.3.2 Verfahrensrechtliches

Verfahrensrecht der Vornamensänderung

Gemäß § 9 Abs. 3 S. 1 TSG sind die Vorschriften des Verfahrens zur Vornamensänderung (§§ 2–4 TSG) entsprechend anzuwenden (► Abschn. 8.2.2).

Möglichkeit der Vorabfeststellung

Lediglich die in § 9 Abs. 1 und Abs. 2 TSG geregelte Vorabfeststellung verdient Erwähnung. Es handelt sich hierbei um einen Zwischenbescheid. Darin stellt das Gericht fest, dass der Antragsteller zwar momentan nicht als dem anderen Geschlecht zugehörig angesehen werden kann, weil er noch nicht operiert wurde, noch fortpflanzungsfähig oder noch verheiratet ist. Im Übrigen werden jedoch die sonstigen Voraussetzungen des § 8 TSG verbindlich bejaht (§ 9 Abs. 2 S. 2 TSG). Durch diese Bindungswirkung erlangt der Betroffene die Gewissheit, vor Gericht erfolgreich zu sein, sobald er die vorhandenen Hinderungsgründe beseitigt hat.

Die Vorabfeststellung ermöglicht es dem Antragsteller somit, den vom Gesetz für die »große Lösung« festgelegten schwerwiegenden Anforderungen erst dann nachzukommen, wenn er mit einer Entscheidung zu seinen Gunsten fest rechnen kann.

Gegen die Vorabfeststellung steht den Beteiligten gem. § 9 Abs. 1 S. 2 TSG die sofortige Beschwerde zu (► Abschn. 8.2.2).

8.3.3 Rechtsfolgen der Entscheidung

Die stattgebende Entscheidung des Amtsgerichts über die Feststellung der Geschlechtszugehörigkeit hat für den Antragsteller wichtige Rechtsfolgen.

Rechtsfolgen der Vornamensänderung

Da die rechtlichen Voraussetzungen zur Vornamensänderung in denen der Geschlechtszugehörigkeitsfeststellung vollständig enthalten sind, ist es nur konsequent, dass im Falle der Feststellung der Zugehörigkeit zum anderen Geschlecht gem. § 9 Abs. 3 S. 2 TSG auch die Vornamen des Antragstellers geändert werden und das Offenbarungsverbot sinngemäß gilt (§ 10 Abs. 2 TSG).

Zusätzliche Rechtsfolgen

! Die bedeutsamste Rechtsfolge stellt die Feststellung des Gerichts dar, der Antragsteller sei als dem anderen Geschlecht zugehörig anzusehen (§ 8 Abs. 1 TSG). Sie bewirkt, dass sich die geschlechtsabhängigen Rechte und Pflichten von der Rechtskraft der Entscheidung an nach dem neu festgestellten Geschlecht richten, soweit gesetzlich nichts anderes bestimmt ist (§ 10 Abs. 1 TSG).

Dadurch kann der Betroffene z. B. einen Angehörigen seines angeborenen Geschlechts heiraten und als Mitglied einer privaten Krankenkasse dem Tarif des Wunschgeschlechts zugewiesen werden (Sieß 1996).

Unberührt bleiben gem. § 11 TSG die Rechtsverhältnisse des Antragstellers zu seinen Eltern sowie zu seinen Kindern und deren Abkömmlingen, ebenso Rentenansprüche und Ansprüche auf vergleichbare wiederkehrende Leistungen (§ 12 TSG).

§ 11 TSG dient dem Schutz berechtigter Interessen der Kinder und der Eltern, namentlich in unterhalts- oder erbrechtlichen Fragen. Zudem wollte der Gesetzgeber sichergehen, dass in den Urkunden des Kindes die Vornamen beider Eltern nicht auf dasselbe Geschlecht lauten (BT-Drucks. 8/2947, S. 16). § 12 TSG hat zum Ziel, den Transsexuellen bei Rentenansprüchen nicht besser, aber auch nicht schlechter zu stellen als ohne seine Zugehörigkeit zum Gegengeschlecht (Sieß 1996). Folglich erwächst zum Beispiel einem Mann-zu-Frau-Transsexuellen kein Anspruch auf Witwenrente aus der Ehe mit seiner geschiedenen Frau (BT-Drucks. 8/2947, S. 16).

8.3.4 Aufhebung und Unwirksamkeit der Feststellungsentscheidung

Die Aufhebung der die Geschlechtszugehörigkeit feststellenden Entscheidung verläuft durch den Verweis in § 9 Abs. 3 S. 1 TSG auf § 6 TSG entsprechend der Aufhebung der Vornamensänderung. Unter den dort genannten Voraussetzungen kann ein Antragsteller also die rechtliche Folge der Geschlechtsumwandlung revidieren. Auch dabei kommt es zur Begutachtung der Frage, ob der Betroffene sich wieder seinem ursprünglichen Geschlecht zugehörig fühlt. Eine § 7 TSG entsprechende, die Unwirksamkeit der Entscheidung anordnende Norm existiert hingegen nicht.

8.4 Literatur

Augstein MS (1992) Zur rechtlichen Situation Transsexueller in der Bundesrepublik Deutschland. In: Pfäfflin F, Junge A (Hrsg) Geschlechtsumwandlung – Abhandlungen zur Transsexualität. Schattauer, Stuttgart, S 103–111

Augstein MS (1996) Zur Begutachtung Transsexueller aus der Sicht der Betroffenen. In: Clement U, Senf W (Hrsg) Transsexualität – Behandlung und Begutachtung. Schattauer, Stuttgart, S 74–80

Becker S, Bosinski HAG, Clement U (1997) Behandlung und Begutachtung von Transsexuellen. Standards der Deutschen Gesellschaft für Sexualforschung, der Akademie für Sexualmedizin und der Gesellschaft für Sexualwissenschaft. Psychotherapeut 42: 256–262

Bosinski HAG (2003) Diagnostische und arztrechtliche Probleme bei transsexuellen Geschlechtsidentitätsstörungen. Urologe 42: 709–721

Bosinski HAG, Arndt R, Sippel WG, Wille R (1996) Geschlechtsidentitätsstörungen bei Kindern und Jugendlichen. Monatsschrift Kinderheilkunde 144: 1235–1241

Clement U, Senf W (1996) Diagnose der Transsexualität. In: Clement U, Senf W (Hrsg) Transsexualität – Behandlung und Begutachtung. Schattauer, Stuttgart, S 1–7

Corell C (1999) Im falschen Körper – Ein Beitrag zur rechtlichen und tatsächlichen Problematik der Transsexualität. NJW 52: 3372–3377

Deutsch E, Spickhoff A (2003) Medizinrecht: Arztrecht, Arzneimittelrecht, Medizinprodukterecht und Transfusionsrecht, 5. Aufl. Springer, Berlin Heidelberg New York Tokio

Eicher W (1992) Transsexualismus. Möglichkeit und Grenzen der Geschlechtsumwandlung, 2. Aufl. Fischer, Stuttgart

Eicher W (1996a) Hormonbehandlung bei Transsexuellen. In: Clement U, Senf W (Hrsg) Transsexualität – Behandlung und Begutachtung. Schattauer, Stuttgart, S 54–57

Eicher W (1996b) Transformationsoperationen. In: Clement U, Senf W (Hrsg) Transsexualität – Behandlung und Begutachtung. Schattauer, Stuttgart, S 58–63

Hepp U, Klaghofer R, Burkhard-Kübler R, Buddeberg C (2002) Behandlungsverläufe transsexueller Patienten. Eine katamnestische Untersuchung. Nervenarzt 73: 283–288

Kockott G (1996) Die klinische Koordination der Behandlung und Begutachtung. In: Clement U, Senf W (Hrsg) Transsexualität – Behandlung und Begutachtung. Schattauer, Stuttgart, S 8–17

Kockott G (1997) Mitteilung über die Veröffentlichung von Standards der Behandlung und Begutachtung von Transsexuellen. Nervenarzt 68: 920–921

Langer D, Hartmann U (1997) Psychiatrische Begutachtung nach dem Transsexuellengesetz. Ein erfahrungsgestütztes Plädoyer für Leitlinien und gegen Beliebigkeit. Nervenarzt 68: 862–869

Laufs A, Uhlenbruck W (2002) Handbuch des Arztrechts, 3. Aufl. Beck, München

Münchener Kommentar zur Zivilprozessordnung (2000) Bd. 2, §§ 355–802, 2. Aufl. Beck, München (zit. MünchKommZPO-Bearbeiter)

Nevinny-Stickel J, Hammerstein J (1967) Medizinisch-juristische Aspekte der menschlichen Transsexualität. NJW 20: 663–666

Pfäfflin F (1993) Zu den somatischen Voraussetzungen für Personenstandsänderungen bei Frau-zu-Mann-Transsexuellen. R&P 11:108–119

Pfäfflin F (1996) Erstellung der Gutachten. In: Clement U, Senf W (Hrsg) Transsexualität – Behandlung und Begutachtung. Schattauer, Stuttgart, S 80–87

Pfäfflin F (2004) Begutachtung der Transsexualität. In: Venzlaff U, Foerster K (Hrsg) Psychiatrische Begutachtung, 4. Aufl. Urban & Fischer, München, S 525–538

Pfäfflin F, Junge A (1992) Nachuntersuchungen nach Geschlechtsumwandlung. Eine kommentierte Literaturübersicht 1961–1991. In: Pfäfflin F, Junge A (Hrsg) Geschlechtsumwandlung. Abhandlungen zur Transsexualität. Schattauer, Stuttgart, S 149–457

Preuss WF (1999) Die Aufgabe der Psychotherapie bei der Behandlung der Transsexualität. Psychotherapeut 44: 300–306

Rauchfleisch U, Barth D, Battegay R (1998) Resultate einer Langzeitkatamnese von Transsexuellen. Nervenarzt 69: 799–805

Schneider A (1992) Zur Feststellung der Geschlechtszugehörigkeit nach dem Transsexuellengesetz. NJW 46: 2940–2941

Sieß G (1996) Die Änderung der Geschlechtszugehörigkeit: das Transsexuellengesetz und seine praktische Anwendung in der Freiwilligen Gerichtsbarkeit. Hartung-Gorre, Konstanz

Sigusch V (1997) Transsexualismus. Forschungsstand und klinische Praxis. Nervenarzt 68: 870–877

Will MR (1996) Symposium über medizinische und rechtliche Fragen der Transsexualität. NJW 49: 769

Winkelmann U (1993) Transsexualität und Geschlechtsidentität. Lit, Münster

Gefährlichkeitsprognosen

Für die Rechtfertigung von Eingriffen in die Rechte einer Person ist neben deren Verantwortlichkeit für eine bereits begangene Tat insbesondere auch ihre künftige Gefährlichkeit von erheblicher Bedeutung. Die Aussetzung der Vollstreckung einer Strafe bzw. eines Strafrestes zur Bewährung, die Anordnung einer Maßregel der Besserung und Sicherung, Lockerungsentscheidungen im Vollzug von Strafe und Maßregel, die Sanktionen im Jugendstrafrecht sowie die öffentlich-rechtlichen Unterbringungen nach Landesrecht (zur zivilrechtlichen Unterbringung nach § 1906 BGB ► Kap. 5) sind nach dem Gesetz alle davon abhängig, ob und inwieweit die betreffende Person in der Zukunft für die Allgemeinheit und im zuletzt genannten Fall auch für sich selbst gefährlich ist. Obwohl diese Frage für den Richter generell nur schwer zu beantworten ist, werden aus prozessökonomischen Gründen Sachverständige zumeist nur bei besonders folgenschweren Prognosen beauftragt. Insbesondere über die Aussetzung der Vollstreckung einer Strafe zur Bewährung entscheidet der Richter in aller Regel ohne Beteiligung eines psychiatrischen oder psychologischen Sachverständigen. Gleichwohl werden im Folgenden auch die rechtlichen Grundlagen hierzu wenigstens kurz dargestellt. Dies ist notwendig, weil die unter Beteiligung von Sachverständigen erfolgende Aussetzung des Strafrestes systematisch auf diesen Regelungen aufbaut.

9.1 Strafaussetzung zur Bewährung (§ 56 StGB)

Um die Belastung des Verurteilten auf das zur Erreichung des Strafzwecks notwendige Maß zu begrenzen und entsozialisierende Auswirkungen des Freiheitsentzugs zu vermeiden, hat der Gesetzgeber die Möglichkeit geschaffen, die Vollstreckung von Freiheitsstrafen bis zu 2 Jahren vollständig zur Bewährung auszusetzen (§ 56 StGB). Das Gericht bestimmt im Falle einer solchen Entscheidung eine Bewährungszeit zwischen 2 und 5 Jahren (§ 56a StGB), nach deren positivem Verlauf die Strafe gegebenenfalls ganz erlassen wird (§ 56g StGB). Die dadurch geschaffene Freiheitsstrafe mit Bewährung hat sich zu einer in der Sache weitgehend eigenständigen Sanktionsform entwickelt und große praktische Bedeutung erlangt. Im Jahre 2003 wurden 69 Prozent der verhängten Freiheitsstrafen zur Bewährung ausgesetzt (Statistisches Bundesamt 2004).

Die Aussetzung wird in der Regel mit Auflagen (§ 56b StGB) und Weisungen (§ 56c StGB) verbunden. Die Auflagen dienen der Genugtuung für das begangene Unrecht. Das Gesetz sieht hierfür die Schadenswiedergutmachung, die Zahlung eines bestimmten Geldbetrages an eine gemeinnützige Einrichtung oder den Staat und die Erbringung gemeinnütziger Leistungen vor. Die Weisungen sollen dem Verurteilten helfen, künftig keine Straftaten mehr zu begehen. Da die dazu erforderlichen Maßnahmen von den Umständen des Einzelfalles abhängen, zählt das Gesetz die Weisungen nicht abschließend auf, sondern nennt nur einige typische Beispiele.

! Weisungen bezüglich ärztlicher oder psychologischer Behandlungen, Entwöhnungsbehandlungen und Heim- bzw. Krankenhausaufenthalten sind nur mit Einwilligung des Verurteilten zulässig. Da ihre Erfolgsaussichten eine Einschätzung aus psychiatrisch-psychologischer Sicht erfordern, sollten sie in der Regel nicht ohne sachverständige Begutachtung angeordnet werden.

Die praktisch bedeutsamste Weisung ist gesondert geregelt. Sie besteht darin, den Verurteilten der Aufsicht und Leitung eines Bewährungshelfers zu unterstellen (§ 56d StGB). Auflagen und Weisungen sind nicht vollstreckbar. Ihre Erfüllung wird durch die Möglichkeit gesichert, bei einem gröblichen oder beharrlichen Verstoß die Bewährung zu widerrufen (§ 56f Abs. 1 Nr. 2 und 3 StGB).

Zentrale Voraussetzung einer jeden Strafaussetzung zur Bewährung ist eine günstige Kriminalprognose.

§ 56 Abs. 1 StGB. Es muss »zu erwarten« sein, dass der Verurteilte sich schon die Verurteilung zur Warnung dienen lassen und künftig auch ohne die Einwirkung des Strafvollzugs keine Straftaten mehr begehen wird. Dabei sind namentlich die Persönlichkeit des Verurteilten, sein Vorleben, die Umstände seiner Tat, sein Verhalten nach der Tat, seine Lebensverhältnisse und die Wirkungen zu berücksichtigen, die von der Aussetzung für ihn zu erwarten sind.

Erwartung bedeutet in diesem Zusammenhang nicht Gewissheit oder sichere Gewähr (BGHSt 7, S. 6, 10), sondern fehlende Wahrscheinlichkeit der Begehung weiterer Straftaten. Es genügt, dass nach den festgestellten Tatsachen die Wahrscheinlichkeit künftig straffreien Verhaltens höher einzuschätzen ist als die Möglichkeit neuer Straftaten (BGH NStZ 1986, S. 27; BGH NStZ 1997, S. 594 f.). Maßgeblicher Zeitpunkt für die zu stellende Prognose ist nicht der der Tat, sondern der des Urteils.

Das bei der Prognose zu berücksichtigende **Verhalten nach der Tat** bezieht sich auf die gesamte Lebensführung. Insbesondere die Einstellung des Täters zur Tat, die beispielsweise durch das Verheimlichen des Beuteverbleibs (OLG Karlsruhe MDR 1978, S. 71), das Bemühen um Wiedergutmachung (zur Bedeutung näher BGHSt 5, S. 238 f.) oder um Rückfallvorbeugung (BGH StV 1992, S. 13) zum Ausdruck kommt, spielt hier eine wesentliche Rolle. Bei der Würdigung derartigen Verhaltens ist jedoch der strafprozessuale, aus dem allgemeinen Persönlichkeitsrecht (Art. 2 Abs. 1, Art. 1 Abs. 1 GG) und dem Rechtsstaatsprinzip (Art. 20 Abs. 3 GG) abzuleitende Grundsatz zu beachten, dass niemand dazu verpflichtet ist, sich selbst zu belasten (»nemo tenetur se ipsum accusare«; BverfGE 56, S. 37, 43 ff.; BGHSt 38, S. 214, 220).

! Ein Verhalten, mit dem der Angeklagte in strafprozessual zulässiger Weise seine Verteidigungsposition wahren will, darf bei der Prognose nicht negativ berücksichtigt werden (BGH NStZ 1987, S. 406).

Leugnet der Täter die Tat, so würden Reue, Schuldeinsicht und Wiedergutmachungsbemühungen einem Geständnis der Tat gleichkommen und seine Verteidigungsposition im Strafprozess erheblich gefährden, sodass das Fehlen dieser Gesichtspunkte genauso wenig als gegen eine positive Prognose sprechend gewertet werden darf wie das bloße Nichteinlassen zur Sache (BGH StV 1989, S. 149; 1993, S. 521 f.; 1998, S. 482). Sogar die wahrheitswidrige Angabe über die konsumierte Alkoholmenge darf nicht zur Begründung einer negativen Prognose herangezogen werden, wenn der Täter damit der Bestrafung wegen eines Verkehrsdelikts entgehen will (OLG Hamm NJW 1960, S. 61).

Die Gerichte treffen die Prognoseentscheidung zumeist nach der von der Kriminologie als intuitiv bezeichneten Methode, d. h. durch eine auf ihren eigenen Erfahrungen beruhenden Gesamtbewertung. Die Ermittlung der Rückfallwahrscheinlichkeit mit Hilfe anhand empirischer Untersuchungen erstellter Prognosetafeln (statistische Methode) ist nicht üblich (kritische Auseinandersetzung mit solch allgemeinen Kriterienkatalogen bei Nedopil 2000, S. 248) und wird auch in der Literatur nicht als eigenständige Methode, sondern nur als Ergänzung und Kontrolle empfohlen, inwieweit sich die richterliche Intuition mit rationalen Erfahrungssätzen deckt (SK-Horn 2003, § 56 Rn. 18). Ein Sachverständigengutachten zur Erforschung der individuellen Täterpersönlichkeit (sog. klinische Methode) würde zwar generell zu einer besseren Grundlage einer Prognoseentscheidung beitragen, wird aber angesichts des relativ großen Aufwands bei der Strafaussetzung zur Bewährung kaum eingeholt.

9.2 Aussetzung des Strafrestes (§§ 57 ff. StGB)

Die Aussetzung des Strafrestes – früher als bedingte Entlassung bezeichnet – ist eine Maßnahme der Strafvollstreckung mit derselben kriminalpolitischen Zielsetzung, die auch der Aussetzung der kompletten Strafe zur Bewährung nach § 56 StGB zugrunde liegt: Dem Verurteilten wird nach Verbüßung eines Teils seiner Strafe Gelegenheit gegeben, sich in der Freiheit zu bewähren. Auf diese Weise wird er, wie bei der anfänglichen Strafaussetzung zur Bewährung, nur in dem zur Erreichung des Strafzwecks notwendigen Maß belastet. Vor allem aber wird durch das Zusammenspiel der Aussetzung des Strafrestes mit der Erteilung geeigneter Weisungen ein möglichst fließender Übergang aus dem Vollzug in die Freiheit ermöglicht. Die Verwandtschaft beider Aussetzungsinstitute zeigt sich auch an der nach den §§ 57 Abs. 3 S. 1, 57a Abs. 3 S. 2 StGB entsprechenden Anwendung der §§ 56a–g StGB (► Abschn. 8.1.1), die Bewährungsmaßnahmen wie Auflagen und Weisungen regeln. Die Entscheidung darüber trifft jedoch nicht wie bei § 56 StGB das Tat-, sondern das Vollstreckungsgericht.

! Das Gesetz unterscheidet zwischen der Strafrestaussetzung bei **zeitiger** (§ 57 StGB; ► Abschn. 9.2.1), d. h. maximal 15-jähriger (§ 38 Abs. 2 StGB), und bei **lebenslanger Freiheitsstrafe** (§ 57a StGB; ► Abschn. 9.2.2). Eine Sonderregelung betreffend Sachverständigengutachten bei bestimmten Aussetzungsentscheidungen hält die Strafprozessordnung in § 454 Abs. 2 bereit (► Abschn. 9.2.3).

9.2.1 Aussetzung bei zeitiger Freiheitsstrafe (§ 57 StGB)

In § 57 Abs. 1 StGB ist die Strafrestaussetzung bei einer zeitigen Freiheitsstrafe für den Fall vorgesehen, dass 2 Drittel der verhängten Strafe, mindestens jedoch 2 Monate, verbüßt sind, dies unter Berücksichtigung des Sicherheitsinteresses der Allgemeinheit verantwortet werden kann und der Verurteilte einwilligt.

Als verbüßte Strafe gilt gemäß § 57 Abs. 4 und § 67 Abs. 4 StGB auch angerechnete Untersuchungshaft sowie vorheriger Maßregelvollzug. Das Erfordernis der Einwilligung des Betroffenen erklärt sich daraus, dass nur in diesen Fällen eine erfolgreiche Resozialisierung erwartet werden kann und es sinnlos erscheint, dem Verurteilten gegen seinen Willen die von seiner Mitarbeit abhängige Maßnahme aufzuzwingen (Schönke u. Schröder-Stree 2001, § 57 Rn. 18). Eine Abweichung davon, dass grundsätzlich 2 Drittel der Strafe verbüßt sein müssen, findet sich in Absatz 2.

§ 57 Abs. 2 StGB. Schon nach Verbüßung der Hälfte einer zeitigen Freiheitsstrafe, mindestens jedoch von sechs Monaten, kann das Gericht die Vollstreckung des Restes zur Bewährung aussetzen,wenn

1. der Verurteilte erstmals eine Freiheitsstrafe verbüßt und diese zwei Jahre nicht übersteigt oder
2. die Gesamtwürdigung von Tat, Persönlichkeit des Verurteilten und seiner Entwicklung während des Strafvollzugs ergibt, dass besondere Umstände vorliegen,

und die übrigen Voraussetzungen des Absatzes 1 erfüllt sind.

Die Möglichkeit der weiter reichenden Strafrestaussetzung erklärt sich bei der Erstverbüßung aus der anzunehmenden massiven psychosozialen Beeinträchtigung (»Schockwirkung«) eines ersten Freiheitsentzuges. Der Gesetzgeber ließ sich bei dieser Bestimmung von der Erfahrung leiten, dass die Chancen einer erfolgreichen Resozialisierung des Verurteilten mit zunehmender Zahl der Verbüßungen abnehmen. Erstmaliger Freiheitsentzug wird dementsprechend in der Regel am spürbarsten empfunden, sodass es in diesen Fällen aus spezialpräventiven Gründen oft ausreichend erscheint, nur die Hälfte der Strafe zu vollstrecken (BT-Drucks. 10/2720, S. 11; OLG Oldenburg NStZ 1987, S. 174 f.; OLG Stuttgart NStZ 1988, S. 128).

Keine Erstverbüßung liegt daher vor bei zuvor vollstreckter Jugendstrafe (OLG Stuttgart MDR 1988, S. 250 f.; OLG Karlsruhe NStZ 1989, S. 323 f.) und der Anschlussvollstreckung mehrerer Freiheitsstrafen (OLG Karlsruhe a.a.O.; OLG Stuttgart StV 1994, S. 250 f.; OLG Düsseldorf StV 1989, S. 215 f.). Eine vorherige Freiheitsentziehung im Rahmen einer Untersuchungshaft steht der Einordnung eines späteren Strafvollzuges als Erstverbüßung aber nicht entgegen, da Untersuchungshaft keine Freiheitsstrafe ist und nicht der Sanktionierung, sondern primär der Verfahrenssicherung dient (OLG Düsseldorf StV 1997, S. 93 f.; NStZ-RR 1996, S. 186 f.; OLG Stuttgart NStZ 1990, S. 103 f.; anders OLG Karlsruhe MDR 1989, S. 1012 bez. angerechneter Untersuchungshaft bei einer früheren Verurteilung).

Für die alternativ erforderlichen »besonderen Umstände« müssen entweder Milderungsgründe vorliegen, die gegenüber gewöhnlichen, einfachen Milderungsgründen von besonderem Gewicht sind, oder mehrere Milderungsgründe zusammentreffen.

Beispiel

- OLG Karlsruhe GA 1979, S. 469: Kastration nach einem Sexualdelikt.
- OLG Düsseldorf StV 1989, S. 24: Ein zuvor unbestrafter Unternehmer mit enger familiärer Bindung ließ sich in erheblichen wirtschaftlichen Schwierigkeiten von seinem Geschäftspartner zur Steuerhinterziehung verleiten. Nach einem umfassenden Geständnis half er bei der Aufdeckung weiterer Taten anderer, verhielt sich im Vollzug einwandfrei und sorgte für seine berufliche Wiedereingliederung.

Eher gegen eine Strafrestaussetzung spricht nach § 57 Abs. 5 StGB, wenn der Verurteilte nicht über den Verbleib seiner »Beute« oder Belohnung für die Tat aufklärt. In diesem Falle kann das Gericht trotz günstiger Prognose von einer positiven Aussetzungsentscheidung absehen. Nach § 57 Abs. 6 StGB kann das Gericht Fristen von bis zu 6 Monaten festlegen, innerhalb derer ein (erneuter) Strafaussetzungsantrag des Verurteilten mangels Zulässigkeit nicht möglich ist. Bei einer positiven Entscheidung darf die Bewährungszeit, auch wenn sie nachträglich verkürzt wird, die Dauer des Strafrestes nicht unterschreiten (§ 57 Abs. 3 S. 1 StGB).

! Unbedingte Voraussetzung jedweder Strafrestaussetzung ist, dass diese »unter Berücksichtigung des Sicherheitsinteresses der Allgemeinheit verantwortet werden kann« (§ 57 Abs. 1 S. 1 Nr. 2 StGB).

Diese Entscheidung setzt eine Abwägung zwischen dem Interesse der Allgemeinheit und des Verurteilten an seiner Resozialisierung und dem allgemeinen Sicherheitsinteresse voraus. Für eine positive Prognoseentscheidung müssen demnach die Vorteile der Strafrestaussetzung gegenüber der Gefahr überwiegen, dass der Verurteilte bis zum Zeitpunkt seiner regulären Entlassung weitere Straftaten begeht, da auch eine verweigerte Strafrestaussetzung erneute Taten nach Verbüßung der kompletten verhängten Strafe nicht verhindern kann.

Zwar sprach das Gesetz vor 1998 noch scheinbar weitreichender von der Verantwortbarkeit der Erprobung, aber in der Sache brachte die Wortlautänderung durch das Gesetz zur Bekämpfung von Sexualdelikten keine Änderung, sondern sollte laut Gesetzgeber nur klarstellend im Hinblick auf die praktische Anwendung der Vorschrift wirken (BT-Drucks. 13/7163, S. 7). Dies bestätigte das Bundesverfassungsgericht, indem es feststellte, dass die neue wie die alte Gesetzesfassung die Eingehung eines vertretbaren Restrisikos mit einschließe (BVerfG NJW 1998, S. 2202 f.). Da der Verurteilte nämlich bereits Freiheitsentzug und resozialisierende Einwirkung erfahren hat, sind die Anforderungen an eine positive Prognose im Verhältnis zur anfänglichen Strafaussetzung zur Bewährung weniger streng.

In § 57 Abs. 1 S. 2 StGB werden der Prognoseentscheidung größtenteils dieselben (nicht abschließend aufgezählten Gesichtspunkte) zugrunde gelegt wie in § 56 Abs. 1 S. 2 StGB, wobei das »Verhalten nach der Tat« (§ 56 Abs. 1 S. 2 StGB) verständlicherweise durch das »Verhalten des Verurteilten im Vollzug« ersetzt wird.

Jedoch kommt den immer weiter zurückliegenden »Umständen der Tat« gegenüber den auf einen Resozialisierungserfolg hinweisenden Gesichtspunkten, wie den Lebensverhältnissen oder dem Vollzugsverhalten bei einem lang dauernden Vollzug, für die Prognoseentscheidung nur noch eine eingeschränkte Aussagekraft zu (BVerfG NStZ 2000, S. 109). Ebenfalls muss mit zunehmender Dauer des Freiheitsentzugs beachtet werden, dass der grundrechtliche Anspruch des Verurteilten auf Achtung seiner Menschenwürde und seiner freien Persönlichkeit zunehmendes Gewicht auch für die Anforderungen gewinnt, die an die für die Prognose notwendige Sachverhaltsaufklärung zu stellen sind (BVerfG NJW 2000, S. 501 f.). Pauschale Verweisungen auf frühere abschlägige Entscheidungen mit dem Hinweis, es habe sich nichts geändert, sind daher angreifbar.

9.2.2 Aussetzung bei lebenslanger Freiheitsstrafe (§ 57a StGB)

Der § 57a StGB lässt sich auf eine Entscheidung des Bundesverfassungsgerichts zurückführen, das für die Vereinbarkeit der lebenslangen Haft mit der Verpflichtung des Staates zur Achtung der Menschenwürde (Art 1 Abs. 1 GG) auch eine Regelung für eine vorzeitige Entlassung forderte, da der Verurteilte eine rechtlich überprüfbare Chance auf ein späteres Leben in Freiheit behalten müsse (BVerfGE 45, S. 187). Daraufhin schuf der Gesetzgeber 1982 diese Vorschrift, die genauso wie § 57 Abs. 1 StGB die Einwilligung des Verurteilten (▶ Abschn. 9.2.1) und die dort formulierte positive Prognose voraussetzt (§ 57a Abs. 1 S. 1 Nr. 3 StGB). Eine Strafrestaussetzung bei lebenslanger Freiheitsstrafe kann nach § 57a Abs. 1 S. 1 Nr. 1 StGB aber frühestens nach 15 Jahren Verbüßung erfolgen und nach § 57a Abs. 1 S. 1 Nr. 2 StGB nur dann, wenn »nicht die besondere Schwere der Schuld des Verurteilten die weitere Vollstreckung gebietet«. Letzteres muss im Hinblick auf eine nach 15 Jahren frühestmögliche Strafrestaussetzung bereits bei der Verurteilung vom sachnäheren Tatgericht festgestellt werden (BVerfGE 86, S. 288).

! Die Rechtsprechung definiert die besondere Schwere der Schuld als »**Umstände von Gewicht**«, die im Wege einer zusammenfassenden Würdigung von Tat und Täterpersönlichkeit zu ermitteln sind (BGH[GS]St 40, S. 360) bzw. ein Schuldmaß, das die tatbestandlichen Mindestvoraussetzungen für die Verhängung einer lebenslangen Freiheitsstrafe deutlich übersteigt (OLG Karlsruhe JR 1988, S. 163 f.; OLG Koblenz NStZ 1984, S. 167).

Als praktische Entscheidungshilfe kann dabei – auch vom später über eine Mindestverbüßungszeit entscheidenden Vollstreckungsgericht – § 46 StGB herangezogen werden (BVerfGE 86, S. 288, 313), der Strafzumessungsgrundlagen regelt und beispielsweise auf die Beweggründe, Gesinnung und Ziele des Täters, die Tatausführung und -auswirkungen sowie auf auch für die Prognose relevante Umstände wie das Vorleben, persönliche und wirtschaftliche Verhältnisse des Täters und sein Nachtatverhalten rekurriert.

Allerdings gilt auch dabei das sog. Doppelverwertungsverbot des § 46 Abs. 3 StGB entsprechend. Umstände, die als Tatbestandsmerkmale die Verhängung einer lebenslangen Strafe erst möglich gemacht haben, dürfen demnach nicht noch einmal zur Begründung der besonderen Schuldschwere dienen (BGHSt 42, S. 226). Ist im Wege einer Gesamtstrafenbildung auf lebenslange Freiheitsstrafe erkannt worden, werden nach § 57b StGB bei der Feststellung der besonderen Schwere der Schuld die einzelnen Straftaten zusammenfassend gewürdigt.

Im Gegensatz zu § 57 StGB ist hier die Bewährungszeit bei einer positiven Aussetzungsentscheidung gesetzlich auf 5 Jahre festgelegt (§ 57a Abs. 3 S. 1 StGB), und das Gericht kann nach § 57a Abs. 4 StGB für die Zulässigkeit eines (erneuten) Strafaussetzungsantrags Mindestfristen von bis zu 2 Jahren festsetzen. Unabhängig von einer Anrechnung nach § 51 StGB gilt nach § 57a Abs. 2 StGB jede Freiheitsentziehung, die der Verurteilte aus Anlass der Tat erlitten hat, als verbüßte Strafe.

9.2.3 Einholung eines Gutachtens nach § 454 Abs. 2 StPO

Bei der Aussetzung einer lebenslangen Freiheitsstrafe oder einer zeitigen Freiheitsstrafe von mehr als 2 Jahren wegen Straftaten, die nach § 66 Abs. 3 S. 1 StGB ggf. auch Sicherungsverwahrung nach sich ziehen können (Verbrechen und bestimmte Sexual- und Körperverletzungsdelikte, auch wenn sie als Rauschdelikte nach § 323a StGB begangen werden; ▶ Abschn. 9.3.4), ist gemäß § 454 Abs. 2 StPO ein Sachverständigengutachten einzuholen.

In solchen Fällen sieht die Vorschrift seit 1998 grundsätzlich die Einholung eines Sachverständigengutachtens durch das Gericht vor, wenn es eine Strafrestaussetzung erwägt. Die zunächst naheliegende Vermutung, es handele sich hierbei um eine ausnahmslose Verpflichtung des Gerichts, entkräftet sich jedoch einerseits durch die Prämisse, dass das Gericht die Aussetzung auch wirklich »erwägen« muss. Daher kann das Vollstreckungsgericht von der Hinzuziehung eines Sachverständigen absehen, wenn eine Aussetzung wegen besonderer Umstände offensichtlich nicht verantwortet werden kann und das Gericht deshalb die Strafaussetzung nicht in Betracht zieht (BGH NStZ 2000, S. 279; Neubacher 2001, S. 453).

Andererseits sieht der Gesetzeswortlaut bei den Fällen zeitiger Freiheitsstrafe ausdrücklich keine Verpflichtung zur Einholung eines Gutachtens vor, wenn »auszuschließen ist, dass Gründe der öffentlichen Sicherheit einer vorzeitigen Entlassung des Verurteilten entgegenstehen«, was aber auch eher selten der Fall sein dürfte (bei bereits in der Hauptverhandlung gegen eine Gefährlichkeit sprechendem Gutachten OLG Zweibrücken NStZ-RR 2002, S. 125). »Ein solcher Gefahrenausschluss kommt etwa in Betracht, wenn bei einem (Sexual-)Straftäter die biologischen Voraussetzungen für eine Straffälligkeit entfallen sind, möglicherweise auch beim dauernden Wegfall tatauslösender Umstände bei Beziehungs- und/oder Affekttaten« (OLG Frankfurt NStZ 1998, S. 639 f.). Ersteres kann allerdings auf dem Hintergrund der Unsicherheit des Wegfalls der genannten biologischen Voraussetzungen (chirurgische oder medikamentöse Kastration) und Letzteres aufgrund der nicht unwahrscheinlichen Annahme des Übertragens früherer Beziehungsmuster auf neue Beziehungen fraglich sein.

Schließlich kann die Mitwirkung bei der Begutachtung auch nicht gegen den Willen des Verurteilten erzwungen werden (OLG Düsseldorf StV 1985, S. 377 f.), was sich aber bei einem solchen Fall eines Gutachtens »nach Aktenlage« aufgrund der Mitwirkungsverweigerung negativ auswirken könnte (BGH NJW 1993, S. 2449 f.; OLG Düsseldorf, a.a.O.). Dies muss allerdings keineswegs zwangsläufig der Fall sein.

Welcher Sachverständige hinzugezogen wird, entscheidet nach § 73 StPO das Gericht (zur generellen Auswahlpraxis s. Detter 1998, S. 59). Das Gesetz macht aber keine Angaben zu der umstrittenen Frage, ob eher der sachnähere, aber grundsätzlich befangene Arzt oder Psychologe, der den Patienten bereits behandelt, oder aber ein dem Patienten bisher unbekannter Experte als Sachverständiger bestellt werden sollte (differenzierend Rotthaus 1998, S. 600; Schall u. Schreibauer 1997, S. 2415). Für den letzteren Fall spricht zwar insbesondere bei langer Unterbringungsdauer die garantierte Objektivität (gegenüber einer ansonsten möglichen »Betriebsblindheit« nach Schüler-Springorum et al. 1996, S. 181; OLG Karlsruhe StV 1999, S. 496; KG NStZ 1999, S. 319 f.; Tondorf 2000, S. 171 ff.; ▶ Abschn. 1.1), aber angesichts der im Verhältnis zum betriebenen Zeitaufwand möglicherweise gründlicheren Exploration und dem Mangel an qualifizierten Sachverständigen erscheint die Bestellung eines mit dem Patienten bereits befassten Anstaltspsychologen u. U. nachvollziehbar (OLG Hamm StV 1999, S. 216; KG NStZ 1999, S. 319 f.). Dringend zu empfehlen ist allerdings grundsätzlich die Beauftragung eines unabhängigen, neutralen Sachverständigen.

Für den Maßregelvollzug, für den § 454 Abs. 2 StPO über § 463 Abs. 3 S. 3 StPO ebenfalls gilt, verpflichtet aber beispielsweise § 16 Abs. 3 des nordrhein-westfälischen Maßregelvollzugsgesetzes in gewissen Abständen bzw. bei Lockerungsentscheidungen für schwere Gewaltverbrecher (über § 18 Abs. 5 S. 3 MRVG NW) zu einer externen Begutachtung (▶ Abschn. 9.4.3).

Das Gutachten des Sachverständigen hat sich nach § 454 Abs. 2 S. 2 StPO »namentlich zu der Frage zu äußern, ob bei dem Verurteilten keine Gefahr mehr besteht, dass dessen durch die Tat zutage getretene Gefährlichkeit fortbesteht«. Der Sachverständige ist nach § 454 Abs. 2 S. 3 StPO mündlich zu hören. Davon kann nur im Einverständnis aller Verfahrensbeteiligten abgesehen werden. Der Gesetzgeber wollte mit dem aufwendigeren Verfahren die Aussetzung auf Fälle beschränken, in denen »ein Rückfallrisiko nach menschlichem Ermessen weitestgehend ausgeschlossen werden kann« (BT-Drucks. 13/8586, S. 10).

Allerdings darf diese prozessuale Vorschrift nicht dahingehend verstanden werden, dass sie durch ihre schärfere Formulierung (»keine Gefahr mehr«) § 57 Abs. 1 StGB als ihr materiell-rechtliches Gegenstück einengt, da dieser dann leer laufen würde (OLG Karlsruhe NStZ-RR 2000, S. 315; NStZ-RR 1999, S. 253; OLG Frankfurt NStZ 1998, S. 639 f.; Rotthaus, a.a.O.). Somit richtet sich die Entscheidung über eine Strafrestaussetzung nicht nach der in § 454 Abs. 2 S. 2 StPO formulierten Prognose, sondern lediglich nach der Gefährlichkeitsprognose des § 57 Abs. 1 S. 1 Nr. 2 StGB (ggf. über § 57a Abs. 1 S. 1 Nr. 3 StGB).

Beispiel

Fall 9.1. Ein psychiatrisch-psychotherapeutischer Sachverständiger wurde mit einem Prognosegutachten gemäß § 57a StGB bei einem jetzt 43-jährigen Gefängnisinsassen Klaus S. beauftragt, da die Strafvollstreckungskammer die Strafaussetzung erwog. Herr S. hatte vor ca. 15 Jahren den Geliebten seiner damaligen Verlobten getötet und war zu einer lebenslänglichen Freiheitsstrafe verurteilt worden. Zuvor war er bereits mehrfach wegen Körperverletzungen verurteilt worden. Bei dem Anlassverfahren war bereits ein psychiatrischer Sachverständiger hinzugezogen worden, der eine Soziopathie diagnostiziert hatte (dies entsprach entsprechend der heutigen Nomenklatur der Symptomatik einer dissozialen Persönlichkeitsstörung nach ICD-10:F60.2). Auffälligkeiten im Vollzug waren in der Personalakte der JVA nur in den ersten 3 Jahren offensichtlich; in der Folge hatte sich Herr S. angepasst verhalten. Eine Anstaltspsychologin bescheinigte mehrfach, wobei der Leiter der JVA sich anschloss, dass eine Gefahr von dem Gefangenen nicht mehr ausgehen würde und aus Anstaltssicht eine Entlassung zu befürworten sei.

Bei der gutachterlichen Untersuchung war klinisch wie in der durchgeführten testpsychologischen Zusatzbegutachtung weiter eine ausgeprägte dissoziale Persönlichkeitsstörung festzustellen. Eine Veränderung zur Vorbegutachtung hatte sich nicht ergeben. In der Exploration zeigte Herr S. nur sehr oberflächlich Einsicht in die Zusammenhänge der Anlasstat. Der soziale Empfangsraum hatte sich zwischenzeitlich völlig verändert, Verwandte und Freunde hatten sich völlig abgewendet. Lediglich die frühe Qualifikation als Schlosser bestand, während der Proband in der JVA durchgängig in anderen Berufsbereichen eingesetzt war.

Eine Strafaussetzung konnte durch den Sachverständigen nicht befürwortet werden. Dem schloss sich die Kammer an.

9.3 Maßregeln der Besserung und Sicherung (einschl. § 126a StPO)

9.3.1 Allgemeines

Neben der Strafe kennt das StGB als weitere Sanktionsart die Maßregeln der Besserung und Sicherung, die daher auch als »zweite Spur« bezeichnet werden. Im Gegensatz zur auf dem Schuldprinzip basierenden Strafe, die primär die Ahndung der begangenen Straftat im Visier hat, zielen die Maßregeln auf die Abwendung der Gefahr weiterer Taten durch den Täter (LK-Hanack 1992, vor § 61 Rn. 20). Dementsprechend wird ihre Anordnung nicht durch die Schuld des Täters, sondern nach § 62 StGB durch den Verhältnismäßigkeitsgrundsatz begrenzt, der besagt, dass eine Maßnahme geeignet und erforderlich zur Abwehr der von dem Täter ausgehenden Gefahr sein muss und nicht zu ihr außer Verhältnis stehen darf. Eine dauerhafte Unterbringung eines notorischen Schwarzfahrers beispielsweise würde der von ihm ausgehenden Gefahr zwar wirksam begegnen, aber in keinem angemessenen Verhältnis zu ihr stehen. Außerdem ist die Besserung durch Heilung, Therapie und Pflege lediglich ein Mittel zur Erreichung des Zwecks der Verhinderung weiterer Straftaten, was bedeutet, dass auch ein weiterhin mit Erfolgsaussichten therapierbarer Täter nicht mehr untergebracht werden darf, wenn von ihm diesbezüglich keine Gefahr mehr ausgeht (vgl. § 67d Abs. 2 StGB; Kammeier 2002, S. 170). Nach § 72 Abs. 2 StGB können Maßregeln nebeneinander angeordnet werden, wenn nicht ihr Zweck, d. h. die Nichtbegehung weiterer Straftaten, auch durch eine Maßregel alleine zu erreichen ist (§ 72 Abs. 1 S. 1 StGB).

Das Strafrecht kennt drei freiheitsentziehende Maßregeln der Besserung und Sicherung, bei denen Sachverständige hinzugezogen werden.

Sind bereits vor der Verurteilung dringende Gründe für die Annahme vorhanden, dass eine Maßregel nach den §§ 63 und 64 StGB angeordnet werden wird, kann das Gericht nach § 126a StPO auch schon zu diesem Zeitpunkt die einstweilige Unterbringung anordnen, wenn die öffentliche Sicherheit es erfordert (► Abschn. 9.3.4).

Wenn die Anordnung einer solchen freiheitsentziehenden Maßregel in Betracht kommt, ist gemäß § 246a StPO zwingend ein Sachverständiger hinzuzuziehen, da das Gesetz davon ausgeht, dass für die in diesen Fällen notwendige Persönlichkeitsbeurteilung die Sachkunde des Gerichts nicht ausreicht (BGHSt 27, S. 166 f.). Bereits bei der Möglichkeit der Unterbringung ist mit ihr im Sinne der Vorschrift »zu rechnen« (Kleinknecht u. Meyer-Goßner 2001, § 246a Rn. 1), sodass die Anforderungen hier wesentlich niedriger sind als beispielsweise bei den »dringenden Gründen« des § 126a StPO.

Die Vollstreckung der Maßregeln der Besserung und Sicherung erfolgt entsprechend § 463 Abs. 1 StPO grundsätzlich nach den Regeln

§ 136 StVollzG. Die Behandlung des Untergebrachten in einem psychiatrischen Krankenhaus richtet sich nach ärztlichen Gesichtspunkten. Soweit möglich, soll er geheilt oder sein Zustand soweit gebessert werden, dass er nicht mehr gefährlich ist. Ihm wird die nötige Aufsicht, Betreuung und Pflege zuteil.

Die Unterbringung in einem psychiatrischen Krankenhaus (§§ 61 Nr. 1, 63 StGB) ist für psychisch kranke und weiterhin gefährliche Täter vorgesehen, die für ihre Taten aufgrund ihrer Krankheit nicht voll verantwortlich sind.

§ 137 StVollzG. Ziel der Behandlung des Untergebrachten in einer Entziehungsanstalt ist es, ihn von seinem Hang zu heilen und die zugrunde liegende Fehlhaltung zu beheben.

Die Unterbringung in einer Entziehungsanstalt, d. h. einer auf Abhängigkeitserkrankungen spezialisierten Station oder Abteilung einer psychiatrisch-psychotherapeutischen Fachklinik (§§ 61 Nr. 2, 64 StGB) zielt auf alkohol- und drogenabhängige Täter, von denen aufgrund dieser Abhängigkeit weitere erhebliche rechtswidrige Taten zu erwarten sind.

§ 129 StVollzG. Der Sicherungsverwahrte wird zum Schutz der Allgemeinheit sicher untergebracht. Ihm soll geholfen werden, sich in das Leben in Freiheit einzugliedern.

Die Sicherungsverwahrung (§§ 61 Nr. 3, 66 StGB) betrifft Täter, die für ihre Taten verantwortlich sind und wiederholt schwere Straftaten begehen.

über die Strafvollstreckung, »soweit nichts anderes bestimmt ist«, was für die Unterbringung nach § 463 Abs. 3 S. 3 StPO ausdrücklich auch die Vorschrift des § 454 Abs. 2 StPO mit einschließt (► Abschn. 9.2.3).

Die Unterbringungen in einem psychiatrischen Krankenhaus und in einer Entziehungsanstalt sind nach § 7 JGG auch auf Jugendliche und Heranwachsende (§ 106 Abs. 2 S. 1 JGG) anzuwenden, wobei eine Unterbringung Zuchtmittel und Jugendstrafe entbehrlich machen kann (§ 5 Abs. 3 JGG). Die Sicherungsverwahrung darf gegen Jugendliche und Heranwachsende nicht verhängt werden. Bei Heranwachsenden ist es allerdings seit 2004 möglich, die Anordnung der Sicherungsverwahrung vorzubehalten und sie nachträglich anzuordnen (§ 106 Abs. 3–6 JGG).

Die nicht freiheitsentziehenden Maßregeln des StGB sind

- Führungsaufsicht (§§ 61 Nr. 4, 68 ff. StGB),
- Entziehung der Fahrerlaubnis (§§ 61 Nr. 5, 69 StGB; ► Kap. 13),
- Berufsverbot (§§ 61 Nr. 6, 70 StGB).

Unabhängig von der Führungsaufsicht kraft Gesetzes, wie beispielsweise bei positiven Aussetzungsentscheidungen der §§ 67b–d StGB, kann das Gericht nach § 68 Abs. 1 StGB bei mehr als sechsmonatiger Freiheitsstrafe Führungsaufsicht anordnen, wenn die Gefahr weiterer Straftaten besteht und Führungsaufsicht im Gesetz besonders vorgesehen ist. In einer Art Doppelfunktion dient sie dazu, Täter einerseits bei der Gestaltung ihres Lebens in der Freiheit über gewisse kritische Zeiträume hinweg zu unterstützen und sie andererseits zu überwachen, um künftigen Straftaten vorzubeugen (Schönke u. Schröder-Stree 2001, § 68 Rn. 2).

Begeht jemand eine rechtswidrige Tat »bei oder im Zusammenhang mit dem Führen eines Kraftfahrzeugs oder unter Verletzung der Pflichten eines Kraftfahrzeugführers«, wird ihm gemäß § 69 Abs. 1 S. 1 StGB die Fahrerlaubnis entzogen, »wenn sich aus der Tat ergibt, dass er zum Führen von Kraftfahrzeugen ungeeignet ist« (► Kap. 13).

Wenn jemand eine rechtswidrige Tat »unter Missbrauch seines Berufs oder Gewerbes oder unter grober Verletzung der mit ihnen verbundenen Pflichten begangen hat«, kann ihm zum Schutz der Allgemeinheit gemäß § 70 Abs. 1 S. 1 StGB ein Berufsverbot erteilt werden, wenn die Gesamtwürdigung des Täters und der Tat die Gefahr weiterer solcher Taten erkennen lässt. Auch hier kann die Maßregel einerseits vorläufig (§ 132a StPO) und andererseits im Ausnahmefall für immer angeordnet werden, wobei in der Regel maximal 5 Jahre vorgesehen sind.

9.3.2 Unterbringung in einem psychiatrischen Krankenhaus (§ 63 StGB)

§ 63 StGB. Hat jemand eine rechtswidrige Tat im Zustand der Schuldunfähigkeit (§ 20) oder der verminderten Schuldfähigkeit (§ 21) begangen, so ordnet das Gericht die Unterbringung in einem psychiatrischen Krankenhaus an, wenn die Gesamtwürdigung des Täters und seiner Tat ergibt, dass von ihm infolge seines Zustandes erhebliche rechtswidrige Taten zu erwarten sind und er deshalb für die Allgemeinheit gefährlich ist.

Für die Anordnung einer Unterbringung in einem psychiatrisch-psychotherapeutischen Krankenhaus muss der Täter zunächst eine rechtswidrige Tat begangen haben. Im Sinne der sog. limitierten Akzessorietät setzt das zwar voraus, dass die Tatbestandsverwirklichung beispielsweise nicht durch Notwehr gerechtfertigt gewesen sein darf, nicht aber, dass der Täter auch schuldhaft gehandelt haben muss. Im Gegenteil fordert § 63 StGB, dass der Täter nicht (voll) schuldfähig, sondern »im Zustand der Schuldunfähigkeit (§ 20 StGB) oder der verminderten Schuldfähigkeit (§ 21 StGB)« gehandelt hat (zu den einzelnen Merkmalen ► Kap. 2).

Das ist nicht der Fall, wenn auch die Alternative der vollen Schuldfähigkeit nicht ausgeschlossen werden kann (BGH NStZ 1986, S. 237), da mindestens die erhebliche Minderung der Schuldfähigkeit positiv festgestellt sein muss (BGH NJW 1983, S. 350), was aber beispielsweise bei Zweifeln zwischen den einzigen Varianten Schuldunfähigkeit (§ 20 StGB) und verminderter Schuldfähigkeit (§ 21 StGB) gegeben ist (BGHSt 18, S. 167). Dieser Zustand muss für § 63 StGB ein länger andauernder sein (BGH NStZ 1993, S. 181 f.), was sich auch daraus ergibt, dass die weiterhin vorausgesetzte Gefährlichkeitsprognose »infolge dieses Zustandes« negativ ausfallen muss.

Insbesondere bei Taten unter Alkoholeinfluss entstehen diesbezüglich auch in der medizinisch-psychologischen Praxis Abgrenzungsprobleme, wenn die Rechtsprechung eine im Urteil so genannte »krankhafte Alkoholsucht bzw. -überempfindlichkeit« genügen lässt (BGHSt 7, S. 35 f.; BGH bei Detter 1989, S. 471), aber Alkoholmissbrauch aufgrund »schwerer Persönlichkeitsstörungen, die ihrerseits keinen Krankheitswert haben«, aus dem Anwendungsbereich des § 63 StGB ausgrenzt und auf § 64 StGB verweist (BGH NStZ 1983, S. 429; ► Abschn. 9.3.3).

Der festgestellte Zustand muss kausal (»infolge«) dafür sein, dass die Gesamtwürdigung des Täters und seiner Tat erhebliche rechtswidrige Taten im Wege einer bestimmten bzw. gewissen, über die bloße Möglichkeit hinausgehenden Wahrscheinlichkeit (BGH NStZ 1986, S. 572) höheren Grades (BGH NStZ 1993, S. 78; BGH bei Detter 1992, S. 480) erwarten lässt und stellt somit die Verbindung zwischen der Anlasstat und den zu erwartenden Taten her.

! Die Rechtsprechung fordert explizit, dass »zwischen dem seelischen Zustand des Täters und dessen Gefährlichkeit in dem Sinne ein symptomatischer Zusammenhang besteht, dass sowohl die Anlasstat als auch die für die Zukunft zu befürchtenden rechtswidrigen Taten Folgen der zur Schuldunfähigkeit oder doch zu ihrer erheblichen Verminderung führenden seelischen Verfassung sind« (BGH NStZ 1991, S. 528).

Die Taten müssen dementsprechend auf die psychische Störung als »gleiche Defektquelle« (BGH NJW 1998, S. 2986 f.) zurückzuführen sein, aber nicht unbedingt gleichartig sein, wobei unter dem Gesichtspunkt der Verhältnismäßigkeit eine geringfügige Anlasstat eine besondere Prüfung der Gefährlichkeitsprognose erfordert (BGH NStZ 1986, S. 237) und erwartete »lästige« bzw. Bagatelltaten (Volckart u. Grünebaum 2003, S. 11) wie beispielsweise kleine Ladendiebstähle (BGH NStZ-RR 1997, S. 230) oder Zechprellereien (BGHSt 20, S. 232 f.) die geforderte Erheblichkeitsgrenze nicht überschreiten. Diese liegt allerdings tiefer als bei der Sicherungsverwahrung nach § 66 Abs. 1 Nr. 3 StGB (► Abschn. 8.3.4; BGHSt 27, S. 246, 248).

Die von § 63 StGB als Folge der negativen Erwartung postulierte Allgemeingefährlichkeit hat keine über die eigentliche Gefährlichkeitsprognose hinausgehende Bedeutung, da selbst die für die Allgemeinheit nicht hinnehmbare Gefährdung einer einzelnen fremden Person ausreicht (BGH JR 1996, S. 290 f.; BGHSt 26, S. 321 f.; 34, S. 22, 29).

Beispiel

Fall 9.2. Florian P., 36-jähriger Student der Germanistik, war schon Monate vor der Tat auffällig. Er zog sich von seinen Freunden und der Universität zurück, konsumierte verstärkt Haschisch, verbarrikadierte sich. Später berichtete er, dass er in dieser Zeit Stimmen wahrgenommen habe, die sein Handeln kommentiert hätten und ihm Befehle gaben. Er habe sich der Strahlung, die den Steckdosen und den Lichtstrahlern seiner Wohnung entwichen sei, ausgesetzt gefühlt. Fremde Mächte anderer Planeten hätten durch diese Strahlung sein Handeln und Denken gesteuert. Er habe mehr und mehr Angst bekommen, bis er es nicht mehr ausgehalten habe. Er habe bei einer Tankstelle 2 Kanister Benzin gekauft, diese in seiner Wohnung verschüttet und angezündet. Dies hätten ihm die Stimmen befohlen. Er habe damit ein Opfer für die Menschheit bringen sollen. Während seines Aufenthalts in einer Klinik für Verbrennungen war bei Florian P. eine psychotische Symptomatik nicht auffällig, sodass eine einstweilige Unterbringung nach § 126a StPO nicht angeordnet wurde. Die Diagnose einer Ersterkrankung einer paranoiden Psychose (ICD-10:F20.0) wurde vom Gutachter kurz vor der Hauptverhandlung bei der Untersuchung in der Justizvollzugsanstalt gestellt. Ein Zusammenhang zwischen Anlasstat und Erkrankung war offensichtlich, die Voraussetzungen des § 20 StGB mit einer aufgehobenen Schuldfähigkeit gegeben. Herr P. war weiterhin krank, wenngleich nunmehr ein depressives Syndrom im Rahmen einer ausgeprägten Negativsymptomatik zu verzeichnen war. Da wegen der unvollständigen Remission und recht hoher Rezidivwahrscheinlichkeit erneute schwere Straftaten mit Fremdgefährdungen zu befürchten waren, war von einer weiterhin bestehenden Gefahr für die Allgemeinheit im Sinne des § 63 StGB auszugehen. Bestätigt wurde dies durch die nur partiell gegebene Krankheits- und eingeschränkte Behandlungseinsicht (Florian P.: »Solange ich in der Klinik sein muss, werde ich die Medikamente noch nehmen, anschließend brauche ich sie nicht mehr.«). – Daher befürwortete der Sachverständige, dem sich das erkennende Gericht anschloss, die Unterbringung des Probanden in einem psychiatrisch-psychotherapeutischen Krankenhaus.

9.3.3 Unterbringung in einer Entziehungsanstalt (§ 64 StGB)

§ 64 Abs. 1 StGB. Hat jemand den Hang, alkoholische Getränke oder andere berauschende Mittel im Übermaß zu sich zu nehmen, und wird er wegen einer rechtswidrigen Tat, die er im Rausch begangen hat oder die auf seinen Hang zurückgeht, verurteilt oder nur deshalb nicht verurteilt, weil seine Schuldunfähigkeit erwiesen oder nicht auszuschließen ist, so ordnet das Gericht die Unterbringung in einer Entziehungsanstalt an, wenn die Gefahr besteht, dass er infolge seines Hanges erhebliche rechtswidrige Taten begehen wird.

Die Unterbringung in einer Entziehungsanstalt nach § 64 StGB, also auf einer spezialisierten Station oder Abteilung eines psychiatrisch-psychotherapeutischen Krankenhauses, ist im Gegensatz zu § 63 StGB unabhängig von ihrer Schuld(un)fähigkeit für solche Täter vorgesehen, die den Hang haben, »alkoholische Getränke oder andere berauschende Mittel im Übermaß zu sich zu nehmen«. Andere berauschende Mittel neben Alkohol sind dabei vor allem die des Betäubungsmittelgesetzes (BtMG) und der Betäubungsmittelgleichstellungsverordnungen, also beispielsweise Opiate, Cannabis oder Kokain (LK-Hanack 1992, § 64 Rn. 60 ff.; Statistik bei Seifert u. Leygraf 1999, S. 453).

Der vom Gesetz geforderte »Hang« – abzugrenzen vom einmaligen bzw. gelegentlichen Konsum – liegt jedenfalls bei einem Abhängigkeitssyndrom vor, kann aber im Einzelfall auch schon bei regelmäßigem Haschischkonsum gegeben sein (BGH NStZ 1993, S. 339; zum Unterschied zur medizinischen Terminologie Schreiber u. Rosenau 2004, S. 93). Denn nach der Rechtsprechung (BGH NStZ-RR 2003, S. 41; BGH NStZ-RR 2003,

S. 106 f.) genügt bereits »eine eingewurzelte, auf Grund psychischer Disposition bestehende oder durch Übung erworbene intensive Neigung, immer wieder Rauschmittel zu sich zu nehmen. Diese Neigung muss noch nicht den Grad einer psychischen Abhängigkeit erreicht haben«.

Übermäßiger Konsum im Sinne des § 64 StGB äußert sich laut Rechtsprechung darin, dass die Wirkung der Droge einen Rausch hervorruft bzw. den Betroffenen in seiner Gesundheit schädigt oder seine Arbeits- und Leistungsfähigkeit herabsetzt (BGH NStZ-RR 2003, S. 106 f.; BGHSt 3, S. 339 f.). Dies entspricht im Wesentlichen der ICD-10-Diagnose eines Abhängigkeitssyndroms (F1x.2). Ein schädlicher Gebrauch (Missbrauch; F1x.1) der Droge reicht üblicherweise nicht aus, um die Voraussetzung des § 64 StGB zu erfüllen.

Die rechtswidrige Anlasstat muss bei § 64 Abs. 1 StGB im »Rausch«, d. h. im Rahmen einer Intoxikation (ICD-10:F1x.0), begangen worden oder in kausaler Weise (BGH NStZ-RR 1997, S. 67) auf den Hang des Täters zurückzuführen sein, d. h. in ihm ihre Wurzel gehabt haben (Tröndle u. Fischer 2004, § 64 Rn. 5).

Symptomatisch sind für alkoholkranke Patienten in diesem Sinne Sachbeschädigungen, Körperverletzungen und andere Gewaltdelikte (Schalast u. Leygraf 2002, S. 191 f.) sowie für Rauschgiftsüchtige überraschenderweise hauptsächlich Raubdelikte (Statistik bei Seifert u. Leygraf 1999, S. 451), aber auch Taten nach dem BtMG, Rezeptfälschungen oder andere Beschaffungstaten (BGH NStZ-RR 2002, S. 331 f.).

! Des Weiteren muss für eine Anordnung nach § 64 Abs. 1 StGB die Gefahr bestehen, dass der Täter »infolge seines Hanges erhebliche rechtswidrige Taten begehen wird«.

Zwar mag der unterschiedliche Wortlaut des § 64 StGB (»Gefahr«) und des § 63 StGB (»Erwartung«) dafür sprechen, dass das Gesetz für die Anordnung der Unterbringung in einem psychiatrischen Krankenhaus einen höheren Grad von Wahrscheinlichkeit bezüglich weiterer Taten jenseits der Erheblichkeitsgrenze verlangt (Tröndle u. Fischer 2004, § 64 Rn. 6; LK-Hanack 1992, § 64 Rn. 68), was sich aber schon abstrakt kaum bestimmen lässt, wenn von »bestimmter« oder »begründeter« Wahrscheinlichkeit die Rede ist (BGH NStZ 1994, S. 30 f.). Dementsprechend ist eine Grenzziehung in diesem Bereich schwer bis unmöglich, sodass die Anforderungen in den §§ 63 und 64 StGB in der Praxis zu denselben Ergebnissen führen.

Obwohl im Gesetz an dieser Stelle nicht ausdrücklich vorgesehen, ist auch bei § 64 StGB eine Gesamtwürdigung vorzunehmen, die sich auf die Täterpersönlichkeit, seine Lebensumstände und Entwicklung insbesondere seines Hangs erstreckt (LK-Hanack 1992, § 64 Rn. 79; zu einzelnen Prognosekriterien Schalast u. Leygraf 2002, S. 187 ff.).

Lediglich »lästige« Taten bzw. Bagatelldelikte können auch eine Unterbringung nach § 64 StGB nicht rechtfertigen. Allerdings ist die Erheblichkeitsgrenze bei § 64 StGB etwas niedriger als bei § 63 StGB, weil hier der Besserungszweck im Vordergrund steht und eine zeitliche Obergrenze existiert (Lackner u. Kühl 2004, § 64 Rn. 5; Tröndle u. Fischer 2004, § 64 Rn. 6; Volckart u. Grünebaum 2003, S. 14 f.). Im Gegensatz zum zumeist längerfristig angelegten § 63 StGB darf die Unterbringung in einer Entziehungsanstalt grundsätzlich nicht länger als 2 Jahre dauern (§ 67d Abs. 1 S. 1 StGB).

Nach der Formulierung des Gesetzes (§ 64 Abs. 2 StGB) unterbleibt die Anordnung der Unterbringung in einer Entziehungsanstalt nur dann, »wenn eine Entziehungskur von vornherein aussichtslos erscheint«. Das Bundesverfassungsgericht hat diese gesetzgeberische Entscheidung jedoch unter Berufung auf den Verhältnismäßigkeitsgrundsatz korrigiert. Die Anordnung ist heute in verfassungskonformer Auslegung des § 64 Abs. 2 StGB nur dann zulässig, wenn »eine hinreichend konkrete Aussicht besteht, den Süchtigen zu heilen oder doch über eine gewisse Zeitspanne vor dem Rückfall in die akute Sucht zu bewahren« (BVerfGE 91, S. 1).

Damit tritt bei § 64 StGB im Gegensatz zu § 63 StGB der Sicherungsaspekt hinter dem Behandlungsaspekt zurück (Tröndle u. Fischer 2004, § 64 Rn. 7). Ein angesichts der Entscheidung des Bundesverfassungsgerichts zu erwartender Rückgang bei der Anordnung der Maßnahme ist gleichwohl in der Praxis nicht zu verzeichnen gewesen (Schalast u. Leygraf 2002, S. 185 f.).

Beispiel

Bei der Beurteilung dieser Erfolgsaussichten dürfen beispielsweise das Fehlen einer Einrichtung zur erfolgversprechenden Suchtbehandlung (BGHSt 28, 327, 329) oder fehlende Sprachkenntnisse des Angeklagten (BGH NStZ-RR 2002, S. 7) nicht negativ berücksichtigt werden, da es Aufgabe der für den Vollzug der Maßregel zuständigen Vollstreckungs- und Verwaltungsbehörden ist, hinreichend geeignete Vollstreckungsmöglichkeiten bereit zu stellen (BGHSt 36, 199, 203).

Die Entscheidung des Bundesverfassungsgerichts erstreckte sich auch auf § 67d Abs. 5 S. 1 StGB, der die Beendigung der Unterbringung in einer Entziehungsanstalt nach mindestens einem Jahr Vollzug ermöglicht, »wenn ihr Zweck aus Gründen, die in der Person des Untergebrachten liegen, nicht erreicht werden kann«. Angesichts der betroffenen Freiheitsgrundrechte ist die Mindestvollzugsfrist von einem Jahr als nichtig anzusehen (BVerfGE 91, S. 1, 33 f.) und das Gericht bei Vorliegen der Voraussetzungen ohne Ermessensspielraum verpflichtet, den Untergebrachten zu entlassen (BVerfGE 91, S. 1, 35). Der Gesetzgeber bezog diese Regelungen auf alle therapieresistenten Personen (BT-Drucks. 10/2720, S. 12), sodass deren dauerhafte Weigerung einer weiteren Unterbringung nach § 64 StGB entgegensteht, wobei es allerdings gerade auch eine Aufgabe des Maßregelvollzugs ist, den Untergebrachten für die Therapie zu motivieren (Detter 2003, S. 139).

Eine Zurückstellung der Vollstreckung dieser Maßregel ermöglicht ferner die Spezialregelung des § 35 Abs. 1 BtMG, wenn der Betroffene sich freiwillig in eine seiner Rehabilitation dienenden Behandlung begibt oder bereits befindet.

Beispiel

Fall 9.3. Maria H., eine vor einigen Jahren aus Polen übersiedelte 51-jährige frühere Fabrikarbeiterin, war schon mehrfach in stationärer Entzugsbehandlung wegen einer bestehenden Alkoholabhängigkeit. Eine längerfristige Entwöhnungsbehandlung wurde von ihr immer wieder abgelehnt. Sie hatte nun zum wiederholten Male Schnaps in einem Discounter im Sinne einer Beschaffungskriminalität gestohlen. Bis zur Hauptverhandlung hatten sich 17 einzelne Anklagen gesammelt, jeweils wegen entsprechender Delikte, was verbunden wurde. – Das Gericht lehnte den Antrag der Staatsanwaltschaft ab, die Probandin gemäß § 64 StGB in einer Suchtklinik unterzubringen. Die Schwere der Anlasstaten wurde als dafür zu gering eingeschätzt.

9.3.4 Einstweilige Unterbringung (§ 126a StPO)

§ 126a Abs. 1 StPO. Sind dringende Gründe für die Annahme vorhanden, dass jemand eine rechtswidrige Tat im Zustand der Schuldunfähigkeit oder verminderten Schuldfähigkeit (§§ 20, 21 des Strafgesetzbuches) begangen hat und dass seine Unterbringung in einem psychiatrischen Krankenhaus oder einer Entziehungsanstalt angeordnet werden wird, so kann das Gericht durch Unterbringungsbefehl die einstweilige Unterbringung in einer dieser Anstalten anordnen, wenn die öffentliche Sicherheit es erfordert.

Nach § 126a Abs. 1 StPO kann eine einstweilige Unterbringung in einem psychiatrisch-psychotherapeutischen Krankenhaus bzw. in einer psychiatrisch-psychotherapeutischen Suchtabteilung/Entziehungsanstalt bereits vor einer Verurteilung des Angeklagten angeordnet werden, wenn dringende Gründe für die Annahme vorhanden sind, dass aufgrund einer nicht voll verantwortlich begangenen Tat eine Maßregel nach den §§ 63, 64 StGB angeordnet werden wird und die öffentliche Sicherheit es erfordert.

Da diese präventive Regelung aber schon vor der richterlichen Feststellung der in den §§ 63 und 64 StGB geforderten Anlasstat greift, ist sie keine Maßregel im Sinne des StGB, sondern im Verfahrensrecht der StPO geregelt. Die Anordnung dieser vorbeugenden Maßnahme zum Schutz der Allgemeinheit, die auch bei Jugendlichen anwendbar ist (OLG Düsseldorf MDR 1984, S. 603), erfolgt durch Unterbringungsbefehl des Haftrichters (§§ 126a Abs. 2 S. 1, 126 Abs. 1 S. 1 StPO).

»Dringende Gründe« für die Annahme einer rechtswidrigen Tat im nicht voll schuldfähigen Zustand und einer späteren Maßregelanordnung im Sinne dieser Vorschrift erfordern – wie beim nach § 112 StPO für die Untersuchungshaft vorausgesetzten dringenden Tatverdacht – eine hohe Wahrscheinlichkeit (KK-Boujong 2003, § 126a Rn. 3). Die auch hier zum Zeitpunkt des Erlasses des Unterbringungsbefehls zu stellende Gefährlichkeitsprognose ergibt sich aus der Bedingung, dass die öffentliche Sicherheit die einstweilige Unterbringung erfordern muss, d. h., dass sie zum Schutz vor weiteren erheblichen Taten geeignet ist, das mildeste unter gleich geeigneten Mitteln ist und angemessen sein muss, denn auch hier gilt – zwar nicht direkt über § 62 StGB, aber generell wie für alle staatlichen Grundrechtsbeeinträchtigungen – der Verhältnismäßigkeitsgrundsatz. Eine angeordnete Unterbringung wird nach § 126a Abs. 3 StPO aufgehoben, wenn die Voraussetzungen des § 126a Abs. 1 StPO nicht mehr vorliegen, im Urteil schließlich doch keine Anordnung nach den §§ 63 und 64 StGB erfolgt oder die Staatsanwaltschaft vor Erhebung der öffentlichen Klage die Aufhebung beantragt (§§ 126a Abs. 3 S. 3, 120 Abs. 3 StPO).

Die vorläufige Unterbringung in einem psychiatrisch-psychotherapeutischen Krankenhaus ist nicht an die Vorlage eines psychiatrischen Sachverständigengutachtens gebunden. Allerdings ist es in der Praxis ausgesprochen hilfreich, wenn ein Sachverständiger einen Beschuldigten zeitnah psychiatrisch untersucht und in einer Stellungnahme auf die Notwendigkeit der Unterbringung hinweist.

Beispiel

Fall 9.4. Bei Herrn Anatol Ö., 24 Jahre, war seit einigen Jahren eine undifferenzierte schizophrene Psychose (ICD-10:F20.3) bekannt. Bereits zweimal befand sich der Proband in stationärer Behandlung, bis er ca. 5 Wochen vor der Anlasstat die verordnete neuroleptische Medikation ohne Rücksprache mit seinem behandelnden Nervenarzt absetzte. Es kam zum Rezidiv, in welchem Herr Ö. seine Frau und sein Kind tötete. Am Tag nach der Tat wurde er von einem Sachverständigen noch im Polizeigewahrsam gutachterlich untersucht, der eine akute Psychose, die dringend behandlungsbedürftig sei, diagnostizierte. Am gleichen Tag wurde der Proband gem. 126a StPO in einem psychiatrisch-psychotherapeutischen Fachkrankenhaus aufgenommen. In der späteren Hauptverhandlung wurden für die Anlasstaten die Voraussetzungen der §§ 20 und 63 StGB als gegeben angesehen.

9.3.5 Sicherungsverwahrung (§ 66 StGB)

§ 66 Abs. 1 StGB. Wird jemand wegen einer vorsätzlichen Straftat zu einer Freiheitsstrafe von mindestens zwei Jahren verurteilt, so ordnet das Gericht neben der Strafe die Sicherungsverwahrung an, wenn

1. der Täter wegen vorsätzlicher Straftaten, die er vor der neuen Tat begangen hat, schon zweimal jeweils zu einer Freiheitsstrafe von mindestens einem Jahr verurteilt worden ist,
2. er wegen einer oder mehrerer dieser Taten vor der neuen Tat für die Zeit von mindestens zwei Jahren Freiheitsstrafe verbüßt oder sich im Vollzug einer freiheitsentziehenden Maßregel der Besserung und Sicherung befunden hat und
3. die Gesamtwürdigung des Täters und seiner Taten ergibt, dass er infolge eines Hanges zu erheblichen Straftaten, namentlich zu solchen, durch welche die Opfer seelisch oder körperlich schwer geschädigt werden oder schwerer wirtschaftlicher Schaden angerichtet wird, für die Allgemeinheit gefährlich ist.

Die Sicherungsverwahrung nach § 66 StGB kann nur bei schuldfähigen Tätern angeordnet werden, da die Vorschrift als Anlasstat eine vorsätzliche Straftat fordert, die zu einer Verurteilung zu mindestens zweijähriger Freiheitsstrafe führt.

Als weitere Voraussetzung nennt § 66 Abs. 1 Nr. 1 StGB mindestens zwei Vorverurteilungen wegen vorsätzlicher Straftaten zu jeweils einer Freiheitsstrafe von mindestens einem Jahr, wobei zwar eine aus mehreren Delikten gebildete Gesamtstrafe nach § 66 Abs. 4 S. 1 StGB als eine Verurteilung gilt, aber auch die Schwere der zugrunde liegenden Einzeldelikte im Sinne der Verhältnismäßigkeit berücksichtigt werden muss (BGH NStZ-RR 1998, S. 135). Die Anordnung von Sicherungsverwahrung ist seit dem Gesetz zur Einführung der vorbehaltenen Sicherungsverwahrung (in Kraft seit dem 28.08.2002; BGBl. I, S. 3345) auch neben der Verhängung einer lebenslangen Freiheitsstrafe zulässig.

Nach § 66 Abs. 1 Nr. 2 StGB muss der Täter vor seiner Tat schon wegen einer oder mehrerer solcher Taten insgesamt mindestens 2 Jahre Strafverbüßung oder Maßregelvollzug hinter sich haben, wobei nach § 66 Abs. 4 S. 2 StGB Untersuchungshaft und andere Freiheitsentziehung als verbüßte Strafe gelten, wenn sie auf eine Freiheitsstrafe angerechnet werden.

Ohne vorherige Verurteilungen oder Freiheitsentziehungen kommt die Anordnung der Sicherungsverwahrung nach § 66 Abs. 2 StGB in Betracht, wenn jemand 3 vorsätzliche Straftaten begangen hat, die jeweils mit einer Freiheitsstrafe von mindestens einem Jahr zu ahnden sind, und er wegen dieser Taten insgesamt zu mindestens 3 Jahren Freiheitsstrafe verurteilt wird.

Bei Verbrechen und bestimmten Sexual- und Körperverletzungsdelikten (§§ 174–174c, 176, 179 Abs. 1–3, 180, 182, 224, 225 Abs. 1 und 2 StGB) ist abweichend von § 66 Abs. 1 Nr. 1 StGB gem. § 66 Abs. 3 S. 1 StGB die Anordnung der Sicherungsverwahrung auch bei nur einer Vorverurteilung möglich. Diese Vorverurteilung muss dann allerdings auf mindestens 3 Jahre Freiheitsstrafe lauten, kann aber als Gesamtfreiheitsstrafe auch auf mehreren Einzeltaten beruhen (BGH NJW 2003, S. 981 f.). Auch die Anordnung der Sicherungsverwahrung ohne Vorverurteilung ist bei den genannten Delikten erleichtert. Abweichend von § 66 Abs. 2 StGB kann sie gemäß § 66 Abs. 3 S. 2 StGB auch erfolgen, wenn der Täter nur zwei derartige Taten begangen hat. Voraussetzung ist dann, dass jede dieser Taten mit mindestens 2 Jahren Freiheitsstrafe zu ahnden ist und insgesamt eine Verurteilung zu mindestens 3 Jahren Freiheitsstrafe erfolgt.

Immer wenn § 66 StGB auf frühere Taten abstellt, muss für deren Berücksichtigung beachtet werden, dass bis zur folgenden Tat nicht mehr als 5 Jahre – ausgeschlossen die Zeit der sogenannten Anstaltsverwahrung u.a. im Straf- oder Maßregelvollzug – vergangen sein dürfen (§ 66 Abs. 4 S. 3 und 4 StGB).

Bei all seiner Komplexität gibt es bei § 66 StGB aber mit der Gefährlichkeitsprognose des § 66 Abs. 1 Nr. 3 StGB einen gemeinsamen Nenner, dem alle Sicherungsverwahrungsanordnungen entsprechen müssen. Nicht wie in § 64 Abs. 1 StGB auf übermäßigen Drogenkonsum, sondern auf die Begehung erheblicher Straftaten gerichtet, liegt bei § 66 Abs. 1 Nr. 3 StGB ein »Hang« vor, wenn die Delikte des Täters nicht nur Konflikts- oder Gelegenheitstaten (BGH GA 1969, S. 25 f.), sondern aufgrund Anlage und/oder Übung Ausdruck eines Verhaltensmusters sind (BGH NStZ 1988, S. 496; zur Begutachtung im Einzelfall Habermeyer et al. 2002, S. 20 ff.).

Das Merkmal »Hang« verlangt einen eingeschliffenen inneren Zustand des Täters, der ihn immer wieder neue Straftaten begehen lässt. Hangtäter ist danach derjenige, der dauernd zu Straftaten entschlossen ist oder der aufgrund einer fest eingewurzelten Neigung immer wieder straffällig wird, wenn sich die Gelegenheit dazu bietet. (BGH NStZ 1995, S. 178; BGH NStZ-RR 2003, S. 201 f.)

Wann ein solcher Hang auch wirklich erhebliche Straftaten zum Gegenstand hat, misst sich einmal am Verhältnismäßigkeitsgrundsatz (§ 62 StGB) und zum anderen an den als Leitlinien aufzufassenden Beispielen, die § 66 Abs. 1 Nr. 3 StGB nennt: Zwar kann neben den »klassischen« Sexual- und Gewaltdelikten auch schon die Gefahr einer Schädigung von Eigentum oder Vermögen die Sicherungsverwahrung rechtfertigen. Die geforderten schweren Schäden können aber bei leichterer Kriminalität nicht entstehen. Zusätzlich können die Häufigkeit der begangenen und der zu erwartenden Straftaten sowie eine besonders hohe Rückfallgeschwindigkeit ins Gewicht fallen (BGH NStZ 1988, S. 496).

Aus dem Hang des Täters im Zusammenhang mit einer Gesamtwürdigung des Täters und seiner Taten muss sich eine zum Zeitpunkt der Urteilsfällung negative Allgemeingefährlichkeitsprognose (BGHSt 25, S. 59, 61) für die Begehung weiterer erheblicher Taten ergeben.

Beispiel

Entfallen kann diese Gefährlichkeit beispielsweise durch zunehmendes Alter oder durch allgemeine Veränderungen der psychosozialen Bedingtheiten des Täters, wenn sie eine Haltungsänderung des Betroffenen erwarten lassen bzw. diese schon eingetreten ist.

- BGHSt 5, S. 350: altersmäßig bedingter Abbau der körperlichen und geistigen Kräfte.
- BGH NStZ 1988, S. 496: Alter und langjähriger Strafvollzug.

Wenn bei der Verurteilung wegen einer der in § 66 Abs. 3 S. 1 StGB genannten Straftaten nicht mit hinreichender Sicherheit feststellbar ist, ob der Täter für die Allgemeinheit gefährlich ist, kann die Anordnung der Sicherungsverwahrung nach dem 2002 eingefügten § 66a Abs. 1 StGB auch vorbehalten werden, soweit die übrigen Voraussetzungen des § 66 Abs. 3 StGB erfüllt sind. Das Gericht des ersten Rechtszugs (§ 275a Abs. 1 StPO), nicht die Strafvollstreckungskammer, ordnet dann erst in einem zweiten Verfahren die Maßregel an, »wenn die Gesamtwürdigung des Verurteilten, seiner Taten und seiner Entwicklung während des Strafvollzugs ergibt, dass von ihm erhebliche Straftaten zu erwarten sind, durch welche die Opfer seelisch oder körperlich schwer geschädigt werden« (§ 66a Abs. 2 S. 2 StGB). Diese Entscheidung hat nach § 66a Abs. 2 S. 1 StGB spätestens 6 Monate vor dem Zeitpunkt zu ergehen, ab dem eine Aussetzung der Vollstreckung des Strafrests zur Bewährung möglich ist. Grundsätzlich darf die Entscheidung über die Aussetzung der Reststrafe erst nach Rechtskraft der Entscheidung über die endgültige Anordnung der Sicherungsverwahrung erfolgen (§ 66a Abs. 3 StGB).

Seit 2004 gibt es darüber hinaus die Möglichkeit, gem. § 66b StGB eine Sicherungsverwahrung nachträglich anzuordnen, wenn die Gefährlichkeit des Verurteilten erst während des Vollzugs der Freiheitsstrafe erkennbar wird. Die Regelung geht auf eine Entscheidung des Bundesverfassungsgerichts (NJW 2004, S. 750 ff.) zurück, in der entsprechende landesgesetzliche Regelungen wegen fehlender Gesetzgebungskompetenz der Länder für verfassungswidrig erklärt wurden, zugleich aber eine bundesrechtliche Regelung angeregt wurde. Nach § 66b Abs. 1 StGB ist die nachträgliche Anordnung der Sicherungsverwahrung bei Verbrechen gegen das Leben, die körperliche Unversehrtheit, die persönliche Freiheit oder die sexuelle Selbstbestimmung, bei schweren Raubtaten und den in § 66 Abs. 3 StGB genannten Sexual- und Körperverletzungsdelikten möglich. Voraussetzung ist die Feststellung, dass »die Gesamtwürdigung des Verurteilten, seiner Taten und ergänzend seiner Entwicklung während des Strafvollzugs ergibt, dass er mit hoher Wahrscheinlichkeit erhebliche Straftaten begehen wird, durch welche die Opfer seelisch oder körperlich schwer geschädigt werden«.

Im Regelfall müssen für eine nachträgliche Anordnung der Sicherungsverwahrung die für die Sicherungsverwahrung allgemein erforderlichen Vorverurteilungen bzw. Vortaten gegeben sein (§ 66b Abs. 1 StGB). Davon abweichend gestattet § 66b Abs. 2 StGB aber auch bei Ersttätern eine nachträgliche Anordnung der Sicherungsverwahrung, wenn diese zu einer Freiheitsstrafe von mindestens 5 Jahren wegen Verbrechen gegen das Leben, die körperliche Unversehrtheit, die persönliche Freiheit, die sexuelle Selbstbestimmung oder schwerer Raubtaten verurteilt worden sind. Damit ist die nachträgliche Anordnung der Sicherungsverwahrung in Fällen zulässig, in denen die Sicherungsverwahrung ursprünglich selbst bei erkannter Gefährlichkeit des Verurteilten nicht angeordnet werden darf. In § 66b Abs. 3 StGB ermöglicht das Gesetz schließlich die nachträgliche Anordnung der Sicherungsverwahrung auch bei erledigter Unterbringung in einem psychiatrischen Krankenhaus.

Ebenso wie über die vorbehaltene Sicherungsverwahrung entscheidet auch über die nachträgliche Sicherungsverwahrung nicht die Strafvollstreckungskammer, sondern das Gericht des ersten Rechtszugs in einer erneuten Hauptverhandlung (§ 275a StPO). Gemäß § 275a Abs. 3 S. 2 StPO muss es dabei Gutachten von zwei Sachverständigen einholen. Beide dürfen im Rahmen des Strafvollzugs oder des Vollzugs der Unterbringung nicht mit der Behandlung des Verurteilten befasst gewesen sein (§ 275a Abs. 3 S. 3 StPO). Sofern dringende Gründe dafür sprechen, dass die nachträgliche Sicherungsverwahrung angeordnet werden wird, kann das Gericht gemäß § 275a Abs. 5 S. 1 StPO bis zur

Rechtskraft des Urteils einen Unterbringungsbefehl erlassen und so die Freilassung des Verurteilten nach der Verbüßung der verhängten Strafe verhindern (zu Entstehungsgeschichte und Problematik des § 66b StGB s. Kinzig 2004, S. 655).

Die Länge der Sicherungsverwahrung richtet sich in verhältnismäßiger Weise (§ 62 StGB) nach der weiterhin durch den Täter gegebenen Gefahr. Bis zum Gesetz zur Bekämpfung von Sexualdelikten (Reformgesetz zum StGB 1998) bestand bei der erstmaligen Anordnung der Sicherungsverwahrung eine Höchstfrist von 10 Jahren (§ 67d Abs. 1 S. 1 StGB a. F.). Nach ihrem Wegfall ist somit auch schon bei der ersten Sicherungsverwahrung unbefristete Unterbringung möglich. Allerdings sieht § 67d Abs. 3 S. 1 StGB eine obligatorische Prüfungs- und Entscheidungspflicht nach 10 Jahren vor. Hier ist eine positive Entscheidung für den Betroffenen aber nur vorgesehen, »wenn nicht die Gefahr besteht, dass der Untergebrachte infolge seines Hanges erhebliche Straftaten begehen wird, durch welche die Opfer seelisch oder körperlich schwer geschädigt werden«.

Beispiel

Fall 9.5. Karl L. war bereits 11 Jahre seines Lebens wegen verschiedener Delikte inhaftiert gewesen. Er hatte nun zum vierten Mal eine Bank überfallen, bei der Anlasstat auch Geiseln genommen. Eine psychische Störung gemäß ICD-10 konnte von dem psychiatrisch-psychotherapeutischen Sachverständigen für den Tatzeitpunkt nicht festgestellt werden. Allerdings wurde die Kriminalprognose als ausgesprochen ungünstig eingestuft. Die zuvor abgeurteilten Taten und die jetzige Anlasstat waren vom Vorgehen her relativ gleichartig, der Proband trug nicht zur Aufklärung des Sachverhaltes bei (berichtete z. B. nicht, wo er die Beute versteckt hatte, sodass diese nicht gefunden wurde), bagatellisierte vollständig die erfolgten Verletzungen der Opfer und distanzierte sich auch nicht von der Anlasstat, die er erst – nach Präsentation eines Videofilmes vom Tatort – einräumte. Eine besondere Gefährlichkeit für die Allgemeinheit im Sinne des § 66 StGB wurde von dem psychiatrischen Sachverständigen bejaht.

9.3.6 Vollstreckung und Aussetzung der freiheitsentziehenden Maßregeln

Handelt ein Täter (vermindert) schuldhaft, wird eine Unterbringung häufig auch neben einer Freiheitsstrafe angeordnet, wobei bei den Fällen der §§ 63 und 64 StGB in der Regel zuerst die Maßregel vollzogen werden muss, was von psychiatrischer Seite häufig kritisiert wird (Schalast u. Leygraf 2002, S. 194 f.). Es wird dann die Zeit des Maßregelvollzugs auf die Strafe angerechnet (§ 67 Abs. 1, Abs. 4 S. 1 StGB) bzw. eine Strafrestaussetzung bereits nach Erledigung der Hälfte der Strafe ermöglicht (§ 67 Abs. 5 S. 1 StGB). Problematisch ist diese Reihenfolge aber insbesondere auch für die Unterbringung in einer Entziehungsanstalt gem. § 64 StGB, die oft von so kurzer Dauer ist, dass die Hälfte der Strafe trotz Anrechnung danach nicht verbüßt ist. Weiterer Strafvollzug kann den bis dato erzielten Entziehungserfolg in solchen Fällen nämlich wieder gefährden. Als Ausnahme zu diesem »vikariierenden System« (Stellvertretung der Strafe durch die therapierende und aufgrund der Anrechnung mildernde Maßregel) ist der Vorwegvollzug (eines Teils) der Strafe nach § 67 Abs. 2 StGB vorgesehen, »wenn der Zweck der Maßregel dadurch leichter erreicht wird«. Um das grundsätzlich vorgesehene und sinnvolle Verhältnis »Therapie vor Repression« nicht zu unterlaufen, wird diese Ausnahme in der Praxis aber eher restriktiv ausgelegt.

Neben dem angesprochenen Fall, dass eine direkte Freilassung nach einer Maßregelbehandlung sinnvoll erscheint, um den Therapieerfolg nicht durch weiteren Strafvollzug zu gefährden (BGH NJW 1990, S. 1124; BGH NStZ 1990, S. 52), können beispielsweise Behandlungsmöglichkeiten in einer sozialtherapeutischen Anstalt nach § 9 StVollzG aussichtsreicher sein als die Alternative des psychiatrisch-psychotherapeutischen Krankenhauses nach § 63 StGB (BGHSt 33, S. 285 f.).

Um das Ziel der optimalen Prävention zu erreichen, zeigt sich das Maßregelvollzugsrecht auch in § 67a StGB flexibel: Diese Vorschrift ermöglicht die wechselseitige Überweisung des Täters vom psychiatrisch-psychotherapeutischen Krankenhaus in eine Suchtabteilung (Entziehungsanstalt) bzw. umgekehrt (§ 67a Abs. 1 StGB) und die Überweisung in den Vollzug einer dieser beiden Maßregeln aus der Sicherungsverwahrung (§ 67a Abs. 2 StGB), »wenn die Resozialisierung des Täters dadurch besser gefördert werden kann«. Diese Entscheidungen sind änderbar oder aufhebbar (§ 67a Abs. 3 StGB) und ändern nichts an der Rechtsnatur der Unterbringung sowie ihren Fristen und ihrer Dauer (§ 67a Abs. 4 StGB).

§ 67e Abs. 2 StGB. Die Fristen betragen bei der Unterbringung in einer Entziehungsanstalt sechs Monate, in einem psychiatrischen Krankenhaus ein Jahr, in der Sicherungsverwahrung zwei Jahre.

Während einer Unterbringung muss das Vollstreckungsgericht gemäß § 67e StGB vor Ablauf bestimmter Fristen ab Anordnung bzw. letzter negativer Entscheidung prüfen, ob weitere Unterbringung vonnöten oder eine Aussetzung der Vollstreckung zur Bewährung möglich ist.

Nach § 67d Abs. 2 S. 1 StGB wird die Vollstreckung einer freiheitsentziehenden Maßregel unabhängig von einer Höchstfrist zur Bewährung verbunden mit Führungsaufsicht (§ 67d Abs. 2 S. 2 StGB) ausgesetzt, »wenn zu erwarten ist, dass der Untergebrachte außerhalb des Maßregelvollzugs keine rechtswidrigen Taten mehr begehen wird« (Näheres zu landesrechtlichen Begutachtungsvorgaben ► Abschn. 9.4.3.).

Die frühere Erprobungsklausel (»sobald verantwortet werden kann zu erproben«) wurde nicht wie in § 57 Abs. 1 Nr. 2 StGB lediglich klarstellend durch das Gesetz zur Bekämpfung von Sexualdelikten vom 26.01.1998 von der heutigen Gesetzesfassung abgelöst (so aber Schreiber u. Rosenau 2004, S. 105), sondern mit der gleichen Wendung wie in § 56 StGB (zur somit auch hier erforderlichen Erfolgswahrscheinlichkeit ► Abschn. 8.1.2) strenger gefasst (OLG Koblenz NJW 1999, S. 876 f.; Lackner u. Kühl 2004, § 67d Rn. 3; Schönke u. Schröder-Stree 2001, § 67d Rn. 7; Schöch 1998, S. 1258 f.).

Aus dem – schon sprachlich eine Verschärfung bedeutenden – Wortlaut der geänderten Aussetzungsbestimmung und der Zielsetzung der gesetzlichen Änderung – Verbesserung des Schutzes der Allgemeinheit insbesondere vor gefährlichen Sexualstraftätern – ergibt sich indes, dass dem Sicherheitsinteresse der Bevölkerung nunmehr gesteigerte Bedeutung zukommt. Welches Maß an Erfolgswahrscheinlichkeit für eine Aussetzung zur Bewährung zu verlangen ist, hängt deshalb im Einzelfall insbesondere vom Gewicht des bei einem Rückfall bedrohten Rechtsguts und dem Sicherungsbedürfnis der Allgemeinheit ab. (OLG Karlsruhe NStZ-RR 1999, S. 253)

Sonstige heranzuziehende Kriterien sind die der Strafrestaussetzung nach § 57 Abs. 1 S. 2 StGB (► Abschn. 9.2.1) und damit indirekt auch solche der anfänglichen Strafaussetzung nach § 56 StGB (► Abschn. 9.1.2).

! Eine mit der Anordnung erfolgende sofortige Aussetzung der Unterbringung in einem psychiatrisch-psychotherapeutischen Krankenhaus oder einer Suchtabteilung (Entziehungsanstalt) – verbunden mit Führungsaufsicht – sieht § 67b StGB vor, »wenn besondere Umstände die Erwartung rechtfertigen, dass der Zweck der Maßregel auch dadurch erreicht werden kann«.

Der scheinbare Widerspruch zur bei der Anordnung ja negativen Gefährlichkeitsprognose soll sich dadurch erklären, dass eine Anordnung bei Gefährlichkeit ohne Rücksicht darauf erfolgt, ob die Gefahr durch anderweitige Maßnahmen abgewendet werden könnte (BGH NStZ 1988, S. 451 f.; Tröndle u. Fischer 2004, § 67b Rn. 2).

Beispiel

Fall 9.6. Roger J., 51-jähriger Makler, hatte im Zustand der aufgehobenen Schuldfähigkeit während einer manischen Phase bei bekannter bipolarer affektiver Störung (ICD-10:F31.2) zahlreiche Straftaten begangen, u.a. waren Betrugsfälle mit einer Schadenssumme von insgesamt 1.125.000 € angeklagt. In der Vergangenheit gab es bereits zwei Gerichtsverfahren wegen ähnlich gelagerter Fälle, die alle wegen Schuldunfähigkeit mit einem Freispruch endeten. Der Proband hatte die als Rezidivprophylaxe eingesetzte Medikation mit Lithium jeweils eigenständig abgesetzt. Nun wurden vom Tatgericht, psychiatrisch sachverständig beraten, wiederum die Voraussetzungen des § 20 StGB mit einer aufgehobenen Schuldfähigkeit gesehen. Wegen der Vielzahl der Fälle wurde allerdings nun eine Gefahr für die Allgemeinheit gemäß § 63 StGB postuliert. Das Gericht überzeugte sich allerdings davon, dass der Proband in rezidivfreien Intervallen völlig gesund war, solange er die Medikation mit Lithium fortsetzte. Das Gericht ordnete einerseits eine Maßregel nach § 63 StGB an, setzte diese aber unmittelbar nach § 67b StGB mit der Anordnung zur Bewährung aus. Als Bewährungsauflagen wurde neben Führungsaufsicht der regelmäßige und nachzuweisende Besuch eines Arztes für Psychiatrie und Psychotherapie festgelegt (alle 14 Tage) sowie die kontinuierliche Einnahme einer prophylaktisch wirksamen Medikation (z. B. Lithium) unter entsprechenden Blutspiegelkontrollen.

Nach § 67c Abs. 1 StGB kommt eine Aussetzung der Vollstreckung der Unterbringung insbesondere in den Fällen in Betracht, in denen eine Freiheitsstrafe vor einer gleichzeitig angeordneten Unterbringung vollzogen wird, was für die Sicherungsverwahrung und die nach § 67 Abs. 2 StGB möglichen Ausnahmen vom vikariierenden System der §§ 63, 64 StGB relevant wird. In diesen Fällen prüft das Gericht vor dem Ende des Strafvollzugs, »ob der Zweck der Maßregel die Unterbringung noch erfordert«, d. h., ob die bei der ursprünglichen Entscheidung getroffene und zunächst weiterwirkende Gefährlichkeitsprognose (BVerfGE 42, S. 1, 8) noch aufrechtzuerhalten ist. Trifft dies nicht zu, erfolgt die Aussetzung der Unterbringung zur Bewährung in Verbindung mit Führungsaufsicht (§ 67c Abs. 1 S. 2 StGB).

Sind nach der rechtskräftigen Anordnung der Unterbringung 3 Jahre vergangen, ohne dass mit dem Vollzug begonnen wurde, bedarf es für einen Vollzug – abgesehen von den Fällen der §§ 67b, 67c Abs. 1 StGB – einer Anordnung des Gerichts, die ebenfalls nur erfolgt, »wenn der Zweck der Maßregel die Unterbringung noch erfordert« (§ 67c Abs. 2 StGB). Parallel zu § 67b Abs. 1 S. 1 StGB ist hier neben der Erledigung der Maßregel unter besonderen Umständen ebenso eine Aussetzung der Vollstreckung möglich.

Die Aussetzung einer Unterbringung wird nach § 67g StGB widerrufen, wenn der Zweck der Maßregel die Unterbringung (wieder) erfordert, d. h., dass sie zur Verhinderung neuer erheblicher Taten im Hinblick auf den jeweiligen Unterbringungszweck gerechtfertigt ist (Tröndle u. Fischer 2004, § 67g Rn. 2), wie beispielsweise bei einer erneuten rechtswidrigen Tat während der Führungsaufsicht oder beharrlichem Verstoß gegen Weisungen. Widerruft das Gericht die Aussetzung der Unterbringung nicht, so ist die Maßregel gemäß § 67g Abs. 5 StGB mit dem Ende der Führungsaufsicht erledigt. Zeichnet sich jedoch ein solcher Widerruf ab, kann bereits im Vorfeld zur Verhinderung weiterer Straftaten nach den §§ 453c I, 463 Abs. 1 StPO Sicherungsunterbringung verhängt werden.

9.4 Vollzugslockerungen

9.4.1 Allgemeines

§ 2 StVollzG. Im Vollzug der Freiheitsstrafe soll der Gefangene fähig werden, künftig in sozialer Verantwortung ein Leben ohne Straftaten zu führen (Vollzugsziel). Der Vollzug der Freiheitsstrafe dient auch dem Schutz der Allgemeinheit vor weiteren Straftaten.

§ 3 Abs. 2 und 3 StVollzG. Schädlichen Folgen des Freiheitsentzuges ist entgegenzuwirken. Der Vollzug ist darauf auszurichten, dass er dem Gefangenen hilft, sich in das Leben in Freiheit einzugliedern.

Straf- und auch Maßregelvollzug sind auf die Resozialisierung des Täters angelegt. Als Vorstufe zu einer Aussetzung der strafrechtlichen Sanktionen ist es daher möglich und notwendig, den Betroffenen Vollzugslockerungen in einem dem Schutzbedürfnis der Allgemeinheit zumutbaren Maße zu gewähren. Dies beugt Prisonierungs- und Hospitalisierungsschäden vor (Kammeier 2002, S. 169) und ermöglicht eine schrittweise Erprobung, ob der Täter sich im »normalen« Leben orientieren kann, ohne seine wiedergewonnene Freiheit zu neuen Straftaten zu missbrauchen. Diese »Lockerungsgeschichte« wird dann als wesentliche Grundlage für prognostische Feststellungen über die Verantwortbarkeit einer Bewährungsaussetzung genutzt (Kammeier 2002, S. 177; Schüler-Springorum et al. 1996, S. 189 f.).

Die verschiedenen Arten der Vollzugslockerungen wie Außenbeschäftigung, Freigang, Ausführung und Ausgang (Beispiele des § 11 Abs. 1 StVollzG; näher dazu Volckart u. Grünebaum 2003, S. 130 ff.) lassen dabei eine einzelfallbezogene und in sich noch einmal abgestufte Dosierung der Lockerungen zu. Soweit erforderlich, bereiten sie darüber hinaus als positive und motivierende Behandlungsmaßnahmen den Boden für eine zielführende psychosoziale Therapie (Volckart u. Grünebaum 2003, S. 123).

Inwieweit die Gewährung von Vollzugslockerungen den Schutz der Allgemeinheit gefährdet, ist gesellschaftlich umstritten. Ein realistisches Bild vermittelt dazu der Erste Periodische Sicherheitsbericht der Bundesministerien der Justiz und des Inneren, demzufolge Strafvollzugslockerungen in allen Ländern seit Inkrafttreten des Strafvollzugsgesetzes im Jahre 1976 zwar häufiger als vorher gewährt wurden, die Missbrauchsfälle beziehungsweise Misserfolgsraten mit steigender Anwendung von Urlaub, Freigang und anderen Lockerungen jedoch umgekehrt – entgegen einem in der Öffentlichkeit verbreiteten Eindruck – zurückgegangen sind. Ihre Quote bewegt sich danach zwischen 1 und 3% der gewährten Lockerungen, wobei unter Misserfolg vordringlich die nicht rechtzeitige Rückkehr und der Verstoß gegen Weisungen zu verstehen ist (PSB 2001, S. 426).

9.4.2 Strafvollzug

! Vollzugslockerungen dürfen im Strafvollzug nach § 11 Abs. 2 StVollzG nur »mit Zustimmung des Gefangenen angeordnet werden, wenn nicht zu befürchten ist, dass der Gefangene sich dem Vollzug der Freiheitsstrafe entziehen oder die Lockerungen des Vollzuges zu Straftaten missbrauchen werde«. Diese positive Prognose muss ebenfalls für eine Beurlaubung gegeben sein (§ 13 Abs. 1 S. 2 StVollzG).

Die Justizvollzugsanstalt hat bei ihrer nur beschränkt gerichtlich überprüfbaren Ermessensentscheidung (§ 115 Abs. 5 StVollzG; BGH NStZ 1982, S. 173) im Rahmen einer Gesamtwürdigung nähere Anhaltspunkte darzulegen, die geeignet sind, die Prognose einer Flucht- oder Missbrauchsgefahr in der Person des Gefangenen zu konkretisieren, und darf über den ihr eingeräumten Beurteilungsspielraum nicht ihre rechtsstaatlich fundierte Prüfungspflicht vernachlässigen (BVerfG NStZ 1998, S. 430). In die Entscheidung über diese Behandlungsmaßnahme (Calliess u. Müller-Dietz 2002, § 11 Rn. 1) fließen ähnliche Gesichtspunkte ein wie bei den Aussetzungsprognosen: Die Persönlichkeit des Gefangenen und ihre Entwicklung bis zur Tat, Art und Weise sowie Motive der Tatbegehung, Entwicklung und Verhalten im Vollzug sowie die Bedingungen, unter denen die Vollzugslockerung erfolgt (OLG Frankfurt NStZ 1982, S. 349 f.; Calliess u. Müller-Dietz 2002, § 11 Rn. 18). Bundeseinheitliche Vollzugsvorschriften der Länder zum Strafvollzugsgesetz, die lediglich für die Vollzugsbehörden, nicht aber für die Gerichte verbindlich sind (OLG Frankfurt NJW 1978, S. 334 f.), konkretisieren den weit gefassten § 11 Abs. 2 StVollzG schließlich dahingehend, dass bestimmte Lockerungsformen (Außenbeschäftigung, Freigang und Ausgang) beispielsweise bei Gefangenen ausgeschlossen sind, gegen die Untersuchungshaft, Auslieferungs-, Abschiebungshaft oder eine noch zu vollziehende Maßregel angeordnet ist, oder für solche Gefangene ungeeignet sind, die erheblich suchtgefährdet sind oder sich schon einmal dem Strafvollzug entzogen haben (VV Nr. 6, 7 zu § 11 StVollzG, Volltext bei Calliess u. Müller-Dietz 2002, § 11).

9.4.3 Maßregelvollzug (§§ 63, 64, 66 StGB)

Maßregeln, insbesondere nach den §§ 63 und 64 StGB, haben auch therapeutische Ziele, weswegen die Gewährung von Lockerungen einen unerlässlichen Bestandteil darstellen müssen. Für die Sicherungsverwahrung, für die ansonsten nach § 130 StVollzG Strafvollzugsrecht entsprechend gilt, sieht § 134 StVollzG neben den Möglichkeiten nach den §§ 11, 13 StVollzG (Calliess u. Müller-

Dietz 2002, § 130 Rn. 2) vor, dass der Vollzug gelockert und Sonderurlaub bis zu einem Monat gewährt werden kann, um die Entlassung zu erproben und vorzubereiten.

Trotz unterschiedlicher Maßregelvollzugsgesetze in den verschiedenen Bundesländern für die Unterbringung in einem psychiatrisch-psychotherapeutischen Krankenhaus oder in einer Suchtklinik (Entziehungsanstalt) (Volltexte bei Volckart u. Grünebaum 2003, S. 263 ff.) sind für die bei Vollzugslockerungen und Urlaub erforderliche positive Prognose dieselben Gesichtspunkte ausschlaggebend wie beim Strafvollzug: Schon aus der Aussetzungsregelung des § 67d Abs. 2 StGB (► Abschn. 9.3.6) und dem Sicherungszweck der Maßregeln ergibt sich, dass erwartet werden können muss, dass der Patient zurückkehrt und außerhalb des Vollzuges keine rechtswidrigen Taten begeht.

Da die Maßregeln alleine durch das Schutzbedürfnis der Allgemeinheit und nicht wie die Strafe durch die Schuld legitimiert sind, ist davon auszugehen, dass den Betroffenen bei Vorliegen der Voraussetzungen ein Rechtsanspruch auf Gewährung der Lockerung zusteht, da eine Versagung derselben bei positiver Prognose dem Verhältnismäßigkeitsgrundsatz zuwiderlaufen würde (Volckart u. Grünebaum 2003, S. 123; Kammeier 2002, S. 170; dagegen Schöch 2004, S. 401), der eine Belastung, d. h. Freiheitsentziehung, nur in dem Maße erlaubt, das zum Schutz der Allgemeinheit unerlässlich ist.

! »Der Grundsatz der Verhältnismäßigkeit gebietet, die Unterbringung […] nur so lange zu vollstrecken, wie der Zweck dieser Maßregel es unabweisbar erfordert und zu seiner Erreichung den Untergebrachten weniger belastende Maßnahmen […] nicht genügen« (OLG Düsseldorf NStZ 1991, S. 104).

- »Der verfassungsrechtliche Grundsatz der Verhältnismäßigkeit beherrscht Anordnung und Fortdauer der Unterbringung. […] Je länger die Unterbringung […] andauert, um so strenger werden die Voraussetzungen für die Verhältnismäßigkeit des Freiheitsentzuges sein« (BVerfGE 70, S. 297).

Bei der Auswahl und Dosierung der Lockerungen ist schließlich darauf zu achten, dass der Behandlungserfolg nicht gefährdet wird.

Zu einer externen Begutachtung verpflichtet § 16 Abs. 3 des nordrhein-westfälischen Maßregelvollzugsgesetzes in gewissen Abständen bzw. bei Lockerungsentscheidungen für schwere Gewaltverbrecher (über die Erforderlichkeitsklausel des § 18 Abs. 5 S. 3 MRVG NW).

> **§ 16 Abs. 3 MRVG NW.** Spätestens nach Ablauf von jeweils drei Jahren ist zu überprüfen, ob eine Entlassung der Patientinnen und Patienten angeregt werden kann. Die Patientinnen und Patienten sind durch ärztliche oder nichtärztliche Sachverständige zu begutachten. Diese dürfen nicht für die Einrichtung arbeiten.

Die zuständigen Heilberufskammern führen gemäß § 16 Abs. 4 MRVG NW »Listen über Sachverständige, die für die Aufgaben nach Abs. 3 geeignet sind. Sie legen nach Abstimmung mit den Trägern der Einrichtungen und der zuständigen Behörde Qualitätskriterien fest«. Die dementsprechenden nordrhein-westfälischen Leitlinien für die Gutachtenerstellung sowie die spezifizierten Anforderungen an die Gutachter sollen hier beispielhaft wiedergegeben werden. Inzwischen hat auch die Psychotherapeutenkammer NRW für ihre Mitglieder, psychologische Psychotherapeuten, entsprechende Kriterien für die Zulassung psychologischer Sachverständigen nach § 16 Abs. 3 MRVG NW erarbeitet.

Merkblatt zum Antragsverfahren zur Aufnahme in die Sachverständigenliste nach § 16 Abs. 4 Maßregelvollzugsgesetz Nordrhein-Westfalen (MRVG NW; Ärztekammer Nordrhein 2003)

Im Juli 1999 ist das neue MRVG in Kraft getreten. Nach § 16 (4) MRVG NW führen die zuständigen Heilberufskammern Listen über Sachverständige, die für die Aufgaben geeignet sind, und legen hierfür Qualitätskriterien fest.

In der Arbeitsgruppe der Ärztekammern Nordrhein und Westfalen-Lippe wurden unter Einbeziehung des Landesbeauftragten für den Maßregelvollzug sowie Sachverständigen aus Klinik und Praxis folgende Qualitätskriterien für die Sachverständigenliste nach § 16 (4) MRVG NW abgestimmt:

Qualitätskriterien für die Sachverständigenliste nach § 16 (4) MRVG NW

- Facharzt für Psychiatrie oder Psychiatrie und Psychotherapie oder Nervenheilkunde oder Psychotherapeutische Medizin oder Kinder- und Jugendpsychiatrie oder Kinder- und Jugendpsychiatrie und -psychotherapie.
- Nachweis einer sechsmonatigen Tätigkeit in einer forensischen Klinik oder entsprechende Behandlungserfahrungen mit forensischen Patienten.
- Gutachten: Vorlage von 10 Gutachten zu Fragen des Strafrechts (Schuldfähigkeit und Prognose), davon 5 Gutachten, die sich mit den Fragen der Entlassungsprognose befassen. Die Gutachten sollen nicht länger als 3 Jahre zurückliegen. Sie sollen den mit Runderlass des Ministeriums für Frauen, Jugend, Familie und Gesundheit des Landes NW vom 22. September 1998 versandten Richtlinien zur Gutachtenerstellung genügen.
- Geeignete Nachweise über die Teilnahme an forensisch-psychiatrischen Fortbildungen und Kongressen.

Erstellung und Pflege der Sachverständigenliste nach § 16 (4) MRVG NW

Die Aufnahme in die Sachverständigenliste nach § 16 MRVG (4) NW erfolgt auf formalen schriftlichen Antrag (siehe Anlage) nach Prüfung durch die zuständigen Gremien der Ärztekammern Nordrhein bzw. Westfalen-Lippe.

Die Sachverständigen der bisherigen Sachverständigenliste werden angeschrieben, ob sie unter Zugrundelegen oben genannter Kriterien weiterhin auf der Liste geführt werden wollen.

Die aktualisierte Liste wird in regelmäßigen Abständen von den Ärztekammern an den Landesbeauftragten für den Maßregelvollzug übermittelt, der diese an Dritte weiterleitet.

Der Eintrag in die Liste erfolgt für einen Zeitraum von 5 Jahren.

Dem Antrag zur Aufnahme in die Sachverständigenliste nach § 16 (4) MRVG NW sind folgende Unterlagen beizufügen:

- Nachweisbogen »ärztliche Tätigkeiten« (chronologische Auflistung der ärztlichen Tätigkeiten seit Approbation).
- Nachweisbogen »Behandlungserfahrung mit forensischen Patienten«. Dem Nachweisbogen sind folgende Unterlagen in Kopie beizufügen:
  - Zeugnis über die sechsmonatige Tätigkeit in einer forensischen Klink oder
  - Zeugnis über entsprechende Behandlungserfahrung mit forensischen Patienten in nicht forensischen Einrichtungen.
  - Bei längerer Tätigkeit auf dem Gebiet des Maßregelvollzuges kann das Zeugnis durch Selbstdarstellung ersetzt werden.
- 10 Gutachten zu Fragen des Strafrechts (Schuldfähigkeit und Prognose), davon 5 Gutachten, die sich mit Fragen der Entlassungsprognose befassen. Die Gutachten sollen nicht länger als 3 Jahre zurückliegen und sollen den mit Runderlass des MFJFG NW vom 22.09.1998 versandten Leitlinien zur Gutachtenerstellung genügen.
- Nachweis über die Teilnahme an forensisch-psychiatrischen Fortbildungen oder Kongressen.
- Gebühr Antragsbearbeitung.

Leitlinien für die Erstellung von Gutachten gemäß § 16 Abs. 4 des Maßregelvollzugsgesetzes des Landes Nordrhein-Westfalen (MRVG NW; Ministerium für Frauen, Jugend, Familie und Gesundheit des Landes NRW, 1998, und Ärztekammer Nordrhein, 2003)

A. Vorbemerkungen

Zur qualifizierten Verbesserung der Inhalte von Gutachten nach § 16 (4) MRVG ist es erforderlich, dass

1. die Maßregelvollzugseinrichtung dem Gutachter bei der Beauftragung konkrete Fragen benennt und ihn über die speziellen inhaltlichen Erwartungen an das Gutachten im Einzelnen informiert,
2. die Einrichtung dem Gutachter mit ausreichendem zeitlichen Abstand vor der Exploration die Krankenakten zur Verfügung stellt,
3. vor der Exploration durch den Gutachter in der Einrichtung Gespräche mit dem Behandlungspersonal stattfinden und die behandelnden Therapeuten den Gutachter über den Behandlungsstand informieren,
4. der Gutachter nach der Exploration ein Nachgespräch mit den Therapeuten führt.

Ziel der Abstimmungsgespräche des Gutachters mit der Klinik ist es nicht, diesen in seiner gutachterlichen Freiheit einzuschränken. Den Kliniken soll jedoch die Gelegenheit gegeben werden, den Gutachter nochmals ausdrücklich auf die Punkte hinzuweisen, zu denen aus ihrer Sicht in einem Gutachten gemäß § 16 (4) MRVG im konkreten Einzelfall Stellung zu nehmen ist.

Vor dem Hintergrund der eingangs formulierten Voraussetzungen soll der nachfolgende Anforderungskatalog eine Beratungs- und Ergänzungsfunktion haben.

Insoweit bedeutet diese Auflistung der im Gutachten zu berücksichtigenden Punkte nicht, dass der Gutachter diese Punkte alle aus den Behandlungsunterlagen im Aktenteil des Gutachtens zitieren muss. Vielmehr soll im Beurteilungsteil des Gutachtens deutlich werden, dass sich der Gutachter mit diesen Punkten auseinandergesetzt hat.

B. Anforderungen an Gutachten gemäß § 16 (4) MRVG NW

I. Unterbringungsbeschluss

Hier ist zu verweisen auf:

1. das Einweisungsurteil,
2. die Diagnostik des Einweisungsgutachtens,
3. die aus dem Gutachten abgeleiteten Rechtsfolgen, ggf. zu unterteilen bei fehlender Übereinstimmung in die gutachterlichen und die aus dem Urteil zu ersehenden Rechtsfolgen,
4. die Vorstrafen sowie die möglichen Zusammenhänge zwischen ihnen und der Anlasstat bzw. der Anlasserkrankung.

II. Behandlungsverlauf

1. Nach den Unterlagen der Einrichtung

Hier muss mindestens eingegangen werden auf:

a) die klinische Diagnose (einschließlich testpsychologische Untersuchungen und psychischer Befund) und bei Unterschieden in der gutachterlichen bzw. klinischen Diagnostik auch Auseinandersetzung mit den Folgerungen aus diesem Unterschied,
b) den ersten Behandlungsplan, demgegenüber der Therapieverlauf zu bewerten ist:
   - Medikation,
   - Sozio- und Milieutherapie bzw. Pflegeplan,
   - einzel- und gruppentherapeutische Verfahren und ihre Durchführung,
   - sonstige therapeutische Anwendungen.
c) Die Veränderungen in der Fortschreibung des Behandlungsplanes einschließlich der Gründe für diese Veränderungen (einschließlich Fortschreibung der Anamnese durch Erkenntnisse aus dem Behandlungsverlauf, insbesondere für die Bereiche Sexual- und Deliktanamnese).

d) Die Lockerungen mit ihren Erfolgen bzw. Misserfolgen sowie die Gründe hierfür; insbesondere ist hier zu untersuchen, inwieweit Misserfolge mit der Anlasserkrankung im Zusammenhang stehen bzw. inwieweit Krankheitsrückfälle mit illegal auffälligem Verhalten verknüpft waren und sich hieraus aus den Unterlagen eine kriminelle Gefährdung ergibt.

2. Aus der Sicht des Gutachters (bei persönlichkeitsgestörten Patienten sollten auch Psychologen ergänzend hinzugezogen werden (vgl. auch § 16 Abs 3 Satz 4 MRVG NW)

a) Hier muss eine ausführliche Exploration des Behandlungsverlaufs sowie die Einweisungsdiagnose erhoben und dokumentiert werden. Hieraus ergeben sich dann:
b) Die klinische Zustandsdiagnose (einschließlich testpsychologischer Untersuchungen und psychischer Befunde) des Gutachters (hier müsste ggf. auf unterschiedliche Auffassungen und die Folge hingewiesen werden).
c) Die Bewertung der Anamnese, insbesondere der Delikts- und Sexualanamnese, bei Persönlichkeitsstörungen auch Aussagen zur Dynamik der Störung oder Charakterpathologie.
d) Die Therapievorschläge bzw. Pläne des Gutachters.
e) Die Erkenntnisse aus der Diskussion mit den zuständigen Therapeuten und den anderen Mitarbeitern des „therapeutischen Teams" (insbesondere bei unterschiedlichen Auffassungen und Befunden).
f) Die Dauer der mit dem Patienten im Rahmen der Exploration geführten Gespräche ist anzugeben.

III. Prognosestellung

Aus der Gegenüberstellung des Behandlungsverlaufes aus der Sicht der Klinik und aus der Sicht des Gutachters ergeben sich:

1. Unter Abgleichung der Ergebnisse zu II.1 und II.2 die Behandlungsprognose für die Anlasserkrankung,
2. die Sozialprognose (hier insbesondere unter Einbeziehung der Lebensverhältnisse des Patienten außerhalb der Unterbringung, die eine mögliche Entlassung fördern oder hemmen),
3. die kriminologische Prognose in Verbindung zur Anlasserkrankung. Die kriminologische Prognose ist sowohl im Hinblick auf Art und Grad der Wahrscheinlichkeit der zu erwartenden Straftaten zu stellen.

Aus dem Gutachten sollte der Entscheidungsprozess des Gutachters ersichtlich sein, damit nachvollzogen werden kann, an Hand welcher Anknüpfungspunkte und auf Grund welcher Überlegungen er zu seiner abschließenden prognostischen Beurteilung gekommen ist.
Außerdem sollte sich der Gutachter zur Frage der verantwortbaren Lockerungsmaßnahmen äußern; ob er den derzeitigen Lockerungsgrad des Patienten bzw. welche darüber hinausgehenden Lockerungen er unter welchen Bedingungen in absehbarer Zeit für verantwortbar hält.

IV. Abschließende Beurteilung

1. Hier müsste noch einmal prägnant zusammengefasst werden:
   a) die Zustandsdiagnose des Gutachters,
   b) die Behandlungsprognose des Gutachters,
   c) die Legalprognose des Gutachters.
2. Ggf. eine ausführliche Auseinandersetzung, wenn auch ohne Fortbestehen der Anlasserkrankung eine kriminelle Gefährdung gesehen wird, und zwar unter Darlegung der Gründe und des Ausmaßes dieser Gefährdung. Bei Fortbestehen einer kriminellen Gefährdung nach erfolgreicher Therapie der Anlasserkrankung ist darzulegen, dass die Gefährdung nicht mit Persönlichkeitsmerkmalen im Zusammenhang steht, die in den Bereich der Anlasserkrankung fallen.

3. Ggf. eine ebensolche Beschreibung der und Auseinandersetzung mit den Gründen einer nicht fortbestehenden erheblichen kriminellen Gefährdung bei Fortbestehen der Anlasserkrankung.
4. Ggf. eine Darstellung der notwendigen psychosozialen Rahmenbedingungen (z. B. Betreuung, Einweisung nach PsychKG, externer Therapeut, Heimunterbringung, ambulante Betreuungsstelle, Weisungen, Auflagen etc.) dafür, ob erprobt werden kann, dass auch außerhalb der Unterbringung keine erheblichen rechtswidrigen Taten zu erwarten sind.
5. Bewertung der Lockerungsmaßnahmen bzw. Hinweise zu weiteren Lockerungsentscheidungen.

Name des Patienten ______

1. Unterbringung auf Grundlage des § ______

2. Unterbringung auf Grundlage des § ______

Unterbringung bis: ______

Beschluss vom (Gericht/Datum): ______ AZ: ______

Besuchsrecht für: ______

Betreuer/Bewährungshelfer: ______

Justizbehörde	Aktenzeichen	Ansprechpartner
______	______	______

Dem Chefarzt oder seinem Stellvertreter vorgestellt am: ______

Unterschrift des Abteilungsarztes/ Stellvertreters: ______

Informationsmappe ausgehändigt am: ______

Vorläufiger Behandlungsplan: ______

Datum ______ Mit dem Pat. besprochen Arzt ______

1. ______ ______

2. ______ ______

3. ______ ______

Stellungnahme nach § 67e StGB:

Datum ______ Arzt ______

1. ______ ______

2. ______ ______

3. ______ ______

Externe Begutachtung gem. § 16 Abs. 3 MRVG NW am: ______

Ausgangsregelung:

Datum: ______ Schreiben an Justiz: ______

Arzt: ______ Unterschrift: ______

Muster 9.1. Maßregelvollzugs-Checkliste der stationären Unterbringung

Neben diesen allgemeinen Hinweisen bieten sich spezielle Skalen und Checklisten von Prognosekriterien für die Einschätzung der weiteren Krankheits- und Kriminalprognose an, die insbesondere für den Maßregelvollzug vorliegen (Grove et al. 2000; Müller-Isberner et al. 1998, 2000; Seifert et al. 2003). Sie stellen eine sinnvolle Ergänzung dar, keinen Ersatz für die individuelle psychiatrische Exploration und Untersuchung (Leygraf 2004). Allerdings liegen derzeit kaum testtheoretisch ausreichend fundierte Erkenntnisse über den Einsatz solcher Listen in der individuellen Vorhersage vor.

9.5 Besonderheiten im Jugendstrafrecht

9.5.1 Allgemeines

Für Jugendliche sieht das Jugendgerichtsgesetz (JGG) besondere Regeln vor, die das allgemeine Strafrecht zum Teil modifizieren. Das Jugendstrafverfahren bemüht sich entsprechend § 43 Abs. 1 JGG immer um eine möglichst umfassende Erforschung der Täterpersönlichkeit: § 43 Abs. 2 S. 2 JGG enthält ausdrücklich die Aufforderung des Gesetzgebers, soweit eine genauere Untersuchung – wie bei psychopathologischen Auffälligkeiten – erforderlich ist, einen »zur Untersuchung von Jugendlichen befähigten Sachverständigen« zu beauftragen. Dies sollte in der Regel ein Facharzt für Kinder- und Jugendpsychiatrie und -psychotherapie bzw. bei entsprechenden Fragestellungen ein auf Kinder und Jugendliche spezialisierter Psychologe sein. Soweit das JGG – wie insbesondere im Bereich der strafrechtlichen Sanktionen – spezielle Regelungen enthält, gehen sie dem nach § 2 JGG ansonsten subsidiär anwendbaren allgemeinen Strafrecht vor. Dies gilt als Sperre auch für Vorschriften, die in den spezielleren Regelungen des JGG für den betreffenden Bereich absichtlich nicht vorkommen, wie beispielsweise § 56 Abs. 3 StGB (▶ Abschn. 9.1.1): Generalpräventive Gesichtspunkte wie die »Verteidigung der Rechtsordnung« entsprechen nicht dem Grundgedanken des auf den Jugendlichen bzw. Heranwachsenden und seine Entwicklung fokussierten JGG, das im Gegensatz zum »Tatstrafrecht« des StGB daher auch als »Täter«- bzw. »Erziehungsstrafrecht« (Schaffstein u. Beulke 2002, S. 1) oder jugendadäquates Präventionsstrafrecht (Ostendorf 2003, Grundlagen zu §§ 1–2 Rn. 4) bezeichnet wird. Auch das Sühne- bzw. Vergeltungsprinzip des allgemeinen Strafrechts tritt in der Regel hinter den Erziehungsgedanken des JGG zurück.

9.5.2 Voraussetzungen der Jugendstrafe (§ 17 JGG)

Somit zielt auch die einzige echte Kriminalstrafe des Jugendstrafrechts, die Jugendstrafe, hauptsächlich auf Individualprävention, allerdings in ihrer negativen Ausprägung. Als »ultima ratio« des Jugendstrafrechts darf sie gem. § 17 Abs. 2 JGG nur verhängt werden, »wenn wegen der schädlichen Neigungen des Jugendlichen, die in der Tat hervorgetreten sind, Erziehungsmaßregeln oder Zuchtmittel zur Erziehung nicht ausreichen oder wenn wegen der Schwere der Schuld Strafe erforderlich ist«. Freiheitsentzug durch Jugendstrafe darf demnach nur erfolgen, wenn die als milder angelegten übrigen Sanktionen des JGG das Erziehungsziel der Nichtbegehung weiterer Straftaten (Brunner u. Dölling 2002, Einf. II Rn. 4 ff. mit weiteren Nachweisen) nicht zu erreichen vermögen. Die oft kritisierte Variante der »Schwere der Schuld« stellt dagegen in einer für das Jugendstrafrecht eher untypischen Weise unabhängig vom Erziehungsgedanken lediglich auf das Prinzip der Schuldvergeltung ab.

Mit dem Begriff der **»schädlichen Neigungen«** erfordert § 17 Abs. 2 JGG im Gegensatz zum Erwachsenenstrafrecht schon für die Anordnung der Strafe eine Gefährlichkeitsprognose.

Unter schädlichen Neigungen sind erhebliche – seien es anlagebedingte, seien es durch unzulängliche Erziehung oder Umwelteinflüsse bedingte – Mängel zu verstehen, die ohne längere Gesamterziehung die Gefahr der Begehung weiterer Straftaten in sich bergen, die nicht nur gemeinlästig sind oder den Charakter von Bagatelldelikten haben. Sie können sich auch schon in der ersten Straftat des Jugendlichen zeigen. Es bedarf dann aber regelmäßig der Feststellung von Persönlichkeitsmängeln, die – wenn auch verborgen – schon vor der Tat entwickelt waren, auf sie Einfluss gehabt haben und weitere Taten befürchten lassen. (BGH NStZ 2002, S. 89)

Gelegenheits- oder durch Konflikte bzw. Nöte bedingte Taten (BGH 11, S. 169 f.) sprechen daher ebenso wie Tatmotive der »falsch verstandenen Kameradschaft« oder »kriminellen Abenteuerlust« (BGH StV 1985, S. 419) gegen schädliche Neigungen. Für schädliche Neigungen lassen sich anführen:

- wiederholtes und vom Jugendlichen zu verantwortendes Scheitern beruflicher Integrationsmaßnahmen;
- Verweigerung gemeinnütziger Arbeit bei der Gewährung von Sozialhilfe;
- umgehende Fortsetzung der Verstöße gegen das Betäubungsmittelgesetz auch nach vorübergehender Inhaftierung und Verurteilung zu einer Bewährungsstrafe;
- zeitnah nach der zu verhandelnden Tat begangene weitere Delikte;
- Vorverurteilungen (Böhm 2001, S. 322).

9.5.3 Aussetzung der Verhängung der Jugendstrafe (§§ 27 ff. JGG)

Bei Zweifeln über die Voraussetzungen einer Jugendstrafe sieht das Jugendstrafrecht in den §§ 27 ff. JGG eine besondere Regelung vor – ohne Entsprechung im Erwachsenenstrafrecht –, die für solche Fälle eine Aussetzung der Verhängung der Jugendstrafe in das Ermessen des Richters stellt, in denen nicht mit Sicherheit beurteilt werden kann, »ob in der Straftat eines Jugendlichen schädliche Neigungen von einem Umfang hervorgetreten sind, dass eine Jugendstrafe erforderlich ist«. Bei dieser »bedingten Verurteilung« wird die Entscheidung über die Verhängung einer Jugendstrafe nach Feststellung der Schuld sozusagen um 1–2 Jahre (§ 28 Abs. 1 JGG) »vertagt«, um das in diesem Zeitraum gezeigte Bewährungsverhalten des Jugendlichen bzw. Heranwachsenden später bei der Beurteilung der schädlichen Neigungen mitberücksichtigen zu können.

Das vom Gesetz formulierte Ermessen des Richters ist aber angesichts der Grundrechtsrelevanz für den betroffenen Jugendlichen ähnlich wie bei § 56 Abs. 2 StGB als Verpflichtung zur Aussetzung bei Vorliegen der Voraussetzungen zu verstehen (Ostendorf 2003, § 27 Rn. 6).

9.5.4 Aussetzung der Jugendstrafe zur Bewährung (§§ 21 ff. JGG)

Der § 21 Abs. 1 S. 1 JGG entspricht größtenteils der Aussetzungsregelung im Erwachsenenstrafrecht: Die Vorschrift stellt zwar sprachlich auf das künftige Führen eines »rechtschaffenen Lebenswandels« ab, womit aber im Ergebnis auch nur die Nichtbegehung weiterer Straftaten gemeint ist (Ostendorf 2003, § 21 Rn. 6; DSS-Sonnen 2002, § 21 Rn. 9). Das BVerfG, NStZ 1987, S. 275 spricht diesbezüglich auch von der »staatlichen Aufgabe, auf ein künftig straffreies Leben des Betroffenen hinzuwirken«). Auch die namentlich aufgeführten Kriterien zur Ermittlung der Gefährlichkeitsprognose in § 21 Abs. 1 S. 2 JGG gleichen der allgemeinen Regelung in § 56 Abs. 1 S. 2 StGB (▶ Abschn. 9.1.2).

Geringe Unterschiede bestehen bei der Aussetzung einer mehr als einjährigen, aber nicht über zweijährigen Strafe: Seit der Reform des § 21 Abs. 2 JGG im Jahre 1990 ist die bei § 56 Abs. 2 StGB lediglich praktizierte Regelaussetzung (▶ Abschn. 9.1.1) sogar im Gesetz festgeschrieben, da die Versagung nur noch in dem Ausnahmefall erfolgen darf, dass »die Vollstreckung im Hinblick auf die Entwicklung des Jugendlichen geboten ist«, sodass bei dieser Vorschrift von einer (noch) weniger zurückhaltenden Anwendung als der entsprechenden Regelung im allgemeinen Strafrecht auszugehen ist (Eisenberg 2004, § 21 Rn. 12).

Hinsichtlich der ebenfalls speziell geregelten Bewährungsmaßnahmen ist zu erwähnen, dass die Bewährungszeit nach § 22 Abs. 1 S. 2 JGG 2–3 Jahre betragen darf, die Bewährungshilfe nach § 24 Abs. 1 S. 1 JGG obligatorisch ist und in den §§ 10, 15, 23 Abs. 1 S. 4 JGG ein spezieller, aber dem Erwachsenenstrafrecht ähnlicher Weisungs- und Auflagenkatalog existiert.

9.5.5 Strafrestaussetzung (§ 88 JGG)

Die Aussetzung des Restes der Jugendstrafe ist in § 88 JGG speziell geregelt und kann grundsätzlich schon nach einer Teilverbüßung der Strafe erfolgen. Bei mehr als einjähriger Jugendstrafe muss allerdings nach § 88 Abs. 2 S. 2 JGG mindestens ein Drittel verbüßt sein. Darüber hinaus bestehen im Gegensatz zum Erwachsenenstrafrecht keine Mindestverbüßungsfristen, auch wenn vor einer Verbüßung von 6 Monaten besonders wichtige Gründe vorliegen müssen (§ 88 Abs. 2 S. 1 JGG). Für seine Ermessensentscheidung ist der zuständige Jugendrichter (§ 82 Abs. 1 S. 1 JGG) nicht – wie im allgemeinen Strafrecht – von der Einwilligung des Betroffenen abhängig.

! Prognostische Voraussetzung ist nach § 88 Abs. 1 JGG, dass die Aussetzung »im Hinblick auf die Entwicklung des Jugendlichen, auch unter Berücksichtigung des Sicherheitsinteresses der Allgemeinheit, verantwortet werden kann«.

Trotz der anderslautenden Formulierung gelten für diese Prognose die Grundsätze für die Aussetzung der Jugendstrafe zur Bewährung nach § 21 Abs. 1 S. 1 JGG entsprechend (► Abschn. 9.5.4; Eisenberg 2004, § 88 Rn. 8), wobei wie im Erwachsenenstrafrecht die Wirkungen des bis dahin erfolgten Vollzuges und das Verhalten des Jugendlichen darin mit zu berücksichtigen sind (Ostendorf 2003, § 88 Rn. 6). Mehr noch als beim Erwachsenenstrafvollzug ist aber der Unterschied zwischen scheinbarer Resozialisierung im Vollzug und einer solchen in Freiheit zu beachten, da die Anstaltsordnung bei beeinflussbaren Jugendlichen tendenziell angepasstes Verhalten fördert und die für die Lebensführung in Freiheit nötige Selbständigkeit unterdrückt (Ostendorf 2003, a.a.O.; Statistik bei Meyer 1982, S. 287). Die gegenüber dem Sicherheitsinteresse der Allgemeinheit (»auch«) vorangestellte Entwicklung des Jugendlichen spricht dafür, in prognostischen Zweifelsfällen – anders als im allgemeinen Strafrecht – die Aussetzung zu gewähren (Eisenberg 2004 § 88 Rn. 9a; Ostendorf 2003, § 88 Rn. 8).

9.5.6 Jugendstrafvollzug (§ 91 JGG)

Nach § 91 Abs. 1 JGG soll der Jugendliche durch den Vollzug der Jugendstrafe »dazu erzogen werden, künftig einen rechtschaffenen Lebenswandel zu führen«. Um dieses Erziehungsziel (► Abschn. 9.5.2) zu erreichen, kann der Vollzug nach § 91 Abs. 3 JGG, der einen ausdrücklichen Versagungsgrund wegen Flucht- oder Missbrauchsgefahr nicht beinhaltet, »aufgelockert und in geeigneten Fällen weitgehend in freien Formen durchgeführt werden«. Gleiches gilt nach § 93a Abs. 2 JGG für den Vollzug einer Unterbringung in einer speziell für Jugendliche eingerichteten Suchtklinik.

Der Schutz der Allgemeinheit tritt anders als im Erwachsenenstrafrecht im JGG gegenüber der hier positiven Individualprävention stärker zurück, was für eine großzügigere Gewährungspraxis bei Lockerungen spricht (Eisenberg 2004, § 91 Rn. 12; Ostendorf 2003, §§ 91-92 Rn. 12, fordert dementsprechend die Bereitschaft zur Eingehung kontrollierter Risiken im Resozialisierungsprozess). Tatsächlich ist in der Praxis, der mit den bundeseinheitlichen Verwaltungsvorschriften zum Jugendstrafvollzug (Volltext bei Eisenberg 2004, Anhang 6) konkrete Entscheidungshilfen an die Hand gegeben wurden, aber eher im Gegenteil eine gegenüber dem Erwachsenenstrafvollzug restriktivere Handhabung der Lockerungsgewährung festzustellen (Eisenberg 2004, § 91 Rn. 34c; Ostendorf 2003, § 91 Rn. 21).

9.6 Öffentlich-rechtliche Unterbringung (PsychKG)

Aufgrund der Gefährlichkeit einer Person sich selbst oder anderen gegenüber kann es angezeigt sein, diese nach öffentlich-rechtlichen Bestimmungen unterzubringen, ohne dass eine rechtswidrige Tat vorliegt. Die Regelung der Unterbringung ist hauptsächlich den einzelnen Bundesländern überlassen. Diese Landesgesetze entsprechen sich dabei relativ weitgehend (Volltexte der Psychisch-Kranken- und Maßregelvollzugsgesetze der Länder bei Volckart u. Grünebaum 2003, S. 263 ff.), so dass hier lediglich das Ende 1999 zuletzt reformierte Gesetz über Hilfen und Schutzmaßnahmen bei psychischen Krankheiten des Landes Nordrhein-Westfalen (Psych-

KG/NW) als Beispiel dienen soll, das wie die anderen Gesetze subsidiär zu den Unterbringungsvorschriften des Bundes ist (§ 1 Abs. 3 PsychKG/NW).

Es regelt nach § 1 Abs. 1 Nr. 3 »die Unterbringung von den Betroffenen, die psychisch erkrankt sind und dadurch sich selbst oder bedeutende Rechtsgüter anderer erheblich gefährden«. Unter Unterbringung versteht das Gesetz dabei eine Einweisung in ein psychiatrisches Fachkrankenhaus bzw. eine psychiatrische Fachabteilung eines Allgemein- oder Hochschulkrankenhauses ohne den Willen der Betroffenen (§ 10 Abs. 2 S. 1 PsychKG/NW).

Zulässig ist eine solche Unterbringung nach § 11 Abs. 1 S. 1 PsychKG/NW nur, »wenn und solange durch deren krankheitsbedingtes Verhalten gegenwärtig eine erhebliche Selbstgefährdung oder eine erhebliche Gefährdung bedeutender Rechtsgüter anderer besteht, die nicht anders abgewendet werden kann«. Die Krankheit als solche reicht also nicht aus, um den Betroffenen unterzubringen. Sie muss vielmehr zu einer von ihr zu trennenden erheblichen Gefährdung von Rechtsgütern führen, die mit einem Krankheitsbefund nicht automatisch verbunden ist.

Eine erhebliche Selbstgefährdung ist natürlich bei akuter Suizidalität, aber beispielsweise auch bei nicht suizidal intendierter Selbstverstümmelung, nachhaltiger Nahrungsverweigerung oder Verweigerung der Einnahme lebenswichtiger Medikamente zu bejahen (Dodegge 2000, S. 529), nicht jedoch alleine bei fehlender Bereitschaft, sich behandeln zu lassen (§ 11Abs. 1 S. 2 PsychKG/NW). Gegenüber der alten Gesetzesfassung, die lediglich eine Allgemeingefährdung forderte, erscheint die alternativ erforderliche erhebliche Gefährdung bedeutender Rechtsgüter anderer etwas restriktiver, wobei laut Gesetzgeber neben erheblichen Gefährdungen für Leib und Leben Dritter allerdings auch erheblichen Schäden an Sachgütern entgegengewirkt werden soll (NRW-Landtagsdrucks. 12/4063, S. 26 f.).

! In jedem Fall ist im Sinne des Verhältnismäßigkeitsgrundsatzes eine sorgfältige Abwägung zwischen den Interessen des Betroffenen und dem Wert des gefährdeten Rechtsguts vorzunehmen, was auch aus der Formulierung des Gesetzes hervorgeht, dass die Gefährdung nicht anders abgewendet werden kann, und damit eine Unterbringung nur als »ultima ratio« vorgesehen ist.

Die Gefährdung muss kausal auf eine psychische Störung des Betroffenen zurückzuführen sein, worunter § 1 Abs. 2 PsychKG/NW behandlungsbedürftige Psychosen sowie andere behandlungsbedürftige psychische Störungen und Abhängigkeitserkrankungen von vergleichbarer Schwere fasst. Behandlungsbedarf besteht, wenn der Zustand sich ohne Behandlung erheblich verschlimmert oder zumindest die Fortdauer der krankheitsbedingten Gefährdung zu erwarten ist (Dodegge 2000, S. 528).

! Die Gegenwärtigkeit der Gefahr ist schließlich nach § 11 Abs. 2 PsychKG/NW dann gegeben, »wenn ein schadenstiftendes Ereignis unmittelbar bevorsteht oder sein Eintritt zwar unvorhersehbar, wegen besonderer Umstände jedoch jederzeit zu erwarten ist«.

Das nach § 70 Abs. 5 S. 1 FGG (Gesetz über die Angelegenheiten der freiwilligen Gerichtsbarkeit), § 13 Abs. 1 PsychKG/NW über eine Unterbringung entscheidende Gericht ist nach § 70e Abs. 1 S. 1 FGG dazu verpflichtet, zuvor das Gutachten eines Sachverständigen einzuholen (die Verfahrensvorschriften der §§ 70 ff. FGG gelten bundesweit, § 70 Abs. 1 Abs. 1 S. 2 Nr. 3 FGG). In § 70e Abs. 1 S. 2 FGG heißt es: »Der Sachverständige soll in der Regel Arzt für Psychiatrie sein; in jedem Fall muss er Arzt mit Erfahrungen auf dem Gebiet der Psychiatrie sein.«

Ohne gerichtliche Entscheidung ist eine sofortige Unterbringung durch die örtliche Ordnungsbehörde nach § 14 Abs. 1 S. 1 PsychKG/NW bei Gefahr im Verzug möglich, wenn ein dementsprechendes psychiatrisches Zeugnis mit schriftlicher Begründung und nach persönlicher Untersuchung vorliegt, das nicht älter als vom Vortag sein darf. Diese Frist variiert stark zwischen den einzelnen Bundesländern.

Während der Unterbringung wird dann eine psychiatrisch-psychotherapeutisch gebotene und rechtlich zulässige Heilbehandlung vorgenommen, die grundsätzlich der Einwilligung des Betroffenen bedarf (§ 18 Abs. 1 und 3 PsychKG/NW). Können die Betroffenen Grund, Bedeutung und Tragweite der Behandlung nicht einsehen oder sich nicht nach dieser Einsicht verhalten, ist gemäß § 18 Abs. 3 S. 2 PsychKG/NW die Einwilligung der gesetzlichen Vertretung oder der rechtsgeschäftlich Bevollmächtigten erforderlich. Selbst dieser bedarf es aber »in den Fällen von Lebensgefahr, von erheblicher Gefahr für die eigene und für die Gesundheit anderer Personen« für eine Behandlung gegen den Willen des Betroffenen nicht (§ 18 Abs. 4 PsychKG/NW).

Beispiele

Fall 9.7. Francesco I. wurde von Passanten festgehalten, als er versucht hatte, sich von einer Wendeltreppe in einem Kaufhaus in die Tiefe zu stürzen. Bei dem 31-jährigen war eine paranoide schizophrene Psychose bekannt (ICD-10:F20.01), allerdings hatte der Patient seit mehreren Monaten die psychiatrische Behandlung abgebrochen. Unter dem Einfluss aktuellen Wahnerlebens (er fühlte sich verfolgt und beeinflusst sowie sexuell durch Ströme missbraucht), massiver affektiver Störungen und akustischer Halluzinationen (imperative Stimmen) führte er den Suizidversuch durch. Der herbei gerufenen Polizei teilte Herr I. mit, dass er ein auserwählter Jünger Gottes sei, der durch diesen Sprung seinen Beitrag zum Erlösen der geknechteten Menschheit liefern müsse. Seine Rede war kaum nachvollziehbar. Die Unterbringung im Krankenhaus erfolgte auf der Rechtsgrundlage des Unterbringungsgesetzes des Landes.

Fall 9.8. Hermine K., 41-jährige Angestellte, hatte versucht, sich durch das Aufschneiden beider Pulsadern das Leben zu nehmen. Ihr Mann hatte sie im gemeinsamen Schlafzimmer blutend aufgefunden. Er alarmierte den Notarzt. Dieser versorgte die multiplen Schnittwunden. Im Gespräch mit der Patientin ergab sich eine tiefe Verzweiflung und Freudlosigkeit bei dieser. Der Notarzt informierte das städtische Ordnungsamt, das die Patientin in die zuständige psychiatrisch-psychotherapeutische Klinik aufgrund ihres Pflichtversorgungsbereiches einwies und begleitete. Bei dem Aufnahmearzt berichtete Frau K. über einen aktuellen Todeswunsch mit weiter konkreten Umsetzungsgedanken. Eine erste mittelgradige depressive Episode mit somatischem Syndrom (ICD-10: F32.11) wurde diagnostiziert. Frau K. lehnte eine stationäre Aufnahme vehement ab; auch ihr Mann gab zu bedenken, dass seine Frau ja durch den Notarzt schon genügend schockiert worden sei und nicht in der Klinik bleiben solle. Allerdings war eine massive Selbstgefährdung durch den diensthabenden Psychiater und Psychotherapeuten zu beschreiben, sodass die Patientin entgegen ihrem erklärten Willen zur stationären Behandlung vorläufig untergebracht wurde. Am Folgetag bestätigte ein Richter des lokalen Amtsgerichtes die Unterbringung von Frau K. für 6 Wochen.

Fall 9.9. Sascha K., 24-jähriger Arbeitsloser, war seit einigen Jahren abhängig von Cannabis und konsumierte seit 3 Monaten intravenös Heroin. Er wurde im intoxikierten Zustand am Hauptbahnhof vor einem Geschäft liegend angetroffen. Differenzialdiagnostisch war die Ursache der deutlichen Bewusstseinstrübung unklar. Herr K. wurde in die nächstgelegene internistische Intensivstation verbracht. Dort randalierte er vehement und würgte eine Krankenschwester, sodass er von einem hinzu gezogenen Konsiliararzt für Psychiatrie und Psychotherapie in die psychiatrische Fachabteilung gemäß dem Unterbringungsgesetz eingewiesen wurde. Einer Diskussion über die Notwendigkeit der Behandlung war der Patient unmittelbar nicht zugänglich.

Fall 9.10. Helma O. wurde in das psychiatrisch-psychotherapeutische Fachkrankenhaus durch die Ordnungsbehörde des Kreises eingewiesen, nachdem sie völlig abgemagert und verwahrlost in ihrer Wohnung aufgegriffen wurde. Bei ihr war seit Jahren eine Demenz vom Alzheimer-Typ bekannt (ICD-10:F00.1). Nachdem ihre Tochter, die ansonsten gelegentlich nach ihr schaute, verreist war, war die Patientin auf sich alleine gestellt. Nachbarn hatten zunächst den Hausarzt informiert, der die 81-jährige gut kannte. Gegen ihren Willen wies er sie in die Klinik ein. Zunächst wurde eine Unterbringung nach dem Unterbringungsgesetz durchgeführt, was nach kurzer Zeit von einer umfassenden Betreuung abgelöst wurde.

Für die klinische Praxis haben sich **Checklisten** bewährt, um dem Anfänger eine Orientierungshilfe bei seinen Handlungen zu geben und um eine nachvollziehbare und umfassende Dokumentation zu gewährleisten. Als ◘ Muster 9.2 ist eine solche Checkliste, die den Voraussetzungen des PsychKG/NW entspricht, beispielhaft abgebildet (sie ist für die eigene konkrete Situation zu spezifizieren). Anschließend wird ein Formblatt für einen notwendigen Behandlungsplan (◘ Muster 9.3) und ein Informationsschreiben an den Patienten (◘ Muster 9.4) dargestellt.

```
Name: ________________________________________
Vorname: _____________________________________
Geburtsdatum: ________________________________
Station: _____________________________________
Aufnahmedatum: _______________________________
Aufnahmezeit: ________________________________

Vorläufige Diagnose: _________________________
Ärztliches Zeugnis liegt vor: □ ja □ nein
Ausgestellt von psychiatrieerfahrenem Arzt: □ ja □ nein
Ordnungsamt verständigt: □ ja □ nein
Richter verständigt: □ ja □ nein
Beschluss vom: _______________________________
Aktenzeichen: ________________________________
Anhörung am: _________________________________
durch Richter: _______________________________
Beschluss fernmündlich mitgeteilt: □ ja □ nein
Beschluss schriftlich eingegangen am: ________
Dauer des PsychKG: ___________________________
Verlängert bis: ______________________
Vertrauensperson über die Aufnahme informiert: □ ja □ nein □ nicht erreichbar
Name: ________________________________________
Telefonnummer: _______________________________
Verfahrenspfleger: ___________________________
Telefonnummer: _______________________________
Bevollmächtigter: ____________________________
Telefonnummer: _______________________________
Betreuer: ____________________________________
Telefonnummer: _______________________________

Aufklärung über Rechte und Pflichten erfolgt: □ ja □ nein
Datum: _______________________________________
Durch wen: ___________________________________
Unterschrift: ________________________________

Ärztliche Untersuchung am: ___________________
Arzt: ________________________________________

Behandlungsplan erstellt: □ ja □ nein
Datum: _______________________________________
Arzt: ________________________________________
Behandlungsplan mit Patient erläutert am: ____
Behandlungsplan mit den Angehörigen / Betreuer besprochen: □ ja □ nein
```

◘ **Muster 9.2.** Checkliste für die Unterbringung eines psychisch kranken Patienten (Beispiel PsychKG/NW)

Einverstanden: ☐ ja ☐ nein

Maßnahmen ohne eine Einwilligung des Patienten durchgeführt: ☐ ja ☐ nein
Vertrauensperson informiert: ☐ ja ☐ nein
Welche Maßnahmen wurden durchgeführt? ______
Angeordnet durch wen: ______
Fixierungen notwendig: ☐ ja ☐ nein
Fixierungsbogen ausgefüllt: ☐ ja ☐ nein

Fortbestand der Notwendigkeit des PsychKGs überprüft:
Am: ______
durch: ______
Begründung: ______
Am: ______
durch: ______
Begründung: ______
Am: ______
durch: ______
Begründung: ______
Am: ______
durch: ______
Begründung: ______

Beurlaubungen länger als 10 Tage: Gericht verständigt: ☐ ja ☐ nein

Freiwilligkeitserklärung unterschrieben:
Datum: ______
Rechtskräftig ab: ______
Benachrichtigung abgeschickt an:
Gericht: ☐ ja ☐ nein
Ordnungsamt: ☐ ja ☐ nein
Sozialpsychiatrischer Dienst: ☐ ja ☐ nein
Gesetzliche Vertretung: ☐ ja ☐ nein

Entlassung am: ______
Durch Richter: ______
Benachrichtigungen an:
Gericht: ☐ ja ☐ nein
Sozialpsychiatrischer Dienst: ☐ ja ☐ nein
Ordnungsamt: ☐ ja ☐ nein
Gesetzliche Vertretung: ☐ ja ☐ nein
Vertrauensperson / Betreuer: ☐ ja ☐ nein
Behandelnder Arzt: ☐ ja ☐ nein

Muster 9.2. (Fortsetzung)

Name: ______________________

Vorname: ______________________

Geburtsdatum: ______________________

Station: ______________________

Aufnahmedatum: ______________________

Aktuelle Anamnese: ______________________

____

Aktuelle soziale Situation: ______________________

____

Psychischer Befund: ______________________

____

Vorläufige Diagnose: ____________ ICD-10: F ______ . ______

____

Form der Unterbringung:

☐ geschlossene Station ☐ ohne freien Ausgang

☐ offene Station ☐ mit freiem Ausgang

Psychiatrisch-psychotherapeutische Einzelbehandlung: ______________________

____

Gruppenbehandlung: ______________________

____

Psychopharmakologische Behandlung: ______________________

____

Behandlung somatischer Erkrankungen: ______________________

____

Ergotherapeutische Behandlungsmaßnahmen: ______________________

____

Soziale, berufliche und medizinische Eingliederungsmaßnahmen: ______________________

____

erstellt am (Datum): Unterschrift Arzt / Ärztin

______________________ ______________________

Dieser Plan wurde mit dem Patienten und seinem gesetzlichen Vertreter erörtert.

Erörtert am (Datum): Unterschrift Arzt / Ärztin

______________________ ______________________

Muster 9.3. Behandlungsplan für nach dem Unterbringungsgesetz behandelte Patienten (Beispiel PsychKG/NW)

Sehr geehrte Dame, sehr geehrter Herr,
Sie sind auf Grundlage des Gesetzes über Hilfen und Schutzmaßnahmen bei psychischen Krankheiten (PsychKG) in die Klinik eingewiesen worden, weil bei Ihnen Anhaltspunkte dafür bestehen, dass Sie gegenwärtig an einer dringend behandlungsbedürftigen psychischen Erkrankung leiden und Sie sich selbst oder andere gefährden. Auf diesem Informationsblatt möchten wir Sie im Folgenden über Ihre Rechte und Pflichten informieren.

Bei Aufnahme wird Sie der Arzt eingehend untersuchen, d. h. mit Ihnen ein Gespräch führen und Sie im Folgenden körperlich untersuchen. Sollte sich bei dieser Untersuchung ergeben, dass Sie sich selbst oder andere nicht (mehr) gefährden, besteht die Möglichkeit der sofortigen Beurlaubung bis zur Entscheidung des Gerichtes. Ob Sie weiter in der Klinik verbleiben, wird ein Richter vom Amtsgericht bis zum Ablauf des auf die Aufnahme folgenden Tages entscheiden. Dazu wird er Sie in der Regel persönlich auf der Station anhören. Ihm können Sie Ihre Sichtweise schildern und ihm mitteilen, ob Sie in stationärer Behandlung verbleiben möchten oder nicht. Sofern erforderlich, wird Ihnen durch das Gericht ein Rechtsbeistand als Verfahrenspfleger bestellt.

Sollte das Gericht in der genannten Frist keine Entscheidung treffen, so werden Sie aus der Klinik entlassen. Sie können einen Anwalt hinzuziehen und uns eine Person Ihres Vertrauens nennen, die von uns über Ihre Behandlung informiert werden muss. Von Ihrem behandelnden Arzt wird ein individueller Behandlungsplan erstellt, der mit Ihnen erörtert wird, auf Wunsch wird dieser Behandlungsplan auch mit der von Ihnen benannten Person des Vertrauens erörtert. Sie und auf Wunsch auch ihre gesetzliche Vertretung haben das Recht, Einsicht in die Krankenunterlagen zu nehmen, es sei denn es bestehen ärztlicherseits erhebliche Bedenken gegen diese Einsichtnahme.

Eine Behandlung bedarf Ihrer Einwilligung (bzw. der Ihres gesetzlichen Vertreters), es sei denn, es handelt sich um Fälle von Lebensgefahr oder erheblicher Gefahr für Ihre oder die Gesundheit anderer Personen. In Fällen von erheblicher Selbst- oder Fremdgefährdung kann nach Androhung und Begründung Ihr Ausgang beschränkt, Ihr Aufenthalt auf ein bestimmtes Zimmer begrenzt werden und ggf. auch eine sofortige Fixierung erfolgen. Über diese Maßnahmen wird Ihre Vertrauensperson unterrichtet.

Wenn sich Ihr Gesundheitszustand gebessert hat, ist nach Entscheidung des Arztes in besonderen Fällen eine Beurlaubung für längstens 10 Tage möglich. Diese Beurlaubung kann mit bestimmten Auflagen verbunden sein (z. B. Fortführung der Behandlung auf einer offenen Station) und kann – wenn erforderlich – jederzeit wieder zurückgenommen werden. Darüber hinaus ist eine Fortführung der stationären Behandlung auf freiwilliger Basis möglich.

Persönliche Gegenstände dürfen Sie in Ihrem Zimmer aufbewahren, gefährliche Gegenstände (z. B. Messer, Rasierklingen, Glasgegenstände etc.) werden durch die Klinik in Verwahrung genommen und Ihnen bei Entlassung wieder ausgehändigt.

Sie können auf der Station Besuch empfangen (die Besuchszeiten entnehmen Sie bitte dem schwarzen Brett auf Station oder fragen das Pflegepersonal), wenn Sie keinen Besuch wünschen, teilen Sie uns dies bitte mit. Zur Vermeidung von erheblicher Selbst- oder Fremdgefährdung ist in besonderen Fällen eine Beschränkung des Besuchsrechts möglich.

Sie können auf Station telefonieren, Briefe schreiben und Post empfangen. Bei der Benutzung des Telefons beachten Sie bitte die Ruhezeiten der Mitpatienten. Zur Vermeidung von erheblicher Selbst- oder Fremdgefährdung ist in besonderen Fällen eine Überwachung des Postverkehrs möglich. Ein Fernsehgerät steht Ihnen auf Station im Gemeinschaftsraum zur Verfügung.

Die Kosten Ihres stationären Aufenthaltes werden in der Regel durch Ihre Krankenkasse übernommen. Sollten Sie nicht krankenversichert sein, bitten wir Sie, um-

Muster 9.4. Informationsblatt für untergebrachte Patienten (Beispiel auf Grundlage des PsychKG/NRW)

```
gehend mit dem Sozialdienst Kontakt aufzunehmen und einen Sozialhilfeantrag zu
stellen.
   Wenn Sie Beschwerden haben, versuchen Sie diese auf der Station (z. B. mit Pfle-
gepersonal, Stationspfleger(-in), Abteilungspfleger(-in), Stationsarzt/-ärztin,
Oberarzt/-ärztin) zu klären. Sollte Ihrer Beschwerde dort nicht abgeholfen wer-
den können, stehen meine Mitarbeiter und ich Ihnen neben dem Amtsgericht Aachen zur
Verfügung:
   Wir wünschen Ihnen eine baldige Genesung!
   Ihr

_______________________________________
Stationsarzt/-ärztin
```

Muster 9.4. (Fortsetzung)

9.7 Literatur

Böhm A (2001) Aus der neueren Rechtsprechung zum Jugendstrafrecht. NStZ-RR 6: 321–327

Brunner R, Dölling D (2002) Jugendgerichtsgesetz, 11. Aufl. De Gruyter, Berlin

Bundesministerium der Justiz, Bundesministerium des Inneren (2001) Erster Periodischer Sicherheitsbericht. Berlin

Calliess RP, Müller-Dietz H (2002) Strafvollzugsgesetz, 9. Aufl. Beck, München

Detter K (1989) Zum Strafzumessungs- und Maßregelrecht. NStZ 9: 465–472

Detter K (1992) Zum Strafzumessungs- und Maßregelrecht. NStZ 12: 477–480

Detter K (1998) Der Sachverständige im Strafverfahren. NStZ 18: 57–61

Detter K (2003) Zum Strafzumessungs- und Maßregelrecht. NStZ 23: 133–141

Dodegge G (2000) Das neue Gesetz über Hilfen und Schutzmaßnahmen bei psychischen Krankheiten/Nordrhein-Westfalen. FamRZ 47:527-530

DSS: Diemer H, Schoreit A, Sonnen BR (2002) JGG – Kommentar zum Jugendgerichtsgesetz, 4. Aufl. Müller, Heidelberg (zit. DSS-Bearbeiter)

Eisenberg U (2004) Jugendgerichtsgesetz, 10. Aufl. Beck, München

Grove W, Zald D, Lebow B, Snitz B, Nelson C (2000) Clinical versus mechanical prediction: A meta-analysis. Psych Assessment 12:19-30

Habermeyer E, Hoff P, Saß H (2002) Das psychiatrische Sachverständigengutachten zur Hangtäterschaft – Zumutung oder Herausforderung? MschrKrim 85: 20–24

Kammeier H (2002) Maßregelvollzugsrecht, 2. Aufl. De Gruyter, Berlin

Kinzig J (2004) Umfassender Schutz vor dem gefährlichen Straftäter? Das Gesetz zur Einführung der nachträglichen Sicherungsverwahrung. NStZ 24: 655–660

KK: Karlsruher Kommentar zur Strafprozeßordnung und zum Gerichtsverfassungsgesetz, 5. Aufl. (2003) Beck, München (zit. KK-Bearbeiter)

Kleinknecht T, Meyer-Goßner L (2001) Strafprozeßordnung, 45. Aufl. Beck, München

Lackner K, Kühl K (2004) Strafgesetzbuch mit Erläuterungen, 25. Aufl. Beck, München

Leygraf N (2004) Die Begutachtung der Gefährlichkeitsprognose. In: Venzlaff U, Foerster K (Hrsg) Psychiatrische Begutachtung, 4. Aufl. Urban & Fischer, München, S 437–450

LK: Leipziger Kommentar zum Strafgesetzbuch (1992) Bde §§ 56–60 und §§ 61–67, 11. Aufl. De Gruyter, Berlin (zit. LK-Bearbeiter)

Meyer KP (1982) Rückfall bei Jugendstrafe und Strafaussetzung zur Bewährung. MschrKrim 65: 281–287

Müller-Isberner R, Gonzales Cabeza S, Jöckel D (1998) Die Vorhersage von Gewalttaten mit dem HCR-20. Institut für forensische Psychiatrie Haina e.V., Haina

Müller-Isberner R, Gonzales Cabeza S, Eucker S (2000) Die Vorhersage sexueller Gewalttaten mit dem SVR-20. Institut für forensische Psychiatrie Haina e. V., Haina

Nedopil N (2000) Forensische Psychiatrie, 2. Aufl. Thieme, Stuttgart

Neubacher F (2001) Die Einholung eines Sachverständigengutachtens bei der Entscheidung über die Aussetzung des Strafrestes gemäß § 57 I StGB, § 454 II StPO. NStZ 21: 449–454

Ostendorf H (2003) Jugendgerichtsgesetz: Kommentar, 6. Aufl. Heymann, Köln

Rotthaus KP (1998) Neue Aufgaben für den Strafvollzug bei der Bekämpfung von Sexualdelikten. NStZ 18: 597–600

Schaffstein F, Beulke W (2002) Jugendstrafrecht, 14. Aufl. Kohlhammer, Stuttgart

Schalast N, Leygraf N (2002) Unterbringung und Behandlung im Maßregelvollzug gemäß § 64 StGB. In: Schneider F, Frister H (Hrsg) Alkohol und Schuldfähigkeit. Springer, Berlin Heidelberg New York Tokio, S 181–201

Schall H, Schreibauer M (1997) Prognose und Rückfall bei Sexualstraftätern. NJW 50: 2412–2420

Schöch H (1998) Das Gesetz zur Bekämpfung von Sexualdelikten und anderen gefährlichen Straftaten vom 26. 1. 1998. NJW 51: 1257–1262

Schöch H (2004) Juristische Aspekte des Maßregelvollzugs. In: Venzlaff U, Foerster K (Hrsg) Psychiatrische Begutachtung, 4. Aufl. Urban & Fischer, München, S 385–416

Schönke A, Schröder H (2001) Strafgesetzbuch: Kommentar, 26. Aufl. Beck, München (zit. Schönke u. Schröder-Bearbeiter)

Schreiber HL, Rosenau H (2004) Rechtliche Grundlagen der psychiatrischen Begutachtung. In: Venzlaff U, Foerster K (Hrsg) Psychiatrische Begutachtung, 4. Aufl. Urban & Fischer, München, S 53–123

Schüler-Springorum H, Berner W, Cirullies B et al (1996) Sexualstraftäter im Maßregelvollzug – Gutachten der unabhängigen Expertenkommission vom 31.01.1996. MschrKrim 79: 147–200

Seifert D, Leygraf N (1999) Drogenabhängige Straftäter im Maßregelvollzug. Nervenarzt 70: 450–456

Seifert D, Bolten S, Möller-Mussavi S (2003) Gescheiterte Wiedereingliederung nach Behandlung im Maßregelvollzug (§ 63 StGB) oder Wie lassen sich Rückfälle verhindern? MschrKrim 86: 127–137

SK: Systematischer Kommentar zum Strafgesetzbuch, Loseblattsammlung (2003) Bd. §§ 1–79b. Luchterhand, Neuwied (zit. SK-Bearbeiter)

Tondorf G (2000) Behandler sind keine Sachverständigen. StV 20: 171–173

Tröndle H, Fischer T (2004) Strafgesetzbuch und Nebengesetze, 52. Aufl. Beck, München

Volckart B, Grünebaum R (2003) Maßregelvollzug, 6. Aufl. Luchterhand, Neuwied

Medizinische Indikation eines Schwangerschaftsabbruchs

Bei der Schwangerenbetreuung gilt die Aufmerksamkeit und Fürsorge des Arztes nicht nur dem Gesundheitszustand der Schwangeren, sondern auch dem Gesundheitszustand und der Entwicklung des ungeborenen Lebens. Das Bundesverfassungsgericht hat in seinen beiden Abtreibungsentscheidungen ausdrücklich betont, dass auch das ungeborene Leben unter dem Schutz der Verfassung stehe und deshalb sowohl Menschenwürde gem. Art. 1 Abs. 1 GG als auch ein Recht auf Leben und körperliche Unversehrtheit gem. Art. 2 Abs. 2 GG besitze (BVerfGE 39, S. 1; 88, S. 203). Dabei soll der Grundrechtsschutz laut Bundesverfassungsgericht spätestens ab der Einnistung in die Gebärmutter beginnen. Der Schutz des ungeborenen Lebens kann allerdings in bestimmten Fällen mit den Grundrechten der Frau kollidieren. In Betracht kommen ihr Anspruch auf Schutz und Achtung ihrer Menschenwürde nach Art. 1 Abs. 1 GG, ihr Recht auf Leben und körperliche Unversehrtheit gem. Art. 2 Abs. 2 GG sowie ihr Selbstbestimmungsrecht aus Art. 2 Abs. 1 GG. Die grundsätzliche Pflicht zum Austragen der Schwangerschaft gilt deshalb nicht uneingeschränkt.

10.1 Überblick

10.1.1 Systematik der gesetzlichen Regelung

Die derzeitige Gesetzeslage zum Schwangerschaftsabbruch ist durch folgende Punkte charakterisiert:

- keine Indikation: rechtswidrig, nach Beratung aber straffrei bis zur 12. Schwangerschaftswoche post conceptionem für den Arzt bzw. bis zur 22. SSW p.c. für die Schwangere;
- kriminologische Indikation: rechtmäßig bis zur 12. SSW p.c.;
- medizinisch-soziale Indikation: rechtmäßig bis zur Geburt.

Den Vorgaben des Bundesverfassungsgerichts folgend ist der Schwangerschaftsabbruch grundsätzlich strafbares Unrecht (§ 218 Abs. 1 S. 1 StGB).

§ 218 StGB. Schwangerschaftsabbruch. (1) Wer eine Schwangerschaft abbricht, wird mit Freiheitsstrafe bis zu drei Jahren oder mit Geldstrafe bestraft. Handlungen, deren Wirkung vor Abschluss der Einnistung des befruchteten Eies in der Gebärmutter eintritt, gelten nicht als Schwangerschaftsabbruch im Sinne dieses Gesetzes. [...]

Die Verhinderung der Einnistung des befruchteten Eies in der Gebärmutter (Nidation), also praktisch alle Schwangerschaftseingriffe innerhalb der ersten beiden SSW p.c., gelten jedoch nicht als Abbruchshandlungen und werden deshalb strafrechtlich nicht verfolgt (§ 218 Abs. 1 S. 2 StGB). Hierzu gehören z. B. die postkoitale Pille (»morning-after pill«), intrauterine Pessare, Spiralen etc. (Otto 1996, S. 140), aber auch operative Eingriffe, wie z. B. Ausschabung und Ausspülung mit dem Ziel, die volle Einnistung des befruchteten Eies in die Gebärmutter zu verhindern (Schönke u. Schröder-Eser 2001, § 218 Rn. 13).

Ein innerhalb der ersten 12 SSW p.c. vorgenommener Schwangerschaftsabbruch wird gem. § 218a Abs. 1 StGB nicht mit Strafe bedroht, wenn sich die Frau von einer staatlich anerkannten Stelle – nach Abschnitt 2 des Schwangerschaftskonfliktgesetzes (SchKG) – beraten ließ und der Abbruch von einem Arzt vorgenommen wurde. Für die Schwangere gilt der persönliche Strafausschluss des § 218a Abs. 4 S. 1 StGB, sofern der Abbruch innerhalb der ersten 22 SSW p.c. nach ordnungsgemäßer Beratung von einem Arzt vorgenommen wurde. Diese Regelungen bewirken jedoch keine Rechtfertigung des Schwangerschaftsabbruchs, sondern besagen nur, dass der Abbruch unter diesen Voraussetzungen nicht bestraft wird (vgl. dazu Schönke u. Schröder-Eser 2001, vor § 218 Rn. 7).

Gerechtfertigt ist ein Schwangerschaftsabbruch nur dann, wenn einer der Indikationstatbestände des § 218a Abs. 2 StGB (medizinisch-soziale Indikation) oder Abs. 3 StGB (kriminologische Indikation) gegeben ist. Die kriminologische Indikation besagt, dass der Abbruch einer Schwangerschaft, die aus einer Vergewaltigung resultiert, bis zur 12. SSW p.c. rechtmäßig ist.

Die medizinisch-soziale Indikation gestattet einen Abbruch bei drohenden Gefahren für das Leben oder die Gesundheit der Schwangeren ohne zeitliche Befristung.

> **§ 218a StGB. Straflosigkeit des Schwangerschaftsabbruchs. [...]** (2) Der mit Einwilligung der Schwangeren von einem Arzt vorgenommene Schwangerschaftsabbruch ist nicht rechtswidrig, wenn der Abbruch der Schwangerschaft unter Berücksichtigung der gegenwärtigen und zukünftigen Lebensverhältnisse der Schwangeren nach ärztlicher Erkenntnis angezeigt ist, um eine Gefahr für das Leben oder die Gefahr einer schwerwiegenden Beeinträchtigung des körperlichen oder seelischen Gesundheitszustandes der Schwangeren abzuwenden, und die Gefahr nicht auf eine andere für sie zumutbare Weise abgewendet werden kann.

10.1.2 Verzicht auf die embryopathische Indikation

Die frühere »embryopathische« und die »allgemeine Notlagenindikation« sind seit dem Inkrafttreten des Schwangeren- und Familienhilfeänderungsgesetzes am 01.10.1995 formell weggefallen. Die embryopathische Indikation des § 218a StGB a. F. besagte, dass ein Schwangerschaftsabbruch innerhalb der ersten 22 SSW p.c. rechtmäßig sei, sofern eine schwere Störung der kindlichen Entwicklung vorliegt und der Mutter das Austragen der Schwangerschaft nicht zugemutet werden kann. Mit dem Wegfall der Indikation wollte der Gesetzgeber in erster Linie der Kritik der Behindertenverbände gerecht werden, die beklagten, eine solche Regelung würde zu dem Missverständnis führen, dass sich die Rechtfertigung aus einer geringeren Achtung des Lebensrechts eines behinderten Kindes ergebe (BT-Drucks. 13/1850, S. 25 f.). Die weggefallene Indikation sollte jedoch nach dem Willen des Gesetzgebers bis zu einem gewissen Grad durch die beiden erhaltenen Indikationen aufgefangen werden (Schönke u. Schröder-Eser 2001, § 218a Rn. 1).

Aufgrund dessen und wegen der Einbeziehung von zukünftigen Lebensumständen in die Beurteilung der Situation kommt es in weiten Teilen der Literatur und vor allem in der Praxis zu dem Missverständnis, dass die weggefallene Indikation vollständig in der neuen medizinisch-sozialen Indikation mit enthalten sei (Schumann u. Schmidt-Recla 1998, S. 500). Bei der medizinisch-sozialen Indikation kommt es jedoch gerade nicht auf das Vorliegen einer Schädigung des Kindes an. Ein auffälliger Befund im Rahmen der Pränataldiagnostik stellt folglich noch keinen Indikationsgrund dar (BÄK DÄBl 1998, A-3014).

! Es muss vielmehr eine schwerwiegende Gesundheits- bzw. Lebensgefahr für die Mutter bestehen, welche entweder durch die Schwangerschaft selbst oder die nach der Geburt folgenden Belastungen ausgelöst wird und nicht anders als durch den Abbruch abgewendet werden kann. Nur wenn diese Gefahr tatsächlich festgestellt ist und auch die übrigen Voraussetzungen der medizinischen Indikation vorliegen, ist der Abbruch durch § 218a Abs. 2 StGB gerechtfertigt (BT-Drucks. 13/5364, S. 15).

Die medizinisch-soziale sieht im Unterschied zur alten embryopathischen Indikation keine Befristung mehr vor. Darüber hinaus entfallen bei ihr die Beratungspflicht und die gesonderte statistische Kontrolle für Abbrüche, bei denen eine fetale Erkrankung oder Entwicklungsstörung bzw. eine Anlageträgerschaft für eine Erkrankung für die Indikation von Bedeutung ist (BÄK DÄBl 1998, A-3013, 3015).

10.2 Allgemeine Voraussetzungen für einen straffreien Schwangerschaftsabbruch

Der Eingriff muss von einem Arzt vorgenommen werden. Der Arztvorbehalt bezieht sich auf Diagnose, körperliche Untersuchung, Eingriffsvorbereitungen einschließlich des dem Eingriff vorausgehenden Gesprächs mit der Schwangeren über die

Gründe des Abbruchs und den eigentlichen Eingriff bis zu seinem Abschluss (LK-Kröger 2002, § 218a Rn. 17). Dabei hat der Arzt die Regeln der ärztlichen Kunst zu beachten. Außerdem muss die Schwangere eingewilligt haben. Dazu muss die Betroffene in Besitz der natürlichen Einsichts- und Urteilsfähigkeit sein und die Bedeutung und Tragweite des Eingriffs verstehen (BGHSt 4, S. 88, 90; BGHSt 12, S. 379, 383; LK-Kröger 2002, § 218a Rn. 6; Eser u. Hirsch-Lenckner 1980, S. 176).

Umstritten ist, ob eine **Minderjährige** ohne die Zustimmung ihres Erziehungsberechtigten in den Abbruch ihrer Schwangerschaft einwilligen kann. Nach der Rechtsprechung des OLG Hamm (NJW 1998, S. 3423, so im Ergebnis auch AG Celle NJW 1987, S. 2307) soll der Abbruch der Schwangerschaft einer Minderjährigen in jedem Fall der Zustimmung der gesetzlichen Vertreter bedürfen. Die überwiegende Meinung in der Literatur (Bernard 1995, S. 107; Schönke u. Schröder-Eser 2001, § 218a Rn. 61; LK-Kröger 2002, § 218a Rn. 6; Ulsenheimer 2002, § 143 Rn. 29, S. 1333; Eser u. Hirsch-Lenckner 1980, S. 181; Schwerdtner 1999, S. 1525) und Rechtsprechung (LG München NJW 1980, S. 656; AG Schlüchtern NJW 1998, S. 832) stellt jedoch auf ein Urteil des BGH aus dem Jahre 1958 (BGHZ 29, S. 33 ff.) ab, in dem für die rechtswirksame Einwilligung in einen Heileingriff die Urteils- und Einsichtsfähigkeit des Minderjährigen ausreichend war. Bezogen auf den Schwangerschaftsabbruch soll nach dieser Ansicht nichts anderes gelten, weswegen jeweils im Einzelfall zu prüfen sei, ob die Minderjährige geistig und emotional in der Lage ist, sowohl die möglichen Folgen der Einwilligung in den Abbruch abzuschätzen als auch die eingetretenen Folgen zu tragen (AG Schlüchtern, a.a.O.). Bei unter 16-jährigen Mädchen soll dies regelmäßig zu verneinen sein, während es bei über 16-jährigen auf deren individuelle geistige und sittliche Reife ankommt (Ulsenheimer 2002, § 143 Rn. 29, S. 1333).

Bei fehlender Einwilligungsfähigkeit der Schwangeren aufgrund mangelnder Reife oder psychischer Krankheit ist die Entscheidung ihres gesetzlichen Vertreters oder Sorgeberechtigten maßgebend (Belling u. Eberl 1995, S. 295; LK-Kröger 2002, § 218a Rn. 7). Jedoch hat sich der gesetzliche Vertreter stets am Wohl der Schwangeren zu orientieren und die Bedeutung der Mutterschaft für die Betroffene zu berücksichtigen (Eser u. Hirsch-Lenckner 1980, S. 179). Deshalb ist ein Abbruch gegen den Willen der Schwangeren in der Regel nur dann zulässig, wenn dieser bei Fortsetzung der Schwangerschaft eine schwere Gesundheitsgefahr oder die Gefahr des Todes droht (Laufhütte u. Wilkitzki 1976, S. 332; Schönke u. Schröder-Eser 2001, § 218a Rn. 61; SK-Rudolphi 2003, § 218a Rn. 20). Verweigert der Vertreter in solchen Fällen die Einwilligung, ist das Vormundschaftsgericht einzuschalten, das einen Ergänzungspfleger bestellt oder in Eilfällen selbst entscheidet, ob der Abbruch dem Wohl der Schwangeren entspricht. Ist bei Fortsetzung der Schwangerschaft das leibliche oder seelische Wohl der Schwangeren gefährdet, hat das Gericht die Einwilligung zu ersetzen (SK-Rudolphi 2003, § 218a Rn. 20).

Beispiel

Fall 10.1. Erika S., 26-jährige Studentin der Anglistik, erlitt die erste Episode einer schizophrenen Psychose (ICD-10:F20.00) im ersten Trimenon einer bestehenden Schwangerschaft. Psychopathologisch dominierte eine deutliche Positivsymptomatik mit akustischen Halluzinationen, Beziehungs- und Beeinträchtigungswahn. Sie war nach den Unterbringungsgesetzen des Landes in ein Fachkrankenhaus für Psychiatrie und Psychotherapie eingewiesen worden. Die behandelnden Ärzte empfahlen keine Unterbrechung der Schwangerschaft, die von der Familie der Patientin sehr nachdrücklich gefordert wurde, schließlich sei sie »verrückt«. Weder die aktuelle Medikation noch die eher gute Krankheitsprognose ließen die Voraussetzungen des § 218a Abs. 2 StGB gelten.

Ist die an sich einwilligungsfähige Schwangere zu einer Willensäußerung – wie etwa nach einem Unfall – nicht in der Lage, genügt ihre mutmaßliche Einwilligung, wenn ein Abwarten bei medizinischer Indikation zum Tod oder zu schweren Gesundheitsschädigungen führen würde (LK-Kröger 2002, § 218a Rn. 5). Ist der mutmaßliche Wille nicht bestimmbar, so muss eine Todesgefahr vorliegen, um den Abbruch zu rechtfertigen (Schönke u. Schröder-Eser 2001, § 218a Rn. 61).

10.3 Besondere Voraussetzungen der medizinisch-sozialen Indikation

Laut § 218a StGB ist der Abbruch einer Schwangerschaft nicht rechtswidrig, wenn er unter Berücksichtigung der gegenwärtigen und zukünftigen Lebensverhältnisse der Schwangeren nach ärztlicher Erkenntnis angezeigt ist,
- um eine Gefahr für das Leben oder
- die Gefahr einer schwerwiegenden Beeinträchtigung des körperlichen oder seelischen Gesundheitszustandes der Schwangeren abzuwenden,
- und die Gefahr nicht auf eine andere für sie zumutbare Weise abgewendet werden kann.

10.3.1 Lebensgefahr

Als Lebensgefahr kommen als erstes somatische Ursachen in Betracht, wie drohende akute internistische Dekompensationen der Schwangeren (z. B. Herzfehler, Eklampsie). Dazu zählen auch bereits vorhandene Leiden, die durch die Schwangerschaft verschlimmert werden können (z. B. bei chronisch entzündeter Restniere) oder die eine lebenserhaltene Therapie benötigen, die wegen der Schwangerschaft nicht durchgeführt werden kann (z. B. Chemotherapie oder Krebsoperation am Uterus) (Ulsenheimer 2002, § 143 Rn. 37, S. 1337).

Neben somatischen Ursachen kann auch eine Suizidalität eine Lebensgefahr darstellen, wobei aber nicht eine Thematisierung eines Selbstmordes schon ausreicht (BGHSt 2, S. 111, 115). Es ist jeweils im Einzelfall von einem Facharzt für Psychiatrie und Psychotherapie zu prüfen, inwieweit die Drohung auf einer ernstzunehmenden Entschlossenheit beruht. Wie bei jeder psychiatrischen Untersuchung ist die Anamnese, möglichst unter Einbeziehung einer Fremdanamnese, und ein psychopathologischer Befund zu erheben und ggf. auch eine psychische Störung entsprechend einem internationalen Diagnoseinventar (ICD-10, DSM-IV) zu diagnostizieren. Therapeutische Optionen sind zu prüfen. Suizidalität im Rahmen einer psychosozialen Belastungssituation (Krise) kann – wie bei den meisten anderen psychischen Störungen auch – kaum eine Indikation für eine Abtreibung darstellen.

Beispiel

Fall 10.2. Frau Gertrud K., 31-jährige Mutter zweier Kinder, war vor kurzem als Zahnarzthelferin arbeitslos geworden. Sie lebte in Scheidung und war im Rahmen einer kurzzeitigen, schon wieder beendeten Partnerschaft schwanger geworden (nun in der 14. SSW). Sie drängte ihren Frauenarzt zu einer Abtreibung, da sie sich ansonsten umbringen werde. Dieser ließ ein psychiatrisch-psychotherapeutisches Konsil durchführen. Bei dieser Untersuchung wurde keine psychische Störung entsprechend ICD-10 festgestellt. Eine Suizidalität konnte nicht diagnostiziert werden. Die Patientin hatte Selbstmordgedanken als Instrument ihres Zieles einer Abtreibung dargestellt. Eine Abtreibung wurde aus medizinischer Sicht nicht befürwortet.

Der Facharzt muss zudem feststellen, ob der Abbruch tatsächlich zu einer Verbesserung der Lage führt und sie nicht noch verschlimmern könnte (Woopen 1999, S. 975). Schließlich ist zu prüfen, ob der Selbsttötungsdrohung nicht eine anderweitige Störung zugrunde liegt, die mangels Behandlungsaussicht zum Abbruch nötigt (LK-Kröger 2002, § 218a Rn. 36).

10.3.2 Gesundheitsgefahr

Es kommen somatische sowie psychische Störungen in Betracht. Diese müssen jeweils schwerwiegend und von erheblicher Dauer sein (LK-Kröger 2002, § 218a Rn. 39), wobei der Schweregrad umso höher sein muss, je weiter die Schwangerschaft fortgeschritten ist (Tröndle u. Fischer 2004, § 218a Rn. 15). Insofern verlangt der Bundesgerichtshof eine Güter- und Interessenabwägung (BGH NJW 2002, S. 2636).

Unter den Begriff fällt damit nicht schon jede Störung des sozialen Wohlbefindens im Sinne der WHO und auch nicht die mit jeder Schwangerschaft verbundenen Belastungen (Schönke u. Schröder-Eser 2001, § 218a Rn. 29). Allerdings kann aufgrund der Gesundheitsgefahr als eigenständigem Indikationsgrund nicht verlangt werden, dass die Beeinträchtigung einer Lebensgefahr gleichkommt.

Da die Indikation neben der medizinischen eine soziale Komponente besitzt, sind über die somatischen und psychischen Störungen hinaus auch solche Zustände mit einzubeziehen, die zwar keinem medizinischen Krankheitsbild entsprechen, aber im Wege einer die gegenwärtigen und zukünftigen Lebensverhältnisse der Schwangeren einbeziehenden Gesamtwürdigung eine feststellbare Verschlechterung ihrer körperlichen und seelischen Verfassung bedeuten (Otto 1996 S. 135, 142). Darunter fallen auch psychische Dauerüberlastungen, die infolge einer Summierung wirtschaftlicher und familiärer Belastungen oder bei Vorausschau auf künftige Überforderungen durch Sorge- und Einstandspflichten entstehen (BVerfGE 88, S. 203, 256). Bei der Beurteilung ist jeweils die individuelle Situation der Frau unter Einbeziehung ihres sozialen Umfeldes zu berücksichtigen. Eine Beeinträchtigung, wie z. B. ein dauerhafter Erschöpfungszustand, kann in einer intakten Familie überwunden werden und unbeachtlich sein, während er in einer zerrütteten oder gewalttätigen Ehe womöglich einen Indikationsgrund darstellt (LK-Kröger 2002, § 218a Rn. 40). Einzelnen Gesichtspunkten (Verlust von Wohnung, Arbeitsplatz, Überforderung durch schon lebende Kinder) kommt also noch keine indizierende Bedeutung zu, sie können aber je nach Ausprägung und konkreter Bedeutung vor dem Hintergrund der Persönlichkeit der Schwangeren, ihres Gesundheitszustandes und der voraussichtlichen Entwicklung Gewicht erlangen (Tröndle u. Fischer 2004, § 218a Rn. 26).

! Aus medizinischer Sicht erscheint bedenklich, dass psychosoziale Umstände, die mit keiner Krankheit verbunden und durchaus veränderbar sind, hier als Indikation gelten können.

Insgesamt ist der Begriff der Gesundheitsgefahr sehr eng zu sehen, da auch bei den meisten Krankheiten therapeutische Optionen nicht ausgeschöpft sind und/oder Krankheit und Schwangerschaft bzw. Krankheit und Kindeserziehung sich gerade nicht ausschließen.

Beispiele für schwerwiegende Gesundheitsgefahren aus der Literatur und der Rechtsprechung sind Niereninsuffizienz, Zervix- und Ovarialkarzinome, organisch bedingte Herzfehler bestimmten Grades (Schmidt-Matthiesen 2005, S. 168ff.), aber auch psychosomatische Persönlichkeitsverformungen, neurasthenische Entwicklung mit ständigen Versagenserlebnissen und depressive Fehlentwicklung (BT-Drucks. 6/3434, S. 20), nicht dagegen Lungentuberkulose und Epilepsie (Schmidt-Matthiesen, a.a.O.). Diese Auswahl erscheint recht willkürlich und ist von psychiatrischer Seite wenig nachvollziehbar: So sind die genannten psychischen Störungen nicht nur in ihrer diagnostischen Entität keinem der internationalen Diagnosemanuale zuzuordnen, sondern sie sind auch alle einer psychiatrisch-psychotherapeutischen Behandlung gut zugänglich.

Es müssen konkrete Anhaltspunkte für das Vorliegen einer Gefahr bestehen. Der Grad der Wahrscheinlichkeit des Eintretens einer Gesundheitsgefahr ist dabei von der Größe des zu erwartenden Schadens abhängig zu machen. Je schwerwiegender die drohende Gesundheitsbeschädigung ist, desto geringere Anforderungen werden an den Grad der Wahrscheinlichkeit des Auftretens der Gefahr gestellt (Schönke u. Schröder-Eser 2001, § 218a Rn. 31).

10.3.3 »Nicht anders abwendbar«

Eine medizinische Indikation liegt nicht vor, wenn die Gefahr durch andere Weise als den Abbruch abgewendet werden kann und dies der Frau zumutbar ist (Ultima-Ratio-Gedanke). Als Alternative zum Abbruch kommt in erster Linie die ärztliche Behandlung in Betracht (BGHSt 2, S. 111, 114). Die Einweisung in ein psychiatrisches Krankenhaus wird allerdings für unzumutbar gehalten (RegEntwurf BT-Drucks. VI/3434, S. 21; LK-Kröger 2002, § 218a Rn. 45; Lackner u. Kühl 2004, § 218a Rn. 13; Tröndle u. Fischer 2004, § 281a Rn. 28, nur im Ausnahmefall).

Es gibt Situationen, in denen nicht die Schwangerschaft, sondern die Existenz des (nicht notwendigerweise) kranken Kindes die Gesundheit oder das Leben der Schwangeren gefährdet. Hier ist das eigentliche Ziel der Abbruchshandlung die Tötung des Ungeborenen. So könnte z. B. die Gewissheit, ein schwerstbehindertes Kind zur Welt zu bringen, zu schweren Dauerschäden führen, eine Argumentation, die aber aus medizinischer Sicht nicht nachvollziehbar ist. Überdies könnte die zu erwartende Pflegebedürftigkeit die körperlichen und seelischen Kräfte der Frau weit übersteigen und nur den Abbruch als Möglichkeit zur Abwendung der Gefahr offen lassen (LK-Kröger 2002, § 218a Rn. 42). Auch dies ist aus medizinischer Sicht abzulehnen, da die psychosozialen und pflegerischen Hilfssysteme weitgehend gut ausgebaut sind. Zu prüfen sind in diesen Fällen immer die Möglichkeiten der Vermittlung und ggf. Bezahlung von Haushaltshilfen und Pflegekräften.

Inwieweit eine **Freigabe zur Adoption** zumutbar ist, ist streitig. Nach Rechtsprechung des AG Celle (NJW 1987, S. 2306) ist die Adoption grundsätzlich ein zumutbarer Ausweg. Dagegen wird eingewandt, dass es – neben der in gewissem Rahmen gesellschaftlichen Stigmatisierung einer Freigabe zur Adoption – für die Frau oft unerträglich sei, das Kind erst auszutragen und dann wegzugeben (LK-Kröger 2002, § 218a Rn. 44). Deshalb sei die Adoption zwar nicht grundsätzlich unzumutbar (so LG Memmingen NStZ 1989, S. 228), es sei aber jeweils auf die individuellen Lebensumstände der Schwangeren abzustellen (BayOLG NJW 1990, S. 2328, 2330; Lackner u. Kühl 2004, § 218a Rn. 13; SK-Rudolphi 2003 § 218a Rn. 34; Schönke u. Schröder-Eser 2001, § 218a Rn. 35). Hat die Schwangere selbst schlechte Heimerfahrungen gemacht oder sieht sie sich durch die Sorge um das Schicksal ihres Kindes der dauernden psychischen Belastung ausgesetzt, ist eine Adoption eher unzumutbar (Schönke u. Schröder-Eser 2001, § 218a Rn. 35).

Auch der Bundesgerichtshof schließt sich der – von Psychiatern vielfach abgelehnten – letzteren Ansicht an. Allerdings sei eine Abwägung der »gesamten persönlichen Umstände der Schwangeren« gegen das »verfassungsrechtlich geschützte [...] Lebensrecht des Kindes« als Entscheidungshilfe wenig geeignet, weshalb der persönliche Eindruck und die Einstellung der Schwangeren ausschlaggebend seien (BGH NStZ 1992, S. 328, 331).

In den Fällen, in denen die Schwangerschaft selbst, nicht aber die Existenz des Kindes die Gesundheit oder das Leben der Schwangeren bedrohen, ist neben der ärztlichen Behandlung der Mutter eine künstlich eingeleitete Frühgeburt, sofern das Kind bereits lebensfähig ist, ein zumutbares Mittel zur Abwendung der Gefahr (Schönke u. Schröder-Eser 2001, § 218a Rn. 33).

10.3.4 Gegenwärtige und zukünftige Lebensverhältnisse

Nicht nur die momentane Lage der Frau ist von Bedeutung. Konflikte und Belastungen der Frau können sich schon aus der Vorschau auf ihre umfassenden Sorge- und Einstandspflichten für das Kind nach dessen Geburt ergeben (BVerfGE 88, S. 203, 256). Neben den medizinischen Aspekten sind auch familiär-soziale Lebensumstände der Frau zu berücksichtigen.

10.3.5 Ärztliche Erkenntnis

Ob die Indikationsvoraussetzungen im Einzelfall gegeben sind, hat der Arzt »nach ärztlicher Erkenntnis« zu entscheiden. Der Bundesgerichtshof hat diesbezüglich festgestellt, dass der Arzt einen gewissen Beurteilungsspielraum bei der Indikationsfeststellung hat (BGHZ 95, S. 199, 206). Andererseits ist die Entscheidung nicht gänzlich der ärztlichen Erkenntnis überlassen (BGHSt 38, S. 154). Das Gericht kann zunächst überprüfen, ob der indikationsfeststellende Arzt den Sachverhalt gewissenhaft aufgeklärt und geprüft hat. Dafür muss der Arzt die ihm zur Verfügung stehenden Erkenntnismittel – in erster Linie die Befragung der Patientin – ausschöpfen, wobei er sich nicht nur auf die Beurteilung der medizinischen Gesichtspunkte beschränken darf, sondern auch die psychosozialen Verhältnisse der Schwangeren und den Wert des ungeborenen menschlichen Lebens in seine Beurteilung mit einbeziehen muss (Schönke u. Schröder-Eser 2001, § 218a Rn. 36). Fehlt einem Arzt die Sachkunde, hat er einen Facharzt für Psychiatrie und Psychotherapie hinzuzuziehen (BGHSt 3, S. 11). Auch der abbrechende Arzt hat sich nach den zugrunde liegenden Umständen zu erkundigen und sie im Falle der Entscheidung zum Abbruch für ausreichend zu halten (Süfke 1995, S. 106). Zwar kann sich der abbrechende Arzt umso mehr auf die Indikation des feststellenden Arztes verlassen, je weiter die Feststellung auf der überlegenen Sachkunde des Kollegen beruht (z. B. Genetiker, Psychiater). Er darf sich aber nicht mit einer offensichtlich inkompetenten Indikationsfeststellung begnügen (Eser 1992, S. 179).

Die auf Grund richtiger Sachverhaltsermittlung getroffene Entscheidung ist schließlich auf ihre Vertretbarkeit hin gerichtlich überprüfbar (BGHSt 38, S. 154).

10.3.6 Verbot der Doppelrolle und Beratung

! Eine Voraussetzung, die nicht den Ausschluss der Rechtswidrigkeit im Sinne des § 218a Abs. 2 StGB berührt, jedoch bei Nichtvorliegen zu einer gesonderten Strafbarkeit nach § 218b Abs. 1 S. 1 StGB führt, ist das Vorliegen der schriftlichen Feststellung der Indikation durch einen anderen als den abbrechenden Arzt: Der indikationsfeststellende Arzt darf also nicht gleichzeitig den Schwangerschaftsabbruch durchführen.

Nach § 218c StGB macht sich der abbrechende Arzt strafbar, wenn er die Schwangerschaft abbricht, ohne der Frau Gelegenheit gegeben zu haben, ihm die Gründe für ihr Abbruchsverlangen darzulegen und sie nicht über die Bedeutung des Eingriffs (Ablauf, Risiken und physische oder psychische Auswirkungen) beraten hat.

Bezüglich des Inhalts der Beratung nach einer gesicherten Diagnose einer fetalen Erkrankung, Behinderung oder Anlageträgerschaft sollte sich der Arzt an den Vorgaben der Bundesärztekammer orientieren (DÄBl 1998, A-3014). Insbesondere hat die Beratung einzelfallbezogen, ergebnisoffen und nicht direktiv zu erfolgen. Es wird zudem empfohlen, eine mehrtägige Frist zwischen der Beratung und dem Abbruch einzuhalten.

10.4 Einzelprobleme

10.4.1 Keine Befristung

Durch den Wegfall der Befristung kann es bei Spätabbrüchen zu der Geburt eines lebensfähigen Kindes kommen. Nach Forderung der Bundsärztekammer soll deshalb ein Abbruch, dessen Ziel der Tod des Ungeborenen ist, nach Erreichen der extrauterinen Lebensfähigkeit nur erfolgen, wenn eine unbehandelbare Krankheit oder Entwicklungsstörung des Kindes vorliegt, die mit dem Leben nicht vereinbar ist (z. B. Anenzephalie) und bei deren Vorliegen postnatal in der Regel keine lebenserhaltenden Maßnahmen ergriffen würden (BÄK DÄBl 1998, A-3013, 3015). Dafür spricht auch, dass die Abbruchsrisiken für die Schwangere mit fortschreitender Schwangerschaft erheblich steigen (Schmidt-Matthiesen 2005, S. 163). In den Ausnahmefällen, in denen eine Indikation für einen späten Schwangerschaftsabbruch festgestellt wurde, kann gemeinsam mit der Schwangeren bzw. den Eltern des Kindes erwogen werden, ob ein Fetozid vor Induktion des Abbruchs vorgenommen wird, um dem Kind das abbruchsbedingte Leiden zu ersparen (BÄK, a.a.O.).

Laut der Antwort der Bundesregierung auf eine kleine Anfrage unterliegt ein geschädigtes Kind, das bei einem Schwangerschaftsabbruch lebend zur Welt kommt, ebenso wie jedes andere Kind dem Schutz der Rechtsordnung (BT-Drucks. 13/5364, Frage 21).

! Es besteht also eine Versorgungspflicht gemäß dem geltenden medizinischen Standard (§ 1 Abs. 2 der Musterberufsordnung für deutsche Ärzte 1996). Kommt der Arzt der Pflicht nicht nach (sog. »Liegenlassen« wie geschehen im Oldenburger Fall: StA Oldenburg, NStZ 1999, S. 461, und Laufs 1998, S. 1752), so macht er sich wegen einer versuchten oder vollendeten Tötung bzw. Körperverletzung durch Unterlassen strafbar (Beckmann 1998, S. 159).

Ausnahmen von der grundsätzlichen Pflicht, das Leben des Neugeborenen zu erhalten, bestehen – entsprechend der aufgestellten Grundsätze der Bundesärztekammer zur ärztlichen Sterbebegleitung – bei Neugeborenen mit schwersten Fehlbildungen oder schweren Stoffwechselstörungen, bei denen keine Aussicht auf Heilung oder Besserung besteht. Eine lebenserhaltene Behandlung, die ausgefallene oder ungenügende Vitalfunktionen ersetzt, kann in solchen Fällen nach sorgfältiger Diagnostik auf Wunsch der Eltern unterlassen oder abgebrochen werden. Gleiches gilt auch für extrem unreife Kinder, deren unausweichliches Sterben abzusehen ist, und für Neugeborene, die schwerste Zerstörungen des Gehirns erlitten haben (BÄK DÄBl 1998, A-2367). Es kommt bei der jeweils im Einzelfall zu treffenden Entscheidung darauf an, ob eine dauerhafte Lebenserhaltung nicht möglich ist und ein in Kürze zu erwartender Tod nur hinausgezögert würde bzw. ob das Kind von Geburt an offensichtlich lebensunfähig ist.

Die Pflicht zur Gewährleistung der Grundversorgung, leidenslindernder Maßnahmen und menschlicher Zuwendung bleiben von dieser Entscheidung unberührt (Beckmann 1998, S. 159).

10.4.2 Fetozid bei Mehrlingsschwangerschaften

Bei hochgradigen Mehrlingsschwangerschaften kann es im Einzelfall infolge von Gestosen, Thromboembolien sowie Präeklampsie, aber auch durch die gesteigerten geburtsbedingten Risiken und Belastungen, die sich durch atypische und pathologische Lagen der Mehrlinge im Uterus ergeben können, zu einer Lebens- oder schwerwiegenden Gesundheitsgefahr für die Schwangere kommen (Hülsmann 1992, S. 2334; BÄK DÄBl 1989, A-2220). Nach Forderung der Bundesärztekammer sollen in solchen Situationen zwar keinesfalls »mehr Feten abgetötet werden als zur Abwendung der indikationsbegründenden Lage erforderlich ist« (DÄBl 1989, C-1390). Aber auch wenn ein partieller Abbruch medizinisch möglich ist und dadurch eine Indikationslage ausgeschlossen werden könnte, so ist dies der Frau nach überwiegender Ansicht wegen des noch experimentellen Charakters des Eingriffs derzeit nicht generell zumutbar, sondern im Einzelfall zu entscheiden (Eberbach 1989, S. 271; Schönke u. Schröder-Eser 2001, § 218a Rn. 34; Hülsmann, a.a.O.). Willigt die Frau in einen partiellen Eingriff ein und wäre der Totalabbruch gerechtfertigt, so muss ihr auch der Teilabort als »quantitatives Minus« gestattet sein (Hülsmann, a.a.O.).

10.4.3 Beschränktes Weigerungsrecht

Nach § 12 Abs. 1 des Schwangerschaftskonfliktgesetzes (SchKG) ist niemand verpflichtet, an einem Schwangerschaftsabbruch mitzuwirken. Von dieser Regel wird in § 12 Abs. 2 SchKG eine Ausnahme gemacht, wenn die Mitwirkung erforderlich ist, um von einer Frau eine nicht anders abwendbare Gefahr des Todes oder eine schwere Gesundheitsschädigung abzuwenden.

! Eine Verletzung der Mitwirkungspflicht kann eine Strafbarkeit wegen Totschlags, Körperverletzung und unterlassener Hilfeleistung nach sich ziehen (Ulsenheimer 2002, § 143 Rn. 44, S. 1340).

10.4.4 Haftung für Behandlungsfehler

Durch die Inanspruchnahme bzw. die Übernahme der Betreuung einer Frühschwangerschaft wird zwischen der Schwangeren und dem Arzt ein Behandlungsvertrag begründet, der sich auf die Betreuung von Mutter und Kind bezieht.

Bei der Verletzung der Pflicht zur medizinischen Beratung handelt es sich um einen Behandlungsfehler, den regelmäßig der Patient nachzuweisen hat (OLG Zweibrücken MedR 2000, S. 540). Den Arzt trifft eine generelle und umfassende Beratungspflicht allein wegen des Lebensalters, wenn die Frau das 40. Lebensjahr überschritten hat und deshalb nach ärztlicher Erfahrung einem erhöhten Risiko ausgesetzt ist (OLG Düsseldorf NJW 1989, S. 1548).

Unterbleibt der Schwangerschaftsabbruch wegen einer Verletzung der Beratungspflicht, so besteht ein Anspruch gegen den Arzt auf Ersatz des Unterhalts für das geschädigte Kind, wenn zusätzlich die Indikation des § 218a Abs. 2 StGB vorliegt (Lebensgefahr oder schwerwiegende Beeinträchtigung der Frau durch die Geburt des Kindes; BGH NJW 2002, S. 2636). Ist der Behandlungsvertrag auf eine pränatale Untersuchung zwecks Vermeidung der Geburt eines schwer vorgeschädigten Kindes gerichtet, so wird die Beratungspflicht verletzt, wenn der Arzt nicht auf die Behinderung hinweist (BGH, a.a.O).

10.5 Literatur

Beckmann R (1998) Der »Wegfall« der embryopathischen Indikation. MedR 16: 155–161

Belling DW, Eberl C (1995) Der Schwangerschaftsabbruch bei Minderjährigen. FuR 6: 287–297

Bernard A (1995) Der Schwangerschaftsabbruch aus zivilrechtlicher Sicht unter besonderer Berücksichtigung der Stellung des nasciturus. Duncker & Humblot, Berlin

Eberbach WH (1989) Pränatale Diagnostik – Fetaltherapie – selektive Abtreibung: Angriffe auf § 218a Abs. 2 Nr. 1 StGB (embryopathische Indikation). JR 35: 265–273

Eser A (1992) »Ärztliche Erkenntnis« und richterlicher Überprüfung der Indikation zum Schwangerschaftsabbruch nach § 218a StGB. In: Festschrift für Jürgen Baumann. Gieseking, Bielefeld, S 155–181

Eser E, Hirsch HA (1980) Sterilisation und Schwangerschaftsabbruch. Enke, Stuttgart (zit. Eser u. Hirsch-Bearbeiter)

Hülsmann C (1992) Fetozid: Bemerkungen aus strafrechtlicher Sicht. NJW 37: 2331–2338

Lackner K, Kühl K (2004) Strafgesetzbuch, 25. Aufl. Beck, München

Laufhütte H, Wilkitzki P (1976) Zur Reform der Strafvorschriften über den Schwangerschaftsabbruch JZ 31: 329–338

Laufs A (1998) Arzt und Recht – Fortschritte und Aufgaben. NJW 24: 1750–1761

LK: Leipziger Kommentar zum Strafgesetzbuch (2002) Bd §§ 211-219b, 11. Aufl. De Gruyter, Berlin (zit. LK-Bearbeiter)

Otto H (1996) Die strafrechtliche Neuregelung des Schwangerschaftsabbruchs. Jura 18: 135–145

Schmidt-Matthiesen H (2005) Gynäkologie und Geburtshilfe, 10. Aufl. Schattauer, Stuttgart

Schönke A, Schröder H (2001) Strafgesetzbuch: Kommentar, 26. Aufl. Beck, München (zit. Schönke u. Schröder-Bearbeiter)

Schumann E, Schmidt-Recla A (1998) Die Abschaffung der embryopathischen Indikation – eine ernsthafte Gefahr für den Frauenarzt. MedR 16: 497–504

Schwerdtner E (1999) Mehr Rechte für das Kind – Fluch oder Segen für die elterliche Sorge? NJW 21: 1525–1527

Süfke C (1995) »Ärztliche Erkenntnis« und die Pflicht zur sorgfältigen Prüfung im Rahmen des § 218a StGB. Nomos, Baden-Baden

SK: Systematischer Kommentar zur Strafprozessordnung und zum Gerichtsverfassungsgesetz (2003) Loseblattsammlung. Metzner, Neuwied (zit. SK-Bearbeiter)

Tröndle H, Fischer T (2004) Strafgesetzbuch und Nebengesetze, 52. Aufl. Beck, München

Ulsenheimer K (2002) Der Schwangerschaftsabbruch. In: Laufs A, Uhlenbruck W (Hrsg) Handbuch des Arztrechts, 3. Aufl. Beck, München, S 1315–1343

Woopen C (1999) Zum Anspruch der medizinisch-sozialen Indikation zum Schwangerschaftsabbruch: Leben, körperliche Unversehrtheit und Selbstbestimmung als konfligierende Rechte. Gynäkologe 32: 974–977

Glaubwürdigkeit

Die gerichtliche Beweiswürdigung fokussiert um die Beurteilung einer konkreten Aussage als wahr oder unwahr (spezielle Glaubwürdigkeit oder auch Glaubhaftigkeit). Im Rahmen der Glaubwürdigkeitsbeurteilung geht es nicht um die Beurteilung der Glaubwürdigkeit des Zeugen oder Beschuldigten im Sinne einer dauerhaften personalen Eigenschaft (allgemeine Glaubwürdigkeit), da man wahrscheinlich nie auf jemanden treffen wird, der immer die Wahrheit sagt und man ebenso selten jemanden vorfindet, der ständig lügen wird. Der allgemeinen Glaubwürdigkeit als Teil der persönlichen Zuverlässigkeit der aussagenden Person kommt dabei formal nur die Bedeutung einer Hilfstatsache für die Glaubhaftigkeit der Aussage zu (Eisenberg 2002, S. 553 Rn. 1426).
Mit der speziellen Glaubwürdigkeit (Glaubhaftigkeit) ist nicht die Persönlichkeitseigenschaft eines Zeugen gemeint, sondern die im Rahmen der psychologischen Glaubhaftigkeitsanalyse vorgenommene Beurteilung der Erlebnisgestütztheit einer Aussage in der Wirklichkeit.

11.1 Zuständigkeit zur Begutachtung

11.1.1 Grundsatz der Prüfung durch den Tatrichter

Die Beurteilung der Glaubhaftigkeit von Aussagen des Beschuldigten bzw. von Zeugen wird seit jeher von der Rechtsprechung als ureigenste Aufgabe des Tatrichters verstanden (BGHSt 8, S. 130). Dabei geht die höchstrichterliche Rechtsprechung davon aus, dass vom Richter erwartet werden kann, dass er über die zur Ausübung seines Amtes erforderliche Menschenkenntnis verfügt, um die Aussagen auf ihren Wahrheitsgehalt überprüfen zu können (BGHSt 38, S. 300). Deswegen ist die Hinzuziehung von Sachverständigen nur dann erforderlich, wenn die Eigenart des Einzelfalles eine außergewöhnliche Kenntnis oder Erfahrung notwendig macht (BGHSt, a.a.O.).

11.1.2 Notwendigkeit der Hinzuziehung eines Sachverständigen

Reicht das Sachwissen des Tatrichters zur Beurteilung der Glaubhaftigkeit der Aussage nicht aus, so ist es seine Pflicht, sich sachverständig beraten zu lassen (BGH NStZ 2002, S. 656). Dabei werden in der Mehrzahl der Fälle Psychologen mit der Begutachtung beauftragt.

Ärzte für Psychiatrie und Psychotherapie müssen nur ausnahmsweise beteiligt werden – wie etwa in Fällen, in denen der Zeuge offensichtlich an einer psychischen Störung leidet, die sich auf seine Aussagetüchtigkeit auswirken könnte (BGH NStZ 1997, S. 355).

Ein psychiatrischer Sachverständiger ist regelmäßig dann hinzuzuziehen, wenn Besonderheiten bei der aussagenden Person oder bei den Umständen des Falles eine Sachkunde erfordern, die der Richter (auch mit spezifischen forensischen Erfahrungen) nicht hat (KK-Herdegen 2003, § 244 Rn. 31). Festzuhalten ist jedoch, dass der Richter, unabhängig von der Beauftragung eines Sachverständigen, stets die letzte Entscheidung in der Beurteilung der Glaubwürdigkeit hat (BGH NStZ 1992, S. 451; KK-Herdegen 2003, § 244 Rn. 31; LR-Grollwitzer 2001, § 261 Rn. 90). Dieser Verantwortung kann er sich auch nicht durch die Beauftragung eines Sachverständigen entziehen (BGHSt 21, S. 62).

Psychische Auffälligkeiten

Besonderheiten in der Person sind regelmäßig gegeben, wenn bei dem zu Vernehmenden Anhaltspunkte für psychische Auffälligkeiten vorliegen (Eisenberg 2002, S. 776 Rn. 1860). So wurde die Notwendigkeit eines psychiatrischen Sachverständigen (evtl. gemeinsam mit einem psychologischen Sachverständigen) bejaht, wenn der zu Vernehmende an einer **schizophrenen Psychose** (BGH StV 1990, S. 8) bzw. an einer **Epilepsie** leidet (BGH StV 1991, S. 245). Gleiches gilt auch bei anderen psychischen Störungen, wie etwa

- beim Korsakow-Syndrom (BGH StV 1991, S. 410),
- bei psychosomatischem Hintergrund (BGH StV 1995, S. 398),

- bei Alkohol- und Drogenintoxikation und -missbrauch (BGH StV 1987, S. 475; BGH NStZ 1991, S. 47),
- bei Vorliegen von Persönlichkeitsstörungen bzw. sog. Konversionsstörungen (Fischer 1994, S. 2),
- bei einer geistigen Behinderung (Hetzer u. Pfeiffer 1964, S. 441),
- bei Folgen von Hirntraumen und Hirnschädigungen (BGH StV 1994, S. 634).

Zu Recht wird zu bedenken gegeben, dass es dem Richter meist nicht möglich ist, das Vorliegen solcher Besonderheiten im Sinne einer Abgrenzung von »geistiger Behinderung« zu »alltäglicher Dummheit« ohne sachverständige Hilfe zu erkennen (Fischer, a.a.O.). Deshalb hat der BGH entschieden, dass der Tatrichter in der Zuziehung von Sachverständigen »eher ein Zuviel als ein Zuwenig tun muss« (BGH NStZ-RR 1997, S. 106). Dies gilt auch für Grenzfälle, in denen sich der Tatrichter über das Ausreichen seiner Sachkunde nicht sicher ist (BGH, a.a.O.).

Kinder und Jugendliche

Oft geht es bei der Beurteilung von kindlichen Zeugenaussagen um Fälle des sexuellen Missbrauchs. Dabei gilt, dass insbesondere von den unter dem Gesichtspunkt besonderer Eignung für Jugendschutzsachen ausgewählten Richtern einer Jugendschutzkammer im Allgemeinen erwartet werden kann, dass sie die hierfür erforderlichen Kenntnisse und Erfahrungen besitzen (BGH NStZ 1997, S. 400).

> **!** Dagegen soll eine sachverständige Beurteilung erforderlich sein, wenn das Kind oder der Jugendliche vom »gewöhnlichen Erscheinungsbild« Gleichaltriger abweicht (BGH NStZ 1997, S. 400; BGHSt 3, S. 25), d. h. deutlich entwicklungsverzögert, verwahrlost, verhaltensauffällig oder geistig zurückgeblieben wirkt, oder wenn es sich um Geschehensabläufe aus der Zeit der Geschlechtsreifung handelt (OLG Düsseldorf JR 1994, S. 379).

Bei der Beurteilung von Aussagen Minderjähriger reicht das Sachwissen des Richters in der Regel auch dann nicht, wenn das Tatgeschehen schon so weit zurückliegt, dass die Erinnerungsfähigkeit zweifelhaft ist (BGH NStZ-RR 1997, S. 172), oder wenn der Zeuge noch besonders jung ist (unter 4½ Jahren: OLG Zweibrücken StV 1995, S. 398; Eisenberg 2002, S. 778 Rn. 1861).

Gleiches gilt, wenn bereits eine suggestive Befragung des mutmaßlich geschädigten Kindes stattfand (BGH NStZ 2001, S. 105) sowie in den Fällen, in denen das Kind zuvor jeden sexuellen Kontakt mit dem Beschuldigten verneint hat und erst auf gezielte Befragung der Kriminalpolizei Aussagen zu einem mehrere Jahre zurückliegenden sexuellen Missbrauch macht (BGH StV 2004, S. 241).

Besonderheiten des Falles

Die Hinzuziehung von Sachverständigen ist schließlich auch bei Vorliegen eines eigentümlichen Sachverhaltes erforderlich, wenn z. B. das vermeintliche Opfer sexuellen Missbrauchs keinerlei Verhaltensauffälligkeiten zeigt, die auf den Missbrauch hindeuten könnten (BGH StV 1994, S. 174, s. auch BGH StV 1991, S. 245, 410). Auch bei sonstigen Auffälligkeiten im Aussageverhalten, wie z. B. bei widersprüchlichem Aussageverhalten eines kindlichen Zeugen (BGH StV 1991, S. 547; 1995, S. 115), kann die Einholung eines psychologischen Gutachtens angezeigt sein.

11.2 Rechtliche Rahmenbedingungen einer Begutachtung durch Sachverständige

11.2.1 Begutachtung des Zeugen

> **!** Eine psychiatrische oder psychologische Untersuchung hinsichtlich der Glaubwürdigkeit des Zeugen kann nur mit dessen Einwilligung vorgenommen werden (BGHSt 14, S. 21, 23) bzw. im Falle von Minderjährigen mit der Einwilligung der Erziehungsberechtigten.

Umstritten ist allerdings, ob der Zeuge diesbezüglich belehrt werden muss (bejahend Fezer 1978, S. 766; Kleinknecht u. Meyer-Goßner 2003, § 81c Rn. 4; Welp 1996, S. 77). Laut höchstrichterlicher Rechtsprechung gibt es in diesen Fällen keine Belehrungspflicht (BGHSt 13, S. 394, 398).

Verweigert der Zeuge die Glaubwürdigkeitsuntersuchung, so ist es dem Sachverständigen möglich, gem. § 80 Abs. 2 StPO bei der Vernehmung des Zeugen in der Hauptverhandlung anwesend zu sein, dem Zeugen Fragen zu stellen, die für die Gutachtenerstattung erforderlich sind, und die niedergelegten Äußerungen des Zeugen für die Begutachtung zu verwerten (BGH NStZ 1982, S. 432), auch wenn dies für Begutachtungszwecke nicht gleichwertig zu einer Exploration gesehen werden kann. Das Fragerecht des Sachverständigen darf allerdings nicht dazu führen, dass dieser den Beschuldigten oder Zeugen im eigentlichen Sinne vernimmt (KK-Senge 2003, § 80 Rn. 5). Die Aussagekraft einer Begutachtung ohne eine aussageanalytische Untersuchung ist allerdings anzuzweifeln (Eisenberg 2002, S. 782 Rn. 1868; Offe 2000, S. 930; Volk 2002, S. 55).

Davon zu unterscheiden sind die Fälle, in denen dem Zeugen als Angehöriger des Beschuldigten ein Zeugnisverweigerungsrecht gem. § 52 StPO zusteht. Hier besteht Einigkeit darüber, dass er über sein Recht, die Untersuchung zur Glaubwürdigkeit verweigern zu dürfen, gesondert vom Gericht zu belehren ist (BGHSt 13, S. 394, 398 f.). Eine Belehrung nur hinsichtlich des Zeugnisverweigerungsrechts reicht demnach nicht aus. Bei Zeugen, die mangels Verstandesreife keine genügende Vorstellung von der Bedeutung des Untersuchungsverweigerungsrechts haben, entscheidet über die Einwilligung zur Untersuchung der gesetzliche Vertreter. In diesem Fall ist laut der Rechtsprechung des BGH auch nur der gesetzliche Vertreter über das Verweigerungsrecht zu belehren (BGHSt 40, S. 336). Teilweise wird in der Literatur gefordert, auch in diesem Fall nicht auf die Belehrung des Zeugen selbst zu verzichten (Eisenberg 1995, S. 625). Für die Erteilung der Belehrung ist grundsätzlich der Richter zuständig (LR-Dahs 2003, § 81 c Rn. 35). Erfolgte die Anordnung der Untersuchung allerdings durch die Polizei oder die Staatsanwaltschaft, so obliegt diesen gem. § 163a Abs. 5 und § 161a Abs. 1 S. 2 StPO analog die Durchführung der erforderlichen Belehrung.

Ein Verstoß gegen die Belehrungspflicht führt regelmäßig zur Unverwertbarkeit der Aussage, es sei denn, es ergibt sich aus dem Akteninhalt mit Sicherheit, dass der Zeuge sein Verweigerungsrecht kannte und auch bei ordnungsgemäßer Belehrung davon keinen Gebrauch gemacht hätte (BGHSt 40, S. 336, 339). Die gleichen Erwägungen gelten auch, wenn ein gesetzlicher Vertreter (z. B. Mitarbeiter des Jugendamtes) zwar prozesswidrig nicht belehrt wurde, aber in Kenntnis des Rechts, die Untersuchung zu verweigern, in diese eingewilligt hat (BGH, a.a.O.).

Der Sachverständige sollte hier, wie allgemein üblich, eine Belehrung vornehmen. Obsolet ist es natürlich, den Zeugen Ratschläge darüber erteilen, ob diese beispielsweise von ihrem Zeugnisverweigerungsrecht Gebrauch machen sollten.

11.2.2 Begutachtung des Beschuldigten

Für den Beschuldigten gilt der Grundsatz »Nemo tenetur se ipsum accusare«, wonach er über sein Schweigerecht hinaus generell dazu berechtigt ist, jede aktive Mitwirkung an seiner Überführung zu verweigern (Bärlein 2002, S. 1825). Gemäß § 136 Abs. 1 S. 2 StPO ist der Beschuldigte bei der ersten Vernehmung diesbezüglich zu belehren. Gleiches gilt für den Angeklagten in der Hauptverhandlung (§ 243 Abs. 4 S. 1 StPO). Dem Beschuldigten steht es überdies auch frei zu lügen, ohne dass dies, sollte er später der Lüge überführt werden, als Beweis seiner Schuld gilt (BGH StV 1985, S. 356).

Daraus wurde teilweise die Schlussfolgerung gezogen, dass eine psychologische oder psychiatrische Begutachtung des Beschuldigten strikt abzulehnen sei. Diese Ansicht missinterpretiert jedoch die Funktion des Sachverständigen, indem sie unterstellt, dass eine Sachverständigenbegutachtung den Beschuldigten in seiner Aussagefreiheit beschränken würde. Hat sich dieser aber freiwillig bereit erklärt, zum Geschehen auszusagen, wird seine Darstellung ohnehin auf ihre Glaubhaftigkeit untersucht. Dies geschieht üblicherweise durch den Tatrichter. Liegt allerdings eine der oben beschriebenen Situationen vor, in denen die Fachkenntnis des Richters für eine verantwortungsvolle Beurteilung unzureichend ist, muss ein Sachverständiger als zusätzliche Unterstützung hinzugezogen werden.

! Die Sachverständigenbegutachtung untergräbt somit nicht die Aussagefreiheit des Beschuldigten, sondern optimiert lediglich die Qualität der Glaubhaftigkeitsbeurteilung, auf die es bei einem Prozess letztendlich entscheidend ankommt.

Zudem geht aus der BGH-Rechtsprechung (NJW 1999, S. 657) nunmehr hervor, dass eine psychologische Begutachtung des Beschuldigten, sofern dieser eingewilligt hat, keine verbotene Vernehmungsmethode im Sinne des § 136a StPO ist. Schließlich erkannte der BGH in einer weiteren Entscheidung (NJW 1999, S. 2747) das psychologische Verfahren der aussageanalytischen Glaubhaftigkeitsbeurteilung als wissenschaftlich begründet an. Die Frage nach der Zulässigkeit, eine derartige Untersuchung mit Einwilligung des Beschuldigten als Beweismittel in die Hauptverhandlung einzuführen, muss demnach bejaht werden.

Ist die Beurteilung der Aussage des vermeintlichen Täters also mit besonderen Schwierigkeiten verbunden, dann ist im Hinblick auf das Aufklärungsgebot das Einholen eines Sachverständigengutachtens nicht nur zulässig, sondern geboten (Fischer 1994, S. 3; Meyer-Mews 2000, S. 918; Rösner u. Schade 1993, S. 1138). Schwierigkeiten bei der Glaubhaftigkeitsbeurteilung können unter anderem bei Abgabe eines Geständnisses bzw. dessen Widerrufs, insbesondere bei psychisch auffälligen Personen auftreten (Eisenberg 2002, S. 776 Rn. 1860a; Steller u. Volbert 1997, S. 35). Gegebenenfalls ist für eine psychiatrische Diagnostik ein Psychiater hinzuzuziehen (Steller u. Volbert, a.a.O.).

11.3 Mindeststandards der Begutachtung

Sowohl in der psychologisch-psychiatrischen als auch in der juristischen Fachliteratur gibt es eine Fülle von Vorschlägen für die Beurteilung der Glaubhaftigkeit einer Aussage, die sich teilweise ergänzen, aber auch in einigen Punkten widersprechen (Erläuterungen zu den einzelnen Überprüfungsmethoden und Glaubwürdigkeitskriterien in Eisenberg 2002, S. 554 ff. Rn. 1428 ff.). In einem Urteil zur Glaubwürdigkeitsbegutachtung hat der BGH (NJW 1999, S. 2747) nun gewisse Mindeststandards für die Begutachtung benannt, die im Folgenden dargestellt werden.

11.3.1 Hypothesenbildung

Zunächst ist bei der Begutachtung von der sog. Nullhypothese auszugehen, also davon, dass der vorgetragene Sachverhalt unwahr ist. Diese Hypothese setzt sich aus mehreren Unwahrheitshypothesen zusammen, die sich jeweils darauf beziehen, wie die vorliegende Aussage zu erklären ist, wenn sie nicht erlebnisbasiert wäre. Dabei sind unwahre Aussagen in drei Konstellationen denkbar. Die Aussage kann falsch sein, weil der Zeuge bewusst täuschen möchte oder weil er durch Suggestionen zu einer falschen Aussage verleitet wurde, sodass er ohne Täuschungsabsicht von Erlebnissen berichtet, die er nicht gehabt hat. Schließlich kann der Zeuge aufgrund geringer kognitiver Fähigkeiten nicht in der Lage sein, zuverlässig zwischen Wirklichkeit und Phantasie zu unterscheiden (Offe 2000, S. 929). Demzufolge ist abhängig davon, welche der Erklärungsmöglichkeiten im vorliegenden Fall gegeben sein könnten, eine Täuschungs-, eine Suggestionshypothese und/oder eine Hypothese zur mangelhaften Aussagetüchtigkeit aufzustellen. Erweisen sich diese Unwahrheitshypothesen im Verlauf der Untersuchung als nicht haltbar, gilt die Alternativhypothese, dass es sich um eine erlebnisbasierte Aussage handelt.

Beispiel

Fall 11.1. Die 45-jährige alkoholabhängige Zeugin Petra F. wurde bezüglich der Aussage, gegen ihren Willen von ihrem Nachbarn zum Geschlechtsverkehr gezwungen worden zu sein, aussagepsychologisch zur Glaubhaftigkeit begutachtet. Der Angeklagte behauptete, es sei freiwillig zum Geschlechtsverkehr gekommen. Die Zeugin wies Verletzungen am Körper auf und war zum fraglichen Tatzeitpunkt stark alkoholisiert. Verletzungen im Genitalbereich waren nicht nachweisbar. Als mögliche Hypothese für eine nicht erlebnisbegründete Aussage wäre hier denkbar, dass die Zeugin den Nachbarn schädigen und sich an ihm wegen früherer Beeinträchtigungen rächen will, da der Angeklagte als für sie und auch die anderen Hausbewohner belastend, bedrohlich und beängstigend geschildert wurde. Möglicherweise liegt auch eine Selbstentlastung vor, bei der die Zeugin freiwilligen intimen Kontakt nachträglich als erzwungen darstellen möchte. Schließlich ist auch an eine beeinträchtigte Aussagetüchtigkeit wegen der Alkoholisierung und aufgrund der Folgen des chronischen Alkoholabusus bzw. der Alkoholabhängigkeit für die Persönlichkeit und die kognitiven Fähigkeiten zu denken.

11.3.2 Bestandteile der Begutachtung

Als ersten Bestandteil der Glaubhaftigkeitsbeurteilung nennt das Urteil die **inhaltliche Analyse** der Aussage im Sinne einer Qualitätsanalyse. Diese basiert auf der Annahme, dass es grundsätzlich leichter ist, die Wahrheit zu sagen als zu lügen, weshalb eine erfundene im Gegensatz zu einer erlebnisbasierten Aussage in gewissen Punkten qualitativ minderwertiger sein muss. Zu diesem Zweck sind in der Literatur Glaubhaftigkeitsmerkmale (sog. Realkennzeichen) zusammengestellt worden, deren Vorliegen für eine erlebnisbegründete Aussage sprechen. Das Urteil zählt beispielhaft als Glaubhaftigkeitskriterien logische Konsistenz, quantitativen Detailreichtum, räumlich-zeitliche Verknüpfung, Schilderung ausgefallener Einzelheiten usw. auf. (Für eine Übersicht zu Glaubhaftigkeitsmerkmalen wird auf die ausführliche Darstellung bei Eisenberg 2002, S. 554 Rn. 1427 verwiesen.)

Es verbietet sich jedoch die schematische Anwendung der Realkennzeichen. Die einzelnen Glaubwürdigkeitskriterien sind grundsätzlich nur als Indizien zu betrachten, deren Vorliegen die Unglaubhaftigkeit einer Aussage ebenso wenig ausschließen wie ihr Nichtvorliegen eine wahre Aussage ausschließt (Schoreit 2004, S. 286). Vielmehr können erst aus der Gesamtheit der Indikatoren unter Bezugnahme auf die individuellen Fähigkeiten und Eigenarten eines Zeugen im Sinne seiner »allgemeinen und sprachlichen intellektuellen Leistungsfähigkeit« und seiner Kenntnisse bezüglich des Bereichs des erhobenen Tatvorwurfes (Kompetenzanalyse) erste Schlüsse gezogen werden (Offe 2000, S. 930).

Es wird allerdings darauf hingewiesen, dass die (meisten) Realkennzeichen ungeeignet sind, wahre von suggerierten und damit unbewusst unwahren Aussagen abzugrenzen. Zur Aufdeckung eventueller suggestiver Einflüsse dient die Aussagegenese, bei der auch die Befragung Dritter eine Rolle spielt (Scholz u. Endres 1995, S. 10). Bei diesem Analyseschritt handelt es sich um die Aufklärung der Entstehung und Entwicklung der Aussage, wobei Widerspruchsfreiheit und Konstanz als Zeichen der Glaubhaftigkeit zu werten sind (BGH NStZ 1995, S. 202; StV 1998, S. 198).

Weiterer Bestandteil der Begutachtung ist die **Konstanzanalyse.** Hier werden eventuell festgestellte Abweichungen oder Widersprüche zwischen einzelnen Aussagen, die der Zeuge zu verschiedenen Zeitpunkten hinsichtlich eines Sachverhalts gemacht hat, daraufhin überprüft, ob sie auch bei einer erlebnisfundierten Aussage (z. B. durch Gedächtnislücken) auftreten könnten.

Schließlich ist auch eine **Motivationsanalyse** durchzuführen mit dem Ziel, mögliche Motive für eine unzutreffende Belastung des Beschuldigten durch den Zeugen herauszufinden. Anhaltspunkte für potenzielle Belastungsmotive können durch die Analyse der Beziehung zwischen dem Zeugen und dem Beschuldigten sowie der Analyse der Konsequenzen der Anschuldigungen für den Zeugen, den Beschuldigten oder beteiligte Drittpersonen gewonnen werden (Steller u. Volbert 1997, S. 24).

Beispiele

Fall 11.2. Bei dem 10-jährigen Zeugen José F. sollte festgestellt werden, ob die Aussage, der Bekannte der Mutter habe ihn sexuell missbraucht, glaubwürdig sei. Der Bekannte hatte ihn mit zu sich in die Wohnung genommen, wo er übernachten sollte, und habe sich ihm dabei sexuell genähert. Am selben Abend noch wurde er von der Großmutter und Mutter abgeholt. Der Junge besucht die Sonderschule und wird hauptsächlich von der Großmutter betreut. Trotz seiner schwierigen sozialen Situation und Entwicklungsgeschichte verfügte der Zeuge über ein gutes Realitätsbewusstsein, ein altersentsprechendes sexuelles Wissen, eine geringe Suggestionsanfälligkeit und zufriedenstellende Schilderungsleistungen. Ein plausibles Falschaussagemotiv ließ sich nicht finden, da die Beziehung zum Angeklagten gut gewesen sei. Die Erstaussage erfolgte unmittelbar nach dem fraglichen Geschehen, als die Großmutter ihn fragte, was der Angeklagte mit ihm gemacht habe. Gleich darauf gab er seine Aussage bei der Polizei zu Protokoll. Diese Schilderung wurde übereinstimmend von allen drei Beteiligten abgegeben, sodass eine Suggestion oder Absprache wenig wahrscheinlich erschien. Ferner zeigte der Zeuge keinen Belastungseifer, neigte nicht zu Übertreibung, blieb sachlich und musste erst zu ausführlicher Darstellung angehalten werden. Eine Übereinstimmung aller Aussagen (Mutter/Großmutter, Polizei, Gutachtensituation) sprach zusammen mit den übrigen genannten Glaubhaftigkeitskriterien für den Erlebnisgehalt der Aussage.

Fall 11.3. In einem Verfahren zum Verdacht auf sexuellen Missbrauch der Tochter Xenia G. wird diese aussagepsychologisch begutachtet. Die Eltern des Kindes leben in Scheidung. Die Mutter übernimmt in der Gutachtensituation eine führende Rolle, äußert sich gegenüber dem Gutachter über den sexuellen Missbrauch und gibt auch an, ihre Tochter ausführlich über sexuellen Missbrauch aufgeklärt zu haben. Bei der Befragung des Kindes berichtete dieses, die Mutter habe gewollt, dass sie über den Vater aussage, damit es ihr besser gehe und sie nicht noch weiter befragt würde und alles noch schlimmer würde. Die Aussage des Kindes selbst enthielt sehr wenig Information über den fraglichen Missbrauch und auch das Verhältnis zum Vater wurde positiv geschildert. Eindeutige Missbrauchshinweise fehlten. Aufgrund fehlender verwertbarer Informationen im Aussageinhalt, einer mangelnden Rekonstruktion der Aussagegenese und angesichts der Hinweise auf Suggestionseinflüsse seitens der Mutter war hier die Hypothese vom fehlenden Erlebnishintergrund der Aussage zu bestätigen.

Fall 11.4. Die 17-jährige Zeugin Marita U. wurde bezüglich ihrer Aussage zu einem 5 Jahre zurückliegenden sexuellen Übergriff seitens eines Cousins erneut bezüglich der Glaubwürdigkeit der Aussage begutachtet. Das fragliche Geschehen soll während eines Campingurlaubs passiert sein, in dem eine zunehmende Hinwendung zu sexuellen Themen stattgefunden hatte. Das erste Gutachten befand die Aussage für glaubwürdig, wurde aber angefochten. Das zweite Gutachten kam jedoch zu demselben Schluss aufgrund folgender Kriterien: Trotz der möglichen Akteneinsicht war die Aussage nicht perfekt übereinstimmend zur Aktenvorlage, sondern es kam zu Aussageveränderungen in den vergessensanfälligen Aspekten sowie zu spontanen Ergänzungen (Hinweis auf Vorliegen von Realkennzeichen). Ein plausibles Falschaussagemotiv ließ sich nicht finden, da die Zeugin den Cousin als Vaterersatz betrachtete und die Beziehung als gut schilderte. Zudem kam es zur Erstaussage erst ein Jahr nach dem fraglichen Vorfall, herbeigeführt durch eine emotionale Reaktion aufgrund der Erinnerung an den Vorfall, ausgelöst durch einen externen assoziativen Anlass. Selbstbeschuldigungen und Entlastungen des Angeklagten sprachen ebenfalls für eine erlebnisfundierte Aussage. Für die Zeugin ergaben sich keine positiven Effekte durch die Beschuldigungen, allerdings kann der Beziehungsabbruch nach der Beschuldigung des Cousins als negative Folge betrachtet werden, was nachteilig auf die Glaubhaftigkeit wirken könnte. Die Aussagekonstanz war trotz des langen Zeitintervalls in den wesentlichen Punkten gegeben, ferner war nach wie vor eine deutliche Gefühlsbeteiligung verbal und nonverbal erkennbar, was für die Glaubhaftigkeit sprach.

Es bleibt festzuhalten, dass eine Reihe von Kriterien zwischen wahren und unwahren Aussagen diskriminieren, letztendlich aber nur eine wertende Gesamtbetrachtung aller Indizien aufschlussreich sein kann.

11.3.3 Grundsatz der Nachvollziehbarkeit und Transparenz

Bezüglich der korrekten Darstellung einer Begutachtung gibt es konkrete Vorgaben durch die höchstrichterliche Rechtsprechung (BGH NJW 1999, S. 2750). Dabei bleibt die Darstellungsweise grundsätzlich dem Sachverständigen überlassen, sofern die Begutachtung einschließlich ihrer diagnostischen Schlussfolgerungen transparent und für alle Beteiligten nachvollziehbar ist. Um dies zu gewährleisten, sind gewisse Aspekte zu beachten:

- Die zugrunde gelegten Hypothesen müssen explizit benannt werden. Dann sind die gewählten Untersuchungsmethoden und Testverfahren zu bezeichnen und zu den Hypothesen in Bezug zu setzen. Handelt es sich nicht um anerkannte psychologische Standardverfahren, dann müssen sie im Gutachten dargestellt werden.

- Die Befundtatsachen sind von der psychologischen Interpretation getrennt aufzuzeichnen, wobei nur die für die Begutachtung relevanten Testergebnisse dargestellt werden müssen. Der Gutachter muss jedoch in der Lage sein, sonstige Ergebnisse bei auftretendem Aufklärungsbedarf in der Hauptverhandlung angeben und belegen zu können.
- Für die Vermeidung von Erinnerungsverfälschungen, insbesondere bei komplexen Sachverhalten, hält der BGH in der Regel **Audio- oder Videomitschnitte** der für die Begutachtung bedeutsamen Teile des Explorationsgespräches für erforderlich. Bei der Befragung von Kindern dienen derartige Mitschnitte überdies der Vermeidung belastender Wiederholungen von Befragungen durch einen eventuell zu beauftragenden Zweitgutachter (Deckers 1999, S. 1370).

Von Seiten der Literatur wird gelegentlich zusätzlich gefordert, die Exploration in ihrem vollständigen Wortlaut in schriftlicher Fassung dem Gutachten beizufügen, da nur auf dieser Grundlage eine sorgfältige inhaltsanalytische Bearbeitung möglich sei (Offe 2000, S. 929; Ziegert 2000, S. 106). Dies scheint nur in Einzelfällen notwendig zu sein.

11.4 Verwendete Mittel

11.4.1 Allgemeine Fragen

Gemäß § 78 StPO hat der Richter, soweit es ihm erforderlich erscheint, die Tätigkeit des Sachverständigen zu leiten. Dabei bezieht sich die Leitung in erster Linie auf das, **was** der Sachverständige erforschen soll, nicht **wie** er es erforschen soll (KK-Senge 2003, § 78 Rn. 1). Somit ist die Leitungsbefugnis des Gerichts grundsätzlich darauf beschränkt, dem Sachverständigen die Aufgabenstellung vorzugeben, während der Sachverständige die Art und Weise der Untersuchung nach pflichtgemäßem Ermessen wählen kann (BGH NJW 1970, S. 1242 f.). Allerdings hat sich der Sachverständige ausschließlich methodischer Mittel zu bedienen, die dem aktuellen wissenschaftlichen Kenntnisstand entsprechen (BGH NJW 1999, S. 2747 f.). Dies sicherzustellen fällt wiederum in den Zuständigkeitsbereich des Tatrichters, wobei wissenschaftlich fragwürdigen Methoden (wie z. B. der Wartegg-Test oder Baum-Zeichentest, Verbalprobe) von vornherein eine Absage erteilt wird (BGH NJW 1999, S. 2747, 2751).

Zudem hat der BGH klargestellt, dass der Interpretation von Kinderzeichnungen oder von Spielverhalten mit anatomisch korrekten Puppen in forensisch-aussagepsychologischen Gutachten keine Bedeutung zukommt. Diese seien vielmehr nur als Explorationshilfe zu sehen, die es dem Kind erleichtern, dass Geschehen zu zeigen oder zu benennen (Rösner u. Schade 1993, S. 1137). Um bei Sexualdelikten den Vorwurf des Opfers beurteilen zu können, ist stattdessen eine Einschätzung seiner sexualbezogenen Kenntnisse und Erfahrungen im Rahmen einer Sexualanamnese in Betracht zu ziehen (BGH NJW 1999, S. 2749). Schließlich wird die Auswahl der Methoden insoweit eingeschränkt, als dass sie zur Überprüfung der anfangs gebildeten Hypothesen geeignet sein müssen.

11.4.2 Polygraphentest

Bei einem Polygraphen (Lügendetektor) handelt es sich um einen Mehrkanalschreiber, der mittels Sensoren somatische Vorgänge wie z. B. Blutdruck, Puls, Atemtätigkeit und Schwitzen misst (Schoreit 2004, S. 284). Die jeweiligen Körperreaktionen für sich genommen können dabei lediglich ein bestimmtes Erregungsniveau indizieren, weshalb unterschiedliche Fragetechniken benötigt werden, um ausschließlich dem Täter, nicht aber einem Unbeteiligten Anlass zu einer messbaren Erregung zu geben (Frister 1994, S. 306). Dies geschieht entweder mit dem Tatwissen- oder dem Kontrollfragentest. Zur Bewertung einer Zeugen- oder Opferaussage wurde die Anwendung dieser Untersuchungsmethode bislang kaum diskutiert (Nedopil 2000, S. 263).

Anwendung im Strafprozess

Bisher galt in Deutschland die richterliche Verwertung von willentlich nicht beeinflussbaren Körperreaktionen einer Aussageperson als ein Verstoß gegen die Menschenwürde und die Freiheit der Willensentschließung und -betätigung, weshalb die Verwendung von Lügendetektoren im Strafprozess, unabhängig von der Einwilligung des Beschuldigten, verfassungswidrig war und zudem eine verbotene Vernehmungsmethode im Sinne des § 136a StPO darstellte (BGH NJW 1954, S. 649 Rn. 695; Kleinknecht u. Meyer-Goßner 2003, § 136a Rn. 24).

In einer neueren Entscheidung hat der BGH allerdings insoweit von seiner bisherigen Rechtsprechung Abstand genommen, als dass eine Verletzung der Menschenwürde nicht vorliege, solange der Betroffene in die Untersuchung einwilligt. Ebenso liege keine Verletzung der durch § 136a StPO geschützten Freiheit der Willensentschließung vor (NJW 1999, S. 657). Begründet wurde die Entscheidung damit, dass auch andere – in der gerichtlichen Praxis verwendete – psychoanalytische und psychiatrische Verfahren darauf abzielen, aus dem Unterbewusstsein des untersuchten Menschen Informationen über diesen zu erlangen. Zusätzlich betont das Gericht, dass bei der Glaubhaftigkeitsbeurteilung ebenfalls willentlich nicht steuerbare Körperreaktionen verwertet werden (z. B. erhöhte Schweißbildung, Erröten). Schließlich gehöre die grundsätzliche Freiheit, über sich selbst verfügen und sein Schicksal eigenverantwortlich gestalten zu können, in den Schutzbereich der Menschenwürde, weshalb dem Beschuldigten eine Entlastung mit Hilfe eines Polygraphentests nicht unter Hinweis auf Art. 1 Abs. 1 S. 2 GG verwehrt werden könne (BGH, a.a.O.).

! Trotz der Verneinung der Unzulässigkeit der polygraphischen Untersuchung ist diese aufgrund ihrer Ungenauigkeit letztendlich, laut BGH, ein zur Wahrheitsfindung völlig ungeeignetes Beweismittel im Sinne des § 244 Abs. 3 S. 2 Alt. 4 StPO, was zur Folge hat, dass der Richter einen Antrag auf Vornahme eines Polygraphentests ablehnen kann, ohne dass dies einen Revisionsgrund darstellen würde.

Dies gilt für den Kontrollfragentest uneingeschränkt und für den Tatwissentest zumindest dann, wenn der Beschuldigte bereits von dem gegen ihn erhobenen Vorwurf Kenntnis erlangt hat (BGH NJW 1999, S. 657, 662). Aufgrund der Einschränkung ist es nicht mehr ausgeschlossen, dass eine Anwendung des Tatwissentests zumindest vor Beginn der Hauptverhandlung als Beweismittel in Frage kommt.

Anwendung im Zivilprozess

Bei familiengerichtlichen Prozessen gab es bisher im Gegensatz zum Strafprozess die Tendenz, den Lügendetektor als Begutachtungsmethode zuzulassen (OLG Bamberg NJW 1995, S. 1684; OLG Hamm NJW 1999, S. 923). Dabei handelte es sich in der Regel um Sorgerechtsfälle, in denen es um die Feststellung eines sexuellen Missbrauchs des betreffenden Kindes ging (Rill u. Vossel 1998, S. 481). Das OLG München hatte, kurz vor Bekanntwerden der obigen BGH-Entscheidung, in einem Umgangsrechtsverfahren festgestellt, dass ein den Beschuldigten begünstigender Polygraphentest unter gewissen Voraussetzungen eine hohe Wahrscheinlichkeit biete, dessen Unschuld – nicht dessen Schuld – nachzuweisen (FamRZ 1999, S. 674). Aufgrund der eingehenden Entscheidung des 1. Strafsenats hinsichtlich der Technik und Methode der polygraphischen Untersuchung ist jedoch anzunehmen, dass der Lügendetektortest nun auch im familiengerichtlichen Verfahren vorerst bedeutungslos sein dürfte (Offe 2000, S. 929; Weber 1999, S. 3170).

Im arbeitsgerichtlichen Verfahren wurde der Polygraphentest ohnehin als Beweismittel abgelehnt, selbst dann, wenn eine Partei sich freiwillig zur Widerlegung einer streitigen Prozessbehauptung einem solchen Test unterziehen wollte (LAG Rheinland Pfalz NZA 1998, S. 670).

11.5 Revisionsgründe

! Die tatrichterliche Beurteilung der Glaubhaftigkeit einer Zeugenaussage unterliegt revisionsgerichtlicher Kontrolle nur insoweit, als sie in nachvollziehbarer Weise begründet sein muss (BGH NStZ 1983, S. 133). Eine Nachvollziehbarkeit fehlt, wenn die im Urteil mitgeteilten Überlegungen des Tatrichters in sich widersprüchlich, lückenhaft oder unklar sind (BGH NJW 1967, S. 116).

Bei unzureichendem Sachwissen des Tatrichters kann die unterlassene Hinzuziehung eines Sachverständigen mit der Aufklärungsrüge oder der fehlerhaften Ablehnung eines Beweisantrages innerhalb der Revision gerügt werden (KK-Herdegen 2003, § 244 Rn. 109).

Wird der Antrag auf ein Zweitgutachten abgelehnt, muss sich der Richter in der Ablehnung mit den behaupteten Einwänden des Erstgutachtens im Einzelnen auseinandersetzen, es sei denn, es ist offensichtlich, dass die geltend gemachten Mängel nach anerkannten wissenschaftlichen Maßstäben nicht bestehen (BGH NJW 1999, S. 2747).

Motive für eine Falschaussage und die Aussagemotivation im Allgemeinen sind bei der Beurteilung der Zeugenaussage von großer Bedeutung, weshalb das Nichtberücksichtigen von naheliegenden oder erkennbaren Eigeninteressen des Zeugen revisionsrechtlich angreifbar ist (BGH StV 98, S. 363; Eisenberg 2002, S. 584 Rn. 1483).

Schließlich bestehen erhöhte Darlegungs- und Begründungspflichten, wenn die Bekundungen des Zeugen zu Angaben eines anderen Zeugen oder des Angeklagten im Widerspruch stehen und damit Aussage gegen Aussage steht (BGH StV 1995, S. 115). In diesem Fall müssen die Urteilsgründe erkennen lassen, dass der Tatrichter alle Umstände, die die Entscheidung beeinflussen können, erkannt und im Rahmen einer Gesamtwürdigung in seine Überlegungen einbezogen hat (BGH NStZ 1998, S. 16). Fragen zur Glaubwürdigkeit des Zeugen dürfen nicht zurückgewiesen werden (BGH StV 1990, S. 409). Durch die erhöhte Aufklärungspflicht kann die Hinzuziehung eines Sachverständigen deshalb eher erforderlich sein (BGH StV 1995, S. 115).

Im Wege des »Erst-recht«-Schlusses gilt dies auch, wenn sich der Angeklagte nicht zur Sache eingelassen hat und der einzige Belastungszeuge in der Hauptverhandlung seine Vorwürfe nicht mehr aufrechterhält (BGH StV 1998, S. 250).

11.6 Literatur

Bärlein M, Pananis P, Rehmsmeier J (2002) Spannungsverhältnis zwischen der Aussagefreiheit im Strafverfahren und den Mitwirkungspflichten im Verwaltungsverfahren. NJW 55: 1825–1830

Deckers R (1999) Glaubwürdigkeit kindlicher Zeugen – Vernehmungsfehler und Begutachtung. NJW 52: 1365–1371

Eisenberg U (1995) Anmerkung zum Urteil des BGH v. 15.11.1994, StV 15: 625–626

Eisenberg U (2002) Beweisrecht der StPO, Spezialkommentar, 4. Aufl. Beck, München

Fezer G (1978) Grundfälle zum Verlesung- und Verwertungsverbot im Strafprozess. JuS 18: 765–769

Fischer T (1994) Glaubwürdigkeitsbeurteilung und Beweiswürdigung – Von der Last der »ureigenen« Aufgabe. NStZ 14: 1–5

Frister H (1994) Der Lügendetektor – Zulässiger Sachbeweis oder unzulässige Vernehmungsmethode? ZStW 106: 303–331

Hamm R (1999) Monokeltests und Menschenwürde. NJW 52: 922–923

Hetzer H, Pfeiffer H (1964) Die Glaubhaftigkeit geistig behinderter Tatzeugen. NJW 18: 441–442

KK: Karlsruher Kommentar (2003): Strafprozessordnung, Gerichtsverfassungsgesetz, 5. Aufl. Beck, München (zit. KK-Bearbeiter)

Kleinknecht T, Meyer-Goßner L (2003) Kurzkommentar zur Strafprozessordnung, 46. Aufl. Beck, München

LR: Löwe-Rosenberg (2001, 2003) Die Strafprozessordnung und das Gerichtsverfassungsgesetz. §§ 213–295, 25. Aufl., 2001; §§ 72–93, 25. Aufl., 2003. Beck, München (zit. LR-Bearbeiter)

Meyer-Mews H (2000) Die »in dubio contra reo«-Rechtsprechungspraxis bei Aussage-gegen-Aussage-Delikten. NJW 53: 916–919

Nedopil N (2000) Forensische Psychiatrie – Klinik, Begutachtung und Behandlung zwischen Psychiatrie und Recht, 2. Aufl. Thieme, Stuttgart

Offe H (2000) Anforderungen an die Begutachtung der Glaubhaftigkeit von Zeugenaussagen. NJW 53: 929–930

Rill G, Vossel G (1998) Psychophysiologische Täterschaftsbeurteilung (»Lügendetektion«, »Polygraphie«): Eine kritische Analyse aus psychophysiologischer und psychodiagnostischer Sicht. NStZ 18: 481–486

Rösner S, Schade B (1993) Der Verdacht auf sexuellen Missbrauch von Kindern in familiengerichtlichen Verfahren. FamRZ 40: 1134–1139

Scholz B, Endres J (1995) Aufgaben des psychologischen Sachverständigen beim Verdacht des sexuellen Kindesmissbrauchs. Befunde, Diagnostik, Begutachtung. NStZ 15: 6–12

Schoreit A (2004) Einsatz von Polygraphen und Glaubhaftigkeits-Gutachten psychologischer Sachverständiger im Strafprozeß. StV 24: 284–287

Steller M, Volbert R (1997) Psychologie im Strafverfahren. Huber, Bern

Volk K (2002) Strafprozessrecht, 3. Aufl. Beck, München

Weber A (1999) Die Entwicklung des Familienrechts seit Mitte 1998. Eherecht, Kindschaftsrecht, Ehewohnung, Hausrat und vermögensrechtliche Beziehungen. NJW 52: 3160–3172

Welp J (1996) Anmerkung zum Urteil des BGH v. 15.11.1994. JR 42: 77–81

Ziegert U (2000) Anmerkungen zum Urteil des BGH v. 30.07.1999. NStZ 20: 105–106

Renten- und Entschädigungsleistungen

In den folgenden Abschnitten geht es um die Dienstfähigkeit, das Rentenrecht und das Entschädigungsrecht einschließlich der Unfallversicherung, Opferentschädigungsgesetz und privatrechtlichen Entschädigungsansprüchen. Es werden die möglichen Renten- und Entschädigungsleistungen beschrieben, die im Rahmen psychischer Störungen relevant sein können.

12.1 Dienstfähigkeit von Beamten

12.1.1 Bedeutung der Dienstfähigkeit

Der Dienstfähigkeit eines Beamten kommt in vielen Stadien des Beamtenverhältnisses Bedeutung zu. Zunächst muss sie, wie aus dem Begriff der »Eignung« in § 8 Abs. 1 S. 1 BBG hervorgeht, gegeben sein, damit die betreffende Person zum Beamten ernannt werden kann (Battis 2004, § 8 Rn. 15; Gunkel u. Pilz 2003, S. 125; Strunk 1986, Rn. 87). Tritt nach Antritt des Amtes ein Mangel in der Dienstfähigkeit ein, so hängen die rechtlichen Folgen zunächst davon ab, ob es sich um eine nur vorübergehende oder dauernde Unfähigkeit handelt.

Die nur **vorübergehende Dienstunfähigkeit** führt zur Aufhebung der Dienstleistungspflicht gem. § 73 Abs. 1 S. 2 BBG (OVG Koblenz, NJW 1990, S. 788 f.; VGH Bayern, NVwZ-RR 2002, S. 764; OVG Koblenz, NJW 1985, S. 1415 Battis 2004, § 73 Rn. 4; Gunkel u. Pilz 2003, S. 367). In diesem Fall kann der Dienstherr die Vorlage eines amtsärztlichen Attestes verlangen (OVG Koblenz, NJW 1985, 1415; Battis 2004, § 73 Rn. 3; Gunkel u. Pilz 2003, S. 367). Aus der Verpflichtung des § 54 BBG zur »vollen Hingabe« folgt für den Beamten auch die Pflicht, auf die Wiederherstellung seiner Dienstfähigkeit zu achten und hierauf zielenden Anordnungen Folge zu leisten (Weber 2003, S. 78 f.). Ist die vorübergehende Dienstunfähigkeit infolge Krankheit selbst verschuldet, so kann dies einen Verstoß gegen die Pflicht zur »vollen Hingabe« im Beruf (Gunkel u. Pilz 2003, S. 367) und insofern ein Dienstvergehen darstellen (Kienzler 2002, Rn. 169). Da die nur vorübergehende Dienstunfähigkeit aber keine Renten- oder Entschädigungsleistungen zur Folge hat, soll auf sie nicht weiter eingegangen werden.

Die **dauernde Dienstunfähigkeit** führt dagegen regelmäßig zur Beendigung des Beamtenverhältnisses. Die Rechtsfolgen hängen vom Status des jeweiligen Beamten ab und sollen später genauer erläutert werden.

Im Rahmen dieser Darstellung gilt es zu beachten, dass es verschiedene Beamtengesetze gibt. Für Bundesbeamte gilt das Bundesbeamtengesetz (BBG) und für Landesbeamte das jeweilige Beamtengesetz des Bundeslandes, bei dem der Beamte beschäftigt ist. Große Unterschiede ergeben sich hierbei allerdings nicht, da all diese Gesetze auf der rahmengesetzlichen Vorgabe des Bundes in den §§ 26 ff. BRRG beruhen. Die folgende Darstellung erfolgt anhand der Regelungen des BBG und geht dabei jeweils auch kurz auf die Rechtslage in den Bundesländern ein.

12.1.2 Begriff der Dienstfähigkeit

Der Begriff der Dienstfähigkeit ist nicht ausdrücklich definiert. Jedoch enthält umgekehrt § 42 Abs. 1 BBG Fälle der Dienstunfähigkeit. Hierbei wird unterschieden zwischen

- tatsächlicher Dienstunfähigkeit nach § 42 Abs. 1 S. 1 BBG und
- vermuteter Dienstunfähigkeit nach § 42 Abs. 1 S. 2 BBG.

Tatsächliche Dienstunfähigkeit (§ 42 Abs. 1 S. 1 BBG)

Gemäß der Legaldefinition des § 42 Abs. 1 S. 1 BBG besteht Dienstunfähigkeit, wenn der Beamte wegen seines körperlichen Zustandes oder aus gesundheitlichen Gründen zur Erfüllung seiner Dienstpflichten dauernd unfähig ist.

Zu den im Wortlaut teilweise abweichenden, inhaltlich jedoch übereinstimmenden landesrechtlichen Regelungen vergleiche die jeweiligen Landesbeamtengesetze: § 45 Abs. 1 S. 1 LBG NW; § 47 Abs. 1 S. 1 HmBG; Art. 56 Abs. 1 S. 1 BayBG; § 53 Abs. 1 S. 1 LBG BW; § 54 Abs. 1 S. 1 NBG; § 51 Abs. 1 S. 1 HBG; § 111 Abs. 1 S. 1 LBG Brandenburg; § 77 Abs. 1 S. 1 LBG Berlin; § 46 Abs. 1 S. 1 ThürBG; § 42 Abs. 1 S. 1 LBG LSA;

§ 52 Abs. 1 S. 1 SächsBG; § 45 Abs. 1 S. 1 LBG M-V; § 52 Abs. 1 S. 1 SBG; § 43 Abs. 1 S. 1 BremBG; § 56 Abs. 1 S. 1 LBG RP; § 54 Abs. 1 S. 1 LBG SH.

Bei dem Begriff der Dienstunfähigkeit im Sinne des § 42 Abs. 1 S. 1 BBG handelt es sich um einen prognostischen Begriff (OVG Oldenburg, Az.: 6 A 4532/02, n. v.; OVG Koblenz, Az.: 2A11800/04, n. v.; Battis 2004, § 42 Rn. 4; Summer 1993, S. 17, 20) aus mehreren Teilelementen. Dies sind die Feststellung der leistungseinschränkenden Tatsachen und die Prognosewertung für die künftige Entwicklung hierzu, ferner die Feststellung, dass Amtsanforderung und Prognosebild auseinander fallen (Summer 1993, S. 17, 21). Dienstunfähigkeit ist somit kein rein medizinischer Begriff (BVerwG ZBR 1967, S. 148, 150; VGH BW DVBl 1950, S. 608 f.; Spiess 2000, S. 103; Loebel 1999, S. 20). – Eine andere Auffassung vertritt insofern Foerster (2004, S. 655), der den Begriff der Dienstunfähigkeit als einen rein ärztlichen Tatbestand bezeichnet und dies damit begründet, dass er allein auf die gesundheitlichen Aspekte abstellt.

! Zunächst verlangt die Feststellung der Dienstunfähigkeit, dass eine sog. körperliche bzw. geistige Schwäche vorliegt, die zu einer Einschränkung der Leistungsfähigkeit führt. In einem zweiten Schritt muss dann geprüft werden, ob diese Schwäche auch tatsächlich negative Auswirkungen auf die Fähigkeit des Beamten, seinen Dienstpflichten nachzukommen, hat.

Diese Entscheidung obliegt grundsätzlich dem Dienstherrn und ist nicht allein von der ärztlichen Beurteilung abhängig (BVerwG NVwZ 1991, S. 477, 479; VGH BW, VerwRspr 3, S. 71, 82; OVG Berlin, ZBR 1989, S. 250; Scheerbarth et al. 1992, S. 536; Zilkens 1995, S. 8; Loebel 1999, S. 24; Thom 1999, S. 79).

Schritt 1: Feststellung einer gesundheitlichen Schwäche und Prognose

Die Beurteilung, ob ein leistungseinschränkender Sachverhalt gegeben ist und die Prognose über die künftige Entwicklung sind regelmäßig Aufgaben des (amts-)ärztlichen Gutachters (Summer 1993, S. 21; Loebel 1999, S. 24). Bei in Frage stehenden psychischen Störungen handelt es sich regelmäßig um einer Facharzt für Psychiatrie und Psychotherapie. Viele, vor allem größere Gesundheitsämter sind mit Psychiatern besetzt, sodass diese Expertise vorgehalten wird.

Es kommt nicht darauf an, dass der leistungseinschränkende Sachverhalt erst nach Begründung des Beamtenverhältnisses eingetreten ist (BVerwGE 47, S. 1, 6; BVerwG ZBR 1989, S. 373; OVG NW, DÖD 1994, S. 235; Schütz u. Maiwald-Brockhaus 2004, § 45 Rn. 17). Eine andere Auffassung würde zu dem untragbaren Ergebnis führen, dass die Verwaltung eventuell gezwungen wäre, mit einem Beamten weiterzuarbeiten, der gar nicht mehr in der Lage ist, seinen Pflichten nachzukommen.

Körperliche Schwächen

Die Begriffe »körperlicher Zustand« bzw. »gesundheitliche Gründe« sind nicht auf Krankheiten im engeren Sinne beschränkt (BVerwG VerwRspr 16, S. 877; Schütz u. Maiwald-Brockhaus 2004, § 45 Rn. 31; Spiess 2000, S. 104), beziehen sich aber im Wesentlichen auf somatische Erkrankungen. Da sich die Frage der Dienstunfähigkeit nicht nur als medizinisches Problem darstellt, sondern auch unter Berücksichtigung der dienstlichen Belange zu beantworten ist (Schutz u. Maiwald-Brockhaus 2004, § 45 Rn. 30), werden alle somatischen Zustände erfasst, die die Dienstausübung beeinflussen (Spiess 2000, S. 103).

Geistige Schwächen

Der Begriff der »Schwäche der geistigen Kräfte« wird in § 42 Abs. 1 S. 1 BBG n. F. – anders als in der bis zum 01.01.2002 geltenden Fassung des § 42 Abs. 1 S. 1 BBG und in vielen Landesbeamtengesetzen (vgl. insofern z. B. § 45 Abs. 1 S. 1 LBG NW, 53 Abs. 1 S. 1 LBG BW) nicht mehr gesondert aufgeführt. Eine inhaltliche Änderung hat der Gesetzgeber mit der Wortlautveränderung allerdings nicht bezweckt (BT-Drucks. 14/7064, S. 49). Vielmehr bildet die geistige Schwäche nach der bundesrechtlichen Regelung nun einen Unterfall der »gesundheitlichen Gründe«. Insofern sind die folgenden Ausführungen zur »geistigen Schwäche« auch für Bundesbeamte relevant.

Der Tatbestand kann regelmäßig nur durch einen psychiatrischen Sachverständigen festgestellt werden (Schütz u. Maiwald-Brockhaus 2004, § 45 Rn. 39; Battis 2004, § 42 Rn. 5).

Der Begriff der »Schwäche der geistigen Kräfte« ist kein medizinisch-psychologischer Terminus. Gemeint sind im Wesentlichen alle schweren psychischen Störungen (Battis 2004, § 42 Rn. 5; Monhemius 1995, Rn. 482; Loebel 1999, S. 21). Das Merkmal der geistigen Schwäche bleibt jedoch nicht auf solche psychischen Störungen im engeren Sinne beschränkt (BVerwG VerwRspr 18, S. 877; BVerwG ZBR 1989, 373; BVerwG NVwZ 1991, S. 477, 479; Schütz u. Maiwald-Brockhaus 2004, § 45 Rn. 36; Foerster 2004, S. 655).

! Darunter fallen nach dem Sinn und Zweck des § 42 Abs. 1 BBG vielmehr jede psychische Erkrankung und Persönlichkeitsakzentuierung, die die kognitiv-emotionale Leistungsfähigkeit zur Erfüllung der Dienstpflichten durch einen Mangel an Einsicht mindern (Schütz u. Maiwald-Brockhaus 2004, § 45 Rn. 38).

Der Begriff wird durch das gesetzliche Merkmal »geistig« auch nicht auf kognitive Defizite beschränkt, sondern umfasst daneben soziale und emotionale (»nervliche oder seelische«) Beeinträchtigungen (BVerwG VerwRspr 16, S. 877; OVG Hamburg, DÖD 1989, S. 211 f.; Battis 2004, § 45 Rn. 5). Darunter fallen etwa Mängel an Willenskraft, Selbstbeherrschung oder Einsicht sowie Beeinträchtigungen durch eine Gemütsverstimmung (OVG Hamburg, DÖD 1989, S. 211 f.).

Entscheidend ist somit nicht die Einstufung der psychischen Störung (»geistige Veranlagung«) als Krankheit, sondern die Tatsache, dass sie die Einsichtsfähigkeit und somit die Leistungsfähigkeit des Beamten negativ beeinflusst (Battis 2004, § 42 Rn. 5; Loebel 1999, S. 21). Eine solche, die Leistungsfähigkeit beeinträchtigende geistige Fehlveranlagung, ist z. B. anzunehmen, wenn sich der betreffende Beamte als zwanghafte Persönlichkeit mit leicht paranoiden und leicht histrionischen Zügen erweist, die als Persönlichkeits- und Verhaltensstörung (»Charakterneurosen«) aufgefasst werden können und dazu führen, dass er nicht mehr in der Lage ist, seine eigenen Fähigkeiten und Aufgaben zu erkennen (OVG Hamburg, DÖD 1989, S. 211 f.). Als »geistige Schwäche« in diesem Sinne gilt ferner ein depressives Erschöpfungs- bzw. Überforderungssyndrom, das dazu führt, dass der Betroffene seiner Tätigkeit nicht mehr nachgehen kann (OVG NW in Schütz u. Maiwald-ES/A II 5.5 Nr. 26). Auch eine Alkoholkrankheit bzw. eine Abhängigkeit von anderen Suchtmitteln stellt u. U. eine solche »geistige Schwäche« dar (BVerwG ZBR 1984, S. 155; BVerwG NJW 1992, S. 1249; OVG Koblenz, NVwZ-RR 2001, S. 170; Fischer 1988, S. 173; Weigert 1993, S. 653). Allerdings bedeutet nicht jede Form der Alkoholkrankheit automatisch, dass der Beamte dienstunfähig im Sinne des § 42 Abs. 1 S. 1 BBG ist (BVerwG NVwZ-RR 1992, S. 793 f.).

Die Schwäche der »geistigen Kräfte« liegt u. U. auch in einem durch übertriebene bzw. unrealistische Zielvorstellungen, Arbeitsbedingungen und Arbeitsbelastungen hervorgerufenen »Burn-out-Syndrom«, das meist im Rahmen einer Anpassungsstörung oder einer depressiven Erkrankung auftritt. Ein solches äußert sich u. a. in Gefühlen der Hilflosigkeit und Entscheidungsunfähigkeit, in Distanzierungswünschen gegenüber der Klientel, in Kompetenzproblemen und dem Gefühl der Insuffizienz, in schwindendem persönlichen Engagement, in Zynismus, in depressivem Erleben, in Erschöpfungsgefühlen und einer allgemeinen Arbeitsunlust (Haedayet 2000, S. 65 ff.). Dies alles führt häufiger zu einer Einschränkung der Leistungsfähigkeit.

Ferner kommen als Gründe der Dienstunfähigkeit solche Problemstellungen in Betracht, die dazu führen, dass der betroffene Beamte nicht in der Lage ist, die Folgen seiner Handlung richtig einzuschätzen (BDH DÖV 1963, S. 923). Ferner sind psychische Erkrankungen als geistige Schwäche in diesem Sinne einzustufen, die den Beamten schon außerstande setzen, seine Dienstpflichten überhaupt zu erkennen oder dieser Einsicht entsprechend zu handeln (Battis 2004, § 42 Rn. 5).

Es ist dabei nicht erforderlich, dass die geistige Veranlagung zu einer permanenten Leistungseinschränkung führt. Vielmehr reicht es aus, dass sie eine solche Einschränkung nur in bestimmten Situationen verursacht. Unter den weiten Begriff der »geistigen Schwäche« fällt daher auch die Konstellation, dass die Möglichkeit einer geistigen Fehlhandlung, sog. Kurzschlussreaktion, nicht ausgeschlossen werden kann, sobald der Betroffene in eine schwierige, für ihn unangenehme Lage gerät (OVG NW, DVBl 1952, S. 607 f.).

Beispiel

Das OVG NW nahm eine solche leistungseinschränkende Verhaltensstörung (»Neurose«) in einem Fall an, in dem ein Oberstudienrat seine Personalakten unberechtigt von ihrem Aufbewahrungsort entfernte und darin enthaltene Urkunden verfälschte bzw. beseitigte, weil er glaubte, diese würden ihn politisch belasten (OVG NW, DVBl 1952, 607 f.) Dagegen stellt eine frustrationsintolerante und regressive Grundhaltung, die zu einem bloßen Motivationsdefizit führt, keine leistungseinschränkende geistige Schwäche dar (BVerwG am 07.03.2002, Az.: BDIG X BK 13/01, n. v.).

Da der geistigen Schwäche kein Krankheitswert zukommen muss, kommt allein der vorzeitige Altersabbau als Ursache einer geistigen Leistungseinschränkung in Betracht (BVerwG VerwRspr 16, S. 877). Dies muss aus medizinischer Sicht differenziert gesehen werden, da sich meist eine demenzielle Erkrankung hinter einem sog. Altersabbau verbirgt. Fachliche Unfähigkeit, die auf keiner besonderen geistigen Konstitution beruht, stellt dagegen regelmäßig keine geistige Schwäche dar (Schütz u. Maiwald-Brockhaus 2004, § 45 Rn. 39).

! Entscheidend ist somit, dass bei dem betroffenen Beamten eine emotionale und/oder kognitive Störung vorliegt, die seine Einsichtsfähigkeit und somit seine Leistungsfähigkeit negativ beeinflusst und auch in Zukunft beeinträchtigen wird.

Zweifel über die Dienstunfähigkeit

Wie bereits angedeutet, kann die Behörde regelmäßig – insbesondere bei den sog. geistigen Schwächen – den leistungseinschränkenden Sachverhalt nicht selbst feststellen. Vielmehr ist sie hierfür auf ein sachverständiges Gutachten angewiesen. Die rechtliche Grundlage für die Heranziehung eines Gutachters bietet § 42 Abs. 1 S. 3 BBG.

Anordnung der ärztlichen Untersuchung (§ 42 Abs. 1 S. 3 BBG). Bei Zweifeln an der Dienstunfähigkeit muss sich der Beamte gem. § 42 Abs. 1 S. 3 BBG nach Weisung seiner Behörde ärztlich untersuchen und, falls ein Amtsarzt dies für erforderlich hält, auch stationär in einem Krankenhaus beobachten lassen.

Vgl. die insoweit inhaltlich übereinstimmenden Regelungen der jeweiligen Landesbeamtengesetze: § 45 Abs. 1 S. 3 LBG NW; § 47 Abs. 1 S. 3 HmBG; Art. 56 Abs. 1 S. 3 BayBG; § 53 Abs. 1 S. 3 LBG BW; § 54 Abs. 1 S. 3 NBG; § 51 Abs. 1 S. 3 HBG; § 111 Abs. 1 S. 3 LBG Brandenburg; § 77 Abs. 1 S. 3 LBG Berlin; § 46 Abs. 1 S. 3 ThürBG; § 52 Abs. 1 S. 3 SächsBG; § 45 Abs. 1 S. 3 LBG M-V; § 52 Abs. 1 S. 3 SBG; § 43 Abs. 1 S. 3 BremBG; § 56 Abs. 1 S. 3 LBG RP; § 54 Abs. 1 S. 3 LBG SH. Etwas abweichend ist die Lage in Sachsen-Anhalt: Dort besteht gem. § 42 Abs. 1 S. 3 BG LSA die Pflicht, sich einer amtsärztlichen Untersuchung zu unterziehen.

Nach Sinn und Zweck besteht diese Pflicht auch schon bei Zweifeln an der Dienstfähigkeit (OVG NW ZBR 1974, S. 362; VG Düsseldorf, NVwZ-RR 2002, S. 499; Schütz u. Maiwald-Brockhaus 2004, § 45 Rn. 51; Battis 2004, § 42 Rn. 7).

Zuständig für die entsprechende Anordnung ist gem. § 42 Abs. 1 S. 3 BBG die Behörde, grundsätzlich also der unmittelbare Dienstvorgesetzte des betroffenen Beamten (Schütz u. Maiwald-Brockhaus 2004, § 45 Rn. 57). Allerdings kann auch die oberste Dienstbehörde die Untersuchung anordnen (BVerwG, NVwZ-RR 1996, S. 216; Battis 2004, § 42 Rn. 7).

Rechtsnatur der Anordnung. Die Rechtsnatur der Anordnung zu einer ärztlichen Untersuchung ist umstritten. Diese Frage hat Bedeutung für die Möglichkeit des Beamten, rechtlich gegen sie vorzugehen. Das BVerwG hat die Antwort bis jetzt offengelassen (vgl. z. B. BVerwG Buchholz 232, § 42 BBG Nr. 4; BVerwG, NVwZ-RR 2000, S. 174 f.), aber für einen ähnlich gelagerten Fall einen Verwaltungsakt verneint (BVerwG NVwZ 2001, S. 436, 438, so auch OVG Koblenz, NVwZ-RR 2003, S. 374). Es ist daher davon auszugehen, dass es auch die Anordnung nach § 42 Abs. 1 S. 3 BBG nicht als Verwaltungsakt einstufen würde (so auch Spiess 2000, S. 104). – Andere Gerichte und Stimmen in der Literatur nehmen an, dass es sich bei der Anordnung um einen Verwaltungsakt handelt (VGH BW, ZBR 1975, S. 322; OVG Lüneburg, NVwZ 1990, S. 1194; VG Berlin, NVwZ-RR 2002, S. 762; Battis 2004, § 42 Rn. 7; Scheerbarth et al. 1992, S. 536; Zilkens 1995, S. 9; Loebel 1999, S. 23).

Voraussetzungen. Für die Rechtmäßigkeit dieser Anordnung kommt es darauf an, dass Zweifel an der Dienstfähigkeit bzw. Dienstunfähigkeit bestehen, die sich auf konkrete Umstände stützen (OVG NW, ZBR 1974, S. 362 f.; OVG Koblenz, NVwZ-RR 1990, S. 154; VG Düsseldorf, NVwZ-RR 2002, S. 449 f.; Schütz u. Maiwald-Brockhaus 2004, § 45 Rn. 54). Die Begründetheit der Zweifel ist jedoch nicht vorauszusetzen, da sie gerade durch die ärztliche Untersuchung geklärt werden soll (Schütz u. Maiwald-Brockhaus 2004, § 45 Rn. 55).

Für eine psychiatrische Untersuchung sind allerdings strengere Anforderungen zu stellen, was in der damit verbundenen Stigmatisierung psychisch Kranker begründet liegt. Ihre Anordnung ist aufgrund der Fürsorgepflicht des Dienstherrn gegenüber seinem Beamten nur dann ermessensfehlerfrei, wenn gewichtige Gründe bzw. deutliche Anhaltspunkte für eine durch geistige Schwäche begründete Dienstunfähigkeit gegeben sind (VGH BW in Schütz u. Maiwald-ES/E Abs. 3 S. 1 Nr. 8; VGH BW, DVBl 1988, S. 258; VG Düsseldorf, NVwZ-RR 2002, S. 449 f.; OVG Berlin, NVwZ-RR 2002, S. 762; Schütz u. Maiwald-Brockhaus 2004, § 45 Rn. 56; Battis 2004, § 42 Rn. 7). Eine stationäre psychiatrische Beobachtung kommt nur in Betracht, wenn eine ambulante Untersuchung ungeeignet oder nicht ausreichend erscheint (OVG Berlin, NVwZ-RR 2002, S. 762).

Beispiel

Fall 12.1. Solche deutlichen Anhaltspunkte wurden vom VG Düsseldorf in einem Fall bejaht, in dem ein als Oberstudienrat an einem Abendgymnasium tätiger Beamter unter einem Verfolgungswahn litt: Unter anderem hatte er selber angeführt, dass die von ihm unterrichteten Studierenden absichtlich schlechte Leistungen erbringen würden, um seine fachliche Qualifikation in Frage zu stellen, und dass sein Unterricht abgehört würde. Hinter diesen »Manipulationen« vermutete er eine »drahtziehende Organisation«. Dies alles sah das VG in seiner Entscheidung als hinreichende Anhaltspunkte für eine durch eine sog. geistige Schwäche begründete Dienstunfähigkeit an, die die Anordnung einer psychiatrischen Untersuchung rechtfertigten (VG Düsseldorf, NVwZ-RR 2002, S. 449 ff.).

Untersuchungsauftrag. Erachtet der Dienstherr die dargestellten Zweifel an der Dienstfähigkeit des Beamten als gegeben, so hat er einen Arzt mit der Begutachtung des Beamten zu beauftragen. Hierbei kann er bestimmen, ob eine allgemein-, fach- oder amtsärztliche Untersuchung erfolgen soll (Schütz u. Maiwald-Brockhaus 2004, § 45 Rn. 57).

Der Auftrag muss z. B. den Sachverhalt, der Anlass gegeben hat, ein Pensionierungsverfahren einzuleiten, und alle bekannten Umstände, die für die Abfassung eines aussagekräftigen ärztlichen Zeugnisses wesentlich sind, enthalten (Zilkens 1995, S. 8). Reicht eine solche Auskunft nicht aus, so kann dem Arzt auch die Personalakte des Beamten übermittelt werden, und zwar gem. § 90d Abs. 1 S. 3 BBG ohne Einwilligung des Betroffenen.

Auch sind etwaige besondere Anforderungen, die sich aus dem jeweiligen Amt ergeben, bzw. besondere physische und psychische Belastungen, denen der Beamte in seinem Amt ausgesetzt ist, zu nennen (Zilkens 1995, S. 8). Soweit dies bereits möglich ist, sollten auch schon Angaben über mögliche andere Ämter, in die der Beamte nach § 42 Abs. 3 BBG nicht versetzt werden kann, und deren Anforderungsprofil gemacht werden, damit der untersuchende Arzt die Leistungsfähigkeit auch bez. dieses Amtes beurteilen kann, bevor er zu einem Ausscheiden aus dem Dienst raten muss.

Ärztliche Untersuchung. Der beauftragte Arzt nimmt die zur Wahrnehmung des Untersuchungsauftrags erforderlichen Untersuchungen vor und holt u. U. zusätzliche ärztliche Auskünfte bzw. ergänzende fachärztliche Gutachten ein. Zu Beginn der Untersuchung hat er gem. § 46a Abs. 3 S. 1 BGB den Beamten auf den Zweck der Untersuchung und die Übermittlungsbefugnis an die Behörde hinzuweisen.

Ärztliches Zeugnis. Als Resultat seiner Untersuchung erstellt der Arzt ein Zeugnis, das die Entscheidung über die Versetzung in den Ruhestand vorbereiten soll. Es muss deshalb alle Angaben enthalten, die für die Entscheidung der zuständigen Stelle von Bedeutung sind (Zilkens 1995, S. 8). Dazu gehören neben den allgemeinen Angaben in forensisch-psychiatrischen Gutachten (▶ Kap. 1) z. B. der Anamnese, im Besonderen eine Prognose hinsichtlich der weiteren Entwicklung des Zustandes, Angaben über eine etwaige Möglichkeit einer späteren Wiederherstellung der Dienstfähigkeit und in Frage kommende Rehabilitationsmaßnahmen bzw. psychiatrisch-psychotherapeutische Behandlungen. Der Arzt soll ferner ausführen, ob der Ruhestand durch eine Teilverwendung oder eine anderweitige Dienstaufgabe vermieden werden kann (§§ 42 Abs. 3, 42a BBG; vgl. insofern z. B. § 2 Abs. 2 der Verordnung über amtsärztliche Untersuchungen für den öffentlichen Dienst des Landes Nordrhein-Westfalen).

Nicht für diese Frage benötigte Angaben bzw. Befunde, die keine gesundheitlichen Bedenken begründen, dürfen nicht mitgeteilt werden, es sei denn der Betroffene willigt hierin ein (§ 46a Abs. 2 BBG). Da eine psychiatrische Exploration und Untersuchung allerdings grundsätzlich umfassend sein muss, können solche Angaben nur in seltenen Ausnahmefällen verschwiegen werden. Im Hinblick auf § 45 BBG kommen u. U. auch Angaben dazu in Betracht, ob eine Nachuntersuchung sinnvoll erscheint und ggf. zu welchem Zeitpunkt sie erfolgen sollte.

Zwar entscheidet, wie bereits angeführt, die Behörde im zweiten Schritt selbständig und ungebunden über das Vorliegen der Dienstfähigkeit. Jedoch darf das ärztliche Zeugnis eine – die Behörde nicht bindende – Schlussfolgerung bezüglich dieser Frage enthalten (Schütz u. Maiwald-Brockhaus 1999, § 194 Rn. 38; Loebel 1999, S. 27). Insofern muss aber erkennbar sein, auf welche Tatsachen und Erkenntnisse sich die Folgerung stützt (BVerwG VerwRspr 16, S. 877, 880).

Bei der Begutachtung eines Beamten auf Probe gelten Besonderheiten, die sich aus § 31 Abs. 1 Nr. 2 BBG ergeben (s. unten zu den Rechtsfolgen der Dienstunfähigkeit).

Mitteilung des Untersuchungsergebnisses (§ 46a Abs. 3 S. 1 BBG). Der Arzt übermittelt das Gesundheitszeugnis der auftraggebenden Behörde, und zwar gem. § 46a Abs. 3 S. 1 BBG in einem gesonderten, verschlossenen und versiegelten Umschlag.

Der Einwilligung des untersuchten Beamten bedarf es hierzu nicht (BVerwG ZBR 1978, S. 338; Battis 2004, § 46a Rn. 2; Fischer 1985, S. 167; Zilkens 1995, S. 9). Dies wird zwar in § 46a BBG nicht ausdrücklich erwähnt, ergibt sich aber zum einen aus der in § 46a Abs. 4 BBG festgelegten Aufklärungspflicht des Arztes, zum anderen daraus, dass die Weitergabe nur eine logische Folge des Sinn und Zwecks ist, die mit der Untersuchung, die der Beamte dulden muss, verfolgt werden (Fischer 1985, S. 168; Zilkens 1995, S. 9).

Daneben übermittelt er das Ergebnis seiner Untersuchung gem. § 46a Abs. 4 S. 2 BBG in Kopie auch dem Beamten oder, soweit dieser Verfahrensweise ärztliche Gründe entgegenstehen, seinem Vertreter.

Schritt 2: Dauernde Unfähigkeit zur Erfüllung der Dienstpflichten

Der zweite Schritt des Verfahrens besteht darin, dass die für die Versetzung in den Ruhestand zuständige Behörde aufgrund des ärztlichen Gutachtens darüber befindet, ob der Beamte dienstunfähig ist (Summer 1993, S. 21). Dabei entscheidet, ob die körperliche bzw. geistige Beeinträchtigung bzw. Schwäche des Beamten dazu führt, dass er zur Erfüllung seiner Dienstpflichten dauernd unfähig ist (BVerwG ZBR 1967, S. 148, 150; VG Stuttgart, Az.: 15K650/03, n. v.).

Eine irgendwie geartete Bindung an das ärztliche Gutachten besteht hierbei nicht (Scheerbarth et al. 1992, S. 538; Summer 1993, S. 21).

Unfähigkeit

Der Beamte muss demnach aufgrund der körperlichen oder geistigen Schwäche nicht mehr in der Lage sein, die sich aus dem jeweiligen Amt ergebenden Dienstpflichten zu erfüllen.

! Die Frage lautet also, ob der Beamte trotz seiner Schwäche im Stande ist, sich unter allen Umständen so zu verhalten, wie es für einen Beamten unbedingt notwendig erscheint (OVG NW, DVBl 1952, S. 607 f.).

- Im Falle der oben bereits erörterten »Kurzschlussreaktionen« fehlt es daher schon dann an der Dienstfähigkeit, wenn die Möglichkeit, dass es im Falle kritischer Situationen zu erneuten »Kurzschlussreaktionen« kommen wird, nicht ausgeschlossen werden kann (OVG NW, DVBl 1952, S. 607 f.; Schütz u. Maiwald-Brockhaus 2004, § 45 Rn. 41).
- Ebenfalls liegt eine Dienstunfähigkeit vor, wenn bei einer latent vorhandenen geistigen

Erkrankung Krankheitsschübe zu erwarten sind und somit krankheitsbedingte Fehlleistungen nicht ausgeschlossen werden können (Schütz u. Maiwald-Brockhaus 2004, § 45 Rn. 41; Battis 2004, § 42 Rn. 5). Die Anforderung an die Wahrscheinlichkeit einer Wiederholung der Erkrankung ist umso geringer, je größer sich die Gefahren und Risiken darstellen, die von der Erkrankung für den Dienstbetrieb ausgehen (OVG NW in Schütz u. Maiwald-ES/A II 5.5 Nr. 26).

- Ferner wurde vom Hamburgischen OVG Dienstunfähigkeit in einem Fall angenommen, in dem die besondere Persönlichkeitsstruktur des betroffenen Beamten zu sozialen Schwierigkeiten am Arbeitsplatz und dadurch zu Störungen im Dienstbetrieb führte. So ereignete es sich z. B. mehrfach, dass der Beamte Kaffee- und Mittagspausen über Gebühr ausdehnte und darüber hinaus eigenmächtig weitere Erholungspausen einlegte. Auch führte das von ihm gegenüber seinen Kollegen an den Tag gelegte Verhalten zur Unruhe auf der nächsten Dienststelle, wohin er nach tätlichen Auseinandersetzungen mit seinen früheren Kollegen versetzt werden musste (OVG Hamburg, DÖD 1989, S. 212 f.).

Die Unfähigkeit zur Erfüllung der Dienstpflichten ist erst recht gegeben, wenn der Beamte aufgrund seines emotional-kognitiven Verhaltens und Erlebens gar nicht mehr in der Lage ist, seine Dienstpflichten zu erkennen.

Ausschlaggebend für die Dienstfähigkeit sind nicht die sich aus seinem bisherigen Dienstposten, sondern die sich aus seinem Amt als Beamter ergebenden Pflichten (BVerwG VerwRspr 16, S. 877 f.; BVerwG NVwZ 1992, S. 1096 f.; BVerwG, NVwZ 2005, S. 458 f.; LG Heidelberg, NJOZ 2004, S. 2016, 2018; Kienzler 2002, Rn. 145; Spiess 2000, S. 103; Loebel 1999, S. 21). Daher liegt keine Dienstunfähigkeit vor, wenn der Beamte zwar nicht mehr den Anforderungen seiner konkreten Tätigkeit gerecht wird, jedoch eine andere, gleichwertige bei seiner Dienststelle ausüben kann (BVerwG VerwRspr 16, S. 877 f.; Kienzler 2002, Rn. 145).

Dauerhaftigkeit

Diese Unfähigkeit muss **dauernder Natur** sein, darf also nicht nach sachkundiger Bewertung unter Berücksichtigung der jeweiligen Umstände des Einzelfalles in absehbarer Zeit enden (Bay VGH in Schütz u. Maiwald-ES/A II 5.1 Nr. 15; VGH BW, DÖD 1993, S. 87, 89; Schütz u. Maiwald-Brockhaus 2004, § 45 Rn. 40; Battis 2004, § 42 Rn. 5; Scheerbarth et al. 1992, S. 535; Loebel 1999, S. 21).

Nicht erforderlich ist es dagegen, dass der Mangel voraussichtlich lebenslänglich bestehen wird (OVG Koblenz, Az.: 2A 11800/04, n. v.; Schütz u. Maiwald-Brockhaus 2004, § 45 Rn. 40; Battis 2004, § 42 Rn. 5; Loebel 1999, S. 21). Mit Blick auf § 42 Abs. 1 S. 2 BBG muss der Zeitraum, in dem eine Wiederherstellung der Dienstfähigkeit nicht in Betracht kommt, aber mindestens 6 Monate betragen (Loebel 1999, S. 21).

Dienstunfähigkeit ist danach gegeben, wenn auf **unabsehbare Zeit**, wenigstens **6 Monate**, nicht gewährleistet werden kann, dass der Beamte trotz seiner geistigen oder körperlichen Schwäche im Stande ist, sich unter allen Umständen so zu verhalten, wie es für einen Beamten unbedingt notwendig erscheint.

Beispiel

Fall 12.2. Beginnende Alzheimer-Demenz (ICD-10: F00.00) lautete die Diagnose für Dr. Richard T. Der 55-jährige Richter am Amtsgericht war schon seit geraumer Zeit von seiner Frau auf Gedächtnisprobleme angesprochen worden, hatte diese selbst noch nicht richtig wahrgenommen. In der Gerichtskantine fragte er den Psychiater, den er als Sachverständigen aus einem Verfahren kannte, um Rat. Dieser empfahl eine eingehende psychiatrische Untersuchung in der Gedächtnisambulanz der benachbarten Universitätsklinik für Psychiatrie und Psychotherapie. Die Untersuchung war aufwendig, umfasste neben der Exploration und Untersuchung eine testpsychologische, kernspintomographische, positronenemissionstomographische sowie eine Liquoruntersuchung. Die Diagnose war eindeutig, und Dr. T. stellte einen Antrag an seinen Dienstherrn zur Anerkennung seiner Dienstunfähigkeit. Der Dienstherr ließ ein psychiatrisches Fachgutachten von einem externen Sachverständigen erstellen, der zu dem Schluss kam, dass die Erkrankung schnell progredient sei. Der Dienstherr erklärte daraufhin, dass Dr. T. zur Erfüllung seiner Dienstpflichten dauernd unfähig sei. Sechs Jahre später starb der Richter.

Sehr differenziert zu beurteilen sind jene Patienten, die voraussichtlich länger als 6 Monate an einer psychischen Störung leiden. Hier sollte der Gutachter die Zeitperspektive sehr deutlich herausarbeiten und die einzelnen Schritte der absehbaren Genesung konkretisieren. Dabei kann er in seinem Gutachten durchaus für die einzelnen Phasen Maßnahmen vorschlagen, die den Gesundungsprozess unterstützen, z. B. eine Wiedereingliederungsmaßnahme am Arbeitsplatz oder eine Versetzung an einen anderen Arbeitsplatz.

Sondervorschrift: Polizeidienstunfähigkeit (§ 4 BPolBG)

Zu beachten ist, dass bei bestimmten Beamtengruppen von § 42 Abs. 1 BBG abweichende Sondervorschriften für die Frage der Dienstfähigkeit existieren, die gem. § 42 Abs. 2 BBG der allgemeinen Regelung des § 42 Abs. 1 BBG vorgehen. Besonders hinzuweisen ist vor allem auf die besonderen Regelungen für die Polizeidienstunfähigkeit in § 4 BPolBG (vgl. hierzu auch die entsprechenden Vorschriften der jeweiligen Landesbeamtengesetze, z. B. § 194 Abs. 1 LBG NW, § 145 LBG BW; § 226 NBG; § 178 BremBG; § 210 LBG RP; § 208 LBG SH.)

! Eine Polizeidienstunfähigkeit besteht nach diesen Regelungen dann, wenn der jeweilige Beamte den besonderen gesundheitlichen Anforderungen für den Polizeivollzugsdienst nicht mehr genügt und nicht zu erwarten ist, dass er seine volle Verwendungsfähigkeit innerhalb von 2 Jahren wiedererlangt.

Auch bei diesem Spezialbegriff kommt es nicht allein auf die medizinische Beurteilung des Zustandes an, sondern darauf, wie sich der entsprechende Mangel auf den Dienstbetrieb auswirkt (Schütz u. Maiwald-Brockhaus 1999, § 194 Rn. 12). – Vor der Versetzung in den Ruhestand ist auch hier gem. § 4 Abs. 2 BPolBG ein Gutachten des Amtsarztes oder eines beamteten Polizeiarztes einzuholen.

Vermutete Dienstunfähigkeit (§ 42 Abs. 1 S. 1 und 2 BBG)

Gemäß § 42 Abs. 1 S. 1 und 2 BBG vermutet das Gesetz Dienstunfähigkeit ferner dann, wenn der Beamte infolge Erkrankung innerhalb eines Zeitraumes von 6 Monaten mehr als 3 Monate keinen Dienst geleistet hat und keine Aussicht besteht, dass er innerhalb weiterer 6 Monate wieder voll dienstfähig wird.

Vgl. die insoweit inhaltlich übereinstimmenden Regelungen der jeweiligen Landesbeamtengesetze: § 45 Abs. 1 S. 2 LBG NW, § 53 Abs. 1 S. 2 LBG BW; § 47 Abs. 1 S. 2 HmBG; Art. 56 Abs. 1 S. 2 BayBG; § 54 Abs. 1 S. 2 NBG; § 51 Abs. 1 S. 2 HBG; § 111 Abs. 1 S. 2 LBG Brandenburg; § 77 Abs. 1 S. 2 LBG Berlin; § 46 Abs. 1 S. 2 ThürBG; § 42 Abs. 1 S. 2 LBG LSA; § 52 Abs. 1 S. 2 SächsBG; § 45 Abs. 1 S. 2 LBG M-V; § 52 Abs. 1 S. 2 SBG; § 43 Abs. 1 S. 2 BremBG; § 54 Abs. 1 S. 2 LBG SH; § 56 Abs. 1 S. 2 LBG RP.

Diese Regelung bestimmt allerdings keinen eigenen von der Legaldefinition des § 42 Abs. 1 S. 1 BBG abweichenden Begriff der Dienstunfähigkeit, sondern stellt nur eine Beweiserleichterung zugunsten der Behörde dar (BVerwG ZBR 1967, S. 148 ff.; Battis 2004, § 42 Rn. 6).

Für die prognostische Frage, ob der Beamte innerhalb von 6 Monaten wieder voll dienstfähig sein wird, muss regelmäßig ein ärztliches Gutachten erstellt werden (Schütz u. Maiwald-Brockhaus 2004, § 45 Rn. 46; Battis 2004, § 42 Rn. 6; Loebel 1999, S. 22). Zu beachten ist dabei, dass die Fehlzeiten nicht zeitlich zusammenhängen müssen (Schütz u. Maiwald-Brockhaus 2004, § 45 Rn. 46; Battis 2004, § 42 Rn. 6; Loebel 1999, S. 22).

Streit besteht darüber, ob es sich um dieselbe Krankheit handeln muss (Battis 2004, § 42 Rn. 6) oder ob auch die Fälle verschiedener Krankheiten erfasst sind (Schütz u. Maiwald-Brockhaus 2004, § 45 Rn. 46). Rechtsprechung zu dieser Frage ist nicht ersichtlich.

Für das Abstellen auf die selbe Krankheit wird zunächst auf den Wortlaut des § 42 Abs. 1 S. 2 BBG verwiesen, der von »Erkrankung« spricht und somit im Singular formuliert ist (vgl. etwa Battis 2004, § 42 Rn. 6). Diese Auslegung erscheint allerdings nicht zwingend. Vielmehr könnte man die Formulierung »infolge Erkrankung« auch so verstehen, dass sie nur den Sinn hat, solche Fehlzeiten auszuschließen, die auf anderen Ursachen, wie etwa Urlaub, Kur oder Suspendierung vom Dienst, beruhen. Entscheidend ist Folgendes: Dass die Regelung des § 42 Abs. 1 S. 2 BBG eine bloße Beweislastverbesserung zugunsten der Behörde im Verhältnis zu § 42 Abs. 1 S. 1 BBG darstellt, spricht dafür, im Rahmen des § 42 Abs. 1 S. 2 BBG die gleichen Maßstäbe wie bei § 42 Abs. 1 S. 1 BBG anzuwenden. Bedenkt man, dass im Rahmen des § 42 Abs. 1 S. 1 BBG Dienstunfähigkeit auch bei mehreren Erkrankungen angenommen wird, bei denen jede für sich weder schwer noch von langer Dauer ist, während das wiederholte Auftreten von Krankheiten aber den Schluss zulässt, dass der Beamte aufgrund seiner gesamten körperlichen Konstitution zur Erfüllung seiner Dienstpflichten dauernd unfähig sein wird (BVerwG ZBR 1967, S. 148, 150; Schütz u. Maiwald-Brockhaus 2004, § 45 Rn. 42; Battis 2004, § 42 Rn. 5), so liegt es nahe, auch im Rahmen des § 42 Abs. 1 S. 2 BBG das Auftreten mehrerer Erkrankungen genügen zu lassen. Für eine solche Auffassung sprechen auch Sinn und Zweck der Regelung des § 42 Abs. 1 BBG, der auch darin besteht, die Staatsverwaltung vor der Belastung zu bewahren, mit Beamten arbeiten zu müssen, die zur Erfüllung ihrer Aufgaben außerstande sind. Dafür spielt es aber keine Rolle, ob der Beamte nur unter einer schwerwiegenden Erkrankung leidet oder unter mehreren für sich genommen leichteren Erkrankungen, die aber in ihrer Gesamtheit ebenfalls zu einer erheblichen Zahl von Fehlzeiten führen.

Im Rahmen einer psychiatrischen Begutachtung wird es allerdings in vielen Fällen nicht hierauf ankommen, da es sich meist um eine einzige Veranlagung und nicht um mehrere getrennt voneinander auftretende Krankheiten handelt und darüber hinaus diejenigen, die das Vorliegen einer einzigen Krankheit fordern, den Begriff der Erkrankung weit fassen und es auch ausreichen lassen, dass die Fehlzeit auf den Krankheitsfolgen beruht.

12.1.3 Rechtsfolgen der Dienstunfähigkeit

Vor Begründung des Beamtenverhältnisses

Zweifel an der Dienstfähigkeit des Kandidaten **vor** Begründung des Beamtenverhältnisses erfordern als Beurteilungsgrundlage amtsärztliche und u. U. fachärztliche Untersuchungen (Battis 2004, § 8 Rn. 15). Stellt sich dabei heraus, dass mit hoher Wahrscheinlichkeit häufige Erkrankungen bzw. sogar dauernde Dienstunfähigkeit vor Erreichen der Altersgrenze nicht ausgeschlossen werden können, so fehlt dem Bewerber die erforderliche Eignung (Battis 2004, § 8 Rn. 15) und von der Begründung eines Beamtenverhältnisses ist abzusehen.

Nach Begründung des Beamtenverhältnisses

Stellt sich die Dienstunfähigkeit erst nach Begründung des Beamtenverhältnisses heraus, so führt dies regelmäßig zur Beendigung des aktiven Dienstes. Die Frage, wie sich das Verfahren gestaltet, hängt davon ab, welche der fünf in Betracht kommenden Statusformen (Beamter auf Lebenszeit, Beamter auf Zeit, Beamter auf Probe, Beamter auf Widerruf und Ehrenbeamter) bei dem jeweiligen Beamten vorliegt.

Beamter auf Lebenszeit

Grundsatz: Versetzung in den Ruhestand (§ 42 Abs. 1 S. 1 BBG)

Der Beamte auf Lebenszeit muss bei erwiesener Dienstunfähigkeit gem. § 42 Abs. 1 S. 1 BBG grundsätzlich in den Ruhestand versetzt werden. Wird die Dienstunfähigkeit dagegen nur vermutet, so steht es im Ermessen der nach § 47 Abs. 1 S. 1 BBG zuständigen Behörde, ob sie den Beamten in den Ruhestand versetzt (Battis 2004; § 42 Rn. 6; Kienzler 2002, Rn. 145).

Die Zuständigkeit liegt gem. § 47 Abs. 1 BBG bei der Stelle, die nach § 10 Abs. 1 BBG auch für die Ernennung des Beamten zuständig war. Sie bedarf allerdings hierzu des Einvernehmens der obersten Dienstbehörde.

Ausnahmen

Weiterbeschäftigung in einem anderen Amt (§ 42 Abs. 3 S. 1 BBG). Gemäß § 42 Abs. 3 S. 1 BBG soll von der Versetzung des Beamten in den Ruhestand abgesehen werden, wenn dem Beamten ein anderes Amt derselben oder einer anderen Laufbahn übertragen werden kann. Die Übertragung ist ohne Zustimmung des Beamten gem. § 42 Abs. 3 S. 2 BBG möglich, wenn das Amt zum Bereich desselben Dienstherrn gehört, mit demselben Endgrundgehalt verbunden ist wie das bisherige und erwartet werden kann, dass der Beamte den gesundheitlichen Anforderungen des neuen Amtes genügen wird. Erscheint eine solche Versetzung in ein gleichwertiges Amt ausgeschlossen, so darf ihm gem. § 42 Abs. 3 S. 4 BBG auch eine geringwertigere Tätigkeit zugewiesen werden, sofern ihm das zumutbar ist. Insofern sind Feststellungen zum gesundheitlichen Befähigungs- und Eignungsprofil und zum Anforderungsgefälle zwischen dem bisher bekleideten Amt und demjenigen, in das der Beamte versetzt werden soll, erforderlich (Schnellenbach 1995, S. 329).

Ein Beamter, der nicht über die fachlichen Fähigkeiten verfügt, die für die neue Laufbahn erforderlich sind, hat gem. § 42 Abs. 3 S. 3 BBG an Maßnahmen zu ihrem Erwerb teilzunehmen, z. B. an einer Fortbildung.

Vgl. die inhaltlich übereinstimmenden Regelungen der jeweiligen Landesbeamtengesetze: § 45 Abs. 3 LBG NW, § 53 Abs. 3 LBG BW; § 47 Abs. 3 HmBG; Art. 56 Abs. 4 BayBG; § 54 Abs. 3 NBG; § 51 Abs. 3 HBG; § 111 Abs. 3 LBG Brandenburg; § 77 Abs. 3 LBG Berlin; § 46 Abs. 3 ThürBG; § 42 Abs. 3 LBG LSA; § 52 Abs. 3 SächsBG; § 45 Abs. 3 LBG M-V; § 52 Abs. 3 SBG; § 43 Abs. 3 BremBG; § 54 Abs. 3 LBG SH; § 56 Abs. 3 LBG RP.

Begrenzte Dienstfähigkeit (§ 42a Abs. 1 BBG). Eine weitere Ausnahme sieht § 42a Abs. 1 BBG für den Fall vor, dass der Beamte unter Beibehaltung seines Amtes seine Dienstpflichten noch mindestens während der Hälfte der regelmäßigen Arbeitszeit erfüllen kann. Dann wird er im Umfang seiner begrenzten Dienstfähigkeit weiterbeschäftigt.

Über die Frage, ob eine solche Weiterbeschäftigung erfolgen kann und über den entsprechenden Prozentsatz, zu dem der Beamte noch dienstfähig ist, entscheidet aufgrund eines ärztlichen Gutachtens gem. § 42a Abs. 4 BBG die nach § 47 BBG zuständige Behörde. Die Arbeitszeit wird gem. § 42a Abs. 2 S. 1 BBG nach Maßgabe dieser festgestellten begrenzten Dienstfähigkeit reduziert. Der zunächst festgesetzte Prozentsatz kann aufgrund eines entsprechenden ärztlichen Gutachtens während des Zeitraums der begrenzten Dienstfähigkeit erhöht oder weiter herabgesetzt werden. Von der Möglichkeit der begrenzten Dienstfähigkeit soll allerdings nach § 42a Abs. 3 BBG nur dann Gebrauch gemacht werden, wenn eine Versetzung zu einer anderen Stelle gem. § 42 Abs. 3 BBG nicht in Betracht kommt.

Die jeweiligen Landesbeamtengesetze sehen ebenfalls eine begrenzte Dienstfähigkeit vor, allerdings mit einer Befristung auf den Zeitraum bis zum 31.12.2004, so dass die Vorschriften zurzeit keine Anwendung finden. Eine solche zeitliche Begrenzung sah auch § 42a Abs. 5 BBG vor, da man vor der Entscheidung, die Vorschrift endgültig ins Dienstrecht zu übernehmen, Erfahrungen mit dem Instrument der begrenzten Dienstfähigkeit gewinnen wollte (vgl. dazu und zu ersten praktischen Erfahrungen BT-Drucks. 14/7220, S. 155 f.). Diese bundesrechtliche Befristung wurde aber durch das Gesetz vom 04.11.2004 aufgehoben. Insofern gilt es zu beachten, ob die Landesgesetzgeber von der ihnen durch die gleichzeitige Aufhebung des § 26a Abs. 5 BRRG eröffneten Möglichkeit, die Befristung ebenfalls aufzuheben, Gebrauch machen.

Inhaltlich stimmen die Landesgesetze mit dem Bundesrecht weitgehend überein, z. B. § 45a LBG NW, § 53a LBG NW; § 47a HmBG; Art. 56a BayBG; § 54a NBG; § 111a LBG Brandenburg; § 77a LBG Berlin; § 42a LBG LSA; § 52a SächsBG; § 45a LBG M-V; § 52a SBG; § 43a BremBG; § 54a LBG SH. Zu beachten ist, dass die Landesbeamtengesetze eine begrenzte Dienstfähigkeit nur bei Beamten vorsehen, die das 50. Lebensjahr bereits vollendet haben. Dies galt nach § 42a a. F. BBG auch für Bundesbeamte, wurde aber mit Wirkung zum 01.01.2002 gestrichen. Die Länder Rheinland-Pfalz und Hessen sind der bundesrechtlichen Lösung bereits gefolgt und haben in § 56a LBG RP bzw. § 51a HBG die Altersbegrenzung ebenfalls aufgehoben. – Zur Besoldung bei begrenzter Dienstfähigkeit s. § 72a BBesG.

Beispiel

Fall 12.3. Frau Gertrud V., 51-jährige Lehrerin, litt seit vielen Jahren an einem chronifizierten depressiven Syndrom. Sie hatte allerdings nie fachpsychiatrische oder fachpsychologische Behandlungen durchführen lassen, sondern war stattdessen zu einem Heilpraktiker gegangen. Darunter verschlimmerte sich die Symptomatik erheblich. Vom begutachtenden Facharzt für Psychiatrie und Psychotherapie wurde beschrieben, dass zunächst eine stationäre psychiatrisch-psychotherapeutische Behandlung von mehreren Wochen Dauer durchzuführen sei. In Abhängigkeit vom Verlauf sollte dann die Probandin nach einer unter ambulanten Bedingungen fortgeführten psychiatrisch-psychotherapeutischen Behandlung schrittweise über 6–12 Monate an ihren Arbeitsplatz zurückgeführt werden. Eine Nachbegutachtung für den Fall einer nicht eingetretenen Befundänderung nach 6–9 Monaten wurde angeregt.

Entlassung (§ 35 2 BBG)

Schließlich steht u. U. § 35 S. 2 BBG, der auf § 4 Abs. 1 BeamtVG verweist, der Versetzung in den Ruhestand entgegen. Der Beamte ist dann zu entlassen.

Danach kann nur in den Ruhestand versetzt werden, wer entweder eine Dienstzeit von 5 Jahren abgeleistet hat (§ 4 Abs. 1 S. 1 Nr. 1 BeamtVG) oder infolge Krankheit, Verwundung oder sonstiger Beschädigung, die er sich ohne grobes Verschulden bei Ausübung oder aus Veranlassung des Dienstes zugezogen hat, dienstunfähig wurde (§ 4 Abs. 1 S. 1 Nr. 2 BeamtVG). Andernfalls ist der Beamte zu entlassen (vgl. die inhaltsgleichen Regelungen der jeweiligen Landesbeamtemgesetze, z. B. § 37a, S. 2 LBG NW; Art. 54a Abs. 2 Nr. 1 BayBG; § 34 Abs. 2 S. 2 BremBG; § 49a LBG RP; § 48 Abs. 2 SächsBG; § 51 Abs. 3 S. 2 LBG MV).

Es handelt sich dabei aber um eine bloße Änderung der Rechtsfolge (OVG NW, NVwZ-RR 2002, 520), die für die Belange des ärztlichen Gutachtens keine Besonderheiten mit sich bringt.

Verfahrensarten

In welchem Verfahren die Versetzung in den Ruhestand erfolgt, richtet sich danach, ob der Beamte die Feststellung der Dienstunfähigkeit beantragt oder ob die Behörde selbst das Verfahren in Gang setzt. In beiden Fällen bildet jeweils ein ärztliches Gesundheitszeugnis die Grundlage der behördlichen Entscheidung. Wird eine Entscheidung ohne vorherige ärztliche Begutachtung des Gesundheitszustandes getroffen, so liegt ein Verfahrensfehler vor (Zilkens 1995, S. 7), der allerdings gem. § 46 VwVfG dann unbeachtlich bleibt (BVerwG NVwZ 1991, S. 477 f.), wenn er die Entscheidung in der Sache nicht beeinflusst hat, die Entscheidung der Behörde also inhaltlich richtig war.

Hierbei gilt es **Unterschiede zwischen dem Bundesrecht und den Landesgesetzen** zu beachten. Während §§ 43 und 44 BBG nur das Gutachten eines Arztes, d. h. nach § 46a Abs. 1 BBG eines Amtsarztes oder eines durch die oberste Dienstbehörde als möglicher Gutachter bestimmten Arztes, voraussetzen, erfordern viele landesrechtlichen Bestimmungen – wie §§ 43, 44 BBG a. F. – (noch) ein amtsärztliches Gutachten. Das Ziel der Bundesregelung besteht darin, dass die zuständigen Behörden auch das Fachwissen anderer Ärzte als der Amtsärzte heranziehen können. Ferner soll so in den Fällen eine Verfahrensbeschleunigung erreicht werden, in denen dem Amtsarzt die erforderlichen fachärztlichen Kenntnisse fehlen und er ohnehin einen weiteren Arzt hinzuziehen müsste (BT-Drucks. 14/7064, S. 49).

Bei entsprechendem Verfahren sollte allerdings der von der Rechtsprechung entwickelte Grundsatz beachtet werden, wonach sich in dem Fall, dass sich ein privatärztliches Attest und eine amtsärztliche Stellungnahme widersprechen, grundsätzlich der amtsärztlichen Beurteilung Vorrang zukommt, da vom Amtsarzt aufgrund seiner aus Art. 20 Abs. 3 GG resultierenden Bindung an Recht und Gesetz eine größere Neutralität zu erwarten ist und der Amtsarzt den Befund besser zur Frage der Dienstfähigkeit in Beziehung zu setzen vermag als ein Privatarzt (OVG Rheinland-Pfalz, RiA 2001, S. 101 f.; OVG Berlin, NVwZ-RR 2002, S. 762 f.; VGH Bayern, NVwZ-RR 2002, S. 764 f.; VG Oldenburg Az.: 6 A 2368/02, n. v.). Dies gilt nur ausnahmsweise dann nicht, wenn sich das privatärztliche Gutachten unter Darlegung der Gründe mit den Feststellungen des Amtsarztes auseinander setzt und diese entkräftet (OVG Berlin, NVwZ-RR 2002, S. 762 f.). Daher wird es aus Beweisgründen für das spätere Verfahren für die Behörde günstiger sein, ein amtsärztliches Attest einzuholen, wenn die Kenntnisse des Amtsarztes ausreichend erscheinen.

Üblich ist auch das Vorgehen, wonach ein Amtsarzt einen psychiatrischen Sachverständigen mit einer Begutachtung beauftragt, die der Amtsarzt wiederum in seine Stellungnahme einfließen lässt.

Antrag des Beamten. Stellt der Beamte selbst den Antrag auf Versetzung in den Ruhestand, so muss der unmittelbare Dienstvorgesetzte zunächst aufgrund eines ärztlichen Gutachtens eine Erklärung über den Gesundheitszustand des Beamten abgeben (§ 43 Abs. 1 BBG). Hiernach entscheidet die nach § 47 BBG zuständige Behörde über die Maßnahme, wobei sie gem. § 43 Abs. 2 BBG an die Erklärung des Dienstvorgesetzten nicht gebunden ist und u. U. auch eine eigene Beweisaufnahme vornehmen kann, z. B. durch ein weiteres Gutachten (Battis 2004, § 43 Rn. 4; Loebel 1999, S. 25).

Vgl. die inhaltlich weitgehend übereinstimmenden Regelungen der jeweiligen Landesbeamtengesetze, z. B. § 46 LBG NW; Art. 57 BayBG; § 55 NBG; § 54 LBG BW; § 52 HBG; § 112 LBG Brandenburg; § 78 LBG Berlin; § 43 LBG LSA; § 53 SächsBG; § 47 LBG M-V; § 53 SBG. Zu beachten bleibt, dass die Erklärung des Dienstvorgesetzten nur aufgrund eines amtsärztlichen Gutachtens erfolgen darf. In Rheinland Pfalz, Hessen, Bremen und Hamburg kann es sich gem. §§ 57 Abs. 1 in Verbindung mit 61a LBG RP, § 52 Abs. 1 HBG, § 44 Abs. 1 BremBG, § 48 HmBG wie auf Bundesebene auch um ein privatärztliches Gutachten handeln.

Zwangspensionierungsverfahren (§ 44 Abs. 1 S. 1 BBG). Beantragt der Beamte seine Versetzung in den Ruhestand dagegen nicht, hält der Dienstvorgesetzte ihn jedoch aufgrund eines ärztlichen Gutachtens für dienstunfähig, so teilt er dies dem Beamten gem. § 44 Abs. 1 BBG unter Angabe der Gründe mit. Gemäß § 44 Abs. 2 S. 1 BBG kann der Beamte nach der Mitteilung innerhalb eines Monats Einwendungen erheben. Danach entscheidet gem. § 44 Abs. 2 S. 2 BBG die nach § 47 BBG zuständige Behörde, ob der Beamte in den Ruhestand versetzt wird oder nicht.

Zur Versetzung in den Ruhestand bedarf es gem. § 44 Abs. 2 S. 3 BBG des Einvernehmens der obersten Dienstbehörde.

Insofern stimmen auch die Regelungen der jeweiligen Landesbeamtengesetze inhaltlich weitgehend überein, z. B. § 47 LBG NW; § 49 HmBG; Art. 58 BayBG; § 55 LBG BW; § 56 NBG; § 113 LBG Brandenburg; § 79 LBG Berlin; § 44 LBG LSA; § 54 SächsBG; § 48 LBG M-V; § 54 SBG; § 53 HBG; § 56 LBG SH. Zu beachten ist, dass, wie bereits angeführt, in einigen Bundesländern die Erklärung des Dienstvorgesetzten nur aufgrund eines amtsärztlichen Gutachtens erfolgen darf, so z. B. in § 47 LBG NW; § 44 LBG LSA; § 48 LBG M-V; in einigen Bundesländern ist auch ein Vorverfahren durch einen Ermittlungsbeamten vorgesehen, wie z.B. § 113 LBG Brandenburg, Art. 58 Abs. 4 S. 2 BayBG. In Sachsen ist vor dieser Erklärung grundsätzlich auch ein amtsärztliches Gutachten einzuholen. Gemäß § 54 Abs. 1 SächsBG kann hier in Ausnahmefällen aber auch das Gutachten eines Facharztes ausreichen. In Rheinland Pfalz und Hamburg reicht nach § 58 Abs. 1 LBG RP bzw. § 49 Abs. 1 HmBG ein ärztliches Gutachten. In anderen Bundesländern ist dagegen ein ärztliches bzw. ein amtsärztliches Gutachten als Grundlage für die Erklärung des Dienstvorgesetzten nicht unbedingt erforderlich, wie z. B. § 113 LBG Brandenburg; § 79 LBG Berlin; § 54 SBG; § 45 Abs. 1 BremBG. Jedoch wird aus praktischen Gründen auch hier meist ein ärztliches Gutachten einzuholen sein.

Rechtsfolgen der Versetzung in den Ruhestand (§ 6 Abs. 4 BBG)

Die Versetzung in den Ruhestand wandelt das Beamtenverhältnis gem. § 6 Abs. 4 BBG durch Verwaltungsakt in ein Ruhestandsverhältnis um (Battis 2004, § 42 Rn. 3). Der Ruhestand beginnt gem. § 47 Abs. 2 BBG mit dem Ende des Monats, in dem dem Beamten die Versetzungsverfügung zugegangen ist.

Er erhält dann gem. § 47 Abs. 3 BBG lebenslänglich Ruhegehalt nach dem Beamtenversorgungsgesetz (BeamtVG). Die Höhe des Ruhegehaltes ist hierbei gem. § 14 BeamtVG von den gem. § 5 BeamtVG ruhegehaltfähigen Dienstbezügen und von der gem. §§ 6–13 BeamtVG ruhegehaltfähigen Dienstzeit abhängig.

Vgl. die inhaltlich übereinstimmenden Regelungen der jeweiligen Landesbeamtengesetze, z. B. § 50 Abs. 3 LBG NW; § 59 Abs. 2 LBG BW; § 52 Abs. 3 HmBG; § 56 Abs. 3 HBG; § 47 Abs. 3 LBG LSA; § 57 Abs. 3 SBG, § 48 Abs. 3 BremBG; § 62 LBG RP; § 58 Abs. 2 SächsBG; § 51 Abs. 3 S. 1 LBG MV, die für die Berechnung auf das BeamtVG verweisen.

Verbot der Führung von Dienstgeschäften (§ 60 Abs. 1 S. 1 BBG)

Bis zur endgültigen Entscheidung über die Versetzung in den Ruhestand kann dem betroffenen Beamten gem. § 60 Abs. 1 S. 1 BBG die Führung seiner Dienstgeschäfte verboten werden. Hierbei stellt die Dienstunfähigkeit einen zwingenden dienstlichen Grund im Sinne des § 60 Abs. 1 S. 1 BBG dar, wenn die weitere Dienstausführung aufgrund der Persönlichkeitsstruktur unausweichlich zu dienstlichen Nachteilen führen würde (OVG Hamburg, DÖD 1989, S. 211; Gunkel u. Pilz 2003, S. 501).

Für die Rechtmäßigkeit eines solchen Verbots reicht es aufgrund des präventiven Charakters aus, dass erhebliche Zweifel an seiner Dienstfähigkeit bestehen (Schnellenbach 1995, S. 330).

Reaktivierung eines bereits in den Ruhestand versetzten Beamten (§ 45 Abs. 1 S. 1 BBG)

Gemäß § 45 Abs. 1 S. 1 BBG kann ein wegen Dienstunfähigkeit in den Ruhestand versetzter Beamter, der wieder dienstfähig geworden ist, erneut in das Beamtenverhältnis berufen werden, solange er das 63. Lebensjahr noch nicht vollendet hat. Dies setzt voraus, dass ihm im Dienstbereich seines früheren Dienstherrn ein Amt in seiner früheren oder einer mit mindestens demselben Endgrundgehalt verbundenen Laufbahn übertragen werden soll und zu erwarten ist, dass er den gesundheitlichen Anforderungen des neuen Amtes entspricht.

Gemäß § 45 Abs. 1 S. 4 BBG erfordert allerdings eine Berufung zu einem späteren Zeitpunkt als 5 Jahre nach Eintritt in den Ruhestand die Zustimmung des Betroffenen, wenn er das 55. Lebensjahr vollendet hat.

Eine Pflicht des Beamten, Maßnahmen zur Wiederherstellung seiner Dienstfähigkeit zu ergreifen, besteht allerdings nicht (OVG NW, NVwZ-RR 1998, S. 765; Weigert 1993, S. 654). Dies lässt sich aus § 77 Abs. 2 Nr. 3 und 4 BBG ableiten, der einen abschließenden Katalog für Dienstvergehen des Ruhestandsbeamten bildet und die Nichtwiederherstellung der Dienstfähigkeit nicht als Dienstvergehen behandelt, während § 77 Abs. 1 BBG in Verbindung mit § 54 S. 1 BBG beim aktiven Beamten umgekehrt entscheidet. Gegen eine solche Pflicht spricht ferner, dass § 54 S. 1 BBG, aus dem für den aktiven Beamten die Pflicht folgt, seine Dienstfähigkeit wiederherzustellen, nicht auf den Ruhestandsbeamten zugeschnitten ist.

Bei Zweifeln an der Dienstfähigkeit des Beamten, kann er gem. § 45 Abs. 4 S. 1 BBG angewiesen werden, sich ärztlich untersuchen zu lassen (BVerwG NVwZ 2001, S. 436 f.). Nach dem Sinn und Zweck der Untersuchung besteht eine weitere Rechtmäßigkeitsvoraussetzung für die Verpflichtung des Beamten darin, dass die sonstigen Erfordernisse einer Reaktivierung gegeben sind (Weigert 1993, S. 653).

Beispiel

Fall 12.4. Vier Jahre befand sich Herbert Z. als Polizeibeamter im Ruhestand. Mit 27 Jahren war er nach dem zweiten stationären Aufenthalt in einer psychiatrischen Klinik wegen einer paranoiden Psychose (ICD-10:F20.0) aus dem Dienst ausgeschieden. Er begehrte nun selbst eine Reaktivierung, nachdem er unter der allgemeinen psychiatrisch-psychotherapeutischen Behandlung seitdem kein Rezidiv mehr erlitten hatte. Er nahm weiterhin Neuroleptika, um nicht erneut zu erkranken. Sein behandelnder Psychiater unterstützte die Reaktivierung. Der Polizeiarzt lehnte diese zunächst mit der Begründung ab, dass Herr Z. als schizophrener Patient lebenslänglich krank sei und holte in der benachbarten Universitätsklinik für Psychiatrie und Psychotherapie ein ausführliches Gutachten ein. In diesem wurde unter Einschluss einer testpsychologischen Untersuchung festgestellt, dass das Rezidivrisiko sehr klein sei. Gegenwärtige psychopathologische oder testpsychologische Auffälligkeiten konnten nicht festgestellt werden. Eine Reaktivierung wurde empfohlen; eine Bewertung, der sich der Polizeiarzt letzlich anschloss.

12

Eine Reaktivierung kommt gem. § 45 Abs. 3 BBG auch in den Fällen der beschränkten Dienstfähigkeit in Betracht.

Inhaltlich weitgehend übereinstimmend sind die Regelungen der jeweiligen Landesbeamtengesetze: § 48 LBG NW, § 56 LBG BW; § 50 HmBG; Art. 59 BayBG; § 59 NBG; § 54 HBG; § 114 LBG Brandenburg; § 80 LBG Berlin; § 49 ThürBG; § 45 LBG LSA; § 55 Abs. 1 S. 1 SächsBG; § 49 LBG M-V; § 55 SBG; § 46 BremBG; § 57 LBG SH; § 61 LBG RP. Zu beachten ist, dass hier teilweise andere Fristen gelten.

Beamter auf Zeit

Für den Beamten auf Zeit gelten gem. § 176a Abs. 3 S. 1 BBG dieselben Regelungen wie für den Beamten auf Lebenszeit, d. h. im Falle der Dienstunfähigkeit die §§ 42 ff. BBG.

Regelungen der jeweiligen Landesbeamtengesetze: Entweder wird hier der Beamte auf Zeit bereits direkt in die die Dienstunfähigkeit definierende Vorschrift miteinbezogen, wie z. B. in § 45 Abs. 1 S. 1 LBG NW, § 53 Abs. 1 S. 1 LBG BW; § 54 Abs. 1 S. 1 NBG; § 46 ThürBG; § 45 LBG M-V; § 43 Abs. 1 S. 1 BremBG; § 54 LBG SH, oder aber es wird wie bei der bundesrechtlichen Lösung pauschal die entsprechende Geltung der Regelungen über Beamte auf Lebenszeit für Beamte auf Zeit angeordnet, wie z. B. in Art. 128 Abs. 2 S. 1 BayBG; § 185 Abs. 1 LBG RP.

Beamter auf Probe

Beim Beamten auf Probe ist zu differenzieren, ob er sich die Dienstunfähigkeit aufgrund einer Krankheit, Verwundung oder sonstiger Beschädigung, und zwar ohne grobes Verschulden, also weder vorsätzlich noch grob fahrlässig (Scheerbarth et al. 1992, S. 538; Battis 2004, § 46 Rn. 5) bei Ausübung oder aus Veranlassung des Dienstes zugezogen hat, oder in außerdienstlichen Bereichen, z. B. bei einer gefährlichen Sportart.

- Ist die Dienstunfähigkeit Folge einer dienstlich erlittenen Schädigung, so wird er gem. § 46 Abs. 1 BBG in den Ruhestand versetzt.
- Andernfalls steht die Entscheidung gem. § 46 Abs. 2 BBG im Ermessen der Behörde. Entscheidet sie sich gegen eine Versetzung in den Ruhestand, so ist der Beamte auf Probe nach § 31 Abs. 1 Nr. 3 BBG zu entlassen.

Auch bei dienstlich veranlasster Dienstunfähigkeit (§ 46 Abs. 2 BBG) kommt eine Versetzung in den Ruhestand nicht in Betracht, wenn der Beamte auf

Probe sie durch grobes Verschulden herbeigeführt hat, z. B. durch eine Trunkenheitsfahrt (Scheerbarth et al. 1992, S. 539).

Der entlassene Beamte hat keinen Anspruch auf Ruhegehalt. Allerdings ist gem. § 47 BeamtVG die Gewährung eines Übergangsgeldes möglich.

Das Verfahren bei der Versetzung in den Ruhestand richtet sich nach den oben dargestellten Grundsätzen (§ 46 Abs. 3 in Verbindung mit den §§ 42 Abs. 3 und 43–45 BBG). Zu beachten bleibt, dass auch hier der Versetzung in den Ruhestand die Regelung des § 35 S. 2 BBG im Weg stehen kann, wenn keine der Voraussetzungen des § 4 Abs. 1 BeamtVG erfüllt ist.

Inhaltsgleiche Regelungen der Landesbeamtengesetze: § 49 LBG NW; § 51 HmBG; Art. 60 BayBG; § 57 LBG BW; § 58 NBG; § 55 HBG; § 115 LBG Brandenburg; § 81 LBG Berlin; § 50 Abs. 1 S. 1 ThürBG; § 46 LBG LSA; § 56 SächsBG; § 50 LBG M-V; § 56 SBG; § 47 BremBG; § 60 LBG RP; § 58 LBG SH.

Schließlich muss man darauf hinweisen, dass eine Entlassung des Beamten auf Probe gem. § 31 Abs. 1 Nr. 2 BBG auch bei mangelnder gesundheitlicher Eignung erfolgen kann, die – wie sich im Umkehrschluss aus § 31 Abs. 1 Nr. 3 BBG ergibt – nicht unbedingt der dauernden Dienstunfähigkeit gleichsteht. Vielmehr genügt es dafür, dass während der Probezeit körperliche oder psychische Probleme festgestellt werden, die die Möglichkeit häufiger Erkrankungen oder des Eintritts der dauernden Dienstunfähigkeit schon vor Erreichen der Altersgrenze nicht mit hoher Wahrscheinlichkeit ausschließen (BVerwG ZBR 1963, S. 215; BVerwG NJW 1993, S. 2546 f.; BVerwG NVwZ-RR 2002, S. 49; Battis 2004, § 31 Rn. 7). Hierauf ist im Rahmen der ärztlichen Begutachtung eines Beamten auf Probe einzugehen.

Beamter auf Widerruf/Ehrenbeamter

Der Beamte auf Widerruf kann bei Dienstunfähigkeit nicht in den Ruhestand versetzt, sondern gem. § 32 Abs. 1 S. 1 BBG entlassen werden. Der Ehrenbeamte wird bei Eintritt der Dienstunfähigkeit ebenfalls nicht in den Ruhestand versetzt, sondern gem. § 177 Abs. 1 Nr. 1 BBG verabschiedet.

»Gerichtliche Kontrolle« der Dienstunfähigkeit

Möglichkeiten einer gerichtlichen Überprüfung

Zu einer gerichtlichen Überprüfung der Dienstunfähigkeit kommt es vor allem in zwei Situationen:

- Einmal ist dies möglich, wenn der Beamte wegen bestehender Dienstunfähigkeit in den Ruhestand versetzt werden will, der Dienstherr ihn aber für dienstfähig hält und die Versetzung deshalb verweigert. Hier kann der Beamte versuchen, die Versetzung in den Ruhestand im Wege der Verpflichtungsklage vor dem Verwaltungsgericht zu erreichen.
- Ferner kommt in Betracht, dass der Beamte sich gegen seine Versetzung in den Ruhestand wehrt, weil er sich entgegen der Ansicht seines Dienstherren für dienstfähig hält. In diesem Fall muss er vor dem Verwaltungsgericht Anfechtungsklage gegen die Versetzungsverfügung erheben.

Vorgehen des Gerichts

Die in beiden Situationen entscheidende Frage lautet, ob der jeweilige Beamte dienstfähig ist oder nicht. Der Behörde steht nach ständiger Rechtsprechung des BVerwG (BVerwGE 16, S. 285, 287; BVerwG NVwZ 1991, S. 477 f.) kein Beurteilungsspielraum zu (so aber Schütz u. Maiwald-Brockhaus 2004, § 45 Rn. 44; Battis 2004, § 42 Rn. 4), sodass die Frage der Dienstunfähigkeit uneingeschränkt gerichtlich kontrolliert werden kann (so auch OVG Oldenburg, Az.: 6 A 4532/02, n. v.; Scheerbarth et al. 1992, S. 535; Loebel 1999, S. 20).

Hierbei ist auf dieselbe Art und Weise vorzugehen, wie dies bereits für das behördliche Verfahren dargestellt wurde. Das Gericht muss also einen die Leistungsfähigkeit beeinträchtigenden Zustand feststellen und dann fragen, ob der betroffene Beamte deshalb seine Dienstpflichten nicht mehr erfüllen kann.

Allerdings muss auf unterschiedliche Zeitpunkte abgestellt werden. Während bei der Verpflichtungsklage die Sachlage im Zeitpunkt der letzten mündlichen Verhandlung maßgebend ist, entscheidet im Rahmen der Anfechtungsklage der Zeitpunkt der letzten Verwaltungsentscheidung, d. h. regelmäßig des Erlasses des Widerspruchsbescheides. Das Gericht muss prüfen, ob zu diesem Zeitpunkt die entscheidende Behörde nach den ihr zur Verfügung stehenden Erkenntnissen annehmen durfte, der Betroffene sei dauernd dienstunfähig (BVerwGE 105, S. 267, 269; BVerwG NVwZ-RR 1998, S. 572; Bay VGH in Schütz u. Maiwald-ES/A II 5.1 Nr. 5; OVG Hamburg, DÖD 1989, S. 211 ff.; Weber 2003, S. 67; Spiess 2000, S. 105).

»Geistige Schwäche«

Wie die Dienstbehörde ist auch das Gericht bei der Feststellung der den forensischen Psychiater interessierenden »geistigen Schwäche« des Beamten regelmäßig auf die Hilfe eines psychiatrischen Sachverständigen angewiesen (BVerwGE 21, S. 240, 243). Ein Verzicht auf gutachterliche Feststellung kommt nur ausnahmsweise dann in Betracht, wenn die maßgebenden Umstände auch eine Person ohne medizinische Ausbildung den eindeutigen Schluss auf eine geistige Schwäche gestatten (BVerwGE 21, S. 240, 243).

Das Gericht kann im Wege des Urkundsbeweises auf das im behördlichen Verfahren erstellte Gutachten zurückgreifen (BVerwGE 69, S. 70, 73 f.; BVerwG ZBR 1967, S. 148, 150; BVerwG DVBl 1980, S. 593 f.; BVerwG DÖV 1986, S. 1063). Allerdings darf es sich aufgrund seiner Aufklärungspflicht aus § 86 Abs. 1 S. 1 VwGO nicht allein mit dem schriftlichen Gutachten eines Sachverständigen begnügen (BVerwG VerwRspr 16, S. 877, 880; Schoch et al. 1999, § 98 Rn. 101). Vielmehr ist es gehalten, den Sachverständigen persönlich zu hören und erforderlichenfalls ein Obergutachten einzuholen bzw. einen weiteren Sachverständigen hinzuzuziehen (BVerwG VerwRspr 16, S. 877, 879 f.). Dies gilt insbesondere dann, wenn ein Beteiligter das Gutachten des Sachverständigen durch substantiiertes Vorbringen in Frage stellt (BVerwGE 69, S. 70, 73; BVerwG DÖV 1986, S. 1063).

Die Pflicht des Gerichts, das persönliche Erscheinen des Sachverständigen anzuordnen, kann sich im Übrigen auch aus § 98 VwGO in Verbindung mit den §§ 411 Abs. 3, 402 und 397 ZPO ergeben, wenn ein Beteiligter dies beantragt.

Im Rahmen des Gutachtenauftrages unterliegt der Sachverständige, bei dem es sich regelmäßig um einen Arzt handeln wird, wie bei forensisch-psychiatrischen Gutachten im Allgemeinen, nicht der ärztlichen Schweigepflicht (Fischer 1985, S. 166).

Dienstunfähigkeit

Zwar ist es möglich, dass das Gutachten eine eigene Diagnose über die Dienstfähigkeit trifft, jedoch entscheidet das Gericht über diese Frage letztlich selbständig unter Zugrundelegung aller ermittelten Tatsachen (BVerwG VerwRspr 16, S. 877, 880; OVG Hamburg, ZBR 1989, S. 211 f.). Hierbei kommt es, wie bereits bei der behördlichen Entscheidung, darauf an, ob die Schwäche dazu führt, dass der Beamte seinen Dienstpflichten nicht mehr nachkommen kann.

12.2 Rentenversicherungsrecht

Die gesetzliche Rentenversicherung ist überwiegend im 6. Buch des Sozialgesetzbuches (SGB VI) geregelt. Sie erbringt zum einen diverse **Leistungen zur Teilhabe** (▶ 12.2.2), um den Auswirkungen einer Krankheit oder Behinderung auf die Erwerbsfähigkeit entgegenzuwirken oder sie zu überwinden. Das Ziel dieser Leistungen zur Teilhabe besteht darin, Beeinträchtigungen der Erwerbsfähigkeit des Versicherten oder sein vorzeitiges Ausscheiden aus dem Erwerbsleben zu verhindern oder den Versicherten möglichst dauerhaft in das Erwerbsleben wiedereinzugliedern (§ 9 Abs. 1 SGB VI). Zum anderen erbringt die gesetzliche Rentenversicherung Rentenleistungen wegen Alters, wegen Todes und wegen verminderter Erwerbsfähigkeit (§ 33 Abs. 1 SGB VI; zu weiteren, hier nicht relevanten Leistungen der Rentenversicherung s. Fichte 2003). Davon soll im vorliegendem Abschnitt ausschließlich die **Rente wegen (krankheits- oder behinderungsbedingt) verminderter Erwerbsfähigkeit** behandelt werden, weil über ihre Anspruchsvoraussetzungen – anders als bei den beiden anderen Rentenarten – regelmäßig nur mit Hilfe eines medizinischen Sachverständigen entschieden werden kann. Gemäß § 33 Abs. 3 Nr. 1 und 2 SGB VI wird sie geleistet als Rente wegen teilweiser oder voller Erwerbsminderung (▶ 12.2.3), ferner in Sonderfällen, die sich aufgrund der Änderung des Rentenversicherungsrechts ergeben können (§ 228 SGB VI, ▶ 12.2.4), als Rente wegen Berufsunfähigkeit (§ 33 Abs. 3 Nr. 4 SGB VI), wegen Erwerbsunfähigkeit (§ 33 Abs. 3 Nr. 5 SGB VI) und wegen teilweiser Erwerbsminderung bei Berufsunfähigkeit (§ 33 Abs. 5 SGB VI).

Die Änderungen des Rentenversicherungsrechts waren lange Zeit diskutiert worden, wurden jedoch erst durch das Gesetz zur Reform der Renten wegen verminderter Erwerbsfähigkeit vom 20.12.2000 (BGBLl 2000 S. 1827) realisiert, das am 01.01.2001 in Kraft trat (s. den Kurzüberblick bei Fichte 2003; ausführlich zur Reformdiskussion und mit Kritik Schulin-Köbl 1999 § 26 Rn. 1 ff.; vgl. zum neuen Recht auch Joussen 2002).

12.2.1 Krankheit und Behinderung im rentenversicherungsrechtlichen Sinne

Schon die einleitende Darstellung verdeutlicht, dass neben der Erwerbsfähigkeit den Begriffen »Krankheit« und »Behinderung« im Rentenversicherungsrecht zentrale Bedeutung zukommt. Sie sollen deshalb vorab erläutert werden, bevor auf die sonstigen (insbesondere die Erwerbsfähigkeit betreffenden) Voraussetzungen für Leistungen und Renten eingegangen wird.

Begriffsklärung

Krankheit

Nicht selten liest man, dass sich Krankheit im medizinischen und im rechtlichen Sinne unterscheiden. Während unter dem erstgenannten Begriff ein gewisser regelwidriger Zustand von Körper oder Psyche fallen soll, der von der gesunden Norm abweicht, könne eine Krankheit im Rechtssinne erst dann angenommen werden, wenn die Regelwidrigkeit überdies ein gewisses »krankmachendes« Ausmaß, einen »Krankheitswert« erreiche, mithin klinisch-funktionell manifest geworden sei und/oder zu Funktionsstörungen bzw. Beschwerden führe, die eine Beeinträchtigung der Erwerbsfähigkeit bewirkten (BSGE 21, S. 189 ff. mit weiteren Nachweisen aus der Rechtsprechung; Erlenkämper 2003a, b; ähnlich Lassner 2002).

Die Unterscheidung erscheint nicht nur nach dem Sprachgebrauch zweifelhaft. Richtig ist allerdings, dass nicht jede medizinisch begriffene Krankheit auch rechtlich relevant wird. Das hängt damit zusammen, dass das Gesetz neben dem Bestehen einer Krankheit weitere Voraussetzungen aufstellt, etwa im Rahmen der hier thematisierten Leistungs- und Rentenansprüche des SGB VI eine durch das Leiden hervorgerufene (drohende) Beeinträchtigung der Erwerbsfähigkeit. Gerade aber der Umstand, dass diese anderen Anspruchsbedingungen **neben** dem Kriterium der Krankheit vom Gesetz gefordert werden, zeigt, dass die negativen Auswirkungen auf die Erwerbsfähigkeit im rechtlichen Krankheitsbegriff selbst nicht enthalten sind.

Der hier vorgebrachte Einwand ist auch nicht nur sprachlicher Natur. Die Diagnose des Leidens muss zwingend von der Feststellung, ob eine Erwerbsminderung vorliegt, abgegrenzt werden. Ersteres stellt eine ärztliche Frage dar, Letzteres hingegen eine rein rechtliche (Foerster 2004; Erlenkämper 2003a).

Behinderung

Eine Behinderung liegt gemäß der auch im Rentenversicherungsrecht geltenden Definition des § 2 SGB IX vor, wenn die körperliche Funktion, geistige Fähigkeit oder seelische Gesundheit eines Menschen, also seine somatischen oder kognitiv-emotionalen Funktionen, mit hoher Wahrscheinlichkeit länger als 6 Monate von dem für das Lebensalter typischen Zustand abweichen und daher seine Teilhabe am sozialen Leben beeinträchtigt ist.

Durch das Abstellen auf den für das Lebensalter typischen Zustand ist es ausgeschlossen, dass die mit dem normalen Alterungsprozess verbundenen Beschwerden als Behinderung oder als Krankheit begriffen werden, solange sie nicht über das Normalmaß hinausgehen. Andernfalls würden die Rente wegen Erwerbsminderung und die Rente wegen Alters (§§ 35 ff. SGB VI) vermischt.

Der Behinderungsbegriff erfasst alle dauerhaften Gesundheitsschäden und sonstigen Funktionsstörungen oder Schwächen körperlicher, geistiger oder seelischer Art (Erlenkämper 2003b mit Verweis auf §§ 1 ff. EinglHV). Eine exakte Abgrenzung von dem Begriff der »Krankheit« ist aus diesem Grunde kaum möglich (Schulin 1999, § 21 Rn. 34), im Rentenversicherungsrecht aber auch nicht nötig, weil dort beide Begriffe stets paarweise auftreten und somit gleich behandelt werden.

Allgemeines zur Begutachtung

Für die Erbringung von Renten und sog. Leistungen zur Teilhabe entscheidet letztlich, ob und in welchem Maße der Versicherte erwerbsfähig ist. Das Gutachten soll für diese vom Rentenversicherungsträger bzw. vom Gericht zu beurteilende Rechtsfrage eine Teilgrundlage bilden (Erlenkämper 2003a; Foerster 2004). Es darf sich daher nicht auf die Diagnose beschränken, sondern muss darüber hinaus die infolge des Leidens auftretenden physischen und psychischen Beeinträchtigungen sowie den prognostizierbaren Verlauf der Krankheit oder Behinderung erfassen (Foerster 2004). Auf die festgestellten Funktionsstörungen muss das Gutachten – ebenso wie auf u. U. vom Versicherten behauptete, in Wirklichkeit aber nicht vorliegende Beschwerden – detailliert und geordnet eingehen (Erlenkämper 2003a).

Beispielsweise ist darzulegen, ob der Versicherte noch in der Lage ist, leichte/mittelschwere/schwere körperliche Arbeiten zu verrichten und ob hierbei Einschränkungen zu beachten sind, z. B. nicht/nicht ständig/nicht länger als X Minuten/Stunden in gebückter/sonstiger Zwangshaltung arbeiten zu dürfen, etc. (Erlenkämper 2003a).

Auch soll dargelegt werden, wenn der Versicherte eine Tätigkeit zwar noch verrichten kann, dies jedoch nur unter Schmerzen und/oder physischer bzw. psychischer Überforderung (Erlenkämper 2003a). Die Ursache des Leidens hingegen hat im Rentenversicherungsrecht keine Bedeutung (Widder 2001), solange die Erwerbsminderung nicht absichtlich (§ 103 SGB VI) oder im Zuge eines Verbrechens oder vorsätzlichen Vergehens (§ 104 Abs. 1 SGB VI) herbeigeführt wurde.

Im Folgenden werden einige psychische Störungen thematisiert, die für die Begutachtung in Rentenversicherungssachen von besonderer Relevanz sind. Dessen ungeachtet kann auch jedes andere Leiden, sofern es unter die eben erörterten Begriffe von Krankheit oder Behinderung fällt, einen Anspruch auf Leistungen zur Teilhabe oder auf Rente wegen Erwerbsminderung begründen, wenn die übrigen gesetzlichen Voraussetzungen vorliegen.

Bei der Feststellung somatischer Störungen ist vor allem auf die möglicherweise bestehende **komorbide Ausprägung der psychopathologischen Symptomatik** zu achten (Foerster 2000). Diesbezügliche Untersuchungen hängen stark von der zuvor gestellten Diagnose ab. Für das psychiatrische Gutachten sind solche Fälle deshalb von Bedeutung, weil sich bei somatischen Störungen einerseits bisweilen eine depressive oder Anpassungsstörung als Reaktion auf die somatische Krankheit entwickelt, andererseits sich eine verhaltenstherapeutische Behandlung dann empfiehlt, wenn Bewältigungsstrategien den Umgang mit den somatisch bedingten Einschränkungen erleichtern (z. B. Mahler et al. 1998 für Hautkrankheiten).

Gerade bei Verhaltens- und Belastungsstörungen sowie bei Persönlichkeitsstörungen und Schmerzstörungen sowie insbesondere auch bei psychisch Gesunden besteht die Gefahr von Simulation und Aggravation (▶ Kap. 1). Wegen dieser Simulationsgefahr stellt die Rechtsprechung an den Nachweis solcher Störungen hohe Anforderungen. Insbesondere trägt der Versicherte die Beweislast für das Vorhandensein des Leidens, sodass Unsicherheiten zu seinen Lasten gehen (BSG SozR 3-2600, § 43 Nr. 14). Kann der Sachverständige die Simulation oder Aggravation eindeutig nachweisen, so sollte er dies einerseits im Gutachten deutlich zum Ausdruck bringen, andererseits jedoch bei seiner Wortwahl deshalb vorsichtig sein, weil eine zu krasse Formulierung zu einer Ablehnung wegen Befangenheit führen kann (§ 118 Abs. 1 SGG in Verbindung mit §§ 406 Abs. 1 S. 1, 42 ZPO; Erlenkämper 2003a). Entsprechendes gilt umso mehr, wenn lediglich der Verdacht der Simulation oder Aggravation besteht.

Voraussetzung für die Annahme einer relevanten Erkrankung ist stets, dass der Betroffene die psychische Störung einschließlich ihrer Auswirkungen auf die Erwerbsfähigkeit nicht aus eigener Kraft – und sei es mit fremder Hilfe – überwinden kann (BSGE 21, S. 189; vgl. auch BSG SozR 3-2200, § 1254 RVO a. F. Nr. 15). Die Störung muss somit bereits derart fixiert, derart »eingeschliffen« sein, dass sie sich einer willentlichen Steuerung entzieht (Fichte 2003).

Die Frage, ob der Patient seine Störung selbst zu überwinden vermag, ist für das Vorliegen einer Krankheit oder Behinderung genaugenommen irrelevant, was infolge der unpräzisen Definition des Begriffes Krankheit allerdings oft übersehen wird (s. oben). Vielmehr handelt es sich um einen Aspekt der Kausalität zwischen dem Leiden einerseits und der Beeinträchtigung der Erwerbsfähigkeit andererseits. Ist der Patient noch zu einer willentlichen Steuerung seiner Krankheit/Behinderung in der Lage, so verursacht eben nicht diese, sondern seine fehlende Bereitschaft die Erwerbsminderung.

Praktisch besonders relevant für die im Rahmen der Rentenversicherung erforderliche Begutachtung sind:

- depressive Syndrome, Konversionsstörungen (dissoziative Störungen),
- somatoforme Störungen,
- Persönlichkeitsstörungen,
- sog. Neurasthenie als eine Art »psychiatrischer Restkategorie« (Foerster 2000).

12.2.2 Leistungen zur medizinischen Rehabilitation und zur Teilhabe am Arbeitsleben

Aufgabe und Leistungsinhalt

Die gesetzlichen Leistungen der Rentenversicherung gliedern sich im Wesentlichen in Leistungen zur medizinischen Rehabilitation und Leistungen zur Teilhabe am Arbeitsleben.

Daneben treten das Übergangsgeld (§§ 20, 21 SGB VI) als Entgeltersatzleistung, ergänzende Leistungen (§ 28 SGB VI) wie Haushaltshilfe oder Reisekosten (Waltermann 2004) und sonstige Leistungen (§ 31 SGB VI), z. B. stationäre medizinische Leistungen (§ 31 Abs. 1 Nr. 2 SGB VI) oder die stationäre Heilbehandlung für Kinder von Versicherten (§ 31 Abs. 1 Nr. 4 SGB VI) hinzu.

Die **Leistungen zur medizinischen Rehabilitation** umfassen sämtliche Maßnahmen, die erforderlich sind, um Behinderungen (einschließlich chronischer Krankheiten) und daraus resultierende Einschränkungen der Erwerbsfähigkeit abzuwenden, zu beseitigen, zu mindern, auszugleichen oder zumindest deren Verschlimmerung zu verhüten (§ 26 Abs. 1 SGB IX)[1].

Demgegenüber erstrecken sich die **Leistungen zur Teilhabe am Arbeitsleben** auf Maßnahmen, die zur Erhaltung, Verbesserung oder (Wieder-)Herstellung der Erwerbsfähigkeit des Versicherten entsprechend seiner Leistungsfähigkeit notwendig sind, um seine Teilhabe am Arbeitsleben möglichst auf Dauer zu sichern (§ 33 Abs. 1 SGB IX). Sämtliche Leistungen zur Teilhabe gehen solchen Rentenleistungen vor, die bei erfolgreicher Rehabilitation nicht oder voraussichtlich erst zu einem späteren Zeitpunkt zu erbringen wären (Waltermann 2004); es gilt der bekannte, mittlerweile in § 9 Abs. 1 S. 2 SGB VI festgehaltene Grundsatz »Rehabilitation vor Rente«.

Rechtliche Voraussetzungen

Die rechtlichen Voraussetzungen beider Leistungsarten sind weitgehend identisch. Entgegen dem Wortlaut des § 9 Abs. 2 SGB VI, der den Eindruck erweckt, bei der Frage nach dem »Ob« der Leistungserbringung handele sich um eine Ermessensentscheidung des Rentenversicherungsträgers (»Leistungen [...] **können** erbracht werden«), besteht eine **Leistungspflicht**, sobald die persönlichen und versicherungsrechtlichen Voraussetzungen vorliegen (BSGE 57, S. 157, 161). Lediglich das »Wie«, also Art, Dauer, Umfang, Beginn und Durchführung der Leistungen, unterliegt dem pflichtgemäßen Ermessen und kann somit vom Träger der Rentenversicherung einzelfallbezogen sowie unter Beachtung der Grundsätze der Wirtschaftlichkeit und Sparsamkeit bestimmt werden (§ 13 Abs. 1 SGB VI).

! Dem Sachverständigen kommt sowohl bei der Prüfung, ob dem Versicherten überhaupt Leistungen zuzusprechen sind, als auch bei der Bestimmung des »Wie« ihrer Erbringung eine wichtige Rolle zu. Denn die Grundlage beider Entscheidungen ist in der Regel medizinisch begründet und entzieht sich somit regelmäßig der Kompetenz des entscheidenden Versicherungsträgers bzw. Richters.

Persönliche Voraussetzungen

Die persönlichen Voraussetzungen erfüllen gem. § 10 Abs. 1 SGB VI diejenigen Versicherten, deren Erwerbsfähigkeit wegen Krankheit oder körperlicher, geistiger oder seelischer Behinderung erheb-

[1] Alle hier zitierten Vorschriften des SGB IX sind im Rentenversicherungsrecht gem. § 15 Abs. 1 S. 1 SGB VI bzw. § 16 SGB VI anwendbar. Aus Gründen besserer Lesbarkeit werden diese beiden Verweisungsnormen jedoch zukünftig nicht mit angeführt.

lich gefährdet oder gemindert ist (Nr. 1) und bei denen voraussichtlich

- **bei erheblicher Gefährdung der Erwerbsfähigkeit** eine Minderung der Erwerbsfähigkeit durch Leistungen zur medizinischen Rehabilitation oder zur Teilhabe am Arbeitsleben abgewendet werden kann (Nr. 2 Lit. a);
- **bei geminderter Erwerbsfähigkeit** diese durch Leistungen zur medizinischen Rehabilitation oder zur Teilhabe am Arbeitsleben wesentlich gebessert oder wiederhergestellt oder hierdurch deren wesentliche Verschlechterung abgewendet werden kann (Nr. 2 Lit. b);
- **bei teilweiser Erwerbsminderung** ohne Aussicht auf eine wesentliche Besserung der Erwerbsfähigkeit der Arbeitsplatz durch Leistungen zur Teilhabe erhalten werden kann (Nr. 2 Lit. c).

Ferner liegen die persönlichen Voraussetzungen für die Inanspruchnahme der genannten Leistungen vor, wenn der Versicherte erwerbs- oder berufsunfähig ist, und seine Erwerbsfähigkeit voraussichtlich durch die Leistungen wesentlich gebessert oder wiederhergestellt werden kann (§ 301 Abs. 3 SGB VI). – Für im Bergbau Tätige ist die Spezialvorschrift des § 10 Abs. 2 SGB VI zu beachten.

12

Allgemeines

Der Wortlaut des § 10 Abs. 1 SGB VI fordert ein zweistufiges Vorgehen. Zunächst muss die **Rehabilitationsbedürftigkeit** geprüft werden, ob also die Erwerbsfähigkeit des Versicherten infolge eines Leidens erheblich gefährdet oder bereits gemindert ist. Dazu muss man nicht nur das Vorliegen einer **Krankheit oder Behinderung** feststellen, sondern auch die dadurch bedingten **Einschränkungen bzw. Gefährdungen der Erwerbsfähigkeit** (KassKomm-Niesel 2002, § 6 SGB VI Rn. 3 ff.; vgl. auch Lassner 2002).

Zu beachten bleibt, dass die Erwerbsfähigkeit durch Krankheit oder Behinderung beeinträchtigt sein muss. Andere erwerbsmindernd wirkende Gründe, etwa die Veraltung des Berufswissens (Schulin 1999, § 22 Rn. 20) oder soziale Schwierigkeiten, wie z. B. Wohnungsprobleme (BSG SozR 3-2200, § 1237 Nr. 4), begründen keinen Anspruch auf rentenversicherungsrechtliche Leistungen.

Unter **Erwerbsfähigkeit** versteht man die Fähigkeit, die bisherige berufliche Tätigkeit in möglichst normalem Umfang weiterhin auszuüben. Entscheidend ist somit nicht, welche Erwerbsmöglichkeiten der Arbeitsmarkt allgemein bietet, sondern grundsätzlich die konkrete bisherige Tätigkeit des Versicherten (BSGE 48, S. 74 f.). Jedoch muss der Gutachter das gesamte Tätigkeitsspektrum der letzten Jahre berücksichtigen (BSGE 49, S. 263, 267), insbesondere dann, wenn der Versicherte in diesem Zeitraum wechselnden Beschäftigungen nachging. Eine Minderung oder Gefährdung des Leistungsvermögens in einem verhältnismäßig unbedeutenden Teil dieses Spektrums genügt nicht, um Ansprüche zu begründen (Schulin 1999, § 22 Rn. 30 mit weiteren Nachweisen).

Nach der Prüfung der Rehabilitationsbedürftigkeit ist in einem zweiten Schritt die **Rehabilitationsfähigkeit** zu untersuchen. Dies erfordert eine Prognose, ob die vom Gesetz zur Verfügung gestellten Leistungen Erfolg versprechen. Der Behandlungserfolg wird dabei im Recht der Rentenversicherungen nur mit Blick auf die Erwerbsfähigkeit (bzw. Erhaltung des Arbeitsplatzes) beurteilt. Den Hintergrund dessen bildet der Zweck der Rehabilitationsleistungen, zukünftige Rentenzahlungen zu verhindern.

Die bloße Linderung des Leidens oder die bloße Verbesserung der Lebensumstände stellt somit per se kein anzustrebendes Behandlungsziel dar und genügt folglich für sich genommen nicht, um einen Anspruch auf »Leistungen zur Teilhabe« zu begründen (BSG SozR 3-5765, § 1 Nr. 1; BSG SozR 3-2200, § 1237 Nr. 1). Erforderlich ist vielmehr, dass durch die Leistungen zumindest auch die Erwerbsfähigkeit positiv beeinflusst (d. h. gebessert, wiederhergestellt etc.) wird.

Im Rahmen der Erfolgsprognose sind neben dem objektiv Möglichen (das heißt u. a. dem medizinischen Erkenntnisstand) stets auch die subjektiven Lebensumstände des Versicherten (persönliche Rehabilitationsfähigkeit) zu berücksichtigen (KassKomm-Niesel 2002, § 10 SGB VI Rn. 14). Darunter fallen insbesondere die intellektuellen Fähigkeiten und die Bereitschaft des Versicherten, an den Leistungen zur Teilhabe mitzuwirken (Schulin 1999, § 22 Rn. 18).

❗ Bei der Erörterung der Erfolgsaussichten einer Leistung zur Teilhabe hat der Sachverständige formelhafte Stellungnahmen (z. B. »Die Maßnahmen versprechen keinen Erfolg«), die ohne nähere Begründung zu einem Ergebnis gelangen, zu vermeiden (Erlenkämper 2004). Insbesondere im Falle der Ablehnung einer Maßnahme trotz medizinischer Indikation (z. B. wegen fehlender Mitwirkungsbereitschaft des Versicherten) müssen die Gründe des Für und Wider ausführlich dargelegt und abgewogen werden.

Geminderte Erwerbsfähigkeit

Rehabilitationsbedürftigkeit. Soll eine »Leistung zur Teilhabe« aufgrund einer Minderung der Erwerbsfähigkeit erbracht werden (§ 10 Abs. 1 Nr. 2 Lit. b SGB VI), dann muss diese Minderung von einem »gewissen Gewicht und voraussichtlich gewisser Dauer« sein (BSGE 28, S. 18, 20). Geminderte Erwerbsfähigkeit liegt auch dann vor, wenn der Versicherte zwar seinen beruflichen Anforderungen noch nachzukommen vermag, hierfür jedoch übermäßige Anstrengungen unternehmen muss oder sogar auf ein Entgegenkommen seines Arbeitgebers angewiesen ist. Denn auf Kosten der Gesundheit ausgeführte Arbeiten sind bei der Feststellung der Erwerbsfähigkeit nicht zu berücksichtigen (BSGE 51, S. 133 f.).

Rehabilitationsfähigkeit. Bei der Beurteilung der Erfolgsaussichten muss der Gutachter wiederum das Ziel der Leistungen zur Teilhabe berücksichtigen, das in der Vermeidung eines unmittelbar bevorstehenden Eintritts eines Rentenfalles besteht, beziehungsweise, falls er schon eingetreten sein sollte, in dessen Beseitigung. Für den Behandlungserfolg kann daher u. U. bereits eine geringfügige Verbesserung der geminderten Erwerbsfähigkeit genügen (Schulin 1999, § 22 Rn. 43).

Bei der Prüfung, ob ein Rentenfall unmittelbar droht, ist jedoch allein auf die Erwerbsfähigkeit des Betroffenen abzustellen und nicht auch auf sonstige Voraussetzungen (Wartezeit usw.). Leistungen zur Teilhabe können aus diesem Grunde auch dann zu gewähren sein, wenn dem (teilweise oder voll erwerbsgeminderten) Versicherten ein Rentenanspruch aus versicherungsrechtlichen Gründen offensichtlich nicht zustehen würde (Schulin 1999, § 22 Rn. 43 mit weiteren Nachweisen).

Des Weiteren sind Leistungen zur Teilhabe nach dem eindeutigen Wortlaut des Gesetzes (§ 10 Abs. 1 Nr. 2 Lit. b SGB VI) zu erbringen, wenn dadurch die Erwerbsfähigkeit voll wiederhergestellt, also die Leistungsminderung endgültig behoben wird.

Erhebliche Gefährdung der Erwerbsfähigkeit

Auch im Falle einer erheblichen Gefährdung der Erwerbsfähigkeit, also vor Eintritt einer Minderung der Erwerbsfähigkeit, ist hinsichtlich der Ansprüche auf rentenversicherungsrechtliche Leistungen zwischen Rehabilitationsbedürftigkeit und -fähigkeit zu unterscheiden.

Rehabilitationsbedürftigkeit. Von einer erheblichen Gefährdung der Erwerbsfähigkeit spricht man, wenn die begründete Aussicht besteht, dass eine Minderung der Erwerbsfähigkeit in absehbarer Zeit, d. h. innerhalb von 3 Jahren, eintritt (KassKomm-Niesel 2002, § 10 SGB VI Rn. 5). Die bloße Möglichkeit einer Erwerbsminderung reicht nicht aus. Andererseits bedarf es aber auch keiner gegenwärtigen oder unmittelbar bevorstehenden Gefahr (Schulin 1999, § 22 Rn. 35).

Rehabilitationsfähigkeit. Zu beachten ist, dass es das Gesetz bereits als Behandlungserfolg wertet, wenn die drohende Gefährdung der Erwerbsfähigkeit infolge der Leistungen zur Teilhabe abgewendet, also der Status quo gehalten werden kann (§ 10 Abs. 1 Nr. 2 Lit. a SGB VI). Dies rechtfertigt z. B. Frühbehandlungen von Krankheiten. Rein präventive Leistungen sind hingegen ausgeschlossen (Schulin 1999, § 22 Rn. 49).

Teilweise Erwerbsminderung

Einen Anspruch auf Leistungen zur Teilhabe bei teilweiser Erwerbsminderung ohne Aussicht auf eine wesentliche Besserung der Erwerbsfähigkeit begründet § 10 Abs. 1 Nr. 2 Lit. c SGB VI, wenn dadurch der Arbeitsplatz des Betroffenen erhalten werden kann. Es handelt sich demnach um eine Konstellation, in der vom Versicherungsträger eigentlich eine Rente gem. § 43 Abs. 1 SGB VI zu erbringen wäre.

Das Motiv dieser relativ neuen Gesetzesregelung ist eng verbunden mit dem Grundsatz der Wirtschaftlichkeit und Sparsamkeit (vgl. BT-Drucks.

13/8011, S. 52): Vergleichsweise kostengünstige Leistungen zur Teilhabe sollen auch dann erbracht werden, wenn hierdurch zwar nicht die Erwerbsfähigkeit des Betroffenen verbessert, immerhin aber sein Arbeitsplatz erhalten werden kann und man damit eine kostenintensivere Rentenzahlung vermeidet. Zu denken ist in diesem Zusammenhang insbesondere an eine Umstellung von Voll- auf Teilzeitarbeit und die dafür erforderliche Feststellung der Leistungsmöglichkeiten, ferner an eine entsprechende Eingliederung (BT-Drucks. 13/8011, S. 52).

Beispiel

Fall 12.5. Seit mehreren Jahren litt Erich J., ein 49-jähriger Bauschlosser, an einer Zwangserkrankung (ICD-10:F42.0). Insbesondere die häufig auftretenden Kontroll- und Zählzwänge führten immer wieder zu problematischen Situationen am Arbeitsplatz, da Herr J. dadurch übermäßig lange für seine geforderten Tätigkeiten benötigte. Es war ihm aber möglich, stundenweise die Zwänge weitgehend zu unterdrücken, nachdem er in einem psychiatrisch-psychotherapeutischen Fachkrankenhaus stationär medikamentös und psychotherapeutisch behandelt worden war. Beides wurde nun ambulant fortgeführt. Die behandelnden Ärzte hatten eine halbschichtige Arbeitstätigkeit empfohlen, was Herr J. in seinem Antrag auf Leistungen zur Teilhabe bei teilweiser Erwerbsminderung aufgriff.

Versicherungsrechtliche Voraussetzungen

Für die Feststellung der versicherungsrechtlichen Voraussetzungen – etwa, ob der Versicherte die Wartezeit (Mindestversicherungszeit) von 15 Jahren erfüllt hat (§ 11 Abs. 1 Nr. 1 SGB VI) oder ob die Pflichtbeiträge im erforderlichen Umfang geleistet wurden (§ 11 Abs. 2 Nr. 1 SGB VI) – bedarf es grundsätzlich keiner medizinischen Sachkenntnis. In einzelnen Fällen muss jedoch auch hier ein Sachverständiger beauftragt werden, denn Leistungen zur Teilhabe am Arbeitsleben begründet § 11 Abs. 2a SGB VI auch dann,

- wenn ohne diese Leistungen Rente wegen verminderter Erwerbsfähigkeit zu leisten wäre (Nr. 1) oder
- wenn sie für eine voraussichtlich erforderliche Rehabilitation unmittelbar im Anschluss an Leistungen zur medizinischen Rehabilitation erforderlich sind (Nr. 2).

Leistungsausschlussgründe

Der Vollständigkeit halber sei erwähnt, dass sowohl Leistungen zur medizinischen Rehabilitation als auch solche zur Teilhabe am Arbeitsleben gem. § 12 Abs. 1 SGB VI zu zahlreichen anderen Sozialleistungen subsidiär sind. Beide kommen daher nicht in Betracht, wenn der Versicherte bereits anderweitig versorgt wird z. B. wegen eines Arbeitsunfalls oder infolge der sozialen Entschädigungsregelungen gleichartige Leistungen erhält (§ 12 Abs. 1 Nr. 1 SGB VI), Altersrente bezieht (Nr. 2) oder seine Versorgung nach beamtenrechtlichen Vorschriften gewährleistet ist (Nr. 3).

! Zu beachten bleibt ferner, dass Leistungen zur medizinischen Rehabilitation grundsätzlich nicht in der Phase akuter Behandlungsbedürftigkeit einer Krankheit erbracht werden (§ 13 Abs. 2 Nr. 1 SGB VI), ebenso wenig anstelle einer sonst erforderlichen Krankenhausbehandlung (§ 13 Abs. 2 Nr. 2 SGB VI).

Bei § 13 Abs. 2 Nr. 1 und 2 SGB VI handelt es sich entgegen ihrer systematischen Einordnung im Unterabschnitt »Umfang der Leistungen« nicht um Vorschriften zur Ausgestaltung der Rehabilitationsleistungen (»Wie«), sondern um (negative) Anspruchsvoraussetzungen (»Ob«) (vgl. Schulin 1999, § 22 Rn. 11).

Ein Anspruch auf Leistungen zur medizinischen Rehabilitation besteht ferner dann nicht, wenn der Versicherte **weniger als 4 Jahre** zuvor bereits eine solche oder ähnliche Leistung erhalten hat und diese aufgrund öffentlich-rechtlicher Vorschriften getragen oder bezuschusst wurde (§ 12 Abs. 2 S. 1 SGB VI). Etwas anderes gilt nur, wenn eine erneute medizinische Rehabilitation aus gesundheitlichen Gründen dringend erforderlich ist (§ 12 Abs. 2 S. 2 SGB VI).

Leistungserbringung

Steht der Anspruch auf Leistung fest, bleibt deren Art und Umfang zu ermitteln. Auch hierbei bedarf es sachverständiger Unterstützung.

Leistungen zur medizinischen Rehabilitation

Medizinische Hilfen im Sinne des § 26 Abs. 1 und Abs. 2 SGB IX

Bei einem Anspruch auf medizinische Rehabilitation erbringt der Träger der Rentenversicherung gem. § 26 Abs. 1 SGB IX diejenigen Leistungen, die erforderlich sind, um

- **Behinderungen** einschließlich chronischer Krankheiten abzuwenden, zu beseitigen, zu mindern, auszugleichen oder deren Verschlimmerung zu verhüten (§ 26 Abs. 1 Nr. 1 SGB IX) oder
- **Einschränkungen der Erwerbsfähigkeit und Pflegebedürftigkeit** zu vermeiden, zu überwinden, zu mindern, eine Verschlimmerung zu verhüten sowie den vorzeitigen Bezug von laufenden Sozialleistungen zu vermeiden oder laufende Sozialleistungen zu mindern (Nr. 2).

Diesbezüglich enthält § 26 Abs. 2 SGB IX einen Katalog zur Durchführung der medizinischen Rehabilitation. Aufgeführt sind dort die Behandlung durch Ärzte und Angehörige anderer Heilberufe, sofern diese unter ärztlicher Aufsicht oder auf Anordnung eines Arztes tätig werden (Nr. 1), des Weiteren die Verwendung von Arznei- und Verbandmitteln (Nr. 3), der Einsatz von Heilmitteln einschließlich physikalischer sowie Sprach- und Beschäftigungstherapie (Nr. 4), die Durchführung einer Psychotherapie (Nr. 5), einer Belastungserprobung und einer Arbeitstherapie (Nr. 7) sowie der Gebrauch von Hilfsmitteln (Nr. 6).

Mit **Hilfsmitteln** in diesem Sinne sind Körperersatzstücke sowie orthopädische und vergleichbare Hilfsmittel gemeint, die vom Versicherten getragen oder mitgeführt werden können und die er für eine erfolgreiche Behandlung benötigt (§ 31 Abs. 1 SGB IX). Auch die Ausbildung im Gebrauch dieser Hilfsmittel und die notwendigen Instandhaltungsmaßnahmen, Änderungen und Ersatzbeschaffungen werden vom Anspruch auf die Leistung zur medizinischen Rehabilitation umfasst (§ 31 Abs. 2 SGB IX).

Diese Auflistung regelt den Leistungsumfang allerdings nicht abschließend (»insbesondere«), sodass auch andere Maßnahmen in Betracht kommen, die zu Erreichung der genannten Ziele (Vermeidung usw. von Behinderungen bzw. Einschränkungen der Erwerbsfähigkeit) erforderlich sind.

Andere medizinische, psychologische und pädagogische Hilfen im Sinne des § 26 Abs. 3 SGB IX

Die Leistung zur medizinischen Rehabilitation umfasst überdies **medizinische, psychologische und pädagogische Hilfen**, soweit diese im Einzelfall erforderlich sind, um

- die genannten Ziele zu erreichen oder zu sichern oder
- Krankheitsfolgen zu vermeiden zu überwinden, zu mindern bzw. ihre Verschlimmerung zu verhüten (§ 26 Abs. 3 SGB IX).

Darunter fallen insbesondere Hilfen zur Unterstützung bei der Krankheits- und Behinderungsverarbeitung (§ 26 Abs. 3 Nr. 1 SGB IX), die Aktivierung von Selbsthilfepotenzialen (Nr. 2) sowie die Vermittlung von Kontakten zu örtlichen Selbsthilfe- und Beratungsmöglichkeiten (Nr. 4), Hilfen zur seelischen Stabilisierung und zur Förderung der sozialen Kompetenz (Nr. 5), das Training lebenspraktischer Fähigkeiten (Nr. 6) und die Information und Beratung von Partnern, Angehörigen, Vorgesetzten und Kollegen (Nr. 3). Auch dieser Maßnahmenkatalog ist allerdings nicht abschließend.

Sonstiges

Sämtliche Rehabilitationsleistungen müssen dem allgemein anerkannten medizinischen Erkenntnisstand entsprechen (§ 13 Abs. 2 Nr. 3 SGB V). Stationäre Leistungen zur medizinischen Rehabilitation sollen für längstens 3 Wochen erbracht werden, es sei denn, die Erreichung des Rehabilitationsziels erfordert eine längere Behandlung (§ 15 Abs. 3 SGB VI). Handelt es sich bei dem Versicherten um einen Arbeitsunfähigen, der nach ärztlicher Feststellung seine bisherige Tätigkeit teilweise verrichten kann und durch eine stufenweise Wiederaufnahme seiner Tätigkeit voraussichtlich besser in das Erwerbsleben wiedereingegliedert wird, so soll dies bei der Leistungserbringung berücksichtigt werden (sog. stufenweise Wiedereingliederung; § 28 SGB IX).

Leistungen zur Teilhabe am Arbeitsleben

Zur Teilhabe am Arbeitsleben werden die erforderlichen Leistungen erbracht, um die Erwerbsfähigkeit entsprechend der Leistungsfähigkeit zu erhalten, zu verbessern, herzustellen oder wiederherzustellen und die Teilhabe am Arbeitsleben möglichst auf Dauer zu sichern (§ 33 Abs. 1 SGB IX). Je nach Eignung, Neigung und bisheriger Tätigkeit des Versicherten sowie unter Berücksichtigung der Lage und Entwicklung des Arbeitsmarktes (§ 33 Abs. 4 SGB IX) kommen Hilfen z. B. zur Erhaltung oder Erlangung eines Arbeitsplatzes in Betracht (§ 33 Abs. 3 Nr. 1 SGB IX), ferner im Bereich der beruflichen Vorbereitung (Nr. 2), der Ausbildung (Nr. 4) sowie der Anpassung und der Weiterbildung (Nr. 3). Gemäß § 33 Abs. 6 SGB IX, der mit § 26 Abs. 3 SGB IX identisch ist, bietet der Versicherer auch die oben erwähnten medizinischen, psychologischen und pädagogischen Hilfen an.

Die **Leistungsdauer** richtet sich grundsätzlich nach der vorgeschriebenen bzw. für die Erreichung des Teilhabeziels allgemein üblichen Zeit. Sie kann jedoch verlängert werden, wenn besondere Umstände dies rechtfertigen (§ 37 Abs. 1 SGB IX). Leistungen zur beruflichen Weiterbildung sollen in der Regel nicht länger als 2 Jahre dauern (§ 37 Abs. 2 SGB IX), es sei denn, dies verspricht eine wesentliche Verbesserung der Eingliederungsaussichten (§ 37 Abs. 2 SGB IX).

12.2.3 Rente wegen Erwerbsminderung

Renten wegen Erwerbsminderung setzen schon ihrer Bezeichnung nach voraus, dass der Versicherte teilweise oder voll erwerbsgemindert ist (§ 43 Abs. 1 und Abs. 2 SGB VI).

- **Teilweise erwerbsgemindert** bezeichnet man gem. § 43 Abs. 1 S. 2 SGB VI Personen, die wegen Krankheit oder Behinderung auf nicht absehbare Zeit außerstande sind, unter den üblichen Bedingungen des allgemeinen Arbeitsmarktes mindestens 6 Stunden täglich erwerbstätig zu sein.
- Von **voller Erwerbsminderung** spricht man gem. § 43 Abs. 2 S. 2 SGB VI bei Personen, die wegen Krankheit oder Behinderung auf nicht absehbare Zeit außerstande sind, unter den üblichen Bedingungen des allgemeinen Arbeitsmarktes mindestens 3 Stunden täglich erwerbstätig zu sein.
- Demgegenüber ist **nicht erwerbsgemindert,** wer unter den üblichen Bedingungen des allgemeinen Arbeitsmarktes mindestens 6 Stunden täglich erwerbstätig sein kann; dabei bleibt die jeweilige Arbeitsmarktlage außer Betracht (§ 43 Abs. 3 SGB VI).

Daneben müssen jeweils weitere, allerdings leicht und ohne sachverständige Hilfe feststellbare Erfordernisse gegeben sein (z. B. Mindestversicherungszeit).

Der Unterschied zwischen den beiden Formen der Erwerbsminderung liegt somit überwiegend im quantitativen Beweis (3 bzw. 6 Stunden). Die zentralen Begriffe – Krankheit und Behinderung, Erwerbstätigkeit, übliche Bedingungen des allgemeinen Arbeitsmarktes – sind hingegen in beiden Fällen identisch. Stets gilt, dass Leistungen zur Teilhabe Vorrang vor solchen Rentenleistungen haben, die bei erfolgreicher Wiedereingliederung des Betroffenen in den Arbeitsmarkt nicht oder jedenfalls erst zu einem späteren Zeitpunkt anfallen (Grundsatz »Rehabilitation vor Rente«, § 9 Abs. 1 S. 2 SGB VI).

Krankheit und Behinderung

Einer weiteren Erörterung von Krankheit und Behinderung bedarf es an dieser Stelle nicht (▶ Abschn. 12.2.1). Zu erläutern bleiben allein auf die speziell für die Gewährung von Renten relevanten Probleme der »eingebrachten Leiden« und der »Rentenneurose«.

Eingebrachte Leiden

! Eingebrachte Leiden sind solche, die bereits vor dem Eintritt in das Versicherungsverhältnis bestanden. Sie können für sich allein nicht zu einer rechtlich relevanten Minderung der Erwerbsfähigkeit führen (BSGE 25, S. 227, 229 f.).

Etwas anderes ergibt sich aber infolge einer wesentlichen Verschlimmerung sowie bei Hinzutreten weiterer Krankheiten oder Behinderungen während der Versicherungszeit (Erlenkämper 2004). In derartigen Fällen ist für die Frage der noch möglichen Erwerbstätigkeit der Krankheits- bzw. Behinderungszustand als Ganzes zu berücksichtigen, also einschließlich des eingebrachten Leidens (Fichte 2003, mit weiteren Nachweisen).

Diese Grundsätze sind auf die Leistungen zur Teilhabe nicht übertragbar (Fichte 2003). Generell dürften eingebrachte Leiden im Rentenversicherungsrecht aufgrund der Wartezeiten (z. B. § 11 Abs. 1 Nr. 1, § 43 Abs. 1 Nr. 3 und Abs. 2 Nr. 3, §§ 50ff. SGB VI) und der Sonderregelung für Langzeiterwerbsunfähige (§ 43 Abs. 6 SGB VI) auch von nicht allzu großer praktischer Relevanz sein (Schulin 1999, § 21 Rn. 40 f.).

»Rentenneurose«

Der Ausdruck Rentenneurose ist eigentlich überflüssig, weil er nicht definiert wird (Foerster 2004: »obsoleter Begriff«, »sollte in keinem Gutachten mehr auftauchen«). Auch die ICD-10 (F68.0) greift die Renteneurose nicht als eigenständiges Krankheitsbild, sondern lediglich als einen Begriff auf, der im Zusammenhang mit aus psychischen Gründen entwickelten körperlichen Symptomen steht. Wahrscheinlich wäre es besser, von vordergründigen, wunschbedingten Versorgungstendenzen zu sprechen (Erlenkämper 2003b). Die schwere Feststellbarkeit solcher Erscheinungen bereitet auch dem Sachverständigen oft Probleme. Dennoch wird sie von der Rechtspraxis immer noch verwendet und deshalb im Folgenden definiert.

Entsprechend der ICD-10 handelt es sich um das Vorkommen körperlicher Symptome, vereinbar mit und ursprünglich verursacht durch eine gesicherte körperliche Störung, Krankheit oder Behinderung. Diese werden wegen des psychischen Zustandes des Betroffenen aggraviert oder halten länger an. Es entwickelt sich ein Aufmerksamkeit suchendes (in der Regel histrionisches) Verhalten mit zusätzlichen (und gewöhnlich unspezifischen) Beschwerden nicht körperlichen Ursprungs. Die Patienten sind meist durch ihre Schmerzen oder die Behinderung beeinträchtigt und von möglicherweise berechtigten Sorgen über eine länger dauernde oder zunehmende Behinderung oder Schmerzen beherrscht. Hinzu kommen Unzufriedenheit mit und Enttäuschung über Untersuchungen, Behandlungen und Zuwendung.

Eine Rente kommt aus Rechtsgründen nicht in Betracht, soweit die Versorgungstendenz hierdurch – genauer gesagt um der Fortsetzung der Rentenleistungen willen – forciert würde, was allerdings fast regelmäßig zu befürchten ist (Foerster 2000). Es wäre mit dem der Rente zugrunde liegenden Zweck, dem Ausgleich der wirtschaftlichen Folgen eines Leidens, unvereinbar, wenn durch eben diesen Ausgleich der ursächliche krankhafte Zustand aufrechterhalten würde (Schulin 1999, § 21 Rn. 38 mit weiteren Nachweisen; vgl. auch BSGE 18, S. 173; BGHZ 20, S. 137, 142). Mittel der Wahl sind in derartigen Fällen vielmehr Leistungen zur medizinischen Rehabilitation.

Unvermögen, erwerbstätig zu sein Begriff der Erwerbsfähigkeit: Abgrenzungsfragen

Bei der Frage, inwieweit der Versicherte infolge seines Leidens außerstande ist, erwerbstätig zu sein, kann nicht ohne weiteres auf den Begriff der Erwerbsfähigkeit zurückgegriffen werden, wie er im Recht der Leistungen zur Teilhabe gebraucht wird. Während es dort entscheidend auf die bereits abhanden gekommene Leistungsfähigkeit des Versicherten ankommt, ist im Rahmen des § 43 SGB VI – unbeschadet des Wortlauts (»Erwerbsminderung«) – auf das dem Betroffenen noch verbliebene Leistungsvermögen abzustellen (Erlenkämper 2003a; Schulin 1999, § 22 Rn. 23).

Teilweise und volle Erwerbsminderung

! Es entscheidet nach dem Gesetz allein die Zeit, die der Versicherte unter den üblichen Bedingungen des allgemeinen Arbeitsmarktes täglich noch erwerbstätig sein kann (§ 43 Abs. 1 S. 2, Abs. 2 S. 2, Abs. 3 SGB VI). Dem Gesetzgeber kam es darauf an, einen objektiv messbaren und damit »einheitlichen, für alle Versicherten gleichen Maßstab zugrunde legen zu können« (BT-Drucks. 13/8011, S. 54).

Rente wegen teilweiser Erwerbsminderung wird bei einer täglich möglichen Erwerbstätigkeit von nur 3–6 Stunden gewährt. Sie stellt keinen vollen Lohnersatz dar, vielmehr liegt ihr der Gedanke zugrunde, der vermindert Erwerbsfähige erziele zur Deckung seines Lebensunterhaltes weitere Einkünfte, sei es aufgrund von Teilzeitarbeit, sei es aufgrund anderer Sozialleistungen, wie etwa dem Arbeitslosengeld (Fichte 2003; Erlenkämper 2003a; vgl. auch die Hinzuverdienstgrenze des § 96a SGB VI, die nicht überschritten werden darf). Renten wegen teilweiser Erwerbsminderung werden grundsätzlich auch nur als Zeitrente geleistet (§ 102 Abs. 2 S. 1 SGB VI).

Von **voller Erwerbsminderung** spricht man – wie schon ausgeführt – im Falle des Unvermögens des Versicherten, täglich mindestens 3 Stunden erwerbstätig zu sein (§ 43 Abs. 2 S. 2 SGB VI). Diese Zeitgrenze wurde gewählt, um einen nahtlosen Übergang zwischen Renten- und Arbeitslosenversicherung zu schaffen (BT-Drucks. 13/8011, S. 54 f.). Sie orientiert sich dementsprechend am Arbeitsförderungsrecht, nach dem der Betroffene bei einer Erwerbsfähigkeit von unter 15 Stunden wöchentlich (3 Stunden täglich) den Vermittlungsbemühungen der Agentur für Arbeit nicht zur Verfügung steht (§ 119 Abs. 5 Nr. 1 SGB III).

Hingewiesen sei noch auf § 43 Abs. 2 S. 3 SGB VI, der behinderte Menschen, die in anerkannten Werkstätten oder gleichartigen Einrichtungen Leistungen erbringen (vgl. § 1 S. 1 Nr. 2 SGB VI), als voll erwerbsgemindert einstuft, wenn sie wegen Art und Schwere der Behinderung nicht auf dem allgemeinen Arbeitsmarkt tätig sein können.

Beispiele

Fall 12.6. Die 30-jährige Architektin Petra K. litt seit dem 23. Lebensjahr an einer bipolaren affektiven Störung mit wechselnd manischen und depressiven Episoden (ICD-10:F31.303). Zwischen den nunmehr 5 Episoden war sie weitgehend beschwerdefrei, allerdings traten die neuen Episoden in der Regel plötzlich und unvermittelt auf. Alle Erkrankungen führten zu mehrwöchigen stationären Krankenhausaufenthalten, und die Probandin nahm regelmäßig phasenprophylaktische und intermittierend zentral dämpfende antipsychotische und antidepressive Medikation ein. In den letzten 2 Jahren war sie weit über die Hälfte der Zeit krankgeschrieben, sodass sie schließlich ihren Arbeitsplatz verlor. Vom Arbeitsamt wurde ihr nun geraten, einen Rentenantrag zu stellen, dem man nach einem psychiatrischen Fachgutachten wegen der vollen Erwerbsminderung auch stattgab.

Fall 12.7. Mit mehreren Bescheinigungen von verschiedenen Allgemein- und Fachärzten kam Jan O. zum psychiatrischen Fachgutachter. Das Sozialgericht fragte nach einer ggf. vorliegenden Erwerbsminderung, die der Proband vorgab. Er litt an multiplen Schmerzen im Bereich der großen und kleinen Gelenke und des Rückens sowie an Kopf- und Magenschmerzen. Zudem berichtete er seit einigen Monaten (nach Ablehnung des letzten Rentenantrags) über ein deutliches depressives Syndrom. Der psychiatrische Gutachter fand in den vorliegenden Gutachten – im Gegensatz zu den vom Probanden beigebrachten Arztschreiben – keinen psychopathologischen Befund. Im aktuellen psychischen Befund dominierte bei der gutachterlichen Untersuchung eine erhebliche Diskrepanz zwischen Selbst- und Fremdbeurteilung: So war das depressive Syndrom für den Gutachter nicht offensichtlich, obschon einer der beiden Psychiater, die der Proband kurz zuvor entsprechend der mitgebrachten Briefe konsultiert hatte, eine mittelgradige depressive Episode (ICD-10:F32.11) und der andere eine Somatisierungsstörung (F45.0) bei histrionischer Persönlichkeit (F60.4) diagnostiziert hatte. Die gutachterliche testpsychologische Zusatzuntersuchung bestätigte den Verdacht auf Simulation und Rentenbegehren. Der Gutachter stellte fest, dass bis auf Alkoholmissbrauch (F10.1) keine weitere psychische Störung vorlag.

Zu berücksichtigende Arbeitsmarktlage

Allgemeiner Arbeitsmarkt und abstrakte Betrachtungsweise

Der Bemessung des Umfangs der gesundheitsbedingt erlittenen Erwerbsminderung legt das Gesetz – losgelöst von der konkreten Arbeitsmarktsituation – seit der am 01.01.2001 in Kraft getretenen Rentenreform die »üblichen Bedingungen des allgemeinen Arbeitsmarktes« zugrunde (§ 43 Abs. 1 S. 2, Abs. 2 S. 2, Abs. 3 SGB VI).

! Infolgedessen ist nicht maßgeblich, inwieweit der Versicherte seiner erlernten, sondern **jeder nur denkbaren Tätigkeit**, die der Arbeitsmarkt unter den üblichen Bedingungen bietet, noch nachgehen kann. Anders ausgedrückt: Es bleibt unerheblich, »ob dem Versicherten ein seinem Leistungsvermögen entsprechender freier Arbeitsplatz zur Verfügung gestellt werden kann« (BT-Drucks. 13/8011, S. 54). Der Beruf als solcher wird von der Rentenversicherung damit nicht (mehr) geschützt (Schulin 1999, § 26 Rn. 36 und 39; zur gegenteiligen alten Rechtslage und zur ebenfalls gegenteiligen Übergangsregelung des § 240 SGB VI ► Abschn. 12.2.4).

Auf diese Art soll das Risiko der krankheits- oder behinderungsbedingten Erwerbsminderung vom allgemeinen Arbeitsmarktrisiko unterschieden und Letzteres aus dem Schutz der Rentenversicherung ausgenommen werden (vgl. z. B. Fichte 2003). Rentenversicherungsrechtlicher **Berufsschutz**, wie er etwa früher in Form der Berufsunfähigkeitsrenten gewährt wurde, wirkte sich nach Ansicht des Gesetzgebers als »Privileg von Versicherten mit besonderer Ausbildung und in herausgehobenen Beschäftigungen aus. Das Versicherungsprinzip als Konkretisierung des Gleichheitssatzes fordert aber, dass die Versicherten im Maße ihrer Beitragszahlung gleiche Möglichkeiten haben müssen, Leistungen der Versicherung in Anspruch zu nehmen. [...] Eine Unterscheidung danach, dass für die meisten Versicherten der gesamte allgemeine Arbeitsmarkt, für einen Teil der Versicherten dagegen nur ein eingeschränkter, auf besondere Berufsbilder oder Tätigkeiten mit einem bestimmten Mindesteinkommen eingeengter Ausschnitt des allgemeinen Arbeitsmarktes maßgebend ist, wird es künftig deshalb nicht mehr geben« (BT-Drucks. 13/8011, S. 50).

Grundsätzlich entscheiden also allein der Gesundheitszustand und die daraus resultierenden körperlichen und psychischen Funktionsstörungen des Versicherten (sog. **abstrakte Betrachtungsweise**; BT-Drucks. 13/8011, S. 49). Der Zumutbarkeit einer Tätigkeit, der Ausbildung und dem Status der bisherigen beruflichen Tätigkeit kommen demgegenüber – anders als nach altem Recht (► Abschn. 12.2.4) – keine Bedeutung mehr zu (BT-Drucks. 13/8011, S. 54). Unerheblich bleibt ferner, ob und inwieweit der Betroffene seine (verminderte) Erwerbsfähigkeit im konkreten Fall noch lohnbringend auf dem Arbeitsmarkt verwerten kann (sog. **konkrete Betrachtungsweise**; BT-Drucks. 13/8011, S. 49). Denn die konkrete Arbeitsmarktlage ist nicht zu berücksichtigen (§ 43 Abs. 3 SGB VI).

Beispiel

Ein Beispiel für das eben Ausgeführte bieten die »Stimmberufe« (vgl. Olthoff u. Kruse 2002): Ein Sänger oder etwa auch ein Lehrer, der eine gravierende Stimmstörung erleidet, ist u. U. zur Ausübung seines Berufs nicht mehr in der Lage. Dennoch müsste eine Rente wegen Erwerbsminderung (soweit nicht weitere Störungen hinzutreten) abgelehnt werden, weil der allgemeine Arbeitsmarkt Tätigkeiten bereithält, für deren Ausübung die Stimme nicht entscheidet. Unerheblich wären aus rentenversicherungsrechtlicher Sicht die Probleme des Sängers/Lehrers, die dadurch entstehen, dass er keinen anderen Beruf erlernt hat.

Übliche Bedingungen, insbesondere Verschlossenheitskatalog

Eine Einschränkung erfährt die abstrakte Betrachtungsweise allerdings dadurch, dass die der Beurteilung der Erwerbsfähigkeit zugrunde liegenden Bedingungen des allgemeinen Arbeitsmarktes, etwa die örtlichen Gegebenheiten und die Verteilung der Arbeitszeit (Schulin 1999, § 26 Rn. 45 mit weiteren Nachweisen), üblich sein müssen. Das ist der Fall, wenn sie nicht vereinzelt, sondern in nennenswertem Umfang oder in beachtlicher Zahl auftreten (BSG SozR 3-4100, § 103a Nr. 1). Dieses Üblichkeitskriterium soll gewährleisten, dass für die Feststellung des Leistungsvermögens solche Tätigkeiten nicht in Betracht gezogen werden, für die der Versicherte schlechthin keinen Arbeitsmarkt hat (BT-Drucks. 13/8011, S. 54). Trotz der grundsätzlich angezeigten abstrakten Betrachtungsweise können somit in gewissen (unüblichen) Konstellationen auch konkrete Umstände berücksichtigt werden.

Solche Fälle sind dem vom BSG entwickelten (BSGE 80, S. 24, 35) und mittlerweile vom Gesetzgeber ausdrücklich in Bezug genommenen (BT-Drucks. 13/8011, S. 54) sog. **Verschlossenheitskatalog** zu entnehmen; hierbei handelt es sich um eine Ansammlung von Sachverhalten, in denen der Arbeitsmarkt dem Versicherten faktisch nicht zugänglich (»verschlossen«) ist. Nach dem Verschlossenheitskatalog soll die Arbeitsmarktlage ausnahmsweise erheblich sein,

- wenn der Versicherte zwar an sich noch eine Vollzeittätigkeit ausüben kann, aber nicht unter den in den Betrieben dafür üblichen Bedingungen;
- wenn der Versicherte zwar an sich noch zur Vollzeittätigkeit in der Lage ist, entsprechende Arbeitsplätze aber aus gesundheitlichen Gründen nicht aufsuchen kann;
- wenn die Zahl der in Betracht kommenden Arbeitsplätze deshalb erheblich reduziert ist, weil der Versicherte nur in Teilbereichen eines Tätigkeitsfeldes eingesetzt werden kann;

- wenn für den Versicherten nur Tätigkeiten in Betracht kommen, die auf Arbeitsplätzen ausgeübt werden, die
  - als Schonarbeitsplätze nicht an Betriebsfremde,
  - generell nicht an Berufsfremde,
  - jedenfalls als Aufstiegspositionen nicht an Betriebsfremde vergeben werden;

Hinzutreten muss, dass entsprechende Arbeitsplätze nur in ganz geringer Zahl vorkommen.

Inwieweit weitere Fallkonstellationen hinzutreten werden, bleibt abzuwarten. Zu bedenken ist, dass eine weite Auslegung der »üblichen Arbeitsmarktbedingungen« zugunsten des Versicherten der gesetzgeberischen Intention, Gesundheits- und Arbeitsmarktrisiken voneinander getrennt zu behandeln, entgegenwirken würde. Insoweit muss die Rechtsprechung noch Fallgruppen bilden (vgl. dazu Schulin 1999, § 26 Rn. 45 f.).

12.2.4 Sonder- und Übergangsregelungen

Von Bedeutung sind für die Praxis schließlich die Sondernormen des 5. Kapitels des SGB VI (§§ 228 ff. SGB VI). Sie enthalten ergänzende Übergangsregelungen für Sachverhalte, die mittlerweile nicht mehr oder nur noch übergangsweise eintreten können (§ 228 SGB VI), bei denen aber aus Gründen des Vertrauensschutzes die alte Rechtslage Berücksichtigung finden muss (Fichte 2003). Überdies hätte die kurzfristige, ersatzlose Abschaffung der Rente wegen Berufsunfähigkeit alten Rechts wohl den grundrechtlich garantierten Eigentums- und Bestandsschutz von Versicherten höheren Alters verletzt (vgl. Schulin 1999, § 26 Rn. 60), sodass eine Übergangsregelung auch aus verfassungsrechtlichen Gründen geboten war.

Rente wegen teilweiser Erwerbsminderung bei Berufsunfähigkeit

Gemäß der Sondervorschrift des § 240 SGB VI (in Verbindung mit § 33 Abs. 5 SGB VI) haben auch solche Versicherte einen Anspruch auf Rente wegen teilweiser Erwerbsminderung, die

- vor dem 2. Januar 1961 geboren und
- berufsunfähig sind.

Zusätzlich müssen die sonstigen (versicherungsrechtlichen) Voraussetzungen erfüllt sein. Der Anspruch besteht ferner nur bis zur Vollendung des 65. Lebensjahres.

Den Begriff der Berufsunfähigkeit definiert § 240 Abs. 2 SGB VI wie folgt:

[1]Berufsunfähig sind Versicherte, deren Erwerbsfähigkeit wegen Krankheit oder Behinderung im Vergleich zur Erwerbsfähigkeit von körperlich, geistig und seelisch gesunden Versicherten mit ähnlicher Ausbildung und gleichwertigen Kenntnissen und Fähigkeiten auf weniger als sechs Stunden gesunken ist. [2]Der Kreis der Tätigkeiten, nach denen die Erwerbsfähigkeit von Versicherten zu beurteilen ist, umfasst alle Tätigkeiten, die ihren Kräften und Fähigkeiten entsprechen und ihnen unter Berücksichtigung der Dauer und des Umfangs ihrer Ausbildung sowie ihres bisherigen Berufs und der besonderen Anforderungen ihrer bisherigen Berufstätigkeit zugemutet werden können. [3]Zumutbar ist stets eine Tätigkeit, für die die Versicherten durch Leistungen zur Teilhabe am Arbeitsleben mit Erfolg ausgebildet oder umgeschult worden sind. [4]Berufsunfähig ist nicht, wer eine zumutbare Tätigkeit mindestens sechs Stunden täglich ausüben kann; dabei ist die jeweilige Arbeitsmarktlage nicht zu berücksichtigen.

Unterschiede zur Rente wegen Erwerbsminderung im Sinne des § 43

Im Folgenden soll auf die Abweichungen von den Erwerbsminderungsrenten des jetzt geltenden Rechts aufmerksam gemacht werden. Im Wesentlichen liegt der Unterschied darin, dass sich § 240 SGB VI – anders als § 43 SGB VI – an der bisher durchgeführten Tätigkeit orientiert und somit berufsschützende Elemente enthält. Dies äußert sich in zwei Besonderheiten:

- Zum einen kommt es im Rahmen der Feststellung der Erwerbsfähigkeit maßgeblich auf einen Vergleich zu gesunden Versicherten »mit ähnlicher Ausbildung und gleichwertigen Kenntnissen und Fähigkeiten« an (§ 240 Abs. 2 S. 1 SGB VI).
- Zum anderen ist nicht auf sämtliche Tätigkeiten des allgemeinen Arbeitsmarktes abzustellen, sondern vielmehr auf einen deutlich

engeren, »zumutbaren« Tätigkeitskreis, der mit Blick auf die Dauer und den Umfang der Ausbildung des Versicherten sowie seines bisherigen Berufs und der besonderen Anforderungen der bisherigen Berufstätigkeit festgelegt wird (§ 240 Abs. 2 S. 2 SGB VI).

Zur Beurteilung der zumutbaren Verweisungstätigkeiten (ggf. nach entsprechender Umschulung, vgl. § 240 Abs. 2 S. 3 SGB VI) hat das BSG ein **Mehrstufenschema** entwickelt (ständige Rechtsprechung, vgl. BSG SozR 3-2200, § 1246 Nr. 12–14, 17, 21, 27–29, 32, 38 f., 44 f.; BSG SozR 2200, § 1246 Nr. 138). Dieses Schema bezieht sich auf Arbeiterberufe, es gilt jedoch für Angestellte entsprechend (BSGE 55, S. 45, 48; 66, S. 226, 228; Waltermann 2004). Das Mehrstufenschema ist bei Arbeiterberufen durch folgende 4 Leitberufe gekennzeichnet:

- Meister und Vorarbeiter mit Vorgesetztenfunktion bzw. besonders hoch qualifizierte Facharbeiter,
- (normale) Facharbeiter mit einer Regelausbildungszeit von mehr als 2 (meist 3) Jahren,
- angelernte Arbeiter (Regelausbildungszeit 3 Monate bis 2 Jahre),
- ungelernte Arbeiter.

Versicherte können zumutbar nur auf Tätigkeiten der gleichen oder nächstniedrigeren Stufe des Schemas verwiesen werden. Voraussetzung ist zudem, dass die in Aussicht genommene Verweisungstätigkeit den Kräften und Fähigkeiten des Versicherten entspricht (vgl. die obigen Nachweise aus der Rechtsprechung; ferner Erlenkämper 2000; ausführlich Fichte 2003).

Gemeinsamkeiten

Beim Vergleich der Rente wegen Erwerbsminderung nach § 43 SGB VI mit der hier erörterten Übergangsregelung des § 240 SGB VI bestehen auch Gemeinsamkeiten: Die Begriffe »Krankheit« und »Behinderung« sind identisch auszulegen (► Abschn. 12.2.1). Die zeitliche Grenze zur Berufsunfähigkeit liegt bei 6 Stunden und entspricht somit derjenigen der (teilweisen) Erwerbsminderung. Ferner bleibt auch im Rahmen des § 240 SGB VI die jeweilige Arbeitsmarktlage (wenngleich nur innerhalb des beruflichen Tätigkeitskreises) unberücksichtigt (§ 240 Abs. 2 S. 4 SGB VI). Hier wie dort ist der sog. Verschlossenheitskatalog heranzuziehen (Fichte 1999).

Praktische Bedeutung der Rente wegen teilweiser Erwerbsminderung bei Berufsunfähigkeit

Unter Berücksichtigung der Tatsache, dass § 240 SGB VI die oben erörterten Vorschriften zur Rente wegen Erwerbsminderung nicht verdrängt, sondern ergänzt (§ 228 SGB VI, vgl. außerdem § 240 Abs. 1 SGB VI: »auch«), entfaltet die Norm für Versicherte Bedeutung, die zwar auf dem allgemeinen Arbeitsmarkt mindestens 6 Stunden täglich arbeiten können (und aus diesem Grunde keine Rente wegen Erwerbsminderung im Sinne des § 43 SGB VI erhalten, vgl. § 43 Abs. 3 SGB VI), nicht mehr jedoch in ihrem bisherigen Beruf oder in zumutbaren Verweisungstätigkeiten (Fichte 2003; ► Abschn. 12.2.3).

Rente wegen Berufsunfähigkeit Anwendbarkeit alten Rechts

Gemäß § 33 Abs. 3 Nr. 4 SGB VI hat die dem alten Recht entstammende Berufsunfähigkeitsrente (§ 43 SGB VI a. F.) nach den Übergangsvorschriften des 5. Kapitels (§§ 228 ff. SGB VI) auch gegenwärtig noch Relevanz. So gewährt z. B. § 302a Abs. 3 S. 1 SGB VI (in Verbindung mit § 300 Abs. 1 und Abs. 5 SGB VI) eine Invalidenrente bis zur Vollendung des 65. Lebensjahres, solange der Versicherte berufsunfähig oder erwerbsunfähig ist. In ähnlicher Weise stellt § 302b Abs. 1 S. 1 SGB VI auf die Berufs- bzw. Erwerbsunfähigkeit des alten Rechts ab. Schließlich sind Streitfälle aus der Zeit vor der am 01.01.2001 in Kraft getretenen Rentenreform weiterhin nach altem Recht zu beurteilen.

Nähe zur Rente wegen teilweiser Erwerbsminderung bei Berufsunfähigkeit

Bei der Beurteilung der Berufsunfähigkeit gem. § 43 Abs. 2 SGB VI a. F. ergeben sich im Vergleich zur eben erörterten Berufsunfähigkeit des § 240 Abs. 2 SGB VI kaum Abweichungen; § 240 SGB VI lehnt sich als Übergangsvorschrift stark an die alte Rechtslage an. Der Unterschied liegt allein im Umfang des noch verbliebenen Leistungsvermögens: Während § 240 Abs. 2 SGB VI ein Abfallen der Erwerbsfähigkeit auf weniger als 6 Stunden voraussetzt, entscheidet für § 43 Abs. 2 SGB VI a. F. bei ansonsten identischen Anforderungen, ob die Erwerbsfähigkeit des Versicherten auf weniger als die Hälfte derjenigen von körperlich, geistig und seelisch gesunden Versicherten mit ähnlicher Ausbildung und gleichwertigen Kenntnissen und Fähigkeiten gesunken ist. Somit kann auf die obigen Ausführungen zur Rente wegen teilweiser Erwerbsminderung bei Berufsunfähigkeit (§§ 33 Abs. 5, 240 SGB VI) verwiesen werden (s. oben; Fichte 2003; Erlenkämper 2000, 2003a; Richter 1994).

Rente wegen Erwerbsunfähigkeit

Ebenso wie der aus dem alten Rentenrecht geläufige Begriff der Berufsunfähigkeit hat gem. § 33 Abs. 3 Nr. 5 SGB VI auch die Erwerbsunfähigkeit im Sinne des § 44 SGB VI a. F. heute noch Bedeutung.

Als erwerbsunfähig im Sinne des § 44 Abs. 2 SGB VI a. F. bezeichnet man Versicherte, die wegen Krankheit oder Behinderung auf nicht absehbare Zeit (d. h. 6 Monate; Fichte 2003) außerstande sind, eine Erwerbstätigkeit in gewisser Regelmäßigkeit auszuüben oder Arbeitsentgelt oder Arbeitseinkommen zu erzielen, das 1 Siebtel der monatlichen Bezugsgröße des § 18 SGB IV (für die alten Bundesländer im Jahre 2003: € 2380:7 = € 340,00; für die neuen Bundesländer: € 285,00) übersteigt. Erwerbsunfähig ist nicht, wer eine selbständige Tätigkeit ausübt oder eine Tätigkeit vollschichtig ausüben kann; bei dieser Prognose bleibt die jeweilige Arbeitsmarktlage wiederum unberücksichtigt. Überdies existierte für Behinderte im Sinne des § 1 S. 1 Nr. 2 SGB VI eine mit dem heutigen § 43 Abs. 2 S. 3 Nr. 1 SGB VI identische Vorschrift.

Auch hier kommen somit als Ursache der Leistungseinschränkung allein Krankheit und Behinderung in Betracht. Den Maßstab bei der Bemessung der Erwerbsunfähigkeit bildet der gesamte allgemeine Arbeitsmarkt (Erlenkämper 2003a; Fichte 2003, S. 392) und nicht nur das bisherige Tätigkeitsfeld des Versicherten. Dies ergibt sich aus dem Wortlaut des § 44 Abs. 2 SGB VI a. F ., der darauf abstellt, ob der Versicherte noch (irgend-) eine Erwerbstätigkeit in gewisser Regelmäßigkeit ausüben kann.

In dieser Hinsicht bestehen somit Parallelen zur Rente wegen Erwerbsminderung gem. § 43 SGB VI, Unterschiede hingegen zur Rente wegen teilweiser Erwerbsminderung bei Berufsunfähigkeit im Sinne der §§ 33 Abs. 5, 240 SGB VI und zur Berufunfähigkeitsrente des § 43 SGB VI a. F.

Die Ermittlung der Erwerbsunfähigkeit erfordert aber eine konkrete Betrachtungsweise (BSG 3-2200, § 1246 Nr. 13; BSG 3-2200, § 1247 Nr. 20). Diesbezüglich geht man also anders vor als bei der Feststellung der Voraussetzungen einer Rente wegen Erwerbsminderung nach § 43 SGB VI, die grundsätzlich eine abstrakte Betrachtungsweise verlangt. Folglich ist Erwerbsunfähigkeit u. a. auch dann zu bejahen, wenn der Versicherte zwar noch erwerbstätig sein und mehr als 1 Siebtel der monatlichen Bezugsgröße erwirtschaften könnte, ihm aber der Arbeitsmarkt praktisch verschlossen bleibt.

Neben den Konstellationen des unter ► 12.2.3 aufgeführten Verschlossenheitskatalogs liegt Erwerbsunfähigkeit insbesondere dann vor, wenn der Versicherte zur vollschichtigen Arbeit nicht mehr in der Lage ist und auch keinen Teilzeitarbeitsplatz mehr erlangen kann (BSGE 43, S. 75, 85), ferner in Fällen sog. atypischer Leistungseinschränkungen, die eine lohnbringende Verwertung der verbliebenen Arbeitskraft unter den realen Bedingungen des Arbeitsmarktes faktisch unmöglich machen (BSGE 30, S. 167, 190; BSGE 34, S. 280 f.), so zum Beispiel, wenn der Versicherte mehr oder längere als betriebsübliche Pausen benötigt (vgl. auch Fichte 2003, mit weiteren Nachweisen).

Auf eine tiefergehende Behandlung der Erwerbsunfähigkeitsrente soll an dieser Stelle verzichtet werden (ausführlicher Erlenkämper 2003a; Fichte 2003; überblicksartig Erlenkämper 2004). Sie ist für den gerichtlichen Sachverständigen wegen der Rückläufigkeit der nach altem Recht zu beurteilenden Fälle nicht mehr von großer praktischer Bedeutung.

12.3 Entschädigungsrecht: Unfallversicherung, Opferentschädigungsgesetz (OEG), privatrechtliche Entschädigungsansprüche

12.3.1 Unfallversicherung

Im Rahmen der Unfallversicherung ist zwischen der gesetzlichen und der privaten Unfallversicherung zu unterscheiden. Sowohl Rechtsgrundlagen als auch Trägerschaft weichen voneinander ab, die Leistungsvoraussetzungen und Leistungen sind unterschiedlich. Bei der gesetzlichen Unfallversicherung handelt es sich um eine öffentlich-rechtliche Versicherung gegen die Folgen von Arbeitsunfällen mit Pflichtmitgliedschaft der Unternehmer (Schulin u. Igl 2002, Rn. 399). Die private Unfallversicherung zählt dagegen nicht zum System der gesetzlichen Sicherung, sondern gewährt vielmehr im Versicherungsfall Schadensersatz im Rahmen des bürgerlichen Rechts. Dies ist für den Sachverständigen deshalb von Bedeutung, weil er in Rechtsstreitigkeiten über die gesetzliche Unfallversicherung vor den Sozialgerichten tätig wird, sonst bei den Zivilgerichten.

Gesetzliche Unfallversicherung
Aufgaben und Träger der gesetzlichen Unfallversicherung

! Die gesetzliche Unfallversicherung ist im Siebten Buch des Sozialgesetzbuches (SGB VII) geregelt. Die Aufgabe der gesetzlichen Unfallversicherung besteht darin, Arbeitsunfälle und Berufskrankheiten sowie arbeitsbedingte Gesundheitsgefahren zu verhüten, nach Eintritt von Versicherungsfällen die Gesundheit und die Leistungsfähigkeit der Versicherten mit allen geeigneten Mitteln wiederherzustellen und sie oder ihre Hinterbliebenen mit Geldleistungen zu entschädigen (§ 1 SGB VII). Es geht also um Prävention, Rehabilitation und Entschädigung.

Träger der Unfallversicherung sind 35 gewerbliche Berufsgenossenschaften, 10 landwirtschaftliche Berufsgenossenschaften, die Unfallkassen des Bundes, der Eisenbahn, der Post/Telekom und der Länder, die Unfallversicherungsverbände der Länder und Gemeinden, die Feuerwehrunfallkassen sowie die gemeinsamen Unfallkassen für den Landes- und den kommunalen Bereich (§§ 22 Abs. 2 SGB I und 114 SGB VII in Verbindung mit Anlage 1 und 2 zu § 114 SGB VII).

Kreis der versicherten Personen

Mitglieder in der gesetzlichen Unfallversicherung werden nur die Unternehmer, nicht dagegen die versicherten Beschäftigten, sodass Versicherungsverhältnis und Mitgliedsverhältnis regelmäßig auseinander fallen (Schulin u. Igl 2002, Rn. 427). Das Versicherungsverhältnis besteht zwischen den versicherungspflichtigen Beschäftigten und der Berufsgenossenschaft, begründet jedoch keine Beitragspflicht. Beitragspflichtig sind gemäß § 150 Abs. 1 S. 1 SGB VII allein die Unternehmer. Das Versicherungsverhältnis begründet das Recht des Versicherten, Leistung im Versicherungsfall in Anspruch zu nehmen.

Den Kreis der versicherten Personen legt das SGB VII enumerativ fest.

Versicherung kraft Gesetzes (§ 2 SGB VII)

In § 2 SGB VII werden die versicherungspflichtigen Personen genannt. Die erste und wahrscheinlich umfangreichste Gruppe bilden die »Beschäftigten« (§ 2 Abs. 1 Nr. 1 SGB VII). Unter diesem Begriff ist gem. § 7 Abs. 1 SGB IV jede nichtselbständige Arbeit, insbesondere in einem Arbeitsverhältnis, zu verstehen. Die Versicherung umfasst also alle aufgrund eines Arbeits-, Dienst- oder Lehrverhältnisses als Arbeitnehmer Beschäftigten, Arbeiter ebenso wie Angestellte, ohne Rücksicht auf die Höhe des Entgelts. Dieser Umstand bildet den Unterschied zur gesetzlichen Krankenversicherung, bei der Beschäftigte, deren Verdienst unterhalb einer bestimmten Jahresarbeitsentgeltgrenze liegt, versicherungsfrei sind (§§ 6, 7 SGB V).

Darüber hinaus zählt § 2 SGB VII eine Vielzahl weiterer Personengruppen auf, wie z. B. Kinder beim Besuch des Kindergartens, Schüler während des Schulbesuchs und Studierende während der Aus- und Fortbildung an Hochschulen (§ 2 Abs. 1 Nr. 8a–c SGB VII), ferner Pflegepersonal, die bei Unglücksfällen Hilfe leisten (§ 2 Abs. 1 Nr. 13a SGB VII) oder auch Blutspender (§ 2 Abs. 1

Nr. 13b SGB VII). Neben der originären Aufgabe der gesetzlichen Unfallversicherung, dem Schutz der Arbeitnehmer, wurde im Laufe der Zeit die sog. unechte Unfallversicherung ausgebaut und entwickelt. Darunter ist der Schutz auch solcher Personen gegen Unfälle zu verstehen, die nicht im Rahmen eines Arbeitsverhältnisses tätig werden. Es handelt sich um Fälle, die rechtssystematisch der sozialen Entschädigung zuzurechnen sind (Waltermann 2004, Rn. 243).

Versicherung kraft Satzung (§ 3 SGB VII)

Die Versicherungspflicht kann sich darüber hinaus auch aus der Satzung eines Versicherungsträgers der gesetzlichen Unfallversicherung ergeben, wenn diese die Versicherungspflicht eines zu ihrem Zuständigkeitsbereich gehörenden Unternehmers vorsieht.

Versicherungsfreiheit (§ 4 SGB VII)

In § 4 SGB VII nimmt das Unfallversicherungsrecht denjenigen Personenkreis von der gesetzlichen Unfallversicherung aus, der anderweitig ausreichend abgesichert ist, wie z. B. ein Beamter durch die Unfallfürsorgevorschriften (vgl. §§ 30 ff. BeamtVG).

Freiwillige Versicherung (§ 6 SGB VII)

Freiwillig können sich die Unternehmer und die in deren Unternehmen tätigen Ehegatten versichern (§ 6 Abs. 1 S. 1 SGB VII).

Versicherungsfall

Gemäß § 7 Abs. 1 SGB VII fallen unter die Versicherungsfälle in der gesetzlichen Unfallversicherung Arbeitsunfälle oder Berufskrankheiten.

Arbeitsunfall (§ 8 Abs. 1 SGB VII)

! Arbeitsunfälle sind Unfälle von Versicherten infolge einer versicherten Tätigkeit (§ 8 Abs. 1 S. 1 SGB VII). Einen Unfall definiert § 8 Abs. 1 S. 2 SGB VII als zeitlich begrenztes, von außen auf den Körper einwirkendes Ereignis, das zu einem Gesundheitsschaden oder zum Tod führt.

Der Unfallbegriff wird im Sozialrecht eher weit verstanden, als außergewöhnlicher, auffallender, eindrucksvoller Vorgang, der meist schlagartig auftritt, wie z. B. ein Sturz oder ein Verkehrsunfall auf versicherten Wegen. Er kann aber auch unauffälliger eintreten, wie z. B. eine Infektion durch an der Arbeitsstelle verbreitete Erreger (Erlenkämper u. Fichte 2003, S. 31).

In Abgrenzung zur gesetzlichen Krankenversicherung wird eine zeitliche Begrenzung gefordert, die aber nicht nur gegeben ist, wenn Plötzlichkeit im Sinne des allgemeinen Sprachgebrauchs vorliegt, sondern auch dann, wenn die äußere Einwirkung innerhalb einer Arbeitsschicht erfolgt.

Beispiel

Dies ist beispielsweise gegeben bei einer über eine Arbeitsschicht verteilten Einwirkung von Krankheitserregern, deren Wesen es entspricht, dass ein Gesundheitsschaden nicht innerhalb von Sekunden eintritt, sondern eine mehrstündige Einwirkung erfordert (Ziegler in Franke 2000, § 8 Rn. 22).
Wenn ein Sanitäter oder ein sonstiger Helfer in einem Katastrophenfall tagelang Schwerverletzte und Tote birgt und dadurch eine psychische Gesundheitsstörung erleidet, kann dieses Merkmal nur bejaht werden, wenn sich eine einzelne Ursache einer Arbeitsschicht derart aus der Gesamtheit hervorhebt, dass sie nicht nur als die letzte von mehreren für den Erfolg gleichwertigen Ursachen erscheint (Benz 2002, S. 10).

Des Weiteren beinhaltet die oben genannte Definition regelmäßig, dass das Ereignis von außen auf den Körper einwirkt. Es ist allerdings nicht erforderlich, dass die Unfalleinwirkung sich körperlich ausdrückt. So können auch psychische Einwirkungen – etwa betrieblicher Stress aufgrund von sog. Mobbing – einen Unfall darstellen, ohne dass es zu einer körperlichen Schädigung kommt (Brackmann et al. § 8 Rn. 18). Innere Ursachen für Schädigungen, wie z. B. Herzinfarkt, Kreislaufkollaps oder epileptischer Anfall, stellen keinen Unfall dar, können aber zu einem Unfall führen, wie z. B. ein Herzinfarkt am Lenkrad eines Wagens (BSG SozR 2200, § 555 Nr. 2). In diesem Fall ist dann im Rahmen der haftungsbegründenden Kausalität zu entscheiden, ob der Unfall allein wesentlich auf der inneren Ursache oder auch auf der Arbeits- bzw. der Dienstverrichtung beruht (Erlenkämper u. Fichte 2003, S. 33).

> ! Das Ereignis muss weiterhin grundsätzlich **unfreiwillig** eingetreten sein (Brackmann et al. § 8 Rn. 13). Vorsätzlich herbeigeführte Ereignisse stellen schon begrifflich keinen Unfall dar (Erlenkämper u. Fichte 2003, S. 34). Nach dieser Definition sind weder die Selbstverstümmelung noch die Selbsttötung Unfallereignisse.

Allerdings steht die Freiwilligkeit der unfallbringenden Tätigkeit der Annahme eines Unfalls dann nicht entgegen, wenn sie gerade Gegenstand des geschützten Risikos ist, wie z. B. beim Katastrophen- oder Feuerwehrdienst.

Berufskrankheit (§ 9 SGB VII)

Daneben kommt als Versicherungsfall grundsätzlich auch eine Berufskrankheit in Betracht.

> ! § 9 Abs. 1 S. 1 SGB VII erfasst als Berufskrankheiten nur bestimmte Krankheiten, die in einer besonderen Rechtsverordnung, der Berufskrankheiten-Verordnung (BKV), als Berufskrankheit bezeichnet sind (sog. Listenerkrankung) und die der Versicherte infolge einer versicherten Tätigkeit erleidet.

Die Rechtsverordnung nennt keine psychischen Störungen. Gemäß § 9 Abs. 2 SGB VII haben die Unfallversicherungsträger allerdings eine Krankheit, die nicht in der Rechtsverordnung bezeichnet ist oder bei der die dort bestimmten Voraussetzungen nicht vorliegen, wie eine Berufskrankheit als Versicherungsfall anzuerkennen, sofern im Zeitpunkt der Entscheidung nach neuen Erkenntnissen der medizinischen Wissenschaft die Voraussetzungen für eine Bezeichnung nach § 9 Abs. 1 S. 2 SGB VII erfüllt sind. Diese Anforderungen erscheinen allerdings für eine psychische Krankheit kaum denkbar. Denn die psychischen Störungen müssten dann durch besondere Einwirkungen verursacht worden sein, denen bestimmte Personengruppen durch ihre versicherte Tätigkeit in erheblich höherem Grade als die übrige Bevölkerung ausgesetzt sind.

Versicherte Tätigkeit

Sowohl der Arbeitsunfall als auch die Berufskrankheit müssen infolge einer versicherten Tätigkeit eingetreten sein (§ 8 Abs. 1 S. 1, § 9 Abs. 1 S. 1 SGB VII). Eine Legaldefinition dieses Merkmals findet sich in § 8 Abs. 1 S. 1 SGB VII. Hiernach fällt darunter jede den Versicherungsschutz nach den §§ 2, 3 oder 6 SGB VII begründende Tätigkeit. In § 8 Abs. 1 S. 1 SGB VII ist somit die Arbeitstätigkeit als versicherte Tätigkeit festgelegt, daneben der Arbeitsweg (§ 8 Abs. 2 Nr. 1–4 SGB VII).

Die Leistungspflicht erfordert einen inneren sachlichen Zusammenhang zwischen der Tätigkeit und dem Unternehmen, der in der Regel vorliegt, wenn das unfallauslösende Verhalten der versicherten Tätigkeit zuzurechnen ist und ursächlich den Unfall herbeigeführt hat (BSGE 61, S. 128).

Haftungsbegründende Kausalität

Zwischen der unfallbringenden versicherten Tätigkeit und dem Arbeitsunfall bzw. der Berufskrankheit muss ein rechtlich relevanter Kausalzusammenhang bestehen, die sog. haftungsbegründende Kausalität (Kater u. Leube-Kater 1997, § 8 Rn. 36). Im Unterschied zum Arbeitsunfall setzt die Berufskrankheit aber eine dauernde Einwirkung voraus. Dieser Umstand wirkt sich auch im Rahmen der Kausalitätsbeurteilung aus, für die der psychiatrische Sachverständige allerdings nicht hinzugezogen wird, da eine psychische Störung als Berufskrankheit regelmäßig nicht in Betracht kommt. Die folgenden Ausführungen beschränken sich daher auf die Kausalität zwischen Arbeitsunfall und versicherter Tätigkeit.

Die Kausalität ist ein tatsächlicher Vorgang, den man aus Gründen der Übersichtlichkeit in eine haftungsbegründende und eine haftungsausfüllende Kausalität aufgliedert (Benz 2002, S. 8). Die sozialrechtliche Kausalitätslehre beurteilt sich nicht wie die Kausalität im Bereich der privaten Unfallversicherung bzw. der privaten Entschädigungsansprüche (▶ Abschn. 12.3.3).

Die Beurteilung des ursachlichen Zusammenhangs bereitet aufgrund der Vielzahl zu beachtender Gesichtspunkte in der Praxis dem Gutachter häufig Schwierigkeiten. Das BSG hat festgelegt, dass eine dahingehende Beurteilung in mehreren Schritten zu erfolgen hat (BSG SozR 2200, § 548 Nr. 84):

- Zunächst sind die tatsächlichen Grundlagen festzulegen, die für die Wertentscheidungen in Betracht gezogen werden.

- Im Anschluss tritt man in die Abwägung der ursächlichen Bedeutung dieser einzelnen mitwirkenden Faktoren ein.

Grundlage für jede Beurteilung eines ursächlichen Zusammenhangs sowohl im Zivilrecht als auch im Strafrecht oder Sozialrecht bildet zunächst die sog. **Conditio-sine-qua-non-Formel** (Äquivalenztheorie). Danach ist jede Bedingung für den Eintritt des Erfolges ursächlich, die nicht hinweggedacht werden kann, ohne dass der konkrete Erfolg entfiele. Hypothetische Abläufe, die möglicherweise auch den Erfolg herbeigeführt haben würden, bleiben aber außer Betracht (Benz 2002, S. 8).

Im Sozialrecht wird dieser Grundsatz weiter dadurch eingeschränkt, dass nur die Bedingungen als ursächlich anzusehen sind, die wegen ihrer besonderen Beziehung zum Erfolg zu dessen Eintritt wesentlich mitgewirkt haben (sog. Theorie der wesentlichen Bedingung bzw. des wesentlichen Zusammenhangs; BSGE 1, S. 157). Dies erfordert eine Wertung, die unter Berücksichtigung aller Umstände des Einzelfalles vorzunehmen ist (BSG SozR 2200, § 548 Nr. 15, 75). Es hilft der Schutzzweck des Gesetzes (Erlenkämper 2004, S. 589), der sich im Rahmen der gesetzlichen Unfallversicherung ausschließlich auf Risiken erstreckt, die dem versicherten Bereich zuzuordnen sind (Benz 2002, S. 9).

Zu beachten ist darüber hinaus insbesondere folgender Gesichtspunkt: Der einzelne Betroffene wird in dem physischen und psychischen Gesundheitszustand geschützt, in dem er sich bei Eintritt der Schädigung befunden hat (Erlenkämper u. Fichte 2003, S. 62).

! Bei der Feststellung der Kausalität empfielt sich also eine zweistufige Prüfung:

1. Zuerst ist die Äquivalenztheorie anzuwenden. Als kausal bewertet man demnach jede Bedingung, die nicht hinweggedacht werden kann, ohne dass der Erfolg entfiele.
2. Anschließend ist der Zurechnungszusammenhang festzustellen. Die im Sinne der Äquivalenztheorie kausale Bedingung muss dem in der gesetzlichen Unfallversicherung versicherten Bereich zuzurechnen sein.

Haben andere, sog. schadensunabhängige Faktoren – beispielsweise Bedingungen aus dem privaten Bereich – an der Entstehung mitgewirkt (Erlenkämper u. Fichte 2003, S. 67), spricht man von sog. **konkurrierender Kausalität**. Alle Mitursachen sind rechtlich relevant (BSGE 22, S. 203); es entscheidet, ob die unterschiedlichen Bedingungen in ihrer Bedeutung und Tragweite für den Eintritt des Erfolges annähernd gleichwertig sind (BSGE 1, S. 157). Die in Frage stehende Ursache muss also einen Beitrag zur Entstehung des Gesundheitsschadens geleistet haben, und dieser Beitrag muss wesentlich gewesen sein.

Daraus ergibt sich als **Anforderung an ein Gutachten**:

- Es hat eine Abwägung der Bedeutung und Tragweite der mitwirkenden Kausalfaktoren vorzunehmen und sorgfältig zu begründen (BSG SozR 3-2200, § 548 Nr. 4).
- Bei dieser Abwägung sind Inhalt und Schutzzweck der maßgebenden gesetzlichen Vorschriften zu berücksichtigen, und es ist eine objektiv vernünftige, an die praktische Erfahrung des Arbeitslebens anknüpfende Betrachtungsweise zugrunde zu legen (Brackmann et al., § 8 Rn. 313).
- Besonders bei sog. psychischen Fehlentwicklungen darf man bei der Abwägung nicht auf die Reaktionsweise eines »normalen« Gesunden abstellen, sondern allein darauf, welche Auswirkungen die schädigenden Einwirkungen und ihre Folgen auf die jeweilige Einzelpersönlichkeit mit ihren vorgegebenen Struktureigenschaften im somatischen wie im psychischen Bereich gehabt haben (BSG SozR 3-2200, § 583 Nr. 1).

Auch die **Beweisanforderungen** hinsichtlich des Kausalzusammenhangs weisen Besonderheiten auf. Danach wird beurteilt, welcher Grad an Überzeugung gegeben sein muss, um eine Tatsache als erwiesen anzusehen. Die Kausalität als anspruchsbegründende Tatsache verlangt grundsätzlich vollen Beweis. Der soziale Schutz der Unfallversicherung würde aber häufig leer laufen, wenn man stets absolute Gewissheit verlangte. Dieser sog. Vollbeweis, d. h. ein Beweis mit einem so hohen Grad an Gewissheit, »dass begründete Zweifel nicht mehr bestehen«, kann für die Kausalität in der Medizin in der Regel nicht erbracht werden (Erlenkämper 2004, S. 591). Gerade auf dem psychiatrischen Fachgebiet bereitet die Zusammenhangsfrage Schwierigkeiten, ein Umstand, der nicht zu Lasten des Versicherten gehen darf. Dies hat das BSG dazu veranlasst, in Einzelfällen bei der Beurteilung des Zusammenhangs zwischen Unfallereignis und psychischer Störung die Anforderungen an den Ursachenzusammenhang herabzusetzen (BSG SozR 2200, § 581 Nr. 26).

Nach überwiegender Meinung genügt es deshalb, dass für einen solchen Kausalzusammenhang eine **hinreichende Wahrscheinlichkeit** angenommen werden kann. Diese Wahrscheinlichkeit besteht, wenn nach Feststellung, Prüfung und Abwägung aller bedeutsamen Umstände des Einzelfalls mehr für als gegen das Vorliegen der streitigen Tatsache spricht (BSG SozR 3-2200, § 548 Nr. 4); die bloße Möglichkeit reicht dagegen nicht aus (Kater u. Leube-Kater 1997, Vorbemerkung zu §§ 7–13 Rn. 65).

Im Sozialrecht gilt die sog. Untersuchungsmaxime, d. h. der Leistungsträger und ggf. die Gerichte müssen den Sachverhalt von Amts wegen erforschen (§ 20 SGB X, § 103 SGG). Allerdings sind die Folgen der Nichterweislichkeit einer Tatsache von demjenigen zu tragen, der aus dieser Tatsache ein Recht herleiten will (BSGE 19, S. 53). Für das sozialrechtliche Verfahren ergibt sich daraus, dass eine Ungewissheit über anspruchsbegründende Tatsachen zu Lasten des Anspruchstellers (Versicherter) geht, wenn z. B. nicht geklärt werden kann, ob eine psychische Störung zu einem Arbeitsunfall geführt hat.

Probleme bereitet die haftungsbegründende Kausalität in Fällen der sog. **Schadensanlage.** Es handelt sich um Sachverhalte, in denen bestimmte exogene Einwirkungen, die auf eine Vielzahl von Menschen treffen, nur bei einigen zum Ausbruch einer Krankheit führen, bei denen offensichtlich – neben der äußeren Einwirkung – eine in der individuellen Konstitution liegende Schadensanlage bei der Entstehung der Krankheit mitgewirkt hat.

Beispiel

Ein Beispiel diesbezüglich bilden u. a. Infektionen, bei denen eine Vielzahl von Personen mit dem Erreger in Berührung kommen, allerdings nur wenige daran tatsächlich erkranken.

Auch die meisten psychischen Störungen entstehen nur in der Interaktion einer genetisch determinierten, biologischen Vulnerabilität mit Stressoren aus der Umwelt, die auf ein Individuum mit bestimmten Bewältigungsmechanismen treffen (BSG MeSo B 310/80; »Vulnerabilitäts-Stress-Coping-Modell«).

Für die Beurteilung von Anlageleiden hinsichtlich des ursächlichen Zusammenhangs mit der schädigenden Einwirkung gelten grundsätzlich die oben dargestellten allgemeinen Grundsätze der sozialrechtlichen Kausalität, insbesondere die der konkurrierenden Kausalität (Erlenkämper 2004, S. 590).

Bevor sich die Frage des Ursachenzusammenhangs stellt, muss aber zunächst das anlagebedingte Leiden nachgewiesen sein, andernfalls hat es bei der Beurteilung des Kausalverlaufs außer Betracht zu bleiben (BSGE 61, S. 130). Ob eine solche Krankheitsanlage bestand, lässt sich in der Regel allein durch Sachverständigengutachten feststellen. Dabei gelingt der sichere Nachweis einer derartigen Krankheitsanlage nur selten. Oftmals kann der Sachverständige die Krankheitsanlage nur mit sicherer Wahrscheinlichkeit einschätzen.

Stehen Art und Ausmaß einer Schadensanlage fest, so führt u. U. eine leicht ansprechbare Krankheitsanlage, deren exogener Auslöser als nicht wesentliche Bedingung für den Eintritt des Schadens zu werten ist, zur Ablehnung des ursächlichen Zusammenhangs zwischen der schädigenden Einwirkung und der versicherten Tätigkeit. Zur Begutachtung diesbezüglich ist eine Abwägung der ursächlichen Bedeutung der Schadensanlage einerseits und der schädigenden (Unfall-)Einwirkung andererseits vorzunehmen. Sofern die Schadensanlage für die Entstehung des Gesundheitsschadens so eindeutig im Vordergrund steht, dass sie als allein wesentliche Ursache des Schadens gewertet werden muss, bleibt die auslösende Ursache als unbedeutend außer Betracht (Erlenkämper 2004, S. 590).

In diesem Fall spricht man von einer **Gelegenheitsursache.** Als Anhaltspunkt kann darauf abgestellt werden, ob der Schaden wahrscheinlich auch durch alltäglich vorkommende und beliebig austauschbare Einwirkungen des unversicherten Privatlebens zu derselben Zeit eingetreten wäre (BSG SozR 3-2200, § 548 Nr. 4).

Gesundheitsschaden oder Tod

Des Weiteren muss ein Gesundheitsschaden oder der Tod eingetreten sein. Unter Gesundheitsschaden ist die gesundheitliche Schädigung eines Menschen nicht nur im somatischen Bereich (körperlich-organisch), sondern in gleicher Weise auf psychischer Ebene (»Gebiet des Psychisch-Geistigen«) zu verstehen (BSGE 61, S. 116).

Der Gesundheitsschaden kann unmittelbar und ausschließlich im psychischen Bereich angesiedelt sein (z. B. einige Verhaltensstörungen) oder eine psychische Reaktion auf die Folgen eines Arbeitsunfalls oder einer Berufskrankheit darstellen (z. B. psychische Störung nach Schädelbasisbruch).

! Liegt psychischen Gesundheitsstörungen eine entsprechende persönlichkeitsbedingte Veranlagung im Sinne einer Persönlichkeitsstörung oder auch eine andere psychische Störung in fortgeschrittener Entwicklung zugrunde oder entwickelt sich eine psychische Reaktion auf einen Arbeitsunfall erst nach weiteren äußeren Einwirkungen, so muss anhand der unfallrechtlichen Kausalitätsnorm gefragt werden, ob der Arbeitsunfall eine wesentliche Bedingung darstellt.

Früher als »neurotische Störung« bezeichnete Leiden finden Berücksichtigung, wenn sie nicht ausschließlich auf wunschbedingten Vorstellungen beruhen (BSGE 18, S. 176; 20, S. 243).

Der Schaden kann auch in der **Verschlimmerung** einer zum Unfallzeitpunkt bereits vorhandenen Krankheit bestehen (Erlenkämper u. Fichte 2003, S. 82). Dann muss die schädigende Einwirkung auf ein im Zeitpunkt der Schädigung bereits vorhandenes Grundleiden gestoßen sein und dieses lediglich vermehrt, eben »verschlimmert« haben (Erlenkämper 2004, S. 592 f.). Hierüber entscheidet der versicherungsrechtliche und nicht der medizinische Begriff der »Verschlimmerung«.

»Verschlimmerung« bedeutet danach, dass die Gesundheitsverschlechterung rechtlich wesentlich auf die festgestellten Folgen eines Versicherungsfalls zurückzuführen ist (Benz 2002, S. 14). Die Unfallfolge besteht in einem solchen Fall aber nur in dem Anteil des Leidens, der dem Einfluss des Unfalls auf das Leiden und seinem weiteren Verlauf zuzurechnen ist (sog. Verschlimmerungsanteil; BSGE 7, S. 56).

! Die schadensbedingte Minderung der Erwerbstätigkeit ist nur für diesen Verschlimmerungsanteil und nicht für das Grundleiden zu berechnen.

Die gesetzliche Unfallversicherung ersetzt nicht nur den unmittelbar durch das schädigende Ereignis verursachten Gesundheitsschaden, sondern auch sog. **mittelbare Schäden**. In § 11 SGB VII sind bestimmte mittelbare Folgen eines Versicherungsfalls ausdrücklich geregelt, andere aber nicht ausgeschlossen. Auch psychische Schäden sind als sog. Sekundärschäden denkbar, z. B. depressive Störungen aufgrund des Verlustes eines Körpergliedes.

Haftungsausfüllende Kausalität

! Die Leistungen der Unfallversicherung setzen weiterhin voraus, dass zwischen dem Arbeitsunfall bzw. der Berufskrankheit und dem Gesundheitsschaden ein Kausalzusammenhang besteht. Dafür gelten die im Rahmen der haftungsbegründenden Kausalität dargestellten Grundsätze.

Sowohl der Arbeitsunfall als auch die Berufskrankheit können mit erheblichen psychischen Störungen einhergehen. Die in diesem Zusammenhang von einem psychiatrischen oder psychologischen Sachverständigen zu beantwortenden Fragen sind im Wesentlichen,

- ob psychische Störungen ohne organische Verletzungen ein Unfallereignis darstellen,
- ob psychische Störungen neben organischen Verletzungen als Unfallfolge aufzufassen sind,
- unter welchen Voraussetzungen die Tatsachen, die den rechtlich relevanten Ursachenzusammenhang begründen, zwischen dem Unfallereignis und der psychischen Störung vorliegen.

Gerade die Feststellung eines rechtlich wesentlichen Zusammenhangs zwischen einem körperlich schädigenden Unfallereignis und einem Gesundheitsschaden in Form einer psychischen Störung ist in der Praxis sehr problematisch. Nicht immer gibt es für den konkreten Fall gesicherte medizinische oder psychologische Erkenntnisse zum Kausalzusammenhang. Damit hat sich der BSG in einer Entscheidung aus dem Jahre 1995 beschäftigt (BSG 77, S. 1 ff.) und folgende Grundsätze festgelegt:

Wenn sich nach einem seelisch belastenden Vorgang ein Dauerleiden einstellt, lässt sich offenbar nicht überzeugend klären, ob und nach welchem psychischen Mechanismus dieser Vorgang das Dauerleiden herbeigeführt hat oder ob und in welchem Umfang schon eine Anlage von Krankheitswert vorhanden war […] Vor dieser Unsicherheit hat das private Unfallversicherungsrecht kapituliert […] Nicht kapitulieren kann das gesetzlich geregelte Schadensersatzrecht, insbesondere nicht das soziale Entschädigungsrecht. Von einem Ursachenzusammenhang zwischen einer bestimmten Belastung und einer bestimmten Krankheit kann aber auch auf diesem Rechtsgebiet nur dann gesprochen werden, wenn feststeht, dass Belastungen dieser Art allgemein geeignet sind, Krankheiten dieser Art hervorzurufen […] Erst wenn die herrschende Lehrmeinung in der medizinischen Wissenschaft die Belastung allgemein für geeignet hält, bestimmte Krankheiten hervorzurufen, kann ein Ursachenzusammenhang im Einzelfall ernstlich in Betracht gezogen werden [Hervorhebung der Verfasser]. Da man den tatsächlichen Wirkungszusammenhang zwischen Belastung und Krankheit im Allgemeinen nicht kennt und andere Ursachen nie auszuschließen sind, ist die Möglichkeit des Ursachenzusammenhangs schon dann anzunehmen, wenn nach dem Erfahrungswissen der Ärzte die Gefahr des Ausbruchs der betreffenden Krankheit nach den betreffenden Belastungen deutlich erhöht ist. Wenn bei entschädigungspflichtigen Vorgängen bestimmter Art und bestimmten Ausmaßes für die davon Betroffenen die Gefahr bestimmter Erkrankungen gegenüber den nicht Betroffenen besonders deutlich erhöht wird, liegt auch schon die Wahrscheinlichkeit nahe, dass der im Einzelfall von der Gefahr betroffene Kranke dieser Gefahr tatsächlich erlegen ist. (BSGE 77, S. 2 ff.)

Bezüglich der haftungsausfüllenden Kausalität, also des Zusammenhangs zwischen dem körperlich schädigenden Unfallereignis und einem psychischen Gesundheitsschaden, ergeben sich gegenüber den Ausführungen zur haftungsbegründenden Kausalität lediglich Besonderheiten bei einer konkurrierenden Kausalität mit einem Grundleiden. Die haftungsausfüllende Kausalität erfordert, dass dem Unfallereignis und seinen Folgen im Vergleich zur Anlage oder Disposition des Betroffenen zumindest die Bedeutung einer gleichwertigen Ursache zukommen muss (Benz 2002, S. 15).

Danach ist eine haftungsausfüllende Kausalität in folgenden Fällen abzulehnen:
- bei bewusstseinsnahen Begehrensvorstellungen,
- bei Gelegenheitsursachen,
- in Bagatellfällen.

Die erste Fallgruppe bilden die sog. **bewusstseinsnahen Begehrensvorstellungen**. Dabei wird das Unfallereignis zum Anlass genommen, ein bevorstehendes oder neu gesetztes Lebensziel – beispielsweise den Rückzug aus dem Beruf – zu verwirklichen (Benz 2002, S. 12). Bei derartigen bewusstseinsnahen Wunsch- und Zweckreaktionen bildet allein die Anlage oder die Disposition des Betroffenen eine wesentliche Bedingung (Mehrtens et al. 2003, S. 259).

Beispiel

Als Beispiel für eine derartige Begehrensvorstellung gilt die Aggravation (▶ Kap. 1): Eine Aggravation ist eine im Verhältnis zum objektiven Befund übertriebene, möglicherweise zweckgerichtet eingesetzte Präsentation subjektiv empfundener Symptome, der im Gegensatz zur Simulation jedoch ein (psycho)pathologischer Befund zugrunde liegt.

Die zweite Fallgruppe setzt sich aus den sog. **Gelegenheitsursachen** zusammen. Darunter versteht man Ursachen, die zwar kausal für den Unfallschaden bzw. die Erkrankung sind und auch mit überwiegender Wahrscheinlichkeit zum Schaden bzw. der Erkrankung geführt haben, allerdings gerade nicht wesentlich im Sinne der rechtlichen Begriffsbildung sind (Ockenga 1993, S. 62). Von einer Gelegenheitsursache spricht man demnach, wenn eine Krankheitsanlage oder andere Erkrankung vorliegt und »leicht ansprechbar« in dem Sinn ist, dass jedes alltägliche ähnliche Ereignis wie das Unfallsereignis zu derselben Zeit dieselben Erscheinungen wie die geltend gemachten ausgelöst hätte (BSG SozR 2200, § 548 Nr. 51). Zu prüfen ist damit also, ob das Unfallereignis und seine organischen

Auswirkungen mit anderen alltäglichen Ereignissen austauschbar sind.

Schließlich fehlt die Kausalität in den **Bagatellfällen**. Hier besteht zwischen Schwere des Unfallereignisses und Schwere der psychischen Störung ein Missverhältnis (Benz 2002, S. 13). Nach der Rechtsprechung des BSG entscheidet in diesem Zusammenhang, ob der Versicherte bei zumutbarer Willensanstrengung aus eigener Kraft die psychische Störung überwinden kann (BSGE 21, S. 190 f.).

Besonderheiten können sich im Rahmen der haftungsausfüllenden Kausalität bei der oben angesprochenen **Selbstverstümmelung oder Selbsttötung** ergeben (► Abschn. 12.3.1: »Arbeitsunfall«). Beides stellt zwar keinen Arbeitsunfall im Sinne des § 8 Abs. 1 S. 1 SGB VII dar, kann aber eine rechtlich wesentliche Folge eines anderen Versicherungsfalls sein, wie z. B. einer unheilbaren Berufskrankheit (BSG SozR 3-2200, § 553 Nr. 1).

Dabei ist zu unterscheiden zwischen dem sog. Verzweiflungssuizid aufgrund eines psychischen Traumas am Arbeitsplatz innerhalb einer Arbeitsschicht und dem Bilanzsuizid (Benz 1999, S. 439), auch wenn psychiatrischerseits kaum differenziert werden kann und in der Regel depressive Störungen zugrunde liegen. Die höchstrichterliche Rechtsprechung erkennt mittlerweile an, dass nicht nur die Beeinträchtigung der Willensentscheidung durch ein psychisches Trauma (Verzweiflung), sondern auch ein durch Arbeitsunfall oder Berufskrankheit hervorgerufener schwerer Gesundheitsschaden u. U. rechtlich wesentlich zur Selbsttötung (sog. bilanzierender Suizid) führt. Sie akzeptiert damit auch den Suizid und den Suizidversuch als Versicherungsfall (BSGE 66, S. 158), wenn er sich seinerseits als Folge eines Versicherungsfalls darstellt. Vor einer Entschädigungsleistung ist allerdings zu prüfen, ob zwischen dem Erstschaden und der Selbsttötung bzw. dem Selbsttötungsversuch ein rechtlich wesentlicher Zusammenhang besteht (Benz 1999, S. 440).

Dabei sind die Grundsätze der konkurrierenden Kausalität zu beachten: Nur wenn die Folgen des Versicherungsfalls u. U. neben privaten Faktoren als annähernd gleichwertige Bedingung zur suizidalen Handlung geführt haben, lässt sich ein rechtlich wesentlicher Folgeschaden des vorangegangenen Versicherungsfalls anerkennen (Benz 1999, S. 440). Als Kriterium dafür gilt, wie der Betroffene auf die Folgen des Versicherungsfalls reagiert hat (BSG SGB 1990, S. 496). Die Aufgabe eines hinzugezogenen psychiatrischen Sachverständigen besteht darin, Auskunft zu geben, welche Beweggründe den Verletzten veranlasst haben könnten, sich selbst zu töten, und ob der rechtlich relevante Kausalzusammenhang gegeben ist.

Des Weiteren kann ein psychiatrisches Gutachten auch im Fall des Verdachts auf Suizid erforderlich sein. Die Beweisregeln, die das BSG aufgestellt hat (s. oben), sehen vor, dass es zu Lasten der Hinterbliebenen geht, wenn sich nicht klären lässt, ob betriebliche Gründe den Unfall herbeigeführt haben oder aber der Verletzte selbst willentlich die wesentliche Ursache für seinen Tod gesetzt hat (BSG VersR 1985, S. 988). Demnach entfällt der Schutz der gesetzlichen Unfallversicherung, wenn sich nicht ermitteln lässt, ob der Versicherte aufgrund der betrieblichen Tätigkeit oder durch Suizid, der wesentlich auf ganz anderen Ursachen beruht, gestorben ist. Die Kritik hält entgegen, das BSG stehe damit im Widerspruch zu den Bestimmungen des SGB VII, wonach der Versicherungsschutz nur bei vorsätzlicher Schädigung, vgl. § 101 SGB VII, entfalle, sodass die bloße Möglichkeit der Selbsttötung aus sonstigen Gründen nicht ausreichen könne (Plagemann u. Hontschik 1996, Rn. 231). Trotz der Kritik ist das BSG bis heute nicht von seiner Rechtsprechung abgewichen.

Leistungen

Wenn die dargestellten Tatbestandsvoraussetzungen des Versicherungsfalles erfüllt sind, kann der Versicherte die Leistungen der gesetzlichen Unfallversicherung beanspruchen. Sie sind in den §§ 26 ff. SGB VII aufgeführt und beinhalten:

- die Heilbehandlung einschließlich der medizinischen Rehabilitation (§§ 27–34 SGB VII),
- Leistungen zur Teilhabe am Arbeitsleben bzw. am Leben in der Gemeinschaft und ergänzende Leistungen (§§ 35–43 SGB VII),
- Leistungen bei Pflegebedürftigkeit (§ 44 SGB VII),
- Verletzten- sowie Übergangsgeld (§§ 45–52 SGB VII),
- Renten (§§ 56–62 SGB VII),
- im Falle des Todes Leistungen an Hinterbliebene (§§ 63–80 SGB VII).

Minderung der Erwerbsfähigkeit

Für den Fall, dass sowohl die haftungsbegründende als auch die haftungsausfüllende Kausalität nachgewiesen sind, und der Versicherte nach § 56 SGB VII eine Rente beansprucht, muss ein hinzugezogener psychiatrischer Sachverständiger die Minderung der Erwerbstätigkeit (MdE) einschätzen. Die Anforderungen an die MdE sind in § 56 Abs. 2 SGB VII geregelt.

! Demnach richtet sich die MdE nach dem Umfang der sich aus der Beeinträchtigung des körperlichen und geistigen Leistungsvermögens ergebenden verminderten Arbeitsmöglichkeiten auf dem gesamten Gebiet des Erwerbslebens.

Bei jugendlichen Versicherten bemisst man die MdE nach den Auswirkungen, die sich bei Erwachsenen mit gleichem Gesundheitsschaden ergeben würden. Dabei werden Nachteile berücksichtigt, die die Versicherten dadurch erleiden, dass sie bestimmte von ihnen erworbene besondere berufliche Kenntnisse und Erfahrungen infolge des Versicherungsfalls nicht mehr oder nur noch in vermindertem Umfang nutzen können, soweit solche Nachteile nicht durch sonstige Fähigkeiten, deren Nutzung ihnen zugemutet werden kann, ausgeglichen werden.

Auch bei psychischen Störungen muss demnach auf das Ausmaß der Beeinträchtigung des Leistungsvermögens abgestellt werden. Die MdE wird in Prozentsätzen ausgedrückt, die grundsätzlich durch 10 teilbar sein sollten.

Beispiel

Den MdE-Grad genauer als in Zehnerstufen – allenfalls in Fünferstufen – einzuschätzen, sei tatsächlich unmöglich und deshalb rechtlich nicht zulässig, weil eine so geringe Dimension noch innerhalb der allen ärztlichen Schätzungen eigenen Schwankungsbreite liege, der Grad einer unfallbedingten Minderung der Erwerbsfähigkeit mithin nicht völlig genau, sondern nur annäherungsweise feststellbar sei (BSG NJOZ 2001, S. 802).

Im Rahmen der Feststellung der MdE ist eine abstrakte Schadensberechnung dergestalt vorzunehmen, dass die MdE den Unterschied bezeichnet, der sich für den versicherten Verletzten aus dem Vergleich seiner Erwerbsfähigkeit auf dem gesamten Feld des Erwerbsleben vor dem Unfall (100%) und nach dem Unfall ergibt (BSGE 21, S. 67).

Die Bemessung der MdE erfolgt in 3 Stufen nach Beantwortung folgender 3 Fragen (BSGE 53, S. 17):

1. Welche Körperfunktionen (bzw. kognitiv-emotionalen Funktionen), die für die Leistungsfähigkeit im Erwerbsleben bedeutsam sein können, sind durch die Unfallschädigungsfolgen beeinträchtigt und in welchem Ausmaß?
2. Welche Erwerbstätigkeiten kann der Versicherte dadurch nicht mehr ausüben?
3. Welchen Anteil haben diese Tätigkeiten am gesamten Erwerbsleben?

Beispiel

Fall 12.8. Heribert Z., 41-jähriger Industriearbeiter, war Zeuge eines Rangierunglücks der Betriebsbahn, bei der zwei Kollegen tödlich verletzt wurden. Er entwickelte in der Folge eine posttraumatische Belastungsstörung (ICD-10:F43.1), die sich in sog. Nachhallerinnerungen (»flashbacks«), fehlender emotionaler Anteilnahme, Gleichgültigkeit, Depressivität, Schlaflosigkeit und Vermeiden des Aufsuchens des Unglücksortes, des Ansehens von Bahnen und entsprechenden Abbildungen im Fernsehen oder in Zeitschriften äußerte. Der psychiatrische Sachverständige der Berufsgenossenschaft schlug eine MdE in Höhe von 30 v. H. sowie eine Nachuntersuchung nach Ablauf eines Jahres zur Überprüfung des weiteren Krankheitsverlaufs vor.

Zur Gewährleistung eines gleichen und gerechten Maßstabes zur Bemessung der MdE werden für viele Standardunfallfolgen in zahlreichen Quellen MdE-Tabellen entwickelt. Diese Erfahrungssätze sind für die Begutachtung zwar keineswegs verbindlich, sollten aber aufgrund der gebotenen Gleichbehandlung als Richtlinie beachtet werden.

! Um eine solche Einschätzung vorzunehmen, wird in der Regel auf die vom Bundesministerium für Gesundheit und Soziale Sicherung (BMGS) herausgegebenen **Anhaltspunkte** zurückgegriffen.

Bei diesen sog. Anhaltspunkten handelt es sich um früher vom Bundesministerium für Arbeit und Sozialordnung (BMA) und jetzt vom Bundesministerium für Gesundheit und Soziale Sicherung (BMGS) herausgegebene Empfehlungen für die ärztliche Gutachtertätigkeit im sozialen Entschädigungsrecht.

Auch im Bereich der gesetzlichen Unfallversicherung sind bei der medizinischen Bewertung von Unfallschäden diese Anhaltspunkte heranzuziehen. Die Begriffe »Grad der Behinderung« (GdB) und »Minderung der Erwerbsfähigkeit« bedeuten in der Regel keinen substanziellen Unterschied, sondern stellen die Eckpunkte ärztlichen Ermessens dar (SG Stuttgart NZA 1991, S. 534).

Die Anhaltspunkte sind bis heute jedoch noch nicht demokratisch legitimiert. Es gibt allerdings Bestrebungen des BMGS, ein förmliches Gesetzgebungsverfahren zur Verrechtlichung der Anhaltspunkte einzuleiten. Weder für die Anhaltspunkte selbst noch für die Organisation, das Verfahren und die Zusammensetzung des dieses Regelwerk erarbeitenden und ständig überprüfenden Expertengremiums (des Ärztlichen Sachverständigenbeirats – Sektion Versorgungsmedizin – beim BMGS) gibt es zurzeit eine Rechtsgrundlage im Sinne eines Gesetzes. Es handelt sich vielmehr um antizipierte Sachverständigengutachten, deren Beachtlichkeit im konkreten Verwaltungs- und Gerichtsverfahren sich zum einen daraus ergibt, dass eine dem Gleichheitssatz entsprechende Rechtsanwendung verlangt, die verschiedenen Behinderungen nach gleichen Maßstäben zu beurteilen; zum anderen stellen die Anhaltspunkte nach den Erfahrungen des BSG ein geeignetes, auf Erfahrungswerten der Versorgungsverwaltung und Erkenntnissen der medizinischen Wissenschaft beruhendes Beurteilungsgefüge zur Einschätzung des GdB dar (vgl. BSGE 91, S. 205). Die Anhaltspunkte wirken durch diese Rechtsprechung ähnlich wie ein Gesetz. Ihre generelle Richtigkeit kann deshalb durch Einzelfallgutachten nicht widerlegt werden. Im Rahmen dieser Anhaltspunkte befassen sich die Randnummern 69–72 (BMGS 2004) mit der Kausalitätsbeurteilung im Bezug auf psychische Störungen.

GdB/MdE-Tabelle Nervensystem und Psyche – Anhaltspunkte für die Gutachtertätigkeit im sozialen Entschädigungsrecht und nach dem Schwerbehindertengesetz (mittlerweile SGB IX), Stand April 2004 (auszugsweise in den hier relevanten Abschnitten; http://www.bmgs.bund.de/deu/gra/publikationen/p_3.cfm)

Hirnschäden

Hirnbeschädigte sind behinderte Menschen, bei denen das Gehirn in seiner Entwicklung gestört wurde oder durch äußere Gewalteinwirkung, Krankheit, toxische Einflüsse oder Störungen der Blutversorgung organische Veränderungen erlitten und nachweisbar behalten hat.

Als nachgewiesen ist ein solcher Hirnschaden anzusehen, wenn Symptome einer organischen Veränderung des Gehirns – nach Verletzung oder Krankheit nach dem Abklingen der akuten Phase – festgestellt worden sind; dies gilt auch, wenn bei späteren Untersuchungen keine hirnorganischen Funktionsstörungen und Leistungsbeeinträchtigungen mehr zu erkennen sind (GdB/MdE-Grad dann – auch unter Einschluss geringer z. B. vegetativer Beschwerden – 20; nach offenen Hirnverletzungen nicht unter 30).

Bestimmend für die Beurteilung des GdB/MdE-Grades ist das Ausmaß der bleibenden Ausfallserscheinungen. Dabei sind der neurologische Befund, die Ausfallserscheinungen im psychischen Bereich unter Würdigung der prämorbiden Persönlichkeit und ggf. das Auftreten von zerebralen Anfällen zu beachten. Bei der Mannigfaltigkeit der Folgezustände von Hirnschädigungen kommen für die GdB/MdE-Beurteilung Sätze zwischen 20 und 100 in Betracht.

Bei Kindern ist zu berücksichtigen, dass sich die Auswirkungen eines Hirnschadens abhängig vom Reifungsprozess sehr verschieden (Besserung oder Verschlechterung) entwickeln können, sodass in der Regel Nachprüfungen in Abständen von wenigen Jahren angezeigt sind.

Nicht nur vorübergehende vegetative Störungen nach Gehirnerschütterung (reversible und morphologisch nicht nachweisbare Funktionsstörung des Gesamthirns) rechtfertigen im ersten Jahr nach dem Unfall einen GdB/MdE-Grad von 10–20.

Im Folgenden soll die unter A genannte Gesamtbewertung im Vordergrund stehen. Die unter B angeführten isoliert vorkommenden bzw. führenden Syndrome stellen eine ergänzende Hilfe zur Beurteilung dar.

▼

A. **Grundsätze der Gesamtbewertung von Hirnschäden**

Hirnschäden mit geringer Leistungsbeeinträchtigung	30–40
Hirnschäden mit mittelschwerer Leistungsbeeinträchtigung	50–60
Hirnschäden mit schwerer Leistungsbeeinträchtigung	70–100

B. Bewertung von Hirnschäden mit isoliert vorkommenden bzw. führenden Syndromen (bei Begutachtungen im sozialen Entschädigungsrecht auch zur Feststellung der Schwerstbeschädigtenzulage)

Organisch-psychische Störungen

Hierbei wird zwischen hirnorganischen Allgemeinsymptomen, intellektuellem Abbau (Demenz) und hirnorganischen Persönlichkeitsveränderungen unterschieden, die jedoch oft kombiniert sind und fließende Übergänge zeigen können. Zu den hirnorganischen Allgemeinsymptomen (»Hirnleistungsschwäche«) werden vor allem Beeinträchtigungen der Merkfähigkeit und der Konzentration, Reizbarkeit, Erregbarkeit, vorzeitige Ermüdbarkeit, Einbuße an Überschau- und Umstellungsvermögen und psychovegetative Labilität (z. B. Kopfschmerzen, vasomotorische Störungen, Schlafstörungen, affektive Labilität) gerechnet.

Die hirnorganische Persönlichkeitsveränderung (»hirnorganische Wesensänderung«) wird von einer Verarmung und Vergröberung der Persönlichkeit mit Störungen des Antriebs, der Stimmungslage und der Emotionalität, mit Einschränkung des Kritikvermögens und des Umweltkontaktes sowie mit Akzentuierungen besonderer Persönlichkeitseigenarten bestimmt. Auf der Basis der organisch-psychischen Veränderungen entwickeln sich nicht selten zusätzliche psychoreaktive Störungen.

Hirnschäden mit psychischen Störungen (je nach vorstehend beschriebener Art)

Leicht (im Alltag sich gering auswirkend)	30–40
Mittelgradig (im Alltag sich deutlich auswirkend)	50–60
Schwer	70–100

Beeinträchtigungen der geistigen Leistungsfähigkeit im Kindes- und Jugendalter

Die GdB/MdE-Beurteilung der Beeinträchtigungen der geistigen Entwicklung darf nicht allein vom Ausmaß der Intelligenzminderung und von diesbezüglichen Testergebnissen ausgehen, die immer nur Teile der Behinderung zu einem bestimmten Zeitpunkt erfassen können. Daneben muss stets auch die Persönlichkeitsentwicklung auf affektivem und emotionalem Gebiet, wie auch im Bereich des Antriebs und der Prägung durch die Umwelt mit allen Auswirkungen auf die sozialen Einordnungsmöglichkeiten berücksichtigt werden.

Entwicklungsstörungen im Kleinkindesalter

Die Beurteilung setzt eine standardisierte Befunderhebung mit Durchführung geeigneter Testverfahren und Bestimmung des Entwicklungsquotienten (EQ) voraus (Nachuntersuchung mit Beginn der Schulpflicht).

Umschriebene Entwicklungsstörungen in den Bereichen Motorik, Sprache oder Wahrnehmung und Aufmerksamkeit

Leicht, ohne wesentliche Beeinträchtigung der Gesamtentwicklung	0–10
Sonst bis zum Ausgleich je nach Beeinträchtigung der Gesamtentwicklung	20–40
Bei besonders schwerer Ausprägung (selten)	50

Globale Entwicklungsstörungen (Einschränkungen in den Bereichen Sprache und Kommunikation, Wahrnehmung und Spielverhalten, Motorik, Selbständigkeit, soziale Integration) je nach Ausmaß der sozialen Einordnungsstörung und der Verhaltensstörung (z. B. Hyperaktivität, Aggressivität)

Geringe Auswirkungen	30–40
Starke Auswirkungen (z. B. EQ von 70 bis über 50)	50–70
Schwere Auswirkungen (z. B. EQ 50 und weniger)	80–100

Einschränkung der geistigen Leistungsfähigkeit im Schul- und Jugendalter

Kognitive Teilleistungsschwächen, z. B. Lese-Rechtschreib-Schwäche (Legasthenie), isolierte Rechenstörung

Leicht, ohne wesentliche Beeinträchtigung der Schulleistungen	0–10
Sonst – auch unter Berücksichtigung von Konzentrations-und Aufmerksamkeitsstörungen – bis zum Ausgleich	20–40
Bei besonders schwerer Ausprägung (selten)	50

▼

Einschränkung der geistigen Leistungsfähigkeit mit einem Intelligenzrückstand entsprechend einem Intelligenzalter (IA) von etwa 10–12 Jahren bei Erwachsenen (IQ von etwa 70–60)

Wenn während des Schulbesuchs nur geringe Störungen, insbesondere der Auffassung, der Merkfähigkeit, der psychischen Belastbarkeit, der sozialen Einordnung, des Sprechens, der Sprache oder anderer kognitiver Teilleistungen vorliegen, oder wenn sich nach Abschluss der Schule noch eine weitere Bildungsfähigkeit gezeigt hat und keine wesentlichen, die soziale Einordnung erschwerenden Persönlichkeitsstörungen bestehen, oder wenn ein Ausbildungsberuf unter Nutzung der Sonderregelungen für behinderte Menschen erreicht werden kann	30–40
Wenn während des Schulbesuchs die oben genannten Störungen stark ausgeprägt sind oder mit einem Schulversagen zu rechnen ist, oder wenn nach Abschluss der Schule auf eine Beeinträchtigung der Fähigkeit zu selbständiger Lebensführung oder sozialer Einordnung geschlossen werden kann, oder wenn der behinderte Mensch wegen seiner Behinderung trotz beruflicher Fördermöglichkeiten (z. B. in besonderen Rehabilitationseinrichtungen) nicht in der Lage ist, sich auch unter Nutzung der Sonderregelungen für behinderte Menschen beruflich zu qualifizieren	50–70

Intelligenzmangel mit stark eingeengter Bildungsfähigkeit, erheblichen Mängeln im Spracherwerb, Intelligenzrückstand entsprechend einem Intelligenzalter von unter 10 Jahren bei Erwachsenen (IQ unter 60)

Bei relativ günstiger Persönlichkeitsentwicklung und sozialer Anpassungsmöglichkeit (Teilerfolg in einer Sonderschule, selbständige Lebensführung in einigen Teilbereichen und Einordnung im allgemeinen Erwerbsleben mit einfachen motorischen Fertigkeiten noch möglich)	80–90
Bei stärkerer Einschränkung der Eingliederungsmöglichkeiten mit hochgradigem Mangel an Selbständigkeit und Bildungsfähigkeit, fehlender Sprachentwicklung, unabhängig von der Arbeitsmarktlage, und auf Dauer Beschäftigungsmöglichkeit nur in einer Werkstatt für Behinderte	100

Besondere im Kindesalter beginnende psychische Behinderungen

Autistische Syndrome

Leichte Formen (z. B. Typ Asperger)	50–80
Sonst	100
Andere emotionale und psychosoziale Störungen (»Verhaltensstörungen«) mit langdauernden erheblichen Einordnungsschwierigkeiten (z. B. Integration in der Normalschule nicht möglich)	50–80

Schizophrene und affektive Psychosen

Langdauernde (über ein halbes Jahr anhaltende) Psychose im floriden Stadium je nach Einbuße beruflicher und sozialer Anpassungsmöglichkeiten	50–100
Schizophrener Residualzustand (z. B. Konzentrationsstörung, Kontaktschwäche, Vitalitätseinbuße, affektive Nivellierung) mit geringen und einzelnen Restsymptomen:	
– ohne soziale Anpassungsschwierigkeiten	10–20
– mit leichten sozialen Anpassungsschwierigkeiten	30–40
– mit mittelgradigen sozialen Anpassungsschwierigkeiten	50–70
– mit schweren sozialen Anpassungsschwierigkeite	80–100
Affektive Psychose:	
relativ kurz dauernde, aber häufig wiederkehrende Phasen bei 1–2 Phasen im Jahr von mehrwöchiger Dauer, je nach Art und Ausprägung	30–50
bei häufigeren Phasen von mehrwöchiger Dauer	60–100

▼

Nach dem Abklingen langdauernder psychotischer Episoden ist im allgemeinen (Ausnahme s. unten) eine *Heilungsbewährung von 2 Jahren* abzuwarten.

GdB/MdE-Grad während dieser Zeit, wenn bereits mehrere manische oder manische und depressive Phasen vorangegangen sind	50
Sonst	30

Eine Heilungsbewährung braucht nicht abgewartet zu werden, wenn eine monopolar verlaufene depressive Phase vorgelegen hat, die als erste Krankheitsphase oder erst mehr als 10 Jahre nach einer früheren Krankheitsphase aufgetreten ist.

Neurosen, Persönlichkeitsstörungen, Folgen psychischer Traumen

Leichtere psychovegetative oder psychische Störungen	0–20
Stärker behindernde Störungen mit wesentlicher Einschränkung der Erlebnis- und Gestaltungsfähigkeit (z. B. ausgeprägtere depressive, hypochondrische, asthenische oder phobische Störungen, Entwicklungen mit Krankheitswert, somatoforme Störungen)	30–40
Schwere Störungen (z. B. schwere Zwangskrankheit) mit mittelgradigen sozialen Anpassungsschwierigkeiten	50–70
Schwere Störungen mit schweren sozialen Anpassungsschwierigkeiten	80–100

Alkoholkrankheit, -abhängigkeit

Eine Alkoholkrankheit liegt vor, wenn ein chronischer Alkoholkonsum zu körperlichen und/oder psychischen Schäden geführt hat.

Die GdB/MdE-Bewertung wird vom Ausmaß des Organschadens und seiner Folgen (z. B. Leberschaden, Polyneuropathie, organisch-psychische Veränderung, hirnorganische Anfälle) und/oder vom Ausmaß der Abhängigkeit und der suchtspezifischen Persönlichkeitsänderung bestimmt. Bei nachgewiesener Abhängigkeit mit Kontrollverlust und erheblicher Einschränkung der Willensfreiheit ist der Gesamt-GdB/MdE-Grad aufgrund der Folgen des chronischen Alkoholkonsums nicht niedriger als 50 zu bewerten.

Ist bei nachgewiesener Abhängigkeit eine Entziehungsbehandlung durchgeführt worden, muss eine Heilungsbewährung abgewartet werden (i. Allg. 2 Jahre). Während dieser Zeit ist in der Regel ein GdB/MdE-Grad von 30 anzunehmen, es sei denn, dass der Organschaden einen noch höheren GdB/MdE-Grad bedingt.

Drogenabhängigkeit

Eine Drogenabhängigkeit liegt vor, wenn ein chronischer Gebrauch von Rauschmitteln zu einer körperlichen und/oder psychischen Abhängigkeit mit entsprechender psychischer Veränderung und sozialen Einordnungsschwierigkeiten geführt hat.

Der GdB/MdE-Grad ist je nach psychischer Veränderung und sozialen Anpassungsschwierigkeiten auf mindestens 50 einzuschätzen. Ist bei nachgewiesener Abhängigkeit eine Entziehungsbehandlung durchgeführt worden, muss eine Heilungsbewährung abgewartet werden (i. Allg. 2 Jahre). Während dieser Zeit ist in der Regel ein GdB/MdE-Grad von 30 anzunehmen.

Private Unfallversicherung

Die private Unfallversicherung wird durch den Abschluss eines Versicherungsvertrages zwischen Versicherer und Versicherungsnehmer begründet und ist damit dem Zivilrecht zuzuordnen, sodass Rechtsstreitigkeiten vor dem zuständigen Zivilgericht ausgetragen werden.

Aufgaben und Rechtsgrundlagen der privaten Unfallversicherung

Die private Unfallversicherung stellt eine Personenversicherung dar, die den Versicherungsnehmer – oder einen bezugsberechtigten Dritten – insbesondere vor den wirtschaftlichen Folgen einer durch einen Unfall eingetretenen körperlichen Invalidität schützen soll (Beckmann u. Matusche-Beckmann 2004, § 47 Rn. 1). Es handelt sich um eine sog. Summenversicherung, die keine konkreten Schäden ausgleicht, sondern sich an einem abstrakten Bedarf orientiert (Beckmann u. Matusche-Beckmann 2004, § 47 Rn. 3). Ihre Rechtsgrundlage findet sich in den §§ 179–185 VVG. Dazu gibt es Musterversicherungsbedingungen, die dem Versicherungsvertrag regelmäßig zugrunde gelegt werden (van Bühren 2003, § 1 Rn. 1).

Als Allgemeine Versicherungsbedingungen (AVB) kennt die Praxis inzwischen 4 Bedingungswerke, die Allgemeinen Unfallversicherungsbedingungen (AUB), nämlich
- AUB 61, AUB 88,
- AUB 94, AUB 99.

Die angegebenen Ziffern bezeichnen das Jahr, in denen die AUB neu gefasst wurden. Welche AUB im Einzelfall maßgebend sind, richtet sich nach der Vereinbarung zwischen Versicherer und Versicherungsnehme, im Versicherungsvertrag. Während die AUB 99 derzeit in Leistungsfällen noch kaum anzutreffen sind, finden sich durchaus noch Verträge, die auf der Grundlage der AUB 61 geschlossen wurden. Die AUB 99 wurden erst Ende 1998 von dem Gesamtverband der Deutschen Versicherungswirtschaft als Musterbedingungen empfohlen. Die AUB 94 unterscheiden sich inhaltlich kaum von den Regelungen der AUB 88 oder AUB 61. Den vorliegenden Ausführungen liegen deshalb die **AUB 94** zugrunde, wobei an den relevanten Stellen auf Unterschiede zu den AUB 88 und 61 hingewiesen wird.

Am Vertrag beteiligte Personen

Grundsätzlich sind der Versicherer auf der einen und der Versicherungsnehmer auf der anderen Seite am Vertragsverhältnis beteiligt. Es ist aber möglich, weitere Personen in den Vertrag mit einzubeziehen. So kann die Gefahrperson, d. h. die versicherte Person, vom Versicherungsnehmer unterschiedlich sein, oder die Parteien vereinbaren, dass ein Dritter bezugsberechtigt sein soll (van Bühren 2003, § 15 Rn. 9).

Versicherungsfall

Unter den Versicherungsschutz fällt die durch einen Unfall eintretende dauerhafte Gesundheitsschädigung.

Ein Unfall liegt nach der in den AUB normierten Definition vor, wenn der Versicherte durch ein plötzlich von außen auf seinen Körper wirkendes Ereignis (Unfallereignis) unfreiwillig eine Gesundheitsschädigung erleidet (vgl. § 1 Abs. 3 AUB 94, § 1 Abs. 3 AUB 88, § 2 Abs. 1 AUB 61).

Die Definition des Unfalls deckt sich inhaltlich weitgehend mit der sozialrechtlichen des Arbeitsunfalls, so dass auf die Ausführungen dazu verwiesen werden kann (▶ Abschn. 12.3.1).

Allerdings ergeben sich Unterschiede bezüglich des Definitionsmerkmals der **Unfreiwilligkeit.** Grundsätzlich besteht bei Suizid auch im Rahmen der privaten Unfallversicherung mangels Freiwilligkeit kein Versicherungsschutz (Prölss u. Martin-Knappmann 2004, § 1 AUB 88 Rn. 17). Die Beweislast für das Merkmal der Unfreiwilligkeit trifft aber nicht den Versicherungsnehmer wie bei der gesetzlichen Unfallversicherung. Es greift vielmehr zu seinen Gunsten die gesetzliche Vermutung des § 180a Abs. 1 VVG ein.

Demnach wird die Unfreiwilligkeit bis zum **Beweis des Gegenteils** vermutet, wenn die Leistungspflicht des Versicherers davon abhängt, dass der Betroffene unfreiwillig eine Gesundheitsbeschädigung erlitten hat.

Bei einem Suizidversuch muss der Versicherer diese Vermutung widerlegen. An den Nachweis werden erhebliche Anforderungen gestellt.

Beispiel

So hat es das OLG Oldenburg im Jahr 2000 z. B. den Suizidversuch als nicht hinreichend bewiesen angesehen, wenn die Umstände unaufgeklärt bleiben, der Verletzte aber hilflos neben Bahngleisen mit schweren Kopfverletzungen aufgefunden wurde (OLG Oldenburg VersR 2000, S. 161).

Als weitere Tatbestandsvoraussetzung muss ein objektiver Gesundheitsschaden eingetreten sein. Es reicht nicht aus, wenn der Versicherte sich nur beeinträchtigt fühlt (van Bühren 2003, § 15 Rn. 58).

Wie in der gesetzlichen Unfallversicherung verlangt man zwischen dem Unfallereignis und der Gesundheitsschädigung einen Kausalzusammenhang. Hier gilt allerdings die zivilrechtliche Adäquanztheorie (Beckmann u. Matusche-Beckmann 2004, § 47 Rn. 28) und nicht – wie im Bereich der gesetzlichen Unfallversicherung – die Kausalitätsnorm der wesentlichen Bedingung. Ausgangspunkt der Beurteilung bleibt zunächst die oben dargestellte Conditio-sine-qua-non-Formel. Die sog. Adäquanztheorie untergliedert die im Sinne dieser Formel für den Schadenseintritt relevanten Ursachen im Folgenden danach, mit welcher Wahrscheinlichkeit jede von ihnen zu dem eingetretenen Erfolg führte. Ein nach der Lebenserfahrung gänzlich unwahrscheinlicher Kausalverlauf lässt die Haftung des Schädigers grundsätzlich entfallen (MünchKomm-Oetker 2003, § 249 Rn. 104). Die Ursache muss also im Allgemeinen und nicht nur unter besonders eigenartigen, unwahrscheinlichen und nach dem gewöhnlichen Verlauf der Dinge außer Betracht zu lassenden Umständen geeignet sein, einen Erfolg dieser Art herbeizuführen (BGHZ 7, S. 204).

Die Kausalität zwischen Unfall und Gesundheitsschädigung hat der Versicherungsnehmer zu beweisen (van Bühren 2003, § 15 Rn. 60).

Risikoausschlüsse

Alle AUB enthalten Risikoausschlüsse für psychische Reaktionen. Allerdings ergeben sich insoweit Unterschiede zwischen den AUB 61 und den später nachfolgenden AUB, sodass eine getrennte Darstellung erforderlich ist.

AUB 61

! Gemäß § 2 Abs. 3b AUB 61 fallen Erkrankungen infolge psychischer Einwirkung nicht unter den Versicherungsschutz.

Zudem legt § 10Abs. 5 AUB 61 fest, dass für die Folgen psychischer Störungen, die im Anschluss an einen Unfall eintreten, eine Entschädigung nur gewährt wird, wenn und soweit diese Störungen auf eine durch den Unfall verursachte organische Erkrankung des Nervensystems oder eine durch den Unfall neu entstandene Epilepsie zurückzuführen sind.

Damit sollten psychische Reaktionen eines Menschen auf Ereignisse der Außenwelt in der Form von sog. Schreck- und Schockwirkungen (insbes. posttraumatische Belastungsstörungen) vom Versicherungsschutz ausgeschlossen bleiben (Konen u. Lehmann 1990, S. 21). Als eher stigmatisierende Begründung wird zum einen angeführt, dass eine zuverlässige Tarifkalkulation über psychische Reaktionen ausgeschlossen ist (Grimm 2000, § 2 Rn. 103), zum anderen fürchtet man die bestehenden Beweisschwierigkeiten bei psychischen Störungen (Wussow 2000, S. 1183), eine Betrachtungsweise, die allerdings aus psychiatrischer Sicht kaum nachvollziehbar erscheint.

Da gem. § 10 V AUB 61 die psychische Reaktion auf einer organischen Erkrankung beruhen muss, sind psychoreaktive, sog. neurotische und persönlichkeitsbedingte Störungen von vornherein ausgeschlossen (Witter 1981, S. 305). Die verkürzt als »**Neuroseklausel**« bezeichnete Regelung schließt aber nicht nur sog. Begehrensneurosen aus, sondern enthält eine von der Rechtsprechung entwickelte unabhängige Einschränkung der Leistungspflicht (BGH VersR 1972, S. 927) für psychische Störungen aller Art, nicht nur Neurosen.

In diesem Rahmen sind Sachverständigengutachten insbesondere deshalb erforderlich, um festzustellen, ob die psychische Störung auf eine **durch den Unfall verursachte organische Erkrankung des Gehirns** zurückzuführen ist. Das OLG Hamm hat 1989 entschieden, dass eine psychische Störung nur dann auf einer unfallbedingten organischen Erkrankung des Nervensystems beruht, wenn die organische Erkrankung nicht nur den Auslöser, sondern den eigentlichen Grund der psychischen Störung bildet (OLG Hamm VersR 1989, S. 1142).

Beispiel

Fall 12.9. Der Kläger berief sich in dem zugrunde liegenden Fall auf Antriebslosigkeit, aggressive Reizbarkeit und Verstimmung. Er hatte sich aus dem gesellschaftlichen Leben und seinem Beruf zurückgezogen. Die Beschwerden wurden durch frühere Gutachter bestätigt und als depressive Symptomatik zusammengefasst. Der Kläger machte geltend, dass diese Störungen auf eine durch einen Unfall verursachte »Gehirnprellung« zurückzuführen seien. Der Sachverständige hat zu den Ursachen der Depression des Klägers ausgeführt, dass sie wahrscheinlich entweder durch eine bipolare Störung (Zyklothymie) oder durch einen Gefäßprozess entstanden ist, der zu einer bluthochdruckbedingten organischen Gehirnerkrankung geführt hat, aber nicht völlig auszuschließen vermocht, dass die Depression direkt auf eine Hirnverletzung zurückzuführen sei. Dazu hat er allerdings erklärt, dass eine Depression eigentlich nur bei einer frontalen Verletzung des Gehirns, nicht bei der linksparietalen Atrophie oder bei einer Verletzung des limbischen Systems zu erwarten sei (eine zweifelhafte Begründung). Ob überhaupt eine organische Verletzung des Gehirns im Sinne einer Kontusion beim Unfall hervorgerufen wurde, war nach den Ausführungen des Sachverständigen medizinisch nicht zu klären. Als Ursachen blieben eine Zyklothymie und – wahrscheinlicher – ein Gefäßprozess.

Nach Ansicht des Gerichts hatte der vom Kläger erlittene Unfall auslösende Funktion. Aus Sicht des OLG war der Unfall mitursächlich für die depressive Symptomatik des Klägers, selbst wenn diese auf einer Fehlverarbeitung des Unfallereignisses beruhe. Das Gericht hat die Depression jedoch gem. § 10 V AUB 61 bei der Bemessung des Invaliditätsgrads nicht berücksichtigt, weil verschiedene psychische Störungen bestünden, die nicht auf eine durch den Unfall verursachte organische Erkrankung des Nervensystems zurückzuführen seien. Eine zyklothyme Veranlagung des Klägers und auch ein Gefäßprozess, die nach dem Sachverständigengutachten alternativ Ursache der Depression waren, sah das OLG zwar als organische Erkrankungen an. Sie seien aber nicht durch den Unfall verursacht. Als unfallbedingte organische Erkrankung des Nervensystems sei lediglich die erlittene Gehirnerschütterung festzustellen. Im Zusammenhang mit der Gehirnerschütterung habe der Kläger seit seinem Unfall unter einer Verminderung seiner Konzentrationsleistung und der visuellen Merkfähigkeit zu leiden. Seine Rückschläge auf diesem Gebiet können zu Versagensängsten und zu der übrigen depressiven Symptomatik geführt haben, sodass diese durch den Vorgang der Fehlverarbeitung des Unfallereignisses mit der beim Unfall erlittenen Gehirnerschütterung zusammenhänge. Dieser mittelbare Zusammenhang bedeute aber nicht, dass die psychischen Störungen auf die Gehirnerschütterung »zurückzuführen« wären. Mit diesem Begriff sei nämlich gemeint, dass die unfallbedingte organische Erkrankung der eigentliche Grund der psychischen Störung sein müsse. Es könne nicht ausreichen, dass sie nur den Auslöser bei einer schon vorhandenen Veranlagung des Versicherten für die psychische Störung bildeten; denn die Auslöserrolle könne auch eine beliebige andere unfallbedingte organische Erkrankung spielen. So löse u. U. beispielsweise der Verlust eines Gliedes eine Depression aus, wofür der Versicherer aber gerade nicht entschädigungspflichtig sei, weil es sich nicht um eine organische Erkrankung des Nervensystems handele (OLG Hamm VersR 1989, S. 1143).

Die Beweislastverteilung in den Fällen des § 10 V AUB 61 hängt maßgeblich davon ab, welche Rechtsnatur man dieser Bestimmung zubilligt. Während u. a. das OLG Hamm die Beweislast dem Versicherungsnehmer aufbürdet (OLG Hamm VersR 1989, S. 1142; VersR 1993, S. 175), geht der BGH davon aus, dass das Leistungsversprechen des Versicherers grundsätzlich psychische Störungen als Zwischenursache umfasse und somit Einschränkungen dieses Versprechens Leistungsausschlüsse darstellten, die der Versicherer beweisen müsse (BGH VersR 1995, S. 1433).

AUB 88 und darauf folgende AUB

Die AUB 88 enthalten eine Neufassung des Ausschlusses psychischer Störungen, die sowohl die Ausschlussklausel des § 2 Abs. 3b AUB 61 als auch die Regelung des § 10 V AUB 61 mit einbezog.

! Gemäß § 2 Abs. 4 AUB 88 (der nahezu wortgleich in den darauf folgenden AUB beibehalten wurde) fallen krankhafte Störungen infolge psychischer Reaktionen nicht unter den Versicherungsschutz, gleichgültig, wodurch sie verursacht worden sind.

Die Neuregelung kam einer Forderung der Rechtsprechung nach einer eindeutigen Regelung des Ausschlusses entgegen. Er greift auch dann ein, wenn die psychische Reaktion als Zwischenursache zur späteren Gesundheitsschädigung führt (Wussow 2000, S. 1183); § 2 Abs. 4 AUB 88 bezieht sich sowohl auf Einwirkungen, die von außen über psychische Reaktionen, wie z. B. Schock, Schreck oder Angst erfolgen, als auch auf solche, die auf unfallbedingter psychischer Fehlverarbeitung beruhen (BGH NJW-RR 2003, S. 881). Für den Ausschluss spielt es also keine Rolle, in welchem Glied der Kausalkette die psychische Reaktion eine Gesundheitsschädigung bedingt hat (Grimm 2000, § 2 Rn. 108). Entstehen psychische Reaktionen im Zusammenhang mit einem Unfallereignis, greift der Ausschlusstatbestand daher dann ein, wenn es an einem körperlichen Trauma fehlt oder die krankhafte Störung des Körpers nur mit ihrer psychogenen Natur erklärt werden kann (BGH NJW-RR 2005, S. 33). Dies erklärt sich aus dem Vertragszweck der privaten Unfallversicherung, der in erster Linie dadurch gekennzeichnet ist, körperliche Beeinträchtigungen zu versichern (BGH NJW 2004, S. 2589).

Dagegen greift der Ausschlusstatbestand nach seinem klaren Wortlaut nicht ein, wenn eine organische Schädigung oder Reaktion zu einem psychischen Leiden führt, da dies physisch verursacht wurde (BGH NJW 2004, S. 2590). Der Versicherungsschutz besteht damit also beispielsweise, wenn der Versicherungsnehmer durch einen Unfall hirnorganisch geschädigt wird, falls dies eine krankhafte Veränderung seiner Psyche zur Folge hat (Knappmann 2002, S. 4).

Die eindeutige Formulierung des § 2 Abs. 4 AUB 88 führt auch dazu, dass nunmehr unumstritten der Versicherer die Beweislast für die Voraussetzungen der Vorschrift trägt (Grimm 2000, § 2 Rn. 109).

In der Vergangenheit herrschte ferner Streit darüber, ob § 2 Abs. 4 AUB 88 wegen Verstoßes gegen § 307 Abs. 2 Nr. 2 BGB unwirksam ist: Gemäß § 307 Abs. 1 BGB sind Bestimmungen in Allgemeinen Geschäftsbedingungen unwirksam, wenn sie den Vertragspartner des Verwenders entgegen den Geboten von Treu und Glauben unangemessen benachteiligen. Eine unangemessene Benachteiligung kann sich auch daraus ergeben, dass die Bestimmung nicht klar und verständlich ist. Gemäß Abs. 2 liegt eine unangemessene Benachteiligung im Zweifel vor, wenn eine Bestimmung mit wesentlichen Grundgedanken der gesetzlichen Regelung, von der abgewichen wird, unvereinbar erscheint (§ 307 Abs. 2 Nr. 1 BGB) oder wesentliche Rechte oder Pflichten, die sich aus der Natur des Vertrages ergeben, so einschränkt, dass die Erreichung des Vertragszwecks gefährdet ist (§ 307 Abs. 2 Nr. 2 BGB).

Der BGH hat sich jüngst für die **Wirksamkeit des Ausschlusses** in § 2 Abs. 4 AUB 88 entschieden (BGH NJW 2004, S. 2589) und zur Begründung vor allem auf zwei Gesichtspunkte abgestellt:

- Die Ausgrenzung psychisch reaktiver Gesundheitsschäden gefährde den Vertragszweck nicht. Der Ausschluss betreffe keinesfalls alle seelischen Unfallfolgen, sondern bedeute nur dann eine Einschränkung, wenn die Beschwerden keine organische Ursache hätten.
- Auch benachteilige der Ausschluss den Versicherungsnehmer nicht unangemessen. Eine zügige Regulierung und günstige Prämien lägen gerade ebenso in seinem Interesse. Dies könne bei Einbeziehung aller psychogenen Schäden nicht mehr gewährleistet werden. Solche Schäden seien stark auch von der persönlichen Disposition eines Versicherungsnehmers abhängig, und als Auslöser komme praktisch jedwedes Geschehen in der Außenwelt in Betracht (BGH NJW 2004, S. 2591).

12.3.2 Opferentschädigungsgesetz (OEG)

Aufgaben und Zielsetzung

Das Opferentschädigungsgesetz bildet einen Entschädigungstatbestand im Rahmen der sozialen Entschädigung, zu dem u. a. auch etwa die Kriegsopferversorgung, die Versorgung der Soldaten der Bundeswehr, die Versorgung der Zivildienstleistenden und die Entschädigung von Impfschäden zählen (§ 5 S. 1 SGB I; Schulin u. Igl 2002, Rn. 85). Das Recht der Gewaltopferentschädigung stellt den jüngsten Zweig dieser sozialen Entschädigung dar.

! Gemäß § 1 Abs. 1 OEG erhält derjenige, der infolge eines vorsätzlichen, rechtswidrigen tätlichen Angriffs gegen seine oder eine andere Person oder durch dessen rechtmäßige Abwehr eine gesundheitliche Schädigung erlitten hat, wegen der gesundheitlichen und wirtschaftlichen Folgen auf Antrag Versorgung in entsprechender Anwendung der Vorschriften des Bundesversorgungsgesetzes.

Die Kosten der Opferentschädigung trägt das Bundesland, in dem die Schädigung erfolgte. Soweit hierüber Feststellungen nicht möglich sind, zahlt das Land, in dem der Geschädigte zur Tatzeit seinen Wohnsitz oder gewöhnlichen Aufenthalt hatte (§ 4 Abs. 1 OEG). Allerdings entfallen auf den Bund 40% der Ausgaben, die den Ländern durch Geldleistungen nach diesem Gesetz entstehen (§ 4 Abs. 2

S. 1 OEG). Gewährt ein Land Leistungen im Sinne des OEG, geht gemäß § 5 Abs. 1 OEG der gegen Dritte bestehende gesetzliche Schadensersatzanspruch auf dieses über.

Personeller Anwendungsbereich

Das soziale Entschädigungsrecht setzt mit seinen Leistungen ein, sobald ein Entschädigungstatbestand erfüllt ist. Das OEG versorgt sowohl unmittelbar Geschädigte als auch mittelbar Geschädigte. Zwar setzt ein Anspruch nach dem OEG grundsätzlich eine unmittelbare Schädigung voraus. Nach ständiger Rechtsprechung des BSG kann unmittelbar auch eine andere Person, das sog. Sekundäropfer, geschädigt sein (BSG NJW-RR 2002, S. 957).

Das BSG hat dies erstmals im Rahmen einer Entscheidung aus dem Jahre 1979 bezüglich eines Schockschadens festgelegt (BSG SozR 3800, § 1 Nr. 1). Eine Mutter hatte aufgrund der Nachricht von der Ermordung ihres Sohnes einen Schock erlitten. Das BSG hat ihr Leistungen nach dem OEG mit der Begründung zugesprochen, dass – anders als beim BVG – nach dem Wortlaut des § 1 OEG derjenige, der den Gesundheitsschaden erlitten habe, nicht identisch zu sein brauche mit demjenigen, gegen den sich der tätliche Angriff gerichtet habe.

Bei derartigen Schockschäden, die begrifflich weniger dem medizinischen Verständnis eines Schockes entsprechen, sondern vielmehr eher eine psychische Reaktion auf ein Trauma darstellen (»psychogener Schock«), müssen allerdings zusätzliche Voraussetzungen erfüllt sein, damit eine unmittelbare Schädigung des Sekundäropfers anerkannt wird (Loytved 2004, S. 516). So muss

- ein enger Zusammenhang zwischen Schädigungstatbestand und Schaden beim Sekundäropfer bestehen.
- der tätliche Angriff geeignet sein, den Schock durch das eigene Erleben auszulösen. Dies ist in der Regel nur bei besonders schweren Gewalttaten anzunehmen.
- der Schock eine nicht nur vorübergehende psychische Störung von Krankheitswert verursacht haben (z. B. eine posttraumatische Belastungsstörung).

Zwar erleidet das Sekundäropfer durch die psychische Reaktion selbst einen Schaden. Dieser Schädigungsvorgang wird aber grundsätzlich vom Sinn und Zweck des Opferentschädigungsgesetzes nicht erfasst, da lediglich die Opfer von Gewalttaten entschädigt werden sollten (Loytved 2004, S. 518). Ausnahmsweise erfüllt es den Gesetzeszweck aber auch, wenn der spätere psychische Vorgang eng mit dem gegen das Primäropfer gerichteten tätlichen Angriff verknüpft ist.

Maßgebliche Kriterien für das Vorliegen eines solchen engen Zusammenhangs bilden die **zeitliche, örtliche und personale Nähe**. Zeitliche und örtliche Nähe liegen etwa bei einem Augenzeugen als Sekundäropfer vor. Die personale Nähe zum Primäropfer muss nach der Rechtsprechung mittlerweile nicht mehr zusätzlich gegeben sein, sondern wird vielmehr dazu herangezogen, um einen Mangel im Rahmen der zeitlich, örtlichen Komponente auszugleichen (BSG NJW 2004,S. 1477). Ein fehlender zeitlicher und örtlicher Zusammenhang zu dem das Primäropfer schädigenden Vorgang schadet also dann nicht, wenn das Sekundäropfer eine enge personale Beziehung zum Primäropfer hat (BSG NJW 2003, S. 2700). Dementsprechend bejahte das BSG die Unmittelbarkeit der Schädigung jedenfalls bei einem nahen Angehörigen auch dann, als das Sekundäropfer erst später Kenntnis von der vorsätzlichen gewaltsamen Tötung des Primäropfers erhielt und dadurch eine Schädigung erfuhr (BSGE 49, S. 98).

Beispiel

Dieser unmittelbare Zusammenhang ist beim Miterleben des Todes eines Gewaltopfers im Krankenhaus **nicht** gegeben (BSG-Urteil v. 12.06.2003, B 9 VG 8/01 R).

Dagegen hat das BSG in einem Fall den erforderlichen Zusammenhang angenommen, in dem die psychische Beeinträchtigung durch den Anblick der 2 Stunden zuvor ermordeten, noch am Tatort in einer Blutlache liegenden Mutter hervorgerufen wurde. Obgleich auch hier der das Primäropfer treffende schädigende Vorgang als solcher im Zeitpunkt der Kenntnisnahme bereits abgeschlossen war, stellte der unverändert gebliebene Tatort noch ein Abbild des Gewaltgeschehens dar, das stärker als jede Nachricht darüber geeignet war, sich unmittelbar psychisch auszuwirken (BSGE 88, S. 240).

Entschädigungsfall

Der Lehre vom Versicherungsfall im Recht der gesetzlichen Unfallversicherung entspricht im sozialen Entschädigungsrecht die Lehre vom **Entschädigungsfall**. Im Rahmen der Opferentschädigung spielen also auch 3 Kausalglieder für die Entstehung des Anspruchs eine Rolle. Durch einen vorsätzlichen rechtswidrigen **tätlichen Angriff** muss eine **gesundheitliche Schädigung** verursacht worden sein, die zu rechtsrelevanten Folgen, d. h. einem **Gesundheitsschaden** und/oder zu einem wirtschaftlichen Nachteil, geführt hat (§ 1 Abs. 1 S. 1 OEG).

Tätlicher Angriff

Eine Entschädigung im Rahmen des OEG setzt zunächst einen vorsätzlichen und rechtswidrigen tätlichen Angriff bzw. dessen rechtmäßige Abwehr voraus. Der vorsätzliche tätliche Angriff verlangt in der Regel ein gewaltsames Handeln, das in feindseliger Willensrichtung unmittelbar auf eine bestimmte Person zielt und in rechtswidriger und in der Regel strafbarer Weise auf die körperliche Integrität des Opfers einwirken und diese verletzen soll (BSG SozR 3800, § 1 Nr. 1, 6).

! Einem tätlichen Angriff im Sinne des § 1 Abs. 1 OEG stehen die vorsätzliche Beibringung von Gift und die wenigstens fahrlässige Herbeiführung einer Gefahr für Leib und Leben eines anderen durch ein mit gemeingefährlichen Mitteln begangenes Verbrechen gleich (§ 1 Abs. 2 OEG).

Die für das Vorliegen dieser anspruchbegründenden Tatsache notwendigen Sachverhaltsermittlungen sind durch das Versorgungsamt von Amts wegen vorzunehmen (§ 20 SGB X). Ebenso wie im Rahmen der gesetzlichen Unfallversicherung gilt diesbezüglich die Untersuchungsmaxime (► Abschn. 12.3.1). Daraus ergibt sich, dass das Versorgungsamt bei der Sachverhaltsermittlung an die Feststellungen aus den vorangegangenen staatsanwaltlichen Ermittlungs- bzw. strafgerichtlichen Verfahren nicht gebunden ist.

Das OEG macht die Entschädigung grundsätzlich davon abhängig, dass ein vorsätzlicher rechtswidriger tätlicher Angriff nachgewiesen und nicht nur wahrscheinlich ist (BSG SozR 1500, § 128 Nr. 34). Man darf jedoch von einem festgestellten äußeren Hergang auf die innere Tatseite, insbesondere den Vorsatz, schließen, auch wenn der Täter unbekannt bleibt (BSG NJW 1991, S. 2590).

Gesundheitliche Schädigung

Des Weiteren bedarf es einer gesundheitlichen Schädigung. Der Begriff der Schädigung bezeichnet die durch den tätlichen Angriff bewirkte **primäre gesundheitliche Beeinträchtigung**. Eine solche Schädigung ist bei jedem regelwidrigen somatischen oder psychischen Zustand gegeben, ohne dass er dauerhaft sein muss (Gelhausen 1998, Rn. 769).

Eine zu einem sog. Schockschaden führende Schädigung im Sinne des OEG liegt vor, wenn das belastende Ereignis eine – unter Umständen zunächst weitgehend symptomlose – seelische Reaktion des Sekundäropfers von einigem Gewicht bewirkt (BSG NJW 2004, S. 1476).

Gesundheitliche oder wirtschaftliche Folgen

Diese Primärschädigung muss ferner zu gesundheitlichen oder wirtschaftlichen Folgen geführt haben, für deren Ausgleich Leistungen im Rahmen des OEG gewährt werden sollen.

Die psychiatrische Begutachtung wird im Hinblick auf die gesundheitlichen Schädigungsfolgen relevant. Dazu zählen wiederum nicht nur physische Verletzungen, sondern auch psychische Krankheiten wie Psychosen, Depressionen, Verhaltensstörungen (Neurosen) und sonstige psychische Störungen und Veränderungen von Krankheitswert (BSGE 2, S. 265). Insoweit ergeben sich keine Besonderheiten zu den Ausführungen zum Gesundheitsschaden im Rahmen der gesetzlichen Unfallversicherung (► Abschn. 12.3.1).

Zurechnungszusammenhang und Kausalität

Sowohl zwischen dem tätlichen Angriff und der gesundheitlichen Schädigung (haftungsbegründende Kausalität) und den hieraus resultierenden gesundheitlichen und/oder wirtschaftlichen Folgen (haftungsausfüllende Kausalität) muss ein ursächlicher Zusammenhang gegeben sein (Waltermann 2004, Rn. 443). Dieser wird nach der allgemeinen – im Rahmen der gesetzlichen Unfallversicherung erläuterten – sozialrechtlichen Lehre von der rechtlich wesentlichen Ursache beurteilt (▶ Abschn. 12.3.1).

Ebenso wie in der gesetzlichen Unfallversicherung müssen auch im sozialen Entschädigungsrecht die Kausalbeziehungen nicht bewiesen werden. Zur Anerkennung einer Gesundheitsstörung als Folge einer Schädigung genügt die Wahrscheinlichkeit des Bedingungszusammenhangs (§ 1 Abs. 12 S. 2 OEG in Verbindung mit § 1 Abs. 3 S. 1 BVG). Die bloße Möglichkeit reicht dagegen nicht aus.

Bei der Feststellung dieser Wahrscheinlichkeit sind die ärztlichen bzw. psychologischen Gutachten – obwohl ohne Bindungswirkung für das Gericht – doch ganz wesentliche Anhaltspunkte. Kommen mehrere Gutachten übereinstimmend zu dem Ergebnis, dass vom medizinischen Standpunkt ein Kausalzusammenhang unwahrscheinlich oder gar unmöglich ist, dann führt dies in der Regel zu einer Ablehnung des Kausalzusammenhangs (Kunz u. Zellner 1999, § 1 Rn. 38).

Bei psychischen Störungen, die auf den tätlichen Angriff zurückgeführt werden, bereitet die Feststellung des ursächlichen Zusammenhangs häufiger Schwierigkeiten (Heinz 2001). Nach einem psychisch belastenden Ereignis lässt sich nicht überzeugend klären, ob und nach welchem Mechanismus dieses Ereignis die Gesundheitsstörung herbeigeführt hat oder ob und in welchem Umfang schon eine Anlage von Krankheitswert vorhanden war (BSGE 77, S. 1).

Das BSG hat diesbezüglich entschieden, die den Versorgungsanspruch begründende Wahrscheinlichkeit des Ursachenzusammenhangs zwischen einem einzelnen plötzlichen Ereignis und einer psychischen Krankheit liege nur dann vor, wenn es der herrschenden Meinung in der medizinischen Wissenschaft entspricht, dass Ereignisse dieser Art allgemein geeignet sind, solche Krankheiten hervorzurufen (BSG SozR 3-3800, § 1 Nr. 3).

Beispiel

Fall 12.10. Der Entscheidung aus dem Jahre 1994 lag folgender Sachverhalt zugrunde: Der neurotisch veranlagte Kläger hatte auf seinem Grundstück eine tätliche Auseinandersetzung mit einem verfeindeten Nachbarn. Anderthalb Jahre später beantragte er Entschädigung nach dem OEG, wobei er insbesondere eine inzwischen bemerkbar gewordene neurotische Entwicklung auf die seinerzeit erlittenen Eindrücke zurückführte. Die Beklagte lehnte den Antrag ab. Widerspruch und Klage blieben erfolglos. Auf die Berufung des Klägers hatte das Landessozialgericht (LSG) die Beklagte verurteilt, dem Kläger Versorgung nach dem OEG u. a. wegen neurotischer Entwicklung mit übersteigertem Schmerzerleben am ganzen Körper zu gewähren. Das BSG hielt dagegen die Revision der Beklagten für begründet, und zwar mit dem Argument, dass LSG habe die Anforderungen, die das Gesetz an die Wahrscheinlichkeit des ursächlichen Zusammenhangs zwischen einem schädigenden Vorgang und einem Dauerleiden stelle, nicht in vollem Umfang beachtet. Das Gutachten des Psychiaters, auf das sich das LSG allein gestützt hat, erachtete das BSG für keine ausreichende Grundlage im Hinblick auf die Feststellung, das seelische Dauerleiden des Klägers sei auf die Schlägerei mit dem Nachbarn zurückzuführen. Es enthalte keine Ausführungen dazu, ob und in welchem Umfang es in der medizinischen Wissenschaft Erfahrungen und Erkenntnisse darüber gebe, dass schädigende Vorgänge ohne bleibenden körperlichen Schaden und ohne feststellbare seelische Schädigung geeignet seien, das seelische Dauerleiden als gesundheitliche Folgeschädigung herbeizuführen, an dem der Kläger leide.

Das Gutachten hatte zwar alle Umstände des Einzelfalls, die für und gegen den ursächlichen Zusammenhang zwischen der Schlägerei und der psychischen Krankheit sprechen, dargelegt und abgewogen. Nach eingehender Untersuchung und Befragung des Klägers war es zu dem Ergebnis gekommen, dass mehr für als gegen den ursächlichen Zusammenhang spreche. Das BSG hielt diese Ausführungen entgegen der Meinung des LSG nicht für geeignet, die Wahrscheinlichkeit des ursächlichen Zusammenhangs zu begründen. Die Wahrscheinlichkeit setze mehr voraus als die persönliche Meinung eines Gutachters im Einzelfall. Sie erfordere, dass der schädigende Vorgang seiner Art nach generell geeignet sei, Krankheiten der Art hervorzurufen, wie sie im Einzelfall als Schädigungsfolge geltend gemacht würden.

Es sei Aufgabe der Verwaltung und der Gerichte, entsprechende Ermittlungen anzustellen, insbesondere den Sachverständigen gezielt nach entsprechenden Erkenntnissen und Erfahrungen in der medizinischen Wissenschaft zu fragen.

Des Weiteren hat das BSG darauf hingewiesen, dass es der ständigen Rechtsprechung im Versorgungsrecht und im Recht der gesetzlichen Unfallversicherung entspreche, ein belastendes Erlebnis auch bei vorbelasteten Personen nur dann als wahrscheinliche Ursache für eine längerdauernde psychische Störung anzuerkennen, wenn ein solches Erlebnis auch bei Gesunden zu einer außerordentlichen Reaktion geführt hätte. Der Geschädigte sei einerseits zwar grundsätzlich mit seiner individuellen Veranlagung geschützt (BSG NZS 1992, S. 117). Wenn eine Schädigung wie im Fall des Klägers nur deshalb zu einer erheblichen Gesundheitsstörung führe, weil der Geschädigte eine entsprechende Veranlagung habe, sei die Schädigung nicht allein wegen dieser Veranlagung als wahrscheinliche, wesentliche Ursache abzulehnen. Andererseits sei in solchen Fällen aber zu prüfen, ob es sich nicht um eine Gelegenheitsursache handele, weil die Veranlagung so leicht ansprechbar sei, dass jederzeit auch ein nicht versorgungs- oder versicherungsrechtlich geschütztes Ereignis die Krankheit hätte auslösen können (BSGE 62, S. 222).

Im Jahre 1995 hat das BSG in einer weiteren Entscheidung (BSG NVwZ-RR 1997, S. 38) die Beweisanforderungen an den Kausalzusammenhang zwischen tätlichem Angriff und seelischer Krankheit näher konkretisiert: Ein rechtlich maßgebender ursächlicher Zusammenhang zwischen einer bestimmten seelischen Krankheit und einem bestimmten seelisch schädigenden Vorgang kommt danach nur in Betracht, wenn nach allgemeinem medizinischen Erfahrungswissen die Krankheit nach einem Vorgang dieser Art gehäuft auftritt (BSG NVwZ-RR 1997, S. 38).

Um eine solche Häufung festzustellen, könne auf die vom BMA (mittlerweile vom BMGS, 2004) herausgegebenen **Anhaltspunkte** (▶ Abschn. 12.3.1) zurückgegriffen werden. Ermittlungen diesbezüglich seien entbehrlich, wenn dort der generelle Ursachenzusammenhang bejaht werde (BSG NVwZ-RR 1997, S. 38). Aus den Anhaltspunkten ergibt sich ferner in Bezug auf Gesundheitsfolgen, die durch psychische Traumata bedingt sind, dass diese auch nach relativ kurz dauernden Belastungen in Betracht kommen, sofern die Belastungen (z. B. Geiselnahme, Vergewaltigung) ausgeprägt und mit dem Erleben von Angst und Ausgeliefertsein verbunden waren (postraumatische Belastungsstörungen: ICD-10:F43.1).

Das BSG hat weiterhin dazu ausgeführt, dass eine in den Anhaltspunkten aufgeführte psychische Störung wahrscheinliche Folge einer dort aufgeführten Extrembelastung sein könne, wenn die Krankheit in engem Anschluss an den belastenden Vorgang ausgebrochen sei. Zweifel, ob schon vorher Krankheitssymptome vorhanden waren oder ob andere Ursachen die Krankheit herbeigeführt haben, gingen dann nicht zu Lasten des Opfers (BSG NVwZ-RR 1997, S. 38).

Beispiel

Fall 12.11. Im Rahmen dieser Entscheidung machte die Klägerin einen Anspruch auf Versorgung nach dem OEG wegen der psychischen Folgen eines Vergewaltigungsversuchs geltend. Der Täter schlug ihr einen Stein gegen den Kopf und versuchte, sie in ein Gebüsch zu zerren. Als sich ein Auto näherte, ließ der unbekannt gebliebene Täter von der begonnenen Vergewaltigung ab und flüchtete. Die der Klägerin zugefügte äußere Verletzung besserte sich in den folgenden Monaten, psychische Störungen blieben dagegen bestehen. Im Mai 1985 beantragte die Klägerin Versorgung als Gewaltopfer. Das beklagte Land erkannte als Schädigungsfolge ohne MdE in rentenberechtigendem Grad lediglich eine »Narbe am linken Stirnhaaransatz« an. Veränderungen im psychisch-affektiven Bereich seien ebenso wenig Folge des Vergewaltigungsversuchs wie die vegetative Unausgeglichenheit der Klägerin. – Das Sozialgericht hat ein psychiatrisches Gutachten mit psychologischem Zusatzgutachten eingeholt und den Beklagten verurteilt, als weitere Schädigungsfolgen »erlebnisreaktive länger andauernde Anpassungsstörung; depressives Syndrom mit vielfältigen organischen Störungen; neurotische Persönlichkeitsentwicklung« anzuerkennen und Rente nach einer MdE um 50% für die Zeit vom 20.10.1984 bis zum 30.04.1988 und nach einer MdE um 25% ab 01.05.1988 zu gewähren. Berufung und Revision des beklagten Landes blieben erfolglos.

Das BSG bezog sich in seiner Begründung u. a. auf die Nummer 71 der Anhaltspunkte. Danach würden zwar nur besonders schwer belastende Ereignisse (Kriegsgefangenschaft, rechtsstaatswidrige Haft in der DDR, Geiselnahme, Folterung, Vergewaltigung) aufgeführt und bei anhaltenden Störungen, wie sie bei der Klägerin vorlägen, tiefgreifende, in das Persönlichkeitsgefüge eingreifende und in der Regel langdauernde Belastungen vorausgesetzt. Die Feststellungen des LSG über den Hergang des Vergewaltigungsversuchs reichten aber aus, die fragliche Schädigung in den beispielhaft aufgeführten Katalog der Belastungen einzuordnen. Die Klägerin leide an einer der Krankheiten, die als mögliche Folge solcher Belastungen aufgeführt sei, was sich besonders dann zeige, wenn man die im Einzelfall erstatteten Gutachten und die Krankheitsbezeichnungen heranziehe, auf die die Anhaltspunkte sinngemäß verwiesen.

Anforderungen an ein Gutachten hinsichtlich des Ursachenzusammenhangs als Grundlage eines Entschädigungsanspruchs aus dem OEG

1. Die Wahrscheinlichkeit des ursächlichen Zusammenhangs setzt voraus, dass der schädigende Vorgang seiner Art nach geeignet ist, Krankheiten der Art hervorzurufen, wie sie im Einzelfall als Schädigungsfolge geltend gemacht werden, und dass die Krankheit nach einem Vorgang dieser Art nach allgemeinem medizinischem Erfahrungswissen gehäuft auftritt (abstrakte Betrachtung).
2. Im Anschluss daran muss beurteilt werden, ob es im konkreten Fall wahrscheinlich ist, dass die beim Antragsteller festgestellte Erkrankung auf dem tätlichen Angriff beruht (konkrete Betrachtung).
3. Bei der medizinischen Beurteilung ist die herrschende wissenschaftliche Lehrmeinung zugrunde zu legen. Es genügt danach nicht, dass ein einzelner Wissenschaftler eine Arbeitshypothese aufgestellt oder einen Erklärungsversuch unternommen hat. Es kommt also – wie üblich – nicht auf die subjektive Auffassung des beurteilenden Gutachters an, sondern auf die allgemeine Plausibilität dieser Meinung, die durch medizinisches Erfahrungswissen begründet werden muss.

Leistungen

Der Entschädigungsfall begründet für den Geschädigten Ansprüche, die überwiegend Schadensbeseitigungs- bzw. Schadensausgleichsfunktion haben (Schulin u. Igl 2002, Rn. 860).

Für die Versorgung gesundheitlicher und wirtschaftlicher Folgen einer durch eine Gewalttat erlittenen Gesundheitsschädigung verweist das Gesetz auf die Vorschriften des BVG (§ 1 Abs. 1 OEG), wo die verschiedenen Leistungen in den §§ 10 ff. BVG geregelt sind. Einen Überblick gibt § 9 BVG. Demnach umfasst die Versorgung:

- Heilbehandlung, Versehrtenleibesübungen und Krankenbehandlung (§§ 10–24a BVG),
- Leistungen der Kriegsopferfürsorge (§§ 25–27j BVG),
- Beschädigtenrente (§§ 29 bis 34 BVG) und Pflegezulage (§ 35 BVG),
- Bestattungsgeld (§ 36 BVG) und Sterbegeld (§ 37 BVG),
- Hinterbliebenenrente (§§ 38–52 BVG),
- Bestattungsgeld beim Tod von Hinterbliebenen (§ 53 BVG).

Minderung der Erwerbstätigkeit (MdE)

Lassen sich dauernde Gesundheitsfolgen im Sinne des § 30 Abs. 1 S. 3 und 4 BVG feststellen, so kommt als Entschädigungsleistung eine Beschädigtenrente (§§ 29–34 BVG) in Betracht, die nach Maßgabe der durch die anerkannten Schädigungsfolgen bewirkten MdE gewährt wird (§ 30 Abs. 1 und 2, § 31 BVG).

Dafür muss der Gutachter – ebenso wie in der gesetzlichen Unfallversicherung – die Einschätzung der MdE vornehmen, d. h. die Auswirkungen beurteilen. Diesbezüglich ergeben sich aber kaum Unterschiede zu den Darstellungen im Rahmen der gesetzlichen Unfallversicherung (► Abschn. 12.3.1). Allerdings ist die MdE anders als in der gesetzlichen Unfallversicherung im Anwendungsbereich des OEG unabhängig von dem früheren oder späteren Einkommen des Geschädigten festzustellen (Erlenkämper u. Fichte 2003, S. 711). Die MdE bezeichnet ein Maß für die Auswirkungen eines Mangels an funktionaler Intaktheit, also an körperlichem und psychosozialem Vermögen. Sie setzt dementsprechend eine Regelwidrigkeit gegenüber dem für das Lebensalter typischen Zustand voraus (Kunz u. Zellner 1999, § 1 Rn. 34).

Die Anforderungen an eine MdE werden im sozialen Entschädigungsrecht durch § 30 BVG geregelt. Gemäß § 30 Abs. 1 S. 4 BVG setzt eine MdE zunächst eine Gesundheitsstörung voraus, die mehr als 6 Monate andauert. Die MdE ist nach der körperlichen und geistigen Beeinträchtigung im allgemeinen Erwerbsleben zu beurteilen; dabei sind seelische Begleiterscheinungen und Schmerzen zu berücksichtigen (§ 30 Abs. 1 S. 2 BVG).

! Für die Beurteilung ist maßgebend, um wie viel die Befähigung zur üblichen, auf Erwerb gerichteten Arbeit und deren Ausnutzung im wirtschaftlichen Leben durch die als Folgen einer Schädigung anerkannten Gesundheitsstörungen beeinträchtigt wird (§ 30 Abs. 1 S. 3 BVG).

Die MdE-Sätze im sozialen Entschädigungsrecht liegen z. T. höher als in der gesetzlichen Unfallversicherung. Die Festlegung der MdE erfolgt wiederum anhand der Anhaltspunkte des BMGS, welche die MdE-Tabelle enthalten (▶ Abschn. 12.3.1).

12.3.3 Privatrechtliche Entschädigungsansprüche

Gesetzlicher Anknüpfungspunkt

Privatrechtliche Entschädigungsansprüche können sich aus dem BGB sowie aus einer Fülle anderer Gesetze ergeben. Der Umfang der Schadensersatzpflicht bemisst sich dabei aber immer nach den §§ 249–255 BGB.

! Gemäß § 249 Abs. 1 BGB hat derjenige, der zum Schadensersatz verpflichtet ist, den Zustand herzustellen, der bestehen würde, wenn der zum Ersatz verpflichtende Umstand nicht eingetreten wäre. Bei einer Verletzung einer Person oder der Beschädigung einer Sache kann der Gläubiger auch den dazu erforderlichen Geldbetrag verlangen (§ 249 Abs. 2 S. 1 BGB).

Auf welcher Haftungsnorm der Schadensersatzanspruch beruht, ist für die Anwendung der §§ 249 ff. BGB grundsätzlich bedeutungslos. Neben vertraglichen Ansprüchen sind die §§ 249 ff. BGB auch bei Ansprüchen wegen der Verletzung sonstiger (vor-)vertraglicher Pflichten oder solchen aufgrund unerlaubter Handlung (§§ 823 ff. BGB) anzuwenden (MünchKomm-Oetker 2003, § 249 Rn. 3). Ebenso wird auch der Umfang der Gefährdungshaftung, z. B. nach straßenverkehrsrechtlichen Vorschriften, durch diese Normen festgelegt (BGH NJW 1978, S. 163). Eine abschließende Darstellung der möglichen Haftungsnormen würde den Rahmen der Ausführungen sprengen. Die folgende Darstellung konzentriert sich deshalb auf den Umfang der Entschädigungspflicht.

Da die §§ 249 ff. BGB ausweislich ihres Wortlautes eine Verpflichtung zum Schadensersatz auf anderweitigen Grundlagen bereits voraussetzen, beziehen sie sich nicht auf die Haftungsbegründung, sondern auf die Haftungsausfüllung, d. h. die Rechtsfolgen einer Schädigung (u. a. Staudinger-Schiemann 1998, Vorbemerkung zu § 249 Rn. 4).

Haftungsausfüllende Kausalität

Zwischen dem Verletzungserfolg, also beispielsweise der Körperverletzung nach einem Verkehrsunfall und dem geltend gemachten Schaden, muss ein ursächlicher Zusammenhang gegeben sein. Diese sog. haftungsausfüllende Kausalität bildet eine Voraussetzung für die privatrechtlichen Entschädigungspflichten. Die Kausalität im Zivilrecht wird dreistufig bestimmt. Auszugehen ist von der Äquivalenztheorie (▶ Abschn. 12.3.1), die in einem zweiten Beurteilungsschritt durch die wertende Beurteilung im Rahmen der Adäquanztheorie (▶ Abschn. 12.3.1) eingeschränkt wird. Die neuere Lehre stellt auf den sog. Schutzzweck der Norm ab (Palandt-Heinrichs 2005, Vorbemerkung zu § 249 Rn. 62) und fragt, ob der zu ersetzende Schaden aus dem Bereich derjenigen Gefahren stammt, zu deren Abwendung die verletzte Norm erlassen worden ist (BGHZ 57, S. 142).

Beispiel

Der Schutzzweck der Norm kann z. B. bei Verkehrsunfällen relevant werden. Wird ein Geschädigter nach einem Verkehrsunfall in ein Krankenhaus gebracht, so stellt sich im Fall von Folgeverletzungen des Geschädigten die Frage, inwieweit der Verursacher z. B. haftet, wenn der Krankenwagen auf dem Weg ins Krankenhaus in einen zweiten Unfall verwickelt wird, bei dem der Geschädigte weitere Verletzungen davonträgt.

Da wegen der Schwere der Verletzungen der Transport erfolgen muss, ist der Erstverursacher für die besondere Gefahr des Nottransports verantwortlich, die sich in dem Zweitunfall realisiert hat. Hingegen entfällt eine Haftung des Erstverursachers, wenn der Geschädigte im Rahmen des Krankenhausaufenthaltes durch Ansteckung von einem anderen Patienten eine Infektion erleidet, da dies dem allgemeinen Lebensrisiko entspricht.

Ersatzfähige Schäden

Unter Schaden versteht das Zivilrecht jede Beeinträchtigung eines Interesses, sei es vermögenswert oder rein ideell (MünchKomm-Oetker 2003, § 249 Rn. 17).

Vermögens- bzw. Nichtvermögensschaden

Im Weiteren unterscheidet man Vermögens- und Nichtvermögensschäden:

- Ein Vermögensschaden liegt vor, wenn den Geschädigten eine in Geld messbare Einbuße erlitten hat, z. B. durch Krankenhaus- oder Therapiekosten. Die Ersatzpflicht eines Vermögensschadens bestimmt sich nach den §§ 249 Abs. 2 S. 1 und 250, 251 BGB.
- Beim Nichtvermögensschaden kann eine Geldentschädigung nur gefordert werden, wenn das Gesetz dies ausdrücklich anordnet (§ 253 Abs. 1 BGB). Umgangssprachlich ist der Nichtvermögensschaden besser unter dem Stichwort »Schmerzensgeld« bekannt. Der wichtigste Fall einer solchen gesetzlichen Anordnung findet sich in § 253 Abs. 2 BGB. Demnach kann auch wegen des Schadens, der nicht Vermögensschaden ist, eine billige Entschädigung in Geld gefordert werden, wenn eine Verletzung des Körpers, der Gesundheit, der Freiheit oder der sexuellen Selbstbestimmung erfolgte.

Unmittelbarer oder mittelbarer Schaden

Für den Umfang des zu ersetzenden Schadens ist es grundsätzlich bedeutungslos, ob der Schaden unmittelbar an dem verletzten Rechtsgut oder an anderen Rechtsgütern des Geschädigten, also mittelbar, eintritt (Staudinger-Schiemann 1998, Vorbemerkung zu § 249 Rn. 43). Eine gesetzliche Anordnung für die Ersatzpflicht eines mittelbaren Schadens findet sich in § 252 BGB, wonach auch der entgangene Gewinn ersetzt werden muss.

Psychische Folgeschäden

Es entspricht ständiger Rechtsprechung des BGH, dass sich die Haftung grundsätzlich auch auf die aus einer Verletzungshandlung resultierenden Folgeschäden erstreckt, wenn jemand schuldhaft die Körperverletzung oder Gesundheitsschädigung eines anderen verursacht hat. Das gilt sowohl für somatisch als auch psychisch bedingte Folgewirkungen (BGH NJW 2000, S. 862). Hierbei gilt der Grundsatz, dass eine besondere Schadensanfälligkeit des Verletzten dem Schädiger haftungsrechtlich zuzurechnen ist (BGH NJW 2000, S. 863). Eine Haftung wurde deshalb von der Rechtsprechung bejaht

- bei einer unfallbedingten Wesenveränderung (BGH VersR 1960, S. 225),
- bei Depressionen (BGH NJW-RR 1994, S. 400),
- bei Aktual- oder Unfallneurosen (BGH NJW 1985, S. 777),
- bei Angstneurosen (BGH VersR 1970, S. 272),
- bei Konversionsneurosen (BGH NJW 1993, S. 1523).

! Der BGH hat wiederholt ausgesprochen, dass die Schadensersatzpflicht für psychische Auswirkungen nur die hinreichende Gewissheit verlangt, dass sie ohne den Unfall nicht aufgetreten wären (BGH NJW 1998, S. 810). Daraus lässt sich der Grundsatz ableiten, dass der Schädiger für psychisch bedingte Folgeschäden, auch wenn sie auf einer psychischen Prädisposition oder auf einer sog. neurotischen Fehlverarbeitung beruhen, haftungsrechtlich grundsätzlich einstehen muss.

Allerdings vertritt der BGH in ständiger Rechtsprechung auch die Ansicht, dass eine Haftung bei offensichtlich unangemessener Verarbeitung des Schadensfalls vollständig entfällt (BGH NJW 2004, S. 1946). Diesbezüglich hat er zwei Tatbestände entwickelt, bei denen die grundsätzliche Verpflichtung zu Schadensersatz nicht eintritt: die Bagatelle und die Renten- bzw. Begehrensneurose.

Bagatelle

So hat die Rechtsprechung anerkannt, dass psychische Folgeschäden nicht ersatzfähig sind, wenn das schädigende Ereignis eine Bagatelle darstellt, also bei durchschnittlichem Empfinden ungeeignet erscheint, eine krankhafte seelische Reaktion hervorzurufen (BGH NJW 1998, S. 810; NJW 1998, S. 813). Unter Bagatelle sind allein außerordentlich geringfügige Vorkommnisse zu verstehen, die praktisch nur zu einer alltäglichen und ganz vorübergehenden Beeinträchtigung des Verletzten geführt haben (Schäfer u. Baumann 1998, S. 1081).

Der Begrenzung der Schadensersatzpflicht in diesen Fällen wird auch in der Literatur zugestimmt (MünchKomm-Oetker 2003, § 249 Rn. 186; Staudinger-Schiemann 1998, § 249 Rn. 40). Die Überempfindlichkeit des Geschädigten auf das Schreckereignis geht zu seinen Lasten, da die krankhafte Verarbeitung des Unfallgeschehens ausschließlich auf der Persönlichkeitsstruktur des Geschädigten beruht, während das schädigende Ereignis nur den zufälligen Anlass und Kristallisationspunkt für die psychische Fehlverarbeitung des Geschehens bildet (BGH NJW 1993, S. 1523). Trotz eines Bagatellereignisses tritt eine Schadensersatzpflicht allerdings dann ein, wenn die Schädigung auf eine spezielle Schadensanlage des Verletzten trifft (BGH NJW 1998, S. 812), weil sich in einem solchen Fall gerade nicht nur die allgemeine Anfälligkeit des Geschädigten für neurotische Fehlentwicklung verwirklicht habe (BGH NJW 1998, S. 812). Als Begründung führt der BGH an, dass der Schädiger bei somatischen Schäden ebenfalls eine besondere Schadensanlage des Geschädigten hinnehmen müsse (▶ Abschn. 12.3.1).

Renten- oder Begehrensneurose

Die Ersatzpflicht ist zudem im Falle einer sog. Renten- oder Begehrensneurose ausgeschlossen, also bei einer – möglicherweise auch unbewussten – Flucht des Geschädigten in die Vorstellung, der Schädiger müsse Rente zahlen, sodass es sich nicht lohne, die Schadensfolgen zu überwinden (BGH NJW 1956, S. 1108; NJW 1998, S. 810). Der BGH verneint die Ersatzpflicht generell, weil der Geschädigte nur so zur Überwindung seiner neurotischen Fehlhaltung angespornt werden könne (BGH NJW 1956, S. 1108). Zudem könne der Zurechnungszusammenhang mit dem schädigenden Ereignis nicht mehr bejaht werden, weil die Begehrensvorstellung des Geschädigten im Vordergrund steht (BGH NJW 1998, S. 810).

Der BGH verlangt allerdings eine detaillierte Einzelfallprüfung gerade auch in psychiatrischer Hinsicht. Zusätzlich hat eine Abgrenzung zu dissoziativen Störungen (früher: Konversionsneurose), die zur vollen Ersatzpflicht des Schädigers führt, stattzufinden (BGH NJW 1998, S. 811).

Sofern die vom Geschädigten behaupteten Beschwerden ihre Grundlage nicht nur in unbewussten Begehrensvorstellungen, sondern auch in einer früher so genannten »konversionsneurotischen Entwicklung« haben, wird die Ersatzpflicht nicht unter dem Gesichtspunkt der Renten- oder Begehrensneurose verneint (BGH NJW 1998, S. 813). Für den Ausschluss der Ersatzpflicht reicht es nach der Rechtsprechung des BGH demnach nicht aus, dass neben anderen Symptomen auch der Wunsch des Geschädigten nach Sicherungs- und Entschädigungsansprüchen Bedeutung hat. In diesem Fall kommt allenfalls eine Haftungsbegrenzung in Betracht (▶ Abschn. 12.3.1).

Der BGH führt dazu aus, dass nach neueren psychologischen Erkenntnissen vielfach auch in Fällen, bei denen man zunächst von einer Rentenneurose ausgegangen sei, der Rentenwunsch zwar ein Symptom, nicht aber den wesentlichen oder allein ausschlaggebenden pathogenetischen Faktor dargestellt habe. Bei derartigem psychischem Fehlverhalten spielten die Persönlichkeitsstruktur des Betroffenen sowie Fehlverarbeitungen oder erhebliche Belastungen im persönlichen Bereich, die durch ein Unfallereignis zum Ausbruch gelangen könnten, eine wesentliche Rolle (BGH NJW 1998, S. 812).

! Eine grundsätzliche Ersatzpflicht besteht auch für psychische Folgeschäden. Ausnahmen davon bilden Bagatellfälle und Renten- bzw. Begehrungsneurosen. An die Bejahung einer solchen Ausnahme sind allerdings erhebliche Anforderungen zu stellen.

Nachweis durch Sachverständige

Sofern das Tatsachengericht für die entsprechende Bewertung selbst nicht die erforderliche medizinische bzw. psychologische Sachkunde besitzt, muss es sich eines Sachverständigen bedienen, der auf diesem Gebiet die erforderliche Spezialausbildung und Erfahrung hat. Gemäß § 287 Abs. 1 S. 2 ZPO bleibt es dem Ermessen des Gerichts überlassen, ob und inwieweit eine beantragte Beweisaufnahme oder von Amts wegen die Begutachtung durch Sachverständige anzuordnen ist.

Allerdings hat der BGH im Jahre 1997 entschieden, dass das Problem, ob das schädigende Ereignis eine Ausnahme von der grundsätzlich gegebenen Haftung des Schädigers für psychische Folgeschäden erlaubt, einer Würdigung der Persönlichkeit des Betroffenen bedarf, die der Richter in der Regel nicht ohne Einschaltung eines Sachverständigen vornehmen könne (BGH NJW 1997, S. 1641).

Im Gegensatz zum Bereich der organischen Schäden fehlen im Bereich psychischer Schäden die medizinisch-technischen Möglichkeiten einer Abklärung weitgehend, sodass die Erfahrung und Kompetenz des mit dem Fall befassten psychiatrischen Sachverständigen umso stärker gefordert sind (Schäfer u. Baumann 1998, S. 1083).

Schockschäden

Der Schädiger kann schließlich nicht nur für psychische Reaktionen des Geschädigten, sondern auch für naheliegende psychische Reaktionen eines Dritten ersatzpflichtig sein, sog. Schockschäden (es wurde oben erläutert, dass der medizinische Begriff eines Schocks etwas anderes darstellt als der hier gemeinte »psychische Schock« im Sinne einer Belastungsreaktion ▶ Abschn. 12.3.2). Er hat in einem solchen Fall außer dem Opfer noch eine andere Person unmittelbar in ihrer Gesundheit verletzt und schuldet ihr deshalb Ersatz (BGH NJW 1986, S. 778).

Eine Haftung in Schockschadensfällen kommt deshalb nur in Betracht, wenn die Beeinträchtigungen selbst Krankheitswert besitzen, also eine Gesundheitsschädigung im Sinne des § 823 Abs. 1 BGB darstellen (BGH NJW 1985, S. 1390) und für den Schädiger vorhersehbar waren (BGH NJW 1976, S. 847). An sich ist eine derartige Vorhersehbarkeit bei psychischen Folgeschäden nicht erforderlich (BGHZ 59, S. 39). Bei psychisch vermittelten Beeinträchtigungen Dritter handelt es sich allerdings nicht um den Fall der Folgewirkung einer Verletzung. Vielmehr treten Schockschäden als psychische Reaktion auf ein Unfallgeschehen mittelbar bei den nicht Geschädigten ein und müssen deshalb in seiner Person die Haftungsvoraussetzungen erfüllen.

Um eine Ausuferung der Ersatzpflicht zu vermeiden, ist die Annahme eines Schockschadens an enge Voraussetzungen geknüpft.

1. Zunächst muss die Gesundheitsschädigung nach Art und Schwere deutlich über das hinausgehen, was Nahestehende als mittelbar Betroffene erfahrungsgemäß an Beeinträchtigungen erleiden (BGH NJW 1989, S. 2317), damit eine Gesundheitsbeschädigung im Sinne von § 823 Abs. 1 BGB vorliegt. Der BGH hat in seiner oben zitierten Entscheidung ausgeführt, dass psychische Beeinträchtigungen wie Trauer und Schmerz beim Tode naher Angehöriger, mögen sie auch für die körperliche Befindlichkeit medizinisch relevant sein, nur dann als Gesundheitsbeschädigung im Sinne des § 823 Abs. 1 BGB angesehen werden, wenn sie pathologisch fassbar und deshalb nach der allgemeinen Verkehrsauffassung als Verletzung des Körpers oder der Gesundheit aufzufassen sind (BGH NJW 1989, S. 2317).
2. Ein derartiger Anspruch steht nur nahen Angehörigen zu (OLG Stuttgart, NJW-RR 1989, S. 478). Der Begriff „Angehörige" darf aber nicht streng familienrechtlich verstanden werden (MünchKomm-Oetker 2003, § 249 Rn. 147). Umfasst sind z. B. auch Verlobte oder Lebensgefährten (Palandt-Heinrichs 2005, Vorbemerkung zu § 249 Rn. 71).
3. Der Schock muss im Hinblick auf seinen Anlass aus Sicht eines durchschnittlich Empfindenden verständlich sein (Palandt-Heinrichs 2005, Vorbemerkung zu § 249 Rn. 71).

Bei unangemessener seelischer Verarbeitung des Schadensfalls sind die Grenzen für Schockschäden ähnlich zu ziehen wie bei der sog. Rentenneurose. Überwiegt diese Schocklabilität des Geschädigten derart stark, dass die psychische Schadensverarbeitung in ihrem konkreten Verlauf dem Schädiger nicht mehr zugerechnet werden kann, entfällt seine Haftung vollständig. Unterhalb dieser Schwelle kommt ein anspruchminderndes Mitverschulden des Schockgeschädigten in Betracht (MünchKomm-Oetker 2003, § 249 Rn. 146). Die Entschädigung fällt dann geringer aus. Der Hintergrund dieser Eingrenzung besteht darin, dem Schädiger nicht das allgemeine Lebensrisiko des Geschädigten aufzubürden (Lange u. Schiemann 2003, § 3X 4).

12.3.4 Kausalitätsbeurteilung

Als Ergebnis hat sich in allen Bereichen der Unfallversicherung und der Opferentschädigung gezeigt, dass die Kausalitätsbeurteilung bei psychischen Gesundheitsschäden erhebliche Probleme aufwirft. Darin liegt u. a. eine Begründung für den Ausschluss psychischer Reaktionen im Rahmen der privaten Unfallversicherung. Dazu das BSG: »Die private Unfallversicherung hat vor der Unsicherheit kapituliert.« (BSGE 77, S. 2).

Für die untersuchten Fälle lässt sich folgender Leitsatz festhalten:

Die Wahrscheinlichkeit eines Ursachenzusammenhangs zwischen einem schädigenden Ereignis und einer damit im Zusammenhang stehenden psychischen Störung kann nur bejaht werden, wenn es der herrschenden Meinung in der medizinischen Wissenschaft entspricht, dass Ereignisse dieser Art allgemein geeignet sind, solche Krankheiten hervorzurufen.

12.4 Literatur

Battis U (2004) Bundesbeamtengesetz, 3. Aufl. Beck, München

Beckmann R, Matusche-Beckmann A (2004) Versicherungsrechtshandbuch. Beck, München

Benz M (1999) Leistungsansprüche in der gesetzlichen Unfallversicherung bei Selbstmord (Selbstmordversuch). NZS 8: 435–440

Benz M (2002) Psyche und Trauma aus der Sicht der gesetzlichen Unfallversicherung. NZS 11: 8–15

Brackmann K, Bress D, Krasney O-E (Losebl.) Handbuch der Sozialversicherung, Bd 3. Asgard, Sankt Augustin (Gesetzliche Unfallversicherung, 12. Aufl.)

Bühren H van (2003) Handbuch Versicherungsrecht, 2. Aufl. Deutscher Anwalt Verlag, Bonn

Bundesministerium für Gesundheit und Soziale Sicherung (2004) Anhaltspunkte für die ärztliche Gutachtertätigkeit im sozialen Entschädigungsrecht und nach dem Schwerbehindertengesetz. http://www.bmgs.bund.de/deu/gra/publikationen/p_3.cfm

Erlenkämper A (2000) Rechtliche Grundlagen. In: Venzlaff U, Foerster K (Hrsg) Psychiatrische Begutachtung, 3. Aufl. Urban & Fischer, München, S 461–503

Erlenkämper A (2003a) Arzt und Sozialrecht. Rechtliche Grundlagen der Sozialmedizin und der sozialmedizinischen Begutachtung. Steinkopff, Darmstadt

Erlenkämper A (2003b) Allgemeine Rechtsbegriffe. In: Erlenkämper A, Fichte W (Hrsg) Sozialrecht, 5. Aufl. Heymanns, Köln, S 7–57

Erlenkämper A (2004) Rechtliche Grundlagen. In: Venzlaff U, Foerster K (Hrsg) Psychiatrische Begutachtung, 4. Aufl. Urban & Fischer, München, S 581–641

Erlenkämper A, Fichte W (2003) Sozialrecht, 5. Aufl. Heymanns, Köln

Fichte W (1999) Gesetzliche Rentenversicherung (SGB VI). In: Erlenkämper A, Fichte W (Hrsg) Sozialrecht, 4. Aufl. Heymanns, Köln, S 397–551

Fichte W (2003) Gesetzliche Rentenversicherung (SGB VI). In: Erlenkämper A, Fichte W (Hrsg) Sozialrecht, 5. Aufl. Heymanns, Köln, S 348–504

Fischer J (1985) Die Schweigepflicht des Amts- und Betriebsarztes und das Beamtenrecht. DÖD 38: 165–169

Fischer J (1988) Chronischer Alkoholismus als Dienstvergehen. DÖD 41: 173–200

Foerster K (2000) Psychiatrische Begutachtung im Sozialrecht. In: Venzlaff U, Foerster K (Hrsg) Psychiatrische Begutachtung, 3. Aufl. Urban & Fischer, München, S 505–520

Foerster K (2004) Psychiatrische Begutachtung im Sozialrecht. In: Venzlaff U, Foerster K (Hrsg) Psychiatrische Begutachtung, 4. Aufl. Urban & Fischer, München, S 643–669

Franke E (2000) Gesetzliche Unfallversicherung SGB VII, Lehr- und Praxiskommentar, 1. Aufl. Nomos, Baden-Baden

Gelhausen R (1998) Soziales Entschädigungsrecht, 2. Aufl. Luchterhand, Neuwied

Grimm W (2000) Unfallversicherung, 3. Aufl. Beck, München

Gunkel A, Pilz B (2003) Beamtenrecht in Nordrhein-Westfalen, 4. Aufl. Bernhardt & Schünemann, Witten

Haedayet W (2000) Lehrerarbeit im Spannungsfeld von beruflicher Belastung und Gesundheitsförderung. Eine Untersuchung unter besonderer Berücksichtigung einer Befragung von pensionierten Grund-, Haupt- und Realschullehrkräften. Hamburg, http://www.sub.uni-hamburg.de/disse/474/Lehrergesundheit.pdf

Heinz D (2001) Das Opferentschädigungsgesetz im Spiegel der Rechtsprechung 1. Aufl. Asgard, Sankt Augustin

Joussen J (2002) Die Rente wegen voller oder teilweiser Erwerbsminderung nach neuem Recht. NZS 10: 294–298

Kater H, Leube K (1997) Gesetzliche Unfallversicherung, SGB VI I, Kommentar. Vahlen, München

Kienzler H (2002) Beamtenrecht, 1. Aufl. Nomos, Baden-Baden

Knappmann U (2002) Unfallversicherung: Kausalitäts- und Beweisfragen. NVersZ 5: 1–5

Konen J, Lehmann R (1990) Allgemeine Unfallversicherungs-Bedingungen (AUB 88): Motive und Erläuterungen. Verlag Versicherungswirtschaft e. V., Karlsruhe

Kunz E, Zellner G (1999) Opferentschädigungsgesetz, 4. Aufl. Beck, München

Lange H, Schiemann G (2003) Schadensersatz, 3. Aufl. Mohr Siebeck, Tübingen

Lassner H (2002) Lexikon Sozialrecht. Bund, Frankfurt/Main

Loebel H (1999) Die Dienstunfähigkeit des Beamten. RiA 46: 19–30

Loytved H (2004) Zur Unmittelbarkeit der Schockschädigung von Sekundäropfern nach dem Opferentschädigungsgesetz. NZS 13: 516–519

Mahler V, Schmidt A, Fartasch M, Loew TH, Diepgen TL (1998) Stellenwert der psychotherapeutischen Medizin bei der Begutachtung von Hautkrankheiten. Empfehlungen für die Indikation eines Zusatzgutachtens »Psychotherapeutische Medizin« in der Begutachtung aus der Sicht der Dermatologie. Hautarzt 49: 626–633

Mehrtens G, Valentin H, Schönberger A (2003) Arbeitsunfall und Berufskrankheit, 7. Aufl. Schmidt, Berlin

Monhemius J (1995) Beamtenrecht. Beck, München

Münchener Kommentar (2003) Kommentar zum Bürgerlichen Gesetzbuch Bd. 2a: Schuldrecht Allgemeiner Teil, 4. Aufl. Beck, München (zit. MünchKomm-Bearbeiter)

Niesel K (Gesamtredaktion) (2002) Kasseler Kommentar: Sozialversicherungsrecht, Bd. 1. Beck, München

Ockenga E (1993) Sachverhaltsermittlung und Beweisprobleme im Recht der gesetzlichen Unfallversicherung. NZS 2: 57–62

Olthoff A, Kruse E (2002) Aktuelle sozialmedizinische Betrachtung der Stimmstörung. HNO 50: 1092–1096

Palandt O (2005) Kommentar zum Bürgerlichen Gesetzbuch, 64. Aufl. Beck, München (zit. Palandt-Bearbeiter)

Plagemann H, Hontschik B (1996) Medizinische Begutachtung im Sozialrecht, 3. Aufl. Deutscher Anwalt Verlag, Bonn

Prölss E, Martin A (2004) Versicherungsvertragsgesetz, 27. Aufl. Beck, München

Richter T (1994) Berufsunfähigkeitsversicherung: eine vergleichende Darstellung der privaten Berufsunfähigkeitsversicherung und der Berufs- und Erwerbsunfähigkeitsversicherung in der gesetzlichen Rentenversicherung, 2. Aufl. Versicherungswirtschaft e. V., Karlsruhe

Schäfer U, Baumann F (1998) Die neue Rechtsprechung des BGH zum Schadensersatz für psychische Folgeschäden nach Unfällen. MDR 52: 1080–1083

Scheerbarth H, Höffken H, Bauschke H, Schmidt L (1992) Beamtenrecht, 6. Aufl. Reckinger, Siegburg

Schnellenbach H (1995) Beweislast bei beamtenrechtlichen Streitigkeiten. ZBR 43: 321–335

Schoch F, Schmidt-Aßmann E, Pietzner R (1999) Verwaltungsgerichtsordnung, Kommentar. Loseblattsammlung, Bd. 2. Beck, München

Schulin B (1999) Rentenversicherungsrecht. Beck, München (Handbuch des Sozialversicherungsrechts, Bd. 3)

Schulin B, Igl G (2002) Sozialrecht, 7. Aufl. Werner, Düsseldorf

Schütz E, Maiwald J (Entscheidungssammlung) Beamtenrecht des Bundes und der Länder. Decker, Heidelberg (zit. Schütz u. Maiwald-ES)

Schütz E, Maiwald J (Loseblattsammlung) Beamtenrecht des Bundes und der Länder. 5. Aufl. Decker, Heidelberg (zit. Schütz u. Maiwald-Bearbeiter)

Spiess W (2000) Öffentliches Dienstrecht Bund: Textausgabe mit Erläuterungen zu den beamtenrechtlichen Kernvorschriften. Walhalla, Regensburg

Staudinger J (1998) Kommentar zum Bürgerlichen Gesetzbuch, 13. Bearb., 2. Buch: Recht der Schuldverhältnisse, §§ 249–254. De Gruyter, Berlin (zit. Staudinger-Bearbeiter)

Strunk G (1986) Beamtenrecht, 3. Aufl. Heymans, Köln

Summer R (1993) Änderungen des Rechts über den Eintritt in den Ruhestand durch die Beamtenversorgungsrechtsreform 1992. Kuckuckseier im Statusrecht. ZBR 41: 17–24

Thom V (1999) Amtsärztliche Untersuchung öffentlich Bediensteter und vertrauensärztliche Tätigkeit der Gesundheitsämter NRW. DÖD 52: 73–80

Venzlaff U, Foerster K (2004) Psychiatrische Begutachtung, 4. Aufl. Urban & Fischer, München

Waltermann R (2004) Sozialrecht, 4 Aufl. Müller, Heidelberg

Weber A (2003) Beamtenrecht. Beck, München

Weigert M (1993) Gesunderhaltungspflicht für Ruhestandsbeamte im Sinne des Art. 58 BayBG. BayVBl 124: 653–654

Widder B (2001) Vermeidbare Fehler bei neurologischen Begutachtungen. Nervenarzt 72: 755–763

Witter H (1981) Zur rechtlichen Beurteilung sogenannter Neurosen – Neurose und Versicherung. VersR 32: 301–306

Wussow R-J (2000) Der Leistungsausschluss bei psychischen Beeinträchtigungen in der privaten Unfallversicherung. VersR 51: 1183–1187

Zilkens M (1995) Zur Übermittlung personenbezogener Daten in Gesundheitszeugnissen für Pensionierungsverfahren – Die Rechtslage im Land Nordrhein Westfalen. NWVBl 9: 7–10

Fahreignung und Fahrtüchtigkeit

Hinsichtlich Fahreignung und Fahrtüchtigkeit kommt eine medizinische und/oder psychologische Begutachtung bei zwei unterschiedlichen Fragestellungen in Betracht. Einerseits kann sich das Gutachten auf die Feststellung der Fahrtüchtigkeit als konkret situationsbezogener Fahreignung bei einer bereits vorgenommenen Fahrt richten, was bei den Straßenverkehrsdelikten und der Sanktion des Fahrverbots relevant wird. Daneben kann das Gutachten die Beurteilung der Fahreignung für künftige Fahrten zum Gegenstand haben, was die Nichterteilung bzw. Entziehung der Fahrerlaubnis nach den einschlägigen Vorschriften des Strafgesetzbuchs (StGB), des Straßenverkehrsgesetzes (StVG) und der Fahrerlaubnisverordnung (FeV) betrifft.

Fahreignung ist die generelle, nicht auf eine bestimmte Situation bezogene Fähigkeit einer Person zum Führen von Fahrzeugen, Fahrtüchtigkeit dagegen die Fähigkeit einer Person zum Führen eines Fahrzeugs zu einem konkreten (Tat-)Zeitpunkt.

13.1 Rechtliche Bedeutung der Fahrtüchtigkeit

13.1.1 Straßenverkehrsdelikte

Tatbestandsvoraussetzungen

Das Strafgesetzbuch setzt in den Straßenverkehrsdelikten der §§ 315a, 315c und 316 StGB als Tatbestandsmerkmal voraus, dass der Täter ein Fahrzeug führt, »obwohl er infolge des Genusses alkoholischer Getränke oder anderer berauschender Mittel nicht in der Lage ist, das Fahrzeug sicher zu führen«. Die §§ 315a und 315c StGB sehen dabei zusätzlich die Alternative »oder infolge geistiger oder körperlicher Mängel« vor.

! Ein Gutachten zur Fahrtüchtigkeit im Rahmen eines Strafverfahrens, das diese Delikte zum Gegenstand hat, wird demnach zur Klärung der Frage herangezogen, ob der mutmaßliche Täter zum Zeitpunkt der Tat in der Lage war, sein Fahrzeug sicher zu führen.

Rechtsfolgen bei Schuldunfähigkeit

Problematisch wird die strafrechtliche Bewertung des Tatgeschehens dann, wenn der Täter sich durch den Genuss berauschender Mittel in einen Zustand der Schuldunfähigkeit versetzt, was beispielsweise bei Alkoholkonsum mit ganz erheblichen alkoholbedingten psychopathologischen Auffälligkeiten, häufig in Verbindung mit einer auch blutchemisch nachzuweisenden Alkoholintoxikation, in Betracht kommt (▶ Kap. 2). In solchen Fällen ist eine Voraussetzung der Strafbarkeit, nämlich die Schuld des Handelnden, nicht gegeben.

Im Rahmen der Grundsätze der **»actio libera in causa«** ist es in solchen Fällen zwar grundsätzlich möglich, für eine Strafbarkeit an den zeitlich vorausgehenden Akt anzuknüpfen, durch den sich der Täter selbstverschuldet in diesen psychopathologischen Zustand und damit in die Lage versetzt hat, eine Straftat im Stadium der Schuldunfähigkeit zu begehen (BGHSt 21, S. 381 ff.; Deiters 2002, S. 121 ff.; ▶ Kap. 2). Diese Konstruktion hat der BGH jedoch für die Straßenverkehrsdelikte ausdrücklich ausgeschlossen (BGHSt 42, S. 235, 238 f.; dagegen Hirsch 1997, S. 230 ff.), da der Beginn der Tatbestandshandlung (Führen eines Fahrzeugs) nicht schon im »sich Betrinken« gesehen werden kann (Deiters 2002, S. 125 ff.).

Da sich eine Strafbarkeit wegen eines Verkehrsdelikts in solchen Fällen weder auf die Handlung des Fahrens in fahruntüchtigem Zustand (aufgrund Schuldunfähigkeit) noch auf eine zeitlich vorausgehende schuldhafte Herbeiführung dieses Zustands stützen lässt, kommt lediglich das **Delikt des Vollrausches** in Betracht: § 323a StGB bestraft denjenigen mit Freiheitsstrafe bis zu 5 Jahren oder Geldstrafe, der »sich vorsätzlich oder fahrlässig durch alkoholische Getränke oder andere berauschende Mittel in einen Rausch versetzt, [...] wenn er in diesem Zustand eine rechtswidrige Tat begeht und ihretwegen nicht bestraft werden kann, weil er infolge des Rausches schuldunfähig war oder weil dies nicht auszuschließen ist«.

Der § 323a StGB ist als Auffangtatbestand konzipiert, da nicht nur die Fälle erwiesener Schuldunfähigkeit erfasst werden, sondern auch die, in denen sie nach dem Grundsatz »in dubio pro reo« nicht auszuschließen ist (BGHSt 32, 48 ff.; Tröndle u. Fischer § 2004, § 323a Rn. 5.). Allerdings muss mit dem Tatbestandsmerkmal des Rausches (näher dazu Renzikowski 2002, S. 144 ff.; ► Kap. 2) zumindest ein Zustand verminderter Schuldfähigkeit nachweisbar vorgelegen haben.

Nebenstrafe: Fahrverbot (§ 44 StGB)

Zusätzlich zu der in den Straßenverkehrsdelikten selber vorgesehenen Sanktion wird in bestimmten Fällen die in § 44 StGB geregelte Nebenstrafe des Fahrverbots verhängt. Das Gericht kann dem Täter nach § 44 Abs. 1 S. 1 StGB für die Dauer von einem bis zu 3 Monaten »verbieten, im Straßenverkehr Kraftfahrzeuge jeder oder einer bestimmten Art zu führen«, wenn er eine mit Freiheits- oder Geldstrafe geahndete Straftat »bei oder im Zusammenhang mit dem Führen eines Kraftfahrzeugs oder unter Verletzung der Pflichten eines Kraftfahrzeugführers begangen hat«. Das Fahrverbot ist vorwiegend spezialpräventiv als Warnungs- und Besinnungsstrafe für nachlässige oder leichtsinnige Kraftfahrer gedacht (BVerfGE 27, S. 36, 41) und setzt als Nebenstrafe nicht nur wie die Entziehung der Fahrerlaubnis nach § 69 StGB (► Abschn. 13.2.2) eine rechtswidrige Tat, sondern eine Verurteilung zu einer Freiheits- oder Geldstrafe und damit auch schuldhaftes Verhalten voraus (ausführlich zur Anlasstat Molketin 2001, S. 411 ff.).

Zwischen der Freiheits- oder Geldstrafe und der Nebenstrafe des Fahrverbots besteht, wie stets zwischen Hauptstrafe und Nebenstrafe, eine unbestreitbare Wechselwirkung insofern, als beide zusammen das Maß der Tatschuld nicht überschreiten dürfen und als sie – wenn auch mit verschiedenen Mitteln – überwiegend dieselben Strafzwecke verfolgen. Die gerade bei der Ahndung von Verkehrsverstößen sich aufdrängende ganzheitliche Betrachtungsweise wirkt sich insofern aus, als der strafschärfende Erfolg, der in der Verhängung der Nebenstrafe des Fahrverbots liegt, in der Regel zugleich bei der Bemessung der Hauptstrafe zu berücksichtigen ist. (BGHSt 29, S. 58, 60 f.)

Das sich in der Anordnungspraxis widerspiegelnde Unterordnungsverhältnis zur Maßregel der Besserung und Sicherung des § 69 StGB wird in § 44 Abs. 1 S. 2 StGB deutlich, der besagt, dass ein Fahrverbot in der Regel anzuordnen ist, wenn in den Fällen einer Verurteilung nach § 315c Abs. 1 Nr. 1a und Abs. 3 sowie § 316 StGB die Entziehung der Fahrerlaubnis nach § 69 StGB unterbleibt.

Grundsätzlich wird § 44 StGB durch § 69 StGB ausgeschlossen (Tröndle u. Fischer § 2004, § 44 Rn. 3), was allerdings nicht heißt, dass das in der Praxis in den Hintergrund getretene Fahrverbot in vielen Fällen nicht als angemessenere Maßnahme erscheinen kann (Piesker 2002, S. 297 ff.). Die Verdrängung des § 44 StGB durch § 69 StGB resultiert daraus, dass die Entziehung der Fahrerlaubnis unsachgemäßerweise praktisch als Nebenstrafe gehandhabt wird, indem auf eine zukunftsgerichtete und für eine Maßregel der Besserung und Sicherung immer erforderliche konkrete Prognose weithin verzichtet wird.

13.1.2 Versicherungs- und Schadensersatzrecht

Die Frage nach der Fahrtüchtigkeit sowie der Fahrtauglichkeit und somit auch deren Begutachtung kann ebenfalls im Zivilrecht in den Bereichen des Versicherungs- und Schadensersatzrechts relevant werden, beispielsweise bei möglichen Ansprüchen der Beteiligten untereinander wegen Gesundheits- oder Sachschäden nach einem Unfall. Dabei reduziert sich die Problematik in der Praxis weitgehend auf alkoholbedingte Verkehrsunfälle.

! Bei Verkehrsunfällen können der Fahrzeughalter nach § 7 Abs. 1 StVG und der Fahrzeugführer nach § 18 Abs. 1 S. 1 StVG zum Schadensersatz verpflichtet sein, wenn bei dem Betrieb des Fahrzeugs ein Mensch verletzt bzw. getötet oder eine Sache beschädigt wird. Daneben ist auch ein Anspruch des Verletzten aus allgemeiner Deliktshaftung nach § 823 BGB denkbar.

Allerdings kann eine für den Beifahrer erkennbare Fahruntüchtigkeit des Fahrers dazu führen, dass Schadensersatzansprüche des Beifahrers gegenüber dem Fahrer unter dem Gesichtspunkt des Handelns auf eigene Gefahr entsprechend den §§ 242 und 254 BGB gemindert werden müssen (BGH NJW 1988, S. 2365 f.; OLG Schleswig NZV 1995, S. 357). Ein dementsprechender Fahrlässigkeitsvorwurf wegen Mitverschuldens kann je nach Einzelfall zu einer Schadensminderung von 25–50% führen (vgl. Nachweise bei OLG Hamm NJW-RR 2000, S. 1624 f.). Die Abwägung eines Mitverschuldens nicht motorisierter Verkehrsteilnehmer wird gemäß den §§ 9 StVG und 254 BGB nach den Umständen des Einzelfalls vorgenommen, während bei mehreren beteiligten Fahrzeughaltern ein Ausgleich gem. § 17 Abs. 1 und 2 StVG erfolgt, wobei entgegen dem Wortlaut vor allem nach konkreten Verursachungsanteilen auszugleichen ist, auch wenn Schuldgesichtspunkte wesentlich mitsprechen (Hentschel 2003b, § 17 StVG Rn. 1). Im Rahmen dieser Abwägung wirkt sich die Fahruntüchtigkeit eines Beteiligten dann entsprechend negativ aus; dies allerdings auch nur, wenn sie erwiesenermaßen schadensursächlich war (BGH NZV 1995, S. 145) und nicht das Ausmaß vom Betroffenen zu beweisender Schuldunfähigkeit erreicht hat (► Kap. 2; vgl. § 827 BGB, der analog auch im Rahmen der §§ 61, 152 VVG [Versicherungsvertragsgesetz] anwendbar ist; BGH NJW 1989, S. 1612 f.).

Nach der allgemeinen Regelung des § 61 VVG für Schadensversicherungen ist der Versicherer von seiner Leistungsverpflichtung befreit, »wenn der Versicherungsnehmer den Versicherungsfall vorsätzlich oder durch grobe Fahrlässigkeit herbeiführt«. Dieser Vorwurf der groben Fahrlässigkeit kann dem Versicherungsnehmer im Rahmen der Vollkaskoversicherung beispielsweise dann gemacht werden, wenn er den Verkehrsunfall, der die Beschädigung des versicherten Fahrzeugs zur Folge hatte, im Zustand alkoholbedingter Fahruntüchtigkeit verursacht hat (BGH NJW 1992, S. 119; NJW 1989, S. 1612).

In der Haftpflichtversicherung führt zwar nach § 152 VVG nur eine vorsätzliche Herbeiführung des Versicherungsfalles durch den Versicherungsnehmer zur Leistungsfreiheit des Versicherers. Nach § 5 Abs. 1 Nr. 5 der Verordnung über den Versicherungsschutz in der KfZ-Haftpflichtversicherung (KfZPflVV) kann aber auch die Verpflichtung vereinbart werden, »das Fahrzeug nicht zu führen oder führen zu lassen, wenn der Fahrer infolge des Genusses alkoholischer Getränke oder anderer berauschender Mittel dazu nicht sicher in der Lage ist«. Die schuldhafte – also auch fahrlässige – Verletzung dieser Obliegenheit führt aber lediglich zu einer finanziell begrenzten Leistungsfreiheit des Versicherers (§ 5 Abs. 3 KfZPflVV: 5000 €).

Nach Punkt 5.1.1 der Allgemeinen Unfallversicherungsbedingungen (AUB 03), die zwar als unverbindliche Empfehlungen des Verbandes der Schadensversicherer keine Gesetzesnormen darstellen, aber Bestandteil beinahe jedes privaten Unfallversicherungsvertrages sind, werden vom Versicherungsschutz Unfälle infolge von psychischen Störungen (hier so genannte Geistes- oder Bewusstseinsstörungen) ausgeschlossen, auch wenn sie durch Trunkenheit verursacht wurden. Hier wird ebenfalls auf den Begriff und die Kriterien der Fahrtüchtigkeit abgestellt (BGH NJW 1988, S. 1846; NJW-RR 1986, S. 323). Nicht versichert sind weiterhin Unfälle durch Schlaganfälle, epileptische oder andere Krampfanfälle, die den ganzen Körper der versicherten Person ergreifen, sowie Unfälle, die die versicherte Person infolge der vorsätzlichen Ausführung oder des Versuchs einer Straftat – beispielsweise eines Straßenverkehrsdelikts – erleidet (AUB 99). Da der Suizid wie der Suizidversuch keine Straftat darstellt, sind suizidale Handlungen nur insoweit erfasst, als sie andere Straftatbestände verwirklichen.

Beispiel

Fall 13.1 Herr Gerhard C., 51-jähriger Prokurist, erlitt die erste Phase einer depressiven Störung. Im Rahmen einer bestehenden Suizidalität steuerte er seinen Pkw auf die Gegenfahrbahn, rammte einen Brückenpfeiler und verletzte sich schwer. Herr C. hatte Verletzungen, die stationär medizinisch versorgt wurden. Er wurde in der Folge entsprechend dem Länderunterbringungsgesetz in einem psychiatrischen Fachkrankenhaus eingewiesen. Nach der vollständig erfolgten Remission forderte er Leistungen aus der bestehenden Unfallversicherung. Seine Versicherung war wegen vorsätzlicher Herbeiführung des Unfalls von der Leistung frei.

In der gesetzlichen Unfallversicherung hatte bis Ende 1996 alkoholbedingte Fahruntüchtigkeit den Ausschluss des Versicherungsschutzes nach den §§ 548 und 550 Abs. 1 der Reichsversicherungsordnung (RVO) zur Folge, soweit sie die allein wesentliche Ursache des Unfalls war (BGH NZV 1993, S. 267 f.). Letzteres wurde im Wege des Anscheinsbeweises, d. h. mangels ersichtlicher sonstiger Unfallursachen nach der Erfahrung des täglichen Lebens, zumeist bejaht (Fuchs 1993, S. 423). Obwohl die RVO dann von den Vorschriften des SGB VII abgelöst wurde, die keine explizite Regelung dieser Problematik vorsehen, stellt die Rechtsprechung weiterhin auf diese Voraussetzungen ab (LSG Schleswig NZS 2001, S. 273 f.).

Im Allgemeinen kann ein Versicherer auch dann von seiner Leistung frei werden, wenn dem Versicherungsnehmer eine Obliegenheitsverletzung vorzuwerfen ist, die darin bestehen kann, dass er seiner Tatbestandsaufklärungspflicht nicht genügt hat (vgl. §§ 6, 34 VVG; zu den geringen Differenzierungen verschiedener Versicherungsarten s. Rüther 1994, S. 457 ff.). Dies kann, häufiger vorkommend, im Zusammenhang mit alkoholbedingter Fahruntüchtigkeit beispielsweise durch unerlaubtes Entfernen vom Unfallort (§ 142 StGB; vgl. BGH NJW 1987, S. 2374), einen ins Gewicht fallenden Nachtrunk (BGH NJW-RR 1992, S. 165; ▶ Abschn. 13.3.3) oder falsche Angaben nach dem Unfall (OLG Hamm VersR 1994, S. 590) geschehen.

13.1.3 Ordnungswidrigkeitenrecht

Im StVG wird ebenfalls das Führen eines Fahrzeuges unter Alkohol- oder sonstigem Drogeneinfluss thematisiert. Nach § 24a Abs. 1 StVG handelt ordnungswidrig, »wer im Straßenverkehr ein Kraftfahrzeug führt, obwohl er 0,25 mg/l oder mehr Alkohol in der Atemluft oder 0,5 Promille oder mehr Alkohol im Blut oder eine Alkoholmenge im Körper hat, die zu einer solchen Atem- oder Blutalkoholkonzentration führt«. Gleiches gilt nach § 24a Abs. 2 S. 1 StVG für denjenigen, der »unter der Wirkung eines in der Anlage zu dieser Vorschrift genannten berauschenden Mittels im Straßenverkehr ein Kraftfahrzeug führt«.

Die Vorschrift greift schon bei folgenlosen Fahrten ohne Fahrfehler bzw. Ausfallerscheinungen unter Alkohol- bzw. Drogenwirkung ein (Lenhart 2003, S. 409) und schließt damit die Lücke zwischen Verkehrsgefahren – die statistisch erwiesen ab einer Blutalkoholkonzentration von 0,5‰ bestehen – und exakt beweisbarer Fahruntüchtigkeit im Einzelfall (Hentschel 2003b, § 24a StVG Rn. 7).

! Im Ordnungswidrigkeitenrecht wird somit im Gegensatz zum Strafrecht nicht auf die konkrete Fahruntüchtigkeit des Betroffenen abgestellt, sondern nur auf das Fahren unter Alkohol- bzw. Drogeneinfluss.

Hervorzuheben sind die seit April 2001 herabgesetzten Grenzen von § 24a Abs. 1 StVG (»0,5-Promille-Grenze«), die mit erheblich erhöhten Bußgeldern (§ 24 Abs. 4 StVG: bis zu 1500 €) und der Anordnung eines Fahrverbots nach § 25 Abs. 1 S. 2 StVG »in der Regel« einhergingen (Weibrecht 2001, S. 145; Hentschel 2001, S. 1904). Die zur Feststellung der Blutalkoholkonzentration (BAK) erforderliche Entnahme einer Blutprobe ist durch § 81a Abs. 1 S. 2 StPO legitimiert, der über § 46 Abs. 4 OWiG auch im Ordnungswidrigkeitenrecht Anwendung findet.

Was die Gerichte (BGHSt 25, S. 246, 251 f.; BVerfG NJW 1995, S. 125 f.) bezüglich der Straßenverkehrsdelikte des StGB ausdrücklich feststellen mussten, ist in § 24a Abs. 1 StVG in verfassungsrechtlich zulässiger Weise (BVerfG NJW 1978, S. 882) schon niedergeschrieben: Auch wenn der Grenzwert von 0,5‰ während der Fahrt noch nicht erreicht war, genügt eine Alkoholmenge im Körper, die erst noch zu einer solchen BAK führt, da in einer solchen Anflutungsphase die Schädigungen von gleichem Ausmaß sind wie bei Erreichen des Maximums. Auch soll ein mit erheblichen Beweisschwierigkeiten verbundenes Berufen eines Betroffenen auf das Nichterreichen des Grenzwerts zum Fahrzeitpunkt so verhindert werden (Hentschel 2003a, Rn. 514). Hinsichtlich des Atemalkoholgrenzwerts von 0,25 mg/l hat der BGH das Erfordernis eines Sicherheitsabschlags bei der Verwendung geeichter Atemalkoholmessgeräte verneint (BGHSt 46, S. 358), obschon diese Geräte im Vergleich zu den Blutproben relativ unpräzise sind.

Der Ordnungswidrigkeitentatbestand des § 24a Abs. 2 StVG erfasst gemäß der Anlage zu dieser Vorschrift das Führen eines Fahrzeugs unter der Wirkung von Cannabis, Heroin, Morphin, Kokain und als Designerdroge Amphetamin (näher dazu Stein 1999, S. 442 ff.). Die Gerichte verlangten z. T. nur den Nachweis einer solchen Droge bzw. ihrer Metaboliten im Blut, weil man davon ausging, dass

Wirkungs- und Nachweisdauer bei diesen Mitteln übereinstimmen (BT-Drucks. 13/3764, S. 4 f.). Diese Prämisse ist jedoch – wie das Bundesverfassungsgericht jüngst festgestellt hat – von den heutigen wissenschaftlichen Nachweismöglichkeiten überholt. § 24a Abs. 2 S. 1 und 2 StVG seien daher nur dann mit dem Grundrecht der allgemeinen Handlungsfreiheit im Sinne des Art. 2 Abs. 1 GG vereinbar, »wenn die Regelung dahin ausgelegt wird, dass eine Wirkung in ihrem Sinne nur vorliegt, wenn eine THC-Konzentration im Blut festgestellt wird, die es als möglich erscheinen lässt, dass der untersuchte Kraftfahrzeugführer am Straßenverkehr teilgenommen hat, obwohl seine Fahrtüchtigkeit eingeschränkt war« (BVerfG, 1 BvR 2652/03 vom 21.12.2004).

Das Bundesverkehrsministerium geht in seinem zu diesem Verfahren vorgelegten Gutachten davon aus, dass eine Wirkung ab 1 ng/ml THC nicht mehr auszuschließen ist (Beschluss zu § 24a Abs. 2 StVG vom 20.11.2002). Das Bayrische OLG (NJW 2003, S. 1681), und die Verwaltungsgerichte (vgl. VG München, Beschluss vom 26.05.2004, M 6a S 04.2632; Niedersächsisches OVG NVwZ-RR 2003, S. 899; VGH Baden-Württemberg VRS Bd. 107, S. 234; s. auch OVG Rheinland-Pfalz DAR 2004, S. 413) legen ebenfalls diesen Wert zugrunde.

Die in § 24 StVG vorgesehenen Sanktionen für Ordnungswidrigkeiten werden von der Verordnung über die Erteilung einer Verwarnung, Regelsätze für Geldbußen und die Anordnung eines Fahrverbots wegen Ordnungswidrigkeiten im Straßenverkehr (kurz: Bußgeldkatalog-Verordnung, BGBl Abs. 1 2001, S. 3033 ff.) näher geregelt.

Gemäß § 25 Abs. 1 S. 1 StVG kann demjenigen, gegen den wegen einer »unter grober oder beharrlicher Verletzung der Pflichten eines Kraftfahrzeugführers« begangenen Ordnungswidrigkeit nach § 24 StVG eine Geldbuße verhängt wird, für die Dauer von einem bis zu 3 Monaten verboten werden, »im Straßenverkehr Kraftfahrzeuge jeder oder einer bestimmten Art zu führen«. Die Parallele dieses Fahrverbots zur Nebenstrafe des § 44 StGB (▶ Abschn. 13.1.1) erklärt sich dadurch, dass auch die Verkehrsübertretungen bis 1969 im StGB geregelt waren. Die Beibehaltung der Fahrverbotssanktion auch im Ordnungswidrigkeitenrecht billigte BVerfGE 27 (S. 36, 42) trotz ihres kriminalstrafähnlichen Charakters (Scheffler 1995, S. 177) sogar ausdrücklich als »erzieherische Nebenfolge«. Der »Denkzettel« des § 25 StVG hat zwar primär spezialpräventiven Charakter, sodass beispielsweise ein verkehrsgerechtes Verhalten des Betroffenen während langer Verfahrensdauer entscheidend gegen die Verhängung sprechen kann (BayOLG NZV 2002, S. 280). Dies soll aber die Heranziehung generalpräventiver Gesichtspunkte bei der Ermessensentscheidung nicht hindern (BayOLG NZV 1996, S. 464; dagegen Hentschel 2003b, § 25 StVG Rn. 11). Das Ermessen der Behörde hat sich auch auf der Basis, dass § 25 StVG im Gegensatz zu § 44 StGB keine Straftat voraussetzt und auf grobe und beharrliche Pflichtverletzungen eines Kraftfahrzeugführers beschränkt ist, am Verhältnismäßigkeitsgrundsatz zu orientieren (BGHSt 43, S. 241, 245 ff.).

Der Bundesgerichtshof stellt zu beharrlichen Pflichtverletzungen fest (BGHSt 38, S. 231, 234):

Hierzu zählen solche Verkehrsverstöße, die nach ihrer Art oder den Umständen ihrer Begehung für sich allein betrachtet zwar nicht bereits zu den objektiv oder subjektiv groben Zuwiderhandlungen zählen, durch deren wiederholte Begehung der Fahrer jedoch erkennen lässt, dass es ihm an der für die Teilnahme am Straßenverkehr erforderlichen rechtstreuen Gesinnung und der notwendigen Einsicht in zuvor begangenes Unrecht fehlt.

13.2 Rechtliche Bedeutung der Fahreignung

Die Fahreignung spielt eine wichtige Rolle im Fahrerlaubnisrecht, das im StVG und in der FeV geregelt ist. Das StVG regelt die allgemeinen Voraussetzungen für die Teilnahme am öffentlichen Straßenverkehr. Seine Bestimmungen werden ergänzt durch die FeV (BGBl Abs. 1 1998, 2214 ff.), die aufgrund von § 6 StVG erlassen wurde und inhaltlich die bis dahin geltenden entsprechenden Regelungen der Straßenverkehrszulassungsordnung (StVZO) ablöste.

13.2.1 Erteilung bzw. Verlängerung der Fahrerlaubnis, §§ 2 StVG, 6, 11 FeV

Jeder, der auf öffentlichen Straßen ein Kraftfahrzeug führt, bedarf einer Fahrerlaubnis, die von der zuständigen Fahrerlaubnisbehörde erteilt wird (§ 2 Abs. 1 S. 1 StVG). § 2 Abs. 2 Nr. 3 StVG macht die Erteilung einer Fahrerlaubnis neben anderen Voraussetzungen davon abhängig, dass der Bewerber »zum Führen von Kraftfahrzeugen geeignet ist«. Gleiches gilt nach § 2 Abs. 2 S. 4 StVG für die Verlängerung der Fahrerlaubnis auf Antrag des Betroffenen.

Die Fahrerlaubnis wird gemäß § 6 FeV grundsätzlich in den in ◘ Tabelle 13.1 aufgeführten Klassen erteilt.

Bei Bedenken gegen die Eignung kann die Fahrerlaubnisbehörde nach § 2 Abs. 8 StVG und § 11 Abs. 2 S. 1 FeV je nach Einzelfall die Beibringung eines Gutachtens eines Fach- oder Amtsarztes, einer Begutachtungsstelle für Fahreignung oder eines Sachverständigen bzw. Prüfers für den Kraftfahrzeugverkehr durch den Betroffenen auf dessen Kosten anordnen. Die Behörde muss sich dabei auf »Tatsachen« im Sinne greifbarer und konkreter Anhaltspunkte stützen können, die über gewisse Vermutungen sowie über einen gewissen Verdacht hinaus berechtigte Zweifel der Behörde an der Eignung des Betroffenen begründen. Welcher Fachrichtung der ärztliche Gutachter angehören muss, legt nach § 11 Abs. 2 S. 3 FeV die Behörde fest. In Frage kommen dabei insbesondere Ärzte mit den Fachgebieten Psychiatrie und Psychotherapie/Nervenheilkunde, Verkehrsmedizin, Arbeitsmedizin, Betriebsmedizin oder gelegentlich auch der Rechtsmedizin.

Für die in der Praxis viel diskutierten medizinisch-psychologischen Untersuchungen (MPU), die im Fahrerlaubnisrecht begrifflich von den allgemeinen ärztlichen Gutachten abgegrenzt werden, sind alleine die amtlich anerkannten Begutachtungsstellen für Fahreignung zuständig. Ein solches qualifiziertes Gutachten wird besonders häufig bei alkoholauffälligen Verkehrsteilnehmern und solchen mit Konsum illegaler Drogen erforderlich. Es kann auch bei einer Entscheidung über die Befreiung von den Vorschriften über das Mindestalter, bei erheblichen Auffälligkeiten im Rahmen einer Fahrerlaubnisprüfung, bei Straftaten im Zusammenhang mit dem Straßenverkehr, nach wiederholtem Entzug der Fahrerlaubnis oder dann angefordert werden, wenn es nach der Würdigung eines ärztlichen Gutachtens zusätzlich erforderlich erscheint (§ 11 Abs. 3 FeV). Ein Arzt einer Begutachtungsstelle für Fahreignung kann nach Anlage 14 zur FeV, auf die § 11 Abs. 2 S. 3 Nr. 5 FeV verweist, mit einer Begutachtung beauftragt werden, wenn er mindestens einjährige Praxis in der Fahreignungsbegutachtung in einer Begutachtungsstelle für Fahreignung (dazu Laub u. Brenner-Hartmann 2001, S. 16 ff.) sowie mindestens eine zweijährige klinische Tätigkeit oder eine Qualifikation als Facharzt aufweist.

13.2.2 Entziehung der Fahrerlaubnis

Die Maßregel des § 69 StGB

Bei der Entziehung der Fahrerlaubnis nach § 69 StGB handelt es sich um eine Maßregel der Besserung und Sicherung (▶ Kap. 9), die sich neben oder anstatt einer Strafe als Sanktion an eine Tat anschließen kann. Da Maßregeln im Gegensatz zur Strafe primär der Gefahrenabwehr dienen, stellt die Vorschrift des § 69 StGB weder auf die Fahrtüchtigkeit, die allerdings Voraussetzung der Vortat sein kann, noch auf die Schuldfähigkeit zum Zeitpunkt einer bereits begangenen Tat ab, sondern setzt eine generell mangelnde Fahreignung voraus: Begeht jemand eine rechtswidrige Tat »bei oder im Zusammenhang mit dem Führen eines Kraftfahrzeugs oder unter Verletzung der Pflichten eines Kraftfahrzeugführers«, wird ihm gemäß § 69 Abs. 1 S. 1 StGB die Fahrerlaubnis entzogen, »wenn sich aus der Tat ergibt, dass er zum Führen von Kraftfahrzeugen ungeeignet ist«. Anders als die Nebenstrafe des Fahrverbots (▶ Abschn. 13.1.1), mit dem die begangene Tat geahndet wird, soll die Entziehung der Fahrerlaubnis ungeeignete Kraftfahrer präventiv zum Schutz der Allgemeinheit aus dem Straßenverkehr ausschließen (Schönke u. Schröder-Stree 2001, § 69 Rn. 2). Die begangene Tat muss ein Indiz für die mangelnde Eignung sein, die sich aus körperlichen, geistigen oder charakter-

Tab. 13.1. Fahrerlaubnisklassen gemäß § 6 Abs. 1 S. 1 FeV

Klasse A	Krafträder (Zweiräder, auch mit Beiwagen) mit einem Hubraum von mehr als 50 cm^3 oder mit einer durch die Bauart bestimmten Höchstgeschwindigkeit von mehr als 45 km/h
Klasse A1	Krafträder der Klasse A mit einem Hubraum von nicht mehr als 125 cm^3 und einer Nennleistung von nicht mehr als 11 kW (Leichtkrafträder)
Klasse B	Kraftfahrzeuge – ausgenommen Krafträder – mit einer zulässigen Gesamtmasse von nicht mehr als 3500 kg und mit nicht mehr als 8 Sitzplätzen außer dem Führersitz (auch mit Anhänger mit einer zulässigen Gesamtmasse von nicht mehr als 750 kg oder mit einer zulässigen Gesamtmasse bis zur Höhe der Leermasse des Zugfahrzeugs, sofern die zulässige Gesamtmasse der Kombination 3500 kg nicht übersteigt)
Klasse C	Kraftfahrzeuge – ausgenommen Krafträder – mit einer zulässigen Gesamtmasse von mehr als 3500 kg und mit nicht mehr als 8 Sitzplätzen außer dem Führersitz (auch mit Anhänger mit einer zulässigen Gesamtmasse von nicht mehr als 750 kg)
Klasse C1	Kraftfahrzeuge – ausgenommen Krafträder – mit einer zulässigen Gesamtmasse von mehr als 3500 kg, aber nicht mehr als 7500 kg und mit nicht mehr als 8 Sitzplätzen außer dem Führersitz (auch mit Anhänger mit einer zulässigen Gesamtmasse von nicht mehr als 750 kg)
Klasse D	Kraftfahrzeuge – ausgenommen Krafträder – zur Personenbeförderung mit mehr als 8 Sitzplätzen außer dem Führersitz (auch mit Anhänger mit einer zulässigen Gesamtmasse von nicht mehr als 750 kg)
Klasse D1	Kraftfahrzeuge – ausgenommen Krafträder – zur Personenbeförderung mit mehr als 8 und nicht mehr als 16 Sitzplätzen außer dem Führersitz (auch mit Anhänger mit einer zulässigen Gesamtmasse von nicht mehr als 750 kg)
Klasse E in Verbindung mit Klasse B, C, C1, D oder D1	Kraftfahrzeuge der Klassen B, C, C1, D oder D1 mit Anhängern mit einer zulässigen Gesamtmasse von mehr als 750 kg (ausgenommen die in Klasse B fallenden Fahrzeugkombinationen); bei den Klassen C1E und D1E dürfen die zulässige Gesamtmasse der Kombination 12.000 kg und die zulässige Gesamtmasse des Anhängers die Leermasse des Zugfahrzeugs nicht übersteigen; bei der Klasse D1E darf der Anhänger nicht zur Personenbeförderung verwendet werden
Klasse M	Zweirädrige Kleinkrafträder (Krafträder mit einer durch die Bauart bestimmten Höchstgeschwindigkeit von nicht mehr als 45 km/h und einer elektrischen Antriebsmaschine oder einem Verbrennungsmotor mit einem Hubraum von nicht mehr als 50 cm^3) und Fahrräder mit Hilfsmotor (Krafträder mit einer durch die Bauart bestimmten Höchstgeschwindigkeit von nicht mehr als 45 km/h und einer elektrischen Antriebsmaschine oder einem Verbrennungsmotor mit einem Hubraum von nicht mehr als 50 cm^3, die zusätzlich hinsichtlich der Gebrauchsfähigkeit die Merkmale von Fahrrädern aufweisen)
Klasse T	Zugmaschinen mit einer durch die Bauart bestimmten Höchstgeschwindigkeit von nicht mehr als 60 km/h und selbstfahrende Arbeitsmaschinen mit einer durch die Bauart bestimmten Höchstgeschwindigkeit von nicht mehr als 40 km/h, die jeweils nach ihrer Bauart zur Verwendung für land- oder forstwirtschaftliche Zwecke bestimmt sind und für solche Zwecke eingesetzt werden (jeweils auch mit Anhängern)
Klasse L	Zugmaschinen, die nach ihrer Bauart zur Verwendung für land- oder forstwirtschaftliche Zwecke bestimmt sind und für solche Zwecke eingesetzt werden, mit einer durch die Bauart bestimmten Höchstgeschwindigkeit von nicht mehr als 32 km/h und Kombinationen aus diesen Fahrzeugen und Anhängern, wenn sie mit einer Geschwindigkeit von nicht mehr als 25 km/h geführt werden und, sofern die durch die Bauart bestimmte Höchstgeschwindigkeit des ziehenden Fahrzeugs mehr als 25 km/h beträgt, sie für eine Höchstgeschwindigkeit von nicht mehr als 25 km/h in der durch § 58 der Straßenverkehrszulassungsordnung vorgeschriebenen Weise gekennzeichnet sind, sowie selbstfahrende Arbeitsmaschinen, Stapler und andere Flurförderzeuge jeweils mit einer durch die Bauart bestimmten Höchstgeschwindigkeit von nicht mehr als 25 km/h und Kombinationen aus diesen Fahrzeugen und Anhängern

lichen Mängeln ergeben kann (BGHSt 7, S. 165, 173; 15, S. 393, 396).

In der Rechtsprechung des Bundesgerichtshofs war umstritten, ob und inwieweit eine Straftat aus dem Bereich der allgemeinen Kriminalität ein Indiz für mangelnde Fahreignung sein kann. Traditionell ging der Bundesgerichtshof davon aus, dass jede unter Benutzung eines Kraftfahrzeugs begangene gravierende Straftat die charakterliche Eignung zum Führen eines Kraftfahrzeugs in Frage stelle. Dementsprechend wurde die Fahrerlaubnis nach § 69 StGB auch dann entzogen, wenn etwa bei einem Raub, beim Handel mit Betäubungsmitteln oder auch bei Serienbetrügereien ein Kraftfahrzeug zur Ausführung der Tat benutzt wurde. Diese Rechtsprechung ist aber durch den 4. Strafsenat des BGH in Frage gestellt worden. Der 4. Senat verlangt zu Recht, dass sich aus der Tat konkrete Anhaltspunkte für die Bereitschaft des Täters ergeben müssen, die Sicherheit des Straßenverkehrs seinen eigenen kriminellen Interessen unterzuordnen. Er hat die Rechtsfrage dem Großen Senat des Bundesgerichtshofs zur Entscheidung vorgelegt (BGH 4 StR 85/03 vom 26.08.2004), der sich inzwischen der auffassung des 4. Senats angeschlossen hat (BGH SLV 2005, S. 551 ff.)

Bei (auch im Vollrausch gem. § 323a StGB begangenen) Delikten der Gefährdung des Straßenverkehrs (§ 315c StGB), der Trunkenheit im Verkehr (§ 316 StGB) oder des unerlaubten Entfernens vom Unfallort (§ 142 StGB) ist der Täter gemäß § 69 Abs. 2 StGB »in der Regel« als ungeeignet anzusehen, wenn er im Fall des § 142 StGB zumindest wissen kann, dass ein Mensch nicht unerheblich verletzt worden oder ein bedeutender Schaden an fremden Sachen entstanden ist. Letzteres wird ab einem Schadensbetrag von ca. 1200 € anzunehmen sein (Nachweise bei Hentschel 2003c, S. 726).

Die erneute Erteilung einer Fahrerlaubnis kann normalerweise für bis zu 5 Jahre ausgeschlossen werden, in Ausnahmefällen aber auch »für immer«, wenn zu erwarten ist, dass die Höchstfrist zur Gefahrenabwehr nicht ausreicht (§ 69a Abs. 1 StGB).

Die Entziehung der Fahrerlaubnis kann bereits **vorläufig** gem. § 111a StPO erfolgen, wenn dringende Gründe für die Annahme vorhanden sind, dass die Fahrerlaubnis entzogen werden wird. Dies geschieht durch Beschlagnahme nach § 111a Abs. 3 S. 1 und § 94 Abs. 3 StPO. Zwar ist eine vorläufige Entziehung der Fahrerlaubnis nach § 111a StPO dem Richter vorbehalten. Jedoch kann bei Gefahr im Verzug, d. h., wenn die richterliche Entscheidung zur Erreichung des Zwecks der Maßnahme zu spät käme, auch eine sofortige Beschlagnahme durch die Staatsanwaltschaft bzw. deren Hilfsbeamte erfolgen. Speziell bei § 111a StPO liegt Gefahr im Verzug nach BGHSt 22, S. 385 vor, wenn »ohne die Beschlagnahme der Verlust des Führerscheins als Beweismittel« zu befürchten sei oder der Betroffene »ohne die Abnahme des Führerscheins weitere Trunkenheitsfahrten unternehmen oder sonst Verkehrsvorschriften in schwerwiegender Weise verletzen« werde.

Beispiel

Fall 13.2. Bei Bernhardt F., 42-jährigem Prokuristen eines Flughafens, war seit Jahren eine Alkoholabhängigkeit bekannt. Allerdings konnte er jahrelang den Konsum von Alkohol und Fahren strikt trennen. Dies änderte sich, und es kam – alkoholbedingt – zu einem schweren Unfall mit einem tödlich verunglückten Fußgänger auf dem Weg zum Arbeitsplatz. Weitere z. T. schwere Auffälligkeiten im Straßenverkehr folgten innerhalb weniger Monate. Mehrere Entzugsbehandlungen und eine stationäre Entwöhnungsbehandlung bewirkten nur kurzfristig eine Abstinenz. Das Gericht sprach für die zusammengezogenen Anklagen neben einer Freiheitsstrafe von 18 Monaten auf Bewährung eine Maßregel gem. § 69 StGB aus und befristete den Entzug der Fahrerlaubnis wegen der weit fortgeschrittenen Alkoholabhängigkeit (ICD-10:F10.24) auf 5 Jahre.

Fehlende oder bedingte Befähigung oder Eignung (§ 3 StVG, § 46 FeV)

Die Fahrerlaubnis wird bei fehlender Befähigung oder Eignung von der Fahrerlaubnisbehörde gemäß § 3 Abs. 1 S. 1 StVG bzw. § 46 FeV entzogen. Davon ist z. B. bei 18 oder mehr Punkten im Flensburger Verkehrsregister grundsätzlich auszugehen (§ 4 Abs. 3 Nr. 3 und Abs. 1 S. 1 StVG). Eine Entziehung der Fahrerlaubnis ist ebenfalls bei Verfehlungen in der Probezeit nach § 2a Abs. 2–4 StVG vorgesehen, die auch ein medizinisch-psychologisches Gutachten erforderlich machen können.

Bloße Eignungszweifel genügen für eine Entziehung nicht. Der dem Schutz der Allgemeinheit vor Gefährdungen durch ungeeignete bzw. nicht befähigte Kraftfahrer dienende § 3 Abs. 1 S. 1 StVG setzt seinem Wortlaut nach eine erwiesene Nichteignung voraus (Hentschel 2003b, § 3 StVG Rn. 1 ff.).

Bei bedingter Eignung ordnet die Fahrerlaubnisbehörde gemäß § 46 Abs. 2 FeV und entsprechend dem Übermaßverbot die notwendigen Auflagen oder Beschränkungen an. Letzteres kommt beispielsweise als Ausnahme von der vollständigen Entziehung der Fahrerlaubnis in Betracht, wenn der Betroffene zur Mitarbeit in einem landwirtschaftlichen Betrieb die Fahrerlaubnis der Klasse 5 zur Ermöglichung des Führens von Traktoren braucht. Eine Auflage kennzeichnet sich dagegen dadurch, dass dem Fahrzeugführer seine Fahrerlaubnis belassen wird, aber gleichzeitig beispielsweise eine erneute theoretische und praktische Prüfung auferlegt wird (Bode u. Winkler 2003, S. 363 f.).

Das untergeordnete Verhältnis zum Strafrecht wird in § 3 Abs. 3 S. 1 StVG deutlich, der besagt, dass die Fahrerlaubnisbehörde einen Sachverhalt in einem Entziehungsverfahren nicht berücksichtigen darf, der Gegenstand eines anhängigen Strafverfahrens ist, in dem die Entziehung der Fahrerlaubnis nach § 69 des Strafgesetzbuches in Betracht kommt. Will die Fahrerlaubnisbehörde zu einem späteren Zeitpunkt einen Sachverhalt berücksichtigen, der Gegenstand der Urteilsfindung in einem Strafverfahren gegen den Inhaber der Fahrerlaubnis gewesen ist, so darf sie nach § 3 Abs. 4 S. 1 StVG zu dessen Nachteil vom Inhalt des Urteils insoweit nicht abweichen, als es sich auf die Feststellung des Sachverhalts, die Beurteilung der Schuldfrage oder der Eignung zum Führen von Kraftfahrzeugen bezieht.

! Die Verwaltungsbehörde ist in wichtigen Gesichtspunkten an die Vorgaben aus dem Strafverfahren gebunden, allerdings nicht an ergänzenden Feststellungen zu in der strafgerichtlichen Entscheidung nicht thematisierten Aspekten gehindert (Näheres bei Bode u. Winkler 2003, S. 459 ff.; Hentschel 2003b, § 3 StVG Rn. 15 ff.).

Nimmt jemand trotz Fahrverbot bzw. fehlender Fahrerlaubnis als Führer eines Kraftfahrzeugs am Straßenverkehr teil, so macht er sich in der Konsequenz nach § 21 StVG strafbar.

Bei der Frage nach der Wiederherstellung der Eignung genügt nach § 11 Abs. 10 FeV statt eines erneuten medizinisch-psychologischen Gutachtens in der Regel auch die Teilnahme an einem nach § 70 FeV anerkannten Nachschulungskurs, »wenn aufgrund eines medizinisch-psychologischen Gutachtens einer Begutachtungsstelle für Fahreignung die Teilnahme des Betroffenen an dieser Art von Kursen als geeignete Maßnahme angesehen wird, seine Eignungsmängel zu beheben« und die Fahrerlaubnisbehörde der Kursteilnahme zugestimmt hat.

13.3 Beurteilung von Fahreignung und Fahrtüchtigkeit

13.3.1 Begriff der Fahrtüchtigkeit

! Fahruntüchtigkeit bzw. -unsicherheit liegt vor, wenn der Führer eines Fahrzeugs nicht dazu fähig ist, dieses eine längere Strecke entsprechend den Anforderungen des Straßenverkehrs auch bei plötzlichem Auftreten schwieriger Verkehrslagen zu steuern (BGHSt 13, S. 83; 19, S. 243 f.; 21, S. 157, 160).

Im Gegensatz zum abstrakt-generellen Begriff der Fahreignung, der auf eine situationsunabhängige Eigenschaft bzw. ein Persönlichkeitsmerkmal abstellt, sind mit Fahrtüchtigkeit bzw. Fahruntüchtigkeit die aktuellen, im Fall des Strafrechts zur Tatzeit vorliegenden Fähigkeiten zum Führen eines Fahrzeugs gemeint.

- **Absolute Fahruntüchtigkeit** liegt dann vor, wenn der Zustand des Täters ein sicheres Führen des Fahrzeugs per se ausschließt, ohne dass weitere Feststellungen zu Begleitumständen wie z. B. der Fahrweise des Betroffenen im Einzelfall notwendig sind. Ist eine Person nach der oben unterschiedenen Begrifflichkeit schon generell ungeeignet zum Führen eines Kraftfahrzeugs, beispielsweise aufgrund von Blindheit, ist sie immer auch als absolut fahruntüchtig anzusehen (wohingegen der Rückschluss von absoluter Fahruntüchtigkeit auf generell fehlende Fahreignung nicht möglich ist).

- **Relative Fahruntüchtigkeit** ist gegeben, wenn sich die fehlende Fähigkeit, das Fahrzeug sicher zu führen, erst aus über den festgestellten Mangel hinausgehenden weiteren Umständen der konkreten Situation ergibt (wie z. B. bei Fahren in Schlangenlinien).

Die Fahruntüchtigkeit muss auf den Genuss, d. h. den Konsum bzw. die Einnahme berauschender Mittel (LK-König 2000, § 316 Rn. 13), oder – nur bei den §§ 315a und 315c StGB – auf sog. geistige bzw. körperliche Mängel (psychische Störungen oder somatische Erkrankungen) zurückzuführen sein, wobei sich die Varianten nicht gegenseitig ausschließen: Alkohol ist bekanntermaßen ein spezielles berauschendes Mittel (s. unten). Der Genuss berauschender Mittel ruft wiederum körperlich-geistige Beeinträchtigungen hervor, sodass von einem Spezialitätsverhältnis auszugehen ist (BVerfG NJW 2002, S. 2378 f.; Lackner u. Kühl 2004, § 315c Rn. 12).

13.3.2 Begriff der Fahreignung

> **§ 2 Abs. 4 S. 1 StVG. Fahreignung.** Geeignet zum Führen von Kraftfahrzeugen ist, wer die notwendigen geistigen Anforderungen erfüllt und nicht erheblich oder nicht wiederholt gegen verkehrsrechtliche Vorschriften oder gegen Strafgesetze verstoßen hat.

Unklar lässt die Vorschrift allerdings, wie die körperlichen und geistigen Anforderungen konkret auszusehen haben bzw. welche Symptome, Syndrome oder Erkrankungen damit gemeint sein können. In negativer Hinsicht ist die Fahreignung insofern eingrenzbar, als § 2 Abs. 2 StVG die Befähigung zum Führen von Kraftfahrzeugen (§ 2 Abs. 2 Nr. 5 StVG) von der Fahreignung (§ 2 Abs. 2 Nr. 3 StVG) im Gegensatz zur bis 1999 geltenden Regelung abtrennt:

Bisher umfasste der Begriff »Eignung« zum Führen von Kraftfahrzeugen sowohl die Eignung in körperlicher und geistiger sowie charakterlicher Hinsicht als auch die Befähigung. Da es sich dabei jedoch sachlich um unterschiedliche Elemente mit eigenständiger Bedeutung handelt, sollen Eignung und Befähigung künftig begrifflich getrennt werden. (BR-Drucks. 821/96, S. 67 f.)

Die Befähigung muss nach entsprechender Ausbildung in einer theoretischen und praktischen Prüfung nachgewiesen bzw. erworben werden und zielt begrifflich eher auf bestimmte Kenntnisse und Fertigkeiten, wogegen die Eignung eher die persönlichen Eigenschaften des Betroffenen zum Gegenstand hat.

> **§ 2 Abs. 5 StVG. Fahrbefähigung.** Befähigt zum Führen von Kraftfahrzeugen ist, wer
> 1. ausreichende Kenntnisse der für das Führen von Kraftfahrzeugen maßgebenden gesetzlichen Vorschriften hat,
> 2. mit den Gefahren des Straßenverkehrs und den zu ihrer Abwehr erforderlichen Verhaltensweisen vertraut ist,
> 3. die zum sicheren Führen eines Kraftfahrzeugs, gegebenenfalls mit Anhänger, erforderlichen technischen Kenntnisse besitzt und zu ihrer praktischen Anwendung in der Lage ist und
> 4. über ausreichende Kenntnisse einer umweltbewussten und energiesparenden Fahrweise verfügt und zu ihrer praktischen Anwendung in der Lage ist.

Mit dem trotz § 2 Abs. 4 StVG noch relativ unkonturierten Begriff der Fahreignung setzt sich § 11 Abs. 1 FeV weiter auseinander, der zwar eine weitere begriffliche Konkretisierung der Fahreignung vermissen lässt, aber hinsichtlich der körperlichen und geistigen Anforderungen auf die Anlagen 4 und 5 zur FeV verweist, die ausführlich, aber nicht abschließend auf spezielle Krankheitsbilder bzw. Mängel und ihren Einfluss auf die Fahreignung eingehen (BGBl 1998, S. 2214, 2253 ff.; abgedruckt bei Kirchner 2002, S. 393 ff.).

Überlegungen zur Fahrtüchtigkeit hinsichtlich körperlich-geistiger Mängel können auf die Fahreignung nur insoweit übertragen werden, als die Mängel die Fähigkeiten zum Führen eines Kraftfahrzeugs nicht nur vorübergehend (zum Tatzeitpunkt) ausgeschlossen, sondern dauerhaft mangelnde Fahreignung zur Folge haben müssen.

Traditionell und angelehnt an die frühere Gesetzesfassung wird neben den körperlichen und geistigen auch auf charakterliche Mängel abgestellt, die die Eignung ausschließen können. Damit können beispielsweise Persönlichkeitsstörungen im Sinne der ICD-10 oder auch Persönlichkeitsakzentuierungen ohne Krankheitswert gemeint sein. So ist gut bekannt, dass neben zeitlich invarianten, überdauernden Persönlichkeitseigenschaften verkehrsrelevante Einstellungen zum aktuellen Verhalten im Straßenverkehr beitragen (BVerfG NJW 2002, S. 2378, 2380):

Zum anderen können charakterlich-sittliche Mängel die Fahreignung ausschließen. Solche Mängel liegen vor, wenn der Betroffene bereit ist, das Interesse der Allgemeinheit an sicherer und verkehrsgerechter Fahrweise den jeweiligen eigenen Interessen unterzuordnen und hieraus resultierende Gefährdungen oder Beeinträchtigungen des Verkehrs in Kauf zu nehmen. Ausdruck eines Mangels dieser Art ist es, wenn ein Fahrerlaubnisinhaber ungeachtet einer im Einzelfall anzunehmenden oder jedenfalls nicht auszuschließenden drogenkonsumbedingten Fahruntüchtigkeit nicht bereit ist, vom Führen eines Kraftfahrzeugs im öffentlichen Straßenverkehr abzusehen (unzureichende Trennungsbereitschaft).

13

13.3.3 Alkohol

Für die Wirkung von Alkohol ist typisch, dass dosis- und konstitutionsabhängig das subjektive Leistungsgefühl und die Risikobereitschaft gesteigert werden, während die psychotechnische Leistungsfähigkeit im Sinne von Aufmerksamkeit, Auffassung, Konzentration, Sehvermögen, Geschicklichkeit und Reaktion in Wirklichkeit abnimmt (Habel u. Schneider 2002, S. 23ff.; Tröndle u. Fischer 2004, § 316 Rn. 9). Die verschiedenen Funktionsstörungen werden dabei nicht einzeln gewürdigt, sondern es wird sinnvollerweise auf die Beeinträchtigung der Gesamtpersönlichkeit abgestellt. Dazu der Bundesgerichtshof (BGHSt 25, S. 360 f.):

Ob und wann eine Fahruntüchtigkeit i. S. des § 316 StGB gegeben ist, hängt einerseits ab vom Ausmaß der alkoholbedingten Änderungen der Leistungsfähigkeit und der Beeinträchtigungen der Gesamtpersönlichkeit des Fahrzeugführers selbst, andererseits vom Ausmaß der Gefährdung anderer Verkehrsteilnehmer durch ihn.

Absolute Fahruntüchtigkeit im Sinne einer per se unzureichenden Leistungsfähigkeit ist bei allen Kraftfahrern mit einer BAK von mindestens 1,1‰ gegeben (BGHSt 37, S. 89, für Fahrradfahrer 1,6‰ nach BGHSt 34, S. 133 und ermäßigtem Sicherheitszuschlag, vgl. Lackner u. Kühl 2004, § 315c Rn. 6a). Dies gilt auch dann, wenn dieser Grenzwert im Zeitpunkt der Fahrt zwar noch nicht erreicht war, der Kraftfahrer jedoch eine Alkoholmenge im Körper hatte, die in der Folgezeit zu einer entsprechenden BAK geführt hätte, da in einer solchen Anflutungsphase die Schädigungen von gleichem Ausmaß sind wie bei Erreichen des Maximums (BVerfG NJW 1995, S. 125 f.; BGHSt 25, S. 246, 251; Hentschel 2003a, Rn. 514).

Unterhalb dieser »Promillegrenze« kommt **relative Fahruntüchtigkeit** in Betracht, denn schon ab einer BAK von 0,3‰ sind relevante Störungen der Gesamtleistungsfähigkeit nachweisbar (LK-König 2000, § 316 Rn. 16; Weibrecht 2001, S. 146; Hentschel 2003a, Rn. 183).

Für die Feststellung der relativen Fahruntüchtigkeit berücksichtigt die Rechtsprechung neben dem wichtigsten Beweisanzeichen der BAK in der Person des Fahrers liegende Gegebenheiten wie Krankheit oder Ermüdung, äußere Bedingungen der Fahrt wie Straßen- und Witterungsverhältnisse und das konkrete Verhalten des Fahrers, das sich in stets erforderlichen Ausfallerscheinungen äußern muss.

Dabei sind die an eine konkrete Ausfallerscheinung zu stellenden Anforderungen um so geringer, je hö-

her die Blutalkoholkonzentration und je ungünstiger die objektiven und subjektiven Bedingungen der Fahrt des Angeklagten sind. Als solche Ausfallerscheinungen kommen insbesondere in Betracht: eine auffällige, sei es regelwidrige, sei es besonders sorglose und leichtsinnige Fahrweise, ein unbesonnenes Benehmen bei Polizeikontrollen, aber auch ein sonstiges Verhalten, das alkoholbedingte Enthemmung und Kritiklosigkeit erkennen lässt, ferner z. B. ein Stolpern und Schwanken beim Gehen. (BGHSt 31, S. 42, 44)

Die Feststellung der BAK erfolgt durch Blutprobe gemäß § 81a Abs. 1 S. 2 StPO, Atemalkoholanalyse oder Trinkmengenberechnung (ausführlich und kritisch zu den einzelnen Methoden Haffner u. Blank 2002, S. 70 ff.; LK-König 2000, § 316 Rn. 17 ff.). Zu beachten ist, dass für eine Strafbarkeit wegen eines Verkehrsdelikts die BAK zur Tatzeit ermittelt werden muss. Deshalb ist auch bei einer vorliegenden Blutprobe oder Atemalkoholanalyse meist eine Rückrechnung erforderlich. Bei einer solchen Rückrechnung wird in der Rechtsprechung für jede Stunde ein Abschlag von 0,1‰ angesetzt. Die Berechnung anhand dieses statistisch gesicherten Mindestabbauwerts trägt dem Grundsatz »in dubio pro reo« Rechnung (BGHSt 25, S. 246, 250).

Problematisch kann die Rückrechnung dann werden, wenn der Betroffene behauptet, den Alkohol oder einen Teil davon beispielsweise aufgrund der Aufregung erst nach der Tat konsumiert zu haben. Gerade zur Überprüfung der Behauptung eines solchen Nachtrunks werden häufig medizinische Sachverständige herangezogen. Bei einem Vergleich zweier in zeitlichem Abstand entnommener Blutproben kann beispielsweise eine Differenz der BAK im Falle einer höheren späteren für einen Nachtrunk, im Falle einer signifikant niedrigeren gegen einen Nachtrunk sprechen (Hentschel 2003a, Rn. 107; gegen letzteren Umkehrschluss Hoppe u. Haffner 1998, S. 268). Ähnlich unsicher sind Beobachtungen zu Veränderungen der Trunkenheitssymptome beim Betroffenen, die in der Resorptionsphase im Gegensatz zur Eliminationsphase in der Regel vermehrt auftreten. Neben der Feststellung der BAK kann eine Blutprobe aber auch auf Begleitalkohole wie z. B. Methanol untersucht werden, die z. T. sehr detaillierte Rückschlüsse hinsichtlich eines Nachtrunks erlauben, sodass diese Begleitstoffanalyse als wichtigstes Hilfsmittel für die Überprüfung solcher Fälle bezeichnet werden kann (Bonte et al. 1982, S. 2109 ff.; Hentschel 2003a, Rn. 109; Hoppe u. Haffner 1998, S. 268).

Klärung von Eignungszweifeln im Zusammenhang mit Alkohol (§ 13 FeV). Bei Anzeichen für Alkoholabhängigkeit (ICD-10:F10.2; Habel u. Schneider 2002, S. 32 ff.) ist nach § 13 Nr. 1 FeV ein fachärztliches Gutachten erforderlich. Dies sollte zweckmäßiger Weise von einem Arzt für Psychiatrie und Psychotherapie erstellt werden, da nur zu dessen Fachgebiet die Erkrankung gehört.

Ein mit einer Prognose des Alkoholtrinkverhaltens verbundenes medizinisch-psychologisches Gutachten ist aber nach § 13 Nr. 2a und e FeV bei einem schädlichen Gebrauch von Alkohol (Alkoholmissbrauch; ICD-10: F10.0; Habel u. Schneider 2002, S. 25 ff.) bzw. dessen in Frage stehender Beendigung angezeigt, der laut Anlage 4, Nr. 8.1 und als quantitative Vorstufe zur Abhängigkeit schon dann vorliegt, wenn das Führen von Kraftfahrzeugen und ein die Fahrsicherheit beeinträchtigender Alkoholkonsum nicht hinreichend sicher getrennt werden können. Zum Teil wurde auf den Zusammenhang mit der Teilnahme am Straßenverkehr in der Rechtsprechung sogar gänzlich verzichtet.

Im Jahr 2001 sah der VGH Mannheim (VRS 10, S. 232) im Fall eines nächtlichen Baraufenthalts einer erheblich alkoholisierten Frau in Begleitung ihres vierjährigen Kindes bereits genügende Anzeichen für Alkoholmissbrauch (diese Feststellung ist natürlich völlig unabhängig von der medizinischen Diagnose eines Alkoholmissbrauchs).

Des Weiteren ist gemäß § 13 Nr. 2 b–d FeV ein medizinisch-psychologisches Gutachten erforderlich nach wiederholten Zuwiderhandlungen im Straßenverkehr unter Alkoholeinfluss, einer Autofahrt mit einer BAK von mindestens 1,6‰ bzw. Atemalkoholkonzentration von mindestens 0,8 mg/l oder nach dem Entzug der Fahrerlaubnis aus solchen Gründen.

13.3.4 Andere berauschende Mittel (illegale Drogen)

! Berauschende Mittel im Sinne der Straßenverkehrsdelikte sind alle Stoffe, die das Hemmungsvermögen sowie die intellektuellen und motorischen Fähigkeiten beeinträchtigen und die damit in ihren Auswirkungen denen des Alkohols vergleichbar sind (BGH VRS 53, S. 356; Schönke u. Schröder-Cramer 2001, § 316 Rn. 5; LK-König 2000, § 316 Rn. 140).

Dies sind vor allem die Mittel, die dem Betäubungsmittelgesetz (BtMG) und den Betäubungsmittelgleichstellungsverordnungen unterfallen, also hauptsächlich Opiate, Cannabis und Kokain (LK-König 2000, § 316 Rn. 141), aber auch Amphetamine, LSD und die Substitutionsmittel Heroinabhängiger. Ebenso werden Schmerzmittel, Psychopharmaka und andere pharmakologische Mittel erfasst, wenn sie bei entsprechender Dosierung und – üblicherweise nicht ärztlich verordneter – Anwendung als Rauschdrogen wirken (Lackner u. Kühl 2004,§ 315c Rn. 5).

Im Gegensatz zum Alkohol, bei dem die Rechtsprechung aufgrund guter Quantifizierbarkeit, bekanntem Stoffwechsel sowie überprüfbarer und bedingt reproduzierbarer Wirkungsweise einen Grenzwert für die absolute Fahruntüchtigkeit festlegen konnte, fehlen solche Anhaltspunkte für die anderen berauschenden Mittel fast vollständig (Schönke u. Schröder-Cramer 2001, § 316 Rn. 6; Gehrmann 2002a, S. 205 ff.; Lenhart 2003, S. 409). Zur Feststellung der Fahruntüchtigkeit in solchen Fällen sind insofern wie bei der relativen Fahruntüchtigkeit unter leichterem Alkoholeinfluss weitere konkrete Anhaltspunkte erforderlich.

Gesicherte Erfahrungswerte, die es erlauben, der Blutalkoholkonzentration von 1,1‰ entsprechend »Grenzwerte« der Blut-Wirkstoff-Konzentration für die Annahme »absoluter« Fahruntüchtigkeit nach Drogenkonsum zu bestimmen, liegen bisher nicht vor […] Trotz der erheblichen Gefahren, die von der Teilnahme unter Rauschgifteinfluss stehender Kraftfahrer am Straßenverkehr ausgehen können, kann deshalb der für die Erfüllung des geltenden § 316 StGB vorausgesetzte Nachweis der (»relativen«) Fahruntüchtigkeit bei der gegenwärtigen Gesetzeslage grundsätzlich nur aufgrund des konkreten rauschmittelbedingten Leistungsbildes des Betreffenden im Einzelfall geführt werden; dazu bedarf es außer dem positiven Blut-Wirkstoff-Befund regelmäßig weiterer aussagekräftiger Beweisanzeichen. (BGH NJW 1999, S. 226 f.)

In § 14 Abs. 1 S. 1 FeV ist die Anordnung eines ärztlichen Gutachtens zur Vorbereitung von Entscheidungen über die Erteilung oder die Verlängerung der Fahrerlaubnis vorgesehen, wenn Tatsachen die Annahme von Betäubungsmittelabhängigkeit bzw. -einnahme oder missbräuchlicher Einnahme von psychoaktiv wirkenden Arzneimitteln und Stoffen begründen. Letzteres liegt laut Anlage 4, Nr. 9.4 bei regelmäßig übermäßigem Gebrauch vor. Vorzugsweise sind solche Gutachten wiederum durch entsprechend qualifizierte Ärzte für Psychiatrie und Psychotherapie anzufertigen.

Beispiel

Fall 13.3. Charlotte F., 26-jährige Prostituierte, war seit Jahren heroinabhängig (ICD-10:F11.22) und nahm seit 6 Monaten an einem ärztlich überwachten Substitutionsprogramm mit L-Polamidon teil. Sie war im Straßenverkehr nie auffällig geworden. Die Straßenverkehrsbehörde ordnete nun eine fachpsychiatrische Begutachtung an. Frau F. war in der Exploration und Untersuchung hinsichtlich ihrer Fahreignung nicht auffällig, was durch mehrere ergänzende blutchemische (toxikologisch: kein Beikonsum) und eine testpsychologische Untersuchung (unter der durchgeführten Substitution) bestätigt werden konnte. Die sachverständige Empfehlung bestätigte daher die Fahreignung.

Ein ärztliches Gutachten kann unabhängig von Drogenkonsum und Straßenverkehr nach der Ermessensvorschrift des § 14 Abs. 1 S. 2 FeV außerdem angeordnet werden, »wenn der Betroffene Betäubungsmittel im Sinne des Betäubungsmittelgesetzes widerrechtlich besitzt oder besessen hat«.

Ein medizinisch-psychologisches Gutachten kann dagegen nach § 14 Abs. 1 S. 4 FeV angeordnet werden, »wenn gelegentliche Einnahme von Cannabis vorliegt und weitere Tatsachen Zweifel an der Eignung begründen«. Es ist zwingend nach

§ 14 Abs. 2 FeV beizubringen, wenn die Fahrerlaubnis aus einem der in § 14 Abs. 1 FeV genannten Gründe entzogen war oder zu klären ist, ob der Betroffene noch abhängig ist oder weiterhin Betäubungsmittel einnimmt, da in diesen Fällen für eine Beurteilung auch in Form einer Prognose entscheidend ist, ob ein stabiler Einstellungswandel eingetreten ist.

Während bereits die einmalige Einnahme von Betäubungsmitteln entsprechend Anlage 4, Nr. 9.1 grundsätzlich die Fahreignung ausschließt (VGH Mannheim NZV 2002, S. 475 ff.), ist speziell für Cannabis zwischen fachärztlich festgestellter regelmäßiger und gelegentlicher Einnahme zu unterscheiden (zur Differenzierung Gehrmann 2002a, S. 209 f.). Erstere schließt die Fahreignung gemäß Anlage 4, Nr. 9.2.1 ebenfalls in der Regel aus, wogegen gelegentliche Einnahme die Fahreignung grundsätzlich nicht hindert. Bestehen aber aufgrund weiterer Tatsachen Zweifel an der Eignung, wie z. B. bei Konsum im Zusammenhang mit dem Fahren, Kontrollverlust, Persönlichkeitsstörungen oder zusätzlichem Gebrauch von Alkohol oder anderen psychoaktiv wirkenden Stoffen (Anlage 4, Nr. 9.2.2), so kann nach § 14 Abs. 1 S. 4 FeV die Beibringung eines medizinisch-psychologischen Gutachtens angeordnet werden.

Sind hinreichend konkrete tatsächliche Verdachtsmomente festzustellen, dass jemand während der Teilnahme am Straßenverkehr Cannabis konsumiert oder sonst wie unter Cannabiseinfluss ein Kraftfahrzeug geführt hat, bestehen keine verfassungsrechtlichen Bedenken, ihn einer Fahreignungsüberprüfung zu unterziehen. Diese kann auch die Anforderung eines fachärztlichen Gutachtens auf der Grundlage eines Drogenscreenings umfassen. (BVerfG NJW 2002, S. 2381)

Zu dieser Problematik bestätigte das Bundesverfassungsgericht (BVerfG NJW 2002, S. 2378, 2380) die zuvor vom Bundesverwaltungsgericht (NJW 2002, S. 78, 80) ergangene Rechtsprechung dahingehend, dass der einmalige oder nur gelegentliche Cannabiskonsum ohne Bezug zum Straßenverkehr nicht als hinreichendes Verdachtselement für eine Fahreignungsprüfung zu bewerten ist, was bedeutet, dass schon die Anordnung der Beibringung eines ärztlichen Gutachtens in solchen Fällen rechtswidrig ist. Zwar unterfiel der der Entscheidung zugrunde liegende Fall noch der alten Rechtslage vor 1999. Da das BVerfG aber hauptsächlich auf den verfassungsrechtlichen Verhältnismäßigkeitsgrundsatz hinsichtlich des Grundrechts der allgemeinen Handlungsfreiheit aus Art. 2 Abs. 1 GG abstellte, muss auch die neue Rechtslage diesen Anforderungen entsprechen. Für die Vorschriften des § 14 FeV hat das folgende Auswirkungen:

! § 14 Abs. 1 S. 1 Nr. 2 FeV ist insoweit als verfassungswidrig anzusehen, als er bei Tatsachen für die Annahme des einmaligen oder gelegentlichen Konsums von Cannabis zwingend die Anordnung eines ärztlichen Gutachtens vorsieht (so auch Gehrmann 2003, S. 15; vor der Entscheidung bereits u. a. VG Berlin NJW 2000, S. 2440; Kreuzer 1999, S. 357). Eine Anordnung nach § 14 Abs. 1 S. 2 FeV darf dementsprechend bei lediglich festgestelltem Besitz von kleineren Mengen Cannabis erst recht nicht erfolgen.

Letzteres ergibt sich daraus, dass der Besitz noch nicht den Verdachtsgrad des § 14 Abs. 1 S. 1 Nr. 2 FeV erreicht: Wäre dem so, so wäre die Vorschrift aufgrund des gleichen Gefahrengrades für die Straßenverkehrssicherheit nicht als Ermessensvorschrift formuliert. Darüber hinaus wäre § 14 Abs. 1 S. 2 FeV dann aber auch völlig überflüssig, da er komplett in § 14 Abs. 1 S. 1 Nr. 2 FeV enthalten wäre (OVG Münster NZV 2002, S. 427 f.). Dies und die Tatsache, dass § 14 Abs. 1 S. 2 FeV jeglichen Bezug zum Straßenverkehr vermissen lässt, stellt die Verfassungsmäßigkeit dieser Vorschrift (auch bezüglich härterer Drogen) doch sehr in Frage. Geht man dennoch von ihr aus, so bleibt auf der Grundlage der neueren Rechtsprechung die Frage offen, ab welcher Menge Cannabis gegen ihren Besitzer ohne jeglichen Bezug zu Konsum und Straßenverkehr eine Anordnung nach § 14 Abs. 1 S. 2 FeV in verfassungsrechtlich zulässiger Weise ergehen kann.

13.3.5 Geistige oder körperliche Mängel (andere psychische Störungen oder somatische Krankheiten)

Eine zielführende Trennung zwischen geistigen und körperlichen Mängeln (Tatbestandsalternative nur §§ 315a, 315c StGB) ist oft nicht möglich, aber aufgrund der Gleichstellung im Gesetz auch nicht notwendig, wobei eine Fahruntüchtigkeit erst aufgrund des Zusammenwirkens von geistigen und körperlichen Mängeln selbstverständlich mit erfasst ist (LK-König 2000, § 315c Rn. 48). Das BVerfG spricht von »körperlich-geistigen Mängeln, also Defiziten der körperlich-geistigen Leistungsfähigkeit oder Fehlfunktionen« (NJW 2002, S. 2378, 2380).

Als primär körperliche Mängel kommen in der juristischen Literatur beispielsweise in Betracht: Amputation von Beinen oder Armen, Schwerhörigkeit, Augenleiden, schwerer Diabetes mellitus, fiebrige Erkrankungen und selbst intensiver Heuschnupfen (Tröndle u. Fischer 2001, § 315c Rn. 3b; LK-König 2000, § 315c Rn. 53 f.).

Aus medizinischer Sicht lässt sich keine umfassende Liste erstellen, da entsprechende Beeinträchtigungen individuell höchst unterschiedlich ausgeprägt sind und in Teilen durch Hilfsmittel, Medikamente, psychosoziale Unterstützungen oder andere Dinge ganz oder wenigstens teilweise kompensiert werden können, sodass sie hier nicht weiter relevant sind.

Geistige Mängel, d. h. psychische Störungen im Sinne der ICD-10, liegen vor bei einer Beeinträchtigung kognitiver, emotionaler und psychophysiologischer Fähigkeiten, die die Verkehrsteilnahme negativ beeinflussen. Für den Bundesgerichtshof fallen darunter auch Anfallsleiden, »sofern nach dem Erscheinungsbild und dem Verlauf der Erkrankung die erhebliche Gefahr jederzeit auftretender Anfälle begründet ist« (BGHSt 40, S. 341). Eine Spezifizierung hinsichtlich Qualität und Quantität einzelner Symptome lässt sich allerdings kaum empirisch ableiten.

Hinsichtlich der häufig vorkommenden Fälle von **Übermüdung** hat der BGH festgestellt, »dass ein Kraftfahrer, bevor er am Steuer seines Fahrzeugs während der Fahrt einschläft (einnickt), stets deutliche Zeichen der Ermüdung (Übermüdung) an sich wahrnimmt oder wenigstens wahrnehmen kann« (BGHSt 23, S. 156).

! Entscheidend bei der Beurteilung im Einzelfall ist nicht das Vorhandensein einer psychischen Störung oder auch einer somatischen Erkrankung. Vielmehr kommt es darauf an, ob und wie sehr sich die betreffenden Zustände auf die Fahrtüchtigkeit auswirken. Informationen über das Krankheitsbild sind für den entscheidenden Richter daher nur insoweit von Nutzen und Interesse, als sie Rückschlüsse auf die Fahrtüchtigkeit des Betroffenen zulassen.

Grundsätzlich bestehende Mängel, die die Fahrtüchtigkeit in der Regel ausschließen würden, können häufiger durch technische Hilfsmittel, Medikamente oder auch durch bestimmte Verhaltensmodifikationen kompensiert werden. Allerdings sind dann ggf. Nebenwirkungen, z. B. von Medikamenten, zu berücksichtigen (Laux 2002, S. 236 f; Pluisch 1999, S. 3). Dabei ist zu beachten, dass der Tatbestand (»nicht in der Lage […], das Fahrzeug sicher zu führen«) auch bei lediglich beschränkter Fahrtüchtigkeit erfüllt ist (Hentschel 2003b, § 316 StGB Rn. 6).

13.4 Vorgaben für die Gutachtenerstellung

Hinsichtlich der Erstellung ärztlicher bzw. medizinisch-psychologischer Gutachten (speziell dazu Himmelreich u. Janker, S. 1999) macht die Anlage 15 (dazu Geiger 2002, S. 20 ff.), auf die § 11 Abs. 5 FeV verweist, nähere Angaben.

Weitere Anhaltspunkte, insbesondere auch für psychische Störungen, lassen sich den Begutachtungsleitlinien zur Kraftfahrereignung des Gemeinsamen Beirats für Verkehrsmedizin beim Bundesministerium für Verkehr, Bau- und Wohnungswesen und beim Bundesministerium für Gesundheit entnehmen (2000; Kommentierung bei Stevens u. Foerster 2001, S. 125 ff.; Schubert et al. 2002; Gehrmann 2002b, S. 488 ff.), die durch die Zusammenführung der Begutachtungsleitlinien »Krankheit und Kraftverkehr« und des »Psycholo-

Anlage 15 zu § 11 Abs. 5 FeV. Grundsätze für die Durchführung der Untersuchungen und die Erstellung der Gutachten

1. Die Untersuchung ist unter Beachtung folgender Grundsätze durchzuführen:
   a) Die Untersuchung ist anlassbezogen und unter Verwendung der von der Fahrerlaubnisbehörde zugesandten Unterlagen über den Betroffenen vorzunehmen. Der Gutachter hat sich an die durch die Fahrerlaubnisbehörde vorgegebene Fragestellung zu halten.
   b) Gegenstand der Untersuchung sind nicht die gesamte Persönlichkeit des Betroffenen, sondern nur solche Eigenschaften, Fähigkeiten und Verhaltensweisen, die für die Kraftfahreignung von Bedeutung sind (Relevanz zur Kraftfahreignung).
   c) Die Untersuchung darf nur nach anerkannten wissenschaftlichen Grundsätzen vorgenommen werden.
   d) Vor der Untersuchung hat der Gutachter den Betroffenen über Gegenstand und Zweck der Untersuchung aufzuklären.
   e) Über die Untersuchung sind Aufzeichnungen anzufertigen.
   f) In den Fällen der §§ 13 und 14 ist Gegenstand der Untersuchung auch das voraussichtliche künftige Verhalten des Betroffenen, insbesondere ob zu erwarten ist, dass er nicht oder nicht mehr ein Kraftfahrzeug unter Einfluss von Alkohol oder Betäubungsmitteln/Arzneimitteln führen wird. Hat Abhängigkeit von Alkohol oder Betäubungsmitteln/Arzneimitteln vorgelegen, muss sich die Untersuchung darauf erstrecken, dass die Abhängigkeit nicht mehr besteht. Bei Alkoholmissbrauch, ohne dass Abhängigkeit vorhanden war oder ist, muss sich die Untersuchung darauf erstrecken, ob der Betroffene den Konsum von Alkohol einerseits und das Führen von Kraftfahrzeugen im Straßenverkehr andererseits zuverlässig voneinander trennen kann. Dem Betroffenen kann die Fahrerlaubnis nur dann erteilt werden, wenn sich bei ihm ein grundlegender Wandel in seiner Einstellung zum Führen von Kraftfahrzeugen unter Einfluss von Alkohol oder Betäubungsmitteln/Arzneimitteln vollzogen hat. Es müssen zum Zeitpunkt der Erteilung der Fahrerlaubnis Bedingungen vorhanden sein, die zukünftig einen Rückfall als unwahrscheinlich erscheinen lassen. Das Gutachten kann empfehlen, dass durch geeignete und angemessene Auflagen später überprüft wird, ob sich die günstige Prognose bestätigt. Das Gutachten kann auch geeignete Kurse zur Wiederherstellung der Kraftfahreignung empfehlen.
   g) In den Fällen des § 2a Abs. 4 Satz 1 und Abs. 5 Satz 5 oder des § 4 Abs. 10 Satz 3 des Straßenverkehrsgesetzes oder des § 11 Abs. 3 Nr. 4 oder 5 dieser Verordnung ist Gegenstand der Untersuchung auch das voraussichtliche künftige Verhalten des Betroffenen, ob zu erwarten ist, dass er nicht mehr erheblich oder nicht mehr wiederholt gegen verkehrsrechtliche Bestimmungen oder gegen Strafgesetze verstoßen wird. Es sind die Bestimmungen von Buchstabe f Satz 4 bis 7 entsprechend anzuwenden.
2. Das Gutachten ist unter Beachtung folgender Grundsätze zu erstellen:
   a) Das Gutachten muss in allgemeinverständlicher Sprache abgefasst sowie nachvollziehbar und nachprüfbar sein. Die Nachvollziehbarkeit betrifft die logische Ordnung (Schlüssigkeit) des Gutachtens. Sie erfordert die Wiedergabe aller wesentlichen Befunde und die Darstellung der zur Beurteilung führenden Schlussfolgerungen. Die Nachprüfbarkeit betrifft die Wissenschaftlichkeit der Begutachtung. Sie erfordert, dass die Untersuchungsverfahren,

▼

die zu den Befunden geführt haben, angegeben und, soweit die Schlussfolgerungen auf Forschungsergebnisse gestützt sind, die Quellen genannt werden. Das Gutachten braucht aber nicht im einzelnen die wissenschaftlichen Grundlagen für die Erhebung und Interpretation der Befunde wiederzugeben.

b) Das Gutachten muss in allen wesentlichen Punkten insbesondere im Hinblick auf die gestellten Fragen (§ 11 Abs. 6) vollständig sein. Der Umfang eines Gutachtens richtet sich nach der Befundlage. Bei eindeutiger Befundlage wird das Gutachten knapper, bei komplizierter Befundlage ausführlicher erstattet.

c) Im Gutachten muss dargestellt und unterschieden werden zwischen der Vorgeschichte und dem gegenwärtigen Befund.

3. Die medizinisch-psychologische Untersuchung kann unter Hinzuziehung eines beeidigten oder öffentlich bestellten und vereidigten Dolmetschers oder Übersetzers, der von der Begutachtungsstelle für Fahreignung bestellt wird, durchgeführt werden. Die Kosten trägt der Betroffene.
4. Wer eine Person in einem Kurs zur Wiederherstellung der Kraftfahreignung oder in einem Aufbauseminar betreut, betreut hat oder voraussichtlich betreuen wird, darf diese Person nicht untersuchen oder begutachten.

gischen Gutachtens Kraftfahreignung« des Berufsverbandes Deutscher Psychologen (PGK 1995) entstanden sind.

Es ist aber zu beachten, dass es sich dabei nicht um verbindliche Rechtsnormen handelt, auf die ohne weiteres Bezug genommen werden kann. So führen die Leitlinien in Punkt 2.4 aus:

Der Beirat hat es nicht als seine Aufgabe angesehen, den Versuch zu machen, alle vorkommenden Leistungseinschränkungen eines Menschen zu berücksichtigen und zu prüfen [...] Die Leitsätze der Begutachtungs-Leitlinien ersetzen nicht die Begründung des Gutachtens im Einzelfall. Es bleibt eine Aufgabe des Gutachters, den Mangel individuell zu interpretieren und so einen Bezug des Mangels zu den Begutachtungs-Leitlinien in verständlicher Weise herzustellen.

Insbesondere Stevens u. Foerster (2001, S. 129) weisen in einer dezidierten, sehr berechtigten Kritik an den Begutachtungsleitlinien zur Kraftfahreignung (BLL) darauf hin:

Zusammenfassend erscheinen die BLL reformbedürftig. Sie befremden in einer Landschaft von wissenschaftlichen Leitlinien, die die der Empfehlung zugrunde liegenden Quellen und Daten benennen, kritisch diskutieren und nachvollziehbar machen (evidence-based medicine). Die BLL sind umfangreich, lassen aber an Präzision vermissen, indem sie die Meinung ihrer Verfasser ähnlich einer »persönlichen Kommunikation« dogmenhaft wiedergeben. [...] Einige Empfehlungen wirken auch willkürlich, theoriegeleitet und nicht im Einklang mit empirischen Befunden. Es besteht so ein Mangel an Transparenz und Objektivität, der durch die Gewährung weiter interpretatorischer Spielräume und Appelle an die Erfahrung der Gutachter nur unzureichend verdeckt wird. Transparente, begründete und belegbare Empfehlungen werden dem Gutachter, im Zweifelsfall von den Verwaltungsgerichten, zwar ausdrücklich abverlangt – die BLL sind dabei keine Hilfestellung.

Kritikpunkte an der FeV beziehen sich beispielsweise auf die vorgegebene Auswahl von psychologischen Tests sowie die Eignung der Gutachter. So müssen Bewerber sowohl für die Erteilung als auch für die Verlängerung der Fahrgastbeförderungserlaubnis und der Fahrerlaubnisklasse D einen Leistungstest nach der FeV durchführen, wenn sie das 50. bzw. 60. Lebensjahr vollendet haben. Untersucht werden müssen dabei:

- Belastbarkeit,
- Orientierungsleistung,
- Konzentrationsleistung,
- Aufmerksamkeitsleistung,
- Reaktionsfähigkeit.

Die Auswahl wirkt willkürlich (Schneider u. Ihl 2000, S. 21 f.). Es bleibt offen, warum andere im Verkehr wesentliche Fähigkeiten wie z. B. Wahrnehmungsleistungen oder soziale Kompetenz im Umgang mit schwierigen Verkehrssituationen hier nicht aufgeführt werden. Eine Auswahl sollte sich an wissenschaftlichen Kriterien orientieren. Des Weiteren fehlt eine Prüfung auf die gerade im Alter auftretenden beginnenden Störungen der kognitiven Fähigkeiten.

In der Anlage 5 der FeV (BGBl 1998, Teil 1, Nr. 55) wird unter Absatz 2 thematisiert, dass zur Untersuchung dieser Merkmale die angesetzten Verfahren nach dem Stand der Wissenschaft standardisiert und unter Aspekten der Verkehrssicherheit validiert sein müssen. Der Nachweis über die Erfüllung der Anforderungen sei durch Beibringung eines betriebs- oder arbeitsmedizinischen Gutachtens oder eines medizinisch-psychologischen Gutachtens zu führen. Dazu erging ein Erlass des für die FeV zuständigen Ministeriums für Wirtschaft und Mittelstand, Technologie und Verkehr des Landes Nordrhein-Westfalen vom 23.12.1998 (AZ 632-21-00/1) mit einer Liste der Testverfahren zur Prüfung der besonderen Anforderungen nach Anlage 5 der FeV, der in mehrfacher Hinsicht zu kritisieren ist (Schneider u. Ihl 2000, S. 21 f.).

13.5 Literatur

Bode HJ, Winkler W (2003) Fahrerlaubnis – Eignung, Entzug, Wiedererteilung, 4. Aufl. Deutscher Anwalt Verlag, Bonn

Bonte W, Rüdell E, Sprung R, Bilzer N, Kühnholz B (1982) Die Begleitstoffanalyse. NJW 35: 2109–2110

Deiters M (2002) Die freie Entscheidung zur Tat: Zur Rechtsfigur der actio libera in causa. In: Schneider F, Frister H (Hrsg) Alkohol und Schuldfähigkeit. Springer, Berlin Heidelberg New York Tokio, S 121–139

Fuchs M (1993) Die Behandlung alkoholbedingter Straßenverkehrsunfälle im Unfallversicherungsrecht. NZV 6: 422–425

Gehrmann L (2002a) Die Eignungsbeurteilung von Drogen konsumierenden Kraftfahrern nach neuem Fahrerlaubnisrecht. Zur Frage der Verfassungsmäßigkeit von § 14 FeV. NZV 15: 201–212

Gehrmann L (2002b) Neue Erkenntnisse über die medizinische und psychologische Begutachtung von Kraftfahrern. Zur Kommentierung der Begutachtungs-Leitlinien, Januar 2002, von Schubert/Schneider/Eisenmenger/Stephan. NZV 15: 488–499

Gehrmann L (2003) Bedenken gegen die Kraftfahrereignung und Eignungszweifel in ihren grundrechtlichen Schranken. NZV 16: 10–17

Geiger H (2002) Anforderungen an medizinisch-psychologische Gutachten aus verwaltungsrechtlicher Sicht. NZV 15: 20–22

Gemeinsamer Beirat für Verkehrsmedizin beim Bundesministerium für Verkehr, Bau- und Wohnungswesen und beim Bundesministerium für Gesundheit (2000) Begutachtungs-Leitlinien zur Kraftfahrereignung, bearbeitet von Lewrenz H, 6. Aufl. Berichte der Bundesanstalt für Straßenwesen, Heft M 115. Wirtschaftsverlag NW, Bremerhaven

Habel U, Schneider F (2002) Diagnostik und Symptomatik von Alkoholintoxikation, schädlichem Gebrauch und Alkoholabhängigkeit. In: Schneider F, Frister H (Hrsg) Alkohol und Schuldfähigkeit. Springer, Berlin Heidelberg New York Tokio, S 23–54

Haffner HT, Blank JH (2002) Berechnung und Stellenwert der Blutalkoholkonzentration bei der Schuldfähigkeitsbeurteilung. In: Schneider F, Frister H (Hrsg) Alkohol und Schuldfähigkeit. Springer, Berlin Heidelberg New York Tokio, S 69–89

Hentschel P (2001) Gesetz zur Änderung des Straßenverkehrsgesetzes und anderer straßenverkehrsrechtlicher Vorschriften vom 19. 3. 2001. NJW 54: 1901–1905

Hentschel P (2003a) Trunkenheit – Fahrerlaubnisentziehung – Fahrverbot im Straf- und Ordnungswidrigkeitenrecht, 9. Aufl. Werner, Düsseldorf

Hentschel P (2003b) Straßenverkehrsrecht, Kommentar, 37. Aufl. Beck, München

Hentschel P (2003c) Die Entwicklung des Straßenverkehrsrechts im Jahre 2002. NJW 56: 716–728

Himmelreich K, Janker H (1999) MPU-Begutachtung, 2. Aufl. Werner, Düsseldorf

Hirsch HJ (1997) Anwendbarkeit der Grundsätze der actio libera in causa (Anmerkung zu BGH 3 StR 632/96). NStZ 17: 230–232

Hoppe B, Haffner HT (1998) Doppelblutentnahme und Alkoholanflutungsgeschwindigkeit in der Bewertung von Nachtrunkeinlassungen. NZV 11: 265–268

Kirchner H (2002) Die neue Fahrerlaubnisverordnung, Kommentar. Luchterhand, Neuwied

Kreuzer A (1999) Verfassungs-, straf- und verwaltungsrechtliche Behandlung des Drogenfahrens – Einigkeiten und Diskrepanzen. NZV 12: 353–358

Lackner K, Kühl K (2004) Strafgesetzbuch mit Erläuterungen, 25. Aufl. Beck, München

Laub G, Brenner-Hartmann J (2001) Die Begutachtungsstelle für Fahreignung (BfF) – Aufgaben und Arbeitsweise. NZV 14: 16–27

Laux G (2002) Psychische Störungen und Fahrtauglichkeit. Eine Übersicht. Nervenarzt 71: 231–238

Lenhart U (2003) Die Verteidigung bei Fahrt unter Rauschmitteleinwirkung – Warnung vor »2. Instanz«. NJW 56: 409–411

LK: Leipziger Kommentar zum Strafgesetzbuch (2000) Bd §§ 315–316c, 11. Aufl. De Gruyter, Berlin (zit. LK-Bearbeiter)

Molketin R (2001) Fahrverbot (§ 44 StGB) nur bei erheblichen Anlasstaten? NZV 14: 411–420

Piesker H (2002) Fahrverbot statt Entziehung der Fahrerlaubnis auch bei Trunkenheitsdelikten und anderen Katalogtaten des § 69 II StGB. NZV 15: 297–302

Pluisch F (1999) Medikamente im Straßenverkehr – Zur Diskussion einer Ergänzung des § 24a StVG. NZV 12: 1–6

Psychologisches Gutachten Kraftfahreignung (1995) erstellt durch die Kommission der Sektion Verkehrspsychologie im Berufsverband Deutscher Psychologen e. V., Deutscher Psychologen Verlag, Bonn (zit.: PGK 1995)

Renzikowski J (2002) Im Labyrinth des Vollrauschtatbestands (§ 323a StGB). In: Schneider F, Frister H (Hrsg) Alkohol und Schuldfähigkeit. Springer, Berlin Heidelberg New York Tokio, S 139–157

Rüther B (1994) Die Gefährdung des Versicherungsschutzes durch Alkohol im Straßenverkehr. NZV 7: 457–466

Scheffler U (1995) Fahrverbot und Ordnungswidrigkeitenrecht. NZV 8: 176–177

Schmidt V (2000) Andere berauschende Mittel im Straßenverkehr – aus polizeilicher Sicht. NZV 13: 493–495

Schneider F, Ihl R (2000) Verordnete Irrwege? Neuregelung des Fahrerlaubnisrechts in Nordrhein-Westfalen. Rheinisches Ärzteblatt 54/4: 21–22

Schönke A, Schröder H (2001) Strafgesetzbuch: Kommentar, 26. Aufl. Beck, München (zit. Schönke u. Schröder-Bearbeiter)

Schubert W, Schneider W, Eisenmenger W, Stephan E (2002) Begutachtungs-Leitlinien zur Kraftfahrereignung, Kommentar. Kirschbaum, Bonn

Stein U (1999) Offensichtliche und versteckte Probleme im neuen § 24a II StVG (»Drogen im Straßenverkehr«). NZV 12: 441–453

Stevens A, Foerster K (2001) Die neuen Begutachtungsleitlinien zur Kraftfahreignung: Erfahrungsbericht und kritische Besprechung. Spektrum der Psychiatrie, Psychotherapie und Nervenheilkunde 30: 125–130

Tröndle H, Fischer T (2004) Strafgesetzbuch und Nebengesetze, 52. Aufl. Beck, München

Weibrecht C (2001) Die neue »0,5-Promille-Regelung« des § 24a StVG und andere aktuelle Änderungen des Straßenverkehrsrechts. NZV 14: 145–148

Sachverzeichnis

A

B

C

D

E

Druck: Krips bv, Meppel
Verarbeitung: Stürtz, Würzburg